清冽な水脈
―透谷《とうこく》・愛山《あいざん》・明石《めいせき》・坎堂《かんどう》

川崎 司 著

三弥井書店

はしがき

ほのかにも　いろづいてゆく　こころ
われながら　あいらしいこころよ
ながれ　ゆくものよ
さあ　それならば　ゆくがいい
「役立たぬもの」にあくがれて　はてしなく
まぼろしを　追ふて　かぎりなく
こころときめいて　かけりゆけよ

（「心よ」『秋の瞳』）

八木重吉の詞にこころ励まされて、「今ある自分とは誰か?·」ととりとめもなくぼんやりとした問いかけをはじめた半世紀も前の迷い子は、〝秩序に対する違和感〟を抱えたまま、〈えい〉っと向こう見ずの勇気を振るってその一歩を踏み出しました。その時、憂いにふさぐ独りぼっちの私の目の前に、〔北村透谷〕という名の詩人が、ずっと前からの知り合いのようにひょっと姿をあらわしました。

以来、「自分のようなものでもどうかして生きたい」とはやり立つ気持ちを抑えきれず、この世に自らを投企したい思いがつのって、透谷のいう〈人生の一大秘鑰〉をたずねる旅に出た私は、透谷〝二なきの友〟櫻井明石、透谷の〝最も信認すべき論敵〟山路愛山、明石・愛山の終生の友となる〝高潔なる品性家〟高木吹堂（壬太郎）に行き合いました。思いもかけない力が働いてのことです。

近代日本の夜明けにあって、飾りのない誠実な友情をもって、〈神〉の一兵士として真理に献じた身を寄り合い、この世の不調子の由縁を糾し合い、精神的革命を期して〈時代〈秩序〉〉と闘った彼ら若きキリスト者の体内には、〈神〉のために生き〈神〉のために死ぬ真の勇気と英知とが貫流していたのかもしれません。

私はその清冽な水脈の中に〈永遠の生命〉ともよべる「まぼろし」がふわっと生い起ったような錯覚に捉われました。〝困難の丘〟に登り〝落胆の沼〟に嵌まりながらの、誰の気にも留まらないささやかな私の歳月のなかで、私は「まぼろし」を追いかける〈時間〉を恵まれたようです。不思議としか思えない導きに感謝しなければなりません。

本書は、旅の途中途中で書き留めた透谷・愛山・明石・壬太郎らに関わるその足跡の調査報告です。重吉の詩境とは遠くかけ離れた「役立たぬもの」にあこがれて成ったこれら不出来の作物が、万が一何かの役に立つとすればこれ以上のさいわいはないでしょう。

目　次

論考編

一　北村透谷 …… 7
1. 透谷の遺音　9
2. 透谷北村門太郎とその周辺・略年譜　13
3. 北村透谷展出陳の資料をめぐって　67
4. 透谷とゆかりの人びと　一〈善良の教師〉谷口和敬　二〈電筆将軍〉田鎖綱紀　三〈不幸な食客〉棟方大助　四〈最も信認すべき論敵〉山路愛山　71
二　山路愛山 …… 83
5. 山路愛山研究（1）第二の故郷　静岡　85
6. 山路愛山研究（2）袋井の風来伝道師　169
三　櫻井明石 …… 207
7. 北村みな書簡～櫻井明石宛（明治二七年一一月七日付）　209
四　高木壬太郎 …… 243

8．高木壬太郎と『呉山一峰』 245
9．若き高木壬太郎—静岡での日々— 261
五 近代日本の明け方を駆け抜けた若きキリスト者たち …… 291
10．東洋英和学校における内村鑑三 293
11．透谷・愛山・明石・坎堂—How I Became a Christian— 301
12．清冽な水脈—透谷と明石と愛山と— 309
跋に代えて 村松晋「川崎司先生の世界」 319
初出一覧 325
あとがき 327

書誌編

山路愛山著作目録 3
櫻井成明著作目録 237
高木壬太郎著作目録 247

論考編

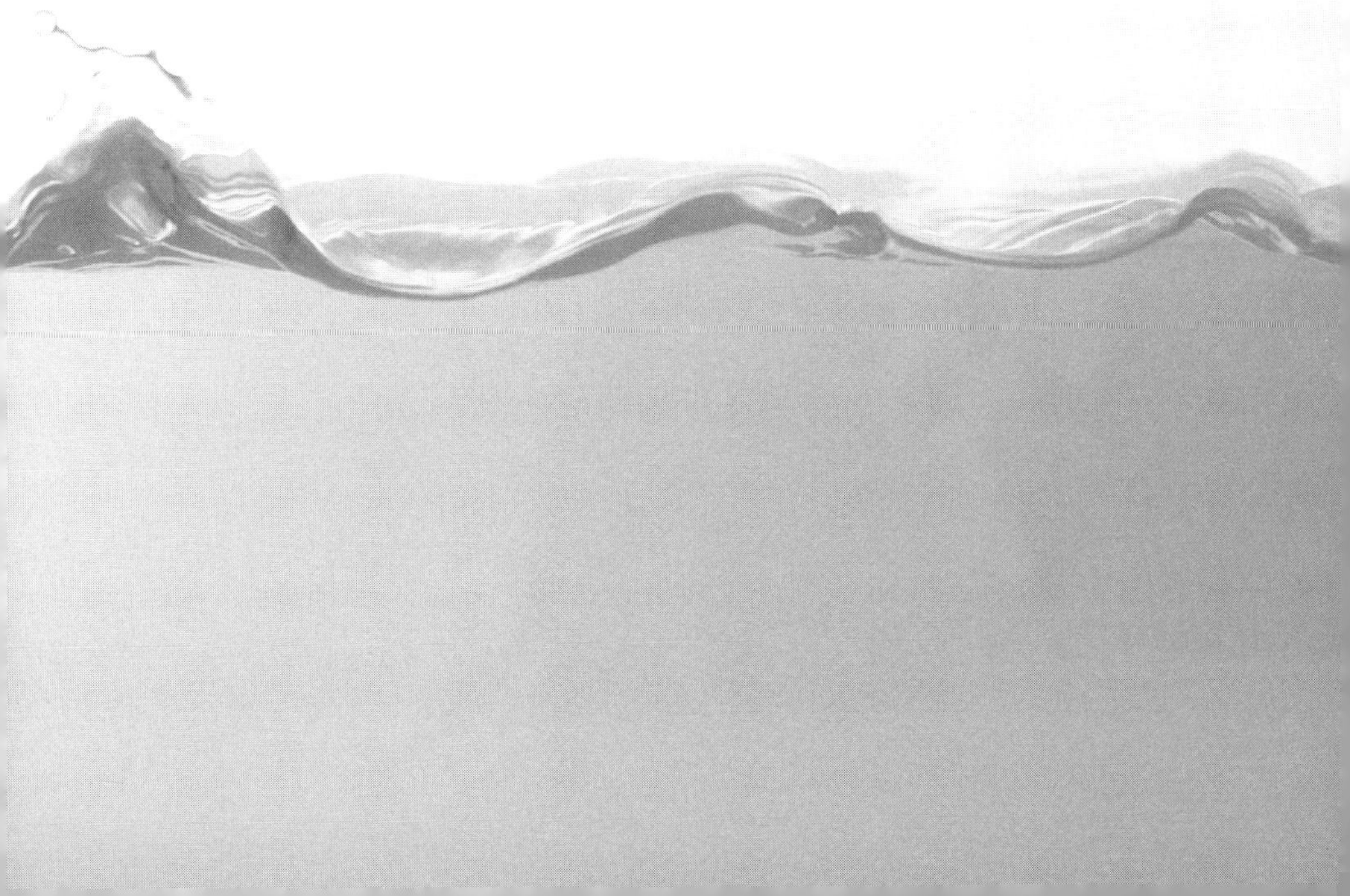

一　北村透谷

透谷の遺音

春を迎ふ

透谷隠者

夏は我をして懶まし め秋は我をして観ぜしめ冬は我をして惻ましむ而して春は我をしむ《ママ》（て）忘ぜしむ。我性夏と冬とを悪む高山は登りて涼颯の面を払ふを快とせざるにあらず炉火を囲みて少女の嫺語を聞くを楽しまざるにあらず、炎々たる夏日凄々たる冬月此を厭ふとしもあらねど人生の多くは盛夏に傲り孟冬に哀しむを観て余は夏冬両季を悪まざるを得ず。曾つて秋野に逍遥し女性を学んで採花の業を為せし事あり皇華爛烗の妙なしと雖百種秋花の巧緻微妙余をして自然の美実に茲にありと絶叫せしめき。我は秋を愛せざるを得ず樹葉凋落して翻々地に堕つるを見る時我は言ふ可からざるの快楽を有す。虚無縹緲の中に余は天道の実想を画く事を得人生の帰する所を観ずるを得るを以て秋に対する好意斯の如きなり。

然れども余は春を厭ふ者にあらず、児女の新装を整へて祭典を待つが如くに此を願はざれども我が春を迎ふるの意は敢て世に背かざるなり。余は秋に於て物を観ずるを楽しむと同時に春に於て物を忘ずるを悦ぶ。観と忘とは相背反すると雖余は観ずるのみを尊ばず忘ずるを以て人生の一大秘鑰なりと信ずるなり。桜花を尋ねて深山に踏迷ふは春の艶幻《チヤーム》に逍遥するなり爾時何事か能く心顕に懸るを得んや。桜花若し我を戮すを得ば我は楽んで死なん桜花若し我を生すを得ば我は悦んで生きん我が寝を奪ひ我が醒を蝕む者実に爾なり我をして無心に入らしめ我をして虚気を得せしめ我をして人生を離れしむる者抑爾なるか。春よ我は秋を愛すると共に爾を愛せざるを得す秋の我に教ふる爾の我を迷はす共に我に於て善導師なり。今や爾来りて我が隣戸にあり我出で、爾を歓迎せんとす。今年若菜を摘むところ何れなる可き今年桜花を尋ねて巌洞を家となすところ那辺なるべき今年蝴蝶を追ふて夢を結ぶところ何所なるべき。之を問ふ非なり爾我を悪む者にあらず我が往くところ必らず爾に遭はむ、我をして我が軽履の向ふ所に縦せしめよ。

メソジスト教会三派の機関紙『護教』第三一号（明治二五年二月六日）に載った、「全集」未収録の北村透谷の逸文である。

人生相渉論争を展開した山路愛山との所縁を尋ね数年、探しあぐねていた『護教』（複製本―明二四・七・七～明二六・一一・一八）を、青山学院資料センターで思いがけず見た。

二人の出会いは、透谷（二三歳）が『蓬萊曲』の皮相な反響に耐え、愛山（二六歳）が『護教』の主筆を任された明治二四年夏のことであった。

〈決して世上の毀誉褒貶に動かさる、こと勿れ、唯永遠の神の前に書け、…爾が心裏の最奥深処に潜伏する所の感情を書け、宇宙の最大常感を叫べ〉（愛山「護教の希望する処」）という自戒を共鳴器に快談を重ねて半年余り、深遠な批評家として、一世を動かす記者として、共に飛躍の春を迎え、〝美妙なる自然〟をつづった透谷のこの随想が、『護教』の一隅を埋めた。

同年八月、メソジスト陣営の旗印を預かり、平民主義の後軍を率いる愛山は、

〈我友透谷北村氏…頃ろ近松と西鶴とを以て大坂文学の代表者となし、之に困りて徳川時代平民的の理想を論ぜんとせり、吾人は我友に諂りて一々其所論に雷同する者に非ずと雖も文学に因りて人民の理想を知り得んと勉めたるは…河を下りて海に達せんとするの道を取りたる者なることを知る…文学は時勢の先潮なり、文学は過去の歴史を代表し更に未来を指示するものなり〉（「文学と歴史」）と、いよいよ宿志の「史学」（愛山は明治二〇年頃、頼山陽に倣い「史学文章」で世に立つことを決意している）を宣揚。唯心的凡神的傾向を憂え、〝夢想的の趣向文字〟を撃つ。

〈僕北村透谷と議論を上下し、往々相合はずと雖も其私は即ち肘を把つて談笑し、膝を接して欵語す、未だ嘗て毫末も猜疑する所なき也。〉（「岩本《ママ》善治君に与ふ」）文学の現実との関わりを巡って、〝唯物論者〟（愛山）あるいは〝空想家〟（透谷）と応酬しながら、しかし互いの資性を損なうことは決してなかった。

〈死乎死乎、万事休す、花明かに柳暗き春の幻味《チヤーム》も爾に遭へば乾沙漠々、…一生花裏に活くるの蛺蝶も時として翼を伸べて翻々竹風の涼を迫はざるを得ず。…永遠と現在と旧通することを得て後にこそ生活は始めて価値ある者なれ、…〉（「霊の生命」）という愛山の忠言を聞いて数月後、明治二六年秋、一閑村でエマソン研究に着手する透谷。

〈秋風肌寒し、透谷連りに蝶の行衛を憐れむ「眠れる蝶」は文学界にあり、「蝶のゆくへ」は三籟にあり、「双蝶のわかれ」は国民之友にあり、生、死運命の前に任せんとす、荘子夢に蝴蝶となる、而して透谷は蝴蝶に夢を観ずる乎。〉（「透谷と蝶」）愛山の最も信認すべき論敵は、視野から遠く離れ、独り〝天地の幽奥《ミステリー》〟にたたずむ。

〝人生の一大秘鑰〟を索めて虚無縹緲たる想世界にさ迷う透谷の境涯が、〝精神的革命（改革に非る也）〟を期し、山も坂も谷も眼中になく突進して成った愛山自己流の新聞＝『護教』の紙面に紙背に刻まれている。

透谷北村門太郎とその周辺・略年譜

記号表

●透谷に関する事柄　◎透谷の親族に関する事柄　○透谷ゆかりの人などに関する事柄　◇…その他の事柄
〃　〃…透谷文からの引用、〈　〉…その他の文・語からの引用、《　》…メモ・書簡・日記・名簿・草稿など
（＝　）、＊、傍点…筆者による注、〔　〕…所蔵先
1 2 3…後掲参考資料の番号
M…明治、T…大正、S…昭和、H…平成

天保一三年（一八四二）

◎七月二五日（新暦八月三〇日）　門太郎の父・北村快蔵（実名武廣）、相模国足柄下郡小田原唐人町に生まれる（～一九〇四・一〇・二五）。

慶応元年（一八六五）

◎八月二九日（新暦一〇月一八日）　後に妻となる美那（ミナ・みな・みな子・美那子とも）、武州多摩郡野津田村暖沢の旧家に、石阪昌孝（一八四一～一九〇七）・ヤマ（一八五一～一九一三）の長女として誕生（～一九四二・四・一〇）。

明治元年（一八六八）

◎一月二六日（新暦二月一九日）　美那の弟・公歴《まさつぐ》誕生（～一九四四・八）。

◎二月五日（新暦二月二七日）　父快蔵、小田原藩士・大河内宇左衛門（二〇〇石）の三女ユキ（一八四九・一二・二～一九一五・八・二〇）と結婚。

●一二月一六日（新暦一二月二九日）　門太郎、相模国足柄下郡小田原唐人町（現・神奈川県小田原市浜町三丁目一一番一号）に、小田原藩士・北村快蔵とユキの長男として生

まれ、（その時、門を新しくしたのに因んで）門太郎と名付けられる。祖父玄快（もと伊達玄斎）は小田原藩医（四二石一斗四升）。祖母ちかは平田氏。透谷出生前に離別。

明治二年（一八六九）　一歳

◎この年　父快蔵、単身上京、昌平学校（昌平黌の後身。のち大学校→大学と改称。M三・七・八閉鎖）に入る。＊ユキは得意の仕立物で没落士族の家計を助ける。

○春　山路弥吉（一八六五〜一九一七）、祖父母らと江戸浅草鳥越の生家（天文屋敷）から静岡へ移住。＊幕府天文方見習の父一郎は彰義隊に加わり敗走、榎本武揚の開陽丸に投じ函館へ赴くが、M二・七津山藩に降伏人としてお預けとなる。母けい子は慶応三年七月五日、病中出産後、赤子に続いて死亡。

明治三年（一八七〇）　二歳

◎五月四日（新暦六月二日）　父快蔵、小田原藩主へ藩士の窮状を訴えた「建白書」を提出。

◎六月四日（新暦七月二日）　美那の妹・登志（トシ・トシ子・とし・登志子とも）誕生（〜一九三八・六・三〇）。

◎一〇月一八日（新暦一二月一〇日）　父快蔵、小田原藩舎長に就く。＊M四・三・二〇（新暦五・九）退職。

明治四年（一八七一）　三歳

◎三月二七日（新暦五月一六日）　祖父玄快（一八一五〜一八八四）退隠し、父快蔵が家督を継ぐ。

◎七月二五日（新暦九月九日）　父快蔵、海軍兵学寮一五等官（兵部省）に就く。

◇八月二三日　東京遷都決定。

◎一〇月三日（新暦一一月一五日）　父快蔵、海軍兵学少属（兵部省）に就く。＊M五・四・一七兵部省から海軍省に。

明治五年（一八七二）　四歳

◇二月二八日　徴兵令頒布。

◎八月三日（新暦九月五日）　父快蔵、足柄県少属（庶務課）に就く。＊M七・二・九退職。

○一一月九日（新暦一二月九日）　太陽暦採用を布告し、一二月三日を明治六年一月一日とする。

●この年　門太郎、ジフテリアに罹るが家伝の薬（龍麝散）で治る。

○この年　山路弥吉、麗沢舎（M七・二から公立第四番小学）に入る。静岡藩への引渡しが決まった（M三・二・一八）後も津山に留まっていた父一郎を、祖父金之丞が連れ帰る。父不在の間、弥吉が家督を継ぐ。

明治六年（一八七三）　五歳

◎四月　美那、知新学舎（のち野津田学校）に入る。

◎五月三〇日　弟垣穂（〜一九二八・八・一九）生まれる。

◎●秋　父快蔵（大蔵省勤務のため）、母弟と東京（日本橋照降町）へ移住。＊母ユキはそこで呉服屋を営む。以後五年間、門太郎は祖父玄快・継祖母みち（一八二六〜一八九五）のもとで過ごす。

◎この年　父快蔵、郷学校設立の基金として一〇円寄付。

明治七年（一八七四）　六歳

◎四月二七日　父快蔵、大蔵省記録寮一二等官に就く。

◎七月一五日　父快蔵、大蔵省記録寮権中属に就く。

○秋頃〜　山路弥吉、盍簪舎に通い始める。

◎秋・冬頃？　父母弟、連雀町一八番地から銀座三丁目一七番地の三等煉瓦家屋に移住。＊M八・八・一八丸山垣穂名義で自己所有とし、M一二・七・五に譲り渡す。

◎一二月一五日　父快蔵、大蔵省補記録寮一〇等官に就く。

●この年（または翌年）　近くの宝安寺に通学していた門太郎、啓蒙館（通称本源寺学校。のち新玉学校・緑学校・啓蒙学校と統合改称）の小学下等八級に入る。

明治八年（一八七五）　七歳

○五月　櫻井恒太郎（一八六五〜一九四五）、戊辰の戦乱に巻きこまれ陸奥国西白河郡釜子陣屋（越後高田藩榊原家の飛領地）の生地から逃れ移った本国・高田で祖父成愛（一八二一〜一八七五）の四九日を済ませた後、祖母煉（一八二六〜一九一二）に連れられ、東京在勤（教部省）の父成能（一八四一〜一八八六）・母節（一八四七〜一九一九）のもと下谷御徒町へ移住。

○六月　櫻井恒太郎、湯島小学校に入る。

○一〇月頃　山路弥吉、壕頭学校に転入。＊在学中、父一郎に就いて数学を学ぶ。

◎この年　祖父玄快、公立小学校設立に当たり一〇円を寄付し、足柄県より木盃を与えられる。

◎この年　知新学舎在学中の美那・公歴、成績優秀により神奈川県から表彰される。

明治九年（一八七六）　八歳

○九月八日　イビー Charles Samuel Eby（一八四五〜一九二五）、カナダ・メソジストミッション第二回派遣宣教師として来日。

◎一二月二七日　父快蔵、国府津村・大磯宿・愛甲村各払い下げ地所の開墾を許可される。

◎一二月　父快蔵、私立小中学校創設に当たり一〇円を寄付し足柄県より木盃を与えられる。

明治一〇年（一八七七）　九歳

◎一月七日　父快蔵、大蔵省記録局六等属に就く（月給三〇円）。

○二月九日　谷口和敬（一八五七〜一九一九）、新潟師範学校（小学師範学科）卒業。＊和敬は一関藩士・谷口和親（一八三三〜一九一九）の長男。

○三月一四日（〜一二月一二日）谷口和敬、新潟県第一中学区一七番小学横越校に巡回三等訓導として勤務。

○七月下旬〜八月中旬　イビー、山梨県巨摩郡睦合村南部の蒙軒学舎に招かれ講義のかたわら伝道に励む。

○一二月　谷口和敬、中村正直（一八三二〜一八九一）の同人社に入り英語・数学を学ぶ。

◎この年（〜M一七まで）美那、日尾直子（一八二九〜一八九七）の門（下谷仲御徒町の日尾女塾）に入り和漢学を学ぶ。

明治一一年（一八七八）　一〇歳

◎『大蔵省職員録』（M一一・二・五〜M一二・四・五改正）に、父快蔵の住所「中猿楽町五番地」とある。

○三月三一日　山路弥吉、壕頭学校で「読書のみにては大望はならず」を演説。

○六月二七日　谷口和敬、京橋区公立泰明小学校（六月二五日開校）の六等訓導に就く。

◎八月八日　父快蔵、大蔵省記録局五等属に就く。

●この頃までに？『楠公三大記』『漢楚軍談』『三国志』などを愛読。戦争遊びを好む。1

○この年　山路弥吉、上等三級を修了したところで学資続かず退学、同校の助教となる。＊奥村鴬村（一八〇六〜一八九一）の漢学塾・敬典舎に入り鴬村の蔵書に浸る。

●この年？　金明膏（玄快創製になる霜焼け・火傷の薬）を買いに来るようになって親しくなった坂本易徳（一八六五〜一九二五）と、筋向かいの？　撃剣道場に通う。＊易徳は、小田原藩士・村岡尚易の次男。M一〇・四、同旧藩士・坂本正武の養子となる。M二四・一二分家。

明治一二年（一八七九）　一一歳

◎三月二二日〜四月　石阪昌孝、神奈川県会議長を務める。＊M一二・二〜一三・二、神奈川県会議員。

○春　加藤万治（一八五五〜一九三二）、医を志し、師範学校卒業後に就いた小学校の教職を捨て、越中国三日市町から上京。

◎五月一九日　垣穂、丸山良伯（旧小田原藩士。祖父玄快の養祖父の二代目玄快はその弟）（?～一七九五）の絶家を継ぐ（徴兵逃れのため?）。

◎『大蔵省職員録』（M一二・六・五～八・五改正）に、父快蔵の住所「神田区神田仲町一丁目五番地」とある。

○六月　谷口和敬、泰明小学校の教頭（二代目校長）に就く。

◎●八・九月頃　父母弟、前年春に中風で倒れた祖父玄快の看護のため?　小田原に帰る。＊母ユキは家運の挽回を門太郎に託し、緑町辺の夜学にも通わせ、毎夜一二時頃まで裁縫台の向こうに文机を据えて鞭撻したという。

◎九月一六日　父快蔵、神奈川県足柄上郡郡書記（一六等相当、月給一五円）となり関本村の役所（M一三・八・四から松田惣領延命寺に移転）に通い始める。＊M一二・一〇・一六、一五等相当に。

○一〇月二日　谷口和敬、東京府庁より泰明小学校訓導の認可を受ける。

明治一三年（一八八〇）　一二歳

◎四月二三日　父快蔵、足柄上郡郡書記の月給一八円に。

○一〇月　高木壬太郎（一八六四～一九二一）ら静岡師範学校同窓生有志の文学雑誌『呉山一峰』（主幹兼編輯・山路弥吉）創刊。＊壬太郎は、遠江国榛原郡中川根村上長尾の旧家（医師・名主の家系）・高木源左衛門（一八四五～一九〇九）とその子（一八四四～一八八五）の長男。

◎一一月一〇日　父快蔵（単身赴任?）、大蔵省記録局五等属（土木属）に転任。＊同省一年以上奉職につき月給九円給付。

◎この年（～M一七）美那、日尾女塾で和漢学・習字の助教を務める。

○この年　櫻井恒太郎、政治家を志し、東京府第一中学校（M一一・一〇入学）から共立学校（大学予備門の予備校）へ転学。桧山金彦（一八六五～一九四一）と出会い、夜はともに牛込の漢学塾に通う。

この年　巌本善治（一八六三～一九四二）、学農社に入学。

明治一四年（一八八一）　一三歳

●◎一月頃?　門太郎、京橋区弥左衛門町七番地の二等煉瓦家屋（M一四・一・一九弟垣穂名義で譲り受ける）に父母弟と移り住む。＊母ユキは煙草小売店（丸山名義）を営む（家伝の金明膏薬も商う）。

●四月以降　門太郎、弟垣穂とともに泰明小学校に転入。谷口和敬校長からは飛び離れた才能を認められる。[2]

○四月　島崎春樹（一八七二～一九四三）、長野の馬篭村から上京。
○五月七日　高木壬太郎、静岡師範学校（高等師範科）卒業。
○六月一二日　山路弥吉、『静岡新聞』の懸賞問題「我国の国会は一院を可とするか両院を可とするか」に応募。その答文「一院主義の空論を非とする」が同紙に掲載される。
○八月二九日（～M一七・三）　高木壬太郎、御殿場村立中郷学校の校長を務める。
○◎九月～　島崎春樹、姉の婚家先・京橋区鎗屋町の高瀬家から泰明小学校へ通学。同級の垣穂と親しくなる。
◇一〇月一二日　明治二三年を期して国会開設の詔勅出る。
●この年　門太郎、自由民権思想に激発され政治家を志す。鎌倉・千葉地方などを飄遊。
○この年　大矢正夫（一八六三～一九二八）、「明治一四年の政変」により愛国の情熱をかきたてられ、小学校（M一四・四～高座郡深谷学校、同年一一～愛甲郡山中学校）で教えるかたわら言論を練り政治を研究する。＊正夫は、相模国高座郡栗原村の中農・大矢仁右衛門と虎の長男。
○この年中に？　山路弥吉、静岡県警察本署（御用係）に就職。

明治一五年（一八八二）　一四歳

●一月一〇日　芝区愛宕下町の綏猷堂《すいゆうどう》（父の昌平学校時代の恩師・岡千仭の漢学塾）に通学証（入塾誓約書）を提出。＊時勢に疎い塾の雰囲気に耐えられず一ヵ月足らずで？辞める。
●一月二三日　泰明小学校卒業証書（卒業記念牌）を授与される。式場で「空気及び水の組成」を演説。
○一月頃　山路弥吉、修理社（演説結社）に入り、湊省太郎（一八六二～一八九六）の冷静な性情と爽利な弁舌に接する。
○三月二七日　谷口和敬、泰明小学校を辞し、佐藤かぢ（一八六五～一八八七）と婚儀を挙げ（三月三〇日入籍）、根室県二等巡回訓導に就く。
○四月　高木壬太郎、自由民権運動（改進党）に傾き、御厨懇親会を主催。
●五月　門太郎、本郷区丸山の私立中学校・共慣義塾（陸海軍学校・東京大学工部大学校・師範学校などへの受験準備校）に入るがなじめず。＊志を同じくした「青年党」の離散、政治への不満に加えて「アンビション」をめぐる母との軋轢などから気欝に罹った門太郎を父は旅に出す。山梨県南巨摩郡睦合村の近藤喜則（一八三二～一九〇二）の漢英数の私塾・蒙軒学舎に入ったというのはこの旅中（秋頃）のことか？

◎七月　石阪昌孝、融貫社の二〇余名を率いて自由党に参加。

○八月一五日　谷口和敬、根室県公立花咲学校主任（三等訓導）となる。

◎九月二二日　美那、日尾直子の養女に迎えられる。＊翌年五月、縁組み解消。

○この年　櫻井恒太郎、遺伝の喘息発作に襲われ（M一三秋頃から）大学予備門の受験を断念、共立学校を退く。

明治一六年（一八八三）　一五歳

●三月一九日～五月一日　神奈川県会開会。この間、門太郎、横浜野毛山官舎の吉田良信（母の姪ときの夫）方から横浜税関構内の県庁舎に、臨時書記（日給二円）として通う。＊三多摩政界の指導者＝吉野泰三・石阪昌孝らの知遇を得たのはこの時か？

○四月二九日　巌本善治、下谷教会で木村熊二（一八四五～一九二七）より受洗。

●五月　門太郎、神奈川県会終了後、横浜居留地グランドホテルのボーイに雇われる。

●六～一二月の間　門太郎、田鎖綱紀（一八五四～一九三八）の日本傍聴筆記法講習会（神田錦町の東京法学校内？）に週二回足を運び「一番弟子」と目されるほどの速記術を身につける。3

○七月二八日　平野友輔（一八五七～一九二八）、東京大学医学部別課医学科を卒業。

◎七月（～M一七・九）　登志、日尾女塾に入り、和漢学を学ぶ。

○七月　静岡英学校創設。＊二年ほど前から英文読解の独習を始めていた山路弥吉、ここに学ぶ。

●九月七日　門太郎、東京専門学校（現・早稲田大学）政治科に入学。＊図書縦覧室（一〇月三日開室）にこもり法律・政治を研究する。坪内逍遙（一八五九～一九三五）の講義にも出席。

●一〇月七日　「東京専門学校寄宿舎舎務日誌」に〈…北村門太郎下宿す〉とある。下宿先は神田錦町の静修館（神奈川県出身学生の寄宿所）？　＊静修館の正式開設は一一月二三日。

●一一月一日　「東京専門学校寄宿舎舎務日誌」に〈…北

村門太郎帰舎す〉とある。政海漂浪の跡が微かにうかがえる。
◎一二月二二日　父快蔵、大蔵省記録局四等属に就く。
○この年　加藤万治、洗礼を受ける。＊のち赤坂病院の薬局員となり、農村医療伝道を志す。
●この年（または翌年？　諸説あり）　ガラス写真による門太郎の半身像の入った桐箱の蓋の表裏に漢詩二首を墨書する。「北洲寒生」の署名あり。

明治一七年（一八八四）　一六歳

◇一月　官吏非職条例公布。
●○一月頃　門太郎、家庭と教職（高座郡鶴間学校）をなげうって静修館に入った大矢正夫と親交を結ぶ。
○二月二九日　イビー著、堀江景宣訳『第一東京演説』（横浜米国英国聖書会社）刊。
●○三月　門太郎、無一文となった大矢正夫を助け横浜に行く。＊門太郎が速記術をもって神奈川県会（三・一～四・一〇）の書記を勤めたというのはこの時のことか？
◎●五月一二日　祖父玄快、小田原で死去（享年六九）。＊門太郎ら、葬儀のため帰郷。
○五月一二日　宮崎（この年七月、徴兵回避のため「末兼姓」に）八百吉（一八六四～一九二二）、福岡三奈木村から朝倉郡の山田小学校を退職して上京。
◇六月一五日　『女学新誌』創刊号発行。
○六月二五日　久野宗熙（元和歌山県権大参事）（一八五四～一九〇六）、宮内省御用掛を辞する。＊M一九・四・一和歌山の竈山神社宮司に就く間、キリスト教に入信。
○◎六月　悪質の脚気病に罹った大矢正夫、平野友輔の勧めで？　南多摩郡上川口村に転地。＊平野はこの年早々八王子に移住。医業のかたわら自由党員として活躍。キリスト教に入信。美那とは許婚者の間柄。大矢は政客秋山国三郎（一八二八～一九〇三）と意気投合する。
●七月二四～二五日　門太郎、富士登山の往路、秋山家に寄寓していた大矢を訪ねる（不在）。谷村の長安寺に「血縁の人の墓」を詣でる。
○●七月二六日　末兼（宮崎）八百吉、東京専門学校政治科に入学（英語科兼修）。＊のち「トラヴェラー」とあだ名されるほど漫遊好きの門太郎の噂を聞く。
●七月二八日　朝、富士山頂に立つ。＊富士登山の時期については、翌年七月下旬とする説もあり。
●○夏頃？　門太郎、南豊島郡下戸塚村の下宿縁側で尺八を吹く末兼（宮崎）八百吉と遭遇。
●夏頃？　門太郎、八王子を中心とする困民党の騒擾が広がる中、民権成就を願い「土岐（時）・運・来」と染め出した法被を着て車を引き小間物の行商をしながら東海道筋を巡る。
○九月一七日　櫻井恒太郎、東京大学文学部附属古典講習科漢書課に入学。
○九月二三日　自由党の富松正安（一八四九～一八八六）ら「革命挙兵の檄」を草して加波山に蜂起。警官隊・憲兵ら出動し鎮圧される。
◇一〇月三〇日　自由党解党。
●秋頃？（または翌年上半期頃？）　門太郎、父快蔵に宛て「哀願書」を執筆。思想上の失望感・挫折感を滲ませ「世運傾頽」を訴える。
◎一〇月　丸山垣穂著『酒桶満端石算出便表』刊。
●◎一一月一五日　門太郎、神田須田町（鷲屋）で開かれた第五回講読会（一〇・一八、公歴ら神奈川県出身の在京民権青年によって結成された読書会）に出席。
●○晩秋～翌年早春の間　門太郎、川口村の秋山国三郎宅に大矢正夫を訪ね、国三郎と三人「幻境生活」を送る。

＊八王子での遊廓体験はこの前後か？
○この年　山路弥吉、静岡教会牧師・平岩愃保（一八五七～一九三三）から聖書の聴講を条件に英語を教わる。
◎この年（または翌年）　美那、横浜共立女学校（現・横浜共立学園）の和漢学科に入学。
◎この年？　美那、平野友輔との結婚を喜んで受け入れられない自戒の手記を厳封して、自立の決意の証とする。
○この年、巌本善治、学農社卒業。『農業雑誌』の編輯に従う。

明治一八年（一八八五）　一七歳

○一月　武相困民党壊滅。
●一月～二月？　門太郎、川口村の山林に入り、炭を焼き薪木樵を手伝い、炭売車の後について八王子の市に出る。
◎二月一二日～　父快蔵、大蔵省書記局に勤務。
○二月一七日　川口困民党事件に判決下る。
○三月二二日（～M一九秋？）　イビー、療養のためカナダへ帰国。＊ビクトリア大学から神学博士号を授かる。
◎三月　登志、東洋英和女学校（現・東洋英和女学院）の英和普通科に入学（～M二一・四）。
○三月　大矢正夫、上川口学校を辞して再び上京。有一館（自由党文武研究所）に入る。

○五月　大井憲太郎（一八四三〜一九二二）ら、朝鮮革命計画（大阪事件）を謀議。翌月、大矢正夫、この計画に加盟。軍資金獲得のための強盗決行の教唆を受ける。
●◎六月一八〜二三日　門太郎、公歴に誘われ鶴川村野津田の石阪昌孝宅に逗留。この時？横浜共立女学校から帰省中の美那と初めて対面する。
●◎六月二三〜三〇日　門太郎、鎌倉・大磯を経て小田原で公歴と別れる。暴風雨に遭い旅行中断。＊公歴は箱根塔ノ沢に逗留ののち帰郷。
○六月　太田敏夫（一八七二〜一九〇九）、宮城県石巻小学校全科卒業。
○七月二〇日　巌本善治（一八六三〜一九四二）・近藤賢三（一八五五〜一八八六）、『女学雑誌』を創刊（〜M三七・二）。
○八月一日　高木壬太郎、小学校巡回訓導（榛原郡書記）から静岡県衛生課（御用掛）に転任。
○八月　大矢正夫ら、渡韓資金獲得のため、一族の大矢弥市方を襲おうとして失敗。＊翌月、愛甲郡役所の公金強奪を謀るも再度失敗。
●八月下旬？　門太郎、「富士山遊びの記臆」（未定稿）を書く。

◎九月一一日　丸山垣穂著『酒醤油桶算表』刊。
●九月一六日　門太郎、東京専門学校に復学。新設の専修英学科に籍を置く。＊同校の研学温交を目的とする「同攻会」に入会。『中央学術雑誌』一五号（M一八・一〇）から四二号（M一九・一二）までの「同攻会々員氏名表」に「北村門太郎」の名が載っている。
○九月〜（M二〇・四）太田敏夫、宮城県宮城中学校で修業。
●○一〇月頃？　門太郎、朝鮮革命計画に加わっていた大矢正夫から軍費調達の凶行を打ち明けられ、悩み抜いたすえ剃髪して盟友たちのもとを離れる。
◎秋　美那、大矢正夫の同志・景山英（一八六五〜一九二七）から爆裂弾の入った鞄を預かる。
○秋　山路弥吉、キリスト教の信仰を告白。＊この年か前年頃から「愛山」の号を用い始める。
○一〇月一四日　高木壬太郎、大石梨花（一八六九〜一九四〇）と結婚。
○一〇月二一日　大矢正夫ら高座郡座間入谷村戸長役場に押し入る。
○◎一一月二三日　「大阪事件」発覚。渡鮮隊の大矢正夫ら長崎で逮捕される。＊石阪昌孝も容疑をかけられるが間もなく釈放。
●この秋頃以降？　門太郎、〝アンビションの梯子〟から落ちて〝気楽なる生活〟を得、風景の賞味家・人情の研究家となって各地を旅する。
○一二月一日　クエーカー派最初の宣教師・コサンドJoseph Cosand（一八五一〜一九三二）来日。
○一二月七日　山路弥吉ら、静岡青年会を組織。客員に平岩愃保。

明治一九年（一八八六）　一八歳

◎●一月一八日　父快蔵、官制改革により「非職」（大蔵省）を申し付けられる。＊月給四〇円から一三円三三銭に。門太郎、東京専門学校退学を余儀なくされる？
○二月六日　櫻井恒太郎の父成能、「非職」を申し付けられる。二日後に死去。
○二月一八日　谷口和敬、根室を去り牡鹿郡石巻小学校長に就く。＊宮城教育会に入り、通信幹事を務める。
○三月　山路弥吉、平岩愃保牧師から洗礼を受ける。
○五月二九日　イギリスのクエーカー、ブレイスウェイトGeorge Braithwaite（一八六六〜一九三一）、大英国聖書会社の代理人として来日。
○六月　櫻井恒太郎、漢書課学友・斎藤坦蔵（一八六六〜一九三〇）を介し、谷中全生庵の渡辺南隠（一八三四〜一九〇四）に禅法を問う。
○七月　島根県松江の人・福井捨助（一八六六〜一九三八）、麹町教会の大儀見元一郎牧師（一八四五〜一九四一）から洗礼を受ける。
○八月八日〜　高木壬太郎、聖書を読み牧師の説教を聴き始める。
○八月二九日〜　櫻井恒太郎、桧山金彦（M一八・七受洗）からキリスト教への入信を熱心に勧められ、下谷メソジスト教会牧師・外山孝平（一八五■〜一九三六）に教えを受ける。
○九月頃〜　山路弥吉、静岡英学校の教頭に迎えられた澁江保（一八五七〜一九三〇）から英語を教わる。
○九月〜一〇月　末兼（宮崎）八百吉、黄疸のため病臥。
○一〇月五日　富松正安の死刑執行。
○一〇月三一日　高木壬太郎、平岩愃保牧師から洗礼を受ける。
○一〇月　末兼（宮崎）八百吉、東京専門学校寄宿舎の自室で初めてキリストの光を認める。＊牛込払方町教会で和田秀豊牧師（一八五四〜一九四六）から洗礼を受ける。

○秋頃　山路弥吉、徳富猪一郎（一八六三～一九五七）著『将来之日本』（一〇月刊）を耽読。
◎一一月一四日　共立女学校在学のかたわら日尾女塾の和漢学教授を務めていた（M一九～二二）美那、横浜海岸教会牧師・稲垣信（一八四八～一九二六）から洗礼を受ける。
◎一二月二日　石阪公歴ら民権運動の青年グループ、アメリカ（オークランド）へ向かう。
◇一二月二〇日　「大阪事件」予審終結。
●この年　門太郎、重い脳病に罹る。
●この年（または前年？）　門太郎、「桃紅」の筆名で北海道の新聞に連載小説を寄稿する。

明治二〇年（一八八七）　一九歳

○二月一五日　徳富猪一郎、『国民之友』を創刊（～M三一・八）。＊山路弥吉はこれを福井で読み深い感動を受ける。
○四月　文部省、歴史教科書の草稿を募集。＊山路弥吉、これに応ずるため史書を読み耽るうち期限（八ヵ月）切れとなるが、この時、頼山陽にならい「史学文章」で世に立つ意志を固める。
○春　本郷定次郎（一八六六～一八九九）、家の許しも得ず敦賀から上京、三井銀行に入るが直ぐに引き戻される。
●この年前半　門太郎、横浜で西洋人の下に抑圧された日を送る。
○五月一六日　ジョーンズ David F. Jones、クリスチャン教会最初の宣教師として家族を伴い横浜に渡来。
○五月二五日（～一二月二四日）　谷口和敬、東京府練塀小学校（現・台東区立平成小学校）の校長に就く。
◇五月二五日　「大阪事件」公判開始。
○六月一〇日～　ジョーンズ、通訳に太田敏夫を得て、石巻に住まい伝道を始める。
●六月頃？　門太郎、横浜で生糸相場の暴落？　により商業上の企て失敗に終わる。
◎七月一四日　美那、横浜共立女学校（和漢学科）卒業。式場で「自由を張るに女子も亦責任あり」を演説。
●◎七月中旬　門太郎、石阪昌孝の別宅・臥龍ケ岡の慶令居（本郷区龍岡町二二番地）で美那と再会。
○七月二〇日　末兼（宮崎）八百吉、東京専門学校政治科を卒業。＊その後、帝国大学専科に半年ほど在学。
●◎七月下旬頃？　門太郎、美那に宛て「夢中の詩人」を書く。
○七月～　高木壬太郎、半年で三島小学校（首座訓導）を

辞し、静岡浅間公園側西洋館構内に居を移して、カナダ・メソジスト教会宣教師カシディ Francis Albert Cassidy（一八五三〜一九二四）に就き英語を学び始める。
○八月一四日　櫻井恒太郎、下谷メソジスト教会でイビーから洗礼を受ける。
●◎八月一六日夜、門太郎、美那を訪い午前二時頃まで語り合う。
●◎八月一八日　門太郎、美那に宛て自らの小伝を書く。
●◎八月一九日夕　門太郎、心ならずも交際断念を決め美那を訪う。恋情が高まり自制に苦しみながら夜を明かす。
●◎八月二〇日　門太郎、美那と午後四時頃まで話す。石阪家では二人を〈怪しむべき親友〉といぶかり、美那の母から苦情が持ち込まれる。
●八月二一日　門太郎、厚生館で米国監督教会宣教師の講演を聴いた後、商政を計り横浜へ。同日（または翌日）、「一生中最も惨憺たる一週間」を書く。キリスト教への入信を決意。
●◎九月四日　門太郎、日光（外国人のガイド）から帰宅後、美那に敬愛あふれる手紙を認める。
●◎夏〜秋頃？　門太郎、「絶情」（門太郎の創作草稿？　美那の決意書？　筆跡は門太郎）と題する文を書く。
○九月二四日　大阪国事犯事件第一審で、大矢正夫に強盗罪軽懲役六年の判決が下る。
○九月二五日　石巻クリスチャン教会（現・石巻栄光教会）創設。太田敏夫、ジョーンズから洗礼を受ける。
◎九月　美那、横浜共立女学校の英文科に入る。
○九月　島崎春樹、明治学院（普通科本科）に入学。
○九月　明治女学校、麹町区飯田町三丁目三二番地に、春よりとりかかった校舎、寄宿舎が新築落成。
○一〇月三日　普連土女学校（現・普連土学園）、麻布区本村町のコサンド宅を仮校舎に開校。
●◎一〇月四日　門太郎、浅草須賀町の鴎遊館で開かれた三大事件建白要求の「有志連合懇親会」に石阪昌孝らと出席。
●◎一〇月一六日　門太郎、ロシア人の通訳を務め日光から帰宅後、美那からの交際打ち切りの手紙を手にする。
●◎一〇月二五日　門太郎、父と東京地学協会（京橋区西紺屋町一九番地）の例会に出席（越後国永明寺の日蝕写真幻灯を観る）。
○一〇月　山路弥吉ら、静岡基督教青年会の名で「青年夜学会」を発起、英・漢・和洋算などを貧困の子弟に無月謝で教える。

○一〇月　末兼（宮崎）八百吉著『日本情交之変遷』（晩青堂）刊。

○一一月四日　富井まつ、普連土女学校に入学。

○一一月頃　山路弥吉ら「職人改良会」を起こす。

○一一月（M二二・一二）太田敏夫、ジョーンズにつき英文学を研究。

◎●一二月上旬頃　オークランドの公歴から政論週刊新聞『新日本』（M二〇・九・八〜二一・一二・一三）を送られる。

○一二月一四日　海部忠蔵（一八五六〜一九四一）、逓信省を辞して、普連土女学校校長に就任。＊久野宗熙は、竈山神社を辞し幹事に就く。

●一二月一六日　門太郎、オークランドの公歴へ送信。

◎一二月二五日　保安条例公布。石阪昌孝、二年半の東京退去を命じられる。

◎一二月二六日　石阪昌孝、神奈川県会の紛争で壮士乱闘事件を引き起こし横浜警察署に拘留中「精神異常」をきたし釈放される。

○一二月（〜M二三・五）谷口和敬、同郷の上海領事・高平小五郎（一八五四〜一九二六）に勧められ同領事館に勤務。

○この年　星野慎之輔（一八六二〜一九五〇）・平田喜一（一八七三〜一九四三）、日本橋教会牧師・北原義道（一八四六〜一八九四）から洗礼を受ける。＊M二一ともに退会。

○●この年　武相学友会（神奈川県学友会）、神奈川県出身の在京学生を中心に結成。＊門太郎はM二六頃入会？

●○この年？　門太郎、イビーの助手となり（同郷の堀江景宣の紹介？）、日本語を教え翻訳や説教の下書きなどに従う。

明治二一年（一八八八）　二〇歳

◎一月七日　公歴ら慷慨の士二五名、サンフランシスコで日本人愛国有志同盟会を組織。機関紙『第一九世紀』を創刊（〜M二二・一一・二〇）。

●◎一月二一日　門太郎、美那に宛て激しい壮士批判の手紙を書く。

●◎一月二四日　門太郎、平野友輔の手当てを受け横浜太田村に療養中の石阪昌孝に宛て、〝守少楼の小僧〟の名で痛烈な俗社会風刺の書簡を認める。＊美那の、父昌孝への見舞いに対する一月二七日付吉野泰三宛て礼状に同封。

○一月　本郷定次郎、再び上京し逓信省に勤める。

○三月三日　高木壬太郎、基督教演説会（静岡若竹座）で「基督教と進化説」を論ずる。

●○三月四日　門太郎、数寄屋橋教会牧師・田村直臣（一八五八～一九三四）より洗礼を受ける。＊巣鴨教会蔵の《会員名簿（従明治九年四月四日　銀座教会改京橋教会更改数寄屋橋教会）》に「北村門太良《ママ》」の名が見える。

○三月五日　高木壬太郎編『心の写真（一名嗜好及性質之記録）』（擁万堂）刊。

○三月六日　徳川慶喜（一八三七～一九一三）、紺屋町の元代官屋敷から西草深町の新居に移る。＊山路弥吉はこの日、静岡の幕人子弟を牧者なき羊のごとく放棄した慶喜の不人情を恨みつつ初めて接見。

●三月一一日　門太郎、胃病から起こった脳充血で一時重体（三・一六回復）。

●三月一七～二一日　門太郎、野州地方を旅する。

●◎三月二三日　門太郎、石阪昌孝に宛て〝北村と名のるもおかしたばこやの小僧〟の名で俗世間批判の手紙を書く。

●◎○四月二二日　門太郎、野津田の石阪家を訪ねて三日後、美那の母やま・妹登志と公歴の学友で門太郎とも志を同じくした〝尤も高尚にして、純粋なる友人〟吉倉汪聖（一八六八～一九三〇）と百草園に遊ぶ。

○四月　山路弥吉らにより『静岡青年会雑誌』（発行兼編輯人・高木壬太郎）創刊。

○春夏の交　山路弥吉、枢密顧問官に就いた勝安芳（一八二三～一八九九）に匿名の悪詩を送る。

○六月一七日　島崎春樹、高輪台町教会（一致教会）で木村熊二より洗礼を受ける。

○七月三日　ジョーンズの要請を受けた津田義人牧師が石巻教会から移り、磐井基督教会（現・日本基督教団水沢教会）を創設。

○七月一〇日　櫻井恒太郎、東京帝国大学（古典講習科漢書課）卒業。＊卒業論文「支那古代教育制度・日本徳育法論」。

○七月二八日　コサンドら日本普連土教会を創設。

○七月？　富士見町講義所で毎日曜日、ブレイスウェイトの講義あり。＊同所では布教上及び社会の不道徳を救うために「益友青年会」を組織。

○八月二〇日　山路弥吉の「頼山陽は徳川氏の忠臣なり」

が『静岡青年会雑誌』から『博文雑誌』二〇号に転載される。
◎九月三〇日　外祖母大河内まき死去（享年六六）。
◎●九月　登志、東京音楽学校（現・東京芸術大学音楽学部）の予科に入学。＊春頃、門太郎は受験要領を聞きに上野まで出向いている。
○九月　ジョーンズ、通訳・太田敏夫と神学生三名を伴い、石巻より上京、麻布区市兵衛町に居を定め聖書を教授。
＊クリスチャン神学校の濫觴。
○九月頃　末兼（宮崎）八百吉、東京経済雑誌社に入る。
○九月？　コサンド、米国フレンド教会より薦書を得、日本フレンド教会に加入。
○九月？　ブレイスウェイト、英国フレンド教会の証明書を得、日本フレンド教会に加入。
◎●一〇月二日　父快蔵退隠し、門太郎が相続（結婚準備のため?）。
○●一〇月七日　当時、門太郎の唯一の親友・本郷定次郎（一八六六～一八九九）、数寄屋橋教会で田村直臣牧師より洗礼を受ける。＊M二五・三・六霊南坂組合教会へ。
○一〇月一一日　九月に通訳の太田敏夫らと石巻から上京したジョーンズ、飯倉基督教講義所を開設。
●◎一一月三日　門太郎・美那、田村直臣牧師の司式により京橋区弥左衛門町の自宅で結婚式を挙げる。＊石阪家からは誰も出席しなかったという。横浜共立女学校では美那の恋愛結婚に悪評が広がる。4
○一二月一八日　イビー編（ウェスレー著）堀江景宣訳『実験神学』（東京聖教書類会社）刊。
○一二月二二日　愛郷学人（＝末兼（宮崎）八百吉）著『国民之友及び日本人』（集成社）刊。＊八百吉、徳富猪一郎に認められ民友社に入る。
○一二月　普連土教会、吉岡観仙を水戸に派遣し伝道を開始。
○この年（または前年）　山路弥吉、徳富猪一郎に「記者志望」の意を伝える。＊猪一郎から懇篤な断りの返書あり。
○この年～翌年　櫻井恒太郎、駒込講義所（下谷メソジスト教会所属）の日曜学校で教える。

明治二二年（一八八九）　二一歳

○一月一三日　太田敏夫、牧師を養成する専門校・東京講義所に入る。
○二月一一日　大日本帝国憲法発布。伝道師になるため静岡から上京した山路弥吉、信教の自由を祝って東洋英和学校の学生と市中を練り歩く。この日、民友社に徳富猪一郎を訪ねる。

○二月一一日　麻布基督教会（現・聖ヶ丘教会）設立。

●◎○四月九日　長編叙事詩『楚囚之詩』を従兄近藤音次郎（一八六五～一九二九）の営む春祥堂（京橋区銀座四丁目一二番地）より自費出版。挿絵画家は尾形月耕。＊銀座の書店（春祥堂？）で手にした山路弥吉は、その〈鬱蒼たる破調の文字〉を〈奇〉としている。大矢正夫の親戚で当時横浜石川学校教員・八木虎之助（一八六五～一九三六）に門太郎から「呈進」されたと思われる同書は、出版をためらう門太郎の切りほぐしを免れた少数の一。

●四月一日～　「透谷子漫録摘集」を書き始める。

○春頃～　櫻井恒太郎、「明石《めいせき》」という号を使い始める。

●○四月下旬～五月上旬頃　イビー宅（麻布区霞町）で速記術とタイプライターの特技をもって毎日午後？　通勤していた門太郎、イビーの日本語教師に雇われたばかりの櫻井恒太郎と出会い、『楚囚之詩』を進呈する。

○春頃？　門太郎、銀座街上で末兼（宮崎）八百吉と再会。その夜、晩餐をともにし、『楚囚之詩』を進呈する。＊八百吉、〈一読再読三読して、君が詩想の富瞻にして、君が情感の熾盛なるに驚〉く。

○五月八日（～七・一四）　イビー、中央会堂建設準備のため帰国。

○六月二八日　ジェームス・レッグ著、櫻井恒太郎訳『基督教及儒教本分論』（福音社）刊。

○七月以前　コサンド、メソジスト駒込教会の加藤万治・石塚伊吉を訪問。＊コサンドやブレイスウェイトを通じ、フレンド派の始祖・フォックス George Fox（一六二四～一六九一）に傾倒した加藤万治、この年のうちに教会籍を普連土教会に移す。

●七月一三日　「〔雑録〕「日本之言語」を読む」北村門太郎『女学雑誌』一七〇号。＊公表された初めての評論文。

○七月一八日　巌本善治、かし子（一八六四～一八九六）と結婚。

○七月二七日　ブレイスウェイト、新聞に通訳者募集の広告を出す。

○七月三〇日　櫻井恒太郎、「成明《なりあきら》」と改名。

●○八月一日　門太郎、ブレイスウェイトの通訳者・翻訳者として採用される。

○八月一九日　ブレイスウェイトの働きかけによりクエーカー系の前英国平和会書記・ジョーンズ William Jones（一八二六〜一八九九）、明治会堂（のち厚生館）で日本最初の平和主義講演（「英国平和協会の目的に関して」）を行う（三日後に日本を離れる）。

○八月　櫻井成明、日光で、カナダメソジスト教会宣教師・コクラン George Cochran（一八三四〜一九〇一）のために『鳩翁道話』を読む。

○八月　末兼（宮崎）八百吉、明治七年上京以来五年ぶりで、郷里（福岡県朝倉市三奈木）に帰る。

◎九月　登志、東京音楽学校専修部へ進む。

○九月一一日　明治女学校、高等科開業式。巖本善治・内村鑑三（一八六一〜一九三〇）・植村正久（一八五八〜一九二五）の演説あり。

○九月二四日　静岡から上京した高木壬太郎、東洋英和学校（神学部）に入学。

○九月　ローズ夫妻（Rev. Harry J. Rhades. Mrs. Aiice J. Rhordes）、クリスチャン宣教師として来日。

●○一〇月一日　門太郎、ブレイスウェイトの通訳として水戸（米崎）へ。＊M二四・四頃ブレイスウェイトが築地居留地五一番館から横浜山手一四番館に転居するまで通訳・翻訳などに従う。

○一〇月三日〜　普連土女学校、芝区三田功運町の新校舎で授業開始。

○一〇月六日〜　イビー、駒込メソジス教会で毎日曜日英語演説・聖書研究会を開く。＊中央会堂設立まで。

○一〇月二三日　麻布基督教会、ローズとその家族四人を迎える。

●○秋頃　ブレイスウェイトの通訳兼書記・隅谷巳三郎（一八六九〜一九四五）と知り合う。＊巳三郎によれば、門太郎は、築地のブレイスウェイト宅に松本君平（一八七〇〜一九四四）らとよく泊まったという。

○一一月四日　山路弥吉、天長節・立太子式祝会（東洋英和学校）での内村鑑三の「菊花演説」に感動。同日、同会場で開かれた第三回同盟文学会で「関新助」を演述。

○●一一月六日　吉野泰三、「北多摩郡正義派」（M二二・九吉野らが組織した自由党・大同協和会批判の政治グループ）に共感する門太郎に宛て返書を書く。

○●一一月二九日　門太郎、普連土教会員・加藤万治らと「日本平和会」を結成。

◎秋頃　父快蔵、「江戸会」の会員となる。
●○一二月二七〜二九日　門太郎、水戸でコサンド・加藤万治・吉岡観仙と伝道演説。
◎この年（〜M二四）美那、神田錦町の侍医・竹井静家の家庭教師をつとめる。
◎この年　美那、麹町の女子学院に転校。

明治二三年（一八九〇）　二二歳

●一月一日「〔批評〕当世文学の潮模様」ほ、とぎす『女学雑誌』一九四号
○一月二七日　イビー主宰の中央会堂機関紙『天明新誌』（編輯人・櫻井成明）創刊。
○二月一日　徳富猪一郎、『国民新聞』を創刊（〜S一七・一〇・一）。
●○二月二三日　門太郎、末兼（宮崎）八百吉と快談半日。
●○二月二四日　門太郎、イビーの仕事、休む。
○二月二七日「渡守日記」を構想。
○二月二八日「〔雑録〕福音書を筆《か》く人々」北村門太郎『基督教新聞』三四四号
○二月　櫻井成明訳『いのりの力』（倫敦聖教書類会社）刊。
○二月頃？　末兼（宮崎）八百吉、国民新聞社に入る。
●○三月五日　三田大火。門太郎、イビー宅からの帰途、聖坂の普連土教会にコサンドを見舞う。
○三月七日「〔雑録〕福音書を書く人々（つゞき）」『基督教新聞』三四五号
●三月八日「〔雑録〕時勢に感あり」透谷塵人『女学雑誌』二〇三号
○三月九日〜　事実に基づき「処女」を書き始める。
●三月一三日「露伴子」の骨子を書く。
○三月一三日　外国伝道委員会組織される（会長にコサンド、会計にブレイスウェイト）。
○三月二四日　八百吉、末兼姓から宮崎姓に復する。＊一年ほど前から「湖処子」と号す。
○三月　加藤万治、禁酒禁煙を養成する「少年克己軍」の発起に尽力。
○三月頃？　セリス夫妻ら、外国伝道協会を代表して来日。
○春　山路弥吉と櫻井成明、出会う。5
◎○四月以前？　門太郎、ホイットニー Willis Norton Whitney（一八五五〜一八一八）の尽力により『聖書之友雑誌』の編輯員・翻訳者となる。
●○四月三日　門太郎、水戸でコサンド、モリス夫妻ら普

連士教会の人々と写真撮影。

●四月二六日　「〔寄書〕泣かん乎笑はん乎」透谷『女学雑誌』二一〇号

○四月（～M二四末頃まで）東北伝道転任の太田敏夫に代わって、生江孝之（一八六七～一九五七）がジョーンズの通訳となる。

○四月頃（～M二七・三）星野慎之輔、明治女学校の教職（薙刀術）に就く。

○五月三日　「〔寄書〕文学史の第一着ハ出たり」透谷『女学雑誌』二一一号

○五月一〇日　宮崎八百吉、服部ムツ（睦子）と結婚（M二七・二・一〇入籍）。

○五月二一日　女学雑誌社から『女学生』（主筆・星野慎之輔）創刊（～M二五・一二）。

◎六月一日　美那、横浜海岸教会（M二三・一・二四退会）から数寄屋橋教会へ転会。

○六月二三～二四日　本郷区春木町の中央会堂、落成目前で類焼に遭う。＊一二月竣工。

○六月二七日　宮崎八百吉著『帰省』（民友社）刊。

○六月　明石居士編『童蒙例訓』（倫敦聖書書類会社）刊。

◎七月一日　石阪昌孝、第一回衆議院議員選挙に当選。

○七月一日　ブレイスウェイトを代表とする聖書館、横浜海岸通り四二番に設置。

○七月三日　谷口和敬、岩手県東磐井高等小学校（現・千厩小学校）の校長となる。

○七月四日　山路弥吉、静岡部掛川区袋井・見附方伝道のため（代用牧師）として赴任。

○七月二八日　「湖処子に与ふ」山路生『国民新聞』一七八号

○七月　高木壬太郎、日本美以教会第七年会で築地教会牧師に任命される。

●八月一四日　門太郎、謡曲の稽古を始める。

●夏　門太郎、「天香君」「西行伝」を書き継ぎ、「再来浦島」の想をめぐらす。

●◎八月一七日　門太郎、早川村へ。継祖母ミチに連れら真福寺に詣で御詠歌を聞く。

●八月一八日　門太郎、江之浦まで歩く。「渡守」の腹案ほぼ成る。「鼠」の粗筋を思いつく。

●八月二〇日　門太郎、石垣山を越え湯本を通り宮ノ下へ。

●八月二七日　門太郎、東京に戻る。

●八月三〇日　門太郎、「源平名残」の組み立てを考える。
●○九月一日　宮崎八百吉・久野宗熙、平和会議のため来談。門太郎、牛込の八百吉宅に初めて泊まる。八百吉、門太郎の「渡守」の趣向を激賞。
○九月七日　澁江保、数奇屋橋教会で田村直臣牧師より洗礼を受ける。＊M二六・一二・三麻布メソジスト教会へ移る。
●九月九日　「新蓬萊」を書き始める。
●○九月二一日　コサンドより来書、翻訳の依頼あり。
○九月二四日　門太郎、日記に〝米九升七合なり〟と生活苦をもらす。6
●九月二六日　門太郎、ドラマ「九郎義経」を思い立つ。
●○九月二九日～　門太郎、コサンド宅へ通い始める。
●一〇月二二日　門太郎、叙事詩・ドラマ「楊貴妃」を着想。
○一〇月　川合信水（一八六七～一九六二）、女学雑誌社に入社。
●○一一月一九日　門太郎、普連土女学校（海部忠蔵校長の米国留学中、久野宗熙が校長代理に）の教職（英学訳読）に就く。
○一一月二〇日～　門太郎、普連土教会に出席するようになる。
●一一月二三日　門太郎、芝区芝公園地三八号に転居。
○一一月二五日　第一回帝国議会召集。
●一二月二日　門太郎、政治風刺「四千円の函」のあらましを書く。
○一二月一一日　門太郎、「義経曲」「孤夢貴人」の想を練る。
○一二月二七日　普連土女学校、〝本校廿四年一月十二日開校、寄宿通学共入学を許す、望みの諸姉は来校せよ〟の広告を出す。
●一二月二九日（～M二四・一・三）　門太郎、箱根塔ノ沢一之湯（祖父玄快が療養生活を送ったことのある遠縁の温泉旅館）に逗留。
○一二月三一日　門太郎、吉野泰三に年賀状を出す。＊M二四・一・一着。
●○この年　ブレイスウェイトのもとで、「八犬伝」「佐倉義民伝」の英訳や『懸賞問題答案平和雑誌』（一～一二号合冊。M二四・五刊）の和訳・発行などを手伝う。

明治二四年（一八九一）　二三歳

◇一月三日　中央会堂 Central Tabernacle 献堂式を挙行。

イビー、綜理する。

○一月九日　内村鑑三不敬事件。

○一月一〇日　「〔雑録〕英雄論」愛山生『女学雑誌』二四七号

●一月一九日　イビーの翻訳の仕事始まる。

○二月一五日　門太郎、普連土教会で、新渡戸稲造（一八六二～一九三三）・まり子 Mary Patterson Elkitnon（一八五七～一九三八）夫妻に会う。

○二月二八日　本郷定次郎、銀座の借家で伝道集会を開く。

＊孤児養護施設「育児暁星園」の始まり。

○二月　ハワルド著、櫻井成明訳『科学的法式による基督を批判す』（基督教書類会社）刊。

◎三月三一日　父快蔵、水戸地方裁判所書記（判任官四等五級俸）に就く。

●春頃　門太郎、水戸でブレイスウェイト・加藤万治ら日本平和会の人々と写真撮影。

○四月二一日　山路弥吉、「我が一生の計」を記す。

◎四月二四日　父快蔵、水戸区裁判所書記に就く。

◎四月二七日　父快蔵、水戸地方裁判所監督書記に就く。

○四月頃　ブレイスウェイト、築地居留地五一番から横浜山手一四番館へ転居。

●○五月二日　門太郎、前年秋から推敲を重ねてきた劇詩「蓬莱曲」脱稿。直ちに櫻井成明に詠んで聞かせる。

○五月一一日　山路弥吉、袋井駅近くの田圃に座り、大津で重傷を負ったロシア皇太子を見舞いに行く天皇の臨時汽車を見送る。

●五月二九日　『蓬莱曲』（発行者・丸山垣穂、発兌所・売捌所・京橋区弥左衛門町七番地　養真堂）を自費出版。

●○五～六月頃　普連土女学校からの帰途、慶応義塾（大学部文学科）に通っていた幼友達の坂本易徳と三田の通りで会遇。別れて以来のことを語り合い、カーライルなどを論ずる。＊二、三日後、『蓬莱曲』をもって文学論に及ぶ。

●○六月一日　横浜山手公会堂 Gaiety Theatre で、ミルン一座の「ハムレット」を観る。＊その六日後、当日の日本人客の一人・坪内雄蔵を大久保の自宅に訪ねる。

●六月九日　門太郎、「古事記」研究の念起こる。「地龍子」「戯曲を論じて雲峰子に質す」を書く。

○六月一五日　加藤万治、久保すゑ（一八五二～一九一八）と結婚。

○六月二三日　本郷定次郎、秋元ヒデ（一八七五～一九〇〇）

と結婚。＊ヒデは、一一日後（七月四日）数寄屋橋教会で洗礼を受ける。
○六月頃　山路弥吉、櫻井成明から『蓬萊曲』を贈られる。
○七月七日　山路弥吉を「補助編集者」（実際上の主筆）に、メソジスト教会三派の共通機関紙『護教』（発行兼印刷人・平岩愃保、編輯人・本多庸一、発行所・東京市京橋区竹川町九番地　メソジスト教会内　護教社）創刊（〜T八・一二・一八）。＊岡野敬胤（一八六〇〜一九三二）は会計・編集・通信雑記などを受け持つ。
○七月上旬　土浦普連土講義所創設。
●七月一三日　門太郎、「平家栄華の仇夢」の意匠成る。
●○夏　門太郎、櫻井成明宅（本郷区龍岡町二五番地）で山路弥吉と出会う。
●八月九日　門太郎、函東会（M一五足柄郡出身在京学生の親睦と智識の交換を目的に発足）の足柄郡大会（小田原鴎鳴館）に出席。会員の送別に当たり戯曲（『蓬萊曲?』）を音読する。
○八月九日〜一〇日　コサンド、水戸上市のフレンド教会で幻灯演説（「光」「罪の本」）。＊土浦町でも幻灯演説会を開く。
○八月一五日〜一〇月一五日　「ゑるされむ城」明石居士『聖書之友月報』四四〜四八号
◎八月一六日〜　父快蔵、勅命第八三号により五級俸を給される。
◎九月一一日　父快蔵、土浦区裁判所書記に就く。
◎九月一四日　父快蔵、土浦区裁判所石岡出張所書記に就く。
○九月　島崎春樹、明治女学校の教師に就任。
○一〇月二八日　濃尾大地震。＊本郷定次郎、罹災者の救済につとめる。
●一一月一三日　「毒夢」の想成る。
○一一月二一日（〜M二五・三・二六）「〔社説〕続政教新論」山路弥吉『護教』二〇号（〜三八号）
●一一月二八日　「〔史伝〕二宮尊徳翁」北村透谷『女学雑誌』二九三号　＊巌本善治の目に留まる。
○一二月一五日　大矢正夫、特赦で徳島監獄を出る。
○一二月一八日　イビー、浅草鴎遊館での基督教大演説会で「基督教の優れたる事」と題し演説。
○●一二月二六日　櫻井成明、「北村透谷に与ふ」を書く。＊『護教』二六号に、山路弥吉の紹介文を付し、「某に与ふ」と題して掲載される。7

○一二月　ブレイスウェイトらの勧誘と補助とにより横浜市長者町に基督教講義所設置。
○この年～翌年　櫻井成明、イビーの旧約聖書ローマ字訳の印刷・校正に従う。＊一時聖書会社に出勤、ブレイスウェイトと共に校正に携わる。
○この年　美那、女子学院の普通科を卒業。
○この年より、巌本善治、明治女学校の校長となる。

明治二五年（一八九二）　二四歳

●○一月一日　門太郎、中山道大宮から吉野泰三宛て年賀状を書く。＊一月四日着。
●一月二日　「〔寄書〕一点星（詩）」透谷隠者『女学雑誌』二九八号　＊星野慎之輔の注目を受ける。
○●一月二日　「〔文藻〕某に与ふ」龍岡処士（＝櫻井成明）『護教』二二六号
○一月二日　「〔寄書〕吾は固執の名を甘んず」山路愛山生『女学雑誌』二九八号
●○一月七日　門太郎、普連土教会々友を招き餅会を催す。
○一月一一日　門太郎、病床にあって「重箱行脚」の起稿を決める。
●○一月一五日　門太郎にコサンドより免職の相談あり。
○一月一六日（～M二七・八・二七）「摩西論」まいえる（めゑる）著、櫻井成明訳『聖書之友月報』四九～八〇号　＊五七号（M二五・九・二二）から『聖書之友月報』を『聖書之友雑誌』と改題。
●一月一七日　門太郎、函東会東京部一月例会（京橋区畳町開化亭）に出席。
●○一月二一日　門太郎、一時帰国（父病気のため）のコサンドを横浜に見送った後、大矢正夫を横浜の自由党公道倶楽部に訪ねる。
●○一月二四日　門太郎宅に棟方大助（一八七一～一九一七）・櫻井成明来訪。
●○一月下旬　門太郎、「厭世詩家と女性」の原稿を紹介書代わりに、明治女学校＝女学雑誌社（麹町区下六番町）に巌本善治を訪ねる。
●○一月二九日　門太郎、コサンドに続き、イビーの仕事も免職となる。
◎一月三〇日　父快蔵、任地（石岡）から帰る（土・日曜日、通例）。
●○一月頃　門太郎、生江孝之の後を受けて、麻布基督教会牧師・ジョーンズの通訳となり、太田敏夫と親交の機縁を得る。

●○二月二日　門太郎宅に久野宗熈来訪。

●○二月三日　門太郎宅に櫻井成明・山路弥吉来訪。弥吉は京橋区西紺屋町八番地に引っ越したばかりで、高木伊作（一八七二〜一九三五）と同居。門太郎、天金（京橋）の天麩羅を奢り、弥吉は空海の『性霊集』を貸す。

●○二月四日　隅谷巳三郎来訪。

●二月六日「春を迎ふ」透谷隠者『護教』三一号

●二月六日「〔論説〕厭世詩家と女性（上）」透谷隠者『女学雑誌』三〇三号　＊木下尚江（一八六九〜一九三七）・相馬黒光（一八七六〜一九五五）・正宗忠夫（一八七九〜一九六二）・島崎春樹・櫻井成明らに強い衝撃を与える。

●二月一四日　門太郎、函東会東京都二月例会（京橋開化亭）に出席。『函東会報誌』の補助編集員に選ばれる。

●○二月一八日　門太郎、宮崎八百吉・坪内雄蔵を訪う。

○二月二〇日「〔論説〕厭世詩家と女性（下）」透谷隠士『女学雑誌』三〇五号

●○二月二六日　門太郎、巌本善治に誘われ明治女学校文学会に同行、『女学雑誌』文学批評の執筆を勧められ承諾。

●○三月五日　戸川安宅《やすいえ》（一八五五〜一九二四）を訪う。

●○三月七日　門太郎宅に戸川安宅・山路弥吉来訪。弥吉の発案で深川に蛤を食べにいく。

●○三月八日　巌本善治に原稿（「伽羅枕及び新葉末集」）を届けた後、依田百川（一八三三〜一九〇九）を訪ね演劇論を交わす。＊『学海日録』には〈八日　晴…北村門太郎といふもの来りて演劇の事を論すこの書生銀座の一商家にありて翻訳を業とするよしなり…〉とある。

●○三月一〇日　丸善（日本橋）二階の畳み敷きの部屋にこもり洋書に親しんでいた門太郎、ねらいおいた『シェークスピア全集』（『The Works William Shakespeare』Edited by Charles Knight?）を一二円（明石によれば一一円）で購入。

○三月一一日　普連土教会、「青年友愛会」を組織。演説会に山路弥吉を招く。

◎三月一二日　美那、正式な結婚届を出し北村家に入籍。

●○三月一二日　門太郎、高田与五郎（石川の人。父快蔵の大蔵省記録局時代の同僚）を芝区神明町に訪ね、能楽の話を聞く。

●三月一二日「〔批評〕伽羅枕及び新葉末集（第一）」透谷『女学雑誌』三〇八号

●三月一四日　門太郎、函東会東京部三月例会（京橋開化亭）に出席。
●○三月一五日　日本平和会の機関誌『平和』（発行兼編輯人・加藤万治、印刷人・北村門太郎、発行所・下谷区車坂町四七番地　平和社）創刊。実際の編集者は門太郎。＊前年初め頃から、ブレイスウェイトが当雑誌の発行に積極的に関わる。
●三月一五日　「「平和」発行之辞」「想断々（一）（二）」「平和の君の王国」「ウイリアム・ジヨンス氏演説筆記（一）」「旧約と戦争」「雑誌の体裁等に就き読者へ御断り」『平和』一号
●○三月一七日　門太郎、ジョーンズの通訳として東北（石巻・磐井地方など）伝道の旅に立つ。＊四・一〇松島着。
●三月一九日　「〔批評〕伽羅枕及び新葉末集（其二）」「白玉蘭（山田美妙著）」透谷『女学雑誌』三〇九号
○三月一九日　「〔社説〕信仰個条なかるべからず」山路弥吉『護教』三七号
○三月二〇日　宮崎八百吉、青年文学会例会で韻文についての講演と自作詩朗読。
●三月二六日　「〔批評〕人肉質入裁判（磯辺弥一郎訳）」透谷『女学雑誌』三一〇号
●○三・四月頃　門太郎、女学雑誌社の応接間で、巌本善治の紹介により島崎春樹を知る。
●四月一一日　門太郎の母校・啓蒙学校焼失につき義捐金二〇銭を寄付。
●○四月一三日　門太郎、旅に病み飯坂温泉（福島）で療養中、第二回総選挙直後の政争のただ中にあった吉野泰三に俳句と和歌を添えた近況の葉書を書く。＊一〇日後東京に戻る。
●四月一九日　「〔詞苑〕漫言一則」北村透谷『函東会報告誌』一三号
●四月二三日　「〔雑録〕松島に於て芭蕉翁を読む」「〔批評〕平野次郎（福地桜痴）」「後の月影（義捐小説合集）」透谷『女学雑誌』三一四号
●四月二八日　門太郎、微恙に罹り水戸から帰京。
●四月三〇日　「〔批評〕油地獄を読む（一）（斎藤緑雨著）」透谷『女学雑誌』三一五号
○四・五月頃　島崎春樹、台町教会から植村正久の一番町教会へ移る。
○五月一日　櫻井成明、外務省通商局長・安藤太郎（一八四六〜一九二四）の力添えで外務省移民課の嘱託となる（月給四〇円)。

●五月七日　「〔批評〕油地獄を読む（二）」透谷『女学雑誌』三一六号

●◯五月八日　門太郎、島崎春樹と築地の戸川明三（一八七一～一九三九）宅（明三の祖母が営む下宿屋）へ同行の約束あり。

＊この頃？　門太郎、春樹の紹介で明三と、また明三の紹介で同じ築地の下宿屋にいた岡野敬胤と知り合う。

●五月一四日　「〔批評〕油地獄を読む（三）」透谷『女学雑誌』三一七号

●五月一七日　弥左衛門町から芝区高輪東禅寺の僧坊へ移る。

◎五月一八日　「最後の勝利者は誰ぞ」「トルストイ伯」「ウイリアム・ジョンス氏演説筆記（二）」「欧州の戦争及び戦争組織」『平和』二号

◯五月一八日　櫻井成明、「腓立比物語」の附を終える。

[8]

●五月二一日　「〔雑感〕蓮華草」「〔批評〕浦島次郎蓬萊噺（幸堂得知著）・さ、きげん（得知著）」「猿蟹後日譚（巌谷小波）」透谷『女学雑誌』三一八号

●◯五月下旬　門太郎宅に島崎春樹来訪。普連士女校の教え子・富井まつも来ていて、東禅寺裏の墓地でともども語らう。

◎六月一日　長女英《ふさ》誕生。（～一九六三・五・九）

●六月四日　「〔小説〕我牢獄」脱蝉子、「〔批評〕二人女（紅葉山人著）」透谷『女学雑誌』白三二〇号

＊当号から三四一号（M二六・三・二五）まで、白表（甲の巻＝青年男女のため）・赤表（乙の巻＝老成婦人のため）に分かれ、隔週同一号数のものを発行。

◯六月四日　「〔寄書〕井上活泉先生」東海生（＝高木壬太郎）『護教』四八号

◯六月四日　山路弥吉、徳富猪一郎から『国民新聞』の編集に加わるよう勧められ内諾。＊二ヵ月後に民友社に入る。

●◯六月初め　門太郎宅に島崎春樹・戸川明三連れ立って来訪。

◯六月九日　湖処子著『まぼろし』（春陽堂）刊。

●◯六月一〇日　巌本善治に見出され甲州から上京し『女学雑誌』の編集に当たっていた川合信水に、普連士教会（青年友愛会）での講演（六・一一）の依頼状を出す。

●六月一五日　「〔社説〕一種の攘夷思想」「〔随感〕幽境の

逍遥」脱蝉子、「〔批評〕平和（パブテスト青年会発兌）」『平和』三号

○六月一七日　「〔論説〕内部の生活」山路弥吉『聖書之友雑誌』六六号

●六月一八日　「〔批評〕歌念仏を読みて」透谷『女学雑誌』白三二一号

○六月　本郷定次郎、麻布区龍土町から下野須野原（青木開墾地）に移り住む。

●七月二日　「〔論説〕徳川氏時代の平民的理想（第一）」透谷子、「〔小説〕星夜（読切）」透谷『女学雑誌』白三二二号

○七月五日　高木壬太郎、麻布メソジスト教会牧師となる（〜M二八・五、M三七・六〜M四〇・五）。

●七月八日　門太郎、日本平和会の集会（芝浜海水亭）に出席。

◎七月九日　登志、東京音楽学校専修部（バイオリン科）卒業。

●七月一〇日　「〔社説〕真―対―失意」、「〔論説〕戦場の実歴（三）ウイリヤム・ジヨンズ氏演説筆記」、「〔雑録〕電影草廬淡話」、「〔俳句〕わかれても…（一句）」『平和』四号

○七月一四日　普連土女学第一回卒業式。＊富井まつ（松子）、和漢・英・数学・画学各学部の課程を修了。

●○七月一六日　「〔論説〕徳川氏時代の平民的理想（第二）透谷子、「〔批評〕脱蝉子に与へて其「星夜」を評す」「星夜」の主人公となりし男（＝櫻井成明）、「〔批評〕脱蝉子の答へ」、「〔批評〕又脱蝉子へ」「星夜」の主人公ならざりし男（＝櫻井成明）『女学雑誌』白三二三号　9

●○七月二七日　門太郎、川口村森下に秋山国三郎を訪う（不在）。

●○七月二八日　門太郎、国三郎の孫らと網代鉱泉へ。夕方、八王子から戻った国三郎と感動的再会。

●○七月二九日　門太郎、国三郎と高尾山行の途次、八王子に泊まる。

●○七月三〇日　門太郎、国三郎と高尾山に遊び山麓の旅館に泊まる。

●七月三〇日　「〔論説〕徳川氏時代の平民的理想（三・完）」透谷子、「〔批評〕まぼろし（湖処子著）」透谷『女学雑誌』白三二四号

●○七月三一日　門太郎、国三郎と鶴川村に大矢正夫を訪ね百草園に遊ぶ。

●夏　門太郎、鎌倉へ（二日間）。

○夏　櫻井成明、イビーの要請により鎌倉で旧約聖書の校正に従う。

●八月一三日　「〈雑録〉三日幻境（上）」透谷子、「〈俳句〉七年を…、越えて来て…（二句）」透谷子『女学雑誌』白三二五号

○八月二〇日　「〈講壇〉寿命の黙想」高木壬太郎『護教』五九号

●八月二二日　「孤飛蝶（旧稿）」脱蝉子『女学生』（夏期号外）

●八月二三日　門太郎、高輪東禅寺の僧坊から芝公園地二○号四番（麻布区飯倉町四丁目二番地の富井まつの家の裏手）へ転居。⑩

●八月二七日　「〈批評〉文学一斑（内田不知庵著）」透谷子『女学雑誌』白三二六号

●八月二八日　「〈雑録〉電影草盧淡話（第二）」「〈時事〉本年の夏期学校・坦原山師逝く」「〈平和会記事〉」『平和』五号

●○八月三一日　門太郎、民友社から『国民之友』への執筆依頼状を受ける。

●○九月二日　門太郎、島崎春樹（日本橋浜町）に葉書を書く。

○九月初め頃　山路弥吉、麻布区永坂町二三番地に転居。

●九月一〇日　「〈雑録〉三日幻境（下）」透谷子、「〈俳句〉すゞ風や…、この山に…、日ぐらしの…（三句）」透谷子『女学雑誌』白三二七号

○九月一〇日　「〈論説〉文学と歴史」山路弥吉『護教』六二号

●○九月一三日　門太郎、川合信水に普連土教会（青年友愛会）での講演依頼状を出す。

◎●九月一四日　美那の祖母ハヨ、野津田の自宅で亡くなる（享年六八）。＊妻子と葬式に臨むが門太郎だけ拒まれる。

●九月一五日　「〈社説〉各人心宮内の秘宮」「〈雑録〉謡曲敦盛の一節・電影草盧淡話（第三）・平和会の起源及発達」「〈論説〉戦場の実歴（第四）」『平和』六号

●○九月中旬　門太郎宅に島崎春樹来訪、明治女学校の教職に就いたことなど語る。

○●九月一七日　川合信水、普連土教会の青年友愛会で講演。門太郎出席。

●○九月二〇日　徳富猪一郎に会った後、薩摩餅の単衣に白木綿の兵児帯、白いヘルメットにステッキという出で

立ちで初めて星野慎之輔を日本橋区本町〔砂糖問屋〕に訪ね、没理想への痛憤に夜を徹する。
●九月二一日　「悪夢」の作意を記す。
●九月二四日　「〔論説〕心機妙変を論ず」透谷子『女学雑誌』白三二八号　＊巌本善治、島崎春樹を感激させる。
○九月二七日　櫻井成明と下谷教会以来の友・山田米（一八六九～一八九三）、東京音楽学校卒業後に就いた山梨県尋常師範学校の教職を辞し、郷里〔岐阜県武儀郡上有知町〕の父母に受洗を勧め再び上京。成明宅〔本郷区本郷五丁目三七番地〕に仮寓。＊その後、明治女学校で音楽を教えながら矯風の仕事に就く。
○九月三〇日　谷口和敬、岩手県東磐井郡千厩尋常高等小学校長となる。
○九月　平野友輔、東京慈恵医院の看護婦・安田鐙（一八六九～一九六八）と結婚。
●一〇月八日　「〔論説〕処女の純潔を論ず〔富山洞伏姫の一例の観察〕」透谷子『女学雑誌』白三二九号
○一〇月九日　「詩人」愛山生『国民新聞』八三八号
●一〇月一三日　「〔藻塩草〕他界に対する観念」透谷子『国民之友』一六九号
●一〇月二二日　「〔論説〕秋窓雑記」「〔論説〕文界要報」透谷子『女学雑誌』白三三〇号
●一〇月二三日　「〔藻塩草〕他界に対する観念〔承前〕」透谷子『国民之友』一七〇号
○一〇月二三日（～一二・一三）「〔史論〕近世物質的の進歩」愛山生『国民之友』一七〇号（～一七五号）
○一〇月三〇日　「山東京山」愛山生『国民新聞』八五五号
●一〇月三一日　「〔社説〕「黙」の一字」函嶺山人、「〔書簡〕花浪生の快言」蝉生『平和』七号
○●一〇月　麻布基督教会宣教師・ローズHarry J. Rhodesの後任として、ウッドワースAlonzo夫人IdawoodWortheとその義姉ペンロードTena Christine Perodと共にDock Woodworth（一八五七～一九四九）来日。門太郎はその日本語教師〔説教の通訳〕となる。＊後年、ウッドワースは〈余り通訳はうまくなかつた〉と評している。〔「日本基督教文学夜話（五）」比屋根安定『日本基督教新聞』S一〇・九・二七〕
●○一一月三日　芝公園地から麻布区箪笥町四番地に転居。先月来日したコサンドから山羊を購う。11
●一一月五日　「〔批評〕関ヶ原誉凱歌〔桜痴居士著〕」透谷子、

「〔雑録〕鬼心非鬼心（実聞）」脱蝉子『女学雑誌』白三三一号

●〇一一月一六日　徳富猪一郎から『国民之友』春期附録の原稿依頼あり。

●一一月一九日「〔雑録〕ゆきだふれ（詩）」透谷子『女学雑誌』白三三二号（病床の作）

●一一月二六日「〔社説〕虚栄村の住民・「然」と「否」・「餓」」、「〔論説〕博奕の精神・歴史上の博奕」、「〔雑録〕みどりご」透谷子、「〔雑録〕スウトネル女史の著書」、「〔思潮一斑〕文界近状」蘆水生『平和』八号

〇一一月二六日「〔寄書〕強兵」大笑（＝山路弥吉）『平和』八号

〇一一月二六日「〔雑録〕深夜時雨（韻文）」湖処子『平和』八号

〇一一～一二月頃　山路弥吉、麻布メソジスト教会の日曜学校で教会歴史（G.P.Fisher『History of the Christian Church』）を講ずる。

●一二月一日「風流」北村透谷『青年文学・鳳雛』第一編

●一二月三日「〔藻塩草〕平家蟹」透谷子『国民之友』七四号

●一二月三日「〔批評〕正太夫と流行子」脱蝉子『女学雑誌』白三三三号

〇一二月三日「〔社説〕青年一揆の張本人」巖本善治『女学雑誌』白三三三号

〇●一二月九日『福音新報』の「基督教徒たる美術家及び文学者」一覧に、門太郎・久野宗熙は「詩人」、宮崎八百吉は「小説家」、巌本善治・山路弥吉・櫻井成明は「著訳家」として名を連ねている。

〇一二月一〇日「〔評論之評論〕女学雑誌（第三百三拾三号　白表）・平和（第八号）」山路弥吉『護教』七五号

〇一二月一〇日「〔特別寄書〕新任論」秋紅散史（＝高木壬太郎）『護教』七五号

●一二月一七日「〔批評〕罪と罰（内田不知庵訳）」透谷子『女学雑誌』白三三四号

●一二月二六日「〔社説〕コン子クチカット支部第廿六回万国平和会の報告（千八百九十一年八月）」「〔雑録〕ツルゲネーフの小品」『平和』九号

◎一二月二七日　父快蔵、職務格別勉励につき司法省より五円賞与される。

○一二月二七日　山路弥吉、田島たね（一八七三〜一九三一）と結婚。

○一二月二九日　福井捨助、山根こと子と結婚。

明治二六年（一八九三）　二五歳

●○一月二日　門太郎、星野慎之輔を訪う（『文学界』創刊の件）。秋山国三郎に年賀状を出す。

●○一月三日　門太郎、吉野泰三に年賀状を出す。

●○一月五日　門太郎、島崎春樹（牛込区赤城元町）に手紙を書く。

○一月七日　「〔付録〕貞婦於石」櫻井成明『女学雑誌』赤三三五号

●一月一三日　「〔藻塩草〕宿魂鏡」透谷庵主『国民之友』一七八号　＊〝自分ながら呆れる程の不作〟ではあったが、岩野美衛（一八七三〜一九二〇）・正宗忠夫らに感動を与える。

○一月一三日　「〔藻塩草〕頼襄を論ず」山路弥吉『国民之友』一七八号

●一月一四日　「〔批評〕「罪と罰」の殺人罪・尾花集（露伴子著）」透谷子『女学雑誌』白三三六号

●○一月二一日　星野慎之輔を訪い、島崎春樹に代わり明治女学校の教職に就くことを承諾。＊二月から高等科で「ハムレット」を講ずる。月給一〇円。夏休み中は八円。12

●一月二六日　「〔社説〕心の死活を論ず」透谷生『平和』一〇号

○一月三一日　『女学生』『女学雑誌』（白表）を母胎として『文学界』（編輯人・星野慎之輔、発行所・東京市麹町区下六番町六番地　女学雑誌社）創刊。（〜M三一・一・一）

●一月三一日　「富嶽の詩神を思ふ」透谷『文学界』一号

○一月（〜M二八・五）太田敏夫・ウッドワースにつき、教会歴史・牧会学などを研究。

●○一月頃？　外務省移民課の嘱託を解かれた（M二五・一二・一五）櫻井成明の窮を見兼ね、門太郎、櫻井宅の机上に五円札を置き去る。13

○二月一日　川合信水、仙台に赴く。

●二月一一日　「〔雑録〕閑窓茶話（其一〜其五）」脱蝉子、「〔批評〕和文学史（大和田建樹著）・凧の糸目（篁村著）・小説花相撲（春陽堂梓）」透谷子『女学雑誌』白三三八号

○二月一一日　「〔評論の評論〕文学界（第一号）」（山路弥吉）、「〔論叢〕文学界を読みて」不可休盧主人『護教』八四号

●二月二五日 「〔雑録〕山庵雑記（其一～其九）」透谷子、「〔批評〕詩篇若葉（高瀬文淵作）」透谷子『女学雑誌』白三三九号

●○二月二八日 「人生に相渉るとは何の謂ぞ」透谷庵『文学界』二号 ＊山路弥吉の「頼襄を論ず」＝宗教の立場にありながら実利を第一義とする民友社一派を批判。以後、弥吉と、文学の現実との関わりを巡って論戦する。

○三月一日（～六・一一）「明治文学史」愛山生『国民新聞』九四八号（～一〇三四号）

○三月四日 山路弥吉、麻布区霞町二一番地（＝『護教』発行所）に転居。

●三月二五日 門太郎、青年友愛会創立一周年々会（普連土教会堂）で講演。

●三月二六日 「〔社説〕想像と空想・基督教内の偶像教・海軍の拡張・単純なる宗教」、「〔雑録〕心池蓮」羊仙、「〔雑録〕弁駁・平和会の発達（第二）」『平和』一一号

○三月二六日（～五・二〇）「人生」愛山生『国民新聞』六九六（～一〇一五）号

●三月三一日 「五羅漢の賛」透生、「古藤庵に遠寄す」透谷庵『文学界』三号 ＊この号から発行所は文学界雑誌社に。

●○三月 門太郎、ホイットニー Mary Caroline Whitney（一八五七～一九三五）主宰の『聖書之友雑誌』の編集人（主筆）となる。月給は一〇円。＊M二六・一〇（七〇号）まで。

●○春 門太郎、第一高等中学校に通っていた平田喜一（一八七三～一九四三）を日本橋区伊勢崎町（絵具染料問屋）に訪ね、半日語り合う。

○四月一日 山路弥吉と高木壬太郎、昨今の文学界と教界について語り合う。14

○四月一日 「〔社説〕伝道界の急務」山路弥吉『護教』九一号

○四月三日 「〔国民之友〕観察」徳富猪一郎『国民之友』一八六号

○●四月六日 櫻井明石重訳「希臘孝子緋立比物語」、門太郎の推奨に巌本善治が応え、女学雑誌社から出版される。

○●四月八日 『評論』（編輯発行人・巌本善治、印刷人・堀口庄三、発行所・女学雑誌社）創刊。門太郎は、「文学評論」欄を担当。＊M二七・一〇・二七『女学雑誌』四〇三号と合併。

●四月八日　「〔文学史骨〕第一回　快楽と実用（明治文学管見の二）」透谷庵、「〔文学史骨〕文界時事」『評論』一号
○四月八日　「〔評論の評論〕文学界（第三号）」山路弥吉『護教』九二号
●◎四月九日　美那とともに数寄屋橋教会から麻布基督教会へ転会。＊門太郎は毎日曜朝、『詩篇』を講ずる。
○四月前後頃　ジョーンズ辞任。＊その後、パプテスト派の教会に移って支那に渡り、聖書販売者となって独立的伝道を営む。
●春　門太郎、再開された麻布基督教会附属神学校（麻布区霞町二六番地）の教職に就く。
○四月一四日　ジョン・ウエスレイ師説教、櫻井成明訳『財の用ゐかた』（広業館）刊。
●四月一五日　「〔聖書之友〕恒になんぢの神を仰ぐべし・実行的道徳」、「〔雑録〕今日の基督教文学」すきや、「〔雑報〕旧約聖書便覧の序文・日本組合教会の総会・夏期海浜聖書伝道」『聖書之友雑誌』六四号
○四月一五日　「〔社説〕井上哲二郎《ママ》氏に与ふ」山路弥吉『護教』九三号
○四月一六日　「凡神的唯心的傾向に就て」愛山生『国民新聞』九八六号
○四月一九日　「唯心的、凡神的傾向に就て（承前）」愛山生『国民新聞』九八八号
○四月一九日　山田米、病没（享年二三）。
●○四月中～下旬頃　門太郎、山羊を連れて麻布区霞町二二番地に転居。＊東禅寺の僧坊から引き続き棟方大助（弘前出身の慶応義塾学生）を書生としてあずかる。15
◎四月二二日　父快蔵、司法省より七級俸を給される。
●四月二二日　「〔文学史骨〕第二回　精神の自由（明治文学管見之二）」透谷庵、「〔文学史骨〕文界時事」透谷生『評論』二号
○四月二三日　「〔国民之友〕社会に於ける思想の三潮流」徳富猪一郎『国民之友』一八八号
●四月二九日　「対花小録」脱蝉、「〔俳句〕骨二つならべて…」透谷『文学界』四号
○四月二九日　「〔社説〕何ぞ難解の文を作る・教会と牧師に檄す」山路弥吉『護教』九五号
○四月二九日　「〔通信〕山田米子女史行状」櫻井成明『護教』九五号　＊『女学雑誌』三四三号に同文あり。
●四月三〇日　「〔清籟〕満足」透谷『三籟』二号

○四月三〇日「〔爛漫〕開書」山路弥吉『三籟』二号
◎四月（～M二七・四）登志、明治女学校で音楽を教える。
●五月三日「〔論説〕復讐・復讐と戦争・自殺・自殺と復讐」、「〔雑録〕弾琴と嬰児」透谷子、「〔雑録〕井上博士と基督教徒・伝道師の将来・組合教会と宣教師」『平和』一二号
○五月三日「純文学」山路生『国民新聞』一〇〇〇号
●五月六日「〔文学史骨〕第三回　変遷の時代（明治文学管見之三）」透谷庵『評論』三号
○五月六日「〔評論之評論〕唯心的凡神論的傾向に対する十字軍」山路弥吉、「〔社説〕教会内の高踏派・経験及信条」山路弥吉『護教』九六号
●五月一三日「〔聖書之友〕新誠」、「〔論説〕安息日を守ることに於きて（ホイトニー）」、「〔雑録〕諸音に於ける聖書・神を軽んずるに至るの途」、「〔雑録〕聖書の理想・説教者の天職（仮題）・聖書之友会友の特別の使命」『聖書之友雑誌』六五号
○五月一三日「〔社説〕文字魔（時事に感あり）」山路弥吉『護教』九七号
●五月二〇日「〔文学史骨〕第四回　政治上の変遷（明治文学管見之四）」透谷庵、「〔文学史骨〕文界時事」谷『評論』四号
○五月二〇日「岩《ママ》本善治君に与ふ」山路生、「〔社説〕教会と教師に檄す（再び）」（山路弥吉）『護教』九八号
○五月二五日「「心中天の網島」を読む」愛山生『国民新聞』一〇一九号
●五月三一日「頑執妄排の弊」北村透谷、「人生の意義」透谷、「賤事業弁」透谷、「内部生命論（第一）」北村透谷『文学界』五号
●○五月「インスピレーションの説（G・W・ノックスの講演）」『神学研究会講義録』一号　＊門太郎、福田徳三と分担して翻訳。
●六月三日「〔文学評論〕静思余録を読む」透谷『評論』五号
○六月三日「〔講壇〕高踏とは何ぞや」植村正久『評論』五号
○六月三日「〔開書〕山路愛山氏に答ふ」巌本善治『評論』五号
○六月三日「〔社説〕第百号」山路弥吉『護教』一〇〇号
○六月一〇日「〔評論之評論〕陰険に非る乎・高踏の字惜

しむへし」山路弥吉『護教』一〇一号

●六月一七日　「〔聖書之友〕基督は吾等が生命なり」、「〔雑録〕聖書をして自由ならしめよ・箴言」、「〔雑報〕郵便電信信徒会・福音同盟会」、「〔批評〕談林」『聖書之友雑誌』六六号

●六月一七日　「〔文学評論〕熱意・腓立比物語を読む」透谷、「〔文学評論〕文界時事」すきや『評論』六号

●〇六月一七日　第一回筑土文学会（牛込区筑土八幡社境内松風亭）に出席。＊文芸雑誌『三籟』の松村介石（一八五九～一九三九）・戸川安宅（一八五五～一九二四）らの発起による。同日、坪内雄蔵・植村正久・尾崎徳太郎（一八六七～一九〇三）・山田武太郎（一八六八～一九一〇）らに会う。

〇六月二〇日　「〔青山評論〕事業原論」三浦泰一郎『青山評論』三七号

〇六月二八日　高木壬太郎、東洋英和学校より、英語神学課程全科優等の卒業証書を授与される（卒業論文「エレミヤ論」）。

〇六月二八日　櫻井成明、日本メソジスト教会通常年会で東洋英和学校理事会員に選ばれる。

●六月三〇日　「〔三籟〕ほたる（韻文）」透谷『三籟』四号

●七月一日　「〔文学評論〕偶思録」脱蝉子『評論』七号

●〇七月初め　『青山評論』『護教』記者で東京英和学校（神学部）を卒業したばかりの三浦泰一郎（一八七三～一九四五）を、巖本善治に『評論』の文学評論欄の後任として推薦。同じ頃、門太郎、泰一郎に『青山評論』へ一文を寄せることを約束する。

●七月八日　門太郎、第二回筑土文学会（松風亭）に出席。

〇七月一五日　「〔文学評論〕国民と思想」北村透谷、「〔文学評論〕文界時事」谷『評論』八号

●七月一七日　「〔聖書之友〕主のつとめ」、「〔雑録〕エホバに聖かれ」「〔雑報〕日本メソヂスト教会年会」、「〔批評〕腓比立物語（櫻井明石氏訳・女学雑誌社発行）・旧約聖書便覧（山田寅之助氏纂訳）」『聖書之友雑誌』六七号

●〇七月二二日　数日滞在して国府津在前川村から東海道鈴川の宿へ赴き、関西漂泊の旅から帰ってくる途中の島崎春樹を、東京から出向いた平田喜一・戸川明三と共に、門太郎の叔父（母方の伯母ギンの夫）荒井正修（当時、吉原区裁判所判事）がとってくれた高砂屋という旅人宿で出

迎える。

○七月二三日　「的面生に与ふ」愛山生『国民新聞』一〇七〇号

●○七月二五日頃　門太郎・春樹・喜一・明三四人連れ立ち、沼津・三島を経て箱根芦ノ湖畔の青木旅館に泊まる。

●○七月二六日？　底倉の蔦屋へ立ち寄った後、門太郎一人帰京、直ちに岩手伝道の旅に立つ。

●七月二九日　「〔文学評論〕客居偶録」透、蟬、「〔文学評論〕文学時評（三浦泰一郎君は…）」透谷生『評論』九号

●七月三〇日　「桂川（吊歌）を評して情死に及ぶ」透谷『文学界』七号

●○七月末〜八月下旬頃　岩手県一関の磐井基督教会に三日滞在の間、太田敏夫と親交のあった学究肌の文学青年・熊谷太三郎（一八七四〜一九二四）と語り合う。時には舟に乗り釣り糸を垂れたり、「らんめんの蕎麦」に舌鼓を打ったりしている。＊太三郎は、一関有数の資産家（酒造家）・熊谷文之助（一八四九〜一九一二）とてい（一八五四〜一八九一）の長男。また同じ頃、花巻講義所の二代目牧師（一信徒？）・福井捨助を訪問している。門太郎は（美那から激しい問責の書簡を受け、急ぎ帰京後）星野慎之輔に、温情真率な捨助を敬愛をこめて〈変つた牧師〉と紹介している（福井捨助著『心行』T八・五刊）。

○八月五日　「〔評論の評論〕大西祝氏の和歌・文学界問題」愛山生『護教』一〇九号

○八月六日（〜二〇日）「詩人論」愛山生『国民新聞』一〇八二号（〜一〇九四号）

○八月一二日　「〔講壇〕無益の追悔」高木壬太郎『護教』一一〇号

○●八月一四日　門太郎の〝生涯に於て有数の友〟富井まつ亡くなる（享年一八）。

●八月一七日　「〔聖書之友〕人に対する神の旨」「〔雑録〕クロムウェル時代の英国の聖書」『聖書之友雑誌』六八号

○八月一九日（〜二六日）「〔講壇〕いかにして心を柔和ならしむべきか」スポルジョン氏説教、櫻井成明訳『護教』一一一号（〜一一二号）

○八月二九日　関西学院教授（幹事）・菱沼平治（一八六九〜一九三七）から山路弥吉を介して関西学院への就職が決まった櫻井成明の送別会が、京橋区南鍋町の三橋亭で開かれる。

●○八月三〇日　花巻より帰京三～四日後、門太郎と妻子、国府津在前川村の長泉寺（先祖の菩提所？）本堂脇の一室に移る。門太郎、徳富猪一郎（と山路弥吉）に懇請された「エマルソン」の執筆に取りかかる。＊門太郎は、猪一郎から執筆につながる洋書を借り受けている。猪一郎の『手帳』に〈ヱメルソン伝　ヱメルソン論　アルノルトのヱメルソン論　三冊　北村透谷〉と門太郎自筆の書き入れがある（『徳富蘇峰記念館所蔵　民友社関係資料集』S六〇・五刊）。

●○九月一日　門太郎、妻子・垣穂・登志と関西学院に赴く櫻井成明と国府津駅で落ち合う。16

＊以後国府津での数ヵ月間、門太郎は一週に二度明治女学校の教壇に立ち、美那は近所の娘たちに裁縫を教えながら？〈朴素な生活〉を送る。

○九月一日　櫻井成明、関西学院（普通学部和漢文学）教授に就く。神戸英和女学校（高等科和漢学文科）教授を兼務。

●九月七日　「日本人が万有に対する観念（徳川氏以前・徳川氏以後）」の歴史的研究を思い立つ。

○●九月七日　ウッドワースが、門太郎をパウロのような人物として絶大な信頼感を抱いていた旨の、アメリカクリスチャン教会外国伝道委員会への報告が『Herald of Gospel Liberty』誌に掲載される。

●九月九日　「〔文学評論〕情熱」透谷、「〔徒然草〕哀詞序（＝富井まつの追悼文）」蝉羽子『評論』一二号

●○九月一〇日　門太郎、星野慎之輔と相談の上、円覚寺の寓居に島崎春樹を訪ね、熊谷太三郎に頼まれた英語教授の職を勧める。＊春樹は一関に赴き、門太郎は直ぐ東京に戻る。

●九月一五日　「〔聖書之友〕忍ぶ者」、「〔雑録〕諸音に於ける聖書の翻訳・聖書を濫用する勿れ・信者への勧め（グリイン）」、「〔雑報〕「テニソン」と聖書・基督教新聞の独立説・ミッションスクール・櫻井成明氏・女子夏季学校・北海道の多望」『聖書之友雑誌』六九号

○九月一五日　山路弥吉著『荻生徂徠（拾弐文豪　第三巻）』（民友社）刊。

◎九月二一日　父快蔵、土浦区裁判所柿岡出張所詰を命じられる。

●九月二三日　「〔文学評論〕思想の聖殿・兆民居士安くにかある」透谷『評論』一三号

●九月三〇日　「眠れる蝶」透谷『文学界』九号

●九月三〇日　「〔清籟〕蝶のゆくへ（韻文）」透谷『三籟』七号
○九月三〇日（〜一〇・七）「〔論叢〕余が基督教を信ずる所以」愛山生『護教』一一七号（〜一一八号）
○一〇月三日　「〔藻塩草〕雙蝶のわかれ」透谷『国民之友』二〇四号
●一〇月七日　「〔文学評論〕万物の声と詩人」透谷『評論』一四号
○一〇月一五日（〜M二七・一・二三）「小生涯」湖処子『国民新聞』
○一〇月一七日　宮崎八百吉著『ヲルヅヲルス（拾弐文豪第四巻）』（民友社）刊。
●一〇月一八日　「〔聖書之友〕主の招き・如何に与ふ可きや」、「〔論説〕心の経験」北村門太郎、「〔雑録〕神を畏る、事・聖書を読む事に就きて・聖書の難問に対するムーデー」、「〔雑報〕慈善音楽会・聖霊のみちびき（仮題）・聖書之友第十年期祝会・上毛聖書之友年会・万国宗教大会議・岡田元氏の永眠・府下聖書之友委員会」『聖書之友雑誌』七〇号
○●◎一〇月？　島崎春樹、僧侶の羽織に編笠の行脚姿で国府津の長泉寺に現れ、門太郎・美那を驚かす。＊当地にはほかに大矢正夫・戸川明三・和田雄治（理学士）らが訪れている。
●一〇月下旬　門太郎、『聖書之友雑誌』編集の任を解かれる。
●○一〇月下旬頃　門太郎、麻布基督教会の内紛に巻き込まれ、太田敏夫（M二七・一から磐井教会へ）と共に辞職しなければならなくなった。これを機に〝宗教的生涯〟を打ち破り文学活動に進み出ることを決意する。
○一〇月三〇日　「漫罵」電影窟主人『文学界』一〇号
●一一月一日　「エマルソン」脱稿後に「公暁」の執筆を計画。
●◎一一月三日　英《ふさ》の火傷治療のため国府津ら東京に戻る。＊門太郎は弥左衛門町に、美那と英は一時野津田に帰り、後大学病院に通う便利のため弓町に。
●一一月四日　「〔文学評論〕一夕観」透谷、「〔文学評論〕文界時評　蟲韻些語」流水子に代て、某『評論』一六号
●○一一月四日　ウッドワース（麻布区霞町二六番地）を訪う。
○一一月二九日　宮崎八百吉、長男輝生を亡くす。
●一一月三〇日　「露のいのち」蝉羽『文学界』一一号

○一一月三〇日　高木伊作『ゲーテ（拾弐文豪　第五巻）』（民友社）刊。17

○一一月三〇日　宮崎八百吉著『湖処子詩集（ニッケル文庫　第二編）』（右文社）刊。

●○一一月？　門太郎宅に島崎春樹・平田喜一来訪、夕食を共にする。

●○一一・一二月頃　心身ともに疲れ果てた門太郎、大矢正夫に伴われ藤沢（国府屋旅館）で、神奈川県会議員当選・長男誕生と穏やかな日々を送っていた平野友輔に会う。

○一二月下旬　山路弥吉、麻布区霞町一八番地に転居。

○一二月下旬　門太郎、「エマルソン」を脱稿する。

●◎一二月二三日夜　門太郎、弥左衛門町の家の物干し場で咽喉を突いて自殺を図るが（美那が担短刀を奪い）一命を取り留め、東京病院に運ばれる。＊東京病院は、東京慈恵医科大学の開祖・高木兼寛（一八四九～一九二〇）により、M二四・二に芝区愛宕町に開院。

●一二月三〇日「劇詩の前途如何」透谷『文学界』一二号

●この年？　門太郎、武相学友会（M二六・二創立。旧・神奈川県学友会）に入る。

明治二七年（一八九四）　二五歳

○一月三日　イビー、カナダへ帰国。

○一月　太田敏夫、一関教会に牧師として転任。

●○一月頃　門太郎、三浦泰一郎に〈病怠るの日、約（＝『青山評論』への寄稿）を果さん〉と送信。＊その後〈我が事終れり〉と再び筆を執ることはなかった。

○二月二八日「〔文学時事〕劇界の改革派（透谷庵及其一派）」時事子（＝宮崎八百吉）『国民新聞』

●二月頃？　東京病院に入院。瀬脇寿雄院長（高木兼寛の義弟）の治療を受ける。

●○三月頃？　東京病院から芝公園地二〇号四番の元いた家に戻る。見舞いに来た巌本善治・押川方義（一八五〇～一九二八）には伝道や文学の抱負を語っている。

●○春　仙台から上京した岩野美衛の訪問を受ける。＊二度目は病重く会えず。母ユキ、弥左衛門町の煙草屋宅で美衛に門太郎の病歴など話す。

◎三月二七日　父快蔵、土浦区裁判所（柿岡出張所）依願免官。

●○四月二一日　明治女学校、第七回卒業式。齋藤フユ・

佐藤スケ、高等科を修了。門太郎、同式に出席?

●○四月二四日　北村門太郎『エマルソン（拾弐文豪　第六巻）』（民友社）刊。＊同書が民友杜から届いた日に見舞いに来た島崎春樹によれば、門太郎は手に取ったその本を開けてみる気もないほどであったという。

○四月三〇日　普連土女学校第三回卒業証書授与式施行。海部校長の懇切な勧告。来賓・新渡戸稲造の卒業生への告辞などあり。

●五月一六日　明け方、芝公園の家の庭つづきの〈背の低い平凡な杉の木〉（松、欅、桜とも）に縊れる。[18]

●五月一七日　キリスト教式の葬儀を行った後、黄檗宗瑞聖寺（芝白金台町）の共同墓地に土葬される。＊S二九・五・一三小田原栖竜山高長寺の父祖の墓の間に改葬。法名・透谷院無門章賢居士。

○五月一八日　〈世の中をなに厭ひけむ文の上に同じこころの友もありしを〉「文友北村透谷を吊す」鉄幹＝与謝野寛（一八七三〜一九三五）『二六新聞』一四七号

○五月二二日　「北村透谷君」山路生『国民新聞』一二三〇一号

○五月二二日　〈〔追悼〕時鳥われも死にたくなりにけり〉正味＝岡野敬胤『小日本』七八号 [19]

○五月二三日　〈二七日　…エマルソンの著者北村門太郎先日逝けりと　我日本文学者として思想家として当になすあるべき一青年を失へり。〉富永徳磨（一八七五〜一九三〇）《一生涯》

●五月三〇日　「悪魔〔断篇〕」北村透谷、「髑髏舞」透谷『文学界』一七号

○五月三〇日　「蝉羽子を吊ふ」禿木（＝平田喜一）、「北村透谷君をいたみて」戸川残花（＝戸川安宅）『文学界』一七号

●◎○六月四日　「故北村透谷君追悼会」（九段坂下玉川亭）が開かれる。門太郎の肖像（垣穂画）のもとに、美那・英・快蔵・石阪昌孝・近藤音次郎、吉田良信ら親族のほか、島崎春樹・戸川明三・星野慎之輔・隅谷巳三郎・平田喜一・馬場勝弥（一八六九〜一九四〇）・太田敏夫・久野宗熙・加藤万治・大和田建樹（一八五七〜一九一〇）・竹越与三郎（一八六五〜一九五〇）・三浦泰一郎・山路弥吉・松村介石・森田文蔵（一八六一〜一八九七）・植村正久・坪内雄蔵・巌本善治ら四一名が来会。

●六月五日　「慈善事業の進歩を望む（旧草未定稿）」北村

門太郎『評論』二五号

○六月五日「透谷庵を懐ふ」宮崎湖処子『国民新聞』一三二四号

○六月九日「〔雑録〕透谷北村君を弔ふ」巌本善治『女学雑誌』三八三号

○●六月一四日　ウッドワースが門太郎の病状の重いことを、アメリカクリスチャン教会外国伝道委員会に書き送った手紙の要約が『Helald of Gospel Liberty』に掲載される。

○六月二二日　斎藤冬子病死（享年二五）。

●六月三〇日「弾琴」蝉羽、「み、ずのうた」透谷、「〔俳句〕濁り茶を…、いなづまの…、折れたまま…（三句）」電影、「一本〳〵骨の…（俳句）」透谷『文学界』一八号

○六月三〇日「〔天地悠々〕故北村透谷君」流水生（＝三浦泰一郎）『青山評論』四八号

○七月三日　櫻井成明編『落穂』（山田米追悼）刊。

○七月七日「〔徒然草〕沙翁戯曲該撒一節」明石居士『女学雑誌』三八七号

○七月二四日「〔雑報（会員消息）〕北村門太郎君逝く」『函東会報告誌』三七号

●一〇月八日「悪夢（実朝館、廿六年旧稿）」（星野慎之輔編『透谷集』文学界雑誌社）

○一〇月八日「〔追憶北村透谷〕月下恋を読みて」明石居士『評論』二九号　＊『女学雑誌』四〇一号に同文あり。

○一〇月一三日　芝普連土教会、日清戦争の可否を巡って紛擾。月次会で外国教師ら続々退会届を出す。

○一一月「〔雑報〕仮名垣魯文翁・北村門太郎二氏の長逝」『武相』三三号

※本年譜は、桶谷秀昭ほか編『透谷と近代日本』（翰林書房、一九九四年五月刊）所載の「透谷年譜」を修正したものです。

主に、次の諸先生の研究成果を参照いたしました。

勝本清一郎、佐藤善也、小田切秀雄、平岡敏夫、色川大吉。

次の先生方の研究からも貴重なご教示をいただきました。

青山なを、尾西康充、木村圭三、黒木章、坂口満宏、佐久間耕治、鈴木一正、鶴巻孝雄、奈良雅之、野口孝一、槙林滉二。

参考資料

1 （16頁下段）

〈…実をいへば余（＝坂本易徳）は透谷を知らない。知つて居るのは北村門太郎氏である。猶も適切にいへば北村の門ちやんである。而かも其の知つて居るといふ余も紅蓮洞でなくつて、きんぺいちやんである。児童が児童を知つて居つたに過ぎないのである。…余が郷里、一小都邑に過ぎざるも、余等が幼時の遊び盛りに於てはゆくりなくも各町児童の間に自と団体めきたるものが生じた。其等の間には折節闘争があつた。それも何等の理由があつて起るのではない。唯其の居が町を異にするといふの故を以てゞある。今日は何の町明日は某の区と我等は征伐に出掛けたものである。若しも此の手紙（＝《石阪美那宛門太郎書簡〈明治二〇年八月一八日付〉》）にある如く、透谷の町に透谷が如きものあらば我等は必ず此れに向つて戦ひを開いたに違ひないが弱卒なりといへ毎に先鋒で働いた余の記憶に其等のことは遺つて居らぬ。概して透谷の町の者は温和であつた。我等の町の如く喧嘩好争闘好ではなかつた。悪くいへば弱虫意気地無しであつた。片岡の一つあん若くは広仲の元ちやんを統率せる唐人町党を征伐したことはなかつた。有体にいへば北村の門ちやんといふ児童は、我等にとりては何等特色のあるものとは見えなかつた。…実に透谷は神童でもなかつた又頑童でもなかつた、総ての点に於て人より全く注目さるゝといふことはなかつた。…透谷の例から推せばえらき人、初めより必ずしもえらきものではない。其のえらくなるのは、潜伏せる天才が何かの折り或物に接して始めて現はるゝのであるといふことが出来る。…〉（「「春」の青木と余が知れる透谷」紅蓮洞『読売新聞』M四一・一二・一三）

2 （17頁下段）

〈…父（＝谷口和敬）は新潟の師範を出て間もなく泰明小学校に奉職することになったのですが、私の婚家が浜町にありまして、父が泊まりにまいりますとね、夜なんか散歩にいこうと言って、「また泰明小学校ですか」って私が言うんですね、そうするとそうなんですよ。その頃は今のように自動車が激しくありませんしね、夜はひっそりとしていました。蛎殻町を通ってずっと日本橋の問屋町の方から行きますと小学校があるんです。私が後へ回ったり前へ回ったりしてね、「おとうさん、おとうさんのいた頃の泰明小学校とは全然違うでしょ」って言うと、「違ってはいるけど場所は違ってない」って言うんですよ。そして透谷の話を、秀才というんですか、神童というんですか、「とにかく普通から飛び離れていた、ああいう風なのは中々ないんだ」というようなことをよく話しておりました。父も、惜しいと思っていたか、それとも懐かしいと思っていたか、尊敬もしていたか、透谷の話をするのですけど、その頃の私は、また同じような話をすると思ってあまり関心をもたなかったのですよね。今考えてみると、『透谷全集』を読んでみたり、子供たち（＝谷口隆之助・福井良之助）が透谷の話をしていたりしますと、あの時、父にもっと聞いておけばよかったと残念な気がします。…〉（福井すま氏〔谷口和敬五女〕直話〔S四八・一六・一七、鎌倉にて〕）

3 （19頁下段）

〈…教師其人が何程熱心に、懇切に教え一般の科程を卒業させた所が、練習と云ふ木賊を掛ねば、到底立派に仕揚つたとは云へぬ、其仕揚が肝腎である。然らば速成其効を奏した人があるかと云ふに、直接教授したものにも、亦自宅講習生にも幾千もあるが、其中で二三の人々の名前を挙れば、明治十六年に東京で教えたとき、早稲田専門学校の生徒であつた神奈川県小田原の人北村門太郎氏（十六年）は一週間に二度づヽ来て習ふて、三ケ月目より経済学の講義を速記して来て而して其年の暮の県会の速記に従事したと云ふことであつた、…〉（「速記術講話（第二回）田鎖綱紀『学窓余談』M三三・四）＊綱紀が改正前後（M一五・一〇・二八からM二〇・三まで）の速記術を教えた86名の中に「北村門太郎」の名がみえる。（「速記者に関する統計」源綱紀『速記彙報』M二二・五）

4 （28頁下段）

〈…私の嫁ぎました当時は、人の思想が現今程混乱して居りませんのと、まだ泰西の思想などが余り女子供まで唱へられるなんていふ事は出来ませんでしたから、其遺り方も考も単純であつたので御座います。遺り方と申ても形式の意味では御座いません。女は他家に早く行つて夫に事へ舅姑に柔順に事へて行くのが定則で、親もまた大抵の処なら早くやれといふ様な心持で嫁つたり娶つたりする事が現今程面倒に六ケ敷考へられて居りませんでした。私は今日私の胸に過去を追想致して夫に対する感謝の念と舅姑に対する美くしい記憶の外は何にも残つて居りません。姑の優しかつた事、夫が私の為に舅姑の前を取繕つてくれた志や教へてくれた心が今日私の力ともなり生命ともなつて居ります。…今ではまあ少し跡を絶ちかけて居るもの丶まだ地方などで時々行はれますあの許嫁、たゞ親々の心許しでまた東西さへも知らない間から約束を取結んで置きます事は私は非常な弊風だと心得て居ります。以ての外で御座います。私は現今の自由結婚と日本人が唱へて居りますものが、何んな物かは存じませんが真実の自由結婚は将来必要かと思はれます。…〉（「私の望み」北村美那子『グラヒック』M四四・一二）

5（31頁下段）

〈…予（＝櫻井成明）が始めて愛山氏（＝山路弥吉）を知つたのは明治二十三年の春で、坎堂氏（＝高木壬太郎）を知つたのはその一二年後の事であつた。坎堂氏は此時既に夫人もあり、児息も有つて、神学生とはいひながら、厳然たる一家の主人公なり、親爺なりであつたから、我輩書生―尤も予と雖も二三年前学校を卒業し、一戸を構へて独立してゐたのだが、まだ女房が無い。女房が無い身から女房の有る人を視ると何と無く老爺臭く、こちらは一二目卑く感じられたのである―はお互独身者と交際するやうに、どうも打融けて無遠慮に附合ひにくかつた。愛山氏は之に反して親も無く兄弟も無く、無論妻もまだ持たずに、天涯無縁の孤客であつたから、自然人なつこく、其神学生時代、『護教』編輯時代にはよく予を訪ひ、宿泊したことも幾度だか数へられぬ程で、意気も投合し、随分親しい間柄であつた。…〉（「死ぬまでは死なない」明石居士（T一〇・四・五）《四畳半　第一輯》（櫻井成広氏））

6（33頁上段）

〈…「文人の妻になんてなる人は可愛いさうですね、覚悟をして嫁げばそれはい丶やうなもの丶みじめですからね、それでも今は大分進んで来ましたから透谷の時代のやうに苦しくはないでせうけれど、あの頃なんかてんで雇つてくれ手がありませんでしたよ。今の方達は片つ方で職業を持つてやつて居られるからい丶ですけれども…透谷の友達で今文壇に残つて居るのは秋骨さん（＝戸川明三）に藤村さん（＝島崎春樹）でせうね、あ丶さうですか何かに書いてましたか、藤村さんもあ丶いふ詩人の方ですから時々は思ひ出して下さるのでせうよ、エ、まあ訪ねて下すつたこともありますが一度位のものでせうよ、平田さんさうさう禿木さん（＝平田喜一）ですね、それでもあの方は時々生徒などを紹介してよこしてくれますよ」…〉（「北村透谷夫人を訪ふ」須川末子『文章世界』M四三・七）

7（35頁上段）

〈吾兄去れるの後僕左思右迷遂に翻然として彼の西洋小説反訳の念を絶ちぬ僕実に誤れり一たび身を献じて福音の管漁たらんと欲せし者がよしや一時為めにする所あればとて俗文学界に堕落して俗心俗腸の文士輩と伍を為さんとは第一には我主に対して分立たずかつは雲の如き見証人の手前も恥かし僕遂に念を絶ちぬ嘗て放言して否確信する所ありて世道人心に益あらざらんかぎり己れ決して復筆を執らずといひしがこの一二週間此の確信の少しく衰へたるか迷夢一たびさめては僕穴あらば匿れ入りたき心地せり　吾兄僕は終に人情の奥微を写し世態の真相を描き而して毫も世道人心に裨益する所無き稗史小説又は其反訳には僕が天職を忘れてこの貴き筆墨を售るに忍びざる二週間以前の櫻井某に立ち返りぬ僕遂に念を絶ちぬ嚮きに之を以て吾兄を煩はしたるを謝す願はくは僕のために上天に感謝せよ〉（櫻井成明《北村透谷に与ふ》M二四・一二・二六〔櫻井成広氏〕）

8（39頁上段）

〈…小弟ハ不相変多忙一昨日ハ少々用事手隙ゆゑ過日来訳述しかけ居候ひし腓立比（ヒリップ）物語と申親孝行者の小説を朝六時より訳しはしめ三時頃迄十八枚ばかり悉皆脱稿仕候此一二日の愉快撃ふ可ものなく先日友人檜山に男児出生小弟参り候時檜山嬰児を抱きてさもうれしさうの様子（口にも出して）小弟の此訳業に於けるも丸るで子供でも生れしやうのよろこび人さへ参ゐれば得意の処よんできかせ人がそれ程にも念はねど小弟ひとりよがりいたし居候此書の原書かし主（＝Arthur Wellesley Beall〔一八六〇～一九三九〕）に返へすにあたり一書を作る（↓「〔開書〕　英人某に与ふるの書」櫻井明石『女学雑誌』白三三八号）うちに今日の文学殊に小説を口を極めて攻撃いたし候此物語出版のころ女学雑誌に記載いたすべしと存候ゆゑその時ハ御一読を願上候…〉（《山田米宛〔甲府花園町林氏方〕櫻井成明〔東京本郷龍岡町廿五〕書簡〔M二五・五・二〇付〕》〔勝見司郎氏〕）

9（40頁下段）

〈…小弟のエンゲージのこト破綻の赴御承知に相なり御親切に御なぐさめ被下まことにあり難くこんどハ小弟の爾になりしかと一笑仕候小弟のは全く人の科ニハ無之小弟自身の不肖にもとづくこと誰を怨ミ誰を責むるそのやうの心ハ無之今になりて破れてよかりしと二三の人より祝さるゝやうの始末唯迷惑仕候事は彼女も学校中にて評判のをんな小弟も少々は人に知られをり候ゆゑ何と何とエンゲージが出来たと意外の処まで取沙汰はげしかりし候ゆゑ破談の一条もこんどハ輪をかけてひろまり困却仕候それも七十五日それ程の失望も不仕もと妻をめとらんハおのが業の助けにもと思ひ候事その妻たるへきもの、為に焦慮し（或意味に於て） 失望し落胆しその極に陥りて己が天職までけかすやうの事は又不肖小弟決して不致是れしかしながら全く神の冥佑により候事一には丁度此際のこと愛姉の御信仰にもはげまされ候ひしにて候何事も既往ハ追ふ可らす我論は後に在るものを忘れ前に在るものを進んで取るべき筈ニ御座候…人は夫となり妻となる皆天父の御結合せに御座候へば御同様いまだ夫なく妻なきものハ静に天の与へ給ふ人を待ちをるが基督信者たるもの、特権と存候…〉（《山日米宛櫻井成明書簡（M二五・五・二〇付）》〔勝見司郎氏〕）

〈…私の父の父、私のおじいさん（＝櫻井成能） が若くして死んだんですよ。病院に入っているうちに非常な借金ができちゃって、それで貧乏になっちゃったもんですから、いいなずけだった人との縁談がだめになったんですがね、それを透谷が聞いて、それを材料にしてあの「星夜」というのを書いたんだそうですよ。…〉（櫻井成廣氏（成明長男）直話（S四九・一・二七、八王子にて））

〈予が訪問（＝門太郎の芝公園地の家を） 中に藤村と秋骨とが二人づれで訪ねて来た、予は此二人には初対面である、透谷がソレゾレ紹介をした時藤村が「星夜」の櫻井さんですかと曰つたので透谷は一寸頭を抱へて、漸くおわびの叶つたのだからもうほしよのほの字も言つて呉れるなと戯謔したので四人が大笑ひをした、…　大正十年八月十五日明石居士〉（島崎春樹の『春』（T一〇、新潮社刊）を読みながら当時を追想した櫻井成明のメモ〔櫻井成廣氏〕。以下、《櫻井成明メモ》とする。）

10（41頁上段）

〈…愛山君と私（＝岡野敬胤） とで、宗教雑誌（＝『護教』）

を管理してゐた事があります。雑誌社が竹川町にありましたので、或日二人で飯倉を脱けて芝公園を通りますと、紅葉館の向ひ、薔薇園の隣りに一軒の貸家がありました。其時分の私は引越好きと言はれた位、気に入つた家があると、何処となく越して歩いたので、こゝも早速覗きました。取ッ付きが六畳程、向ふの壁には瓦灯口なんかゞあつて、奥に小ひさな部屋が二間許り、謂はゞ茶室めいた建方で、周囲には欅の大木其他の樹が繁つてゐました。気に入つたものですから、愛山君に、「どうだらうね。僕越して来やうかと思ふが？」と言ふと、愛山君が、「いや、君、恁う家近く大樹のある所は避くべきものだ。瘴癘の気を受けて、間歇熱などに罹り易いから。」「うむ。成程さうかも知れない。」…本草家の卜居の理想は自ら衛生的で縁へは日光が十分さし、周囲の樹木は大分隔たつて居た。—然し此処は家の直ぐ周りがそれで、暗く且陰気でしたから、見たばかりで貸りはしませんでした。…私が愛山君と一緒に見て、愛山君に留められて貸りなかつた家は、最後の透谷君の住居でした。透谷君は、私の見た家の、然も愛山君が瘴癘の気を受けるからと注意した大樹の中で、月明に乗じて、彼の傷ましい最後を遂げられたのです。…〉（「透谷の故宅」岡野知十『新半面』M四一・一一）

11 （42頁下段）

〈…溜池の方から行つて、谷町を市兵衛町へ脱ける道がある。其道を半丁程ゆくと、又左へ這入る道がある。此処で向ふを見ると、七八間先から急な石の段々が起つて、上の立木の下まで、白く続いてゐる。段々の坂を登り切ると、霊南坂の直ぐ市兵衛町になる所ですが、透谷君の家は、坂の中腹の左側にあつたかと覚えて居ます。向つて右は丘を負つて暗かつたでせうが、左は眼の下から谷町の屋根が続いて、鳥渡眺めがよかつたでせう。然し家は大したものではなく、後の芝公園のと共に、当時三円から四円位の借家でした。其後私も矢張谷町の上の方にをり、市兵衛町には和田英作君がをられた事もある。此中腹の家を、一度秋骨君と尋ねた事がありました。折悪く透谷君は留守だつたと覚えますが、垣根の中に白い山羊の遊んでゐた景色が、今も眼に残つてゐます。此頃聞くと透谷君は、其山羊を犬の様に連れて、町を歩いた事があるさうです。それで深い交際もなく、恁うした処に山羊を飼つたり何かしてたものですから、後に山路愛山君から非常に情熱な人だと聞くまで、私は透谷君を恬淡な、高遠な詩人だと許り思つてゐました。愛山君と透谷君とは国民之友でも高踏派に就いて劇しい議論をやつたので愛山君が来て、「透谷君が来ると、どうも高踏的な議論を熱心にやるのでよわる。」などと言つてゐました。藤村君はなぜ『春』に此谷町の家の事を書かれなかつたのですか、前後数年の事を縮めて書いてある様ですから、或は其為かも知れませぬ。…〉（前掲「透谷の故宅」岡野知十『新半面』M四一・一一）

12 （44頁下段）

〈麹町の女学校といふは巌本善治氏の明治女学校のこと也初め藤村こゝにハムレットを講じ居りしが勝子（＝佐藤輔子）のことより遂に職を辞して放浪の旅に上りその後を透谷襲ぎてこゝの教師となりぬ何を教ふるにやと予が問ひしにハムレットなりと答ふソンナ六ケ敷物を教へ得らるゝやと少し危ぶみてたつねしにお得意のものよといへりき藤村は石山寺に詣でゝ勝子等に講じたる紀念の書ハムレットを奉納すべしといへりと透谷予に語れり〉（前掲《櫻井成明メモ》）

13 （44頁下段）

〈透谷死後操の美那子は数年間米国に留学し帰朝後牛込に私塾を設け、又他の学校に英語を教授しつゝある。「鶴ちやん」のふさ子は女子学院を卒業し、今は堀越某（＝万三郎）の妻である。大正四年の一月予はふさ子と初対面のやうな再会をした。此事は日記に詳記してある。其五月に美那子はふさ子と同伴で来訪し、ふさ子の婚約の出来た事、来月挙式の事を語つた。越えて六月八日牛込払方町の教会で愈々結婚式を挙げた。予も臨証した。「文学界」時代の同人ハ一人も来てゐなかつた。藤村、秋骨さへ招待しなかつたと見える。予は其前日娘国子を伴ひ北村母子を牛込に訪ひ、祝ひの品物の外に、明治二十六年の春透谷が予の窮を憫み、机上に五円札を一枚置いて行つたその呉れたのか貸したのか分らぬ五円の金を三越の切手にして持ちゆき、ふさ子に其次第を話して贈つた。…〉（前掲《櫻井成明メモ》）

14 （45頁下段）

〈（M二六）四月二日…基督教ノ書生的文学的ニ偏セルハ已ニ記セル所也。昨山路愛山と談ス。氏深く基督教ノ禅宗的ニ流レタルヲ云フ。然リ是又予ノ然リ感ゼシ所ノモノ。

試ニ夫ノ女学雑誌社一派ノ云フ所ヲ聞ケ。云ク自修鍛錬云ク何ト、或ハ一休ヲ祖述シ利休ヲ論ジ琵琶法師を云々ス、何ゾ夫レ異教臭キノ甚シキ。本年一月我教会愛餐会ヲ催ス。会員ノ起テ所感ヲ述ブルアリ奨励ヲナスアリ、而シテ彼等多ク異教人ノ言行ヲ引キ来ル、言ノ基督教ニ及ビタルモノナシ。嗚呼是果シテ何ノ兆ゾ。予ハ近時基督教ノ甚ダ其軌道ノ離レタルヲ慨セズンバ非ズ。如何ニシテ教会ヲ振起スベキヤトハ已ニ久シク問答セラレタルノ問題也、而シテ教会ハ実ニ振起セザル也。是レ何ガタメゾ。主ナル原因ハ人物ニアラズンバアラズ。近時エマソンヲ読ム。中ニ云ヘルアリ、云ク教会ノ衰頽ヲ挽回スルハ新ナル儀式ヲ創設スルニ非ズ、新ナル生命ヲ与フルニアリト。又云ク真正ノ説教ヲナシ得ルモノ今日殆ド是アルナシト。実ニ是也。今日説教者ノ心ニハ生命ナシ、燃ユルノ火ナシ、熱心ナル信仰ナシ。彼等ハ説教者タルヨリモ説明家也。何ゾ能ク教会ニ生命ヲ与フルヲ得ン、活火ヲ燃スヲ得ン。教会ノ振ハザル当然ノミ。今ヤ実ニ自ラ顧ルベキノ時ナリ。求ムベキハ唯天ヨリノ火ノミ。予ハ実ニ是ヲ得ズンバ何物ヲモナシ能ハザル也。〉《高木壬太郎日記抄》〔東京神学大学〕

15（46頁下段）

〈…父棟方大助は大正六年十月に死去致しました（四十七才）。十七日、新嘗祭で学校休日で、兄三人と私（小五年）とで弘前（小人町）の自宅前の畑で遊んで居りました時、皆呼び集められ死の枕辺で皆で泣いた記憶がございます。物置のようになっていて天井の低いところに大きな本棚が二さを書物がびっしりつまっていました。それが兄達の話には哲学書が多いとかいっていました。書いたものも色々あったようでしたが、私は末っ子の女の子で全くの子供でしたので何も聞かされておらず、皆兄達が処分して了った様でした。母（＝ノヨ）は昭和二十四年、七十四才で亡くなりましたが、父のことを本の虫、いつも本ばかり読んでいた人だったと話したことを覚えています。せめて六十二年、八十八才で亡くなった長兄（＝富雄）が生きていましたら何か参考になることがあったかも知れませんが。私が上野の音楽学校（現・東京芸術大学音楽学部）に入った時に、一戸大将に（当時明治神宮の役職でいらっしゃいました）お目にかゝりに御自宅に伺いまして祖父武敏のことを伺いました。昔大将が若かりし頃、祖父大尉（陸軍歩兵大尉）の部下でゐらしたとのお話を伺いました。…（岸田劉生門下の画家で（詩人でもあった）次兄の棟方寅雄は青山学院出身（史学部）のクリチャンでした。父は家の座敷に大きな福沢諭吉の写真を飾り大変崇拝していたことを思い出します。…（《筆者宛伊藤冨美代氏（棟方大助次女）書簡（H六・二・六付）》

＊（　）内は伊藤氏直話、鎌倉にて）

16（50頁上段）

〈明治二十六年八月三十一日予が神戸なる関西学院に赴任の時かねて時刻を打合せおきたる所透谷ハ夫人美那子にふさ子嬢を抱かせ、この国府津の停車場に出迎へをり、五分間の停車時に尽きぬ名残を惜みて西と東に別れたるが焉ぞ知らんこれ透谷との永訣とならむとは〉（前掲《櫻井成明メモ》）

〈扨出立前二三日のいそがはしき、多年帝都に居住して他国に出しことなき小生の事なれば旅の用意後の始末送別会に暇乞と夜も三四時間とは寝られず。明くれば一日の壹番汽車に打のらんと祖母に暇乞いたし、妹弟と共に夜前より宿泊して手伝くれ居られし高崎赤松二子に送られつゝ新橋に参りしに見送りの兄妹も数多待合はされ居り。時刻来て列車に乗込み候へば車内には他に二人の乗客有之候のみにてその一人は落語家大鼻大名の三遊亭圓遊に御座候。…やがて汽笛の声は響き渡りぬ。…大磯も過ぎて国府津に参ゐれば北村透谷夫妻其弟妹一同出迎をられ二三分の短き話しに又見送られてこれよりは車中かの圓遊子と小生と唯二人各一方に割拠して対峙するのみ。…〉（「櫻井氏より病床にある永野氏へ遣はされし書翰」『中央会堂月報』M二六・一二（中央会堂））

17（52頁上段）

〈…透谷ガ書キタク思ツタトイフ「ギエーテ」ハ高木信威氏之ヲ著ハシタ信威氏モ此時ハ伊作ト称シマダ二十一二ノ白面ノ書生ナリキ蘇峰氏（＝徳富猪一郎）モ高木ノギエーテ伝ハ少シアブナイト案ジ居タノデアツタガ少年時代カラキカン気ノ、ソシテ独学ニ馴レタ伊作氏ハトウトウヤリトゲテ蘇峰氏等ヲ驚カシタト愛山氏ノ話ナリ　其後内村鑑三氏ガ予ニ語ツタニハギエーテノ評伝ガ日本デ始メテ出来タト聞イテ独逸領事トカヾ大ニ喜ビ一度著者ニ面会シテ謝意ヲ述ベンモノト高木氏ノ下宿ヲ訪ネタ処ガ一箇眉目清秀ノ美少年ガ出テ私ガ「ギエーテ」ノ著者ダト言ツタノデソノ領事トカヾ驚イテシバシ口ガキケナカツタト、鑑三氏ハ語

リ畢ツテ例ノ高笑ヒヲシタ〉（前掲《櫻井成明メモ》）

〈曾て余（＝高木壬太郎）が友に某（＝高木伊作）となん呼へる青年ありけり、彼れ文才ありければ東都に来りて某（＝徳富猪一郎）の新聞社に入り筆硯に従事しき、彼のものせる文章にはコンコルドの聖人てふこと多かりければ或人は彼を嘲りてコンコルドの聖人と呼ひたりき。彼れは後ゲーテの伝記を著ハして世に公にしぬ、彼が英語を解するの力の甚たあやしきのみならず、彼は独語をば更に解せざりし也、ゲーテの著作を原文にて読みたることなきは勿論英訳にてさえ読みたりしとは覚えざりし也、而して彼が名はゲーテの著作者として四海に轟きぬ、是に於て彼を知れる朋友はゲーテの君と彼を呼びぬ、エマルソンを解せすしてエマルソンを語り、ゲーテの著作を読みたることなくしてゲーテ伝の著作者たる其人の大胆なるは云ふまでもなく、之を文学者として許し、褒め、而して喧伝する日本社会の幼稚なる有様は如何に、余は不幸にして夫の青年を知ればこそ斯くおかしくも思ふなれ、知らざるものは彼れ真にゲーテを咀嚼し得る者也と思ふべし、之を思へば今日世に嘖々喧伝せらるゝ文学者の素性こそ怪しけれ、曾て有名なる某となん呼べる文学家さへフアウストを人名と誤り伝へしと聞きぬ、彼等の学問は耳学に非されば雑誌学問也、一冊のシエークスピアを読ますしてシエークスピアを語りテニソンの何たるを知らすしてテニソンを論ず、其大胆なるは驚くべく、其厚顔なるは笑ふ可し、〉（秋紅生《郷国の夢》M二九・一〇・一一〔東京神学大学〕）

18（53頁上段）

〈…透谷が変死当時のことを考へますと、万感胸に沸いて、感慨に堪へられません、透谷は彼の通り、憂鬱性で始終物思ひにばかり沈んで居ましたから、万一のことがあつてはならぬと、私（＝美那）も絶えず気をつけては居りましたもの丶、変死の当夜は全く気がつきませんでした、透谷は何時も夕方になると、散歩に出て時によると夜中時分に帰るのが常でしたから、其の晩も私は格別気にも懸ませんで、知らず知らず翌朝まで寝込んでしまつたのですが、朝起きて見ますと、彼の騒ぎでせう、其時は私も随分狼狽しましたが、畢竟私の不注意の結果彼あ云ふことになつたのだと思ふと、誠に一生の心残りで御座います。彼の晩透谷が、細い身に兵児帯をグル〳〵巻きにして、飄然と門を出た光景が、今でも歴々と目に見えるやうで御座います。

今更ら申すまでもありませんが、最愛の良人に別れる位辛い事はありません。夫れでも私は一時は、気抜がして仕舞つたやうで、暫時は味気ない月日を送つて居りましたが、是れではならぬと覚悟をして、何か一つ世の為になる仕事をしやうと其所で洋行することに致しました。私の洋行しやうと決心した動機は、只今申す通り、最愛の良人を失つて、此の世の中の唯一の慰藉を奪はれたから、何か事業に慰藉を求むると云ふが、重なる動機で御座いますが、併し今一つ有力の動機は、透谷の感化であると思ひます。夫れは透谷が在世の時から、常に申した事は人間は何か一つの仕事を成就して、世を救ひ社会の利益を謀らねばならぬと、始終申し聞かされたもので御座いましたので、殊に透谷の死後、其の原稿などを見ますると、矢張り同じ趣意のことがありますから、其処で一つ教育家になりて、社会の為に働らいたならば、仏の希望にも副うことだらうと考へました。夫れには足手纏ひの子供もありましたが、幸ひ子供は親戚で引き取りて、育てゝ呉れると云ふことでしたから、勇んで出発致しましたやうな訳です。…〉（「勇気ある未亡人　北村みな子の事」『女学世界』M四〇・六）

19（53頁下段）

〈◎北村透谷子逝く　文学界記者として当今の超然的詩人として明治青年文壇の一方に異采を放ちし透谷北村門太郎氏去る十五日払暁に乗し遂に羽化して穢土の人界を脱すと惜いかな氏未だ三十に上らすあたら人世過半の春秋を草頭の露に残して空しく未来の志を棺の内に収め了んぬる事嗟々エマルソンは実に氏が此世のかたみなりけり、芝山の雨暗うして杜鵑血に叫ぶの際氏が幽魂何処にか迷はん（岡野敬胤？）〉（『小日本』M二七・五・一八）

北村透谷展出陳の資料をめぐって

（〃　〃は透谷文からの引用を、〔　〕は所蔵先を示す）

北村透谷（一八六八〜一八九四）のいう〃人生の一大秘鑰〃を尋ね歩いて二三、四年になる。この間に接した新たな資料の内二十数点が没後百年という記念すべき早稲田での展示会（平六・一一・二一〜三〇）に出陳され、おぼつかない歳月を顧みては感慨胸に迫るものがあった。

○学生として最初で最後の論文を書き出そうとしていた昭和四七年三月、透谷が東京専門学校政治科に籍を置き図書縦覧室にこもって法律や政治を研究していた頃の（故柳田泉氏が求めていた）「早稲田方の古記録」が出てきた。佐藤能丸氏に導かれるまま《東京専門学校寄宿舎舎務日誌（明治十六年自九月）》〔早大図書館〕を繰っていくと〈十月七日…北村門太郎下宿ス〉〈十一月一日…北村門太郎帰舎ス〉の文字が眼を射た。下宿先は神田の静脩館（神奈川県出身学生の寄宿舎）であろうか。その墨跡の背には政海に流れ漂う少き透谷の不羈の志が見える。

次いで、明治十八年九月再入学（専修英学科）の際、透谷が学内の研学温交を目的とする懇親組織「同攻会」に入会していたことが『中央学術雑誌』一五号（明一八・一〇）〔早大図書館〕によって分かった。同誌は四一号（明治一九・一二）まで「同攻会々員氏名表」中に北村門太郎の名を留めている。この頃透谷は（盟友大矢正夫＝政治運動と訣別し「文学」に焦点を定めながらも）父の非職（大蔵省）に直面して余儀なく活計に奔走する困苦の渦の中にあった。

○『速記彙報』第六冊（明二二・五）〔国会図書館〕の「速記者に関する統計」に日本速記術の開祖・田鎖綱紀《たくさりこうき》の門下

生の一人として北村門太郎の名が載っていた。「一番弟子だつたさうです」という美那（透谷夫人）の所伝の傍証を見つけた時の（稚気を帯びた）興奮を思い浮かべると恥ずかしくも懐かしい。その後すぐ（昭和四七年五月）促されるように田鎖源一氏（綱紀孫）を目黒に訪い、「電筆将軍」反骨の一代に耳を傾けた。綱紀二八歳の写真〔田鎖源一氏〕を見れば日本傍聴筆記法講習会に足を運んだ頃（東京専門学校入学前後）の透谷が二重写しになる。

○明治一四年、小田原から父母弟と上京した透谷が転入先の泰明小学校で〝淡泊なる性質〟を愛され〝善良の教師〟（校長）と慕った谷口和敬の生涯を辿ってみたいとの思いに駆られ、福井すま氏（和敬五女）を鎌倉に訪ねたのは昭和四八年六月のことである。〈…そして透谷の話を、秀才というんですか神童というんですか、「とにかく普通から飛び離れていた、ああいう風なのは中々ないんだ」というようなことをよく話しておりました…〉。震災戦火をくぐり抜けた和敬の写真〔福井すま氏〕を前に父君の思い出など語る（卓上の紫陽花のような）優しさあふれる瞳に透谷を恵んだと同じ親愛の情が輝いていた。（→福井すま『歌文集・珠鏡』昭五四・三）和敬の履歴書〔谷口恵久子氏（福井氏次男・谷口隆之助氏夫人）〕には北辺の教育開拓に捧げた（透谷の共鳴りを誘う）清冽な一期が点綴されている。

○透谷展が終わって三日後、大役を果たした櫻井成明《なりあきら》（号明石《めいせき》）旧蔵資料を携え、野猿峠の西上、櫻井成廣氏（明石長男）の居宅に至る二〇年前と同じ落ち葉の径を踏んだ。櫻井氏（とご家族）への感謝の気持ちがとめどなく込み上げた。

明治二二年春夏の交、イビー（カナダ・メソジスト教会宣教師）に日本語を教えることになった明石（明二一、東大漢書課卒）は（麻布区霞町のイビー宅で）先に翻訳や説教の下書きなどをしていた透谷の秀麗な深い物思いの相貌に会する。

明石に進呈された長編叙事詩『楚囚之詩』（出版をためらう透谷の切りほぐしを免れた一冊。明二二・四）も賞する者なく失意に沈む〈クリスチアン中の厭世家〉は、明石を前々から知っているかのように心の底を打ち開いた。明石二五歳の肖像を収めて四ヵ月後の明治二四年一二月に書かれた《北村透谷に与ふ》（明石が世道人心に無益な稗史小説翻訳の俗念を起こし透谷を煩わせたことを謝した一文）（→「某に与ふ」龍岡処士『護教』明二五・二・六〔関西学院大学図書館〕）、藤村の『春』（大九・一〇新潮社）を読みながら美濃紙に朱記された透谷に関わる明石の回想文（八点）や故神崎清氏の依頼により記憶の断片を記した明石の《透谷子を追懐す》（→『明治文学研究』昭九・四、六）は、どこまでも厚い友情の光彩を放っている。明石古稀の集いの写真（昭九・一一・三）〔以上櫻井成廣氏〕にみえる北村美那の穏やかな微笑にも〈二なきの友〉の消息が確と語られている。

○昭和五一年六月、勝見司郎氏（明石とは下谷メソジスト教会以来兄妹のような間柄にあった山田米の甥）から、透谷の推挽に女学雑誌社の巌本善治が応え、明治二六年四月刊行されることになる『希臘孝子腓立比《フィリップ》物語』の翻訳完成の喜びや透谷の小説「星夜《ほしよ》」の素材となった自らの婚約解消の一件などを伝えた《山田米宛櫻井明石書簡（明二五・五・二〇）》〔紙本園恵氏（米姪）〕が送られてきた。矯風の仕事に就く傍ら透谷と同時期に明治女学校で音楽を教えていた米が透谷とも相識であったことは想像に難くない。死の三ヵ月前・明治二六年一月に撮られた米の写真〔櫻井成廣氏〕や明治八年から同二四年までの米の履歴書〔紙本園恵氏〕には、二三歳で温かい志望を冷土に埋めた一刹那が凛と刻まれている。

○学窓を離れてしばらく透谷と「人生相渉論争」を交わした山路愛山の足跡を追う日々が続いた。愛山主筆時代の『護教』（メソジスト教会三派の機関紙）〔関西学院大学図書館〕の中に透谷隠者の〝美妙なる自然〟をつづった随想「春を迎ふ」（明二五・一・二）を認めた時は異様な高ぶりに襲われた。岩波の『図書』（昭五九・一二）を借りてその逸文を広く知らせる機会に恵まれたが、先陣を急ぐ脆弱な感情が自後の探究を妨げた。

○〈…願わくハ基督の徒よ瀑布となりて響かんよりも、渠となり河となりて舟楫を通ぜよ、…〉、愛山・明石と共にメソジスト教会中〝文学を以って名ある人〟＝高木壬《みず》太郎の真率な呼びかけにこころ励まされ、学者気質と実際家気質が一つに融け合った経歴を調べていくうち、壬太郎最初の訳書『心の写真MENTAL PHOTOGRAPH 一名嗜好及性質之記録』（友人に嗜好・理想などを記入してもらい思い出の縁とする記録簿。明二一・三）〔池田春樹氏（愛山旧友・池田次郎吉三男）〕に遭遇した。同書には静岡から上京する前年（透谷と本郷区龍岡町の明石宅で出会う三年余り前）の真理を尊び浮誇を忌む信仰心に満ちた若き愛山の細筆が残されている。

○透谷が明治二一年三月四日に田村直臣牧師から受洗したことを証す《数寄屋橋教会・会員名簿（従明治九年四月四日）》〔日本基督教団巣鴨教会・森下憲郷氏〕。明治二五、六年頃、透谷のもとにいた「書生」（弘前出身の慶応義塾学生）棟方大助の写真〔伊藤冨美代氏（大助次女）〕。透谷が徳富蘇峰から『エマルソン』（明二七・四、民友社）の著作に繋がる洋書〈エメルソン伝　エメルソン論二冊、アルノルトノエメルソン論〉など）を借りた控えのある蘇峰の《手帖》（明二三・一〇～明二五頃）〔徳富蘇峰記念館・高野静子氏〕。〈（明治二七年五月）二十七日…エマルソンの著者北村門太郎氏先日逝けりと我日本は文学者として思想家として当になすあるべき一青年を失へり。〉と痛惜の思いをとどめた《一生涯》と題する富永徳磨の日記〔東京神学大学図書館〕。弊風を乗り越え真実の自由結婚を、全うした夫透谷への感恩を談った北村美那の「私の望み」（『グラヒック』明四四・一二）〔早大図書館〕。以上は、北村透谷研究会の西谷博之氏から「透谷年譜」（桶谷秀昭・平岡敏夫・佐藤泰正編『透谷と近代日本』平六・五翰林書房）の編集を勧められた後、あるいはそれより少し前に運好く目に触れたものである。

安在邦夫氏を長とする実施委員とご協力者（機関）各位の熱意によって整えられた一〇〇点（上述二三点を含む）に及ぶ資料は、総合学術情報センター二階の展示室に遥かな時空を結んだ。鹿野政直・平岡敏夫・色川大吉……計り知れない深刻沈痛な境涯を生きた詩人の安堵せぬ定命を知る諸家の、資料に注ぐ透徹した眼差しに一人陶然となった。

透谷とゆかりの人びと

透谷に関心を抱いて三〇年あまりになります。その間、目にとまった透谷関係の資料のいくつかを紹介しましょう。

一　〈善良の教師〉谷口和敬

明治一四年、父快蔵の大蔵省勤務に伴い故郷の小田原から上京した透谷は、移住先の京橋区弥左衛門町七番地（現在、中央区銀座四丁目）の母ユキの営む煙草小売店から元数奇屋町の公立泰明小学校へ、弟の垣穂と通うことになります。透谷の石阪ミナ宛書簡（明治二〇年八月一八日付）によれば、透谷は〈東京中にて第一等の教師〉と評判の谷口和敬校長のもとで、卒業までの約一年間、議論に文章に活発な気性を発揮して愉快な日々を送ったようです。

透谷より一一歳年上の和敬（一関藩士・谷口和親の長男）は、一四歳の時上京して遠縁にあたる政治家の書生をしながら神田の英語学校で学んだ後、新潟県師範学校師範学科の業を卒え、県下の小学校に九ヵ月奉職したのち、中村正直の同人社に入って英語・

①谷口和敬肖像

②谷口和敬とその家族

数学などを学んでいます。そして明治一一年六月、泰明小学校の開校と同時に訓導に就き、二代目校長として三年目の春に転校生・北村門太郎を迎え、その飛び離れた才能と淡白な性質を愛し、真心を尽くして人生を誘導していきます。

①の〔谷口和敬肖像〕からは、教育開拓に情熱を傾ける強い意志と透谷や他の人々に注いだ優しい眼差しが見て取れます。②の〔谷口和敬とその家族〕は、根室の花咲尋常高等小学校々長在任中の明治三八年一一月に郷里の一関で撮られたものですが、和敬（右から二人目）の向かって左に一〇歳の五女すまさんが写っています。今から三〇年前、鎌倉の御宅で福井すまさんからうかがったお話の一部を掲げます。

〈……父は新潟の師範を出てまもなく泰明小学校に奉職することになったのですが、私の婚家が浜町にありまして、父が泊まりにまいりますとね、夜なんか散歩に行こうと言って、「また泰明小学校ですか?」ってわたしが言うんですね、そうするとそうなんですよ。その頃は今のように自動車が激しくありませんしね、夜はひっそりしていました。蛎殻町を通ってずっと日本橋の問屋町の方から行きますと小学校があるんです。私が後ろへ回ったり前へ回ったりしてね、「おとうさん、おとうさんのいた頃の泰明小学校とは全然違うでしょ」って言うと、「違ってはいるけど場所は違ってない」って言うんですよ。そして透谷の話を、秀才というんですか、神童というんですか、「とにかく普通から飛び離れていた。ああいう風なのは中々ないんだ」というようなことをよく話しておりました。父も、惜しいと思っていたのか、尊敬もしていたか、透谷の話をするのですけど、その頃の私は、また同じような話をすると思ってあまり関心を持たなかったのですよね。今考えてみると、『透谷全集』を読んでみたり、子供たち（＝哲学者の谷口隆之助氏と洋画家の福井良之助氏）が透谷の話をしていたりしますと、あの時、父にもっと聞いておけばよかったと残念な気がします。……〉（＝は筆者による注）

このお話は、すまさんが明治四四年日本橋の木綿問屋・福井元之助氏と結婚してから和敬がなくなる大正八年までの間のことで、雨竜尋常高等小学校々長在任中か、大正四年退職直後ごろのことと思われます。

すまさんのその時のお話やすまさんの『歌文集・珠鏡』（昭五四・三）には、北辺の教育に悪戦苦闘しながら、生徒にも家族にも温かい思いやりの心で接した父親への敬愛の情があふれています。また、『雨竜町百年史』（平二・一二）を書かれた堅田精司氏によれば、和敬は根室時代にはアイヌ民族の教育問題に取り組んだり、雨竜尋常高等小学校時代には、凶作に悩まされる児童に「物事を考える」習慣が身につくように、道徳教育ではなく哲学教育を実践して、後に雨竜の農民運動を支えるような人物を育てたりしたそうですが、ここにも透谷に〈我がきわめて親愛せる善良の教師〉と言わせる片鱗がうかがえます。

明治一八、九年頃、「桃紅」の筆名で北海道の新聞に連載小説を寄稿した時や、雑誌『平和』の主筆として「北海道に於ける平和会」の様子を報じた時など、透谷は、一三歳の自分を残して突然遠い北の地に去っていってしまった恩師のことを、殊更懐かしく慕わしく思い浮かべたことと思います。

これもまた想像の域を出ませんが、明治二六年夏、岩手の磐井基督教会に三日滞在の間、一関有数の資産家（酒造家）熊谷文之助の長男で、学究肌の文学青年・熊谷太三郎を訪ねた際、透谷は東磐井郡千厩尋常高等小学校々長の任にあった夏期休暇中の和敬と感動的再会を果たしたかもしれません。『一関旧絵図』（明三二）をみると、和敬の実家・西磐井郡一関村四七番地（現在は一関市田村町六丁目三番地）は熊谷家と目と鼻の先で、一層想像心をかき立てられます。

谷口家に残された資料は、履歴書と数枚の写真、それに教育の労を記念して根室教育会から谷口和敬に贈られた朱塗り金蒔絵の大杯のみで、あとは震災や戦災などで失われてしまい、和敬の足跡をたどることは中々困難ですが、北海道立文書館・東京都公文書館・深川の納内小学校、それに新聞・雑誌などから関係の資料がわずかながら出てきており、希望がわいています。

なお、透谷と同じ年に泰明小学校に入学した四つ年下の島崎藤村は、「北村透谷の短き一生」（『文章世界』大元・一〇）や「飯倉だより・北村透谷二十七回忌に」（『大観』大一〇・七）でも、また最近目にした泰明小学校時代の回想文「少年時代のこと」（『星のかゞやき（東京市泰明尋常小学校・新築落成五十週《ママ》年記念号）』昭四・七）でも谷口校長のことは触れておらず、透谷のことも〈北村君と私とは年齢も違つてゐたから、小学時代には知らなかつたが、後になつてその話が出て、互いに同じ学校の記憶につながれてゐることを奇縁のやうに語り合つたこともあつた。〉と記しているだけです。

二　〈電筆将軍〉田鎖綱紀

よく知られているように、〈速記を（斯術の開祖）源さんに習ひました。源さんの一番弟子だつたさうです。〉（「「春」と透谷」北村未亡人談『早稲田文学』明四一・七）という美那の所伝があります。「源さん」とは、日本速記術を最初に考

③田鎖綱紀28歳の肖像

え出した田鎖綱紀のことです。

綱紀は安政元年、南部藩士・田鎖仲蔵の次男として盛岡の田鎖村に生まれますが、義経か為朝か、とにかく源氏の末流の家柄と信じられており、源綱紀と署名することもあって「源さん」とも呼ばれていたようです。

透谷研究を志して間もなく、勝本清一郎氏が〈日本の速記史の上に透谷の地位はこれといって見いだせない〉（「北村透谷の生涯」『伝記』昭二一・九）、〈日本速記史の各種文献に透谷の名は全く痕跡をとゞめていない〉（『透谷全集』第三巻「年譜」昭三〇・九）と断言したこともあって、透谷のことはほとんど念頭におかず、当時の速記に関する資料を調べていたところ、『速記彙報』（明二一・五）に掲載された、綱紀が明治一五年から同二〇年三月までに速記の方法を伝授した姓名一覧（源綱紀「速記者に関する統計」）の中に「北村門太郎」の名を見いだしました。そのときの驚きは格別でした。

そのあと直ぐ、綱紀の孫に当たる田鎖源一氏から〈電筆将軍〉反骨の一生をうかがうことができました。③の〈田鎖綱紀二八歳の肖像〉はその折いただいたものです。

その後、綱紀が浜松に大日本速記術教習所を置いた当時配布された「速記術の志るべ」の中に〈明治十六年東京に於て教授したる、早稲田専門学校の生徒たりし神奈川小田原の人北村門太郎（其節十六才）は、一週間に二回ずつ来学し、三ヵ月目より経済学の講義を速記し来り、其年の暮、神奈川県会の速記に従事せりとの報を得たることありし〉という記述が見つかり、また綱紀の〈透谷は実に頭の良い人で、速記術の上達の速かなること、マァ今まででは最優等の人であつた。〉（「速記術講話（第二回）」田鎖綱紀『学窓余談』明三一・四、源綱紀『増補訂正新式速記術』明三七・一二）という聞き書きも出てきて、美那の談話の正しかったことが次第に分かってきました。

日本傍聴筆記法講習会の第一回卒業生が送られた後、明治一六年九月東京専門学校政治科に入学する前後（いつだかはっきりしませんが、明治一六年一二月に第二講習会が終わっているので会規どおり六ヵ月の課程を修めたものならば明治一六年六月頃から受講したことになります）、透谷は日本速記術の開祖・田鎖綱紀のもとで速記の技術を確かに習得していたという事実がありました。

なお綱紀発意の雑誌『みなもと』創刊号（明二四・九）に掲載された「速記術の伝習を卒りたる諸氏の姓名」には門太郎の名は見あたりません。「試験の上仮卒業証書を授与せられたる姓名」と但し書きがありますから卒業試験は受けなかったとも考えられます。

それから神奈川県会の速記に従事したとすれば、明治一六年暮には県会は開かれていないことから、明治一七年の春（三月から四月の間）にその可能性があります。美那の〈或る時には議会の速記生の試験を受けに迄で行きました。試験には合格したのですけれども「俗人の仲間に投じたくない」と申して止めました。〉（「国府津時代と公園生活」北村透谷未亡人談『新天地』明四一・一〇）という回想には、少年の頃速記術をもって書記をつとめた体験が想像されます。なお、美那の言う「議会」が帝国議会のことだとすると、透谷の存命中、速記生の試験は明治二三年一〇月と同二四年一〇月の二度実施されていて、二四年の時は一五人の合格者全員が採用されており、衆議院記録部の《明治二十三年以降衆議院速記者一般採用試験一覧》に門太郎の名はないので、受験して合格したという事実があるとすれば、明治二三年に可能性が残されていますが、櫻井明石の〈透谷早くより速記術に熟す、貴衆両議院の始て設けらる丶や、人或は此技を售りて院に出でんことを勧む、然れども透谷もとおのが講学の便の為めにして之を修めぬ、此傀儡的小技を以て世に立たんはその大に恥とするところ、遂に聴かざりき〉（「月下恋を読みて」明石居士『評論』『女学雑誌』明二七・一〇）という回想もあり、速記生の試験を受けたのかどうか、受験しても合格したのかどうかは不明のままです。

三　〈不幸な食客〉　棟方大助

「透谷の晩年と其言行（上）」（北村美那子『学生文芸』明四四・三）に〈その頃青森の人で棟方大助といふ方が、私の宅に書生をしてゐる傍、慶応義塾へ通つてゐましたが、道で先生に逢つたら、何でも無理に前に立塞がつて歩けないやうにするに限る、さうしないと知らずに行つて了はれるから、とよく申してゐました。〉とあります。

透谷は上京後、京橋区弥左衛門町七番地・芝区芝公園地三八号（明治二三年一一月二三日）・弥左衛門町七番地・芝区高輪東禅寺僧坊（明治二五年五月一七日）・芝公園地二〇号四番（明治二五年八月二三日）・麻布区箪笥町四番地（明治二五年一一月三日）・麻布区霞町二一番地（明治二六年四月中旬）・国府津長泉寺本堂脇（明治二六年八月三〇日）・弥左衛門町七番地・芝公園地二四号四番と転々と住まいを変えていますが、美那のその話は透谷一家が霞町にいた頃、明治二六年四月頃から八月頃までのことです。

明治二五年一月二四日の透谷の日記に〈宗像《ママ》大助君来訪〉とあり、藤村の『桜の実の熟する時』に〈菅（＝戸川秋骨）は快活に笑つて、「青木君（＝透谷）で僕が感心したのは——僕もあのお寺（＝高輪東禅寺）は初めてじやないからね——ホラ、若い書生のような人があのお寺にいたろう。あの人が僕に話したよ。自分はもうこの世の中に用のないような人間だ、青木君なればこそ自分のようなヤクザなものを捨てないでこうして三度の飯を分けてくれるんだッて——ね。ああいう人を世話するところが青木君だね。」……〉とあるところから、大助が書生として透谷の身近にいたのは明治二五年五月頃から二六年八月頃までの時期と考えられます。

棟方大助は明治四年弘前に生まれ、（陸軍歩兵大尉であった父親の勤務の事情からでしょうか）上京して明治一三年慶応幼稚舎に入ります。大助の足取りはほとんど不明ですが、いつの頃か郷里に帰って金融機関に勤め、周りからは「江戸弁の旦那」と呼ばれ、座敷には崇拝する福沢諭吉の大きな額を飾り哲学書をひもといて静かな生活を送ったということです。大助の子供（④〔棟方大助とその家族〕の写真を見てください）は、次男が岸田劉生門下で洋画家・詩人の棟方寅雄氏、次女の伊藤富美代さんが音楽家ということから、藤村の『春』にある秋骨が透谷の家で会った〈不幸な食客〉即ち棟方大助は、早くから透谷の文学的芸術的才能に魅せられ、傾倒した数少ない一人であったことが想像されます。

それにしても乏しい経済状態で書生を置いていたというのも何か不思議な気がしますが、同じ頃耐乏生活を送る『護教』主筆・山路愛山のところにも書生がいたようです。静中堂主人という人の「愛山先生」（『読書之友』大二・一〇）によると〈田島種子が山路愛山夫人となりし時（＝二人は明治二五年一二月二七日に麻布メソジスト教会で結婚式を挙げて

④棟方大助とその家族

左から二男・大助、寅雄、三男・辰雄、長男・富雄、妻・ノヨ、二女・富美代

います）、愛山先生は麻布に住めり（＝これは霞町二一番地に住む前、麻布区水坂町二三番地の家にいたときのことです）。結婚の当夜、独り散歩に出で、結婚費用および洋服代の為めに民友社より借り来りし若干の金子の使い残り七円いくらを失ひ帰りて花嫁を呆然たらしめたりと云う。当時二人の食客を養ひしが、室内は塵埃堆積し、玄関の如き紙屑とアサリ、シヾミの殻にて埋まり、宛も建て棄てられたる蜑の苫屋の趣ありしとぞ。〉ということで、「精神的革命」を期し、新聞・雑誌に清新な筆を振るう若き文学者に、貧乏を少しも心にかけず、師事したいと願う青年がいたことは全く考えられないことではなかったかもしれません。

四　〈最も信認すべき論敵〉山路愛山

棟方大助が透谷の家を訪れて一〇日後の明治二五年二月三日の透谷の日記に〈明石、山路両兄来訪、快談夜に入る〉とあります。その三日後、批評家として詩人として戯曲家として飛躍の春を待つ透谷の随想「春を迎ふ」がメソジスト教会の機関紙『護教』三一号の一隅に異彩を放ちます。

この逸文を採択した愛山と透谷との出会いは明治二四年夏、本郷区龍岡町の櫻井明石宅においてでありましたが、その三年あまり前、愛山が静岡から上京する前年の明治二一年、後に透谷によって愛山・明石とともにメソジスト教会中〈文学を以て名ある人〉と認められた高木壬太郎の最初の訳書『心の写真 MENTAL PHOTOGRAPH. 一名嗜好及性質之記録』が出版されます。これは友人に嗜好・理想などを記入してもらい、思い出の拠り所とする記録簿のようなものですが、⑤〔山路愛山二四歳の筆跡〕に掲げたように、そこには愛山の例えば「最モ悪ムベキ物」として〔妄想・猜忌・家内ノ不和〕、「最モ幸福ト考フルモノ」として〔信仰ノ堅キコト・信切ナル朋友〕、「最モ不幸ト考フルモノ」として〔希望ナキ生命〕、「高尚ナル情ト考フルモノ」として〔人ノ為メニ躬ヲ抛ツノ情〕、「世界中最モ愛ラシキ

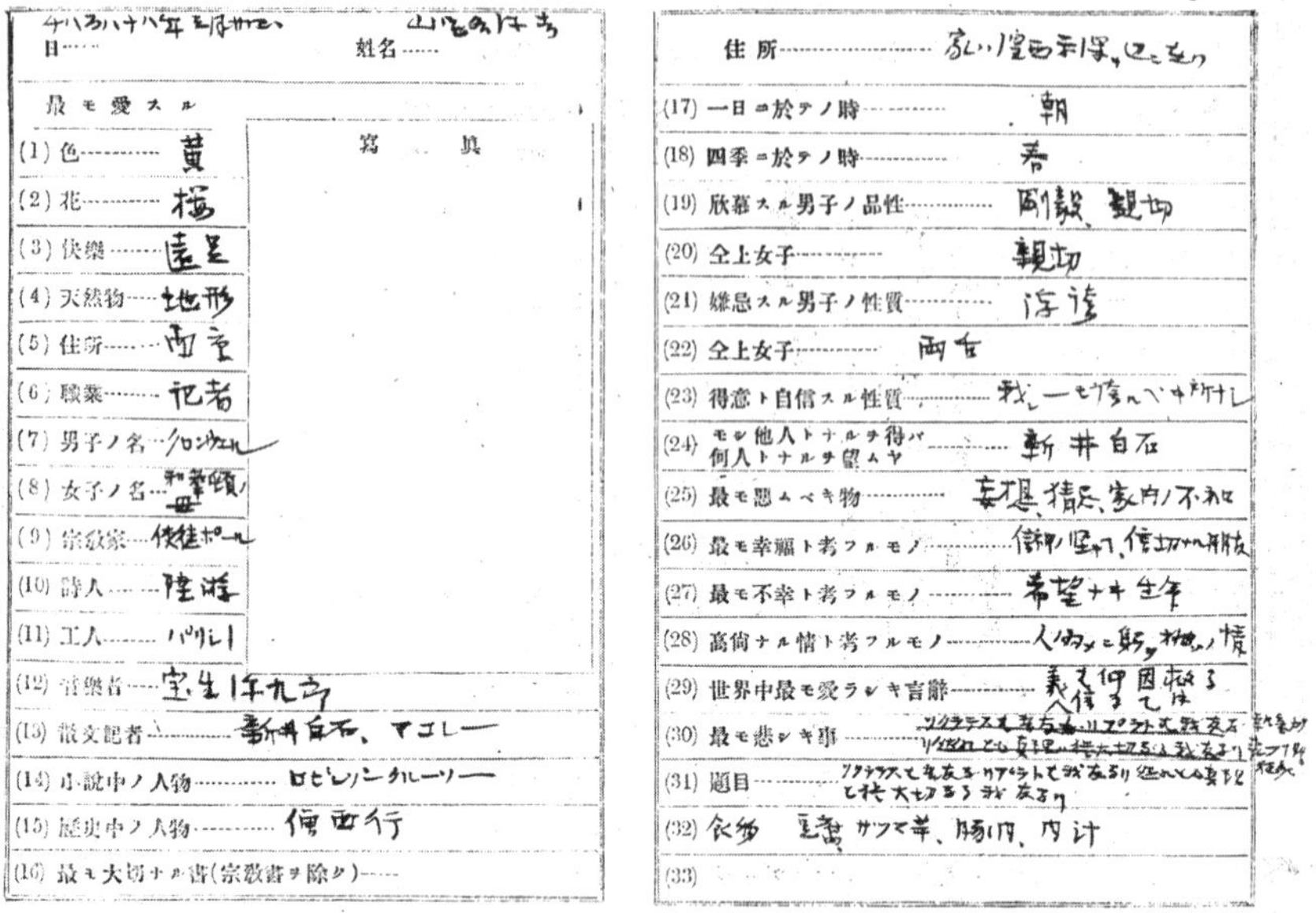
千八百八十八年 山路弥吉
日……　姓名……
最モ愛スル
写真
(1) 色……黄
(2) 花……桜
(3) 快楽……遠足
(4) 天然物……地形
(5) 住所……
(6) 職業……記者
(7) 男子ノ名……クロンウェル
(8) 女子ノ名……
(9) 宗教家……使徒ポール
(10) 詩人……陸游
(11) 工人……パリシー
(12) 音楽者……
(13) 散文記者……新井白石、マコレー
(14) 小説中ノ人物……ロビンソン・クルーソー
(15) 歴史中ノ人物……西行
(16) 最モ大切ナル書（宗教書ヲ除ク）……
住所……
(17) 一日ニ於テノ時……朝
(18) 四季ニ於テノ時……春
(19) 欣慕スル男子ノ品性……剛毅、親切
(20) 仝上女子……親切
(21) 嫌忌スル男子ノ性質……
(22) 仝上女子……
(23) 得意ト自信スル性質……
(24) モシ他人トナルヲ得バ何人トナルヲ望ムヤ……新井白石
(25) 最モ悪ムベキ物……
(26) 最モ幸福ト考フルモノ……
(27) 最モ不幸ト考フルモノ……希望ナキ生涯
(28) 高尚ナル情ト考フルモノ……
(29) 世界中最モ愛ラシキ言辞……
(30) 最モ悲シキ事……
(31) 題目……
(32)
(33)

⑤山路愛山24歳の筆跡

言辞」として〈義人は信仰に因て救はる〉、「最モ悲シキ事」として〈執気力ヲ喪フコト即チ狂気〉、「題目」として〈ソクラテスは吾友なり然れとも真理は猶大切なる我友なり〉など、真理を尊び信仰心に満ちた若き日の消息が残されています（愛山は明治一九年三月静岡教会の平岩愃保牧師から洗礼を受けています）。

〈夢想的趣向文字〉を撃ち、実際的道徳をもって世に立つ『護教』に「春を迎ふ」が掲載されて九ヵ月後の明治二五年一一月、反戦思想を鼓吹する『平和』の八号に「大笑」という筆名で「強兵」と題する愛山の論文が掲載されます。その三ヵ月後には〈文章ハ実際ヲ尚ブト愛山ノイヘルヲ透谷ハ駁シテ文ノ極致ハ理想ニ在リ〉と明石によって要約される「人生相渉論争」の火ぶたを切ることになる透谷と愛山ですが、その前哨戦ともいうべき「春を迎ふ」と「強兵」の一つをとってみても、〈僕北村透谷と議論を上下し、往々相合はずと雖も其私は即ち肘を把つて談笑し、膝を接して欵語す。未だ嘗て毫末も猜疑する所なき也〉（「岩本《ママ》善治

君に与ふ」山路生『護教』明二六・五・二〇）とあるように、また〈その頃山路愛山さんは御近所で、時々来られましたが、その時から山路さんは最う大家でしたけれども、心置きなく話し合つて居られたやうです。話に興が乗ると随分夜更かしすることがありました。〉（「文士の夫人の見たる文士及び其家庭」北村美那子『新潮』明四三・一二）とあるように、「唯物論者」・「空想家」と応酬しながらも互いの資性を決して害なうことのない〈最も信認すべき論敵〉の真心を尽くした温情が伝わってきます。

なお愛山の「大笑（子）」という筆名は、『国民新聞』の「駿河歌」（明二六・一〇・一）、「八犬伝第一、二回を読んで曲亭馬琴を評す」（同年一二・一三、一五）、「駿州雑詠」（明二七・二・二七）などにも使われています。

二　山路愛山

山路愛山研究（1）　第二の故郷　静岡

一　〈お泊まりさん〉

東から西へ、追放人の境界を刻した鉛の足が数多、配流の地を指して箱根山を越えた。

戊辰の硝煙立ちこめる明治二年春。再び戻ることのない生家、浅草鳥越の天文屋敷[1]を後にしたその時、弥吉の世路は決まった。「天涯の遊子[2]」と。

四歳の弥吉には、慶応三年七月、病中に出産し亡くなった母けい子[3]を、慶応四年八月、榎本武揚の開陽丸に投じた父一郎を懐う余地もなかった。〈時〉の追い風を受けて、祖父金之丞、祖母ふさ子、その三女だい子に伴われ、板砂糖をなめながらの初旅であった。

箱根山の麓で、弥吉は、梢を雲に包まれた杉を見た。大きな石を敷きつめた坂道を見た。その石階を杖ついて通り過ぎる輿丁の見苦しい裸体の後ろつきを見た。抱いて懸崖に立った金之丞の足下の土がくずれて危ない目にもあった。雨が降っていた……[4]

すべては意識の底のできごとであったが、〈敗者〉の暗影は容赦なく入り込んだ。顧みる。〝祖父母と共に流竄者の如く東海道を西に落ち、雨中に函嶺を越え静岡に遁げ延びたる当時の光景を忘るゝ能はず[5]。〟

愛山〈懐古の詩題〉は、この函山にあった。山路弥吉の原体験は、この旅中にあった。

家人の仮寓先は、七間町三丁目紺屋吉兵衛方。(6) 無禄移住者は、同情と多少の敬意をこめて〈お泊りさん〉と呼ばれた。

〈家なき旅人〉の〝飄々柳絮の如風を逐ふて転ずる底の生涯〟(7) が始まる。山路金之丞(彰常)、暦算家。弥左衛門主住、久次郎之徽、才助徳風、弥左衛門諧孝と継がれて五代目に当たる。(8) 堂々たる風采の木村熊二が「こわい人だつたよ。(9)」と評するほど厳粛な生活態度をもっていた。生死の分からない一郎に代わり、幼弱な弥吉にすべての望みをかけて、日記に、「これよりは孫をたよりに富士の裾(10)」の一句を書きしるしたのは、この祖父であった。

注

(1) 現在の台東区浅草橋三丁目二八番付近。文久元年の浅草絵図には〈天門《マヽ》ヤシキト云　須暦所御用屋敷〉とある。天明二年、牛込藁店にあった幕府天文方の機関、新暦調所が同地に移転し、頒暦調所(測量所とも。俗称・天文台)と改称。天文台は、安政二年に九段坂に移されたが、暦の作製は、同所が機能を止める明治二年まで存続した。

愛山は、元治元年一二月二六日(一八六五年一月二三日)生まれ。長男で左衛門と命名された。少なくとも六、七歳ごろまでは左衛門と呼ばれていたようだ(「富士につきて思出ることゞも」『独立評論』明三八・一二)。また「弥吉」と改める前に金弥という幼名があったらしい(「父・愛山を語る」山路久三郎『信濃毎日新聞』昭二三・五・七)。

(2) 「自然を読むの法を論ず(三)」『国民之友』明三一・八)

(3) 大久保利謙氏の年譜(『明治文学全集35　山路愛山集』昭四〇・一〇)には「慶応二年」とあるが、谷中・大泉寺の《過去帳》には、慶応三年の項に、〈六月廿日　幼空孩子　天文原　金之丞孫〉〈七月五日　最善院殿蓮花妙楽大姉　山路氏〉

と記されている。けい子は、御鳥見役・奥留種敏の女。

（4）「函嶺所見」『家庭雑誌』明二八・八・二五、「修学旅行」『信濃毎日新聞』明三五・一一・一一

この時、早川尚次郎の次男・早川鉉吉の従弟・青木兄弟とその父母も同行した（「二日の旅」『独立評論』大二・一二）。

（5）「一夢半百歳」『国民新聞』大六・一・一

（6）《明治二年五月　御入国御人数　町宿帳》（静岡県立中央図書館）

家人の数は六（前掲「函嶺所見」、「袋井に往く記（承前）」『雪月花』明二六・一）。金之丞、ふさ子、だい子、弥吉と一郎を含めても、あと一名不明だが、弥吉の曾祖父・諧孝の妻（奥右筆・青木郷助の女）が、明治四年一月一日に没し、静岡・西福寺に墓があるところから、その曾祖母であったかもしれない。

（7）「懐旧」『家庭雑誌』明二六・二

（8）《駿藩各所分配姓名録》（明元）（静岡県立中央図書館）には、〈遠州中泉　山路金之丞〉と記されている。山路家に関しては次の文献を参照した。《安政六巳未年調　天文方代々記》（東京都公文書館）、「山路氏代々記」『数学協会雑誌』明二五・八、遠藤利貞『日本数学史』大七・九、「暦算家山路氏墓所記」伊藤武雄『掃苔』昭九・一、大崎正次編『天文方関係史料』昭四六・七、佐藤政次『暦学史大全』昭五二・一、広瀬秀雄『太陽・月・星と日本人』昭五四・三、中山茂編『幕末の洋学』昭五九・一

弥吉自ら祖先に言及したものは以下の通り。「高橋作左衛門氏と渋川六蔵氏」『国民新聞』明二六・一一・二六、「戦捷後の文壇に対する希望」『新小説』明三八・九、「山路君樹先生茶話」『独立評論』明三九・一、「榎本梁川先生（三）」『国民新聞』明四一・一一・一五、「箕作阮甫（上）」『再興独立評論』大三・八、「同（中）」大二・九・一、「同〈下の一〉」大三・一一

弥吉は家系を尊び、元旦には、才助、諧孝、金之丞の画像を床の間に掲げ、子供たちをその前に正座させて、その人となりを説いて聞かせ、武士の作法を教えたという（「父・山路愛山のこと」山路平四郎『早稲田公論』昭四〇・六）。

なお、弥吉が、〈軽妙の才子〉〈通人の逸品〉（「現代金権史・政商論」『商工世界太平洋』明四〇・四）とその人柄を敬愛した福地源一郎は、少年の頃（江戸に遊学した安政五年、一八歳の時であろう）、弥左衛門諸孝（安政五年没）に会ったことを、初対面の折に語っている（「苦き汁。酸き汁。甘き汁。（六）」『信濃毎日新聞』明三六・六・一七）。

（9）「小諸義塾第十年祝宴席上に於て」『信濃毎日新聞』明三六・六・二

（10）前掲「袋井に往く記（承前）」、前掲「函嶺所見」　金之丞は、元治元年に娘を亡くしている。前掲《大泉寺・過去帳》に、〈五月十九日　蓉清院殿智晃浄生童女　浅草天文原　山路金之丞殿子　十四才〉とある。

二　父・一郎の消息

転籍して三歳後の明治五年。父一郎の消息が知れた。

幕府天文方見習い、役扶持十五人扶持、二七歳、部屋住みの身で一郎は、弥吉の外祖母に当たる奥留ふき子とともに縁組を無断で決めて不満な結婚生活を強いた金之丞への、また、〝我物顔に江戸を横行闊歩〟する〈西国の田舎侍〉への反発と、〝あは善くば此騒に名を成し功を立て、千石位の大身にも出世し得べし〟[2]との欲に駆られて、家人の制止も聞かず、慶応四年二月二三日に結成された彰義隊に加わるが、同年五月一五日、敗走。官軍の追蹤に身を潜めながら、ある農家で職人に姿を変え浅草の邸に逃げ帰った。[3]もとより〝慶喜様などを有難く思ひて駆け出した〟一郎ではなかったが[4]のち、この時の〝高禄を取りたる殿様連中〟を〈臆病未練〉と罵り、また、彰義隊の惨敗を傍観した旗本の醜態を嘆き、〝日本人が旗本のやうなる人のみならば此国はとうに赤髯の者になりしことならん〟[5]と難じている。おめおめと戻ったことで、父・金之丞の激しい怒りをかい、身の置き所を失った一郎は、三ヵ月後の八月一九日、「脱走連」の榎本らと行を共にする。袂を分かつ前、弥吉は、その一郎に抱かれ、「永太郎団子」という店に立ち寄り団子を食べた…。[6] 黒田清隆が、箱館五稜郭を本営とする榎本に降伏を勧告した明治二年五月一三日から五稜郭開城に至る同月一八日の間ことであろうか。馬で堤を駈け上がった一郎の額を飛丸がかすめ、一郎は気絶。新政府軍の病院に捕虜となった。[7] 七月八日、松平出雲守の作州津山藩に〈降伏人〉としてお預け。[8] 翌年二月一八日、禁固を解かれ静岡藩への引き渡しが決まった[9]後も残賊の日々を重ねる。

すでに家督を除いた我が息子ではあったが、行方を知らされた金之丞は、不和を超えて迎え人の役をつとめた。[10]

注

(1)「久間孝子覚え書き―幕末期天文方の生活―」下沢剛・広瀬秀雄『科学史研究』昭四七・一

(2)「勝海舟を論ず」『太陽』明四五・六

(3)前掲「久間孝子覚え書き―幕末天文方の生活―」

(4)「現代青年の気風」『中学世界』明四三・一一

(5)「維新歴史の背後の女」『新小説』大五・一、「幕末旗本の兵隊」戸川残花『武士道』明四三・一一

(6)「榎本梁川先生(一)」『国民新聞』明四一・一一・一、「一夢半百歳」『国民新聞』大六・一・一

(7)前掲「現代青年の気風」

戦友に古屋作左衛門がいた。この戦いで死ぬ。弥吉は、静岡で古屋の未亡人を知り、その子と往来した(「苦き汁。酸き汁。甘き汁。(三)」『信濃毎日新聞』明三六・六・一四)。

(8)《日記　明治己巳年　自五月至九月　公務局》(津山郷土博物館)

同藩へ預けられた者は次の通り。今井恵吉(元父高百五拾俵拾人ふち　元大番格歩兵差図役　宗作倅　部屋住　十九才)、大池朔造(元高八拾俵五人ふち　元歩兵差図役　二十五才)、石川謹次郎(元高五拾俵三人ふち　元鷹場方　二十五才)、

今井銀蔵（元高四拾俵三人ふち　元軍艦方　二十六才）、山路一郎（元役扶持拾五人ふち　元天文方見習　金之丞倅　部屋住　二十九才）、五十嵐半平（元兄高百俵五人ふち　元徒目付下山逢吉弟　三十三才）、中村勇次郎（元父高五拾俵三人ふち　元撤兵方金蔵倅　部屋住）、佐野直司（元高八拾俵五人ふち　元歩兵差図役下役　佐々木直次郎倅　三十才）、川添誠之丞（元高四百石　元再番上席　歩兵差図役頭取　三十三才）《日記　明治三庚午年　従正月至六月》〔津山郷土博物館〕

〝世に腰抜け役と罵られて人の数にも入れざりし数学天文の家業より矛を取つて君の為めに戦ひし戦士を出したる我家の伝記としては必しも恥かしきことに非ず。〟（前掲「榎本梁川先生（一）」）という弥吉の言葉が、それぞれの役名からも首肯できる。なお、同《日記》には、明治三年六月二九日、一郎に対し「数学教授」を申し付ける旨の記述がある。代々進取の気象に富んだ松平藩主の理解と援助に、宇田川、箕作両家が応え津山蘭学の名は高かった。ことに箕作阮甫は元幕府天文台出仕。津山は、山路家にとって無縁の地ではなかった。

（9）《国元日記》〔津山郷土博物館〕

（10）「山路愛山「懐旧録」解題」山路平四郎『国文学研究』昭三九・一〇

家庭内の不和は、「人生」（『国民新聞』明二六・三・二六、二八）に、仮構の筆をもって苦く語られている。〝酒田呑太郎〟は一郎、〝呑太郎が不幸なる婦に生ませし子〟とは弥吉自身のことである。

三　麗沢学舎に入る

この間、虚弱のため就学が遅れていた弥吉は、明治五年、ふさ子に連れられ、人宿町の書家・田中董丘（元幕吏）を訪い、初めて学校（麗沢（学）舎と称する）というものに入る[1]。

入学前から、いろはを読み習い「八犬伝・犬の草紙」などもいくぶんかは読めたが、幼時の教育は、奥留ふき子（母けい子の母）に負うところが大きかった。ふき子は、玄祖父・徳風の庶出の子。静岡市外上島村に住み、敗軍の士の母として、子らの生活を写本の筆耕料で支えた。〈事そぎて心の儘になさぬことこそ残らん末の世々の為めなれ〉の一首によって、倹約が子孫万世の計であることを弥吉は教えられる。金之丞も一目置く、この「賢夫人」は、和歌や物語の世界を開いて、身寄りの乏しい弥吉をよく誘掖した。[2]

津山の父から「老人のみにて、甘やかしそだて玉ふな」との書が送られ、ふさ子は、一郎が書道を研鑽していたこともあってか、弥吉に、手習いなど怠らぬよう督促した。〈豆筆〉（終生、愛用することになる）の浪費を見かねて筆を与えようとする董丘の心遣りを拒むなど、腕白泣き虫ぶりを発揮して閉口させた弥吉であったが、董丘には手蹟をほめられ、また父へ送信するため手本を書いてもらったりした。ふさ子に「仰見明月」と書いてほめられたこともあった。……[3]

同じ年、明治五年の九月、静岡に電信局が開設されると、〃電信は頼光の昔語りにある大蜘の巣の如きものにて、外国人が日本人をだまし、あの様なるものを国中に引まはさせたるものなり。されば遂には、ぐるぐると我等の体を取巻きて生血を吸取るべし。恐ろしきことなり[4]〃などという気味の悪い風説が幼い弥吉の耳にも伝わった。

上からの欧化が、加速度を増していた。

翌六年、静岡市中五公立小学校設立に際し、董丘は学区取締・斎藤貫之から公立に改めることを勧められるが、従来の授業法によって私立小学校とすることを請い、督学局より許可を得る。弥吉は、一《いち》加番《がばん》に転居した後も麗沢舎（当時の所在地は有渡部寺町二丁目）に通った。同じ董丘の弟子で横内町に住む久永濤三郎（勝成）を知ったのはその頃である。[5]

〃余が幼にして腕白なるや、毎朝師の許に行くをむづかりて、ダヾをこねるを常とせり。而して彼れは此の時既に立派なる青年にして、大たぶさに結ひ袴羽織を着け、余が家の前を過ぎリ、余が渋面作れるを見て微笑し、静かに余に近づき数語を以て余を諭し、余を拉して師の許に同行せしこと数ばなりき。余は今何を彼れに諭されしやを記せず、而れども余は当時彼れの美にして粛なる容儀と、何なる書にても四角の字なればスラ〳〵と読下せる技倆とに感服しつゝありたれば、彼れの数語は其語の何を意味するに係はらず、必らず敬つて聴くべき者なりと頑是なき童心に感じたるが為めのみ。当時余が先君と先々君とは中国の或る地方に遊歴したまふて家に在さゞりしかば、余が祖母は常に彼れに乞ひて余が修学を監せしめたまひし也。[6]〟の一節中、「彼れ」とは久永のことであろう。久永の〈柔かなる情《ハート》〉は、弥吉の〈高尚なる紀念物〉[7]となる。

津山より戻った一郎は、ふさ子とともに水落町の勧工所に勤め、糊口をしのいだ。[8]

明治七年二月、斎藤の再度の勧めに、麗沢舎は公立第四番小学と改称。同年九月、董丘が訓導を辞するまでの間、弥吉は、いろはから、『智恵之環』『小学読本』『地理初歩』、さらには『英語階梯』『万国史』『論語』『中庸』などを学んだ。[9]

『万国史』に接した時のことを、弥吉は、〝パーレー万国史の如き其れ何ぞ甚だ少年を感動すべき物語に富めるや。我等は今日と雖も之を読みたる当時の快感を忘るゝ能はず。少年の想像力はパーレー翁と共に風船に駕して世界を周遊するに余あるなり。[10]〟と振り返っている。董丘の釈業と家蔵の万国図が、その空想の旅を助けたことであろう。また『論語』を覆誦させられた結果〝今日も猶は其余沢を荷ふ処少からず。「蔬菜を食ひ、水を飲みて眠る、楽み其中にあり」と言ふが如き語を思ひ出づる毎に自ら独立の地を見出し、「義を見て為さゞるは勇なき也」との語を回想する毎に意気猛然として困難を排し去るべき真勇を生するに至つては、古典研究が深く吾精神修養に益する所あるを思ふ也。[11]〟と回想している。

当時、董丘の許に、佐藤重道(のち「顕理《ヘンリー》と改名」)が出入りしていた。佐藤は、安政六年に江戸の幕臣の家に生まれ、明治元年九月、静岡に移住。明治五年、静岡学問所に入り、米人クラーク（明治四年、お雇い牧師として来日）に教えを受け、また加人マクドナルド（宣教医。明治七年四月赴任）からは明治七年九月、メソジスト教派の日本での最初の洗礼を受ける。やがて英学者として名を成すに至るが、弥吉が見た佐藤は、信仰と学問の道を歩き始めた頃の〈瀟洒たる青年〉であった。(12)

静岡城内に住み小学校の助教をしていた、だい子の夫・吉田信之から『四書五経』『国史略』の素読を指導してもらったのも麗沢舎時代のことだろう。(13)

注

（1）「山路愛山「懐旧録」解題」山路平四郎『国文学研究』昭三九・一〇

田中董丘は、天保一四（一八四三）年生まれ。祖は徳川家康に従った三河武士で、代々幕府に仕えてきた。安政六年、監察手付書役を命ぜられたが、解職後は仕官せず、書家・江上大丘のあとを継ぐ。明治元年一〇月、父に従い駿府に移住。同年一二月一八日に私塾・麗沢（学）舎を開いた。等級別に漢、英、数、習字の四科を教え、夜学も併設。授業料は随意。写字板、書籍、その他の器具を貧家の子弟に貸与し生徒の冗費を省き就学の便をはかった（山田万作編『岳陽名士伝』明二四・一〇）。

〝小生が始めて生徒たりし静岡の学校は町の人寄席をそれに充てたるものにて畳は破れ、障子は傾き、随分と粗末なるものにてありし。〟（「一夢半百歳」『国民新聞』明六・一・一）とは「麗沢（学）舎」のことであろう。

（2）前掲「懐旧録」、「命耶罪耶　第四」『国民新聞』明二八・三・五、「静陵懐古（二）」『国民新聞』明二九・四・一二、「貯金論」『信濃毎日新聞』明三三・七・二四、「独学」『中学文芸』明三九・六、「学校では一字も教はらず」『文章世界』明四一・八、「維新歴史の背後の女」『新小説』大五・一

（3）前掲「懐旧録」

ふさ子は、御弓槍奉行・三輪氏の女。〝気丈でよく笑い、よく語る女性であった〟（「富士につきて思出ることゞも」『独立評論』明三八・一二）という。明治元年頃、浅草の自宅で急ごしらえの菓子店を開き、金つば（萩の餅）を商って繁盛したが、材料の米を計算に入れ忘れ、結局、損をしていたことが分かり閉店した、などという逸話もある（「民心の変遷」「婦人新報」明三一・一二、「商業学校校友会席上に於て（一）」『信濃毎日新聞』明三五・六・二二）。

〝昔の婦人は今と違って鷹揚なものであつた。我輩の母なども一向算用などに頓着せず、我々が取つて来て渡した金は、サツサと遣つてしまつた。まさか借金はしないが、有れば有るだけ遣ふと云ふ流儀であつた。之は浪費とは違ふ。必要に応じて屈託なしにサツサと遣ふのである。之が昔の武士気質である。〟（「算盤珠以上の生活」『婦人之友』明四五・三）の文中の「母」とは、この「祖母」のことであろう。

（4）「現代金権史　民間の生活と其政論」『商工世界太平洋』明四〇・八

（5）前掲「懐旧録」

七間町には、いつまでいたのか不明だが、明治四年七月一四日、廃藩置県の詔が出、八月二八日、徳川家達が東京に戻った時点で転出を迫られたことは確かだ。

（6）「命耶罪耶（十一）」『国民新聞』明二八・三・二三

（7）「命耶罪耶（十二）」『国民新聞』明二八・三・二四

（8）前掲「懐旧録」

勧工所（俗称・横内勧工所）は明治四年設置。〈工業を製紙、煙草、莫大小、織殿の四科に分ち上記三科は士族子弟厄介をして之に従事せしめ、織殿には同妻妾女児をして従事せしめた。数百の男女は茲に朝来暮去、多少の傭銭を得て生活の資とした。〉（『静岡県政史話』昭四・五）

（9）前掲「懐旧録」、「独学」、「一夢半百歳」、「現代思想史に於ける基督教の位置（一）」『独立評論』明三八・二

(10) 「ひとり言」『国民新聞』明四一・九・二七
(11) 「如何にして剛健なる青年を作るべき乎」『世界的青年』明三九・九
(12) 佐藤重道については次の文献を参照した。
前掲「懐旧録」、《佐藤重道履歴書　明治十三年五月一日　郡長宛》（顕理五男・六郎の妻カズイ氏）、『東洋英和学校学則』明一八、『人事興信録』大七、「佐藤顕理氏略伝」D生『英語青年』大一四・八、「故佐藤顕理氏のことども」小林光『英語青年』大一四・九、朝比奈知泉『老記者の思ひ出』昭一三・三、飯田宏『静岡県英学史』昭四二・一〇、『沼津教会百年史』昭五二、石塚博翻訳・解説『サムライボーイ物語―佐藤顕理伝―』平一一・七
(13) 前掲「懐旧録」

四　盍簪舎から壕頭学校へ

紺屋町小梳神社境内に設けられた盍簪舎《こうしんしゃ》に通い始めたのは明治七年の秋頃か。校長を山本眠雲といった。元幕府の武具奉行で詩文章に熟達し書道に通じ漢学の素養ある儒家。弥吉の目には磊落な人と映った。当時六十余歳。

大迫貞清（鹿児島県士族）が静岡権令に任ぜられる（明治七年一月）と、弥吉は、生徒の過半を占める徳川武士の子ともども〈時世の継子〉であることの認識をいだかされたのだが[1]、その勢威隆々たる権令が盍簪舎を訪れた時、山本は、出迎えもせず椅子に座ったまま弥吉らに『小学読本』を教えながら、「これは大迫さん善く御出でだ」と挨拶したところ、大迫も礼をもって応え授業を謹聴、寒暖を序し寄居の安否を問うて去った。弥吉は、この時ほど教師の威厳を深く感じたことはなかった。義士を好んで義人録を所蔵し、書院の床の間には弓箭・甲冑を並べ古武士の面目を保つ山本の気概に触れて、しばし降伏者の運命を忘れた[2]。

その後数月、弥吉は伝馬町の小学校で学んでいるが、[3] 明治八年一〇月、中心街地域の子供たちが、新生・壕頭《ごうとう》学校に通うことになったのを機に同校に転入したようだ。[4]

壕頭学校時代の弥吉は、「箸にも棒にもかゝらぬ腕白者」であったという。[5] 幕府天文方で蘭書の検閲係をしていた山路家には、蘭学の本が山のようにあったところから、天文学だの本草学だの手当たり次第に読んだ結果、世間からは異彩を放っているように見られていたようだ。[6]

〝我等少年の時人身生理の書を読みしことありしが、其頃は腕白盛りの板面者なれば蛙などを捉へ来りて其臓腑を解剖したることなどもあり。さる折には人身の内景も蛙の内景も構造の輪郭に於ては同一にして均しく有脊動物なりと云える教師の教を首肯せざるを得ざりき[7]〟〝私が小学校の生徒の時分に、奈翁とは如何なる人ぞやと問題が出た時に、教科書にある奈翁の絵をかいて、奈翁とは図の如き人なりと書いてやつた。[8]〟という回想文には「腕白者」の一端が語られている。

〝或る日小学校の作文に磁石といふ題が出された時、君は例の翻訳もので見ておいた奴を思ひ出してその大略を書いて出すと、小学校の先生喫驚して何処からこんな詳しいことを聞いてきたのだらうと大に訝つたそうだ。その頃の訳書といへばみんな然ういふ風の科学書であった。科学であるだけそれだけ其の時代の新智識である。して見ると君は当時の新智識を幼少の身で吸収して居つたといふ訳である。[9] という一文にも沢山の翻訳書を引き出しては目を通していた少年弥吉の姿が浮かんでくる。家蔵の蘭訳書は弥吉に〝物を考ふることを教へ〟た。[10]

読書と算術を得意としたが、「博物図」などの暗記は苦手であった。[11]

幕府瓦解以来、世捨て人の境遇にあった老儒、硯学は、小学校の設置とともに、校長、教頭として蘇生し、旧套をまとって翻訳教科書を教えた。一郎が英語の必要を説き、[12] 金之丞が〝論語一冊を以て爾が一生の規矩とせよ[13]〟といった具合に、両洋の混然とした状態は山路家をもおおっていた。当時を思い返して弥吉は〝進歩と保守と相持ちて社会航路は安全なり[14]〟としている。

明治九年の暮、一二月二日夜から五日間、伝馬町の寄席で講釈の興業があり、松崎平門が「太閤記」を、宮内三郎が「義士銘々伝」をそれぞれ演じた。弥吉が金之丞と初めて講談を聞いたというのは、この時のことであろうか。藤吉郎が、ある合戦で木によじ登り四方を見渡す様を、講釈師が生き生きと語ってみせる様がとてもおもしろく[15]、後に〝天空海闊の気象のどこどこ迄も平民的な好個のパブリックサーバント[16]〟と評し、「偉人中の偉人[17]」と敬愛するまでになる豊臣秀吉の戯画を、それにふさわしい田舎の小さな芝居小屋で見た。

同じ伝馬町の松緑亭では、士人の子女として初めて俳優となり評判をとった篠塚けい子の、世にいう「おけいさん芝居」が上演されていた。その俗称が、弥吉の幼い耳には異様な響きをもって聞こえた。のちに〝人未だ矯態を知らざりし徳川武士の子が忽ち面を思慮なき群衆の中に曝らし、嘲笑と無智なる賞賛と、たはいもなき批評と、冷笑と喝采との中に俳優とならんとは、予は是を以て最も羞恥なる出来事として考ふるなり[18]〟と慨嘆している。更に後年、〝女優たらんとするもの身を以て風俗改革の模範たるべき猛志を起し好んで人の赴かざる所に赴くものならんには是れ亦一見識なり[19]〟とそのあるべき姿を求めた時、松緑亭の〈おけいさん〉が苦く脳裏を過ったに違いない。弥吉は、しばしば金之丞に連れられて寄席に行った。猥雑な垂幕の中に貧苦に明け暮れた暗闘のぬくもりがあった。

注

（1）「学記を読む（下）」『信濃毎日新聞』明三二・一一・三〇、「学記を読む」『学友』明三二・一二、「命耶罪耶　第二」『国民新聞』明二八・三・一。

〈敵地〉に平然と単身で入所し、熱心に静岡県人を育成した技倆に、のち弥吉は、薩人の長所をみてとっている（「薩人の特性」『太陽』大二・九）。

（2）山本眠雲については次の文献を参照した。
「命耶罪耶　第一」『国民新聞』明二八・二・二八、「苦汁。甘汁。酸汁。」『信濃毎日新聞』明三六・一二・二、「非読書制限論」『中学世界』明四三・七、「ひとり言」『国民新聞』明四五・四、二八、「ひとり言」『国民新聞』大元・一〇・一三、「一日一題」『独立評論』大三・八、「一夢半百歳」『国民新聞』大六・一・一、小山有言『維新前後の静岡』昭一六・七、飯塚伝太郎編『静岡の人びと』昭四九・三

（3）明治九年四月、盍簪舎は、一心舎と合併し伝街学校となるが、同校の位置は小梳神社となっているところから、伝馬町の学校とは、同町元本陣小倉宅を校舎とした一心舎のことらしい（静岡市立伝馬町小学校編『てんま　七〇周年記念誌』昭四七、静岡市役所編『静岡市史　第四巻』昭六・一二）。

宝泰寺でよく遊び、境内にある山梨稲川の碑前に彷徨したのもこの時である（「一日一題」『独立評論』大五・四）。

（4）「山路愛山「懐旧録」解題」山路平四郎『国文学研究』昭三九・一〇、安本博編『静岡中心街誌』昭四九・一一

壕頭学校の開校式は、明治九年四月二三日に行われている（静岡県立教育研修所編『静岡県教育史　年表統計篇』昭四九）。

（5）「平凡乎非凡乎（十六）無頓着な愛山君」『静岡民友新聞』大一・一二・八

（6）「山路愛山君」『名士の学生時代』（岩陽堂書店）大四・六

（7）「初対面の印象」『太陽』明四三・一〇

（8）「織田信長の話」『静岡県教育時報』大三・六

（9）「山路愛山君」大日本国民中学会編『学生立身要鑑』明四二・二

（10）「学生時代の学科に対する名流の回想」山路愛山君『江湖』明四一・七

(11)　前掲「懐旧録」、「歴史上に於ける学者の位置」『慶応義塾学報』明四二・六
〝昔しの数学の先生は随分乱暴なるものにして僕などは入学第一年の中に比例より二次方程式まで学ばせられたることあり、今より見れば縄梯子にて崖を上らせるやうなる仕方にて随分無法なる教育法なれども其荒つぽき処が却つて僕等の算勘を鍛錬し、僕等の学胆を壮んにしたりと覚へたり〟(「都の少年と田舎の少年」『信濃毎日新聞』明三五・一二・一四)とは壕頭学校での体感であろう。
(12)　「現代思想史に於ける基督教の位置(一)」『独立評論』明三八・二
(13)　「古学の教育」『信濃毎日新聞』明三二・八・二九
後年、〝拙生など幼年のみぎり無中にて誦読いたし候論語など、此節に至りて大いに益を為し候。〟(「教育問答」『婦人新報』明三一・一一)と、その効能を記している。
(14)　「ひとり言」『国民新聞』明四四・六、四
(15)　「一日一題」『独立評論』大三・六
(16)　「秀吉と家康との女性に対する傾向」『成功』明四三・一〇
(17)　「余が最も好める人物」『雄弁』大三・五
(18)　「命耶罪耶　第七」『国民新聞』明二八・三・八
(19)　「女優論」『女学世界』明四一・一〇
松緑亭は、明治九年一二月三〇日、江川町からの出火に類焼し廃絶した(柘植清編『静岡市史余録』昭七・一一)。

五　壕頭学校の〈神童〉

明治一〇年、西南戦争が起こると、弥吉らは、『郵便報知新聞』や町の電信局に掲示された戦地の公報を拾い読ん

では血を湧かし、〝薩摩は怪しからぬ奴ぢや、我々を江戸より駿河に逐ひ出したり〟との復仇の思いから、西郷の敗報を得るたびに快感を覚えた。そして、〝天子の為に孤城を守って大敵を支えた〟熊本鎮台司令長官・谷干城に〈英雄〉をみた。夏、樹影の下で〈戦争ごっこ〉に興じていた時、誰かが〝愈よ官軍と熊本城との連絡がついた〟と言ったのに呼応して喝采……蝉がないていた……[1]。

虚弱な弥吉ではあったが、軍《いくさ》ごとを好み〝謀にたけたり〟といわれた。刀と称して棒を差し市中を徘徊したり、〈棒の戦〉〈石の戦〉に加わって父に叱られたこともあった。しかし弥吉は、〝怯懦を悪み、進取を愛し、長者の指揮に服し、弱者を庇護するの士道〟をこの児戯から具体的に学んだといっている[2]。

九月二四日、西郷隆盛、自刃。士族の反乱は終わりを告げ、口舌の潮がひたと寄せた。弥吉は、この転換を往時にさかのぼって次のように整理している。

〝西南戦争は則ち此士族兵二万余と天下の守旧党より其兵士たる能力を疑はれたる民兵との戦争なりき。…是は独り鹿児島県士族の敗北に非ず。実は日本全国に散在したる士族をして挙国一致の大勢の下に全く頭を屈せしむべき一大勝利なりき。…廃藩置県の実は是に於て誠に挙り、日本の中央政府は始めて強き政府となるを得たり。…西南戦争の已むと同時に国会論てふもの起りたり。国会論の実体は則ち立憲論なり。国民総体が国事に就て応分の貢献をなすを得ることを法律の明文に依て示されんことを要求するは則ち国会開設請願者の希望なりき[3]。〟

翌一一年三月一四日付『静岡新聞』紙上で伊藤鉉一郎[4]、は、「演説論」と題し〈文ト弁トハ精神ノ光輝ヲ外ニ発スル一大機械ト謂ツ可シ…上ハ国会県会ヨリ下ハ区会村会ヲ設ケ民ノ輿論ヲ容レ世ノ公説ヲ取リ人民ヲシテ政治ニ参与セシムルモ将ニ近キニアラントス若シ夫レ然ラバ演説ノ技倆ヲ活用実施スルノ時ニシテ恰モ是レ弁舌研究ノ好時期ナラズ乎〉と青年子弟に訴えているが、その要請を受けるかのように、同月三一日、壕頭学校で、小学生徒としては初めての「演舌会」が開かれた。弥吉は、「読書のみにては大望はならず」の題下に黄吻を鼓した。[5] この時の弥吉の体内には、九歳の頃読んだ『大学』の一句〈治国平天下〉が貫流していた。〝天下国家の為に捨る命は鴻毛よりも軽い〟[6]とする青嵐が胸中をさわがせていたのであろう。〈済世〉の門標をさがす弥吉がみえる。

〈彼（＝弥吉）の処女演説はその十三四歳の折、静岡小学生たりし時であつた。最初より決して臆せず堂々とやり、学務課から賞与をもらつたといふ〉[7]のはこの時のことであろうか。

演舌会の当日は弥吉のほかに、田沢雄太郎が「習慣性」、石黒誠二郎が「人は万物の霊たる如何」、杉原由郎が「朋友論」、村上太刀菊が「節倹説」、梅沢信男が「小学生徒の目的」、石山忠政が「春夏秋冬論」、岸田ふゆが「婦人の職務」（以上、上等生徒）、春田わかが「学校論」、筧よしが「人の花費する所の論」（以上、下等生徒）をそれぞれ弁じた。

石黒誠二郎[8]とはたいへん気が合い、城内のいちはつの花を摘んで遊んだり、『名誉新誌』『近時評論』などの雑誌を借りたり、〝我国は海軍を盛にせざるべからず、封建の政治こそよけれ、四境は皆兵国なれば海外の攻撃に対ふに便あれば〟などと幼い議論をたたかわせたりもした。[9]〈公海〉に櫓を推して進まんと勇み立つ少年に、安住の〈情《ハート》〉をその日にたたえて慰藉を投げかけたのは岸田ふゆである。〈心の偶像〉であった。[10]

学友には、漆畑春吉、市川啓三郎、増田守一、伴野欽平、秋山一裕らがいた。[11] 自由民権の思想は、人々の意からかけ離れた直訳的、強制的「学制」への反動を導き、教室を討論会場とし、学校の権威を失墜させていくが、統一も門戸も検束もない学校は、弥吉ら少年に〝天地の寛きを感じ〟[12]させたのであった。友人・成瀬駒次郎の父親に〝此子は他日、代証人（今の弁護士）とならば必ず立派のものになるべし〟とその舌端をほめられたのも、[13]そんな時流のなかである。

〝余は自ら恥づ余が幼にして遊楽に余念なく、学生として未来の希望少なかりしや、余が先々君は余をして商人の事を学ばしめんと欲し、其意を余に諭せしとき、余は其の恩命を怨めしく思ひ、卑しむべき商人たらんよりは寧ろ自殺するこそ善けれと絶叫したりしかば先々君は余が頑愚なるに困じて、しばらく余が意思に従ひたまひしことを余にして若し当時『西国立志編』一冊だに読むの機会あらしめたらんには余は喜んで先々君の命を聴くべかりしに、不幸にして余は猶当時「座して食ふ士族の境界」を以て「額に汗する商人の境界」より高尚なる者と思ひつゝ、ありしかば……〟(14)という独白は、この頃のことであろうか。

〈神童〉の名声いやますごとに、金之丞の困惑は倍旧したようだ。

注

（1）「遠くより眺めたる谷将軍」『国民雑誌』明四四・五、「一夢半百歳」『国民新聞』大六・一・一

（2）「山路愛山『懐旧録』解題」山路平四郎『国文学研究』昭三九・一〇、「都の少年と田舎の少年」『信濃毎日新聞』明三五・一二・一四、「ひとり言」『国民新聞』明四四・四・二一

（3）「明治大帝及其時代」『国民雑誌』大一・八
何の思慮もなく憎んだ西郷であったが、のちに「一代の大侠」（「新年述懐」『国民新聞』明三二・一・一）とその性情に敬畏をはらっている。『南洲全集』（大四・七）を編んだのは他ならぬ弥吉である。

（4）伊藤鈜一郎は、文久二年生まれ。士族。明治一一年一一月、天皇が静岡に巡幸した際、静岡師範学校の生徒を代表して物理書の御前講義をする。翌一二年五月、第一等師範学科卒業。翌一三年一二月、磯部物外らと国会開設の請願書を呈す。以後、県御用掛、富士郡・駿東郡書記、郡長心得、駿東部高等小学校長などを歴任。榛原郡教育界で活躍。共益社、公同社を設立（山田万作編『岳陽名士伝』明二四・一〇）。

（5）『静岡新聞』明一一・四・六

(6)「済世論」『六合雑誌』明四一・一

(7)「雄弁家月旦・山路愛山」須磨の浦人『雄弁』明四三・三
〝私達の小学校時代には、生徒が屡々演説をやつたものだ。我が輩が始めて演説をやつたのも、矢張り小学校時代（静岡）で、年から云ふと十三四頃であつた。此の時賞与として学務課から書物を一冊貰つたことがある。〟（「理想的の演説」『中学世界』明四二・五）。

(8)石黒誠二郎は、石黒務（旧彦根藩士。当時、静岡県書記官）の次男。《秘録　石黒務親族内縁早見》（誠二郎長女・秋子氏）には、〈慶応三年丁卯九月二十二日生、明治二十三年七月　工学士トナル　妻男爵千田貞暁四女浜子　明治十四年九月生　明治三十一年七月一日於東京結婚ス〉と記されている。

(9)前掲「懐旧録」
『名誉新誌』（明治九年三月創刊）は、西郷隆盛から無名の孝子義僕に至るまで、主に現今の美行偉蹟を記載した勧懲書。『近時評論』（明治九年六月創刊）は、旧来の陋見や因襲の俗論をおさえ、世人の耳目を開達させて、上は政治の方向を動かし下は人心を作興し、勇為敢往の精神を煥発させることを本旨とした時事論説誌（第一号、「小引・社告」「緒言」をそれぞれ参照）。

(10)前掲「懐旧録」

(11)伊東圭一郎『東海三州の人物』大三・九
漆畑春吉は、神戸市助役（明治三一年一〇月から同三七年一〇月まで）を務めた（〔神戸市総務局職員部人事課〕）。

市川啓三郎は、藤枝小学校長（明治二九年五月から大正四年一一月まで）を務めた。高潔な人柄で、油絵をたしなむ。結核に罹り大正五年没（「一日一題」『再興独立評論』大五・四、〔中川敏氏〕）。

増田守一は、日本橋、植村商店（羅紗商）の副支配人を務めた（〔植村広子氏〕）。

伴野欽平は、慶応元年、静岡市一番町士族・茂木茂二男として生まれる。明治一二年、伴野家に入籍。大阪医学校卒業。

軍医となり日露戦争に従軍。帰還して鷹匠町に開業。政治に関心をもち、市会議長から市長を二期務めた。昭和一四年没（「一日一題」『再興独立評論』大三・一二（伴野英資氏））。
秋山一裕は、元・山県栄次郎といい、静岡中学、慶応義塾卒業後、小学校教諭、駿東郡視学を経て、日本製糖に勤務。明治三九年「日糖疑獄」に連座。

(12)「ひとり言」『国民新聞』明四四・七・九

(13)「二日の旅」『独立評論』大二・一二

(14)「命耶罪耶　第九」『国民新聞』明二八・三・一〇

六　〈空想〉より〈実際〉へ

教育令の原案が太政官に提出される一月余り前の四月四日、一度は〈一種の人物〉と敬った「教育家中の思想家」金子徴は、〈勉メテ外観ヲ省キ冗費ヲ減シ教則ヲ寛易ニシ人民ノ所望ニ適セシメ不釣合ノ弊ヲ除キ漸ヲ以テ之ヲ導クアルノミ〉と、小学校の振興策を『静岡新聞』紙上で説いている[1]が、一郎から、何としても学資が続かず「最早足下は学校に行くこと能はざる身となりぬ。」と言い渡された[2]のは、まさにその頃と思われる。また関流第一伝を継いだ山路主住が集めた算学の書が家蔵されていたこともあって、その辺ではかなりの数学者であった父一郎に師事し（のちに静岡中学の数学の講師（藤川春龍か）にも就いて）〈数学〉に熱中し過ぎて「数学者になりはしないか」との疑念をいだかれ、遂に親の「（数学を）根絶せよ」との言葉に従ったというのも同じ頃のことであろう[3]。

〈賢きものは世に用ゐられて、愚なるものは人に捨てらるること常の道なれば、幼稚のときより能く学びて賢きものとなり、必無用の人となることなかれ〉（『小学読本』）、〈人今文明開化ノ日ニ増シ月ニ進ム盛世ニ生レタルヤ其天ヨリ授カリタル知識ヲ研キ己ノ身ヲ修メ以テ世ノ裨益ヲ為ス可シ〉（『泰西勧善訓蒙』）、〈人は生れながらにして貴賤貧富の別なし。唯学問を勤て物事をよく知る者は貴人となり富人となり、無学なる者は貧人となり下人となるなり〉（『学問のすゝめ』）……反復したであろう章句が、一瞬、闇に失せた。上等三級を修了したところで、弥吉は泣く泣く小学校の門を去り、貧乏世帯のやりくりを手伝わなければならなくなったのである。[4]

静岡あたりの貧乏士族としては上等のほうで、金之丞が節倹家だったから公債なども少しは持っていて、生活難といっても引きつめてさえやっていれば別に食うに困るというようなことはなかったのだが、[5]〈隠居所〉〈小人島〉のような静岡の保守的・消極的な面紗を破らんばかりに、酒を飲んでは太刀を振り回し「上野の山が晩まで保《も》てば、天下はおいらのものだった」と呼号する〈一家の荷厄介・一郎〉が家産を脅かしたらしい。[6]

〝盲目《めくら》は杖一本にて万山を度《わた》りぬと聞けば、志だにあらば学校に行かずとも我智識は進歩すべし〟[7]との自負も、衣食の計に追われるだけの空しい日々の前に萎えた。〈空想〉より〈実際〉へ、舞台はあまりにも早く暗転した。

明治一一年のうちのことであろう。弥吉は壕頭学校の助教となる。月給一円。[8]助教とは、弥吉のことばを借りれば、正教員でも準教員でもなく、一種の徒弟組織のように、先生について学問をしながら安い給金で授業の手伝いをする、というものであった。[9]

助教に就く前後、旧文・慣例の中に徳川武士の矜持と安息を求めようとする金之丞の意向がはたらいたものか、弥吉は、西草深稲荷社のかたわらにあった奥村孚（号・鶯村）の漢学塾・敬典舎に入る。[10]記誦詞章がその目的で、『四書五経』をはじめ、『唐宋八家文』『五雑俎』『十八史略』『史記』『文章軌範』『左伝』『戦国策』『漢書』『五代史』『通鑑』『宋元通鑑』などを播いたが、[11]先人の真似をつつしみ、何よりも腹稿を正直に表すことに専心した。もとより文章家を志していたわけではなかったが、文章悟入の道を開いたのは漢文であった。[12]

奥村は、安積艮斎の門下で元幕府の儒官。漢籍、史論に精通していた。当時六十余歳。損益の観念のない高潔な学者気質。静岡師範学校では漢学を担当したが、常に笑みを含み、講義中は諧謔をまじえ生徒たちを飽きさせなかったという。寛弘な奥村は、弥吉の境遇を察し私蔵本を開放した。[13]〃其文字を愉快とし、巻を開き終に之を閉づることを知らざりき[14]〃と言わせるほどに感銘を受けた藤田東湖の『回天詩史』もその書架に重積されていたかもしれない。

この奥村からも、「治国平天下」が学者の究極であることを教えられ、脈はさらに高鳴った。[15]しかし、ミル、スペンサー、福沢諭吉、田口卯吉、中村正直らの鼓吹する泰西主義の感化もはたらいて、弥吉は煩瑣な朱子学を疎み、[16]明治一三年六月、重野安繹、川田剛らが風教の振起と文学の興隆を期して「斯文学会」を発足させると、〈時世後れの愚論を吐くもの〉と冷笑した。その前後、慶応義塾の巡回演説で、高島小金治が「漢儒の死灰再び燃えず」と題して漢学の再興を試みる者の愚を罵倒するのを聴き、満腔の拍手を送っている。[17]

〃我輩幼時村塾の先生に聴けることあり、或る大名、漢学の諸先生を聘して論語為政の編を講ぜしめたるに、政を為すに徳を以てするは譬へば北辰某所に居て衆星之れに向ふが如し云々の北辰と云ふに至りて星学の議論八かましく、游子六の天経或問などを引出し、甲論じ乙駁し、互に博識の鼻動めかして談論の花、七重に咲き八重に散り、いつ果べうも見えざりければ、大名大に困じ、諸君已みね、孤が学ばんとするは政を為すの術にして星辰の議論にあらずとて喧嘩に水を入れて漸く一座の気焔を静めたりと云ふ。…学問此に至れば是れ学問に非ずして唯博識を誇るに過ぎず、…実行を離れ、空理を談じ、自ら博学を誇りて克己復礼の工夫を欠くものを英語にて「ペタント」(誇学者)と云ふ。我輩は世人の寧ろ無学にして篤実者たることを欲し、薄志弱行にして誇学者たることを欲せざるものなり。[18]〃とはこの時の所懐を隔たりなく伝える一文である。〃講釈を利用して経史を分り易く説きたらば国民教育に大功あるべし[19]〃との考えを、弥吉はすでに抱いていた。

順潮の棹を流されて、儒学から洋学へ、渦巻く思想の海が見えた。逆運が〝心を統一すべき動かざる、易らざる中心の根底を要求〟[20]した。別けてその志を励ましたのは、中村正直が紹介したスマイルズの『自助論』（訳名『西国立志編』）であった。弥吉は借読して〝是れぞ座して言ふべく起つて行ふべきものなり[21]〟と確信し、〝天地の間僕の如きものと雖も、脚を着くるの地あるを知[22]〟らされたのである。およそ二〇年後の提言―〝敢て日本古来の偉人傑士をあなどる訳にはあらざれども時代違ひの実例の中より、其精神を尋ねて今の世に応用するは小児には六づかしき業なれば時代相応の実例を学びたる方、効能も早速にして利益多きやうなり。〟―は、この『西国立志編』に負う。一郎も〝今の世には斯様なる書ならでは卿等の気には入るまじ[23]〟と同感している。弥吉はこの『西国立志編』を、『品行論』『史記』『水滸伝』『プルターク英雄伝』『聖書』『論語』と並べて、終生の愛読書とした[24]。

座食を続ける金之丞への反動ともいえようか。一郎は、〝書物読みと云ふものは愚なるものにて世の中の事を知らず、飛んだ事を発明して高慢の鼻を高くし、読書万巻、却て一個の迂人を作るに過ぎざること多し[25]〟として、常に実世界に身を置くことを弥吉に教誨した。弥吉はまた、奥村の塾で、〈天地間無用の人〉成島柳北の『柳橋新誌』を読んで〈人生の暗い方面〉を知らされ、朴念仁から免れたことを幸いとしている[26]。しかしその後〈無用の用〉は認めても〝人間の小路裏[27]〟を歩くことはなかった。

〝明治十三四年より廿年頃までの日本は真に赤面すべき放蕩の行はれたる時代なり[28]〟〝我等少年の頃一九の膝栗毛を読みし時は可笑しくて耐らず、黙読中覚えず吹出して家君に叱られたることありしが[29]…〟『東京新誌』は〈淫奔文学〉であり、戯作小説は〈下の文学〉であった。弥吉の「文学」は、実世界に住み、済世救民を目的に世の中と戦うものでなければならなかった[30]。富貴権勢とは無縁なところで〝広く世間を導いて、高尚な方に進ましむべきもの[31]〟であった。

「精神的革命」[32] 兆す敬典舎には、青池晁太郎、秋山一裕、宇都宮玄明、辻芳太郎、村上太刀菊らがいた。[33]

注

（1）「二日の旅」『独立評論』大二・一二
（2）「通俗講談会に与ふ」『信濃毎日新聞』明三三・六・二八
勧工所は、前年から閉鎖されていた（『静岡新聞』明一一・六・八）。
（3）「予が独学の経験」大日本国民中学会編『学生立身要鑑』明四二・二、平山諦『学術を中心とした和算史上の人々』昭四〇・一一
（4）「現代文芸百家小伝・山路愛山」『新潮』明四三・一
（5）「独学」『中学文芸』明三九・六、「史学文章・山路愛山君」読売新聞社編『名士の学生時代』大四・六
（6）「山路愛山『懐旧録』解題」山路平四郎『国文学研究』昭三九・一〇
弥吉の〈静岡観〉は次の文に表れている。「命耶罪耶　第五」『国民新聞』明二八・三・六、「同前（二十）」『国民新聞』明二八・四・一〇、「十八州漫遊記　大坂《ママ》論（七）」『信濃毎日新聞』明三六・三・三〇、「東京より大阪まで（二）」『国民新聞』明四〇・二・七、「ひとり言」『国民新聞』明四五・一・一六、「同前」『国民新聞』大一・一〇・二七
（7）前掲「通俗講談会に与ふ」
（8）前掲「現代文芸百家小伝・山路愛山」、『東海三州の人物』大三・九
（9）「学者必ずまぬけ面」『国民雑誌』明四四・二、「寅畏の心」『六合雑誌』明四五・一
（10）前掲「現代文芸百家小伝・山路愛山」
敬典舎は明治七年創設。
（11）「盛んに社交倶楽部を起すべし」『信濃毎日新聞』明三二・四・一八、「更級巡り（二）」『信濃毎日新聞』明三二・一〇・

二五、「水を治めん乎心を治めん乎」『信濃毎日新聞』明三二・一二・二七、「誹謗に対するの道」『信濃毎日新聞』明三三・一・一二、「「公共団体経済の状態と一般経済の現象」と称する書を読む（一）」『信濃毎日新聞』明三四・一二・七、「自然主義を論ず」『六合雑誌』明四一・九、「非読書制限論」『中学世界』明四三・七

(12)「文章と人格」『新潮』明四三・一〇、「文章を書いて来た心持の変遷」『新潮』大三・四

〝作文の為には夜半に飛び起きたること少からず、〟（「一日一題」『再興独立評論』大三・七）とは、漢学塾に入ってからついた習慣であろう。

(13)〝漢学これを学んだ先生は、有名な安積艮斎氏の弟子であつて、徳川氏の奥儒者を務めて居られた、然う声明の挙らなかつた奥村鶩村氏である。氏に就いて学ぶこと約三箇年。其間に詩経、左伝、孟子の講釈を聴いた。それ切りである。処が茲に言ふべき事は、氏は非常な蔵書家であつて、而も公開して誰にでも其書物を貸与されたのである。乃で私等は各自に行つて好きな書物を借りて来ては読んだものであつた。〟（前掲「予が独学の経験」）

(14)「ひとり言」『国民新聞』明四二・九・二六

『回天詩史』への共鳴は、『訳文大日本史』（全五巻　明四五〜大元）成業にいたる原始といえよう。

(15)「「青年の風気」に就て」『国民新聞』明三七・九・一七

奥村孚に関しては、他に次の文献を参照した。

「命耶罪耶　第二」『国民新聞』明二八・二・二八、前掲「独学」、前掲「非読書制限論」、「ひとり言」『国民新聞』大二・二・二、池田次郎吉《明治初期の静岡　第二編》昭一六（静岡県立中央図書館）

(16)「本能論」『新人』明三八・一一

弥吉は、朱子学（者）を、〝朱子学は何う云ふことが其特長であるかと言へば、非常に個人的なところである。その張に依ると、即ち一人が聖人になれば好い。…日本でも朱子を遣る人々は生活上に困らぬ人々で、人と事を共に遣つて行く必要のない人々の多いのは事実である。〟（「現状維持と現状破壊の思想」『新潮』明四三・一）と嫌悪し続けている。

(17)「遠くより眺めたる谷将軍」『国民新聞』明四四・五
のちに弥吉は、この時の思いを次のように敷衍している。〝…然らば儒学を倫理道徳の方面から奨励して、それを以て頽廃した今日の人心を振興せしめ、一般の則とすべき所を知らしむるには何うかと云ふに、私はそれも大した効果はあるまいと思ふ。論語にせよ孟子にせよあれを読んであの中に書かれた意味を十分に理解するには、あの時代の歴史、制度、人情、風俗等に精通していなければならない。そんな事が一般人に望まれやう筈がない。…私は文部当局者にお願ひしたい。漢文学の復興なぞに声援を与へるよりも、又教科書の編纂にあたら精力を消費するよりも、先づ一般印刷物を通俗平易にするといふことに尽力して頂きたい。〟(「〔漢文学の新研究法如何〕一時の現象に過ぎない」『文章世界』明四一・六)
西南戦争の折、子供心に「英雄」と映じた、斯文学会の中心人物・谷干城には、「悲壮」を感じると同時に、〝興味のある人物、意義のある人物、空しく死なない人物、時世に対して一個の見解のある人物〟と新たな敬意を払うようになった(前掲「遠くより眺めたる谷将軍」)。
(18)「仏教夏期学校終る」『信濃毎日新聞』明三四・七・三〇
(19)「一日一題」『再興独立評論』大三・六
(20)「予が信仰の立脚地」『六合雑誌』明四五・三
(21)「国民教育論(五)」『信濃毎日新聞』明三四・五・二五
(22)「〔予の受けたる感化の原動力(二)〕余に感化を与へたる書物」『新公論』明三九・二
(23)前掲「国民教育論(五)」
(24)「名士選択の『品性修養書』」『成功』明三七・一、「「成功論」を読む」『信濃毎日新聞』明三五・二・八
(25)「述懐」『国民新聞』明四三・一・四
〝昔し童子の時故郷に在り、父執某先生を訪ふ、先生曰く方今の世須らく韓非を読むべしと、〟(「韓非子の後に書す」『雪月花』明二五・一二)の〈某先生〉とは奥村のことか。

(26)「[肉欲描写ついて]小説は道徳書ではないから」『文章世界』明四一・三
〝小説や何かは女子には読ませちやならんと云ふ議論がある。それに就いて恁ふ云ふ話がある。私がまだ小供の時であつたが、或漢文のまア少しばかり出来る人があつて、私は其人に漢学を教へて貰つて居た。すると或時であつた。其先生、私に柳橋新詩と云ふ書物を貸して呉れて（成島柳北の書きもの）そうしてこれを読めと云つた。そこでまア取敢えずそれを借りて読んで見ると何か漢学の書と思ひの外、それは狭斜の町の事を詳しく書いた書であつた。それ故不思議に思つてゐると、先生又或時自分に「ドウだ彼の書を見てわかつたか」と聞くから「わかりません」と云ふと、「そういふものが解らんやうではいけん。そういふものがよく解るやうにならんければいけぬ」と云つて、それからは江戸繁盛記だとか、やれ何だといつたやうなものを沢山貸して呉れた。それで自分はそれ等を見て、成程恁ういふところは恁ういふものであるかといふ事がわかつた。其先生の説に「人間といふものはそう四角ではいけない。色好まざるものは玉の盃底無きが如しとは、古い言草ではあるが、小説なぞを読まして世態人情を知らせるといふ事はそれ程悪い事ではない」と教へて呉れた。私も実は此先生に同感だ。尤も為永、西鶴の卑猥なものは無論いけないが、或程度の—今の小説などは或意味に於ては読ませんけりやならんと思ふ。〟（「読書に関して（続）」『慈善主義』明四三・三・一
〝又他の一先生あり。僕を教へて曰く、左、国、史、漢も善く、小学、近思録も読まざるべからず。さりながら時としては、柳橋新誌をも読みたまへ。三遍廻りたらば煙草にせよと云ふこともあり。気を転ずると云ふことなければ、学問も古池の腐水同様鼻もちならぬものとなるべしと。〟（「汝の胆を大にせよ」『帝国青年』大五・七）

(27)　前掲「非読書制限論」

(28)「最近三十年間日本の思潮を論ず（下）」『護教』明三〇・四・一〇

(29)「商品としての自然主義」『商工世界太平洋』明四一・六

(30)「文人となること勿れ」『青山評論』明二五・三、「婦人の勢力（続き）」『信濃毎日新聞』明三一・一一・一、「文人領域論」『国民新聞』明三八・一・一、「書斎独語」『国民新聞』明四一・五・一、「文章にも聴衆あり」『文章世界』明四一・

一一、「ひとり言」『国民新聞』明四四・四・九、「文壇素人評」『国民雑誌』明四四・一一、「ひとり言」『国民新聞』明四五・二・一八

(31)「文学対社会」『文章世界』明三九・一一

(32)《我が一生の計》明二四・四・二二（『明治文学全集35 山路愛山集』筑摩書房、昭四〇・一〇）、「現代思想史に於ける基督教の位置（四）」『独立評論』明三八・五

(33)「南信道中記（七）」『信濃毎日新聞』明三五・五・三〇、前掲『東海三州の人物』大三・九、大町芳衛『十人十色』大五・三

村上太刀菊は、元治元年九月、甲府市松葉町に生まれる。静岡県士族。明治一二年六月から静岡県へ出仕《転免物故履歴 第十六》〔宮内庁長官官房秘書課〕）。

宇都宮玄明との間には次のような逸話がある。〝先生（＝弥吉）少年にして、鶯村義塾にありし時のことなり。ある日塾友宇都宮玄明といふ老人と易学に関して意見を異にし、激論中々決せず、日暮れて帰りしが、床に就きて眠る能はず、再び蹶起提灯をつけて玄明老人の門を叩きしことありと、これ先生十四五のことなり。〃（「山路愛山先生（二）」宮地生『護教』大六・三・三〇）。

七 〈莫逆の友〉高木壬太郎

高木壬太郎との交詢は明治一三年頃からである(1)。

高木は、元治元年五月二〇日、榛原郡上長尾に農家の長男として生まれた。子供の頃からの読書により雄志をいだき、明治一〇年、一四歳の時、母の反対を押し切って離家。掛川村の岡田清直の漢学塾で一年学び、翌一一年、静岡

市に移り師範学校に入った。弥吉の愛読した『荘子』のことばを借りれば、〈莫逆の友〉ともいえる人であった。[2]
暮れ頃、高木ら師範学校生有志を中心に、小官吏・小学教員といった青年たちの研究親睦のための文学雑誌『呉山一峰』を創刊するに当たって、弥吉は高木と連れ立ち、当時、詩文雑誌『花叢相談』（明治一四年一月創刊）を刊行しようとしていた増田守一を訪ね、準備・経営方法などを相談している。増田は、高木の追懐文で〈呉山一峰の発行も愛山氏と君とが其の気焔を洩らすべき機関であつたやうに思ひます[3]〉と記しているが、『呉山一峰』の事情を次の一文より多く語るものは今のところない。

〈文学雑誌「呉山一峰」は本局を「行余社」と称し、主幹兼編輯人に山路弥吉と署名したるが、実は重に師範学校同窓生の計画にて、局名や編輯人署名抔は、県立学生の身分として、印行上に許されがたかりける為に、此頃より既に、学校以外に自由研学の天地を有せる山路弥吉氏の名を借り、尚且「行余社」の所在地にも、同じ山路氏の寓所を充てたるものなりき。されば数号の発行を重ねたるに拘らず、将又山路氏は、此頃早くも家康論の執筆ありたる程なるにも拘らず、同氏の一文を認めず、高木坎堂（＝壬太郎）並増田香山（高木氏親友増田竜作）両氏の文章斗りが変名をさへ加へて毎号を賑はし、山路氏としては、未だ愛山といはず当時偃蹇独夫と誌されて、逸詞と題したる詞歌欄に、義経賛なる韻文を観るに止まれり[4]〉

〈天下ノ学生諸君、宜ク先ヅ一身一己ヲ修メ、而シテ後利世益国ノ事業ニ入リ、以テ処理ノ義務ヲ尽シ、真正ノ人類タルヲ勉メズンバアルベカラザルナリ[5]〉と、〈自己行路の険を顧みず、喜んで、君国の艱に趨かんとする意気を示す[6]〉「坎堂」と、〝天の生せる英雄ながら素生尊からぬ母の懐に宿りたれば世の用ひも重からず[7]〟、悲惨な運命を生きた源義経を賛美して自らの〝不利益な地位[8]〟に挑戦する「偃蹇独夫」（おごりたかぶった悪逆無道の君主の意）とが、同じ『呉山一峰』にいた。

この時すでに弥吉は家康論を物していたという。弥吉の祖先には、山路弾正大弼（高岡城主）がいる。[9] 戦勝的人種・統治的人種・天下に号令したる人士たる〝三河武士の子孫[10]〟の自覚が、若い弥吉を絶望から救った。〝徳川臣属の子[11]〟の意識は、青海にたゆたわせると同時に魂の寄る辺ともなったのである。

幼時、ふさ子から家康が欽慕すべき英雄であることを聞かされたり、一郎が大の家康崇拝家であったり、また臨済寺で実際に家康の遺物を目にしたりという日常的な体験が、親近の情を一層育んだであろう。[12] その後四十数年、弥吉の体内に家康は、艱難な境遇を超えて国家の公僕に徹し、自己の安危とはかかわりなく、ひたすら天下の蒼生をおもう〈英雄〉として蘇生する。[13]

弥吉は、師範学校の書籍館に繁く足を運んだようだ。[14] アメリカの教育家・ページやノルゼントの翻訳書を読み教育事業の光栄を感じ、これに身を献じようとまで考えた。[15] 特に、ニューハンプシャーの片田舎に農夫の子として生まれながら、苦学力行のすえ練達の実際教育家となった立志伝中の人・ページの献身犠牲の精神[16]への共感が思われる。しかし当年の弥吉の領分は授業生を出なかった。対して高木は、明治一四年五月、師範学校を卒え、八月には駿東郡御殿場村在の中郷小学校に訓導として実践の場を得ている。なお卒業までに『呉山一峰』は目的どおり七、八号を発行して、高木は〈大に一校学生の士気を振い、衆生の畏敬を一身にあつめた[17]〉という。

まさに国会開設運動高潮の時、弥吉もその渦中にあった。壕頭学校でも校長・教員・授業生一堂に会して政党結成のための話し合いがもたれたが、弥吉は『内外交際新誌』という雑誌でイギリス政党の様子などを承知しており、意を強くして〝政党と申すは議会ありての事なり。党派の多少にて議会の勝敗を決しそれにて政務を決するが代議政体の妙所にて議会もなきに漠然政党を作るなど云ふは無意味のことなり[18]〟と末席から異議を唱えた。

国事をもって自らを任ずる気風が青年の心に広がっていく中、高木の大望も〈政治〉にあった。自由民権論を吹き込む『静岡新聞』の寄書欄に、条約改正を訴え、国会開設を要求して往時の意気をとどめている。[19] 弥吉もまた「我国ノ国会ハ一院ヲ可トスルカ両院ヲ可トスルカ」の懸賞文に応募し入選。〝「静岡新聞」の一寄書家として奇妙なる議論を捻くりたる腕白小僧〟[20]の面目を施している。弥吉は〝上院議員ヲ置テ十分ノ釐正ヲ要スルハ政府ノ喜フ所ニシテ天皇人民ノ欲スル所ナリ…ソレ上下二院ヲ置ハ欧米ノ通制ナリ其要緩急寛剛進退取守其宜キニ適スルニアリ寔ニ至計ト謂ツヘシ…孟子曰悉ク書ヲ信セハ書ナキニ如ス〟と一院主義の空論を排した。明治一四年六月一二日、論文が紙上に掲載された初めである。[21] 筆名・不倒小史。〝恰かも群衆の中をドシドシと押通し〟[22]政争の嵐の余風を受けて屹然と立つ青年弥吉がいた。

注

(1)「一日一題」『再興独立評論』大三・七

(2)「わが父を語る」高木二郎〔高木智夫氏〕、「学校では一字も教はらず」『文章世界』明四一・八

(3)《追憶》増田守一〔東京神学大学〕

「諸友訓誨録（承前）」（『信濃毎日新聞』明三二・六・一四）には、〝彼れ（＝壬太郎）は嘗て余と共に十五六歳の時より静岡に於て文学雑誌を発行し、…〟とある。

(4) 高木の追懐を内容とするものであるが、無題、無署名。高木より二つ年長で師範学校の卒業生と自記しているところから、伊藤鉉一郎のようでもある〔東京神学大学〕。同草稿によれば、『呉山一峰』（金主亮の詩「立馬呉山第一峰」による。─深町正勝編『日本基督教団静岡教会八十五年史』昭三四・一二）という誌名は、当時、師範学校の漢文教師・芹沢潜がつけたという。

（5）前掲（4）草稿。『呉山一峰』に登載された高木の「天下ノ学生ニ告ル文」の抄録。
（6）《坎堂先生》池田次郎吉（〔東京神学大学〕）に〈坎堂〉という号の由来が記されている。
（7）「源義経論（再び）」『太陽』大元・八
（8）「遠くより眺めたる谷将軍」『国民新聞』明四四・五
（9）〝勢州は即ち余が祖先の出でし所にして、山路の名は其地名に取れり。而して其高岡の城は即ち我十幾世の祖弾正君が信長の為に殺されし所なり。〟（「日本メソヂスト教会内国伝道会社東海北陸遊歴の記（三）」『護教』明三〇・五・二二）
（10）「命耶罪耶（二十一）」『国民新聞』明二八・四・一一
（11）「外祖母某氏の歌に曰く」『女学雑誌』明二四・五・三〇
（12）「命耶罪耶　第四」『国民新聞』明二八・三・五、〔道徳塗説〕『文章世界』明四一・八、「人龍片鱗」『再興独立評論』大四・五
（13）「田舎より首府へ（第廿三信）」『国民新聞』明三三・九・七、「同前（第三十信）」『国民新聞』明三三・一一・八、「ひとり言」『国民新聞』明四二・一〇・三、『徳川家康』大四・七
弥吉は、その子らにも家康の少年時代の話などを幾度となく聞かせた（「父・山路愛山のこと」山路平四郎『早稲田公論』昭四〇・六）。

家康の右腕といわれた本多正信の著書（『本佐録』か）を読んで、その平凡さに慨嘆させられたのも十七歳の時である（「無意識論」『新人』明三九・一〇）。
（14）「命耶罪耶　第八」『国民新聞』明二八・三・九
師範学校は、明治一〇年六月、校舎の一部を図書館とし衆庶の縦覧に供した（静岡県静岡師範学校同窓会有信会編『静岡県静岡師範学校創立六十周年記念誌』昭一〇）。
（15）前掲「一日一題」（『再興独立評論』大三・七）。

〈翻訳書〉とは、『彼日氏教授論』(ページ著、ファン・カステール訳、清水世信校　明九・一二)、『那然小学教育論』(ノルゼント著、小泉信吉・四屋純三郎訳　明一〇・一)などか。
(16)「彼日氏教授論」(『明治文化全集　第十巻』昭三・三)、稲富栄次郎『明治初期教育思想の研究』昭一九・一二
(17)前掲　注(4)参照
(18)「一夢半百歳」『国民新聞』大六・一・一
『内外交際新誌』(明治一二年一〇創刊)は、国権の拡張を前提に、外交上生じる事件・変動・異事・奇聞・珍説などを採録し、事情を詳悉せしめることを目的とした雑誌(第一号・社説、第一三号・例目　参照)。

イギリス政党については、「英国新宰相グラッドストン略伝」(第一三号から第四二号まで継続掲載)が参考になったと思われる。
(19)「元気論」高木瑞(明一四・四・一二)、「岡目八目論」坎堂樵夫(明一四・九・一四、一五)
〈斯の時代(＝師範学校時代)には大ぶ政治に興味を持つて居られたやうで君の将来は議政壇上の人であろうなどと笑つて話し合つた事もあり他年君が宗教界の人となられやうとは私は想像もしなかつた。〉(前掲《追憶》)
(20)前掲「諸友訓誨録(承前)」
(21)前掲「一夢半百歳」
同文には、その趣意が次のように思い起こされている。〝天下の事は急激の議論にて始末の付くものに非ず。二院に分つ方が人情にも歴史にも合したる仕掛ならん…英国の様に華族、学者、坊様を上院にし下院の急流を制するが善し〟

なお、論文は、甲乙丙三賞のうち丙の選に入り、『静岡新聞』一カ月分の褒賞を受けた〈懸賞文広告〉『静岡新聞』明一四・五・八)。
(22)「青年を戒む」『新国民』明四四・三

八　村役場の筆生

国会開設の詔勅が発せられる一月あまり前の九月二四日、時世に蟄居せられたまま、金之丞は長逝した。

弥吉は、いよいよ〈一家の主人〉として、〝自ら一家の整理をして行かなければならな〟くなった。[1] 衣奔食走の泥沼から〈布衣の宰相〉[2] に求めたものか、小学校の助教では収入があまりにも少なく仕方なく、フランクリンの故知にならって〝活字拾ひ〟[3] を望んだものか、改進主義を広告する『函右日報』の平山陳平に就職を依頼してはみたが、〝か弱い体躯で過激な労働が勤まる者でなし〟と諭され、やむなく断念した[4] というのはこの頃のことであろう。

その年の冬、一郎とは函館戦争以来深交のあった永峰弥吉（当時、静岡県書記官で川路聖謨の甥）を初めて訪問した。この時弥吉は、すでに永峰の斡旋で月給四、五円を付与され、静岡県警察本署に出仕していたものと思われる。

窮状を救われた永峰から、弥吉は、〝男児文明の世に生る、須らく天下の公利を図るべし。区々読書に惟れ耽るが如きは吾子に望む所に非ず。…吾子を見るに小心翼々の風あり、或は恐る偏狭迫仄に流れんことを、吾子願くは気魄を大にせよ〟との激発を受けた。[5] 折しも〝世界の大勢を知らんと欲せば外国の言語文章を解せざるべからずと思惟し〟[6] 英文読解の必要を感じ、〈静岡市内に於て或は静岡県下に於て殆ど唯一の英学者〉村松一（当時、静岡中学校教諭）に付いてＡＢＣから学ぼうと竹屋小路の宅に往来したが、学校外にもその語学力を頼まれ不在のことが多く、〝暇を盗んで辞書と首つ引き〟の独習を始めていた頃のことで、[7] この初見の時、その志気を伝える「英文読本（リードル）」を携えていた弥吉に、永峰は〝吾れ亦嘗て此志ありて果さゞりき、今に於て有用の書を読まんとせば外国の語を修めざるべからず〟と励まし、さらに〝我子韓非子を見たりや、韓、議論犀利、眼光炬の如し、読まざるべからざる也〟

と勧説した。[8]

物価の急騰、祖父の死、一郎の強請に攻められ、阻喪しかけた〈大望〉は辛くも生きながらえる。

明治一四年の政変より、政府は人心の収攬に腐心し、古風復活を先導。漢文学がまさに頭をもたげてきた時であったが、敬典舎には奉職してからも、朝あるいは帰宅後、暇あれば怠らず通った。[9]

翌一五年一月八日、修理社の社員は清水港に運動を計画したが雨のため延引し、同月一五日、静岡の公園内にある枕水亭で、会頭・近藤準平（当時、志太・益津郡長。前年一二月、〈皇室ヲ奉戴シ、国家ノ福祉ヲ保全シ、人民ノ権利自由ヲ伸張センガ為メ〉結成された静岡県改進党に、伊藤欽亮、磯辺物外、平山陳平、早川鉉吉等、弥吉の知るべと名を連ねている。[10]）臨席のもと新年宴会と初会を開催、「アーチと松飾の得失如何」の題下に討論した。[11] 弥吉は、開拓使官有物払下げ事件以来の気運にのって生まれた、この一演説結社の若き社員の一人として、会場の馬場町天神社裏の小学校講堂にしばしば口説沫を飛ばした。[12] 〝邑の志ある青年は毎月一回此に集会して討論会を催せり、…金弥は此に大なる慰藉を得たり、彼れは家に於て受けたりし心の傷痍を此に癒すことを得たりし。暫く浮世の繋累を脱して会心の友と語ることの如何計り彼等のこころを蘇らせしよ、[13]〟との一節は、肥大する一郎の放縦、専横、猜疑に苦悩する往時の窮通を語っていよう。

湊省太郎は、その社中にあり爽利な弁舌をもって畏敬を集めた。弥吉もまた〝今日の壮士に見るが如き騒狂の体なく、寧ろ沈着にして静かに考ふるの人なり〟とその性情を尊んでいる。[14] 〝自ら軽躁を戒めて、山の如く静かになれ〟の意をこめて「如山」と号したのは、修理社に関わる前後からだろう。[15]

改進党の自由党批判を受けて『自由新聞』は「偽党撲滅」「海上政府退治」（改進党と三菱会社の癒着をとらえたもの）を唱え党員を喧伝に駆ったが、一〇月頃、その論片を弥吉は静岡の劇場で耳にしている。兄事する湊は岳南自由党

〈明治一五年一、二月頃結成〉に重きをなしていたのだが、扇動的・誇張的で空論を重ねるばかりの自由党を弥吉は嫌った。[16]〝君権檀にすべからず、民権之を奪ふべからざるの理〟を説く西村茂樹の『泰西史鑑』に同調した弥吉が、この頃は天賦人権論の急進主義を排す『人権新説』の〈信者〉となっていたのである。もとより加藤弘之の権力主義的な論理を鵜呑みにしたわけではない。〝見通し難き弱点〟すなわち〝一方に優勝劣敗は是れ天理なりと道破しながら、他方に進化には善きものもあり、悪しきものもありと主張し、時の権者の為に其位置を弁護した〟ことには気が付いていた。田口卯吉の反論に痛快を感じてさえいる。しかしこの進化論哲学の波動は、弥吉とその〈小さき友人の一群〉を不可思議論者にしてしまう。弥吉が、ボアソナードの『性法講義』すなわち近代自然法思想やルソー流の革命的民主主義理論を退けたのも、この感化による。

弥吉は〝天を恐れず、神を信ぜず、人生の約束を以て便宜の仮定に過ぎざるものなりとする危険なる状態に陥〟った。[17]それは、『世界国尽』で初めて世界の大勢を知らせ、〈天は人の上に人を造らず人の下に人を造らずと云えり〉の一句によって運命の闇を鮮やかに切り裂き、冬の野に建つ弥吉の茅屋に、自治・自敬・自制の精神をもたらした福沢諭吉が、民権抑圧・国権優先の〈内安外競〉を提唱して政治思想の転換をはかった時期とほぼ重なる。[18]

時勢の風波に混淆した福沢の唱道する〈一身独立〉の気力、静岡県改進党に反映する〈着実な気風〉、一郎のかもす〈家庭の圧迫〉、そして知識人としての職分を自覚させる〈累代の血〉とが、弥吉の行動を律していた。[19]

〝村役場の筆生として彼れは其機能を賞讃せられたりき。…彼れは毎朝必らず同じ時間に道の露を払ひながら役場に行きぬ。而して其手には必らず一巻の書を携へ且読み且行けり。彼れは零砕の時間を吝めり、何となれば唯零砕の時間のみ彼れの有なれば也。然れども彼れは役場に在りては手より筆を放つことなく汲々として其事業を為し毫も倦怠の色を示さず。退散の時来れば空漠に時を移すことなく、紙筆を整頓し、帳簿を校へ了り再び其書を取つて出で去るなり。[20]〟とは、当年の日常を写したものである。
その年の暮れ、警察本署御用係・山路弥吉の月俸は七円に昇給した。[21]
三十余年の後に偲んで言う。〝嗚呼其頃の我輩は楽しかりけり。身は地方の小吏たりしかども、年は若し、気は雄なり。一日の勤務を終りて家に帰れば青燈の下以て書巻に対すべし。物に乏しけれども望に富み、職は卑しけれども志は則ち高し。[22]〟青燈の下に繙閲された書には、史学への道を啓く『山陽遺稿』『山陽詩鈔』『読史余論』『折焚く柴の記』『藩翰譜』などがあった。[23]
不景気と政府の保守的政策が相俟って進取の動機を失わせていたころ、明治一六年七月、静岡中学校・静岡師範学校の英学教師・村松一、溝部惟幾、土岐隆次郎によって、札ノ辻町に静岡英学校が創設された。[24]『函右日報』の〈抑今日はいかなる時ぞ。外国とは益々親密にして交際次第に増し鉄道の線路次第に延て外人の地方に遊歴するいよ〳〵多く百般の事皆文明を競はざるべからざる時なれば洋学を脩むるは実に焦眉の急務と謂ふべし。…主として漢学を擯斥し進んで英学を勧奨するは何ぞや。蓋一身の栄枯得失を以て日本帝国の盛衰貧富に抵当し能はざるが故なり[25]〉の声に唱和するものであった。弥吉は、〝之は最初僕等が建てた様なもので[26]〟と言っている。天皇制政府の開化政策を代弁した啓蒙思想家が、理想と現実の均衡をくずし、いよいよ富国強兵への本色を現していた時、明六社の残灯に燭を継がんとする熱意が、家政に追われ独学に頼らざるを得ない毎日になお村松らを促したものか。[27]弥吉の英学は、会話や文法などの「通弁案内学」ではなく、〝世界の心を解し、文明の奥義を知る〟ための「士君子学」たる読書訳解であった。[28]
〈蚊脚ノ字地ヲ掃ヒ蟹行ノ書跡ヲ絶テリ[29]〉といわれるほど洋学は振るわなかったにもかかわらず、新聞はその盛況を報じている。[30]逆風を突いて青年間に新学を吹き鳴らした英学校の功績は大きく、高木壬太郎（神学博士、青山学院長）・尾崎元次郎（静岡市長、貴族院議員）・高木信威（ジャーナリスト、政治学者）・増田栄作（市会議員）太田虎吉（牧師）・渡辺格二（明治製糖重役）など有為な人材を輩出している。(31)

弥吉は、ミルの『自由論』（訳名『自由之理』）を英学校の渋江保(32)からも学んだ。読後所感―〝人各独自一己を存し、独自一己を貴重するに非れば、完全なる社会の幸福は到底達し得べからざるなり、…開化と云ひ、教育と云ひ、教化と云ふも必竟一個人の能力が干渉せられず、羈縛せられずして十分に、自由に暢達せし結果たるに外ならず、…常に自ら事理を攻究し、与論や、定説や、風俗や、習慣や、凡そ四囲にありて我に迫るものに盲従することを嫌ふ人は真に世界の燈火なり、…所謂盛時とは多く奇異、磊牢の人を容る、時代なり、(33)〟―には昔日のともなりを留めている。

ミルに化せられ自由貿易論を展開する田口卯吉に、郵税八銭の長書簡を裁して駁辞を試みたのも、この年明治一六年のことである。(34)〝足下は経済世界の事は唯人民の自由に放任すべしとの説を懐き給ふと承りたり。さらば問ひ参らせたきことの候なり、古より名君、賢相の民を懐ひ、国を愛し、施設する所、所謂勧農、奨工の政、少なからず、足下は是をしも干渉なりとて非なりとし給ふや〟。たちまち返書が届いた。〝干渉非干渉の事、書中にては尽し難し、山路君足下、君若し東京に来らば来りて僕と議論せよ。僕は唯足下に反問せん、学問とは不易の法則を森羅万象の中に求むるものなり、君の言ふが如く名君賢相の手段に依りて、二々の四と云ふ法則が二々の五となるものならば経済学と云ふ学問は成立たざるに非ずや。経済世界には自然の法則あり、此の法則は不易なり、名君賢相と雖も如何ともすべからざるものなり。是余の干渉を非とし自由放任を唱ふる所以なり〟。弥吉は追尋する。〝鼎軒先生足下、足下の説の如くならば小子後生の惑益々甚し、経済世界一定の法則ありて何人も之を動かすべからず。名君賢相も亦手を拱して其の自然に任せざるべからずとせば、是経済世界は一種の宿命ありて、何人も其の運命に抗すべからずと云ふものなり、知らず足下は宿命論者（余は当時此語を西周氏訳の心理学より学びたり）たるに甘んぜんとする乎。〟再度の応答があったが、一郎にその書簡を見られ、〝汝、何を知りて大家に唐突せんとするや〟と一呵され沙汰止みになった[35]。

前近代性の払拭を急ぐ弥吉ではあったが、〝人道と天道とを結合し、道義感情の基礎を不易の位置に据ゑたる儒教の甘味[36]〟は簡単には消えない。矛先は、〈英雄〉を諷わぬ〝帷幕の中の儒生[37]〟に向けられていた。その不満は福沢にも及ぶ[38]。しかし、この二人の経世家こそ〝虚声に恐れず事実に立[39]〟ち、自ら運命を造る〈英雄〉に違いなかった。

田口家は、代々徳川家の徒士（目白九番組所属）。卯吉は、極貧の中で、沼津兵学校・中根淑（漢学）・共立学舎などに学ぶ。明治五年、大蔵省翻訳局上等生徒となり経済学を専攻。同一一年、官を辞し、著述・翻訳に専念。以後、在野の文筆人に終始するが、祖父慎左衛門（儒者・佐藤一斎の長男）は、山路弥左衛門の配下（天文方手附文書校閲係）。弥左衛門の異母妹・奥留ふき子と、卯吉の母・町子（木村熊二の先妻・鐙子の母）とは和歌の友という縁が、その間の苦学困辱を弥吉に伝え畏敬の念を増幅させた[40]。弥吉にとって卯吉は〝理想の人物[41]〟〝最も敬慕したる文人[42]〟の一人であった。

暮、八円に昇給[43]。西洋の開化を日本の下等社会の進歩したものとし、〈実際の業に従事する[44]〉警察の御用係を励ましたのは卯吉である。〝義務を尽しながら自ら教育せん[45]〟とする生活が続く。

注

（1）「非老成論」『白金学報』明四二・七、「独学」『中学文芸』明三九・六

〝…元来当時は学校へ行くのよりも行かずに独学するといふ風習の方が余程勢力があつたのだが、然し私はそれ許りでなく人と境遇を異にして居て、もう十八の歳から一家族を引き受けて生活し乍ら書物を読むと言ふ境遇であつたから、一

面に於いては如何にしても独学しなければならぬ余儀ない事情があつたのである。(「予が独学の経験」)

(2) 「将来の新聞紙(二)産婆のやうな役」『読売新聞』明四三・九・二八

(3) 〝君若し活版所の字拾ひたらば、フランクリンは嘗て我と業を同ふしたりきと誇りたまへ。君の雄心烈志は君自ら知る。自ら知るものは自ら侮らず、自ら侮らざるものは他人も侮らず。君の品位は君の職業に依て軽重せらるゝものに非ずと信ぜられ候へかし、〟(「職業を求むる青年に与ふる書」『中学世界』明四三・九)との青年への助言は、この折の所感が基調になっているのかもしれない。『西国立志編』の影響がうかがえる。

(4) 伊東圭一郎『東海三州の人物』大三・九

平山陳平は、明治七年頃、甲府から静岡に赴任。明治九年一一月、民議会で県令の特選議員として幹事に選出される。明治一七年六月、警視庁御用係となって東京へ。その間、『静岡新聞』『函右日報』で民権思想を唱導。また、『駿河風土歌』『皇朝史略国史略日本外史三史字類』『静岡県誌』『遠駿豆輿地精細図解』などを世に送る。機陽と号し、漢詩をよくした。明治二二年没。(「平山新男爵に関連して思ひ出さるゝ人士」池田次郎吉『駿州学友会雑誌』大一三・七、池田次郎吉《明治初期の静岡　第一編》昭一六〔静岡県立中央図書館〕、「静岡新聞小史」萩田長太郎『静岡市史研究紀要』昭三六・三、静岡県印刷工業組合編『静岡県印刷文化史』昭四二・一一、飯塚伝太郎編『静岡の人びと』昭四九・三)

〝我輩の知つて居る詩人に名は言ふに憚るが一寸世間に知られた人があつたが此人は非常に友人を振廻はす人であつた。此人が静岡の何とか云ふ新聞の主筆であつた時分に、しきりに時の有名な人物を友人、友人と書いたので悪口の人は「また友人が始まつた」と云ふて後には誰とはなしに友人先生と云ふ渾名を与へたことがある、〟(「古典の教育(一)」『信濃毎日新聞』明三五・九・八)という演説文中、「友人先生」とは平山のことか。

(5) 「舟所永峰先生」『国民新聞』明二七・一・一七

〝僕十七八歳の時、一日舟所君に書を贈り会見を求む。舟所快諾す。而して後僕舟所と始めてその西草深の廬に逢ふ。舟所僕を戒めて曰く、足下請ふ気魄を大にせよ。韓非子を読めよ。若し書を読まば大学者とならむことを期せよ。予が輩の如きは地方の一俗吏のみ。足下年少前途甚だ遼遠なり。僕の如きは裏の畑の瓜かぼちやと思ふべしと。〟（「汝の胆を大にせよ」『帝国青年』大五・七）

「山路愛山先生（一）」宮地生（『護教』大六・三・二三）には、〈明治十三年、歳十七にして静岡警察本部の小吏となり…〉とある。「書役」を勤めた（「無意識の模倣」『中学世界』明四三・六）。

月俸については、「平凡乎非凡乎（十六）無頓着な愛山君」（『静岡民友新聞』大一・一二・八）には「四円」、前掲『東海三州の人物』には「五円」とあるが、いずれにしても〝雀の餌ほどの給金〟（「［回顧廿五年」懐旧一則（一）」『国民新聞』大四・一二・一九）であった。

（6）「人生に苦辛惨憺の文字無し」『新紀元』大一・九

（7）「諸友訓誨録（承前）」『信濃毎日新聞』明三二・六・一四、「独学」『中学文芸』明三九・六、「現代思想史に於ける基督教の位置（四）」『独立評論』明三八・五、「村松一先生の行実」『再興独立評論』大四・七

村松一は、安政三年、江戸の幕臣の家に生まれる。明治初年、静岡に移仕。以後、明治一八年までの公事は次の履歴書の通り。〈明治三年六月静岡藩立集学校ニ於テ漢学算術修業仕同五年三月同県私立英国語学校ニ入校英人ドクトルマクドナルド氏ニ就キ英語並ニ普通学修業同八年四月同校卒業同月県立病院通弁兼付属学校教員拝命同九年十月右両職解職ノ上出京府下築地寄留英人マイヨル氏ニ就キ英語学修業同十年七月菊池大麓氏ノ門ニ入リ英学修業同十二年二月甲府寄留英人イビー氏ニ就キ修業仕候同年十二月静岡中学校訓導拝命同十四年同校三等教諭拝命同十六年七月同校二等教諭兼幹事拝命十七年辞職仕候賞罰ヲ受ケス訴訟ニ関係無御坐候〉（《明治十八年　各種学校書類　学務課》〈東京都公文書館〉）。この間、明治七年、村松は、佐藤重道、山中笑、露木精一、三木自道、日野根弘之、諏訪昇、栗島重清、小倉烈、山内常慶、杉山彦六といった人たちとともに、メソジスト最初の洗礼を受けている（松井豊吉編『日本メソヂスト静岡教会六拾年史』昭九・九）。

（8）前掲「舟所永峰先生」

（9）前掲「独学」
（10）原口清『明治前期地方政治史研究　下』昭四九・一二
近藤準平は、天保一二年、浜松藩の儒者の家に生まれる。教員・県会議員などを経て、明治一二年、演説結社・己卯杜（一月）・扶桑社（一一月）の設立に参加。同年一二月、静岡県十五等出仕、以来、官界に身を置いた。第一回衆議院議員選挙に当選。明治三三年没（山田万作編『岳陽名士伝』明二四・一〇）。
（11）『静岡新聞』一五・一・一七
（12）「命耶罪耶（十六）」『国民新聞』明二八、三・二九
会場の小学校とは、安西寺内にあった作新舎のことか。なお静岡県下最初の演説結社は、明治一二年一月に結成された参同社。平山陳平と兄の磯部物外が参加している。
（13）「人生　梁山泊は何処にも在り」『国民新聞』明二六・四・八
（14）前掲「命耶罪耶（十六）」
湊省太郎は、文久元年、幕臣で講武所師範・湊新八郎の長男して生まれる。静岡に移住し、明治七年に教勧舎を卒業。静岡県庁に一四年まで在職。小学校教員・銀行役員などにも携わった。兵力による政府顛覆を企てたがならず、国事犯として釧路集治監に入獄中の明治二九年没（飯塚伝太郎『静岡の人びと』昭四九・三、前掲『明治前期地方政治史研究　下』、「命耶罪耶（十五）」『国民新聞』明二八・三・二八、前掲「命耶罪耶（十六）」）。
（15）「［文壇諸名家雅号の由来］山路愛山君」『中学世界』明四一・一一
〈偃蹇独夫〉〈不倒小史〉から〈如山〉へ、次の文は、その経緯を示唆している。〝小生の魂をこしらへた時分は、人知らずして慍らず、名の実に過ぎたる君子の恥づる所、桃李言はざれども下、自ら蹊をなすなどと申す、非広告主義、退一歩主義の行はれたる時節、…〟（「野依秀一論」『実業之世界』明四二・五）
なお、〈如山小史〉の筆名が、『函右日報』（明一六・一二・一二）の「謾録」欄（「偶感」と題する漢詩四首）にみえる

が、弥吉かどうか不明。

(16)「現代金権史　保護政策の結果　三菱会社の繁昌（上）」『商工世界太平洋』明四〇・六、『遠くより眺めたる谷将軍」『国民雑誌』明四四・五

(17)「現代思想史に於ける基督教の位置（四）」『独立評論』明三八・五、前掲「遠くより眺めたる谷将軍」、「一日一題」『再興独立評論』大五・四、「加藤弘之氏著人権新説を読む　第一稿」田口卯吉『東京経済雑誌』明一五・一一、「同　第二稿」明一五・一二

(18)福沢諭吉『時事小言』明一四・九

福沢に対する尊崇の思いは次の文に表れている。「明治文学史　第五」『国民新聞』明二六・四・九、「田舎より首府に（第四信）」『国民新聞』明三三・四・二七、「嗚呼福沢先生」『信濃毎日新聞』明三四・二・五、「田舎より首府へ（四十三信）」『国民新聞』明三四・二・九、「伊藤侯を論す」『独立評論』明三六・一、「本能と時代の精神（前々号の続き）」『慶応義塾学報』明三九・一、「世と戦ふべき我々の軍旗」『国民雑誌』明四三・一二

(19)前掲「遠くより眺めたる谷将軍」、「寅畏の心」『六合雑誌』明四五・一、「山路愛山研究序説―「惑溺と「凝固」その（一）―」岡利郎『北大法学論集』昭五〇・三

次の一文は、自由民権運動との否定的な関わりを暗示している。〝土佐の自由党が其始、脱兎の勢あり、其末路の却つて処女にだも如かざりし所以のものは其青年に学問なく、修養なく、密室の鍛練なく、眼前の変化万状なる政海に放浪して自己を反思することを知らざりしが為めなり、…先づ退くは是れ他日の雄飛を資する所以也〟（「読書党」『信濃毎日新聞』明三四・七・二五）

(20)「人生　第二章朋友（二）」『国民新聞』明二六・三・三〇

(21)二月一六日、通達。（『函右日報』明一六・七・七）

(22)「一日一題」『再興独立評論』大三・一一

（23）「独学」『中学文芸』明三九・六

（24）「〈開校広告〉」『函右日報』『静岡新聞』明一六・七・七、前掲「村松一先生の行実」

明治一八年に静岡師範学校を卒業した諏訪丑蔵の「母校追憶記」には、〈其の年（＝明治一六年）の秋、溝部、村松、土岐三先生が英学校を札之辻町で開設し、授業後に教へた。師範生では土屋鉱蔵、益田民之助二君と私が通学した。用書はフリーマン万国史、ゼボン論理学、スペンサア教育学で、論理学を読破せぬ内に、私は退却した。〉（静岡県静岡師範学校同窓会有信会編『静岡県静岡師範学校創立六十周年記念誌』昭一〇）

（25）「英学校」『静岡新聞』明一六・八・一四、「同（続稿）」明一六・八・一五

（26）前掲「独学」

（27）〈外国語だけは是非共一通りやつて置く必要があると思惟して丁度十八位の時分から又辞書を相手にコツ〳〵やり出した。その時分静岡に英語学校が立つて居たので君（＝弥吉）も一寸は入つて居たけれど、それは極く些少で大方は独学でやつたのだ。〉（「山路愛山君」『学生立身要鑑』明四二・一二）。

（28）「ひとり言」『国民新聞』明四四・七・一八

〈昔の学生は英語を学ぶとして英語を学んだのではない。智識即ち内容とか事実とかを知らふとして学んだものである。歴史なり地理なり其の他種々の科学上の書物なりは、新智識を得るには、是非とも原書に依らならければならんので、已むを得ず英書を読み英語を話したのである。従つて英語は副産物として覚えたのである。〉「英語は如何にして学ぶべきか」佐藤顕理氏談『英語世界』明四二・六）。

〝外国語に関しては、予はドチラかと云へば積極論者であつて、出来得べくんば小学校時代からも少しやらせたいと思つて居る位である。〟（「父兄として観たる国民教育」『普通教育』明四五・五）。

（29）「洋学振ハズ」『函右日報』明一六・一一・二一

（30）次は静岡英学校に関わる新聞記事の摘録である。静＝『静岡新聞』、函＝『函右日報』、大＝『静岡大務新聞』

【明治一六年】八月一七日開校。授業は毎日午後三時から六時まで。月謝五〇銭（静七・七、函八・九）。九月　生徒満員につき、当分入学謝絶（函九・一一）。一一月　官准を得、五〇名の入学を許す（函一一・二九）。

【明治一七年】一月一二日始業（函一・一一）。二月。教室狭隘のため両替町三丁目一〇番地に移転。教科は、論理初歩、経済論、万国史、米国史、地理書、第二読本、綴書（函二・二一）。三月夜学設置。教科は、綴書、第一読本、教育論、開化史（函二・二一）。五月七日。溝部惟幾、上京のため送別会を両替町磯馴楼に開く。会主・村松一。土岐隆次郎、二宮正、前田五門、山梨易司、蜂屋定憲、波多野承五郎、井上彦右衛門ら一九名出席（函五・九）。同月生徒満員につき、当分入学謝絶（大五・一七）。六月追手町四番地に移転（函六・三）。八月　藤波甚助が継承し屋形町一二番地に移転（函九・二）。九月一日　創立一周年の祝宴を両替町会鶴亭に開く（函九・三）。二日授業再開（函九・二）。同月二五名の入学を許す（函九・六）。一一月。漢学・数学二科を新設。数学教員として長沼富寛を招聘。寄宿生を許す。月俸二円五〇銭、塾費一〇銭（函一一・一一）。二九日村松一、上京。寓居は麻布東鳥居坂一三番地の東洋英和学校（大一一・二四）。

【明治一八年】二月小学訓導・師範学校入学志願者で補習を希望する者のために小学師範講習所を設置（函二・一四、一五）。

【明治一九年】一月一一日始業（大一・五）。九月一日渋江保を教頭に迎え授業再開（大八・二二）。

【明治二〇年】九月一日　カッキング着任（大九・一六）。

なお、同校は、明治二二年二月、静岡英語専門学校と改称。明治三二年閉校（飯田宏『静岡県英学史』昭四二・一〇）。

(31)「ひとり言」『国民新聞』明四五・四・二八、前掲『静岡県英学史』

(32) 渋江保は、安政四年、津軽藩士の家に生まれる。漢学を海保漁村、書を小島成斎に習う。明治四年、英語研修のため上京。共立学舎・東京師範学校に学ぶ。福沢諭吉に傾倒し、明治一二年、浜松中学校を辞職、慶応義塾に入る。卒業後、愛知中学校・攻玉舎・慶応義塾・京浜毎日新聞・静岡英学校・東海暁鐘新聞・静岡高等英華学校・文武館などで、教員あるいは記者として才を振るう。また、博文館・大学館・神誠館などから著訳書を多数上梓。大正五年没（「明治初年の学風」

大二・八、「福沢先生と昔の慶応義塾」大二・一〇、「新聞今昔譚」大三・二、「同（其三）」大三・四…以上は『再興独立評論』に掲載された渋江の談話。「渋江抽斎」森鷗外『鷗外全集　第十六巻』昭四八・二、「羽化渋江保の著作」大田兼雄『日本古書通信』昭三八・九、前掲『静岡英学史』）。

渋江は、明治二〇年一月、壱番町に開塾（『静岡大務新聞』明二〇・一・八）。英学、ドイツ学、政治、法律、理財、哲学などを教えた。弥吉が、この渋江塾でも薫陶を受けたものか不明だが、『自由論』の外にスペンサーの『教育論』を学んでいる。大正二年、政治、経済、文学、宗教に関する英書の研究を目的とする〈訳読会〉を弥吉が組織した時、渋江を会主にしたのはそのよしみの故であろう（〈訳読会予告〉『再興独立評論』大二・八）。

（33）「『自由論』を読む（一）」「同（二）」『信濃毎日新聞』明三三・八・七、八

（34）「諸友訓誨録（承前）」『信濃毎日新聞』明三二・六・一三、「田口鼎軒先生」『独立評論』明三八・五

（35）「東洋経済学の建設（二）」『日本経済新誌』明四一・一〇

（36）前掲「現代思想史に於ける基督教の位置（四）」

（37）「茅蘆月旦（二）田口鼎軒氏」『女学雑誌』明二四・九・一九

〝…かういふもの（＝史論）を書かうといふ人は、文才も要る、想像力も要る、そして情感的《エモーショナル》で英雄崇拝心がなくてはならぬ。何でも恁う高い山を仰いで望むやうな態度でなくては書けない。田口先生はそれの皆無な人だ。家康でも田口卯吉でも西郷隆盛でも同じだ。裏店の権兵衛・太郎兵衛でも同じことだ。聊かも違ひはないといふやうな調子だ。だから論断は公平にいくだらう。純粋に科学的でいゝ。まるで裁判官が宣告を下すやうだ。白石なども此の方で、科学者だ。宣告を下す方だ。が、それは人間をどうもしてゐない。人間を写すには英雄崇拝、情感的《エモーショナル》でいかねばだめだ。〟（「史論を書く準備」『文章世界』明四〇・八）

（38）「明治文学史　第四」『国民新聞』明二六・三・二六、「同（六）」明二六・五・七

（39）「ひとり言」『国民新聞』明四二・五・二

(40)「小諸義塾第十年祝宴席上に於て」『信濃毎日新聞』明三六・六・二、「そゝろ歩行《あるき》の記(四)」『信濃毎日新聞』明三六・九・二二、前掲「田口鼎軒先生」、前掲「回顧廿五年」懐旧一則(一)」、「田口卯吉年譜」(田口親編『文学全集14　田口鼎軒集』昭五二・八)、「鼎軒・田口卯吉」田口親『嚴本』昭五三・八

(41) 前掲「諸友訓誨録(承前)」

(42)「噫田口鼎軒先生」『国民新聞』明三八・四・一五

〝自分(=弥吉)は少年時代に田口鼎軒先生の文章を達意の点に於いて好み、…〟(成功雑誌社編『現代名家作文秘訣』明三八・四)。

(43) 一二月四日通達。弥吉と同じ警察本署御用係の久永勝成も一二円に昇給している(『函右日報』明一六・一二・五)。

(44)「西洋ノ開化ハ日本下等社会ノ開化セル者ナリ」田口卯吉『嚶鳴雑誌』明一三・三・二〇

この一文を弥吉は愛読した(「国民の気質を改めよ」『信濃毎日新聞』明三三・六・三、前掲「田口鼎軒先生」)。

(45) 前掲「人生　第二章朋友(二)」

九〈田舎教会〉

明治八年、中村正直立ち会いのもと、カナダ・メソジスト最初の宣教師・カックラン(神学博士、明治六年着任)より洗礼を受け、高等師範学校を辞職して牧師となった三河武士の末裔たる平岩愃保(二七歳)が、明治一七年四月、銀子(神田乃武の妹)夫人とともに、信仰復興《リバイバル》の高揚にのって、甲府から静岡へ転任してきた。

弥吉に〝科学者に似合はない科学的の頭脳を持た人〟と感服させた安井息軒の『弁妄』を『六合雑誌』上で批評の論鋒鋭く迫った平岩の名は、弥吉ら『呉山一峰』グループの心頭に深く刻み込まれていた。[1] メンバーのひとり太田虎吉(当時、志太郡小川村学校訓導兼校長)は回想する。〈一日山路がヤツて来て突如として我々青年同志を驚かしていふ

のに、「オイあの弁侫の平岩が静岡へ来るとよ」と、実に平岩博士は明治十七年の初頭、静岡メソヂスト教会に着任されたのだ。そこで早速私は山路と共に、一体どんな人物だらうと思つて説教を聴きに出掛けた。其時の演題はたしか「エホバの支配」といふのや「野の百合の花」といふやうなものであつたと記憶する。其内容はよく記憶して居ないが之れが平岩氏に親近する端緒であつた[2]。〉

小学校時代に『勧善訓蒙』や『具氏博物学』などの感化で〈造物の主の信者〉となった弥吉は、その後、スペンサーを誤読し、進化論を信じて「積極的物質主義」に傾いたが、結局〝心の奥の切なる要求に満足を与へられず〟有神論へ回帰していく。〈暗黒の谷〉にさまよう不可知論者に恩光を投げかけたのは『天道溯原』『博物新編』『勧善喩道伝』『六合雑誌』[3]。〝願くは一生耶蘇に魅されて楽天の生涯を送りたし[4]〟とまでいわせた神の国への導者は、田口卯吉である。

過渡の時空に弥吉はいた。

カシディ、カックランら宣教師の長演説を流暢に通訳して感嘆させた平岩に、『呉山一峰』のグループは、着任早々に英語の指導を依頼した。平岩は、週三回（月・水・金）一時間ずつ無報酬で教えることを約したが、終わった後でバイブルを一時間聴くという条件を付けた[5]。

次は、弥吉が平岩から聖書を示された時の質疑応答である。〝私は「聖書と云ふ物は何う云ふ訳で聖書と云ふのですか、当たり前の事の様に取扱ふ事は出来ませぬか」と尋ねると、先生が「夫れは神の書である、並々の本でない」と言はれた。「併し何う云ふ訳で是が神様の書と云ふのですか夫れを聞き度い。一体本と云ふ物は古《むかし》誰れが書いたと云つても、其人が書いた物で無いものがある。時代が経つて色々変化を受けて来ると云ふ訳で、聖書も神の書であると云ふが其処が能く分らない」と云ふと「お前達にはさう云ふ理屈は未だ分らない、暫くさう云ふ問題は別にして信仰して呉れ」と云はれた。私は神様は深く信仰するけれども、何うもエスが神様であると云ふ事は馬鹿々々しくつて信仰が何うしても出来ぬと実は思うて居つた。[6]〟

弥吉は、聖書講義中〈最もよく居眠りをする者〉[7]であった。

一〇月二九日、自由党解党。政論沈静の中で「基督教演説会」の声調は一段と高くなった。[8]福沢は反キリスト教の旗を降ろして慌ただしく国教論の衣をまとい、郷党では、中村正直（明治七年、カックランより受洗）・江原素六（明治一〇年、ミーチャムより受洗、同一四年、橋本睦之より再受洗）を初め、佐藤重道・山中笑・村松一・杉山（後、土屋と改姓）彦六ら旧幕臣が方舟にたゆたっていた。

欧化主義が酩酊の貌を見せ始めた明治一八年、早々の一月四日、友人・池田次郎吉（当時、書店・擁万堂の番頭）が、平岩より洗礼を受けた。[9]〈英語は教はるが決してヤソには成らぬ〉という『呉山一峰』二一人の結束も、太田虎吉の入信に端を発し次第にゆるんでいく。[10]

堀端の梅檀の木が薄紫の花をつける頃、弥吉も教会に出席するようになり、秋には遂に信仰を告白。[11]〝我等年少の頃、人生を沙漠の如きものなりと感じ、浮薄の人情を悲みて世に頼むべきものは唯自己あるのみと思ひき。然るに耶蘇教は我に神の国と云ふものあるを教へ、神の国の精神的共同生活に入るべきことを教へたり。此時のうれしき感情は一生拭ひ消すべからず。[12]〟〝私は「メソヂスト」教会に入会した当時から耶蘇を神として信ずると云ふことには、はつきりした信仰がありませなんだ。どうも理窟で抑へつけられて、我が中心の疑惑を強て打消して信仰を無理に心に鋳り込んだやうな感が致してなりませなんだ。[13]〟とはいずれも当年の率直な胸のうちであろう。

弥吉は〝強迫入門[14]〟を拒み、〝自由の意志を以て、自由の詮索を以て、自由の性情を以て[15]〟教会の門をたたいた。〈耶蘇〉は四海同胞を唱えて安心立命の聖境を照らし、弥吉を孤立から救った。この〝逆境の神[16]〟を、弥吉は「治国平天下」の道連れにする。[17]そして〝キリスト教化せられたる儒教主義[18]〟を具現していく。

六年あまり後、故里・浅草で放った熱声——〝吾人唯実行を勉むべし。罪悪を亡ぼして基督の王国を建つることを勉むべし。日本の旧信条、旧風俗をして基督教の衣を被せしむることを強むべし。一言以て之を括れば事実の上に基督の国を立つべし——〟はひとつの現れである。〝所謂愛とは己を神と人の為に棄つるを曰ふなり。人唯全く己を棄つるのみにては尊からず、又自ら幸福を感ずる能はず、…唯棄てたる己れを更に高尚なる事業に用ふるに至つて始めて幸福なるを感ずべし。外部の生活は我欲を満たする為めに過ぎざる事業なれども内部の生活は不朽の徳を建つる者なり。…吾人が所謂宗教とは亦唯内部の生活を善くするの道のみ。[20]〟という後年の述懐にも入会の真情がうかがえよう。〈経験〉〈心証〉を重んずるメソジスト教会は我意にかなっていた。[21]

〝酒飲むべし、兵用ふべし、酒飲まずんば英雄の士に非ず[22]〟と酔態を見せつける父・一郎への反心も手伝ってか、この入会の年から弥吉は酒を断つ。[23]のち自戒する。〝国の光栄は唯国民の品性にあり。而して酒や尤も国民の品性を賊する者也。[24]〟「如山」が〝余り理窟ぽき名故〟「愛山」と改号したのは〈精神的革命〉の第一着を踏み出した明治一七、八年ごろ。[25]「愛山」とは、品性の陶冶を期して現世にあらがう戦士の称である。

経済状態好転し、政論ふたたび沸騰の時、一二月八日、静岡有志者主唱の忘年懇親会が両替町磯馴楼で催された。斎藤和太郎（『静岡大務新聞』主筆）の開会趣旨に続いて、山田一郎（同新聞客員）は、今日の時勢を論じ、智識開発の必要を説き、出席者に静岡県下の改良を委ねた。五日後に懸案の静岡学術研究会の創立手続について議することを決めた。また席上、静岡英学校を継承した藤波甚助、武力改革を腹蔵した鈴木音高も同座。居並ぶ名士の間隙に弥吉もいた。[26]〝「いたずら者」として名高かりし〟鈴木の風采を初めて見たのはほぼ一年前、山田一郎を『静岡大務新聞』に迎えたおりの祝宴においてである。東京大学卒の改進党員で東京専門学校講師を務めていた「当世の才子」の陳腐な政党論を冷評した鈴木に、弥吉は深くうなづいている。[27]

注

(1)　松井豊吉編『日本メソヂスト静岡教会六拾年史』昭九・九、倉長巍『平岩愃保伝』昭一三・三、「現代思想史に於ける基督教の位置(四)」『独立評論』明三八・五、「遠くより眺めたる谷将軍」『国民新聞』明四四・五

(2)　「平岩前監督のありし日を懐ふ」太田嘯風生『なみだ』昭八
太田虎吉は、元治元年、江戸本所に生まれる。明治元年、徳川慶喜に従い静岡に移住。明治一三、四年ごろ静岡師範学校に学び、同一六年、教員免許状を取得。その間、小学校の授業生を務める。明治一八年、平岩より受洗。翌年、小学校長を辞し伝道界に身を投じた。昭和一九年没(深町正勝編『日本基督教団静岡教会八十五年史』昭三四・一二、『沼津教会百年史』昭五二)。

(3)　前掲「現代思想史に於ける基督教の位置(四)」、「宗教論」『新人』明三九・七、「「如何なる書籍に由て基督教の思想に接触せしや(二)」山路弥吉氏」『護教』明四二・一〇、前掲「遠くより眺めたる谷将軍」、「予が信仰の立脚地」『六合雑誌』明四三・三

(4)　「耶蘇教につき思ふことども」『火柱』明四一・一一

(5)　前掲「平岩前監督のありし日を懐ふ」

(6)　「予と基督教」『雄弁』大六・四

(7)　弥吉の葬儀(大正六年三月一九日)での平岩の説教大意より(『護教』大六・三・二三)。

(8)　明治一七、八年中の静岡における「基督教演説会」の景況は次のとおり。[大]＝『静岡大務新聞』、[函]＝『函右日報』、[橋]＝《橋本睦之日記》〔長野県町教会〕
【明治一七年】一〇月三一日〜一一月一日　イビー・平岩愃保・橋本睦之(予定)　寺町小川座([大]一〇・二八、[函]一〇・二九)。

【明治一八年】二月一〇日　橋本睦之「開会の主意」、伊東東吉「神と人との関係」、江原素六「宗教の結果」、平岩愃保「今社会の必要は更正にあり」沼津本町開進亭（橋、函二・一三）。二月一一日　江原素六「宗教の善悪は国家の隆替に関係す」、平岩愃保「耶蘇教三大派、宗教の分限」、橋本睦之「人の拝するに足るものは何ぞや」（橋）。二月一八日　橋本睦之「人の拝するに足るものは何ぞや」、江原素六「宗教の結果」、平岩愃保「宗教の分限」七間町富士松亭（橋）。二月一九日　平岩愃保「耶蘇教の三大派」、江原素六「邦国真正の大小を論ず」、橋本睦之「キリストの死」七間町富士松亭（橋）。一〇月五日　橋本睦之「人間真正の目的」、小林光泰「淡泊主義を論ず」、平岩愃保「戦争論」、マクドナルド「需要供給」小川座（橋、大一〇・六）。一〇月六日　小林光泰「キリスト教は外教に非ず」、今井（名・不明）「キリスト教国の文明」、江原素六「夫婦の倫」、カックラン「キリスト教とは何ぞや」小川座（橋、大一〇・六）。

橋本睦之は、当時沼津教会牧師。

イビー Charles S. Eby（一八四五～一九二五）は、カナダ・メソジスト教会の宣教師。明治九年、ミーチャム夫妻と共に来日。当初、聖書の翻訳に従事。翌年、近藤喜則の蒙軒学舎に招かれ、講義のかたわら伝道に励む。三年有半にわたる山梨伝道の後、東京へ。明治一六年、明治会堂における「東京演説」で、不可知論、進化論を駁す。同二四年、本郷に中央会堂設置。同二七年一月、帰国（中央会堂編『中央会堂五十年史』昭一五・一〇、「イビー博士の著業」柿沼しのぶ『学苑』昭一六・七）。

（9）〔池田次郎吉三男・春樹氏、三女・文子氏〕

池田次郎吉は、文久三年、静岡に生まれる。明治三年から同一一年まで静岡市近郊国吉田に住まう。父は、雑貨や学校図書などを販売し近隣町村の学校を巡回行商。下等小学八級を卒えると家事手伝いのかたわら長谷部甚弥の漢学塾（小鹿村）に一年間通う。明治一二年、父、教科書出版販売の書店・擁万堂（静岡市呉服町）を任され、一家は国吉田を去る。青年時代は、鴻漸逸人と称し詩を物した。「懐旧録」に〝風の吹く日に池田次郎吉、横山一直と共に行き詩などを賦せしことありき。〟とある（池田次郎吉《明治初期の静岡　第一編》《同　第二編》昭一六〔静岡県立中央図書館〕、「山路愛山

「懐旧録」解題」山路平四郎『国文学研究』昭三九・一〇、「諸友訓誨録（承前）」『信濃毎日新聞』明三二・六・一四）。

⑽　前掲『日本メソヂスト静岡教会六拾年史』昭九・九

⑾　《明治初期の静岡　第二編》に〈余（＝池田）が知れる愛山は静岡西草深堀端の大なる「せんだん」の樹のあつた横町の一軒の家に彼の父と祖母との三人くらしであつた〉とある。

⑿　「予が信仰の立脚地」『六合雑誌』明四三・三

⒀　前掲「耶蘇教につき思ふことども」

⒁　「徳川氏＝対＝羅馬教」『野声反響』明二四・三

⒂　「吾は固執の名を甘んず」『女学雑誌』明二五・一・二

⒃　前掲「予と基督教」

⒄　「済世論」『六合雑誌』明四一・一、「政教論」『国民雑誌』明四五・三

⒅　前掲「現代思想史に於ける基督教の位置（四）」

⒆　前掲「吾は固執の名を甘んず」

⒇　「内部の生活」『聖書之友雑誌』明二六・六

(21)　「余をして思ふ所を曰はしめよ」『宗教』明二七・八、「智識と経験」『国民雑誌』明四四・八

(22)　「一日一題」『再興独立評論』大三・一一

(23)　「民風の弛張を論じて矯風会員諸君の猛省を促す」『婦人矯風雑誌』明二六・一一

愛山の次男・久三郎によれば「代々胃癌の血統なので、それを用心して酒も煙草も飲まなかった。」という。（「父・愛山を語る」山路久三郎『信濃毎日新聞』昭二三・五・七）

(24)　「禁酒新報の改題を祝す」『国の光』明二八・三

(25)　「［文壇諸名家雅号の由来］山路愛山君」『中学世界』明四一・一一

(26) 出席者は外に、前田五門、前島豊太郎、前島格太郎、本多増、丸尾文六、井上彦左衛門、三橋四郎次、竹山謙三、竹村太郎、広住久道、和田伝太郎、高田潤作、石原烈、玉木弁太郎、板倉甫十郎、土岐隆次郎、二宮正、高梨鎌次郎ら六六名。(『静岡大務新聞』明一八・一二・一〇)。

藤波甚助は、嘉永三年、静岡有渡部の太物商の家に生まれる。幼時より学を好み、長島済から和漢学を、古谷某(田中藩主)から算数を学ぶ。明治一四年頃、英学修得のため文武館の松下之基に就く。のち静岡英語専門学校(静岡英学校の後身)を設立。また、戸長・区長・学区取締・医務取締・市会議員・市史編纂主任などを務め地方自治に尽くした。静岡教会員。大正六年没(山田万作編『岳陽名士伝』明二四・一〇、「藤波甚助日誌抄録」(『静岡市史研究紀要　第四号』昭三八・九、飯田宏『静岡県英学史』昭四二・一〇、《藤波家系図》藤波伊助〔甚助孫・小林国彦氏、妻政子氏〕)。

(27) 「命耶罪耶(十七)」『国民新聞』明二八・三・三〇

渋江保の回顧談(「新聞今昔譚(其三)」『再興独立評論』大三・四)には〈(山田は)卒後暫らく早稲田の教師をして居たが、借金の為静岡へ逃げて三十円の月給で大務新聞の客員といふことになつた。〉とある。

一〇　静岡青年会

学術研究会発起のための相談会は予定どおり一三日静岡英学校で開かれ、弥吉を含む一九名の出席者により、名称を「静岡研学会」とすること。法理文の三学科と英学の講究を目的として講義・学術演説・討論・英語対話をその手段とすることなど十条にわたる規則草案が作られた。(1) 山田は設立の意義を次のように説く。〈智識を開発して人才を輩出せしめんと欲せば研学の典豈に緩ふすべけん哉…能く自ら奮ひ能く自ら勉め以て我儕の智識を開発し以て我が文運の進歩に万一の裨補をなすものあらずんば帝国臣民たるの職分夫れ何くにありとすべきぞ…学事に熱心なる者は兎角世故に通暁せず年少気鋭の士は多く中道にして沮抑するの思あり請ふ深く此点に注目し切に学問の為め切に智識の

為め其挙動を謹み其激昂を矯め静岡県下の模範たるに負かざらんことを余は希望の至に堪へざるなり〉[2]

武力による政府転覆に蜂起する急性を鎮めんと面舵に力をこめる静岡改進丸の友船ともいうべきか、弥吉ら青年有志は〈青年相会同シ互ヒニ学術ヲ究研シ智識ヲ交換シ務メテ交際ヲ親密ニシ以テ天賦ノ徳性ヲ涵養シ人生ノ本分ヲ尽スニ裨補アランヲ目的〉として「静岡青年会」を組織した。それは〃温かいフレンドシップと飾りのない誠実とを根拠として集まるところの或るパーチー・神聖な結社[3]〃ともいうべきものであった。青池晁太郎を会長に推し、客員に平岩愃保を迎え、池田次郎吉、近藤与八、芹沢憶吉、太田栄彦、増田守一、岡部邦平、根岸道、影山董三郎、伊藤伊吉、内藤由太郎、高木壬太郎、加藤万治、久保田庄太郎、太田虎吉、金子義児、萩原貴香らをその成員とした[4]。

一二月二二日、内閣制度創設。〃政治の中心と一般士民との距離の近かった旧藩時代の空気の中に育ち、其教育を受け、其余波を受け、天下国家は直ちに吾々の者だと思つてゐた〃弥吉ら政治青年は、〃なあに高が十人かそこらで組織された内閣だもの、それを打壊すにそう手間は取らない〃との感じを抱いていた[5]。弥吉は、伊藤博文の宣言書にみえる〃冗官を除き、選叙を慎み、繁文を省き、冗費を節する〃という荘重典麗の文字を言び、空文に終わらぬことを祈りつつ読み下した[6]。「静岡青年会」の活動は、少なくとも翌一九年秋頃まで続いている。

二月二二日、青池晁太郎が「宗教、道徳及び法律の穿鑿」と題し、三者の区別とその社会交際上の軽重を論じたのを受けて、弥吉は、青池の演説評と法律の大体について意見を述べた。〃法よりも寧ろ人なり[7]〃と後年の持説をここに開いたものか、壮心燃える一駒である。弥吉宅に集まり、砂糖水を飲んで放言高論、夜を更かした年少の会員中には、賤機山下の茅屋にあって刻苦書を読み、明治二五年頃から始まる操觚活動の下地を固める高木伊作（信威）の顔もあった[8]。

旧自由党員の青池晁太郎[9]をいただいた同会が、左翼急進派と気脈を通じていたことは、「人将株の一人[10]」であった弥吉の、六月に起きた「静岡事件」に関わる記述によっても知ることができる。〝最も予をして悲愴に堪へざらしめたるは「静岡事件」てふ名目の下に一網に打せられたる党人にぞありける。予は故ありて略ぼ彼等の罪状を詳かにせり。予は彼等に媚びて彼等に責むべき所なしと曰ふ能はず、彼等は実に強盗を為せし也。彼等実に放蕩子なりし也。然れども彼等を此に至らしめたるもの豈理由なからむや。彼らに其外形をのみ見て直ちに鼓を鳴すは人情を具するもの、忍びざる所なり。…彼等よりも、寧ろ社会と家とが彼等を此に誘ひたる罪悪を悪まずんばあらず[11]。〟

旧幕臣の血を引く湊省太郎、鈴木音高、薮（広瀬）重雄ら「首謀者」に対する筆は温情に満ちてはいる[12]が、弥吉には、虚しい自暴自棄の隘路がはっきりと見えていた。一五年後、政界腐敗打破を叫ぶ一文―〝田舎の平民の中に潜伏する権利と公平の念、田舎の青年の中に将さに燃へんとする情熱、脚下の実世界よりも更に高く、更に聖き理想を追求する思想家の情願、密室に跪づきて国利民福の為めに祈れる宗教家の熱心は、政治世界に於て果して何の価値なきものなる乎。…若し此の如き情熱と祈祷とを打つて一丸となし、其勢力を集めて政界に注入せば余は改革の必らず近きに在ることを信ずるなり[13]〟。―は、法網の不条理を愁える青年会の心情をあたかも代弁しているかのようだ。

注

（1）二宮正、土岐隆次郎、鈴木正（以上、静岡中学校）藤波甚助、長谷川善太郎、根岸道（以上、錬英学校）、依田守正、南条昌太郎、渡辺源一郎は、高梨鎌次郎、戸田吉次郎（以上、文武館）、本多増（攪眠社）、山田一即、斎藤和太郎、坂井牧之助（以上、静岡大務新聞社）、その外、玉木弁太郎、井上彦左衛門、石原烈が出席した（『静岡大務新聞』明一八・一二・一五）。

（2）「静岡研学会の設立に遇ふて喜を書す」山田一郎『静岡大務新聞』明一八・一二・一五

（3）「温かいフレンドシップを元とした団結」『婦人の鑑』明四五・一

（4）『静岡大務新聞』明一八・一二・二二、二五　明一九・一・一二

『静岡大務新聞』に表われた「静岡青年会」（＝◆）「静岡研学会」（＝◇）の活動情況は次の通り。

【明治一八年】◆一二月二一日　演説・討論あり（一二・二四）。◇一二月二七日　発起人、英学校に参集。県庁より許可が下り次第、発表を兼ね一月五日頃に学術演説会を開くことを決める（一二・二九）。

【明治一九年】◇一月五日　学術演説会開催。斎藤和太郎、開会の趣旨を述べ静岡の学問の発達を望む。坂井牧太郎「自由は法律の下に存す」、川上熊吉「函右の父老に面す」、岸小三郎「法律不知」、山田一郎は、開国の思想を抱有すべきことを切論。市島謙吉「処世の要訣」、高田早苗、キリスト教の東漸を歓迎し仏教の退守主義を駁撃。西寺町桜川座　聴衆一二五八人。静岡に演説会が始まって以来の盛況（一・四、七）。◆一月一〇日　会則の修正案を議決。平岩愃保の講義あり（一・一二）。◇一月一五日　県庁の認可を得る（一・一六）。◇一月二〇日　発会式を開く。斎藤和太郎「社会学在否」、山田一郎、小野梓著『国憲汎論』、山田一郎著『政治原論』の概説。二宮正「避雷柱の必要」（一・二二）。◇二月三日　例会を開く予定（二・三）。二月一七日　山田一郎の「国憲汎論」講義と小野梓詳伝中、奇事逸行について口演予定（二・一七）。◆二月二一日　青池晁太郎「宗教、道徳及び法律の穿鑿」、山路弥吉、青池の演説評と法律の大体について。平岩愃保「物理の進歩とは何ぞ」、役員改選（二・二四）。◇三月三日「社会進むに従ひ人心善に赴くか」の題下に討論あり（三・二六）。◆三月八日　諸報告、規則の建議あり。根岸道、英語会・羅馬字会・かなの会の盛行を熱望。青池晁太郎「宗教、道徳及び法律の穿鑿（前回の続き）」（三・一二）。◇三月一六日　斎藤和太郎「田中鶴吉に就いて」、山田一郎「国憲汎論」（三・一八）。◇四月七日　山田一郎、「国憲汎論」のうち一院二院論（四・九）。◆四月一二日　演説、討論あり。例会日を第二、第四月曜日から毎日曜日に改める（四・一四）。◆九月二七日　諸報告、その他の事件の相談後、青池晁太郎、高橋万策、根岸道らの演説あり（九・二九）。※研学会は屋形町の英学校を、青年会は呉服町のメソジスト教会堂をそれぞれ会場とした。

（5）「現代青年論」『新紀元』大二・七

（6）「遠くより眺めたる谷将軍」『国民雑誌』明四四・五

（7）「国民教育論（四）」『信濃毎日新聞』明三五・五・二四

次の愛山文にも同趣の内容が含まれている。

「大盗論（一）」『国民新聞』明二九・五・一七、「田舎より首府に（第十信）」『国民新聞』明三三・六・八、「消夏漫筆（二）」『信濃毎日新聞』明三三・七・三一、「長野市長に与ふ（中）」『信濃毎日新聞』明三五・一〇・二七、「ひとり言」『国民新聞』明四一・六・二〇、明四二・一一・二八、明四三・一二・一九、明四四・一一・五、大二・一・一九、「一日一題」『再興独立評論』大四・二

（8）「諸友訓誨録」『信濃毎日新聞』明三二・六・七、松井豊吉編『日本メソヂスト静岡教会六拾年史』昭九・九

高木信威は、明治五年、平民・高木新五郎の長男として静岡県周智郡森町に生まれる。静岡中学に学び、カシディ、平岩愃保に師事。明治二五年頃上京し、以後『国民之友』『国民新聞』『東京新聞』『静岡新報』『大日本』『憲政党々報』『東京日日新聞』『やまと新聞』『中央新聞』などで健筆を振るった。また大正一一年から一〇年あまり中央大学で政治経済を講ずる。昭和三年渡欧。ロンドン皇立学芸協会の終身会員に選ばれた昭和一〇年に世を去った。著書には『十二文豪5ゲーテ』『ピット』『最近列国の外交及財政』（のち『世界の改造と大日本』と改題）『有為生活』などがある。号は蔽日・清蔭など（飯田宏『静岡県英学史』昭四二・一〇、「新聞雑誌関係者略伝・高木信威」宮武外骨、西田長寿『日本古書通信』昭四六・一）。

（9）青池晁太郎は、浜松の瞬養校（教師に渋江保がいた）を経て、掛塚小学校に奉職後、永峰弥吉の周旋で県庁に出仕、かたわら敬典舎に通う。明治一五年、自由党遠陽部にあって宣伝に奔走。その後、実業界に投ずる。また田川大吉郎・片山潜らと普通選挙を唱導。『戦後経営とは何ぞ』『牧兎大意』などの著書がある（「近著一斑」『独立評論』明三六・一、伊東圭一郎『東海三州の人物』大三・九、平野義太郎『普選・土地国有論の父　中村太八郎伝』昭一三・一一、原口清『明治

前期地方政治史研究　下』昭四九・一二）。
(10)　青年会員・水崎基一の言（「渋谷より京都まで」『国民雑誌』明四五・七）。
(11)　「「人生」の稿を絶ちし所以」『国民新聞』明二六・五・二〇
社会問題に錘鉛を下ろしたこの認識には、明治二四、五年ごろ原抱一庵に薦められて読んだユゴーの『レ・ミゼラブル』（訳名『哀史』）の影が濃い（「余に感化を与へたる書物」『新評論』明三九・二、「学校では一字も教はらず」『文章世界』明四一・八）。ドストエフスキーの『罪と罰』（内田魯庵訳　明二六・二）にも刺激されただろう（「人生」が『国民新聞』紙上に掲載されたのは、明治二六年二月二六日から）。なお自著『懺悔』（明三六・二）は「哀史」の一節の翻案である（〈新刊〉『日本人』明三六・三、千朶木仙史『学界文壇時代之新人』明四一・六）。
(12)　「命耶罪耶（十三）～（二十一）」『国民新聞』明二八、三、二六～四・一一
(13)　「田舎より首府に（第二十八信）」『国民新聞』明三三・一〇・二四

二　バプテスマ

静岡事件の三月前、試《こころみ》中《ちゅう》の期限ほぼ六カ月[1]を経た三月。弥吉は「人生の最大事[2]」ともいうべきバプテスマを平岩愃保から受けた[3]。〝先生（＝平岩）の恩義は肝に銘じて今も忘れ難く候、忘る可からず候[4]〟とする所以である。歯がかみ合わず〝顔に紅葉の小活劇を演じた[5]〟こともしばしばであったが、〝其書を手にしたる時、天来の気ありて、我身を襲ひしが如く感じ、一夜読み通して遂に寝ぬること能はざりき[6]〟というほどに感銘を受けた『真理一斑』の貸し手は平岩であった[7]。〝上天に感謝す余か神に我罪を懺悔して「バプテスマ」を領せしも此所（＝静岡）に在り[8]〟。とは、明治二三年七月、袋井へ伝道者として赴く途次の感懐であるが、贖罪感の薄い弥吉に〝我罪〟と言わせたのは、この

『真理一斑』かもしれない。植村正久も幕人の子、〝他に頭をなぐられた一人[9]〟であった。

〝友多ければ多きほど、事業は大なるをうるなり、それは真の友なる者は己が為に命を与ふればなり。[10]〟同胞・久永勝成、太田虎吉、池田次郎吉、近藤与七、梅原民蔵らは、福音宣布士となって、既に県下の布教に従っていた。[11]「静岡事件」の顛末が、弥吉ら若い教会員を一層、精神界の事業へと駆り立てた。藤枝での演説で、『破邪新論』『真理金針』を著して基督教を弁斥した新文学士・井上円了を〝白面の書生[12]〟と決めつけたのは、国事犯より常事犯へ、その画策を目の当たりにした静岡警察御用掛の弥吉であった。

『政教新論』で儒教を批判し、基督教による新日本の建設を唱える小崎弘道の声が弥吉の耳に届いたころか[13]。清水へ友人の伝道の助けに行った祈、聴衆と議論の応酬の後、帰りに投石などの乱暴に遭うが、弥吉は英雄豪傑らしい態度を持した。〝其時の吾輩の考は耶蘇教でも何でもない、耶蘇教の為めに吾輩は逃げなかつたのでない、吾輩は武士の子である、昔から斯う云ふ時に逃げるは武士の子孫たるもの、恥とする所であると思ふたからで、即ち吾輩を支配して居たものは、耶蘇教の教理にあらずして武士の伝記である。[14]〟儒教の教理を捨てたとはいいながら、武士の理想である治国平天下は、弥吉の〝生涯の事業《ライフヲルク》[15]〟として生き続ける。経世済民は〝已むに已まれぬ義務[16]〟であった。〝私は武士再興論を絶叫したい。同じ信仰、同じ理想を有する人二人あらば武士の社会が建設されるのである。地の塩たり世の光たるを自覚して立つ者百人あらば、以て天下を横行する事が出来る。独り座つて居て何が出来るか。二人居れば革命が出来るのである。故にこの確信ある人々の団体を造る事は、現代当面の大問題である。耶蘇教に僕が感服すべきものは余りない。然し教会制度だけは実に感服する。同一の信仰、思想に立つて政府並に社会に戦を挑んだ初代基督教会は以て壮とするに足るものである。現代は精神的に社会及び政府に向て戦を宣する必要があると思ふ。…同一の思想を持して同一の目的の為めに団結する時、独り日本のみ世界を横行することが出来るのである。而して四海皆神の前に兄弟たるの大自覚を有する時、あらゆる諸問題を解決することが出来るのである〟[17]とは昔日の心裏の一端に連なる文片である。

秋頃、平岩宅で修養会が開かれ、江原素六（大宮）、橋本睦之（沼津）、太田虎吉（掛川）、久永勝成（静岡）、吉井文三（浜松）ら伝道者とともに、弥吉も信徒の一人として出席しているが[18]、その前後ころの一〇月三日、穂波の光ゆれる昼下がりに弥吉は、友人二人と清水山に遊んだ。山頂で快哉を叫ぶ一人は洋衣をまとった高木壬太郎である[19]。政界雄飛へと歩を進めるため、明治一六年一二月二〇歳の時、中郷小学校を辞任し静岡県庁に視学官として職を奉じた高木ではあったが、社会の汚濁に耐えることができず、霊界をおとない、この月三一日、弥吉に遅れること半年余、ついに平岩より洗礼を受けた[20]。高木は受洗の事情を次のように書き残している。

〈十月二十八日　…去る八月以降大に悟る所あり教会に至て神の道を尋ね去て聖経を読む未だ蘊奥を窺ひ尽す能はずと雖も自ら顧て既往を思へば吾一身は是れ罪悪の淵叢にして神を汚すこと誠に多し静心熟慮恐惧の念禁ずる能はざるものあり悔恨亦何ぞ堪へん断然志を決してバプテスマを受け神の教会に入りて既往の罪悪を潔め来日の教を得ん事を欲するや切なり今日意を松木君に致して平岩師の准許を請はしむ幸にして許可あり午後七時松本氏の邸に至り米山、吉井、宮代三氏により入門の試験を受く将さに来る三十一日を以てバプテスマを受けんとする嗚呼予が身は亦昔日の身に非ざる也願くは主の助によりて是より身を慎み行を改め信徒たるに背かざらん事を〉

〈十月三十一日　日曜日　晴　朝起希伯来書第六章を対読す九時教会に至り牧師の説教を聞く了て洗礼を受く願くは之れより神の家族となり身を行ひ過を改め来世に御救を得んことをアーメン（洗礼の式は別に之を記するを以て略す）、洗礼式終り晩餐の式を行はる予も亦今日より其式に与ることを得（晩餐式は毎月第一日曜日をもつて通例とす牧師其妻病危篤にして当地医家の治療及ぶ所にあらざるを以て本日其妻及幼児三人を携へ上京せんとす故に本日其式を行ひたるなり〉午後二時牧師上京の途に就かんとす一時師の宅に至る信徒皆在り妻君の為に祈祷をなし二時出立す妻君病重しと云ふと雖も気象常に異ならず容息甚しく憔悴せず駕を命じて往く予は曲金村の東に至り別を告ぐ微笑して云ふ厚意忘るべからずと〉

一一月一日、青年間の伝道に力あった平岩銀子は、結核性腹膜炎で二六歳を一期に天に帰った。[21] 木枯らし吹きぬける同月二八日、銀子の息の跡の消えない会堂で、いっとき「羅馬に於ける基督教」と題する弥吉の勧話があった。[22] 一二月二一日には、麗沢舎以来、敬慕してやまなかった久永勝成を肺結核で失い。[23] 四日後の二五日には、高木の長女俊子が生まれて七日のあまりにも短い命を終えた。弥吉はその童女の棺をにな った。[24] さみしい年の暮れであった。

注

（1） 美以教会編『受洗者心得』明二一
（2）「人物管見を評す」『女学雑誌』明二五・五・二八
（3）「予が信仰の立脚地」『六合雑誌』明四三・三
（4） 松井豊吉編『日本メソジスト静岡教会六十年史』昭九・九
（5）「昔のこと」『護教』明四三・九・二四
明治四四年、日本メソジスト教会第二回総会を開くに当たって、平岩が提出した条約改正案に対して弥吉は、〃先づ教会の独立と云ふ事に心血を注ぎ自分の兄弟の世話は自分でする決心あらば教会は必ず振ふべし、然るに幾年たちても外国の救助を乞ひ、閑談放語に日を暮らし、条例問題などに心を労するは最も諸君の為に不得策不賢明のこと、存じ候、〃（「総会に際して」『護教』明四四・一〇・一四）と痛罵している。また、〝平岩君は学問、識見、当代に於て世に立交りて固より恥しからず素養ある人なり。〟としながらも、〝君は人望ある宗教家に非ず。…平岩君の演説は一定したる模型あり。其音声にも一種人を圧するが如き調子あり。其態度に於ては余りに修飾に過ぎたりと思はゝる所あり。〟（「我が見たる耶蘇教会の諸先生」『太陽』明四三・一二）と酷評。弥吉や高木らの激烈な排斥を受け、東京にいられなくなり、静岡や甲府を廻っていた時期もあったという（結城礼一郎『旧幕新撰組の結城無二三』昭五一・四）。同書には〈Aさん（＝平岩）がいかに厭味な人だったかということは、山路さんの葬式の時、監督として一場の演説を試み、故人は私が拾い上げて私が養ったものなるにかかわらず、中頃私に反いて私を苦しめたが、私は何とも思っていなかったと言ったので、並いる人々、A何者ぞ、故人の遺骸を前へ置いてこんなことをいう法があるかと言って憤慨したのでもその一斑を知ることができる。ちょっと御殿女中といったような質の人だった。〉とも記されているが、平岩は、弥吉の人生の要路を開いた一人には違いない。少々の不遠慮は許される肉親的な距離にいたということなのだろう。太田愛人氏は〈静岡時代の苦境に、信仰に導いた平岩は、ある意味で放蕩息子の父の役目をはたしていた。〉（『明治キリスト教の流域』昭五四・三）としている。

（6）前掲「我が見たる耶蘇教会の諸先生」

（7）『真理一斑』に先立って、進化論、不可知論を批判してキリスト教の真理を究明した『天地大原因論』も、弥吉は平岩から借読している（「如何なる書籍に由て基督教の思想に接触せしや（二）」山路弥吉氏」『護教』明四二・一〇）。

（8）「袋井に往く記（承前）」『雪月花』明二六・一・一五

（9）「所謂朝鮮伝道の意義」『新人』明四三・一〇

弥吉は、キリスト教界の文学者中、内村鑑三と植村正久とに推服している。〝植村君は論理の子に非ず。彼れの理を見る直覚的に見るなり。彼れの中に電の如き閃光あり、玉の如き透明あり。而も是れ殆ど天韻神響也。〟（「内村鑑三君の地理学考」『国民之友』明二七・五・二三）。また、弥吉との談話中、植村は「徳川家康」執筆の意図をもらしている（卜部幾太郎編述『植村先生の面影　第二編』大一五・五）。幕臣の血が通っていた。

(10)「人を作る道」『婦人新報』明二八・五

(11)明治一九年一月現在、県下では外に、平岩愃保をはじめ橋本睦之（宣教師）、結城無二三（伝道師）、江原素六（福音宣布士）らが「世界的良心の事業」（「伝道」『護教』明三〇・四・一七）に携わっていた（『静岡大務新聞』明一九・一・二〇）。

(12)「寅畏の心」『六合雑誌』明四五・一
後にも、哲学、心理学に立って妖怪排斥を主張する井上を、〝世には理外の理なるものあり〟（『剪燈閑話百物語』『信濃毎日新聞』明三二・八・二七）と退けている。

(13)〝私の信者となつたときは植村氏の真理一斑、小崎氏の政教新論等に感心したものである。〟小崎弘道は、熊本の大藩の家に生まれたが、やはり維新には〝け飛ばされた方〟であった（前掲「所謂朝鮮伝道の意義」）。

(14)「歴史平教理乎」『六合雑誌』明四三・八

(15)「文人となること勿れ」『青山評論』明二五・三

(16)「『蘇峰文選』を読む（十六）」『国民新聞』大五・三・二八

(17)「時代人心の要求」『護教』明四五・二・二

(18)「平岩前監督のありし日を懐ふ」太田嘯風生『なみだ』昭八、倉長巍『平岩愃保伝』昭一三・三
吉井文三には次のような逸話がある。〝昔し本文の記者（＝弥吉）の友人に美作の人吉井某なるものありき。今は故人となりたれども生前頗る奇行に富みたりき。此人耶蘇教の伝道師たりしが、人の招請して教を聴き、食を供するものあれば説教者を饗応するは神に物を献ずると同じとて決して辞退せず、喜んで之を受けたり。〟（「独学渡世論」『再興独立評論』大二・七）「東海道のムーデー」と称せられた（「〈故吉井文三君追悼紀念会通信〉」『護教』明三〇・二・六）。また、橋本睦之の日記には〈明治二九年〉一月三日　吉井文三氏旧臘十二月三十一日午前一時永眠セリトノ報ニ接シ直ニ電報ヲ発

シテ吊意ヲ通ス続キテ同氏ノタメ山路弥吉氏ニ乞ヒテ護教紙上ニ短生涯フ記載シ且ツ同氏遺族ノタメ義捐金ヲ募集スルノ方法トナサバ如何トノ書ヲ認メ差シ出ス〉とある。親交のほどが察せられる。

(19)《高木壬太郎日記抄》〔東京神学大学〕

(20) 高木壬太郎が一三人のグループの最後の受洗者であった。山中笑（当時、甲府教会牧師）の《高木君に就て感想を一言す》（〔東京神学大学〕）に〈当時君（＝高木）と共に教会に出入せし某氏（＝太田虎吉？）は最早く洗礼を受られし其次に受られしは山路愛山氏なりし最後に受洗されしは高木君なりしときく〉とある。

山中笑は、嘉永三年、四谷の伊賀衆の家に生まれた。元治元年八月、静岡へ移住。明治一一年、日本メソジスト教職試補に挙げられる。同一五年、東洋英和学校神学科卒業。同年九月、日本で最初の按手礼を領す。以後、静岡、東京、山梨で三五年に及ぶ伝道生活を送る。また、考古・民俗研究家として知られた。号・共古。昭和三年没（『日本メソヂスト下谷教会六拾年史』昭一四・一一、広瀬千香『山中共古ノート　第一集』『同　第二集』昭四八・六、一〇）。

なお、高木が平岩に邂逅したのは、明治一八年二月一二日、小学校巡廻出張中に立ち寄った掛川教会においてであった。太田虎吉に会ったのもその時である（前掲《高木壬太郎日記抄》）。

(21) 翌二日、葬儀施行。司葬者・カシディ、副司葬者・江原素六（『静岡大務新聞』明一九・一一・六）。

(22) 前掲《高木壬太郎日記抄》。次の回想文はこの時のことであろうか。〃…それから後、静岡青年会の催しで演説をしたこともあつたが、公衆を集めてやつたのは、其の後同地の耶蘇教会堂で演説した時である。これが自分の公衆に向つて演説した最も始めで、演題は今も猶記憶してゐる。「キリスト教の進歩」と題して、羅馬の歴史から説いたものであるが、年はその時二十二三位であつたらう。〃（「理想的の演説」『中学世界』明四二・五）。

(23) 久永勝成墓碑〔宝台院〕、「命耶罪耶（十二）」『国民新聞』明二八・三・二三

(24) 高木の日記には、葬儀の模様が次のように記されている。

〈十二月二十六日　日曜日　曇午後に至り晴る　前九時松本氏来吊且本日大に周旋せらる、の約あり共に宝台院に至り

墓地を周旋す寺僧並管理者之を拒む松本氏論争十二時に至る議終に諧はず…嗚呼墓地は是れ共葬なり而して彼れ仏徒猥に他教を忌み他の妨害をなす道の為にするに非ざるなり利の為にするなり仏門の光栄亦地に落ちたりと謂ふべし…時恰も五時二十分牧師平岩氏来り葬儀を営まる棺は寝棺にして黒布を以て之れを蔽ひ上に水仙花を置く初め聖書哥林多前書十五章四十一節己下を朗読せられ次に勧め次に祈祷を以て終る同三十分出棺米山、金子、山路三氏交々棺を荷はる宝台院寺内墓地久永勝成氏（君は伝道師なり肺病を以て去二十一日眠る）墓の左に葬る榜して高木俊女之墓と云ふ六時式全く了る各々帰途に就かる此日会葬せられたる者は信徒にて松本才三、米山定昌、吉見義次、金子義児、山路弥吉、服部某、藤川春龍、池田次郎吉の八氏信徒外にて、市川啓三郎、増田守一、山田作蔵、小西亀吉の四氏なり鵜殿長道、藤波甚助、加藤万吉夫妻の四君は途中より送葬せらる嗚呼生後僅々七日の児尚此の人々の会葬を受く誠に明神の恩徳に非ずして何ぞ死して余栄ありと云ふべし　今回の事実に異郷に在て恃むに親戚なく身を痛むること多し而して已上諸子の力によりて難なく事を了る…誠に以て感謝すべしとなす、…〉

弥吉は少時、『HOW TO SELECT YOUR STUDY』なる書に、〝職業を選ぶには僧侶がよし、これ食を得るに心配なければ也〟とあるのをみて、一転、僧侶を軽視するに至った（「僧俗論」『六合雑誌』明三九・一一）そうだが、この折の仏徒とのトラブルも嫌悪の種となったかもしれない。

一二　〈史学文章〉の道

暗く底冷えのする空洞に、燭火と暖衣をもたらしたのは〝十九世紀文明の誕児[1]〟徳富猪一郎である。

弥吉に、ただならぬ才を直覚させた〈大江逸〉が、世界の大勢を平民主義に基づく平和的生産国家に求め、文体の圧制を破って文運を開いた最初の公刊書『将来之日本』を、弥吉は県庁からの帰りに呉服町の書店で購い、父一郎の

〝読書も善いが、さう凝つては為にならない〟との戒めも聞かず、その夜の三時に読み切ってしまった。(2)

当座は田口卯吉に薦められた同書の自由貿易論を引く論旨には感心せず、青年会でも〝自由貿易論は経済学上の宿命論なり。生産機関の発達に自然の法則ありとて人為をそれに加へねば自然は全部にして人は虚也、蘇峰の論旨決して従ふべからず(3)〟と攻撃している。弥吉の惑溺は、英文の口調を時文に注入した文章の妙、真率な書体にあったようだ。(4)

無名の田舎書生を手足とする民友社から創刊された、猪一郎第二陣の総合雑誌『国民之友』も、ちぎれ雲のように全国を舞い行き、知識青年の渇いた心に慈雨を注いだ。弥吉はこれを旅行途中の福井市で購い、足羽山上、継体天皇像の下で一読、〝山を下るの間、遂に山光水色の何たるを知るに及ばざりき〟ほど酔った。(5) 後にその〝旭日登天の勢を以て世間を風靡した(6)〟〝文人倶楽部の機関紙(7)〟を礎石とする『国民新聞』紙上に、弥吉は〈明治ノ青年〉猪一郎の役割を次のように記している。〝…日本の政治的良心は嘗て一たび藩閥政府の運命短く、代議政体の開始近き時に於て稍醒覚したりき。蘇峰君足下が「新日本之青年」を著はし「将来之日本」を著はし「国民之友」を刊行し、正を踏んで恐る、なかれと論じ事務的精神を以て政治を行るべしと論じたるは実に此醒覚期の潮流に棹したるものなりき。是れ猶エドモンド、バークが議員買収を以て能事としたる旧時代の漸く衰へんとするに際し其雄弁と能文とに因りて正直と良心と無私とを政界に鼓吹したるが如きのみ。(8)〟

旅行の前後、明治二〇年二月ころ、呉服町玄南横丁耶蘇教会側の〈茅屋〉に転居。(9) 弥吉の回心に促されたものか、祖母ふさ子はこの時、静岡教会婦人会員の一人であった。(10)

五月、平岩の牧師任期が満ち、代わって麻布教会から小林光泰が来た。(11) 弥吉の媒妁の労をとることになる人である。小林のほぼ二〇年にわたる伝道生活の中で最も光輝を放っているのが、この静岡時代であった。登代子夫人（平岩の妹）もよく青年に接し衣類の洗濯など隠れた奉仕をして夫の活動を支えた。弥吉いわく「登代子様には頭が上らない。[12]」

鹿鳴館に皮相な欧化の曲流れ、巷に条約改正案反対の蛮声響くなか信者は増え続け、執事の任にあった弥吉は、講堂増築（八月竣工[13]）のため、あるいは教会の自給化に向けて奔走。一〇月には「青年夜学会」（共立夜学会）を静岡青年会の分身「静岡基督教（徒）青年会」の名で発起している。屋形町の英学校を会場に、弥吉をはじめ池田次郎吉、根岸道、菰田敬三、河合虎次郎、石井勝一、石上誠一が分担し、英語・漢学・和洋算などを貧困の子弟に無月謝（油費、月三銭のみ徴収）で教えるというものであった[14]。

また弥吉は、一一月、信徒で職工の加藤万治、寺尾幾三郎、田中伝次郎が職工の啓蒙を目的に組織した「静岡職人会」の集会に招かれ、二百余名の前で演説している。弥吉が「職人改良会」（「職人向上会」）を起こしたのもこの頃であろう。〝今より十余年前我輩の猶郷里に在りし頃、或る髪結床の亭主と相談し職人改良会と云ふことを催し、我輩自ら年少ながら講師となりて大に職人仲間の風儀を直さんと欲したり、然るに第一の会日に西国立志編の会読を催したるに六づかしき文字には仮字のつきあるにも関はらず、先づ会頭の髪結床から素読も覚束なく、其他は推して知るべき次第にて一字一字に教ふるときは大に時間を費し迷惑したれば終に志を挫きて其儘止めたることあり、最初我輩の考にては改良会にても催すほどの職人なれば西国立志編位は素読の成るべしと思ひて始めたるに存外の事にて大きに驚きたり[15]。〟

明六社の愚民観をただよわせながらも、キリスト者としての使命感と〝貧乏人の子たる迂生等をば空しく領分以外、階級以下に放擲して其智見を開拓することに勉め〟なかった〝先輩長者たる人々[16]〟への糾弾が、下層に沈む貧人の地位を一歩も譲らぬ気魄を生んだ。弥吉はこの時点で名君賢相論の看板を下ろし、〝人民の自由に一任せよ、人民を解放せよ[17]〟と猪一郎の擬声を発する自由放任論者となっていた。

〝人民の信者[18]〟に改宗する間、〝轗軻の家[19]〟の子は、〈生涯の事業〉の登攀路を見つけた。すなわち四月、文部省で歴史教科書の草稿を募集した際〝其懸賞金は千円だつたから之が取れると大変だと思ひ〟、洋算家・川北朝鄰の私蔵本を古本屋から借り準備にとりかかったものの、書に溺れて原稿さえできないまま八ヵ月の期限が切れてしまったのだが、歴史に関する本を多読した結果、〝山陽は史学文章を以て世に立つと云つて居るが、人と云ふものは何でも全力を注いで一つの事に擢んでさへすればそれで宜いのだから、僕も史学文章を以て世に立たう〟と決心するに至ったのである[20]。

それは、天空の想世界はるかな円環の実世界に笈を背負った〝平民的史家[21]〟の永遠の未定稿『日本人民史』に連なる修史への第一歩であった。

往時を振り返って言う。〝幾らか物事に明るくなつた二十歳時代に於ては、頼山陽に対して多大の敬意を払つて居たものだ、山陽の著書たる彼の有名な日本外史を始めとして其他の詩文は悉く愛読して一も余す所なく、一度山陽の書を繙けば其流麗にして而も気骨隆々たる文章と、所謂曲学阿世的ならざる痛快極まる其断案とは深く私の熱しきつた頭脳に印象を与へたので、私は常に山陽の著書に依つて一種云ふべからざる快感を覚ゆるのであつた。で私が歴史文章に志を立てたのも実は山陽の私に与へた深い〳〵感化が其の第一の原因をなしたのである[22]。〟

保安条例によって皇居外三里の地への退去を余儀なくされた民権家の愁恨すさぶ頃、弥吉は、〝国民を警誡する予言者〟〝国民を導く大詩人[23]〟に逢着させ、〝経国ノ実用[24]〟を目論む〈史学文章〉に〝一道の光輝[25]〟を覚えさせた一人・徳富猪一郎に、〝自分で自分を推薦するのも可笑しいが僕は文章を以て世に立たうと思つて居る、現在欠けて居るものは外国語の力だと思ふけれど、記者となつて勉めたらそれを以て一身を立て得られると信ずる。東京へ出たいと思つて居るが突然では随分困るだらうから之を貴下に図るのだ。〟という内容の書を認めている。〝自分も今は一介の書生だから直ちに何うすると云ふ訳にも行かないが、若し機会があつて上京する様なことがあれば御相談相手にはならう。〟との主旨の手紙が直ぐ返ってきた[26]。いくらか失望させられたが、長文の書簡をもって懇ろな同情を寄せてくれた猪一郎に〝流石に文壇の雄将は後輩を待つに礼あり〟と敬愛の念を深くした[27]。

猪一郎の師・新島襄も、弥吉の請託を度外視しなかった一人である。つまり、新島の伝記の出版を企図した擁万堂主人・三浦定吉（池田次郎吉の父）から、弥吉は新島への依頼状を頼まれ、〝人の言語動止は天地の間に永存す。隠れたるもの顕れたるもの共に均しく上帝の台前に在り。先生の言行之を掩ふも尊きを加へず。之を顕はすも卑きを加へず。請ふ古今腐儒俗生の為に倣ふて深く隠すに過ぐること勿れ〟という意味の書を呈したところ、〝余輩の言行未だ人に信ぜざるべきものあらず。敢て足下に語るべきものなし。故に辞す。故らに矯飾の語を為すに非る也〟との忠厚な答辞を得た[28]。弥吉が、「頼山陽論」演述の冒頭にこの精神界の先達たる〝武門的基督教徒[29]〟との和同点を叙したのは、没（明治二三年一月）後間もなくのことである[30]。

弥吉は、〝静岡県の幕人子弟を牧者なき羊の如く放棄〟した父祖の旧主人・徳川慶喜の不人情を恨んだ。西草深町の新居（明治二一年三月六日、紺屋町の元代官屋敷から転ずる）に旧臣が招かれた折、弥吉もしりえに従って慶喜と家達に初めて接見したが、古老の感涙をよそに、一絶を賦して不平をならしている。——二公慇懃不臣視　便将爾汝相呼来（転結[31]）。

また同じ頃、四月三〇日、勝麟太郎が枢密顧問官に任ぜられると、反海舟の感情を一層高ぶらせた弥吉は、悪詩を葉書に記し匿名で送っている。——誤了英雄多是銭（結句）。弥吉の海舟嫌いは、一郎が〝勝海舟と云ふ人物は心得ぬ奴なり。徳川家の臣下にて寒微より身を起し、後には重く用ひられながら、おめ〳〵と江戸城を官軍に渡し、鉄砲丸の一個だに放たず、八百万石の山河を挙げて西国武士の蹂躙に任したるこそ侍の風上に置けぬ物貨《しろもの》なり〟とことあるごとに罵言をあびせるのを聴用した結果だが、(32) 皮肉なことに、弥吉を「国民新聞記者」にした（明治二五年七、八月ごろ）のは、山路家のことをよく知っていた海舟が、猪一郎に〈昔浅草に幕府の天文台があつて、その山路の父《ママ》といふものは天文の事にくはしいので、七十石ばかりで召抱えられて居つたのだ。七十石といへば至つて小禄のやうではあるが、幕府では新に学者を召抱えるには夫れ位がお定まりの扶持米なので、イヤなか〳〵何うして山路といふ男はエライ学者であつた。〉と肩を入れて語ったことによるという。(33) その後、近世史研究が進むにつれて筆峰は一変するが、悪詩を送ってからなお十年余を待たなければならなかった。(34)

これも同じ四月下旬頃、『静岡青年会雑誌』が創刊された。高木壬太郎の日記に発兌までの経過が散見される。〈二月六日　夜山路氏来訪、青年会雑誌編輯人タルベキノ嘱託アリ之ヲ諾ス〉〈二月十八日　青年会雑誌発刊ノ事ニ付午前池田氏来訪十二時相談ズ…同七時山路氏来訪共ニ池田氏ヲ誘ヒ小林牧師ニ至リ雑誌ノ事ヲ協議ス〉〈四月二十日　青年会雑誌第一号印刷漸ク成ル〉　現存する第二号（八月二一日発行）(35)の「例言」によれば、同誌は〈学術、宗教、道徳、経済、工芸、地理、歴史、伝記等凡テ学術ニ関スル事項ヲ記載シ毎月一回発行スルモノ〉で、『博聞雑誌』第二〇号（八月二〇日発行）の「論説」欄に抄写転載され、東京の文壇に登る最初となった「頼山陽ハ徳川氏ノ忠臣ナリ」は、青年会で論じ、平岩に『六合雑誌』への寄稿を勧められたが、未熟を恥じて筐底に納めてあったのを、この若い学術誌にできた余白を理めるにふさわしいと考えてか、一号か二号に開展したものである。(36)

四月一日より開かれた日本メソジスト教会年会（於東洋英和学校）で、青年会員のうち近藤与七は牛込教会へ、加藤万治は駒込講義所へ、太田虎吉は麻布教会へ、吉井文三、横山一直は藤枝教会へ、それぞれ派遣が決まり、新たな使命を帯びて四散。また静岡教会は、明治一九年以来懸案の自給独立を果たし、教勢はいやが上にもあがっていた。(37)

弥吉は、〝外国より来る耶蘇教宣教師〟を嫌った。〝白人を金主とする〟日本の教会を疎んじた。(38)〝外国伝道会社より金銭の支給を受くる間は日本の耶蘇教会は東西の思想を融合し、より高く、より博く、より大なる基督教義を発見するの機会を捉むこと能はざる也。[39]〃と苦言を呈し、〃明治十年頃福沢先生の説に西洋人の金にて修業させて貰ひ、耶蘇教の教師となり、自分一人の独立もならぬ奴が頻りに日本国民の不道徳、無宗教にも困るなど丶日本国を苦にするは自身の乞食たるを知らずして他人の品行を詮議するものなりとて痛罵いたされたることあり。…一理あることにて強ち酷論とのみは云ふべからず。[40]〃と首肯する弥吉の脳中には、小林光泰とともに教会の独立にと駆けずり回った静岡での日々が巡っていたはずである。

注

（1）「茅蘆月旦（一）徳富蘇峰氏」『女学雑誌』明二四・九・一九

（2）「回顧廿五年」懐旧一則（一）」『国民新聞』大四・二・一九

（3）「回顧廿五年」懐旧一則（二）」『国民新聞』大四・二・二〇

〃学問も云はゞ貿易のやうなもので、若し之を自由貿易主義にやると、農業国は其の原料を製造国に売つて、そして製品を買ふのである。天下の品を自由に貿易さするのだから此は好さゝうなものであるが、実際は国に利益が少い、国の製造力が一向に発達しない、自由貿易は存外効のないものである、であるから国民の富が或程度迄達して多少製造が出来るやうになつたら、宜しく製造を奨励して盛に製造業を国の中に起さなければ、農業も決して発達しない。故に今日は何れの国でも原料を保護して製造を奨励して居るのである。製造品や外国品を買ふ金は幾何程有つても若しも国民に製造するの力が無かつたなら其の間は決つして進歩しない。…丁度学問も此と同じで、他国の学問を其のまゝ使つて居る間は、如何に立派に外国品で飾つても、如何に高尚な知識が有つても其が真に其の国の者とならん中は何にもならない。〃（「独創的学問」『成功』明四一・三）

（4）「蘇峰文を論ず」（『中央公論』明四一・六、「今の青年の文章の味ひ」『文章世界』明四三・六、「『蘇峰文選』を読む（一）」『国民新聞』大五・三・一二、『同（三）』大五・三・一三

（5）「余に感化を与へたる書物」『新公論』明三九・二、「日本メソヂスト教会内国伝道会社東海北陸道歴の記（四）」『護教』明三〇・六・五、前掲「回顧廿五年」懐旧一則（二）」

目にとまったであろう『静岡大務新聞』の雑録欄には〈●国民之友　…通例の雑誌とは其体裁余程異る所あり其論説の如きも往々悲壮慷慨の志を発露し一読快活の思あらしむ…〉（明二〇・二・一八）と紹介されている。

（6）「現代金権史　財力の所在と権力の所在（上）」『商工世界太平洋』明四〇・八

（7）「再び徳富蘇峰を論ず」『世界之日本』明三一・九

（8）「田舎より首府へ（第三十四信）」『国民新聞』明三三・一一・三〇

（9）『静岡大務新聞』の移居広告（明二〇・二・二七、三・一）による。

鷹匠町の「破ばら屋」に間借りして、漢籍や英書の勉学に勤しんでいた（「平凡乎非凡乎（十六）無頓着な愛山君」『静岡民友新聞』大元・一二・八、深津丘華『静岡物語』昭三一・二）というのはいつのことだろう。先後、不明である。

（10）松井豊吉編『日本メソヂスト静岡教会六拾年史』昭九・九

（11）五月二六日の平岩の送別会で弥吉は、銀子夫人の来会なきを憾んだという（『静岡大務新聞』明二〇、五・二六、倉長巍『平岩愃保伝』昭一三・三）。

小林光泰は、安政五年、諏訪藩士の家に生まれた。代々馬術の師範役。明治七年東京へ。共慣義塾に学ぶ。翌八年、海軍会計学舎に入るが、眼疾を病み一五日で退舎。治療に当たったヘボンの至誠に感激、基督教に近づく。児童教育で世に立つことを決め、長野師範学校に入り、同九年九月、小学師範学科卒業。同一一年一月まで筑摩郡岡田学校勤務。四月から同一三年六月まで甲府第一学校勤務。かたわらイビーに就いて英語を研鑽。同一一年一二月イビーより受洗。ウィルソンの『万国史』を読み悟る。同一三年一月、地方伝道師に挙げられ甲府に伝道。同一五年五月、神田美土代町講義所主任

となる。同一七年、東洋英和学校設立に奔走。同年、按手礼を受けて教職に就く。同一八年、麻布教会牧師となる。築地教会を兼牧。以後、静岡・甲府・麻布・牛込各教会を牧し、福音同盟会、日本禁酒同盟会などにも尽くす（《明治十七年自八月至十一月　各種学校書類　学務課》〔東京都公文書館〕、「小林光泰君略歴」『護教』明三一・六・一〇、〔小林広氏（光泰甥）〕）。

(12) 「小林登代老刀自の面影―信仰六十五年の生涯―」倉長巍『小林登代子追悼録』昭一八・八

(13) 講堂増築のための構成委員は外に、米山定昌、加藤万治、松本才三、藤川春龍、藤波甚助、川上道存（前掲『日本メソヂスト静岡教会六拾年史』昭九・九）。落成までの経過は、『静岡大務新聞』（明二〇・五・四、七・一六、九・一、九・一二）参照。

(14) 「山路愛山と基督教―明治二〇年代を中心として―」山本幸規『キリスト教社会問題研究』昭五二・一二

(15) 「平易の説」『信濃毎日新聞』明三三・六・七

「山路愛山「懐旧録」解題」山路平四郎（『国文学研究』昭三九・一〇）には〈床屋の親仁に頼まれれて「職人向上会」なるものを組織し、「西国立志編」の講読を試み、まんまと失敗したことがあった。〉とある。

なお「静岡職人会」当日（一一月三日）の演説者は外に、カッキング、横山一直、根岸道、藤波甚助、池田次郎吉。会場は英学校（前掲「山路愛山と基督教」）。

(16) 「通俗講談会に与ふ」『信濃毎日新聞』明三三・六・二八

(17) 「東洋経済学の建設（一）」『日本経済新誌』明四一・一〇

(18) 「独立春秋」『再興独立評論』大四・六

(19) 「湖処子に与ふ」『国民新聞』明二三・七・二八

(20) 「独学」『中学文芸』明三九・六

教科書編纂の主旨は次のとおり。〈小学校用ノ歴史教科書ハ生徒ヲシテ本邦歴史ノ大体ヲ知ラシムルニ在リ故編者ハ王室ノ隆替時勢ノ変遷ニ関スル著名緊要ノ事蹟ヲ掲示スルコトヲ力メ兼テ文化ノ進退制度ノ沿革等ニ注意シテ之ヲ編纂スヘシ〉（『官報』明二〇・四・二九、『静岡大務新聞』明二〇・五・三）

旧幕臣で元士官学校教官の川北朝鄰は当時、静岡に帰住し、数学協会雑誌の編纂を務めていた（日本学士院日本科学史刊行会編『明治前日本数学史　第五巻』昭三五・六）が、〝静岡市などには大日本史を借覧したくも借りに行く所なきに苦みし程…〟（「ひとり言」『国民新聞』明四四・一〇・八）という情況を考えると、父祖の縁故も多少はたらいて借読の機会が得られたとも思われる。

〝私が最初独学でやらうと思つたのは法律学である。当時法律学はなかなか重要視せられて居つたので、性法学だとか、又オスチンの法理学の訳などを切りと読破した。処が法律をやつて居る内に、法律は如何も人生と没交渉であるとの念が起つて、是非哲学をやらねばならぬと思ひ、それを廃して哲学に変つた。処が哲学をやつて居る内に、平常私淑して居る頼山陽氏の築山と言ふ高弟に与へた手紙の文句を見て大いに感じたものである。それは「私は史学及び文章を以つて世に立つ」と言ふ一句であつた。私は此れでなくてはならぬと思ひ詰めて居る矢先き、図らずも文部省が二千円の賞を掲げて日本歴史を募集した。撰者は末松謙澄氏等であつた。私の心臓は一層跳つた。…それに依つて私は非常に智識上の利益を得た。史学及び文章に志す意志をして愈々益々強固にせしめたのであつた。〟（「〔独学〕予が独学の経験」山路愛山談、大日本国民中学会編『学生立身要鑑』明四二・二）

(21)「日本現代の史学及び史家」『太陽』明四一・一・九

(22)「余が最も好める人物」『雄弁』大三・五

(23)「三種の人」『信濃毎日新聞』明三二・九・一九

(24)「頼山陽ハ徳川氏ノ忠臣ナリ」『博聞雑誌』明二一・八

(25)「頼襄を論ず」『国民之友』明二六・一・一三

(26)前掲「独学」

猪一郎も、この往復を記憶している。〈明治二十年の頃、余が『国民之友』を出してゐた関係から、君は書を送つて「余は静岡の警察署に勤むる小吏、月に十円あらば、東都に出て勉強することができるが」とて、相談があつた。当時余は、一文の余裕もないので「いづれ時が来たらいつしよに学ぼう」というてやつたが、これが交際のはじめであつた。〉（「愛山、山路弥吉君」徳富猪一郎『護教』大六・三・二三）〈君（＝三男・平四郎）の親仁が二十年に初めて手紙をよこした時は、東京で十円かせげる口があつたら上京したいから、世話をして欲しい、とあつたが、まだ見たこともない人だし、その時はいちおうお断わりした。〉（前掲「山路愛山「懐旧録」解題」）

断った理由の一つを考える上で、次の蘇峰談が参考になる。〈…西洋と云はず、東洋と云はず、凡ての文学者の希望を露骨に云へば、文学を以て職業として生活を送り度くなしとの云ふ点は一致して居る様である。少くもマコレーは其一人ではないか、氏が態々故郷を去つて、かの熱帯国の印度に出稼に行つたのも、畢竟するに文学の生活を避けんが為である、氏は度々其友人に送つた手紙の中にも此希望を述べて居る。又昔よりの文学者を見るに、多くは文学を本職とせずに片手間の仕事として居る、而して多くの名文なる者は皆此片手間の仕事に成つたではないか。…文学を以て生活を立つるには、最も苦しき職業であることを覚悟せねばならん、故に本より文学が職業とはならぬと云ふ訳ではない、職業としては寧ろ高尚なる職業と云ふべきである。而して又著作者には局外者の考え及ばぬ苦痛がある、…〉（「文学志望者と職業」徳富猪一郎君『成功』明三九・六）

(27) 前掲「[回顧廿五年]懐旧一則（二）」

(28) 「苦き汁、酸き汁、甘き汁（六）」『信濃毎日新聞』明三六・六・一七

なお池田次郎吉は日記に、父定吉について次のように書き留めている。〈（明治四五年）七月四日　…父は父祖の業を嗣ぎて桶屋職をなせりき家にありて、手桶飯櫃及盥等を製するの外尚或時節には近在の村々に出で、其古く破損したる桶の修理をせられたり当時士農工商の階級ありし時に於る父の佐官職業は固甚卑しきものなりしも父は学問の素養ありき余り深き事にはあらざりしも四書などは能く暗記し居られたるやに思はる、当時にありて父ほどの学問あるものは町人職工間

には殆なし、父が一転維新に際し従来の職工を止め書肆となりしものは、父に先見の明ありし事にあれど、此学問ありしにもよる〉（《晩緑山房日乗》〔土肥文子氏〕）

(29)「近代人物略評（四）」『信濃毎日新聞』明三三・一・二七

(30)「頼山陽を論ず」『女学雑誌』明二五・一〇・二五―これは『峡中時事』第八号（未見）に掲載された弥吉の「頼山陽論」（演説の筋書き）に対する批評文である。

(31)「慶喜公の事（十三・完）」『国民新聞』大二・一二・一二、「近世史、現代史に於ける渋沢翁の位置（中の二）」『中央公論』大五・一一

(32)「勝海舟を論ず」『太陽』明四五・六

(33)「徳富蘇峰及民友社（承前）」打魚『財界』明四〇・五

(34)「命耶罪耶（十九）」「同（二十）」（『国民新聞』明二八・四・九、四・一〇）などには依然として〝駿遠の野に委棄〟されたことへの怨み言が記されているが、「海舟先生を論ず」（『国民新聞』明三二・一・二四～三・四）に至って海舟信仰へ、その心情の変化がはっきり見て取れる。例えばその（二十五）には〝西南人の来ると共に江戸は其久しく養ひたる風流都雅なる趣味を破毀せられたり。…是れ皆恭順論が生み出したるもの也。当時幕人の先生に切歯するもの多かりしもの真に故なきに非ざる也。而して久しく駿遠に流浪したる余輩が先生に快からざるものありしも亦是れが為め也。然りと雖も詮じ来れば是れ唯一種の妄想のみ。…幕府の到底亡びざるべからざる運命に達したるは明なる事実なり。先生は其最後を看護したるが故に恰も之を殺したるもの丶如く罵られしのみ。

当時の勢、何人と雖も終に幕府を支ふるの術なかりしなり。然らば即ち先生なしと雖も終に幕人は流浪を免れざるべく、江戸は蛮俗の侵蝕を免れざるべし。余輩唯先生が円滑に旧き時代を新しき時代に渡したるを感謝すべきのみ。〟とある。以後とりわけ、江戸無血開城に対する評価はたゆまない。（「伯季完用と海舟先生」『太陽』明四三・一一、「明治大帝及其時代」『国民雑誌』大元・八、「奠都五十年（八）（九）」『国民新聞』大六・三・一七）、『勝海舟』（明四四・四、東亜堂書

房）の著書もある。

（35）〈奥付〉編輯人・高木壬太郎、印刷人兼発行人・池田次郎吉、発行所・呉服町三丁目十七番地　青年会〈目次〉「智識ヲ得ルノ法」高木壬太郎、「演説者ニ注意ヲ望ム」関西居士、「注意及探究ノ必要」Y・S生、「基督教ト智育」小林光茂、雑記○一語千金○妻ヲ善良ニスル方法〔東京神学大学〕

（36）「思軒氏山陽論の巻尾に題す」（森田思軒『十二文豪11　頼山陽及其時代』明三一・五）

〝私は出が漢学丈けに漢籍に親しみが深い、頼山陽が好きで外史を愛読し、二十代に静岡で山陽について演説をした事もある。〟（「文界も当分は自由競争」『日本及日本人』大五・九）という回想文中の〝演説〟は、この「頼山陽ハ徳川氏ノ忠臣ナリ」のことか。

（37）『基督教新聞』明二一・四・一八、前掲『日本メソヂスト静岡教会六拾年史』

（38）「隣国評判記（一）」『東亜』明三九・九・二〇、「王陽明論」『新公論』大六・三

〝僕は西洋人を別段えらきものなりと思はず。…白人宣教師を提へて薬籠中の物とせんことを大胆なる此書の読者に勧むるもの、み。〟（「汝の胆を大にせよ」『帝国青年』大五・七）

（39）「書斎独語」『国民新聞』明四〇・六・九

（40）「大疑論」『国民雑誌』明四五・七

「今は『殿堂』改築の秋なり」（『世界之日本』大三・一一）にも同じ引用がある〝福沢の説〟とは、「字を知る乞食」（『家庭叢談』明九・九）のことか。

一三　〈布衣の史家〉

教会隆運の時ではあったが、弥吉の〈最モ愛スル職業〉は、「伝道師」ではなく「記者」であった。その典拠は、

池田次郎吉の遺物・『心の写真　MENTAL PHOTOGRAPH.　一名嗜好及性質之記録』[1]である。

二十四歳の印画は鮮明だ。

日…千八百八十八年三月卅日　姓名…山路弥吉　住所…家ハ隍西草深ノ辺ニ在リ　＊城の空堀の西（西草深町）

最モ愛スル

（1）色…黄　（2）花…桜　（3）快楽…遠足　（4）天然物…地形　（5）住所…西京　（6）職業…記者　（7）男子ノ名…クロンウエル　（8）女子ノ名…和華頓ノ母　（9）宗教家…使徒ポール　（10）詩人…陲游　（11）工人…パリシー　（12）音楽者…宝生弥九郎　（13）散文記者…新井白石、マコレー　（14）小説中ノ人物…ロビンソンクルーソー　（15）歴史中ノ人物…僧西行　（16）最モ大切ナル書（宗教書ヲ除ク）…（無記入）（17）一日ニ於テノ時…朝　（18）四季ニ於テノ時…春　（19）欽慕スル男子ノ品性…剛毅、親切　（20）同上女子…親切　（21）嫌忌スル男子ノ性質…浮誇　（22）同上女子…両舌　（23）得意ト自信スル性質…我レ一モ誇ルベキ所ナシ　（24）モシ他人トナルヲ得バ何人トナルヲ望ムヤ…新井白石　（25）最モ悪ムベキ物…妄想、猜忌、家内ノ不和　（26）最モ幸福ト考フルモノ…信神ノ堅キコト、信切ナル朋友　（27）最モ不幸ト考フルモノ…希望ナキ生命　（28）高尚ナル情ト考フルモノ…人ノ為メニ躬ヲ抛ツルノ情　（29）世界中最モ愛ラシキ言辞…義人は信仰に因て救はる　＊ロマ書一—一七　（30）最モ悲シキ事…執気力ヲ喪フコト即チ狂気　（31）題目…ソクラテスは吾友なりプラトは我友なり然れとも真理は猶大切なる我友なり　（32）食物…豆腐、サツマ芋、豚肉、肉汁

※「…」の下が自筆。（32）は自ら項目を追加したもの。

「最モ大切ナル書」に（宗教書ヲ除ク）の但し書きがなければ、〝国民の性情をして変質せしむべき大なる精神を有す〟[2]る『聖書』を挙げたかもしれない。〈信神〉は深化していた。しかし弥吉は〝仁義道徳を人に説くやうなる責任

ある仕事は僕の堪ふる所に非ず〟[3]と、平岩の勧める伝道師の道を回避している。よどみに染まない〝草莽の一平民〟[4]に、猪一郎の〈蛍火〉[5]が、〝世間凡人の朋友、益友〟[6]たる「記者」の頭陀袋を拾わせた。

山陽に次いで白石が、「読書のみにては大望はならず」(弥吉一五歳の時の演題)と懐古・恋旧の〈書斎〉をこぼち、〝実際の世界〟[7]を歩み続ける若き〈布衣の史家〉の乏しい笈を潤した[8]。笈が荻生徂徠の書で満たされた[9]あとも、弥吉は〝常感を以て人事を論じ…歴史はくりかえす者なることを知[10]〟った白石に対して、〝独り歴史家としての彼に至つては、日本人種が有する史学的天才の最大なる代表者として、宇宙の才人に誇称せんが為めに、決して彼れの名を忘るべからざる也[11]。〟と賞賛を送っている。

『国民之友』の喧伝するマコーレーの作物(『論文集』『英国史』など)を耽読したのも明治二一年頃であった[12]。平民の中に立って活人・活社会を描き、〝人間の思想は多くは同じ輪郭中を回転するものに過ぎず[13]〟とするマコーレーの歴史のタイプを、乏しい英語の読書力ものかは、弥吉は懸命に学んだ。

〈乱臣賊子〉の重い頸木を引きずりながら、家内の軋轢の元凶となった父一郎は、六月五日、「妄想・猜忌」の罪業を連れて身罷った[14]。最後は、弥吉の勧めでクリスチャンとなり、酒をやめ、徳川武士の典型的老士として逝った[15]。魚釣りにと、清水港に向け朝まだき三里の東海道を二人して歩んだのは[16]いつの日か。帰程を誤った火宅の父は、その子を終生、愛憎の境界にさ迷わせた。〈血よりも苦しい涙を絞つた〉[17]はずの弥吉は父の〝親類、友達の善きものあるを風聴し、自分の学問文章を風聴するが如きは見苦しきことの限なり、物の価は市にて定め、人物の価は幽明を洞視し玉ふ天のみ知れり、人に知られずして而も慍らざれとは古哲の教へし所に非ずや…[18]、〟という戒めを服用している。のちに操觚の海から〝天下の逸民[19]〟を復唱させたのは〝我最も愛せし厳君[20]〟ではなかったか。賊名を負った父祖の怨嗟ではなかったか。蠹魚などではない。

〝学資もなく、時間もなき境遇にて史学に志したりとて成業は覚束なからん〟と平岩に諭され、一旦は辞した〈伝道師〉の迂路をとって、弥吉は猪一郎のいる東京へ行くことにした。[21]宿志を秘めたその決意が、約成っていた角田こと子との婚姻を破った。[22]

……………………………………………

しばしば登臨に誘った賤機・八幡・有渡・清水の山々。遊泳に釣りに時を忘れさせた安倍の川流。紙鳶を吹き上げた富士おろしの北風。歴史の襞を織り続ける柴屋寺・浅間神社・臨済寺。孤苦を救った恩師・朋友。静陵に眠る曾祖母・祖父・父…。

愛鷹山はるか、富士の高根の雪が、曙の中で若やかな光沢を放つ明治二三年二月初頭。〝朝一番の旅人[23]〟は、〝第二の故郷[24]〟静岡にめぐりくる春の温顔を確かに見た。

山陽とともに、史学文章への千里の跬歩を踏ませた老祖母ふさ子[25]を伴い、下駄掛けで箱根山を越えた〝青雲の雄志[26]〟が、薩長の覇府を前に、敗軍の将の子を凛とさせた。

注

（1）高木壬太郎が編輯し、擁万堂によって明治二一年三月発行された〔池田春樹氏〕。同書は、池田と池田の友人が所定の項目にしたがって自記したものである。

（2）「青年の日本と英国の清教徒（続）」『護教』明三〇・五・一

（3）「〔回顧廿五年〕懐旧一則（二）」『国民新聞』大四・二・二〇

（4）「茅屋の紀元節」『信濃毎日新聞』明三三・二・一一

（5）「嗚呼国民之友生れたり」徳富猪一郎『国民之友』明二〇・二

（6）「新聞記者としての徳義（下）」『信濃毎日新聞』明三二・九・六

（7）「歴史の話（二）」『国民新聞』明二七・五・一

（8）「余に感化を与へたる書物」『新公論』明三九・二、「余が最も好める人物」『雄弁』大三・五、「文界も当分は自由競争」『日本及日本人』大五・九

（9）「学則を読む」『青山評論』明二六・一、「文学断片」『慶応義塾学報』明三八・九、「独学」『中学文芸』明三九・六、「「余が文章に稗益せし書籍」山路愛山氏」『文章世界』明三九・七

〈徂徠先生の文は即ち山路愛山流のぶつきら棒で、おもふ儘を御遠慮なしに、乱暴に直言直筆してはあるが、その間に楚々として人を動かす妙味がある。自分の文に「笑止なること」また「埒も無きこと」など云ふ言葉のあるのを見て、人は故福沢先生流だと云ふが、火元は全く徂徠流から来たのである。〉（「文章作法の主眼」山路愛山君、成功雑誌社編『現代名家作文秘訣』明三八・四）

（10）「歴史家としての新井白石（二）」『国民新聞』明二五・八・一四

（11）『十二文豪8 新井白石』明二七・一二

後年、弥吉は〝人は新井白石を褒めるけれども、僕は嫌いだ。子供の時には好きであつたが、何時の頃からか嫌になつて、今で規模の小ぽけな充《つま》らぬ人物だと思つて居る。〟と記している。（「余が好める歴史上の人物」『新国民』明四四・一〇）

（12）前掲「文学断片」、前掲「余に感化を与へたる書物」、「学校では一字も教はらず」『文章世界』明四一・八、「日本現代の史学及び史家」『太陽』明四一・九

（13）「ひとり言」『国民新聞』明四三・一一・二七

（14）「山路愛山「懐旧録」解題」山路平四郎『国文学研究』昭三九・一〇

西福寺（現、静岡市葵区大鋸町）に葬られた（「袋井に往く記（承前）」『雪月花』明二六・一）。墓は現存しないが、住職・川村悠穂氏によれば、「山路一郎」と刻まれた、高さ五〇センチメートル位の平たく薄い自然石の石塔があったという。

(15) 池田次郎吉《明治初期の静岡 第二編》明一六（静岡県立中央図書館）

『日本メソヂスト教会伝道会総会年報』（関西学院大学神学部）中、〈本年（＝明治二一年）各地教会ニ於テ伝道金五十銭以上ヲ寄付セル者左ノ如シ…静岡教会…一同（＝五〇銭）山路弥吉氏 一同 山路一郎氏…〉とある。

(16)「鴻爪録」『国民之友』明二九・九・五

(17)「愛山、山路弥吉君」徳富猪一郎『護教』大六・三・二三

(18)「退譲論」『信濃毎日新聞』明三六・八・二九

(19)「和戦利害」『中央公論』明三八・一一

(20)「東京より袋井に往く記」『雪月花』明二五・一二

(21)「函嶺所見」『家庭雑誌』明二八・八・二五、「独学」『中学文芸』明三九・六、「一日一題」『再興独立評論』大三・七、前掲「「回顧廿五年」懐旧一則（一）」

(22) 前掲「山路愛山「懐旧録」解題」

(23)「古今青年通有の偉特性」『成功』明四四・一

(24) 前掲「東京より袋井に往く記」

(25)〈それほど科学的であった君（＝弥吉）が如何して文学的傾向を有つやうになつたかといふと、それは君の祖母君の感化に外ならぬ。祖母なる人は歌人であつたから勢ひ君にも和歌の趣味を注ぎ込んだらう、十四五歳時分の君は盛んに古今集などを愛読して居たさうである〉（「「立志篇」山路愛山君」大日本国民中学会編『学生立身要鑑』明四二・一二）。

(26)「南信道中記（一）」『信濃毎日新聞』明三五・五・一四

山路愛山研究（2）　袋井の風来伝道師

一　〈帝都〉での日々

東海道線落成の歓呼を打ち消す静岡大火の叫喚を背に、弥吉は、下駄掛けで函嶺を越えた。〈文明開化〉の余香ただよう横浜のせわしげな顔色が、〈帝都〉に近づいたことを知らせた。[1]江戸っ子・奉公人・小商人・町人・紳商・書生・教員・学者・小官員・官員・大官員・軍人・華族・無業の徒…[2]拝金宗の繁く行き来する〈東京〉に、弥吉の〈江戸〉[3]はどこにもない。生家・浅草鳥越の天文屋敷の一隅、渾天儀を据え、夜は百匁蝋燭の灯った天文台も、風化の年月にさらされるばかりであった。[4]

〝父祖の名を堕さゞること、士人の子たる体面を堕すこと勿れ〟[5]の念いが弥増した。

東京寄留の一書生は、〈史学文章〉の希望を筐底に収め、カックラン校長のもと、小林光泰・村松一らメソジスト教会ゆかりの人たちにより、〈彝倫道徳の修養〉を基として開かれた東洋英和学校（麻布区東鳥居坂町）の寄宿舎（芝伊皿子台）[6]を寓居に、〈伝道師〉の道を歩むことになった。[7]

流寓の時、明治二二年二月一一日、夜来の雪にぬかるんだ市中を、大きな木の葉の王冠を乗せて車を引く東洋英和学校の一群れに〝王室ノ忠臣〟[8]弥吉の姿があった。府庁門前に整列し、信教の自由を祝って、Long live the

Emperor!〈万歳〉とRising Sun〈国歌〉を唱和したであろう在校生には、飯塚恒太郎・飯沼権一・武田芳三郎・加藤秋真・太田虎吉・加藤新太郎・上代銀次郎・宮代民蔵・小川亀一・川村兵治・増野伝四郎・近藤与七・小沢孫太郎らがいた(9)。

当日の感懐は、一一年後の〈紀元節〉へ。

〝我皇帝陛下は特に明治廿二年の此日を以て大日本帝国の憲法を発布し玉ひ、立憲の政治は即ち皇祖、皇宗の御遺謨に基きて成りたるものなることを明かにしたまひたれば神武天皇御創業の御恩召は是に於て乎、愈我輩平民の心に浹く、感謝の情更に切に、景慕の念益す深かり。誠に皇祖御即位の事は数千年の古りにし昔なれども其御徳沢は日に新になるのみならず特に憲法の発布に因りて一層深く、一層切に国民の心を感憤興起せしめたりと言すべし。あはれ願くは後世子孫たるもの善く先皇の御苦心、先民の忠義を忘るゝこと無く、此国体を護持し、別しては自由にして寛大なる帝国憲法を護持し、外は正義と人情とを以て万国に交はり、内は平和と進歩と秩序とを以て互に相奨まし、日本帝国建設の大なる初心を点検して恥づるなきを期せんことを是れ我輩茅屋の平民が今日の佳節を祝して相共に慶し、相共に戒めんと欲する所なり(10)。〟

民友社〈京橋区日吉町〉前で再び〈万歳〉を叫ぶ弥吉らに、社長・徳富猪一郎は、越王勾践のような容貌を現し、『奉祝憲法発布　嗚呼千載の一時(11)』なる小冊子を配った。この初対面の折、〈天下の偉才の山出し風〉に驚く蘇峰の目の前で、弥吉は〝記者(12)〟志望の堂々速筆を振るったという(13)。

〝余の初めて蘇峰と相見る。蘇峰曰く足下新島を識れりや。曰く否。曰く然らば僕乞ふ足下の為に先客の労を執らん。余曰く敢て希ふ所なり。蘇峰困て先生を論じて曰く先生は現代の人に非る也。先生は古武士なり。十六世紀の美国田舎紳士の典型也と。而も燕去雁来、齟齬して遂に相見るを得ざりき(14)。

同志社に提出された弥吉の履歴書に、〈明治二十二年九月ヨリ両三年間東京市麻布区東洋英和学校ニテ英語、神学、等脩業〉とある。(15)

〝私は東京に来て、神学校に這入る積りで、支度をして英語を修めて居ました。イギリス人から直接に宗教の教を聞く為めの準備として英語を稽古して居ました。(16)〟とは、秋期学業の始まる九月五日以前のことであろう。

〈莫逆の友〉高木壬太郎の入学もこの時である。(17) 次は、静岡教会員によって開かれた送別会での壬太郎のことば。

〈九月廿日…予か初め官吏―下等なる田舎官吏、及ひ小学先生の地位を棄て、福音士となるや伝道の精神ありたるなり、仮令真直なる捷径を取ること能はさるも、迂路を取るの止む可からさることあるも予は伝道者とならん事を期したりしなり、然るに人事十分九不成、一年又是一年情、予か最初の期望は種々の係累殊に家族の係累の為に漸次変更し来りて昨年の今頃はモハヤ其絶頂に達したりしなり、而して本年の初に至るまで予は早晩伝道者の地位を去て再ひ小学先生の地位に帰らんとの期望は少しも減殺されざりしなり、嗚呼予か当時の思想！当時の境遇！如何に憐れにて在りしぞ、如何に不幸なるものにて在りしぞ、予は果して神の召を蒙りたるか、問へとも確たる答あるを認めさりき、主よ我に何を為さしめんとし玉ふや、叫へとも未た何たる決心を与ふること能はさりき、去て聖書を繙て若し我れ福音を宣伝へすば実に禍なりとポーロの言に読み至れは亦慄然として恐るゝ所なくんはあらざりしなり、時なる哉、主はサキに米山兄を召し後に山路兄を召して神の使徒となさしめ玉ふ、嗚呼是れ実に両兄を召し玉ひし事に相違なしと雖も予に取ては亦予を召し玉はんとの導にてありしなり、予か敬愛せる教師及牧師は此間に立ちて懇に予を勧誘し亦実に深く予か為に周旋せらる、予豈感奮せざらんや、余豈起て邑に入らさらんや、是れ即ち予か今日上京するに至りたる略履歴にして書して爰に至れは予は実に神の愛の大なること又神の摂理の奇なることに驚き、且感謝せさるを得す、而して予を誘掖補導したる先輩諸氏と又常に予を感化し予の弱信を助けて爰に至らしめたる諸兄姉の恩遇を深

く感せすんはあらす是れ別に臨て深く謝する所なり[18]、〉

〈真理〉の火把を捜す間、弥吉は二冊の書を手にする。一は、北村門太郎（透谷）苦吟の曲『楚囚之詩』（明二二・四）。激烈な論戦を交わすことになる真の益友のその欝蒼たる破調の文字を、弥吉は〈奇〉とした[19]。他の一は、『百科全書』（「聖経篇（論）[20]」）。〝中を見ると我輩が考へて居つた様な事が色々書いてある。（笑）。イザヤ書と云ふ物は、一体誰れと誰れとが何う云ふ風に書いた。ヨハネ伝は誰れが書いた等と云ふ事が色々書いてある。教会では斯う云ふ事を一向教へない、さうして是れは神の言葉である、実に可笑しな話であるが、其時初めて気が付いた。何故先生（＝平岩愃保[21]）は斯ふ云ふ事を教へて呉ない、根本的の事を教へない、唯だ神様を信仰せよと云つた所で、夫れは無理な話であると思つた[22]。〟

〈政治〉の秋、一一月四日。東洋英和学校講堂における「天長節並ニ立太子式祝会[23]」で、〈二つのＪ（Jesus とJapan）〉の旗幟も鮮やかに〝正直なる愛国者〟内村鑑三は、頑愚な〝国粋保存論者[24]〟を圧倒する熱声を堂内に満たした。

〝其忠摯なる、熱心なる、粉飾なき弁舌を以て、堂々として説き出して曰く、我国が海外に対し誇るべき者太だ多し、居然として天表に屹立し、太平洋を俯瞰する我富士の巓は、其高妙絶美の大観を以て、たしかに万国に誇るべきものなり、（又彼は我国に於て非凡なる博物学者なるが故に、忽ち花壇にサキニホへる菊花黄金の如きを顧みて曰へり）此種の花亦万国の無き処、応さに我国粋の一として亦誇るべしと、如斯に我国特有の美を挙けて論じ去り論じ来り、更に一歇して頓に調子を改め、其上厳粛にして頬骨の高き顔に眼光雷の如く輝かし、コブシを振ふて胸を突き、説き出して曰く、然れども我国粋中の最高国粋として、天下万国に雄視し、誇説すべきものは、正に万世一系の皇室と我国民の勤王心なるかなと　彼の演説は殆んど吾人をして、手の舞ひ足の踏む所を覚へざらしめ

たりき、[25]〃

〃一生拭ひ消すべからざる印象を与へられた〃〈菊花演説[26]〉のおよそ九時間の後、同講堂は第三回同盟文学会の会場となり、六人の演者が雄弁を競った[27]。祖家の継ぐ数学者・関新助[28]を引いて経綸を説き、加藤弘之（元東京帝国大学総理、翌年再任）に〈帝国大学の秀才の中には未だ一人の彼に匹敵する程の弁才を見ない〉と感嘆させたのは他ならぬ弥吉である[29]。会衆四百の一人・戸川明三（秋骨、当時・明治学院生）は追懐する。〈山路君は吾々よりはづゝと年上で老成の人のやうでした[30]。〉

〃真の歴史家は唯人の志を立て、成れるを見る未だ運命の人を殺し了りしを見ざるなり[31]〃。〈史学文章〉の隘路に佇む弥吉に、猪一郎から〃ビーチヤーもアボツホ《ママ》も共に牧師にして文人たり。足下宗教家たるが為に文章の業を捨つる勿れ〃との懇ろな返簡があった。〃ビーチヤ　スタンリー　アボツト　吾豈此等諸先生を以て自ら期すると云はんや但頭を挙けて之を慕ふと云爾　千八百八十九年十一月　英和学校学窓ニ於テ　如山生記[32]〃とは、この助言の所産であろう。その前後、猪一郎は、榎坂町の自宅に弥吉の訪問を受け、〃マコレー文は予の愛読する所なれども近頃はカーライルを好み、エメルソンを面白しと思ふ〃など小半時語った。明治二二年中のことである[33]。

翌年早々（一月二三日）、新島襄、至誠を遺し長逝。〃照鏡　長大勿枒不為家。是縁疎放如縄沙。来京偏驚才子多。無数新篇世上賒。競武尺寸吾豈為。紛々誰弁雌雄鴉。照鏡一笑若田夫。矯々頑松不著花　廿三年二月二十日夜　愛山生[34]〃「頑松」になぞらえる〃功名以外の一漢子[35]〃。

カーライル、エマソンにより宗教への興味を呼び起こされ[36]、正統教会を揺るがす〃恐るべき革命の星火[37]〃『真理』（普及福音教会の月刊誌、明二一・一〇創刊）により聖書理解を深め、浅草教会で牧師（＝青山秀二郎）の下廻りを務めながら、文筆を振るい始めた頃か[38]。春、弥吉は、すでに筆墨をもって福音宣伝に従う〃君子〃櫻井成明（明石）に巡り合った[39]。

櫻井恒太郎（明治二二年七月に「成明《なりあきら》」と改名）。慶応元年（九月二五日）、西白河郡釜子（分地の陣屋）生。成能（高田藩士）・せつの長男。慶応四年、本藩と連絡のつかないまま、一統佐幕派にくみし、戊辰の騒乱に巻き込まれる。家族は流離。官軍の追踵に身を潜めた会津の山中に、成明の原体験はあった。明治八年、祖母と高田から東京へ。明治一三年、〈政事家〉を志して共立学校に入り大学予備門の受験に備えたが、持病の喘息が悪化し断念。〈専ら漢籍を研究して道義の根基を固ふし傍ら英書を学ひ治国之用に供せんと欲し漢英二学に心を潜め〉ていたところ、明治一七年に東京大学古典講習料漢書課生の募集があり応じて入学する。在学中の明治一九年に成能逝去。精神的経済的支柱を失い動揺する成明は、頓悟の境地を求めて谷中の全生庵に渡辺南隠を訪うが、参禅の苦衷を察した親友・檜山金彦（明治一八年、牛込教会で土屋彦六から受洗）の勧めにより、キリスト教に入信。明治二〇年、下谷メソジスト教会でイビーから洗礼を受けた。当日（八月一四日）の日誌。

〈嗚呼吾儒道を守る能はす詞章訓詁に惑溺し情欲功名心に桎梏せられ既に悔あり今又熱心基督教の真理を研究し之に帰依せざるに於ては己の身は修らす家を斉ふる能はす況や国家を治むるを得んや…[40]〉

明治二二年春夏の交、イビーの日本語教師に雇われた成明は、麻布霞町のイビー邸で、先にその助手を務めていた北村門太郎の、『楚囚之詩』の等閑視に結ぼれる深い物思いの秀麗な風貌に接した。〈予と一朝相見るや意気投合し、傾瀉おの〳〵尽す[41]。〉

弥吉と出会った時、成明は居を麻布から本郷へ移し、『天明新誌』（イビー主宰のキリスト教文学雑誌。明二三・一創刊）の編集、中央会堂（六月、落成目前で類焼。一二月、竣工。創立者はイビー）の建設など献身の日々を送っていた。〃余は数ば彼れの寓楼に宿して放言高論を恣にしたることありき[42]。〃

注

(1)〝人口の稠密なる所に住むものは其心に油断なし、我等の始めて東京に入りし時、横浜より人の顔色の異様なるを感じたり。大都会の人の心は何時も隙なくいそがしきが故に其顔も亦自ら落付ぬ所あるに似たり。〟（「書斎独語」『国民新聞』明四〇・四・二二）

(2)「東京伝道論」加藤覚『基督教新聞』明二二・五・二二

(3)〝僕は江戸児なり。〟（「野尻湖畔（下）」『信濃毎日新聞』明三五・九・一〇）
〝…（山路氏は東京を好んで江戸と云ふ）〟（「文界も当分は自由競争」『日本及日本人』大五・九）
〈愛山は江戸子なり、彼れが好んで他人の難に赴く任侠の風あるは、固より其所なり、……〉（「〈人物月旦〉山路愛山」泥洲漁郎『向上主義』明三八・一一）

(4)「久間孝子覚え書き—幕末期天文方の生活—」下沢剛・広瀬秀雄『科学史研究』昭三七・一一、「浅草鳥越の天文屋敷—山路家文書の紹介—」下沢剛『史迹と美術』昭四六・一一、石上良平・石上凞子編『山路愛山　人生・命耶罪耶』昭六〇・三、（内田正男氏）

(5)「函嶺所見」『家庭雑誌』明二八・八、「賀章」『同方会報』明三六・九

(6)〈…寄宿舎が伊皿子にありましてね。そこに住むことになったんですね。ばあさんと一所に。今までの人は、家賃をなかなか催促しても滞りがちだったりなんかするのに、親父の時には前家賃できちんきちんと持ってくるといって家主が感心していたんですが、ある時、見回りに行ったら、いや、ま、その汚いこと、梁山泊みたいに荒れ果てて、生徒も舎監（＝弥吉）も、—寄宿舎の大将というのか、年長者というのか、舎監といったってえらいもんじゃなしに、本当の書生のようなものだと思いますけれど—一緒になってですね、勉強は多少はしたんでしょうが、まあ、その下駄でもってね、平気で廊下を歩くっていうような、これじゃね、貸していてもたまらないっていってですね、家主があきれたという話をね、おふくろ（＝たね）から聞いたことがございます。〉（山路平四郎氏直話・昭六一・四・八）

(7)「東京より袋井に往く記」『雪月花』明二五・一二、「[回顧廿五年]懐旧一則(二)」『国民新聞』大四・二・二〇、「麻布区東洋英和学校設立之件」《明治十七年　各種学校書類》〔東京都公文書館〕

〝十六年からは条約改正といふことが喧ましく論ぜられた時である。それで自然と一般人の興味が洋学の方に向つた。その頃麻布に東洋英和学校といふのが出来たが、一時其処の景気つたらなかつた。所謂ミツシヨンスクールなるもの、隆興したのも当時である。所が条約改正も一時マンマと頓挫した。それが為に勃興しかゝつた洋学が又再び衰へ始めて、二十一二年頃から一種の復古的気風が動いて来た。〟(「[漢文学の新研究法如何]一時の現象に過ぎない」『文章世界』明四二・六)

(8)「頼山陽ハ徳川氏ノ忠臣ナリ」『博聞雑誌』明二一・八

(9)「[回顧廿五年]懐旧一則(三)」『国民新聞』大四・二・二三、《東洋英和学校　麻布中学校沿革》〔江原素六記念館〕、「東洋英和学校改正規則」明二二〔青山学院資料センター〕

〈…憲法発布式の日に東洋英和学校学生の祝賀行列に其の(祖父が用ひ父が用ひた歴史的な)仙台平の袴を着用参加して東京市中を練り歩いた事を記憶する。大事に持ち続けて居つた仙台平の袴が到頭大切な時一度丈役立つ事になつた訳だ、…〉《曽木銀次郎自伝》〔曽木節氏〕

(10)「茅屋の紀元節」『信濃毎日新聞』明三三・二・一一

(11)徳富蘇峰記念塩崎財団編・高野静子解説『徳富蘇峰記念館所蔵民友社関係資料集(民友社思想文学叢書別巻)』昭六〇・五

(12)〝曾田愛三郎病鶴と号す曾て我郷の新聞(=東海暁鐘新報)記者たり余輩少年彼の影を望んで走れり〟(「小言(四)人間果して住むに堪へざる乎」『護教』明二四・一二・一二)

(13)前掲「[回顧廿五年]懐旧一則(三)」、「愛山、山路弥吉君」徳富猪一郎『護教』大六・三・二三、「山路愛山「懐旧録」解題」山路平四郎『国文学研究』昭三九・一〇、「山路愛山についての思い出」大久保利謙(岡利郎編『山路愛山集(一)

民友社思想文学叢書　第二巻』「月報1」昭五八・一一）
(14)「苦き汁。酸き汁。甘き汁。（六）」『信濃毎日新聞』明三六・六・一七
(15)「山路愛山と日本メソヂスト教会」山本幸規『キリスト教社会問題研究』昭六〇・三
〈寄宿舎の世話人を務め〉（前掲「山路愛山「懐旧録」解題」）ながら、山本氏の推察どおり、明治二五年頃まで、「聴講生」のような立場で在籍したものであろう。

〝初めて東京へ出たのは牧師にならうと思つて其準備をする為に来たので―神学校へ入つた訳でも何でもないが、…〟（「独学」『中学文芸』明三九・六）と、また「父愛山を語る」（山路久三郎『信濃毎日新聞』昭二三・五、七）には、〈正現の学校教育は、東洋英和（東京麻布鳥居坂）に籍を置いた以外はほとんど受けなかつた。〉とある。
(16)「キリスト教に就いて（大正五年十月二十八日、早稲田教会にて）」『山路愛山講演集　第二編』大六・六
(17)〈平岩愃保氏は、「故人（＝壬太郎）を知るに至つたのは故人が静岡師範学生の時代であつた。山路愛山氏等と共に教会に来られた。三島に於て校長をせられて居た時私は故人を説きて人事を作る事を勧めた結果東洋英和学校に入る事となつた。」と言つた意味を述べられる。〉（「高木前院長記念祭」『青山学報』昭七・二）
〈故高木博士と余が知り合になつたのは今から三十余年前即ち明治廿四年の春、麻布鳥居坂に在つた東洋英和学校神学部の寄宿舎であつた。静岡から二人の青年が入学したと云ふので初めて面会した、一人は嘗て静岡県庁の雇ひであつたと云ふ快活の山路弥吉君で今一人は嘗て小学校長であつたといふ温厚の高木壬太郎君であつた。〉（「故高木壬太郎氏を憶ふ」波多野伝四郎『教界時報』大一〇・二・一一）
(18)高木壬太郎《随筆》〔高木智夫氏・高木喜美子氏〕
(19)「北村透谷君」『国民新聞』明二七・五・二二、「透谷全集を読む（二）」『信濃毎日新聞』明三五・一〇・一三
(20)『百科全書　第十六冊』（吹田鯛六訳、明一六）収載の「聖書縁起及基督教」か。
のちに弥吉は、〈「百科全書」を買ひ入れた人は随分世間にもあらうが、然し僕程之を利用したものは恐くあるまい。〉（「千

桑木仙史「山路愛山氏」『学界文壇時代之新人』明四一・六）と実学者の面目を施しているが、発端はこの「聖経篇（論）」であった。

〟我文部省は明治十二三年の交に於て既に某百科全書中の聖書論を訳して世に公けにしたり。而して其聖書論は全然高等批評の結果を採用したるものなりき。而して当時の白人宣教師は純理論、高等批評等を生呑して、更に何等の説く所なく、其所謂正統的基督教を以て我等に強いんとせり。…是れ豈日本人の智力を軽蔑したるものに非ずや。〟（「何故に日本に於ける白人宣教師は有害無益なる乎」『独立評論』明四二・四）

（21）「田舎牧師」『護教』明二六・二・四

〈今より凡三十年程前の事、静岡教会は新に平岩愃保先生を其牧師として迎へた。…先生は当時に於る新知識であつた。之に先生の熱誠を以てしての働きには静岡の人々も動かされずには居なかつた。先生の説教は知識階級の人も耳を傾け、先生の英語会（本名は覚へて居らぬ）は其存在が極めて短かく、時間さへ僅だつたに拘はらず、静岡青年の知識欲に投合した。山路愛山、太田虎吉、高木壬太郎、根岸道、高木信威及河合虎次郎君など皆此時分に馳せ参じた者である。〉（「伊志田平三郎君を思ふ」池田次郎吉『教界時報』大九・一・一五）

〟其先輩諸氏に至りては、特に世間に名あるもの平岩愃保氏に如くはなし、氏が幹事の才に、長じたる平易にして而も勢力ある、教会の巧みなる、世間多く見ざる処、必しも此に言ふを要せざる也。〟（「教会及人物　日本メソジスト教会」『護教』明二五・一〇・二二）

（22）「予と基督教」『雄弁』大六・四

〟…明治二十二三年の交に於ては有名なる日本人伝道師にして高等批判の何ものたるを解せず、パウル、ストラウスの説く所が如何なるものなりしかに就て茫乎として五里霧中に戻りながら猶ほ自ら東京牧師中の傑出したるものなりと誇り居りし無智の徒もありしなり。〟（前掲「何故に日本に於ける白人宣教師は有害無益なる乎」）

（23）〈教報●東洋英和学校の祝会　同校にては去四日午前九時より校長教員生徒諸氏一同相会して天長節並ニ立太子式の祝

会を開かれたり、初に山本教師の祈祷、次に生徒一同祈祷し其より江原幹事、ラージ、ホイツチングトン（通訳村松一氏）、内村教師（＝「万国史」「動物学」を講じていた）、平岩校長順次に陛下万歳、国安長久ならんこと益々愛国心を養ふ可きの主意にて演説あり、土屋教師の祝祷にて閉会せしは十一時頃にして余程の盛会なりき〉（『基督教新聞』明二二・一一・六）

(24)「我国老ひたる乎」『女学雑誌』明二五・三・一九

(25)「忠君論」『野声反響』明二四・六

〃明治廿二年の天長節に於て余は麻布の東洋英和学校に於て内村氏の演説を聞きたり。…其粛々たる態度と其誠実を表はして余ある容貌とは深く聴者の心を動かしたりき。〃（『基督教評論』明三九・七）、〃内村鑑造《ママ》氏は独り水産学士として日本に数少なき人物たるのみには非ず、彼れは基督教文学者として非凡なる天才を有せり、〃（「基督教徒《ママ》のなぐさめ（内村鑑造《ママ》氏著）」『護教』明二六・三・一一）

〈…基督教に対する理解も多少深まつて来るに従ひ更に進んで基督教を研究したいと云ふ心持も起り其れに山中牧師の勧めもあつたので遂に進んで神学校入学を決心し明治二十年九月カナダメソヂスト教会経営の東洋英和学校神学部に入学した。…動物学は内村鑑三先生の受持であつた。…僕に尤も深く印象づけて居るものは其の稜々たる気骨であつて彼が世の罪をせめ世の腐敗を慨嘆する時のアノ眼光如何にも炯々人を射る底のものであつた。血の気の多い青年達が之に感激したのに無理はあるまい…〉（前掲《曽木銀次郎伝》）

(26)「日漢文明異同論　皇室論（一）」『国民新聞』明三九・四・一二

(27)〈教報●同盟文学会　東京英和学校、明治学院、東洋英和学校の三大校同盟し去る四日午后七時より麻布鳥居坂東洋英和学校講堂に於て文学会第三回を開かる初に来集一同の唱歌（君が代）江原素六の祈祷あり次て中丸一平氏の歓迎辞（英語）、東京英和学校原田牧太郎氏第十九世紀末の巡礼者（英語）、明治学院正木貢氏精神の風波、東洋英和学校大野義智氏極微虫の生活（英語）、東京英和学校木田八十吉氏歴史、明治学院木村鷹太郎氏花と人（英語）、東洋英和学校山路弥吉氏

（演題関新助氏）の諸氏各々能弁を以て二十分乃至三十分間づゝの演説ありしが弁士は皆青年にして其語句生気を帯び何つれも活発の色ありしは流石に平生習練の程見受けたりし演説の間に東洋英和女学校生徒の音楽及ハート嬢の西洋小説朗読あり滑稽入りにして恰も円遊等の落語を聞が如くなりし又同嬢の紳士、処女、小童の仮声容子を為して之も滑稽にて中々面白かりし後ち菓子の饗応あり幼年生徒の英語暗誦滑稽演説の余興あり終りに平岩氏の祝祷を以て解散したるは既に九時三十分なりしが当夜の来会者は内外の紳士貴婦人とも四百人余ありし甚だ盛会なりし〉（『基督教新聞』明二二・一一・一三）

「英和文学会記録に顕われたる明治学院風景（築地より白金へ）」（菊田貞雄『井深梶之助とその時代　第二巻』昭四五・九）

(28)　〝関新助は数学の大家也、而して関氏は昔し伊勢の豪族也、我家累世幕府の日官たり、而して其祖家伊勢に出づ。〟（「南洋の古人を懐ふ」『国民新聞』明二七・一一・三）、〝余が祖先は関氏の臣なり。〟（「憲政本党北信支部大会傍観の記」『信濃毎日新聞』明三五・四・一三）

山路家の天文方初代主住《ぬしずみ》は、松永良弼・中根元圭の弟子で、関流第三伝を継いだ。弥吉は〝官途に出身するの具〟とは縁遠い〝良心の業〟（「日漢文明異同論　教育と学問（三）」『国民新聞』明三九・五・二二）＝〈数学〉を修めた関孝和・渋川春海・中根元圭らの〝我人民の推理力を養ふて第十九世紀科学跋扈の潮流に合することを能くせしめた〟（「明治文学史　第三田口卯吉と其著述（続）」『国民新聞』明二六・三・一二）、その〝前人未発独創の見〟（「青年の活気を失ふこと勿れ（つゞき）」『国民新聞』明二五・一一・一七）を〝決して西洋の数学に対して遜色はない。〟（「日本人と独創的頭脳」『成功』明四三・三）、〝何ぞ必しも白哲人種の後塵を拝して已むものならんや。〟（「東洋経済学の建設（一）」『日本経済新誌』明四一・一〇）と称えている。

(29)　〈…彼の演説の長所若しくは癖として極めて博引傍証で趣味に富んで居つた。段々長くなつて結束するに困つたといふ事である。何にせよ彼は演説を以て会衆を魅し去つた事は、彼が思はず長く語つたといふ事で察せらる、。…僕は此会には行かなかつたが、此時以来彼の名を聞いて未だ会はざる中から敬意を払うて居た。〉（「山路愛山論」田川大吉郎『中央公論』明四三・九）

〈愛山生は嘗て「関新助君」を演述して加藤大学総理に舌を巻かせたる批評家也〉（「女学雑誌の評（付言）」『女学雑誌』明二三・一〇・一八）という女学子（＝巌本善治）の賛辞を、弥吉は、〝加藤博士驚嘆云々女学子聴過りしのみ、〟（「恋愛の哲学（付言）」『女学雑誌』明二三・一一・二二）と退けている。加藤の日記《明治二十二年日記　千八百八十九年己丑》〔東京大学・中野実氏〕にもその記述はないが、弥吉の弁才が少時より際立っていたことは事実だ。〝予は又十三四歳の時、学校にてやる演説と云ふものを我にもして見せよと、駒次郎（＝成瀬駒次郎。のちに市会議員・弁護士となる）の厳君に促され、君の家に泊りたるに厳君、傍人に語り曰く、「此子は他日、代証人（今の弁護士）とならば必ず立派なものになるべし」と。〟（「二日の旅」『再興独立評論』大二・一二）

(30)「「明治学院」時代」戸川秋骨『趣味』明四〇・一二

〈(明治学院は）麻布の英和学校、築地の立教学校と併合して、年に一回か二回順番でそれぞれの学校の講堂で、演説会を開くことになつて居た。これも、日本語に英語と何ちらでも、演説者の選択にまかせることになつて居た。僕も一度英語演説の方を命ぜられたことがある。戸川氏も一度選まれて、麻布か何処かへ行つたことがあると思ふ。〉（「英語を学び初めてから」馬場孤蝶『我等』大一〇・五）

(31)「消夏漫筆（二）」『護教』明二五・七・一六

(32)《□要録》（明治二三、四年頃の弥吉の手記帳　□＝判読出来ず）〔山路平四郎氏〕

〈高木は、友人では山路愛山と最も親しく、日本人では大西祝（操山）を、海外では『アウト・ルック』の主筆ライマン・アボットを重んじていた。〉（「高木壬太郎」比屋根安定『教界三十五人像』昭三四・一一）

(33)「湖処子に与ふ」『国民新聞』明二三・七・二八、前掲「回顧廿五年」懐旧一則（三）」、前掲「独学」

(34) 前掲《□要録》

（35）「発刊の趣意」『独立評論』明三六・一
〝我等の始て東京に入りし時文壇の雄将多くは年少の人なり。蘇峰先生二十七八にして既に赤幟を民友社に樹て、紅葉、露伴、美妙の諸君、二十五六歳にして既に大家と弥し、田口鼎軒三十七八歳にして若翁と呼ばれたり。我等は実に怪訝に堪へざりき。謂へらく是れ一時の現象のみと。〟（「ひとり言」『国民新聞』大二・六・一七）

（36）「［青年時愛読の書は］学校では一字も教はらず」『文章世界』明四一・八
北村門太郎も、エマソンより思想形成上、大きな影響を受けた。猪一郎からは、「エメルソン伝・エメルソン論二冊 アルノルトエメルソン論」を借読している。（《手帖四　明治二十三年十月〜明治二十五年頃》前掲『徳富蘇峰記念館所蔵民友社関係資料集』昭六〇・五）

（37）前掲『基督教評論』

（38）伊東圭一郎『東海三州の人物』大三・九
この頃、弥吉は、平岩にカックランの演説（於東京英和学校）筆記を頼まれ、その論文を『六合雑誌』に出して六〇何銭かの稿料をもらっている。（前掲「キリスト教に就いて」、前掲「予と基督教」）

（39）「諸友訓誨録（承前）」『信濃毎日新聞』明三二・六・一四、「死ぬまでは死なない」明石居士《四畳半　第一輯》大一〇・四・五（櫻井成広氏）

（40）《攖寧閣日誌　第壱》（櫻井成廣氏）

（41）「月下の恋を読みて」明石居士『評論』明二七・一〇・一三、『女学雑誌』明二七・一〇

（42）前掲「諸友訓誨録（承前）」

二　袋井での日々

四月二日、冬期休業から解放された学友と、不平かさむ都門の塵境を脱して夜を徹し江の島・鎌倉に遊ぶ。〝滑稽の勝遊(1)〟は暗転。〝大悲哀〟が弥吉にふりかかる。日本メソジスト教会第二回年会で、教職試補としての初陣の地が、静岡部掛川方区袋井・見付地方と決まって間もない(2)六月二四日（午前二時）、平岩宅で老いを養っていた〝我最も愛せし、唯一の我支柱、我か為に辛苦の十字架を負ひ給はりし〟祖母。〝龍ありて軒端のしのぶに潜む、一旦風雨に会し忽ち天に上り去れり(3)〟と寝物語して、孫の白屋から出で「英雄」となることを夢みたふさ子、昇天。〝今や我が人生の行路難を与に歌ふべき忠摯なる勧慰者、忠告者は其影を失へり。(4)〟

〈永遠〉の問題が弥吉の脳内を往来した(5)。大磐石の〈信条〉（＝〝心に会し、意に融け体に入りて吾人の品性となりしもの(6)〟）を持たねばならぬ。〝理性《ヘッド》の満足と共に情性《ハート》の満足(7)〟を渇望する〈天涯無縁の孤客(8)〉は、神学書に背を向け、「土台根本的の研究」―第一聖書　第二基督教の歴史（教会、教理、及び社会、個人に於る感化の）　第三各国の聖書（仏教、婆羅門教の類）　第四文明史　第五商業地理　第六生物学　第七物理学及数学　第八東西詩文―(9)に活経験の可能性を求め、衰えゆく学びやを去る(10)。ある日の学窓に響いたイギリス国歌「神よ我が女皇を救へ God Save The Gueen」（弥吉は当時、これを聴き、〝英国人が世界の文明、世界の平和を以て自己の肩上に在りとする自在の精神に驚き、其抱負の世界的なるを壮なりとした(11)〟。）が弥吉の耳底をよぎった。

灰白の天色おおう第一回総選挙の翌日（七月二日）、高尚な正気を人の心に注ぐ〝神聖なる事業〟を担った弥吉は、前々日の〝御身今単身孤立するも四海の内は兄弟なり心な屈し給ひそ〟という猪一郎の慰謝を胸に、カーライル、エマソンの集を携え、侍養を尽くし百数十里の復路に着く乳児連れの叔母と、新橋発の汽車に乗った。従弟の愛らしい笑顔が、厭世の子の寂蓼をわずかに救った(12)。

雨降る静岡。小林光泰(13)・キヤシディー(14)・高木伊作ら旧知の恩遇に着衣を乾かし、菩提所（西福寺）に亡き魂を訪ねた夜、静岡教会（＝〝精神的の一家庭[15]〟）牧師館に漸く穏やかな愉しい夢を見た。〝人は現在の為めに活くる者に非ず、人は食走衣奔の裏に意味なき生涯を送り得べき者に非ず、人は其感情の食物を要す、人間をして楽しからしめ、詩賦的ならしめ、利害得喪の外に、清新なる霊気を鼓吹するを得せしむる者其唯故人と故郷とある耳[16]〟

敦賀で叔母と別れ、袋井に着いたのは四日正午。〝斯る片田舎こそ日本の基礎なれ、斯る片田舎こそ人類の偽飾なき天性は見ゆめれ、バビロン城よりもナザレ村こそ天然なれ、神聖なれ、真率なれ、人の運命を正直に解釈する者なれ〟〈代用教師[17]〉は、凄然とした気持ちをふるって、前年一二月、正岡常規（＝子規。当時、第一高等中学校生）が帰省の車から〝冬枯の中に家居や村一つ〟と詠んだ[18]その〝哀れなる一部落〟に下り立った[19]。着任ほどなく、〈其心シオンの大道に在るものは福《さいはい》なり、渠等は涙の谷を過れども、其処を多くの泉ある処となす〉、猶太の詩を借りて〈吾党詩人の目的〉とし、〈吾人願くは歓喜の水の湖となりて、失望の世に希望の流を濺がん[20]〉と伝教・文墨のふたみちを歩く宮崎八百吉（湖処子）の、田園を讃美し都会文明を批判してみせた『帰省』（明二三・六[21]）を、〈人の性情を涵養し、兼て人を楽ましむる、健全無毒なる小品文学[22]〉と推す猪一郎に感想を請われ、〝我平民級の大常感《コンモンセンス》を代表する〟八百吉の作物を〝砂中花〟にたとえて、〝足下願くは社会の下層に沈める下民の為に足下の涙嚢を傾尽し足下の筆を禿了せよ思ふに是れ足下の天与《ギフト》なればなり〟と自らの思望を照らし出した寄稿文「湖処子に与ふ」が『国民新聞』（七月二八日）の一角を埋めた。同紙登載の始めである[23]。

恐慌の嵐が吹き荒れていた。

『女学雑誌[24]』の警語（「完人物基督」「英雄崇拝」など）に呼応するかのように、一一月一〇日、静岡若竹座の壇上から、弥吉は、四隅に徹する〝江戸言葉[25]〟で「英雄論」の気炎を吐いた。

〝余は信ず、今日に於て我文明をして、有効のものであらしめ、活気あるものであらしめ、永続するものであらしめんとせば、現時の行掛りなる物質的開化の建造と共に更に高尚なる精神的開化の建造に我歩武を向けざるべからずと、…吾人只一策あり是れ天然の法則なり、是れ歴史上の事実なり、何ぞや、英雄を以て英雄を作るに在るのみ。…国民若し仰ぎて中心とする英雄微つせば、其文明は到底唯物的の魔界に陥らざるを得ず。故に今日に及んで、我文明の進路を一転すべきの策、唯国民をして其理想人たるに適ふべき最大純高の英雄を仰がしめて以て国民の品格を高くするに在る耳、…イエス、キリストの人品は信に世界の師範として仰ぐに足るべきもの…基督嘗て曰へり我は道なり、生命なり、光なりと真個に基督教を俻めんとするもの、真個に基督教を攻撃せんとする者、焉ぞ基本に返りて、基督の品格を研究せざる、庶幾は以て無益の争論を止むべし。[26]」

『静岡大務新聞』が報ずる当日の実況は次のとおり。

〈雑録●基督教演説会　一昨日十日午後六時三十分より寺町若竹座に開らきたる基督教の演説会は男女の聴衆八九百名もあり中々盛んなる事なりしが例に依りて先づ祈祷初まり「天にまします我れ〳〵の神よ今夜の演説を首尾よく…アーメン」聴衆も面倒かりて居る処に山路弥吉氏演壇に出て「英雄論」を演し一国の富強は英雄の有無に由る精神的の英雄元気に富んたる英雄の多少に由る英雄を作るは政府に非らず教育に非らず矢張英雄なり英雄に接するに在り即基督の如き英雄と朝夕接するに在りとキワドヒ所にて宗教と云はず英雄と云ひしは妙は妙なれど少し附会なるを免かれず併し氏は未だ青年なれど演説に巧みなること弁舌の爽やかなること感服の外なし只時々聞き苦しき言葉の僻ありたり次きは学士カツシデー氏の奇跡論なりしが氏は未た日本語に十分熟せさる故か聞き取れぬ所多く特に六ケしき漢語新語等を列べたれは同夜の聴衆の如く智力乏しき連中には寧ろ英語演説にて体度のみを見する方か面白かりしならん是等は日本人の弁士中前か以て能く〳〵注意し日本語に馴れぬ西洋人には簡易なる訳語（即日本語）にて草稿を書き与ふる様にす可し兎に角く論旨は聖書中に奇跡多きは是れ神の教へ

なる証拠なり人智を以て推せは奇跡なれと神力にては当然の事なり故に奇跡を奇跡とするに足らす奇跡を信する能はさるか故聖書を信せすと云は誤りなりと云ふに在り夫より例の如く小林氏壇に出て、讃美歌唱和の初まるを報し音頭取をすれは聴衆中男女の信者は声を合はせて歌ひしか恰かも鶩と豚の鳴き合ひを聞く如く妙なる天女の音楽と風邪ひいた鬼の銅鑼声か一斉に鼓膜を打如き心地せり婦人席のみにて唱和したらんには不信徒聴衆の心をも澄ます程の妙あらんに不揃な男女合音は却て不信徒を益嫌忌せしむる種とならん是等も教会員の心す可き事なり併し同夜は唱歌の音大なりしを見れば聴衆中少くも二百名は信者なりしならん夫より光小太郎氏の二種の厭世主義と神の国は普通宣教師の常に口にする所なれは格別評する程の事なし博士イビー氏の万民の信経は流石博士ほどの価ありて巧みに論弁せり特に氏は益日本語に巧みとなり平易にして俚耳に入り易く説ける故聴衆も耳を欹てたり聴衆中には僧侶も見へしか演説会はなしと思はる、程反対の声聞へさりし特に時々喝采拍手の声高く起りしは近来の大出来〉

〝精神的革命（改革に非る也）[27]〟を旗鼓に、〝豪宕にして而も光焰万丈の概ある〟カーライルの剣を引っ提げて〝神の一兵士[28]〟として〝人生の戦闘〟に加わろうとする、これはその宣言と言えた[29]。

風樹、葉を落とす時、弥吉は初めて秋の深い悲しみをおぼえた。無数の星を仰いで果てしない淋しさを感じた[30]。

「日本メソジスト教会伝道会社」（規模を拡張し、教会自給の基礎を強固にするため、明治一九年四月に創立）の見付講義所の名簿に〈山路弥吉〉と並んでその名がみえる中泉の〈角替太郎一夫婦〉は、兄弟のような友情をもってよくこの孤客を待った[31]。

森町教会の武田芳三郎[32]、掛川教会の飯沼権一[33]もまた弥吉の〝憂愁[34]〟を救う。共に有為の心を励まし、同盟（〝巴近くして位地三角形を為す。余等相戯れて三角同盟と云ふ〟）を結び、精神界での活動飛舞を期した頃[35]、明治二三年春、学業の傍ら築地メソジスト教会牧師を務める高木壬太郎[36]と書簡の往来があった。その日記に消息が留められている。

〈山路氏ヨリ来書、氏頗ル文学ヲ嗜ム、又実ニ文学上ノ天才ナリ、予書ニ云ク英雄胸中閑月日アリ、伝道ノ繁劇思フニ堪エタリト雖モ繁劇中尚文学ノ嗜好ノ発達セラレタルナルベシ、夫レ君ハグラッドストーンノ如ク一人ニシテ二人ノ為スコトヲナスノ云々ト、氏復シテ云ク辺鄙ハ辺鄙丈、自然ニハ富居候故、武田、飯沼諸兄ニ伴ヒテ時々浩然ノ気ヲ養ヒニ出掛申候、是ハ僕等ノ得ナリ、クラッドストンノ如ク、誰ガ誰我党未来ノグラッドストンハ僕私ニ之ヲ西遠ノ坎堂先生（＝壬太郎）ニ期ス、僕ニ閑日月ナシ、唯日月カ僕ヲ閑ニスル耳（此処意味深遠）文学僕ニ□□ノナスコトヲ明ニシタ、事ヲ為ス事務家的トナラザルベカラズト信ゼリ、僕ハ文学ニト骨ヲ折ルヨリモ我一言一行ヲ以文学トナスヲ期セリ（大ケレドモ）筆ハ爾ニ於テ□ト塵ノ如キ□此一句僕ノ近来ノ所感ナリ、兄以テ如何トナス、[37]〉（□＝脱字）

〈校内弁論界の雄[38]〉と称され〈将来は議政壇上の人[39]〉と目されていた壬太郎であったが、明治一七年に最愛の母を喪い、人生問題に出くわす[40]。入信して四、五年目のあたたかも明治二三、四年の交、正統派・唯一神派・宇宙神教派・独逸…〝日本宗教界に黒潮の洶湧するが如く、頗る悽然たる[41]〟激浪に、壬太郎の信仰も揺れ動く。〈…当時余の先輩と仰ぎし人々の中、一人として余を指導して、余に確信を与へ呉るゝものなかりしかば、余は非常の疑惑に陥りたりき。当時余は初めて牧会の経験を嘗め築地教会の牧師を勤めしが、余の受けし俸給は僅少にして一家数口を糊する能はず、加ふるに健康大に衰へたりしのみならず、同僚の中に嫉妬猜疑の風さへ行はれたりしかば、余は彼を思ひ、此を思ひ、終には天職をさへ疑ふ程に至りたりき[42]。〉

〝風浪高くして柁師気倍旺す、意思の人に在りては逆境も亦一種の「インスピレーション」に非ずや[43]〟空っ風すさぶ遠江の蝸廬に弥吉は書を積み上げた。『マコレー集』『山陽遺稿』『福田行誡上人遺稿』『ミル氏自由論』『高青邱詩醇』

『ペリクルスの伝』『マコレー氏英国史』『廿二史劄記』『浮雲』『田舎源氏』『佳人の奇遇』『ロングフエロー詩集』『進化原論』（以上、《□要録》の表記による）『好色一代男』『春色梅児誉美』……無茶苦茶に読んだ。〝其楽言ふべからず。[44]〟乏しい穂燈の下、〝宗教上の迫害[45]〟に難駁の筆が走った。教育勅語[46]が発布されて最初の紀元節を迎えた田舎人の質樸な尊王心を喜ぶ[47]弥吉にとって、〝盲目なる極端国粋家の煽くに因りて微火をして林を焚かしめ〟た「内村氏不敬事件[48]」は忿懣を倍旧させるものとなった。森町中村座で「最大の交際術[49]」を演述して三日後の四月三日、静岡千鳥座に講壇上の人となった弥吉は炎の鼓を打ち鳴らす。〝只憂ふ。無頼偏狭の徒漫りに名を皇室に仮りて其私を成さんとし、若くは近眼小胆の教育家ありて尊王の名義を濫用し、我　皇室を誤り我人民を誤らんとする者あるを。…余は只言はんとすキリスト教徒は渾ての人倫を実在なりと信じ之を固ふするに永遠の神なる思想を以てする者なりと…基督教徒は畏怖の奴隷的性情を以て君主に事ふる者に非ず。愛を以て君主に事ふるものなり、…基督教徒何ぞ不忠の奴ならんや、…『神よ日の本なる我国をめぐめ』を歌ふて基督教徒たる　尊王の精神を公衆の前に発揮すべき耳、起て兄弟姉妹！[50]〟〝尊王宗の伝道者〟は、〝偏狭な愛国心〟の堰を破り、〝霊の兄弟〟を索めて〝大なる感情〟の海を流離う。[51]

演説の明くる日、鑑三の心魂を奪った『クロムウェル伝』の著者・カーライルにいざなわれ、独り久能山の桜散りかかる〈英雄〉の廟へ。〝世は群小の　村雀　鶴の一声　いとほしや[52]〟〝真筆と赤誠[53]〟の復活を祈ってやまない幕府士人の子。

〈明治廿四年一月七日　…曾テ期スラク神学ヲ学ブノ傍文学ヲ脩メント、然レドモ今ニシテ之ヲ考フレバ文学ノ区域亦広闊ニシテ之ヲ会得センコト頗ル難シ、況ヤ吾党已ニ山路愛山アリ、予ガ如何ニ刻苦励精ナルモ氏ガ才能ニ及バザル遠シ、益々哲学ヲ脩メテ之ヲ以テ己ノ長所嗜好トナサンカト、爾後左思右考未タ確然トシテ決セザルナリ。[54]〉〈最モ愛スル職業〉を「学者[55]」としながら、専門の帰趨に迷う壬太郎であったが、〈当時余は知識欲熾んにして、神学の蘊奥を極めんとする心切に、又神学の蘊奥さへ極めなば真理を悟り確信を得べしと信ぜしと共に、他方には信仰の極度は、神学上の議論にあらずして、正義なすべく、邪悪なすべからざるとの事実に在りとの信念に達し[56]〉辛うじて信仰上、伝道上の危機を脱する。

弥吉の旗色もいよいよ鮮明になる。〝文学は我か一生をくらす為なり孔子曰学也世祿在其中　我日本の精神的改革の為めに我一生を献ぐるは我が天職なり造次も神を忘るべからず　安逸を計るは是志士のせざる所なりキリストは十字架にかゝり玉へり勇士不忘失其之三也　貨色の二、是最大誘惑一人の良妻を得は足れり　仮初にも富貴権勢を慕ひ申間敷事　明治廿四年四月廿一日　思ふことありて記しぬ[57]〟社会の火柱たる〝真正の文字[58]〟に〝天職[59]〟を託し【我が一生の計】を標す「愛山生」の筆圧は強い。

意中に、田島たね（前橋の絹商・田島義輔とさよの長女、東洋英和女学校生[60]）がいた。家庭の破船に漂白する弥吉に、〝嗚呼人の心霊と身体とに革命を行ふ恋愛よ。趣味想像の新しき境域を開拓する恋愛よ。英雄を作り豪傑を作る恋愛よ。家を結び国を固むる恋愛よ。〟と表白させ、〝真正の愛〟こそ〝公徳の腐敗と私徳の堕落〟を救うものと、ロングフェローの物語詩『The Courtship of Miles Standish』を道徳小説に改装させ、また〈敬・憐・愛〉を損なう儒教の弊を訴え、〝婚姻の最大目的とする所は寧ろ精神的の交渉に在り〟と説かせた[61]〝正しき恋[62]〟の朋友とは、才気あふれる十九歳のたねであった。のちに弥吉は、〝終身を共にする[63]〟良妻となるたねとの結婚を〝真に相知り互に信じあつた相愛の結婚であつた[64]〟と懐かしんでいる。

孔子の〝済世救人の事業[65]〟を担い、カーライルの住む〈涙の谷〉から、エマソンの〝不朽の生命[66]〟を希求する〝旅鳥の如き一個の風来伝道師[67]〟の木鐸が、〝「パリサイ」人の捨て顧みざりし野[68]〟を駆け巡る。

〝施設意の如くならず[69]〟…………

「大津事変」（五月一一日）の翌日。弥吉は袋井駅近くの田圃に座り、ロシア皇太子を見舞いに行く臨時汽車上の天皇に、〝二つのN（ニコラスとニコライと。やさしい仁義と恐ろしい銃剣と。）〟の結局を苦慮して、真情の涙をこぼす。〝天皇様が此汽車に乗つて行かる、といふことはエライものである。ロシヤの太子は死んだであらふか、今後ドウなるだらふか、国際間題とならば大変な事であるまいか、と自分の二階で日なたぼこふをしながら考へて居つた。そこへ隣の大家の主人が出て来て其の事件について話をしたのであるが、此主人は希臘教の信者であるので、ロシヤはハリステアンの国ですものエライ事は云ふて来ないでせふと云ふのである。併し乍ら私は此時此人は信者であるから、楯の半面を見るのみであると思つた。[70]〟

〈明治廿四年五月廿二日　金　旅行　前六時十五分浜松出立袋井に至り山路疋野及ひ佐野姉に面会し更に静岡に下車しカツシデー氏角田小林及なつ子に面会して夕七時帰宅[71]〉平民の代表を自認するクリスチャン議員、〝郷党の大先輩〟江原素六[72]を迎えて日ならず、櫻井成明（当時、中央会堂執事）から、北村門太郎の懊悩の書『蓬莱曲』（明二四・五）が贈り届けられた。[73]弥吉はこの無韻の詩人の主観の文字に〝謹厳《シリアス》なる事業[74]〟を看取したはずだ。

袋井の仮寓を訪ね来たる友の、〝専門文学士〟に傾き〝ライフ、ヲルク（生涯の事業）〟を定めない疎放を危ぶみ、[75]金森通倫の異説（『日本現今之基督教並ニ将来之基督教』明二四・六）に正統派護持の火焔を吐く夏。[76]

注

（1）〝私は二十年ばかり前に始めて鎌倉へ参りまして、それから幾度も参りましたが、其時分に友達と三四人で歩いた、私の一番感じたのは、非常に寺が多い、彼処には寺ばかり遺つて居る、多少英雄や英雄の跡が遺つて居らないことは無いが、それは甚だ少い。頼朝の墓など云ふのもあるけれども、矢張り当てにならぬものだと云ふ、そうして見れば残つて居るのは唯寺ばかり、源氏北条氏以来の武人の長い勢力は、何か遺つて居るべき筈だがそれがない、して見ると寺即ち宗教の力の方が英雄の事業より強いと思つた。〃（「古典論」『本郷区教育会雑誌』明四一・一二）とは、この折りの回想であろう。

〝余嘗て鎌倉に遊び、土地の人に就て頼朝の事を尋ぬ。されど土地の人多く頼朝の事を知らず。之に反して日蓮の事を問へば、如何なる農夫と雖も之を知らざるなし、是に於てか余は宗教の力、極めて偉大なるに驚けり。始めて鎌倉を開きし頼朝は、土地の人に忘れられし、日蓮の名は必ず永く此の地の人に記憶せられん。是れ日蓮が宗教家たりしが為め也。〃（「宗教論」『新日本』明三九・六）

（2）「山路愛山と日本メソヂスト教会」山本幸規『キリスト教社会問題研究』昭六〇・三
〈…翌廿三年に至りて先生は静岡県袋井に赴きて伝道に従事すること、なりぬ。これメソヂスト神学校の規則として、一年学べば更に或る期間、実地伝道を試むべき制なりしに因るべし。〉（「山路愛山先生（一）」宮地生『護教』大六・三・二三）

（3）「小言（一）英雄」『護教』明二四・一二・一二
〈…年少気鋭の愛山先生は、久しく地方にあるの苦痛に堪へず、明治二十二年を迎ふるや、匆々上京留学の用意をなせり。此の時親戚知人は先生の上京には反対せざるなかりしも、その母《ママ》なる人は、なか〳〵の賢婦にて、先生従来の立身出世のために、独りその志を容れて上京を慫慂せしかば先生大に喜んで郷里を出で、…〉「山路愛山先生（一）」倉長巍『平岩愃保伝』昭一三・三

（4）「東京より袋井に往く記」『雪月花』明二五・一二

（5）〈…生死の問題は彼の人の頭を往来して居たやうです。既に若きときの詩にも、其の消息の漏れたのがあります。多分静岡時代の作と思はれますが斯う云ふのがあります。若諭六趣火麗レ薪　善巧方便何以譬　娑婆甚似槿須臾　大賢大奸北塵　是も矢張何故に死するかと云ふ疑ひを現はしたものでしやう。〉（「山路弥吉氏」別所梅之助『福音新報』大六・三・二九）

（6）「教会と教師に檄す（再び）」『護教』明二六・五・二〇

（7）「余が基督教を信ずる所以（一）」『護教』明二六・九・三〇

（8）〈愛山氏は…親も無く兄弟も無く、無論妻もまだ持たずに、天涯無縁の孤客であつたから、自然人なつこく、其神学生時代『護教』編輯時代にはよく予を訪ひ、宿泊したことも幾度だか数へられぬ程で、意気も投合し、随分親しい間柄であつた。〉（「死ぬまでは死なない」明石居士　大一〇・四・五《四畳半　第一輯》〔櫻井成廣氏〕

（9）「愛山生が身を終るまでに研究すべき事項」《□要録》（明治二三、四年頃の弥吉の手記帳。□＝判読できず）〔山路平四郎氏〕

〈PRELIMINARY COURSE OF STUDY FOR JAPANESE PROBATTIONERS FOR THE MINISTRY. の履修科目―1. On the Bible.（What is the Bible?）. 2. Outline study of the Gospel.（The four Gospels.）. 3. The General Rules of the Society. 4. The Christian Doctrines.（The Methodist Catechism, No. 2）. 5. The Outlines of Japanese History and Geography. 6. Elements of Fhysics and Chemistry. 7. Japanese Composition.）（『英文カナダメソヂスト教会日本年会記録』明二三〔青山学院資料センター〕）―が念頭にあったものか。

〝僕は耶蘇教徒にして十余年前一たびは伝道師の生活を送らんと欲したれども、当時に在りてすら所謂神学の書は僕に何の興味をも与へざりき。僕は神学書よりも寧ろ世界の聖典（聖書、六経、仏教経蔵、道蔵諸書等）を読破するを以て、宗教的経験を養ふべきものなりと信ぜり。〟（「余に感化を与へたる書物」『新公論』明三九・一二）

（10）「上京して東洋英和学校に学び、一年有余にして退学す。」（「〔現代文芸百家小伝〕山路愛山」『新潮』明四三・六）生徒数は明治一九年・三五〇人、明治二二年・三二〇人、明治二三年・一〇三人と漸減。〈日本人にして其管理権を有し、日本の事情に適するの教育を施さば、争で盛大ならざることあらん、〉（「基督教主義の学校」小崎弘道『基督教新聞』明二三・三・二八）

（11）「天下一に定まらん」『中央公論』大五・四

(12)　前掲「東京より袋井に往く記」、「袋井に往く記（承前）」『雪月花』明二六・一、「［回顧廿五年］懐旧一則（三）」『国民新聞』大四・二・二二

〈伯母〉とは誰のことだろう。山路平四郎氏もその存在を知らない。〝余の伯母の如きは実に呑気なる楽天家にて金無くとも平気に暮せり、余も亦多少其の血統を遺伝せるに由るならんかと思はる。〟（「人生に苦辛惨憺の文字無し」『新紀元』（大二・九）の文中の「伯母」と同じ人であろうか。

(13)　〝小林光泰氏は、現に静岡教会の牧師たり、人と為り梗直にして敏慧、善く青年の心を得、其思想の年と共に進んで毫も淳滞不動の状なきは吾人の常に感服して措く能はざる所となす、〟（「教会及人物　日本メソジスト教会」『護教』明二五・一〇・二二）

(14)　〈天の一方から神は一の援助者を送られた。それは宣教師のカシデー氏が新に加那太から静岡中学校の英語教師として来た事である。是は英語研究に渇して居つた時代の静岡には大なる福音であつた。其自宅に於るバイブルクラスに、多くの青年が走つた。教会に於る又劇場に於るカ氏の説教には多くの人を呼んだ。教会青年会の演説の時など満堂立錐の地なきを常にした。〉（「伊志田平三郎君を思ふ」池田綱吉『教会時報』大九・一・一五）

(15)　「教育ある信徒の教会に無頓着なる理由（二）」『護教』明三七・一〇・二九

(16)　「故郷及故人」『護教』明二五・七・九

(17)　〈教会最初ヨリ歴代ノ牧師ハ在住シタルモ今日其ノ師名ヲ明ニセズ土屋彦六氏及山路愛山氏ハ在住セラレシ由（但シ山路氏ハ未ダ青年時代ニシテ牧師ニアラザルモ牧師代用トシテ定住セシ由〉（山田善次郎《日本メソジスト袋井教会事歴》昭一二〔鈴木孝一氏〕）、「磐南とその周辺に於けるプロテスタント史メモ」山崎恵『郷土誌磐南文化』昭五六・一一

(18)　正岡子規句碑（東海道線袋井駅前）〔袋井市立図書館〕〔松山市立子規記念博物館〕

(19)　前掲「袋井に往く記（承前）」

〈…遂に出で、基督教に投じ、遠州方面に伝道す。…此の頃、先生は全く孤独寄るべきところなかりしなり。児を愛す

ること人に越えた任俠の心深く涙脆き先生が、当年の心中は如何なりけん、蓋し思半に過ぐるものあり。〟（「愛山先生（上）」静中堂主人『読書之友』大二・一〇）

(20)「吾党の詩人」愛郷学人『国民新聞』明二三・二・二

(21)〈一世に驚嘆を以て迎へられた〉（並木仙太郎編『民友社三十年史』大六・九）。『帰省』を、弥吉は折りに触れて称讃する。〝たとひ湖処子の才をして菅茶山の如き郷先生に過ぎざらしむるも、其帰省の一編が直ちに詩趣を自然の中に求め、正直に、臆面なく、典故を離れ、格律を問はず、自然と自己とか相触れ相撃ちたる一瞬時の興味を写したるの一事に至ては槐南の千編珠玉の如しと雖も、終に之に如かざるなり。他なし正直と模擬との別のみ。〟（「自然を読むの法を論ず（一）」『国民之友』明三一・五・一〇）。〝嘗て宮崎湖処子は田園の趣好を鼓吹せんが為に「帰省」の一編を書きたりき。…彼れは「帰省」に因りてたしかに二個の問題を日本の精神界に投げ出せり。一は即ち散文を以て人生を歌ふの詩を作り得べきや否やにして、他は即ち人生の快楽と尊貴と詩趣とは隠逸なる田舎の生涯に存すべきや否やなり。…彼れよりして後、世人が多く田園を歌ひ、多く故郷を回顧し、多く自然の恋愛を語るに至りたるは事実なり。〟（「田舎より首府に（第五信）進め光明にまで」『国民新聞』明三三・五・四）

〝宮崎湖処子は近頃はとんと文壇に現はざれとも其処女作と聞えたる帰省は今日と雖も誠に一誦三嘆の価あり、爾後幾冊も同じ種類の作物は他人の手より出でたれども、之れを帰省に比すれば公等碌々殆んど歯牙に懸くるに足らざるなり。〟（「ひとり言」『国民新聞』明四二・一一・一四）

(22)「帰省を読む」徳富猪一郎『国民之友』明二三・七・一三

(23)「回顧廿五年」懐旧一則（三）」『国民新聞』大四・二・二二

(24)「女学雑誌の評」「女学雑誌改進の広告」巌本善治『女学雑誌』明二三・一一・一五、「日本の思想史に於ける基督教の位置（五）」『独立評論』明三八・六

(25)〝人生最も悪むべきは其固有の方言を恥づるの徒なり。我儕の用ふる江戸言葉は憚りながら天下の粋なり。其調子の軽

快にして、其屈折の自由なる、会話の語としては真に日本語の絶頂なる者なり。何を苦しんで辺土の方言たる薩音を学ばんとする乎。〟（「命耶罪耶　第三孰れが罪業多き」『国民新聞』明二八・三・三）

(26)「英雄論（明治廿三年十一月十日静岡劇場若竹座に於て演説草稿）」『女学雑誌』明二四・一・一〇、〈この一編は好評をえて賞金を与えられ、それによって文筆に自信ができ再び上京を決意する心的契機となったという（山路平四郎氏が母堂より聞いたという話）〉（大久保利謙『明治文学全集35　山路愛山集』「解題」昭四〇・一〇）。

〝…其後遠江の袋井に住むこと一年なるに及んで…僕の敵たりと思はるゝ人の説をも聞きたり。〟（「金原翁の談を聞く（二）」『信濃毎日新聞』明三六・一二・九）

(27)「第百号」『護教』明二六・六・三

(28)「カーライル論」『再興独立評論』大二・四

〝自分は十三歳位の時、静岡の小学校の読本で（其頃の読本は皆西洋の直訳であつた）天地は神の支配するところにして、神の恵は広大なるものなりしいふことを教はつた。夏に夕立あり、沙漠にオアシスあるはこれ神の恵なりと習つたが、此頃よりしていつとはなしに有神の事実は予の信仰となつた。（於本郷教会秋期伝道会、明四〇・一一・一〇）（「山路愛山氏の『余が敬神の情』」『新人』明四〇・一二）

(29)「茅蘆月旦（一）徳富蘇峰氏」『女学雑誌』明二四・九・一九、「英雄不レ起奈二神州一」『護教』明二五・二・六、「孟子を論ず（二）」『信濃毎日新聞』明三四・一〇・二七、前掲「余に感化を与へたる書物」

(30)「自ら寛ふす（歳晩所感）」『国民之友』明二五・一・一三

(31)『自明治廿三年度至同廿四年度　日本メソデスト《ママ》教会伝道会社第六回年報』（青山学院資料センター）、「二日の旅」『再興独立評論』大二・一二

〈教報◉本荘教会の送別会　本月二日午後八時半より教会に於て会友角替太郎一兄の為めに（日本鉄道会社本荘停車場在勤保線掛）送別会を開会せり兄御夫婦の人となりは一面識ある者の能く知る所にて人に対して親切に、神に事へては熱

心に、業務の傍教会の為め矯風慈善の為労を厭はず、こゝを以て会友の敬慕等閑ならざりしに一朝此地を去らんとするに至りしを以て訪問の者会友と否とを論ぜず続々来りて別れを惜みたり〉（『護教』明三一・一〇・二二）→「〈教報〉◉角替平八君（＝太郎一の父）の葬儀」『護教』明三三・二

弥吉の演説の熱心な聞き手には、足立長九・小野猪三郎が、文雅の友には、宮本真蔵がいた（「演説の記」『独立評論』明三八・七）。

(32)〈明治廿三年十月廿八日　当教会後任牧師ト而武田芳三郎氏来着ス○明治廿四年七月　東京年会ノ決議ニヨリ当教会牧師武田芳三郎氏ハ東京神学校へ帰校之事…○同年八月八日　武田氏東京へ向ケ出発ス〉（《明治十九年六月以降　森町メソデ《ママ》スト教講義所略歴史》〔鈴木孝一氏〕）、「森町基督教青年会」を導いたのは芳三郎であろう。

〈〈雑報〉◉遠州森町教会報　当教会は去る明治廿年始めて講義所の名を以て道を伝へ三四名の信徒を得たるを初めとして廿二年頃迄非に好景況を呈し一時は全会員三十名位に在りしも其後或は他に転ずる者あり或は信仰より落る者あり種々の事情よりして衰退を来し目下は僅々十二名の信徒を残すに至りたりされど失望せず働きつゝあれば必ず再び主の恩寵によりて盛大に至る時あらんと望み居れり〉（『基督教新聞』明二八・一〇・四）

(33)〈明治二十一年七月ヨリ遠江国掛川町掛川教会ニ派遣セラレ布教ニ従事スルヿ弐年…明治弐拾四年四月再ビ東洋英和学校神学部ニ入リ…〉（《飯沼権一履歴書》〔東京都公文書館〕〔青山学院資料センター・松田重夫氏〕〔園部順夫氏〕）

〃……沼間守一氏を論ずるの文（＝猪一郎の）は明治廿三年夏余掛川の友家に宿し青燈の下にて之を読めり読んで厭くを知らず翻読三四回に及べり、〃（「人物管見を評す」『女学雑誌』明二五・五・二八）の中、「掛川の友」とは、権一のことか。

(34)〃人の要する物は何ぞや。余は断言す、有限の人生を無限に結び付くる者なり、人の徳を神の徳に合する者なり。人類の憂愁は其有限なるより来る。〃（「人生」『護教』明三〇・四・一七）

(35)「日本メソヂスト教会内国伝道会社東海北陸遊歴の記（四）」『護教』明三〇・六・五

〈通信○遠州別信　…山路君、武田君共に十年以前我が中遠に働らかれたるの人、今かく打ち揃ふて森に見付に異常の働をなす。憶ふ君等が定住の昔を、当時説教毎に冷評冷罵せし壮漢の今は教会柱石の信徒たるあり、曩時有力なりし信者の今冷々石化したるあり、変るが常なる世の中に於て変らざるは只それ神の摂理か。〉（『講教』明三〇・四・一七）

（36）〈履歴書　東京市麻布区麻布永坂町弐拾九番地寄留　静岡県平民　担当布教者　高木壬太郎　元治元年五月廿日生
一学業其他一般ノ履歴　明治十一年三月静岡県師範学校ニ入学、同十四年五月高等師範学科卒業　同十四年八月ヨリ同十八年七月ニ至ル四ケ年間静岡県ニ於テ教育事業ニ従事ス　同十八年八月ヨリ同廿年一月ニ至ルマデ静岡県属官奉職　同廿年七月ヨリ同廿二年八月ニ至ルマデ静岡県立中学校傭教師学士エフ、エ、カツシデーニ随ヒ英語学ヲ学ブ　同廿二年四月基督教日本メソヂスト派教師試補ニ挙ケラル　同年九月東京麻布東洋英和学校神学部ニ入学、同廿六年英語神学全科卒業同廿五年七月ヨリ同廿八年六月ニ至ルマデ日本メソヂスト麻布教会牧師勤務、勤務中廿七年六月按手礼ヲ領シテ日本メソヂスト派正格教師トナル　同廿八年九月加那太国ニ渡航、‖トロント市ヴイクトリア大学に入学、同卅一年四月卒業、バチエラー、オフ、ヂヴイニチーノ学位受領、同年十月廿四日帰朝、帰朝ノ後本年（卅二年）八月ニ至ルマデ日本メソヂスト築地教会牧師兼東洋英和学校神学部教授ヲ勤メ同七月ヨリ東洋英和学校神学部教授兼日本メソヂスト中央会堂牧師トナリ今日ニ至ル、一賞罰　明治十七年三月静岡県教育ニ従事中功績不少ノ廉ヲ以テ為賞誉白奉書紬壱反同県ヨリ下与セラル、同年九月同県教育費へ金円寄付ノ廉ヲ以テ木盃壱個下賜セラル、同十八年職務勉励ノ廉ヲ以テ金参円給与セラル其外賞罰無之右之通無相違候也　明治卅二年九月十九日　高木壬太郎㊞〉（《第一課文書　社寺官房》〔東京都公文書館〕）

〝君（＝壬太郎）善く情を制するの力あり、忍耐して己に克ち言循々行も亦循々たり、殆んど是れ君子人也、蓋し牧師としての絶好模範なるべき歟、〟（前掲「教会及人物　日本メソジスト教会」）

〝坎堂（＝壬太郎）学東西に通じ、文章時流を抜く。而して隠忍沈黙、人に知らるゝことを好まず。〟（「逆旅日記」『信濃毎日新聞』明三五・一二・六）

（37）《高木壬太郎日記抄》〔東京神学大学図書館〕

日付が脱けているが、壬太郎が弥吉に書を認めた一二月八日以降同月三〇日（引用箇所の直後の日付）以前に書かれたものである。

(38)「故高木壬太郎博士の思ひ出」池田次郎吉『教界時報』大一〇・一二・二五

(39)《追憶》増田守一〔東京神学大学図書館〕

(40)警醒社編『信仰三十年基督者列伝』大一〇・一一

(41)「明治廿五年を祖す」『護教』明二五・一二・三一

(42)「自ら物せられた高木博士の伝記」聖山生『開拓者』大一〇・三

(43)「「インスピレーション」（宣教師学校《ミッションスクール》の卒業生諸氏を送る」『護教』明二六・七・一

(44)前掲「〔回顧廿五年〕懐旧一則（三）」、「学校では一字も教はらず」『文章世界』明四一・八、「予と基督教」『雄弁』大六・四

袋井の一年に読破した書物は、百四十余種（伊東圭一郎『東海三州の人物』大三・九）とも、二百八十巻（「山路愛山先生（一）」宮地生『護教』大六・三・二三）ともいう。

〈…少年にして山陽遺稿を読み、史学文章に志したる先生は、宗教界の人となるや悠々自適、徐ろに修養しつゝ、常鱗凡介の品彙匹儔にあらざる怪物の面目を示せり。…先生の伝道師生活は、所謂方便的生活にして、実に精神修養学問修養の為めなりしかば、其の説教も日常も其の日其の場の心持にて安心などはどうでもよかりしものゝ如し。…〉（「愛山先生（上）」『読書之友』大二・一〇）

(45)「徳川氏＝対＝羅馬教」『野声反響』明二四・三

〃迫害ヨリモ恐ルヘキハ仁恵ノ顔ヲ以テ来ルモノナリ〃（《□要録》（明治二三、四年頃の弥吉の手記帳。□は判読できず）（山路平四郎氏）

(46)〃基督教は勅語に反するなど申し候而尊き聖勅を堂同伐異の具と致し候無学の博士も候。…宗旨の争ひや、学派の争ひ

を以て皇室を煩はしたてまつり候事不忠不孝の至りに候。〟（「教育問答」『婦人新報』明三二・一一）

〝勅語の御主意は申すまでもなきことながら日本人民が一般に心得べき道徳を教へ諭したまひたるものにして道徳学の主義などを定め玉ひしには非ず。されば加藤弘之氏は進化論を唱へ、元良勇次郎氏は唯物論を唱へ、仏家は万物心造の教理を主張し、耶蘇教家は神を拝むべきことを教ふれども、国家の典刑は皆之を容れて自由に其信ずる所を主張するを許させ玉へり。聖恩真に天の如く寛かなりと申すべし。〟（「独立自尊の説につきて」『信濃毎日新聞』明三三・四・二八）

〝（井上哲次郎が）宗教を信じ良心の独立を重んずるを以て勅語の趣意に反したるものなるが如く論ずるに至りては是れ実に謂れなき空論なりと云はざるべからず。良心の自由なき処には誠実なし、誠実なき所には情なし、情なき所に何の忠君愛国あらんや。〟（『基督教評論』明三九・七）

〝教育勅語の御主意は誠に深重なることにて国民教育の典型たるべきは固より我等の饒舌を要せざる所なり。さりながら道は人に依りて行はるゝもの也。教育家は身を以て此勅諚を体し、宗教家は密室に於て、或は田園に於て、或は市街に於て共に聖意の実現せんことを努めずば我等は恐る、大御心の独り孤ならんことを。〟（「ひとり言」『国民新聞』明四五・二・四）

(47)　明治二四年二月一一日の弥吉。〝晴天。朝、木綿衾裡紀元節、臥看梅花盆上清　と歌い幽静を楽しむ。顔見知りの少年に促され外出。袋井駅西端の松原で、いつものようにしばし黙念。山名尋常小学校に祝賀の歓声を聞く。夕まで一室で読書。夜、再び少年に誘われ、学校の幻燈会へ。天皇の御影を見る。〟（「田舎の紀元節」『国民新聞』明二六・二・一一）

(48)　「明治廿四年精神界道徳界小評」『護教』明二五・一・九

(49)　「明治廿四年三月三十一日　中村座ニ於テ演説会ヲ開ク　弁士演題　武田芳三郎氏（愛国心）・山路弥吉氏（最大之交際術）・飯沼権一氏（日本之光彩）・カシデー氏（奇跡論）・ホイチングトン氏（不信仰ノ困難）　ホ氏ハ英語ニテ演ゼラレ通訳ハ村松一氏　聴衆無慮二百名熟レモ静粛ニ聴聞セリ〉（前掲《明治十九年六月以降森町メソデ《ママ》スト教講義所略歴史》）、「袋井と山路愛山・メモ」小池善之『静岡県近代史研究会会報』昭六〇・六

〝人は霊妙なる者なり、真情を以て動くべきものなり、真情を以て動かすべきものなり。…声色を仮り、返幅を飾る終に何の用ぞ。最大の交際術は至誠人を愛するに在り。〟（「無事の時、無為の時」『女学雑誌』明二四・三・二八）、「忠君論」『護教』明二五・三・一二
(50) 「忠君論」『野声反響』明二四・六
(51) 「天長節を祝ひ奉るとて」『護教』明二四・一〇・三一、「天長節を祝し奉る」『護教』明二五・一一・五、「余が基督教を信ずる所以（二）」『護教』明二六・一〇・七、「「兄弟」」『護教』明二六・一〇・二一、「教育論（四）」『日露戦争実記』明三七・一一・一八
(52) 「久能山（四月四日に遊ぶ）」『女学雑誌』明二四・五・三〇
(53) 「田舎より首府に（第廿三信）政治家としての徳川家康（上）」『国民新聞』明三三・九・七、「ひとり言」『国民新聞』明四二・一〇・三
(54) 前掲《高木壬太郎日記抄》
(55) 『MENTAL PHOTOGRAPH. 心の写真　一名嗜好及性質の記録』明二一・三（壬太郎最初の著書）〔池田春樹氏〕
(56) 前掲「自から物せられた高木博士の伝記」
(57) 前掲『□要録』
〝人間は苦痛を担ふて生れ苦痛と戦ひて死ぬる者なりけり。〟（「涙の谷」『国民新聞』明二四・四・二二）、〝功名富貴は燈の影に比し、…〟（「厭世」『国民新聞』明二四・四・二二）
(58) 「消夏漫筆」『護教』明二五・六・一一
(59) 〝吾人の天職は吾人の生れたる所を善くし、吾人の生れたる所を聖とし吾人の生れたる所を楽しくするに在り。〟（「伝道界の急務」『護教』明二六・四・一）
(60) 東洋英和女学院百年史編纂実行委員会編『東洋英和女学院百年史』昭五九・一〇

当時すでに、静岡女学校（現、静岡英和女学院）に奉職していた可能性もある。〔山路平四郎氏〕、「旧師追想　知られざりし面影　山路（田島）たね先生のこと」松縄善三郎『倭文はた』昭六〇・一一〔小林奈雄氏〕

(61)　前掲「恋愛の哲学」、「婚姻箴」『女学雑誌』明二四・一・三一、「貴女よ！」『女学雑誌』明二四・二・一四、「マイルス、スタンヂツシユの恋」『女学雑誌』明二四・四・一八～六・二七、「閨教論」『野声反響』明二四・八、九

〃…近来また結婚に就て物質的の資格を大分八釜しく、いふやうになつて来たかと思ひます。竹の柱に茅の屋根手鍋さげてもとかいふことが、夫婦の最も純なる理想であります。これがなければ夫婦とはいへない。私は男と女とあつて、そこに愛情さへあるならば結婚は出来ると思ふ。〃（「『結婚後の所感』其二」山路弥吉氏『家庭之友』明三七・五）

(62)　「『現代青年に与ふるの書』其の四」『文章世界』明四三・一二

〃…初恋に優るものはないのである。愛の最初の印象である。私欲といふ事もない、純白な人間の正直の心に咲く最初の紀念《かたみ》の花である。…これ丈は大抵一生涯忘れないものである。それ程強い、深い、濃やかな、神秘なものなのだ。私は愛などといふものは、人為的に彼れ此れする事の出来ない不思議なものと信じてゐる。大自然の感応に依つて生じて来るものであると思ふ。〃（「早婚を勧む」『婦人の鑑』明四四・一二）

(63)　《徳富猪一郎宛弥吉書簡　明二五・六・四》伊藤隆ほか編『近代日本史料選書七―一　徳冨蘇峰関係文書』昭五七・一

○

(64)　「寄合世帯の滑稽なお正月」山路たね子『婦人公論』大六・一

明治二五年一二月二七日に麻布メソジスト教会で挙式（岡利郎編『山路愛山集（二）　民友社思想文学叢書　第三巻』「解題」昭六〇・一二）。

〈田島種子が山路愛山夫人となりし時、愛山先生は麻布に住めり。結婚の当夜、独り散歩に出で、結婚費用及び洋服代の為めに民友社より借り来りし若干の金子の使ひ残り七円いくらを失ひ帰りて花嫁を呆然たらしめたりと云ふ。〉（前掲「愛山先生（上）」）

(65)「職業を求むる青年に与ふる書」『中学世界』明四三・九
(66)「エメルソン集を読む」『信濃毎日新聞』明三二・一〇・一
(67)「二日の旅」『再興独立評論』大二・一二
(68)「説教者としてのイエス、キリスト」『護教』明二五・七・三〇
(69)前掲「東京より袋井に往く記」
(70)「所謂朝鮮伝道の意義」『新人』明四三・一〇
(71)《自明治十九年一月二十二日　至明治三十年十二月二十五日　江原素六先生日記　第二号》（江原素六記念館〔西山利蔵氏〕）
(72)「ひとり言」『国民新聞』大二・五・四
〝江原素六氏は北人なり。彼れは自由党の長者なり。而も彼れは毛色の変りたる自由党なり。〟（「戦国策とマキヤベリを読む」『国民之友』明三〇・九）
〝江原素六君の如きは自ら誇りて或《われ》は貧書生なり、一銭も費さず（＝選挙に）と云へり。然れども是江原君に取っては光栄なる例外のみ。〟（「田舎より首府へ（第卅八信）選挙権を拡張せよ」『国民新聞』明三四・一・五）
〝江原素六翁。英書を読むこと旧き慶応義塾の卒業生にだも如かず。理学を解すること平凡なる中学教師にだも如かず。而も彼れは善く六百余名の学生を薫陶して違言なからしむるを得るに非ずや。教師に要する所は其性格にして其学芸に非るなり。〟（「苦汁。甘汁。酸汁。」『信濃毎日新聞』明三六・一二・九）
(73)「北村透谷君」『国民新聞』明二七・五・二二
(74)前掲「第百号」
(75)「文人となること勿れ」『青山評論』明二五・三
(76)「金森通倫君に与ふ」『女学雑誌』明二四・五・二三、「金森通倫君の日本現今の基督教及将来の基督教」『護教』明二四・

七・七

〈…果然金森君は、其大評判の最中に於て、忽ち大波瀾を其教会（＝番町教会）に起して仕舞つた。金森君は遂々と異端を吐き始めた。而して終には『聖書論《バイブルろん》』を呈出して、今日聖書となつて居るものは、元来経典として作られたものでないなど、説き、ヨハネ伝の如きは純乎たる耶蘇《エス》の言行録はなく、後世希臘哲学を加味して作られたる一種の神学であると喝破した。之れは予が金森君より説教に於ても聴き、個人としても聴たところの実験談である。今日となりては何んでも無事だが、当時は異端邪説の大なるものであつたから、金森君は、終に辞職するの止むなさに至つた。〉（「予が四十年間の宗教的経験（其二十）」松村介石『道』大七・三）

三　〈生地・東京〉へ再び

〈山を出るの日〉[1]が来た。日本のメソジスト教会三派（米国メソジスト監督教会・カナダメソジスト教会・南メソジスト監督教会）の協同週刊紙の編集を平岩愃保（当時、麻布メソジスト教会牧師・東洋英和学校総理）から委嘱されたのである。[2]〈能文才筆の名ある〉[3]弥吉ではあったが、『基督教新聞』の小崎弘道・横井時雄、『福音新報』の植村正久に抗するに貫目足らずと見られ、本多庸一（当時、東京英和学校校長）の下、〝副編輯人〟として実際の筆を執ることになった。[4]キリスト教の進歩も、後年の弥吉のことばを借りれば〝打止〟[5]の頃であった。

〝明治二十四年の頃私は遠州袋井を出て東京へ来て「護教」の編輯者に任ぜられました。然し其頃払はまだ三十にもならぬ何も解らない一青年でありました故名義上の編輯長は本多先生で私は補助編輯者《アッシスタントエヂター》として岡野敬胤氏（知十氏）と共に「護教」の編輯、経営にたずさわりました。私は平岩愃保先生に連れられて本多先生にお目に掛りに行こうとしました所が私は羽織を持つて居りません。平岩先生は「袴だけでもい、からはいて行け」と云はれるので袴だけはいて一緒に先生のお宅へ参りました。[6]〟

朝（青年）から昼（壮年）へ。[7] 資性適せぬ直接伝道の任（築地教会牧師）[8]も負い、〝筆を以て日本の精神界に微力を致すことは（余が短才を以て斯く言ふは抱負の大に過るの嫌あるか知らねど、）余が一生を通じて従事せんと欲する所[9]〟の決意も新しく、静念の地を後に、波高い操觚の海へ、泥舟の舵をとる布衣の〝助筆記者[10]〟二十六歳。

〈（大正七年九月二日）…〇袋井で山路愛山〉（中野好夫・横山春一監修、吉田正信校注『蘆花日記　七』昭六一・七）十年一日のごとく始終した徳富健次郎（蘆花）は、夏游の帰途、袋井に若き弥吉を追想している。

注

（1）〈評眼鋭利、向ふ所判然として黒白を別つ、蓋し今の文学海に一大光彩を発《はな》つの価格あるもの也。吾人は今後山路弥吉と云る氏名を記臆し、其の遠からず山を出るの日を待んと欲す。〉（「頼山陽を論ず」『峡中時事』第八号（未見）掲載の「頼山陽論」の演説筋書きを一読した巌本善治の書評。）『女学雑誌』明二三・一〇・二五）、川合道雄『川合山月と明治の文学者達』昭二九・五参照

（2）「メソジスト主義の雑誌」『護教』明四三・九・二四、「日本メソヂスト時報五十年略史（一）」兼藤栄『日本メソヂスト時報』昭一五・九・六

〈明治二十年前後先輩の間にメソヂスト派合同の談話ありたりと聞く、現に神学校を合併せしこともありき、不幸にして再び分裂せしと雖ども、其頃よりして機関新聞を合併して発刊すべしとの議は出でたり、日本メソヂスト、美以、南美以、の三教派を代表せし委員各其年会より挙られ、各派より正式の補助金を出して、此に我「護教」は生るゝこととなりぬ、されど其教界の位地より、中央に存在する関係よりして、本多、平岩両先輩の尽力の最も大なりしことは謂ふ迄もなし、〉（「「護教」の歴史（上）」三浦泰一郎『護教』明四三・九・二四）

（3）「教報○護教」『基督教新聞』明二四・七・二四

（4）「独学」『中学文芸』明三九・六、前掲「「護教」の歴史（上）」、「宗教家中の政治家」『護教』明四五・四・五、伊東圭一郎『東海三州の人物』大三・九、「〔回顧廿五年〕懐旧一則（三）」『国民新聞』大四・二・二一

（5）〝日本に於て二十年来進歩しない者が三つある。其の一は基督教である。其の二は政治である。其の三は思想である。此の三者は、明治二十三年以後に於て、何れだけの進歩を遂げたか。基督教は其の以前に於て盛んな進歩を遂げた、さりながら其の進歩は二十三年前後を以て打止とする。…〟（「現代青年論」『新紀元』大二・七）

（6）「（本多庸一）追悼演説」『青山学院交友会会報』大二・三

〝メソヂスト三派の機関新聞を作るに付ては名を堂したものだらふと云ふが最初の問題にて本多、平岩、岡野諸先生と共に小生も其議に参したりと覚へ候。其節小生は東京週報とか何とか云ふ通俗的の名にしたらばと云ふ考を持ち居候ひしが「クリスチアン、アドボケート」の直訳、護法とか護教とか云ふが宜しかるべしとの説、（たしか平岩先生の説と覚へ候。しかし今にても護教はあまり善い名とも覚へ不申候。護法、護教いづれも消極的の名にて、積極的活動の意味薄き様に存ぜられ候。〟（「昔のこと」『護教』明四三・九・二四）

（7）〝一日は是れ一生の模型なり　朝は青年の時なり　昼は壮年の時なり　夕は老年の時なり　眠る時に顧みて慊然たらさるものは福なるか那〟《□要録》（明治二三、四年頃の弥吉の手記帳。□は判読できず）〔山路平四郎氏〕

（8）「教報○日本メソヂスト教会年会」『基督教新聞』明二四・七・二四

〝僕の間接伝道に適し、直接伝道に適せざるは二年の経歴之を証す。〟（《徳富猪一郎宛弥吉書簡　明二五・六・四》伊藤隆ほか編『近代日本史選書七―一　徳富蘇峰関係文書』昭五七・一〇）

〝僕は伝道師たるべく決心したれども、道楽息子に意見をしたり、夫婦喧嘩の仲裁をしたり、老人の老境を慰め、青年の猛志を抑へるなど云ふ君子らしき仕事は天性の癇癪持にて堪ふる所にあらず…〟（「〔回顧廿五年〕懐旧一則（四）」『国民新聞』大四・二・二三）

〈先生（＝弥吉）の伝道師生活は、所謂方便的生活にして、実に精神修養学問修養の為めなりしかば、其の説教も日常も其の日其の場の心持にて安心などはどうでもよかりしもの、如し。〉（「愛山先生（上）」『読書之友』大二・一〇）

（9）「余が進退に就て」『護教』明二五・七・三〇

（10）「読者諸君に告ぐ」『護教』明二六・七・二二

〝我等の二十代には貧は士の常なりとて却て貧を誇りたり。貧を誇りたるに非ず、貧けれども猶ほ独立の人たるを自覚し、此独立の自覚に依りて天地の寛きを感じたり。〟（「社会百気焔」『実業之日本』大三・一）

三　櫻井明石

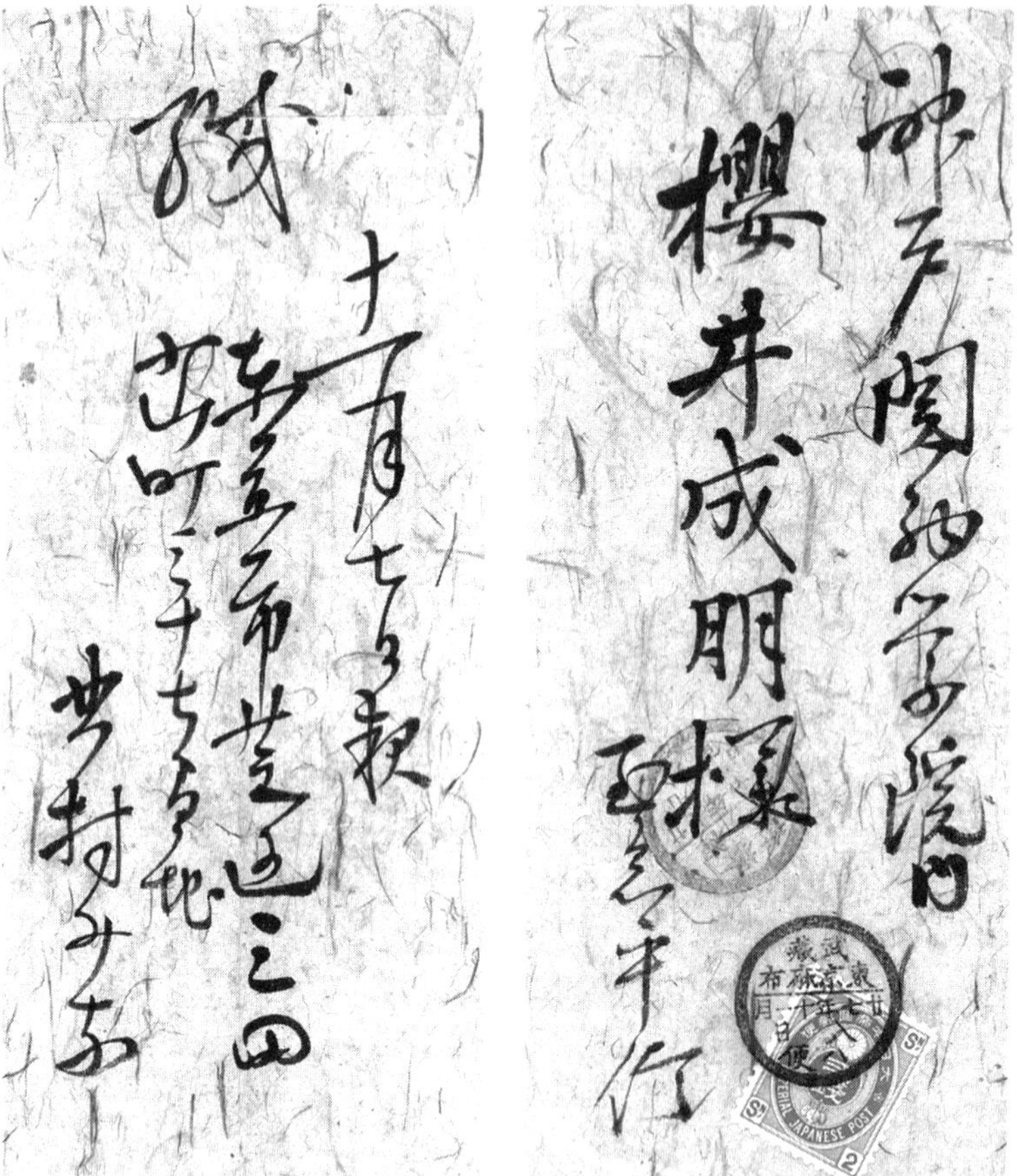

封筒 裏　18㎝× 7㎝　封筒 表

北村みな書簡
―櫻井成明《なりあきら》宛・明治二七年一一月七日付―

去年の秋、櫻井まつ子様（櫻井成明ご長男・故成廣氏夫人）から、北村透谷の妻・みな（以下「美那子」と記す）の書簡が届けられ、驚きと喜びと感謝の思いにつつまれた。

半紙二枚の境域には、愛する夫を喪って半年後の美那子の〝非常なるかなしみ〟が、また彼此の岸にさまよう透谷の〝病中のくるしみ（心の困）〟が、透谷〈二なきの友〉*・櫻井成明（号・明石《めいせき》一八六五～一九四五）に真実の筆をもって打ち明かされている。

＊「〔要目〕追憶、北村透谷」巌本善治『評論』M二七・一〇・八

櫻井成明・25歳
（明治24年7月29日撮影）

透谷と美那子（明治22年頃撮影）

英子を抱いた透谷
（透谷24歳、英子10か月）

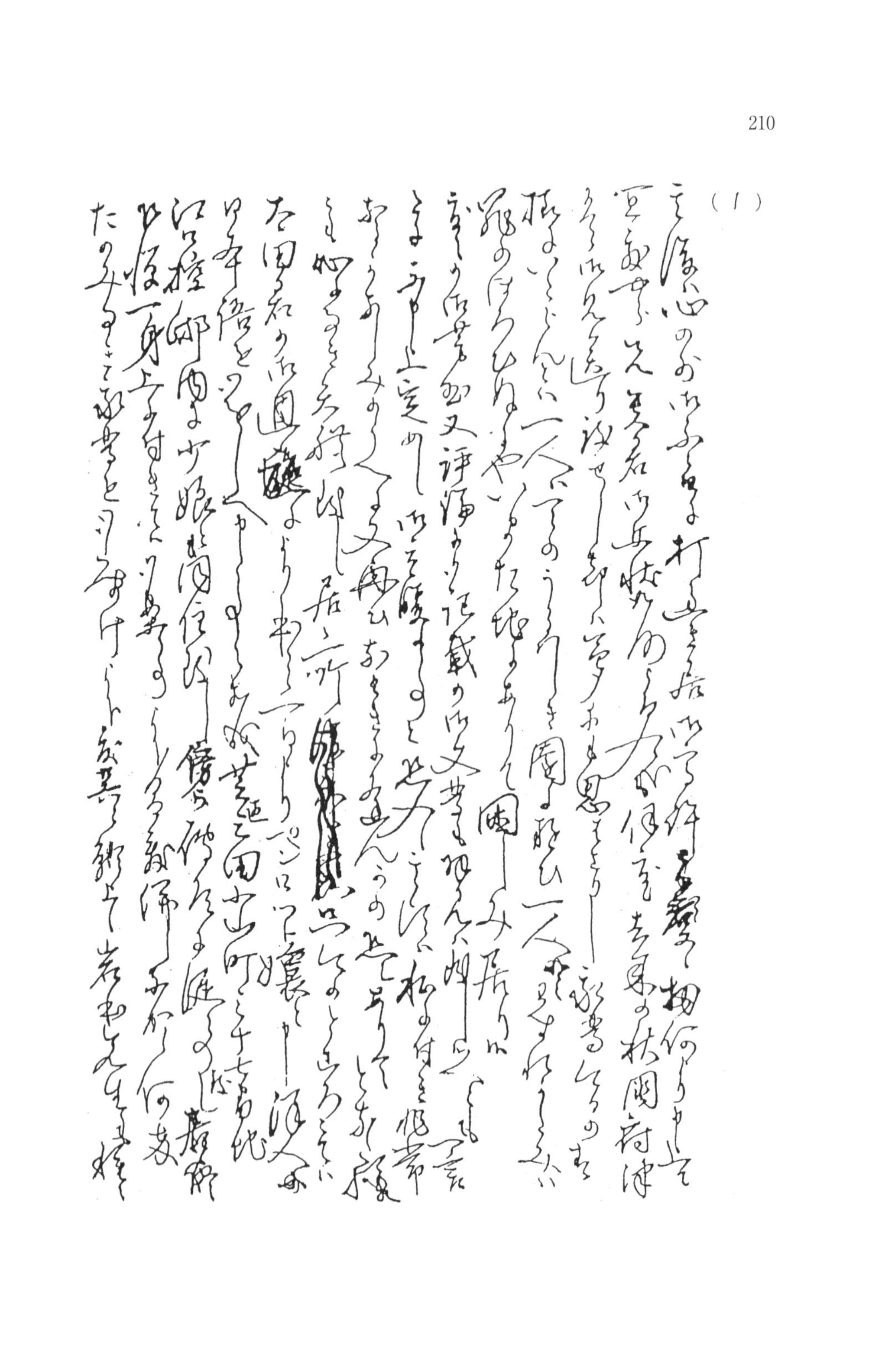

（１）

[illegible]

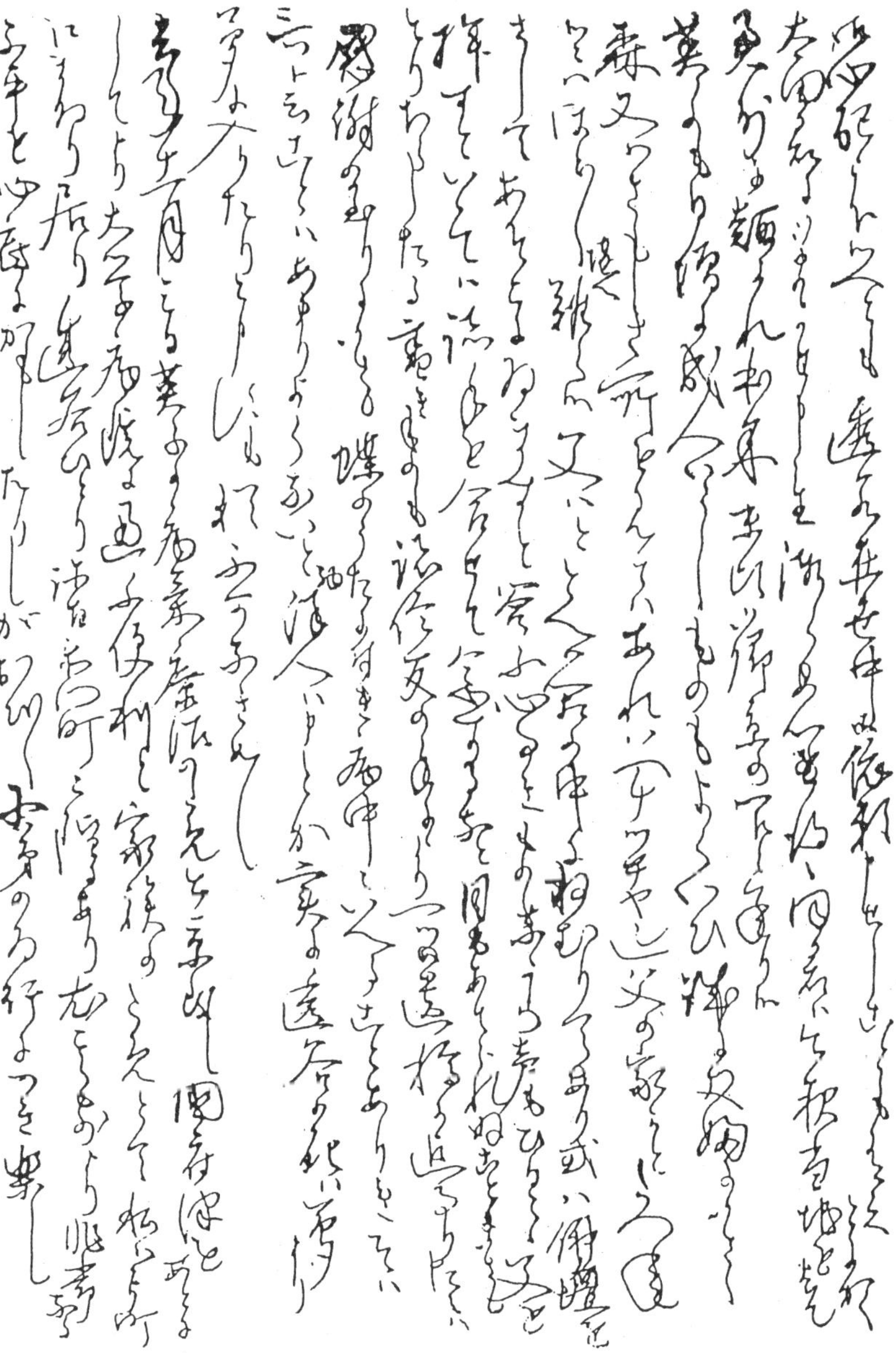

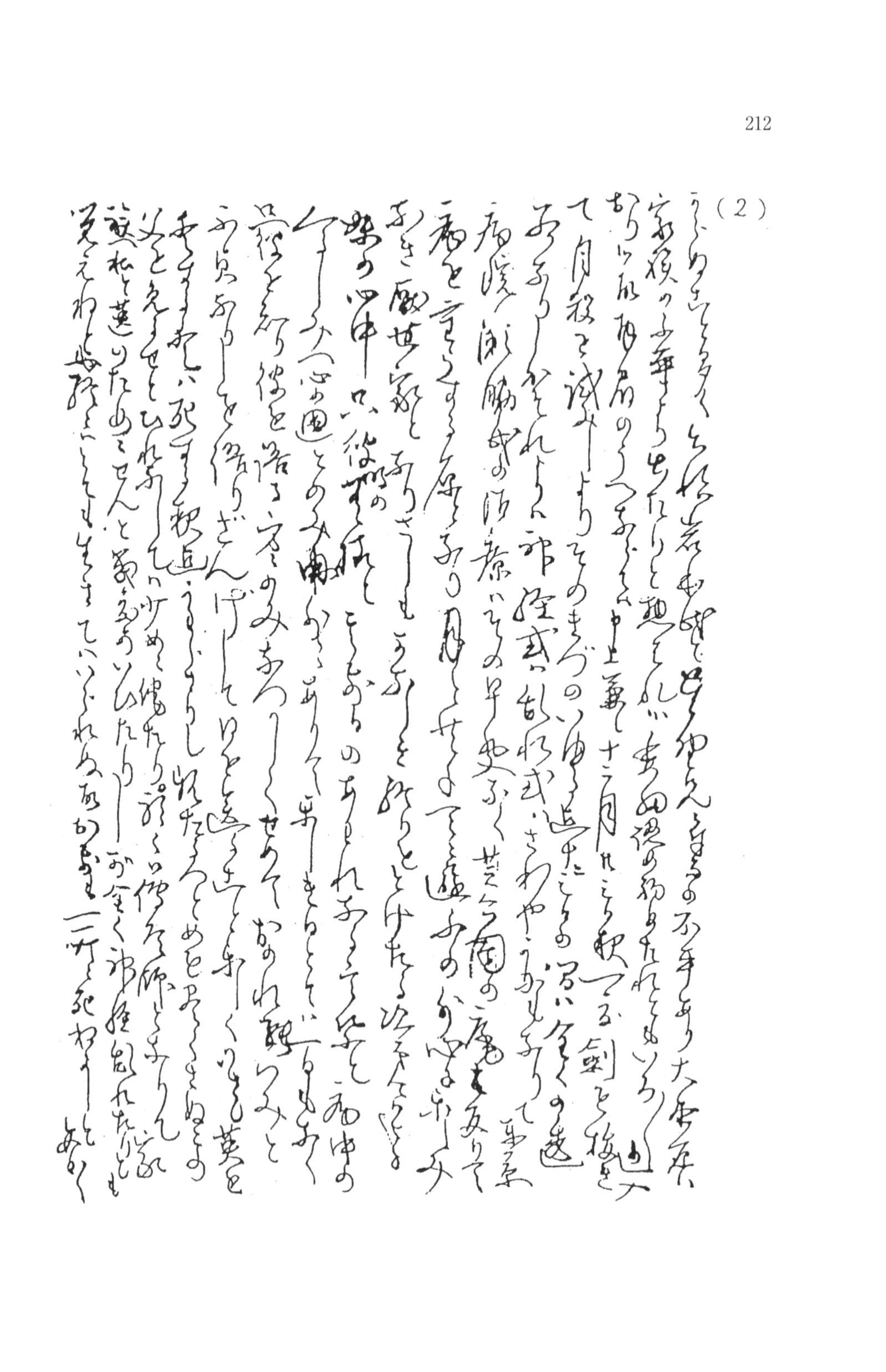

（2）

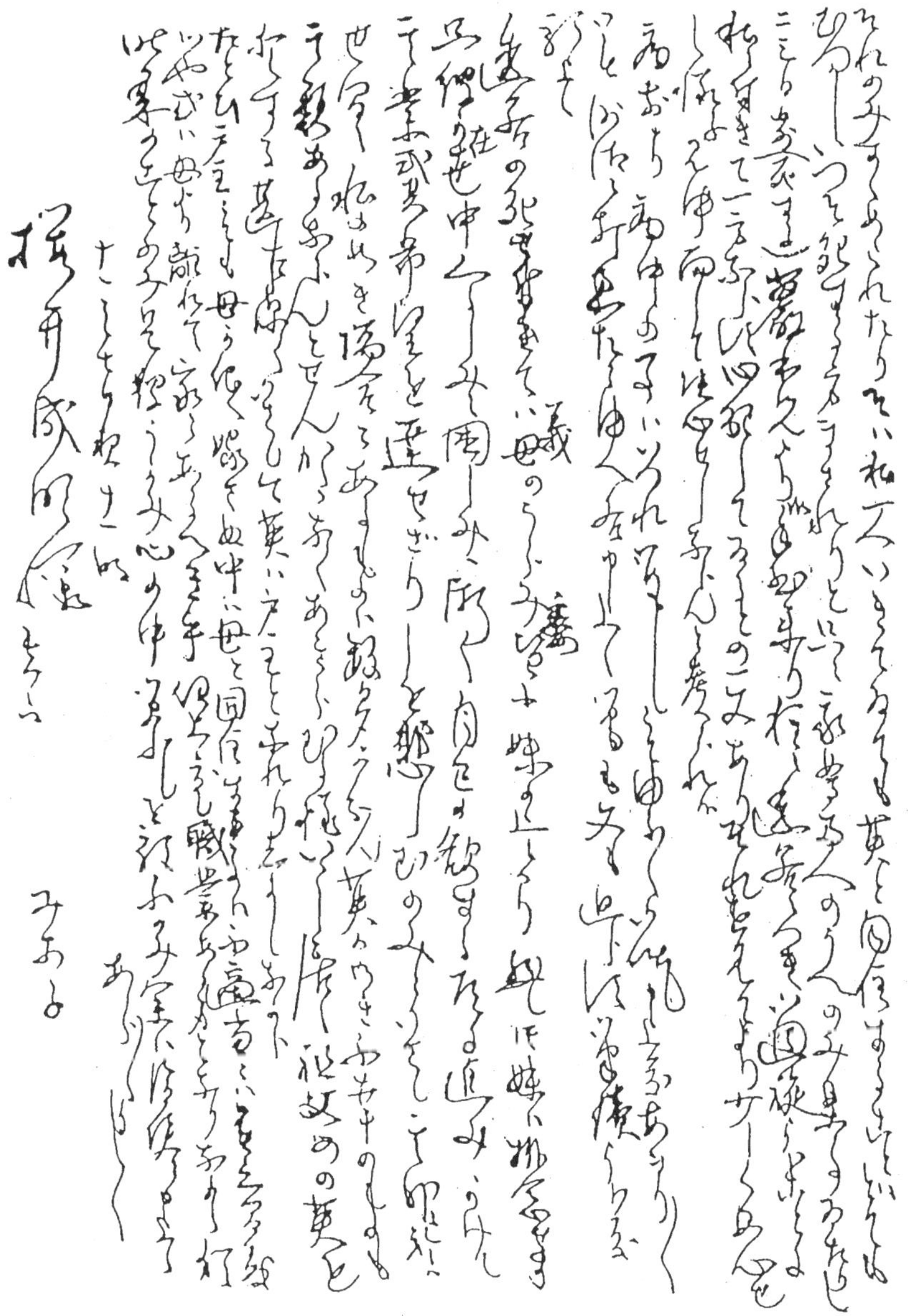

（1）
其後ハ心の外御ふさたに打過き居御高許被下度候扨何より申上て
宜敷やら先貴君御近状如何被為入候哉伺度候去年の秋国府津[1]
にて御見送り致せし節ハ夢にも思はさりし我等今日の有
様にいたらんとハ一人ハ天のうるハしき園に遊ひ一人とわすれかたみハ
罪のほろびぬにやいまた地にありて困しみ居り候
度々の御芳玉又評論[2]に御記載の御文等も拝見ハ致し候へとも一言
たに不申上定めし御立腹の事と恐入候其頃ハ私に付き非常
なるかなしみのうへに又再ひなけきに逢んかの恐レありてとなた様
ニも心になき失礼致し居候所只今のところニてハ
太田君[3]の御週旋により本月一日よりペンロット嬢[4]と申洋人に
日本語を御をしへ申事ニ相成芝区三田小山町三十七番地
江口様邸内に少娘とも同住致し傍ら伝道に従事致し居候
乍憚一身上に付きてハ御案事被下間敷併しなから何卒
たのみなき我等を御たすけ被下度呉々願上候岩本先生も種々

御心配被下候へとも透谷在世中御依頼申せしことも有之とにかく
太田君に御まかせ申置漸く安心を得候同君ハ今夜当地を去て
奥州に趣かれ本年末頃御帰京の筈と承り候
英子も日増に成人いたしものもよくいひ誠に丈婦に御さ候
森又ハさもしき所を見てハあれハ（チッチャン）父の家かとたつね
候ニハほと〳〵堪へ難く候父ハととへハ箱の中にねむりてあり或ハ仏壇を
さしてあそこにゐますと答ふ心なきものなから声もひくく父を
拝すといゝてハ諸手を合せて念するなと目もあてられぬことに御さ候[5]
とりちらしたる書きものも諸信友の手により一ツの遺稿[6]に迄なりたるハ
感謝の至りに御さ候蝶のうた[7]に付き病中ニいへることありきそハ
三ツト云ことハあまりよくないと西洋人ハ申とか実に透谷の死ハ夢より
夢に入りたりと申すも猶不可なき如し
去年十一月三日英子の病気療治のため上京[8]致し国府津をあとに
してより大学病院に通ふ便利と家族のためとて私ハ弓町
えまゐり居り透谷ひとり弥左衛門町二階にあり尤其前より非常なる
不平[9]を心底にかもしたりしがおひ〳〵小弟[10]の為行につき楽しからぬこと

(2)

からぬこと多く今般岩本氏と星野兄ニ付而の不平⑪あり大本原ハ
家族の不平より出たりと想はれ候委細認め初めたれともいろ〳〵込入
おり候故拝眉のうへならてハ申上兼候十二月廿三日夜一度剣を抜き
て自殺を試みし⑫よりそのきづのいゆる迄十二三日の間ハ全くの透
谷なりしかそれよりハ神経或ハ乱れ或ハさわやかにもなりて東京
病院瀬脇氏⑬の治療ハその甲斐なく芝公園の庵に反りて
病を重うする原となり⑭月と共に天ニ遊ふの外心に楽しみ
なき厭世家⑮となりさしもかなしき終りをとけたる次第ニ御さ候
妹の心中只彼時の有様と其前日のあわれなる言葉と病中の
くるしみ（心の困）とのみ申外ニありて楽しき日とてハ一日もなく
只彼を知り彼を語る方々のみなつかしくせめておのれのつみと
不貞なりしを語りざんげして日を送ること楽しく御さ候英を
愛する愛⑯ハ死する夜迄かわらさりし親たるつとめを尽くさぬこの
父を免るせとひれふしてハ少女ニ詫たり⑰願くハ伝道師⑱となりて家
族（私と英）のためニせんと幾度かいひたりしが全く神経乱れたりとも
覚えぬと此終ニハとても生きてハいられぬ故お前も一所ニ死ねよと毎日〳〵

それのみす〻められたり⑲そハ私一人いきてゐても英と同住することハとても
むつかしいつそ死する方まされりと只々我等両人のうへのみ案事ゐたりし
二三日前（死する）巌本兄より御手玉来り種々透谷ニつき御週旋被下ことに
私ニ付きて一方ならす心配してゐるとの一文ありそれを見てより少しく安心せ
し様子見ゆ而して決心せしならんと考へられ候
病前より病中の事ハいつれ御めもじニてゆる〳〵御咄し申上度あまり〳〵
御無沙汰ニ打過たるゆへ右申上候間も文も迫らす半読被下度
願上候透谷の死⑳ニ付きてハ義母のうらみ悉皆に妹㉑の上ニアリ然レトモ妹ハ掛念せす
只彼か在世中くるしみニ困しみ、漸く自己の欲する道に進みかけて
其業或其希望を達せざりしを悲しむのみニ御さ候其外ニ於ハ
世間ニ私の如き場合ニあるものハ数多からん英の如き不幸のものも
其類あるならんとせんかたなくあきらむる様いたし居候祖父母の英を
愛する甚に深く御さ候今英ハ戸主㉒となれりしかしなから
たとひ戸主ニても母か他へ嫁さぬ中ハ母と同住する事ハ不適当ニハ有之間敷
候や或ハ母より離れて家ニあるへき乎伺上度候職業ある身㉓となりなから猶
昨年のことのみ是彼うかみ心の中御察しを願ふのみ余ハ後便ニ申上候

あら〳〵かしこ

十一月七日夜十一時

みな子

櫻井成明様　貴下

○引用文中、漢字は原則として新字体に改め、仮名遣いは原文にしたがった。
○〃〃…「みな書簡」から引用、〈 〉…他の文献から引用、［ ］…所蔵先、（＊、※、＝）…筆者による注、《 》…草稿
○解読文中の①②③…は以下に掲げた参考資料の番号を示す。
○M…明治、T…大正、S…昭和、H…平成

①透谷（一八六八～一八九四）と美那子（一八六五～一九四二）と長女英《ふさ》（一八九二～一九六四）の三人は、国府津在前川村の長泉寺本堂隣の四畳間で、明治二六年八月三〇日から一一月三日まで（六、七月頃数日滞在した分を含めると約三カ月半）〈朴素な生活〉を送っている。

〈明治二十六年八月三十一《ママ》日予が神戸なる関西学院に赴任の時かねて時刻を打合せおきたる所透谷ハ夫人美那子にふさ子嬢を抱かせ、この国府津の停車場に出迎へをり、五分間の停車時に尽きぬ名残を惜みて西と東に別れたるが焉ぞ知らんこれ透谷との永訣とならむとは〉（島崎藤村の『春』（T一〇、新潮社版）を読みながら当時を追想した櫻井成明のメモ［櫻井成廣氏］。以下「成明メモ」と記す。）

〈国府津へ参つたのは健康の為めや教会と自分との間に紛糾があつた故であります。他には生活難と云ふやうな意味は内面にはあつたのです。国府津でも朝鮮寺《ママ》と云ふに間借りを致しました。この寺は先祖から菩提寺で住職とは先々から知り合で何にかと便利の好い事もありました。藤村さんの「春」にもありました通り私は裁縫の師匠さんをして近所隣の若い娘さんに裁縫を教へました。透谷は一週に二日宛東京に出て明治女学校に英語を教へてゐました。〉（「国府津時代と公園生活」北村透谷未亡人談『新天地』M四一・一〇、『日本文学研究資料叢書　北村透谷』S四七・一所収）

〈保養旁々国府津の方へ引移つたのは其年の六月頃であつたと思ひます。朝鮮《ママ》寺は先祖代々の菩提寺でしたから、当分其寺を借りる事に定めて、本堂の隣室の至極閑静な一室を撰び、寂しい生活を続けましたが、寺の大黒が大層親切な方で種々と面倒を見てくれました事は今も忘れません。透谷は一週二度づゝ出京して明治女学校で英語の教鞭を執り、傍ら霞町のウツドウオルスさんと、普連土女学校のヴレスウエートさんに日本語を教へてゐました。其頃宗教は面倒臭くていけないとか、無意味なものだとかよく申しまして、自分が西洋人の所へ行くのは唯パンの為だと始終話してゐました。時には宣教師の通弁等に行つて、途中から癪に障つたと言つて帰つて来る事も間々あつたやうでございます。国府津にいる間の生活は最も朴素を極めまして、私等は殆ど禁足同様、経費を慎みまして寺から外へは余り出歩いた事がありません。それでも唯た一度、親戚中に不幸がありまして、透谷には内証で留守の時を見計つて出て行きましたが、勿論経費等は親元から出して貰つて、その日の中に往復した事がありました。その頃透谷は脳の悪い上に、非常に用件が多く、神経が大変過敏になつて一寸した事にでも気を採むといふ風でしたから、その事は到頭打明けずに了ひました。〉（「透谷の晩年と其言行（下）」北村美那子『学生文芸』M四四・四）

②〈空花生*（浅田栄次）は我関西学院の少年詩人なり、…中に一篇「月下恋」と題するものあり、これ予が亡友北村透谷を懐ふて咏ぜるものなり、生もと透谷を識らず、嘗て其作る所の詩文を読み、又予に就きて其人と為りを聞き、心に慕ふ所ありき。会ま透谷逝く、生悵然として生前に未だ嘗て一たびも面晤する機なかりしを憾み、また其非命を悲み、慨然として此篇を作る、一篇十一章気格高超にして風骨淡遠、われ之を読んで悽惻の情に堪へず。透谷の逝くや、東都の新聞雑誌挙げて皆天才の早凋を悼み、挽歌弔詞の陸続として其紙上にあらはれしもの実に数十篇の多きに及べり、名匠大家の死と雖も此の如く惜み悼まれしことの殷なりしは予の未だ嘗て聞かざる所なり。今又空花生其

未見の友を感懐推挽して、情緒の濃なる一に此に至る、透谷以て瞑するに足れり。世の透谷を謂ふもの一人として其清逸を称せざるは無し、空花生亦月に比して其清徳を歌ふ。透谷は実に冲澹清雅、襟懐些の塵芠を留めず、…〉（「月下恋を読みて」明石居士『評論』M二七・一〇・八）、『女学雑誌』（M二七・一〇・一三）に同文あり。

＊浅田栄次（一八六五〜一九一四）については、「故浅田栄次氏の葬儀」『中外英字新聞』T三・一一・一五、「故浅田栄次氏経歴」『護教』T三・一一・二〇、浅田みか子編『浅田栄次追懐録』T五・三など参照

③太田敏夫（一八七二〜一九〇九）〈日本クリスチャン教会牧師。宮城県石巻に生れる。一八八七（明治二〇）年六月、D・F・ジョーンズが石巻伝道を開始するとともに求道者となり、九月現在の石巻栄光教会設立に際して受洗、日本クリスチャン教会の初穂となる。ジョーンズの通訳兼助手を務め、八八年ジョーンズの東京伝道に伴われて上京、八九年二月麻布（聖ケ丘）教会設立後、その役員となる。翌九〇年三月から一年間、無牧であった石巻教会を応援して帰京、再びジョーンズの下で働いた。九二年一〇月ジョーンズに代って来任したA・D・ウッドウォースの通訳兼助手となり、九四年から無牧であった岩手県一関の磐井（水沢）教会を応援し、翌年に帰京、無牧となった麻布教会の教師として働いた。高橋房太郎牧師来任後は教会役員、教会堂建築に際して建築委員となり、一九〇二年一〇月教会堂の落成を見、しばらくして石巻に引退。〉（「太田敏夫」早川栄『日本キリスト教歴史大事典』S六三・二）

〈…細川覚牧師（日本基督教団石巻栄光教会）や武山二朗・同教会責任役員らが教会員名簿などをもとに調査を開始した。この結果、1、現在の石巻市中央二丁目の姉歯産婦人科病院隣にあった石巻クリスチャン教会で創立記念日に当たる明治二〇年九月二五日に洗礼を受けた。2、同二二年一月一三日に牧師を養成する専門校・東京講義所に入った、3、同四二年二月二日永眠した―ことなどが明らかになった。だが、かなり古い話に加えこれといった参考資料もない中

での調査のため、それ以上のことは分かっていない。…〉（「故太田敏夫さん　足跡探しています　明治の詩人・北村透谷と親友」『石巻かほく』H六・三・一〇）

④〈…ローズの辞任を受理した米国クリスチャン教会外国伝道局では早速後任の人選に入り、ユニオン・クリスチャン・カレッジの教授A・D・ウッドワース（Rev. Alonzo Woodworth, D. D. 1857-1949）に、学識信仰両面に秀でた適任者として白羽の矢を立てた。ウッドワースは熟慮の上伝道局の申し出を受け入れ、一八九二年三月二五日、オハイオ州デイトンで開かれた伝道局の会合で妻アイダ（Ida）およびアイダの姉C・T・ペンロッド（Miss Christine Tena Penrod. 1866-1922）とともに日本派遣宣教師に任命された。…彼は妻アイダと義姉にあたるペンロッドと共に、一八九二（明治二五）年一〇月、東京に着いた。…ウッドワースはローズが残した神学教育を継ぐとともに、麻布教会をはじめジョーンズが開いた各伝道地その他で伝道にあたった。通訳は太田敏夫がつとめた。ペンロッドはユニオン・クリスチャン・カレッジに学び、女性ながらすでに按手礼を受けており、ウッドワースと共に伝道にたずさわった。…ウッドワースとペンロッドは北村透谷を日本語教師に迎えたが、伝道に多忙をきわめたため、その成果ははかばかしくなかったらしい。透谷は再び東北伝道に赴き、一関磐井教会などに滞在している。…〉（聖ケ丘教会一〇〇周年記念誌委員会編『日本基督教団聖ケ丘教会百年史』H元・一二）

〈ウドオルス先生がいらして間もなくであらうと思ひます。イービー宣教師に日本語をお教へしてゐた透谷は先生の日本語の教師となりました。それからクリスチヤン教会に出入する様になりました。其の頃には宣教師としてウドオルス夫人の御令姉ペンロード先生、ジヨーンズ先生もゐらつしやいました。然し間もなくジヨーンズ先生は御帰りになりました。牧師の働きをしてゐられたのは太田敏夫様であつたと思ひます。太田様は非常に英語の御堪能な方で宣教師方を英語で色々御戯談を仰つて笑はせられ、又からかはれたりして居りました。太田様はウドオルス先生の通訳も兼ねて居られた様に思ひます。ペンロード先生の通訳には浜口れん様が当られました。…ウドオルス先生、ペンロード先生は教会の御働きの他に神学生を教育して居られました。森元町あたりに太田敏夫様の御住ひがあり、其処に神学生が宿つて居りました。…明治二十七年五月透谷が死去致しましてから私はペンロード先生の日本語勉強の御手伝ひを致させていたゞく様になり、霞町に一緒に住はせていたゞきました。そして間もなくペンロード先生は三田小山町に御転居になり私も共に住はせていたゞきました。教会の集会は日曜朝夕共に三十名位でしたでせう。婦人会はペンロード先生が御やかましくて中々盛会でありました。…明治三十一年ウドオルス先生は夫人の御健康が勝れず、日本の風土が夫人に適せぬのであらうと言ふ事になり、御帰米なさる事になりました。私も御伴して渡米致しましたので其の後の事は存じません。…〉（「追憶」北村美那子氏談『麻布基督教会の五十年』S一三・一〇）

〈…二、三年前まで、クリスチャン教会の宣教師で、ウツドヲルスといふ人あり、青山学院神学部に来て、ギリシヤ語を授けてゐた。同氏に聴くに、北村透谷は、同氏の説教の通訳を屡々した相であるが、ウツズヲルスに評させると、余り通訳はうまくなかつたと云ふ。千里を走る馬は、トラツクの外を走るべく、鞭を加へられたのであらう。…〉（「日本基督教文学夜話5　透谷、独歩、不知庵、春雨」比屋根安定『日本基督教新聞』S一〇・九・一七）

アメリカ・クリスチャン教会外国伝道委員会に〈…I have thought that he（＊Mr. Kitamura）and Mr. Ohta would be a sort of Paul and Silas. I have great confidence in them.…〉（『Herald of Gospel Liberty』一八九三・九・七）と書き送ったのはウッドワースである。

C・T・ペンロッドについては他に「日本の廃娼運動に一生を捧げた或る米国婦人宣教師の略伝」茂木宏『イエスキリストの良き伝道者 Dr. A. D. Woodworth の生涯（一八五七〜一九四九）』H二一・七参照。

⑤〈…鶴子（＝英）は母のそばに据えられて、おとなしく遊んでいた。ようやくひとりで歩くぐらいの年ごろで、父の亡くなったことも知らずにいるらしい。その無邪気な、愛らしい顔つきが、一層人々にあわれを催させた。「父さん、ねんね。」こう鶴子は片言まじりに言っていた。青木（＝透谷）の遺骸は暗い部屋の方にあった。…〉（島崎藤村『春』岩波文庫、S四五・三）それから半年後、〝日増に成人〟する英の父に対する思慕はつのるばかりであった。

⑥文学界雑誌社版『透谷集』M二七・一〇・八

⑦〈…秋風肌寒し、透谷連りに蝶の行衛を憐れむ。「眠れる蝶」は文学界（＝九号、M二六・一〇・三）にあり、「蝶のゆくへ」は三籟（＝七号M二六・九・三〇）にあり、「双蝶のわかれ」は国民之友（＝二〇四号、M二六・一〇・三）にあり、生、死運命の前に任せんとす。荘子夢に蝴蝶となる、而して透谷は蝴蝶に夢を観ずる乎。〉（「〔評論之評論〕透谷と蝶」三浦泰一郎？『護教』M二六・一〇・一四）

⑧〈…その年（＝明治二六年）の九月頃であつたと思ひます。子供が過て火傷をしましたのが大変に腫れて、何だか悪性の腫物のやうに思はれましたので、治療旁々再び東京に舞戻る事になりました。透谷はその後になつてもよく国府津の事を思ひ浮べまして、あの頃の生活は面白かつたと口癖のやうに申してゐました。私は其後暫く郷の方に参つてゐましたが、…〉（前掲「透谷の晩年と其言行（下）」）

⑨〝非常なる不平〟の内実は美那子に宛てた透谷の書簡（一八九三年八月下旬、花巻より）によく表れているが、次の『春』の一節からもその事情の一因がうかがえる。

〈細君と子供は実家の方へやって、当分別れ別れに暮らして見るつもりだと言い出した。「どんなに倹約したって、僕のところでは月に三十円かかる、それより以下では暮らせない。」と言った。「家のやつは、君、下女でも使わなけりゃ、いられないという婦だからね。」こんなことまでも言い出した。「無理もないサ。」と青木（＝透谷）は何か思い出したように嘆息して、しばらく岸本（＝藤村）の顔をながめて、「ナニ、君、そんな悲しい意味で別れるんじゃないよ。」しまいにはこう言って笑った。……この母親（＝ユキ）の潔癖は青木の神経質によく似ていて、何事も自分の思うとおりにしなければ気が済まないのであった。寄る年波と共に、その潔癖は忍耐力の少ないものになっている。青木は思い屈したような目つきをして、ひどく頸窩のところを気にしていた。その様子が母親の目にはいたましく映った。「だから、わたしが言わないこっちゃないよ。」と母親は深いため息をつきながら、「家を持つのはまだ早い。持っていい時期が来れば、お前が黙っていたって、親の方で持たせる。そんなに早く家を持ってごらん、きっと困る時が来るよ—そりゃあ、もう、目に見えてるッて、あれほどわたしが言って聞かせたじゃないか。あの時にわたしの言うことを聞いて、辛抱しさえすれば、こんなに夫婦で困って来るようなことはないんだ。それをお前が用いないで、なんでも操（＝美那子）をお娵さんにもらいたいと言って、先方様のお交際ができようができまいが、そんなことにはもう一向頓着しないんだもの。あの時、親類もいろんなことを言った。駿さん（＝透谷）はどうするつもりだ。定まって入るべきものも入らないじゃないか、みすみす困るのは知れきッてる。母親さんがそばに付いていながら、黙って見てる法がないなんて。無論、わたしも不服だったサ。何を言ってもお前は聞き入れないし、操もかあいそうだし、と思うから、わたしがこの二階で仮りに世帯を持たせて見て、—まあ鍋釜にも及ぶまい、若いものが二人ぎりなら雪平で間に合う、学問ができたって御飯の加減をするのはまた別だから、こうおしよ、ああおしよッて、わたしが操に教えて、それからお前たち夫婦を世間へ出してやった。ホラ、今となって見ると、わたしの言ったとおりじゃないか。」「まあ、お聞き。」と青木の母親は言葉を続けた。「この節親類の方で何を言うかと思ったら、ああしてうっちゃって置いた日には今に駿さんも身を壊しちまう、もうすこし細君も気を付けてくれそうなもんだなんて。あんなことを聞いた時はわたしもナサケないと思ったよ。なんとか、お前、やり方を変えて、成り立って行かれるようなくふうはないものかね。」「頭脳の具合さえよくなれば―」こう青木は答えて、やがて不思議そうに母親の顔を仰いだ。「だからサ。」と母親は心配して言った。「それをわたしが思ってやる。お前のようにからだが弱くて、おまけに若い時から世帯を持とうなんて―それがいったい無理なんだよ。」「そう母親さんのように言ったッても困ります。今さらどうすることもできないじゃありませんか。」「こうして見たらどうだね。操は当分実家の方にいてもらってサ、お鶴（＝英）はわたしの方で預かってもいいからお前はお前で一つやってごらんな。一緒になっているに越したことはないが、家があればそれだけ気を使うし、よけいな心配もするし―」「一緒にいないたって、心配はしなけりゃなりません。」「そう言って見れば、まあ、そんなものだけれど。」しばらく親子は無言であった。種々な感慨は追憶の情にまじって、錯乱した青木の頭脳の中を通り過ぎた。「つまり、別れろと言うんですか。」こう青木が言い出した。「ばかなことをお言いでない。」と母親は目を輝かして、「そうお前はとるから困る。だれが別れろなんて言うものかね。当分操は実家の方にいるようにッて、今わたしが言ったじゃないか。ここしばらく別々になってサ、お前も身が立ち、立派に妻子を養っていけるようになったら、そこで一緒になるがいいやね。わたしはお前たち夫婦の一生のためを思って言ってるんだよ。」「母親さん、病気しているものにそんなこと言ったッても―」「いいえ、お前の病気はそうしなけりゃなおらない。」急に青木は目を瞑って、すこし仰むき気味に頭を揺すった。顔色も青ざめて来た。「済みませんが、モルヒネを取ってください。」と青木は母の方へ手を出して言った。「母親さん、わたしは今なんにも考えられません。」睡眠薬として医者のくれたものは、書棚にある。母親は立って行って、その袋を取り出した。やがて階下から湯のみに水をいれて持って来た。わが子のために白い散薬を開けた時は、思わず母親の手がふるえた。……亡くなった友だちが青木の夢に入ったというは、めずらしいことであった。節子（＝富井まつ）とは一度師弟（＝普通士女学校時代）の縁もあり、親しく交際し始めてから二、三年になる。友だちもすくなく、またしいて友だちを作ろうともしない青木の寂しい生涯も、この人があって、はじめて一枝の花を添えた趣があった。暴風のために奪い去られたような節子の死は、実際青木の身にとっておそろしい打撃であった。多くの生の興味を打ち消されたのも、このまれな知己を失った愁いからである。「父さん、仮寝して風邪をひくといけませんよ。」こう言いながら、操がはいって来た。青木はまだ夢の心地でいる。日の光のさす窓のところには、なんとなく鉄の格子でもはめてあるような気がしている。膝を折って、壁にもたれて、歯をかんで、それからこう重い頭をたれ下げて彼は、なんとなく鋼鉄の鎖にでも縛られているような気がしている。楽しい笑い声が階下の方で聞こえた。しばらく操は耳を澄ました。こうして親子連れで来ているということすら、操にとって一通りの心づかいではなかった。おまけに、親類は親類で、口うるさく種々なことを言いたがる。「ああどうも駿さんのように弱るわけがない。」などと飛んだところで、言うに言われぬツラい思いをすることが多かった。操はすこしやせた。「あなた、こないだ母親さんが何かおっしゃりゃしませんでしたか。」と操が言い出した。深い、いたましい、瞑想的な目つきをして、青木はつくづく妻の顔をながめた。「あ、。」と操は嘆息して、「せっかくこれまで苦労して来て、今ここで離ればなれになったんじゃツマリませんわ。いつまた一緒になれることだか――」「へえ、お前にもそんな話があったね。」と青木が言った。「すこしはわたしの身になって考えてくださりそうなものだ。」と操はしおれて、「こうしてあなたも病気していらッしゃるもんですから、少しは家の財産を分けてくだすったッて―」「いや。」と青木は首を振った。「それは母親さんをよく知らないと言うものだ。決して母親さんはそんな人じゃない。末の見込みがついて、これならば大丈夫、という時でなければ財産を手離す人じゃない。今ここで分けてくれたッて、みんな僕らが失くしちまう。こう母親さんは心配している。だから、養生するものは養生するがいいし、食えなければ自分で働くがいい―他の世話になるな。これが母親さんの主義なんだ。実に強い人だ。母親さんがああいうのは、決して悪いつもりじゃない。」「しかし、わたしたちのためを思ってくださるなら、なぜ一緒にやれとおっしゃってくださらないんでしょう―たといどんな苦労をしてもいいからどこまでも二人で一緒にやれッて。」「そう言ってくれる時期は、もう通り越した。」こう青木が言ったので、操は不忠議そうな顔つきをした。操には夫の言う意味がよくくみ取れなかったのである。「わたしがお気にいらないんでしょう。」と操は独語のように嘆息した。…〉（前掲『春』）

⑩〝小弟〟とは美那子の弟・石阪公歴《まさつぐ》（一八六八～一九四四）のこと。
〈石阪公歴は自由民権の闘士からアメリカ西部の開拓者へと転身し、サクフメントの大平原に日本人開拓者としては最初の鍬を打ちこむ。それから彼の一生はどうなったか。事業に失敗し、新聞経営に失敗し、家庭作りに失敗し、最後はアラスカにまでゆく季節労働者となり、第二次大戦下には失明して、ついに恐ろしい砂漠の死の谷、デス・バレーの日本人強制収容所で、誰からもみとられることなく死んだ。私はこの薄幸な放浪者の墓をさがし求めてコロラドの山中まで踏みいり、パイオニア・セメトリー（開拓者墓地）の雪の中で対面したのである。〉（色川大吉『自由民権』S五六・四）
〈…英子は非常に懐かしみをこめて、「公歴叔父さんはほんとにきれいな心と容姿をもった淡泊な人でした。しかし、お酒が好きでね、そのうえ利財の才に欠けていたため、あちらでも貧乏していたのでしょう」と話してくれた。あるとき、公歴は英子をつれて上野公園にゆき、姪と一日中遊んでくれたという。「その折、私が石につまずいて下駄の鼻緒をきってしまいましたら、叔父はすぐ私を背中におぶってくれたのです。そのとき私は十六の娘でしたから、叔父の背で顔を赤らめました。」そう懐かしんでいた透谷の娘も、もうこの世にいないのである。…〉（色川大吉『新編明治精神史』S四八・一〇）

⑪巌本善治（一八六三〜一九四二）に対する〝不平〟の一つは美那子宛透谷書簡草稿（一八九三年八月下旬、花巻にて）に記されている。〈…詩人は面白かりて道を説く伝道師にあらず、悲しきに悦びを飾りて世をくらます隠君子にあらず、徹頭徹尾社会の実勢を見、不調子を看破し、真理をかざして進むにあり。道程いかに険なるを知らず、航路いかに荒るゝを問はず。I君（＝善治）の任のごときは表面にあり、われらの責とするところは裡面にあり。かれ女子を悦ばすの説をなす、わが心あるひは女子を驚かすことあるを期す。〉

星野天知（一八六二〜一九五〇）に対する〝不平〟はどこにあったのだろう。その回想文がわずかながら手がかりを与えてくれている。

〈…透谷や吾々の文が女学雑誌には少し堅苦しくて相応しくないので巌本君の提議で其雑誌を赤表と白表とに分けて隔週に出す事とし白表の方は私が編輯を引受ける事にした。併し其でも兎角落着かないので困つて居た矢先きだから、寧ろ「女学生」と共に之も停めて別に一雑誌を出そうといふ事に期せずして巌本君と私との意見が合つた。丁度其頃藤村君（＝島崎藤村、一八七二〜一九四三）が煩悶の極、さすらひの旅へ出る時で私の相談対手は禿木君（＝平田禿木、一八七三〜一九四三）一人であつた。透谷は客員として仲間には加はらないで居るし、藤村は旅より尽力する事としたし、秋骨君（＝戸川秋骨、一八七〇〜一九三九）はまだ力には成らないと思て居たし、禿木君と二人でやろうと決心した。こんな事で一月も半ばをすぎた。好し自分一人でもやツ着けやうと、直に出版届の筆を執つたが、まだ雑誌の名が無かつた。そこで私は直に女学雑誌の文学界といふ名を書いて禿木に見せた。好かろうといふので何の体裁も考へる暇なく秀英社へ印刷を依頼した。禿木の「兼好法師」が締切り日を経ぎて届くし自分も考へる暇なく一夜作りで「阿仏尼」を書いて穴を埋め、やつと月末に辛ふじて第一号を出す事が出来た。…創刊号は千五百部出したが直ぐ売切れ、直様再版一千部を出したが又売切れ、第三版をとの事であつたが之は止めた。…透谷は素より藤村の先覚たり畏友たり、炯眼の闘士として歓迎はして居たが、此雑誌には彗星的光芒で恒星として期待は出来なかつた。それに根底の宗教信仰が皆々と違つて居る所もあるので後人のいふやうに同君は文学界をリードしては居なかつた。文学界を学校とすれば学監は禿木、藤村が首座教師、透谷が嘱託講師で、私が校長兼会計で、夕軒（＝天知の弟）が庶務といふ所だ。…二号から透谷が民友社の攻撃に応酬し、内部生命の解釈を明かにした。そして文学界同人の思想を認識させて誤解を釈こうと勤めた、にも係らず世間の低級な評眼はどうしても厭世詩人として、光明ある理想を見詰めて居る厭世詩人だといふ事が分らない。…私は民友社が当時功利的な論鋒で青年を鼓吹し、浅薄な功名心をそゝるのを慨し、没趣味、没理想の民情を憂ひ、人情の湿ひを高唱して物質以外に高遠なる思想界の殿堂が厳存して居る事を文芸に拠りて鼓舞しなければ成らぬ、宗教的根底なき文芸は世俗に追随するのみでリーダァではないといふ意気で何れも西欧文学を例に取つて心血を絞つたものであつた。…創刊以来一ケ年で透谷は筆を納めて論争の鋒を倒し、初志の如く皆々専ら詩人に欝懐を謡ふ事を願つた。此一期限の最終に於て「劇詩の前途」を透谷が発表したまゝで終つたのは、私の最も遺憾とする所である。劇詩の事に付ては藤村君を推して居たが、ドラマは此次ぎに差迫つて来るべき問題で、どうしても社会に叫ばねばならぬと透谷と屡々談じ合つた問題なので、私はがつかりして仕舞つた。…〉（「『文学界』雑誌

顛末」星野天知『明治文学研究』S九・六)

〈雑誌面にある通り、三号までは女学雑誌社よりの発行で、巌本社長配下に属して居たから、女学雑誌文学界と表記した。所が創刊号に巌本善治記名の文章道一文から同人間に異議が起つた。それは禿木からの申出でゞ、以後同君の寄稿を謝絶せよとの事である。私は困つた。別に主義主張に反対する意見でもないのに、之を断るとすれば、其の人とも其社とも絶縁する事となろう。斯ういふやうに一本槍の毛嫌ひを始めると、此先き誰々を退けろ、何某を排斥せよ、と云ひ出されては、結局若造の月並仕事で、雑誌発行など永続するものではない。併し今鋭気を挫いては、大切な出鼻を砕かれて仕舞ふだろうと考へたから、程よく巌本君へ断つて、私が出版をも引受け、茲に始めて「文学界」は、付属雑誌でなく、私の物になつたのである。…〉(星野天知『黙歩七十年』S一三・一〇)

〈明治二十六年新たに発刊された彼の『文学界』の初号には「富嶽の詩神を思ふ」といふのが掲げられてありましたが、これは鳥渡世間の評判が好かつたやうで、新聞雑誌の中では大層賞めて書いたところもありました。透谷はそれを見て言ふには、「あんな小さいローマンチツクな華やかなものが悦ばれるやうでは、自分等の前途は未だ遼遠だ」と甚く落胆してゐたやうでございます。当時透谷は飽くまでもドラマで立つて行くつもりでございました。慥か坪内逍遙さんの沙翁劇が、『早稲田文学』に載つて、それが非常に評判の可いのを見て「此れからは自分等の時代が来るんだ」と言つて、嬉しさうに微笑んでをられました。…〉(「透谷の晩年と其言行(上)」北村美那子『学生文芸』M四四・三)

〈文章ハ実際ヲ尚ブト愛山ノイヘルヲ透谷ハ駁シテ文ノ極致ハ理想ニ在り(?)ト〉(「成明メモ」)と成明によって要約される激列な文章解釈論争を展開した山路愛山(一八六五〜一九一七)と透谷が出会ったのは明治二四年夏、本郷区龍岡町の成明宅においてであった。(明石居士〈四畳半第一輯〉T一〇) 美那子の回想に〈その頃山路愛山さんは御近所で、時々来られましたが、その時から山路さんは最う大家でしたけれども、心置きなく話し合つて居られたやうです。話に興が乗ると随分夜更かしすることがありました。〉(「文士の夫人の見たる文士及び其家庭」『新潮』M四三・一一)とあるように、「唯物論者」「空想家」と応酬しながらも互いの資性を決して害なうことのない〈最も信認すべき論敵〉の真心を尽くした交流が偲ばれる。

亡くなる二年ほど前に、成明の求めに応じて書いた愛山の文章には成明の(そして愛山白身の)人柄がよく表れている。

〈生れて五十年大病と云ふことを覚へざりし僕が丹毒と云ふ病気に取付かれしかも意外の悪症にて九死に一生を得赤十字社病院より退きて家に帰りシ翌日明石先生此書を持して予に示す。先生の病(＝喘息)と戦ふこと久しくて又忍べりと謂うべし。先生など丶他人行儀は面倒臭し。やはり明石君で御免蒙る。僕と明石君とは趣味の大分相違したる友人也。或時僕は明石君も善いが謡曲をうなるだけは老人臭しと云ひしを誰れやら君に託していや味を云はれたることあり。明石君其厳君以来篆刻を好まれ其道の通なり。僕はそんな洒落たことを何とも思はぬ野蛮人也。明石君より云へば蓋し済度し難き衆生ならむ。僕より云へば明石君は流儀の違ふ人物也。さりながら僕は節に明石居士に敬服す。僕は明石居士の侠骨を愛す。僕は明石居士を温厚の居士なりなど丶思はず、窃に兄《アニ》イ株《カブ》の世話焼きにして好んで人の急に赴く男らしき男として尊敬す。此批判間違たるやも知らず。さりながら僕の心に写る明石居士は誠に斯の如し。回顧すれば二十年前僕はきたなきぼろ書生也。それでも気位は中々高かりし。かびの生《は》へたる布衣を着け平気にて明石居士の書斎に闖入し、勝手に群書を乱抽し、昼飯の馳走になりて、更に夕飯の馳走になり。それから泊り込んで勝手にしやべり散らして居士の家の平静を破りたること少からず。居士と居士の家の人々はそれでも一度もいやな顔をしたること無し。居士は僕より一年の弟なりと覚へたれども僕は居士を以て兄株とし、緩急相依頼すべきものは実に此人なるべしと思へり。爾来今日に至るまで友人の男らしきを数へて先づ五指を屈するときは必ず明石居士を思はざるなし。御世事きらいの僕なれば是は真情なしと察したまへ。悔らくば僕塵世に奔走して居士の病に同情すること薄かりしを。唯だ居士一家の養生淡なり。苦中却て楽む。僕の輩猶は慰む所なり。居士願くは寿なれ。　大正四年八月五日（赤十字社病院退院の翌日）　愛山生〉［櫻井まつ子氏］

⑫勝本清一郎「透谷年譜」（『透谷全集　第三巻』S三〇・九）には〈明治廿六年十二月廿八日、弥左衛門町宅で自殺未遂。咽喉を傷け、東京病院に運ばれた（ミナ直話）。〉（傍点筆者）とあるが、より記憶が鮮明なこの書簡の「廿三日」の方が事実に近いだろう。

〈…翌年（＝明治二七年）の二月から東京病院に入院致しまして一カ月以上も病院生活を続けてゐました。…〉（前掲「透谷の晩年と其言行（下）」）

⑬透谷の治療に当たったのは、東京病院創立者・高木兼寛の義弟に当たる瀬脇寿雄という当年二九歳の医師（院長）。略歴は次の通り。〈瀬脇水治院長・ドクトル瀬脇壽雄氏　氏は元治元年四月の生れにして少壮医道に志し明治十九年英国に航し有名なるセントトーマス病院プロンプトン肺病病院に於て医学を研修する事五年遂に「ローヤルコレージ、オフ、ゼ、サージオンス、オフ、イングランド」及「ローヤル、コレージ、オフ、ゼ、フヰジシアンス、オフ、ロンドン」の試験に合格して「メンバー、オフ、ゼ、ローヤル、コレージ、オフ、ゼ、サージオンス、オフ、イングランド」及「ライセンシエート、オフ、ゼ、ローヤルコレージ、オフ、ゼ、フヰジシアンス、オフ、ロンドン」の学位を荷ひて帰朝し廿四年東京病院長となり同年九月慈恵医学校内科講義を担任し同廿六年医術開業試験委員となり廿八年に至り職を辞して韓国に到り聘せられて同国内部顧問に任ぜられ兼て漢城病院長となりて同国の医事に関し貢献する

所多し明治廿九年帰朝して京橋区に開業す〉（工藤鉄男編『日本東京医事通覧』M三四・一一）東京都公文書館には自筆の履歴書が残されている。

⑭〈…その当時はお医者様も別に悪い個所は無いと仰いました位で、私等の眼から見ると却つて以前よりも肥つたやうで、友達の方と話してゐる様子も健康な時と少しの変も無く、寧ろ元気らしく思つてゐた程でございます。退院後間もなく芝公園の近くへ引移りましたが、それから一ケ月余り経つと何処かしら具合が変になつて始終延髄の所を撫で乍ら独で凝然と考込んでゐるのです。そして時に依ると室内を歩き乍ら自分の足音が邪魔になるとか、頭に響いて困るとかいふやうな事を言つてゐました。この頃から一切訪問客を謝絶して、いつも書斎に閉籠つて読書に耽つてゐたやうでした。従つて好きな散歩も段々嫌になり、独りで静に黙想するといつた様な風を好んだやうです。時々私に聖書を読んでくれといふものですから、成る可く好きなやうな所を選んで聞かせてゐますと、何時迄経つても黙つてゐるので、何だか気味悪く思つてゐますと突然「何をしてゐるんだ」と叱るのですもの、実際情無くなつて了ふ事がありました。それから日本の文学者は何時優待されるやうになるだらうとか、若しさうなつたら誰が一番優待されるだらうとか、自分の様なものは到底世間が容れてくれない、乞食になつて人の門に立つより外に仕方が無い人間だとか、世間はどうして斯う自分を圧迫するだらうとか―そんな事計り考へてゐた様です。ですからその頃の私は真個に辛い悲しい思いを致しまして、病気の夫を気遣ふ事よりも、子供の将来に就て、一人でくよくよと気を催いてゐたものでございます。〉（前掲「透谷の晩年と其言行（下）」）

〈…◎何しろ透谷があゝなりましたのも、家庭がうまく行かなかつたのが第一の原因です。両親は全く旧時代の町人気質、弟はすつかり商人風、その間にあゝ云ふ風変りな人が挟まつて居たのですから、そりやもうどうしても円満に行く筈がありません。どうも家庭の不和は一番怖ろしいものですねエ。…◎『春』にありました刀騒ぎも殆んどあの通りです。あの時分の事を思ひますとたまらなく苦しいのです。◎透谷の方の家庭が前申したやうな上に、私の里方は又母が非常にジミでしたから、とても私等などゝ合ひつこはなかつたのです。詩人の妻など云ふものは、どうせ満足な夢は見て居られないものなんでせう。◎刀の傷は経過がたいそうよかつたのでじきに癒りました。並ならば傷は何とも思はないのですが、何分頭が病気なんですから非常にそれを苦にしましたので一層悪かつたのです。◎あんな事もさぞかし父母からは私が不注意からだつたと思はれてるでせうよ。何でもかまひません、私は私で信じて居りますから。◎透谷は筆をとらなくなりましてから、気分も好くなり、身体も肥りました。尤も私に本を読ませて聴いて居ながら、いつの間にかポカンとなつて「あゝ本を読んでくれてたんかねエ、スツカリ忘れてしまつてた」などゝ云ふ事が有りました。そんな風でも友人には普通に対応して居ました。◎それにどんな事の間でも、私と舅姑との間をよく保護してくれました。私は今でもそれを思ひましては、泣いて感謝して居ます。◎病院を出ましてからは何も書かないで、「我が事終れり」と云つては居りました。しかし性来が性来ですから内は始終燃えて居たのです。一体、透谷と云ふ人は、外は虫も殺さぬやうな優しくて居て、内がいつも烈しく燃えて居た人です。そしてどんな時でも、何かじつと考へ込んでイライラして居ました。たゞ果物が大の好物で、果物をたべて居る間だけは何も考へなかつたやうです。…〉（「『春』と透谷」北村氏未亡人談『早稲田文学』M四一・七）

〈◯国府津の住居を畳んで弥左衛門町に帰り間もなく芝公園に二度目の家を持ちました。此所へ移つた時は余程変で、ある時西洋人の宅から「ジヤパン」と云ふ日本の風俗習慣人情などを書いた、一口に申せば日本側面観と云つた風の本を借りて来て私に読んでくれと申すから読んでゐると不意に私の手を握つて「おいお前は何にをして居るのだ」と不思議に尋ねます。「貴君が頼んだ、この本を読んでるのです」と答へると「さうか、さうだつたかね」と瞑想から醒めたやうな眼つきを致しました。或時も自分の好きな聖書の章を示し読んで聞してくれと申すので読んでゐると矢張り前のやうな事を申しました。よく考へる性質なので一度考出すと何事をも忘れると云ふ風でありました。〇弥左衛門町の折りに私が透谷の持つてゐる短刀を奪ひ取つたのを非常に残念がつて「お前があの時刀を取らなければ」とは断へず云ふてゐました。総ての煩悶苦痛は過去を追懐するに依つて激烈に起つたのではあるまいかと思はれたのです。〉（前掲「国府津時代と公園生活」）

⑮〈…〇透谷が私に語つた言葉で永久忘れられぬ印象を私に残したのは左の一句です　厭世と云ふものは家庭の不和の破れた時でなくては起りません。…〉（「満州からの通信」巌本善治『明治文学研究』S九・四）

⑯〈…透谷子は結婚後しばらくは子供が出来なかつた。漸く五年目の明治廿五年の六月に英子嬢が生れた。子は大そうに喜んで、一夕訪ね来て「女の子が生れたよ。名はフサ、漢字の英を充てゝ届けておいた」といつた。…〉（「透谷子を追懐す（承前）」櫻井明石『明治文学研究』S九・六）

〈◎兎に角あの時分散つてしまつたのは実に不幸でした。成程生活には骨が折れたでせうが、子供を楽しみにして音楽者にでもしてなどゝ云つて居ましたが、それすらもう云つても無益な事なんです。〉（前掲「『春』と透谷」）

〈〇大した子供好きで始終子供の事ばかり話しました。自分では子供に十分音楽を仕込んで天晴れ大音楽者にする考へで、此んな何十年か先きの事を生れ落ちて三月か四月になる子供を抱き上げて、つく〴〵見入り、其の意を解しでもする者に向ふの如く申してゐました。之れと云ふのも自分が不器用ながら子供にやらせて見たかつたのでしやう。〉（前掲「国府津時代と公園生活」）

⑰〈…隣の部屋に寝かして置いた鶴子が、その時、目をさました。操は子供を抱いて来て、やがて菓子を持たせて遊ばせて置きながら、ちょっと階下へおりたが、間もなく引き返して来て見ると、鶴子は菓子を奪られて泣き出している。夫はそれをムシャムシャ食っている。操は腹が立つやら、おかしいやらで、泣いている子を抱いたり、すかしたりして、「オ、いい子いい子。もう泣くんじゃないの。ほんとにいけない父さんだよ、鶴ちゃんのお菓子を奪って食べたりなんかして――」鶴子はまだ泣きじゃくりをやめない。「父さん、め。」操は鶴子にしかって見せた。青木は寂しそうに笑いながら、しばらくわが子の様子をながめていたが、何を思い付いたか急にまじめになって、「鶴ちゃん、堪忍しておくれ。親のつとめも尽くさないで済まないね。」こんなことを言って、頑是ない子供の前に手を突いた。そのわびる調子が平素とは違って聞こえたので、なぜ夫がそんなことを言い出したか、それは操によくわからなかったが、ただなんとなく気の毒になって来た。操は夫を見て言うに言われぬ哀憐と同情とを感じた。…〉（前掲『春』）

〈…二、三日の間、自分の子供を頼りに拝んでいた。…〉（「僕の回想」岩野泡鳴『泡鳴全集11』T一〇・九）

⑱〈…君、輾轉反側、思を幽玄に凝め、精を極上に潜む。遂に直接伝道に全身を委ねんとするの意あり。嘗て病蓐に余を控へて曰く、二十世紀の詩星は寧ろヲルヅヲルス、トルストイの類ならん、文学に於ける吾が立場も稍や変化せんとす、吾にして若し可なりとせば、将来大に伝道し傍ら文学の評論に従事せんと。余、則はち友人押川方義（＝一八五〇～一九二八）を其枕頭に伴ひ、大ひに将来の為に約する所のものありき。…〉（「透谷北村君を吊ふ」巌本善治『評論』M二七・六・五、『女学雑誌』M二七・六・九）

〈巌本君が心配して、押川方義氏を連れて、一度公園の家（＝芝公園地二〇号四番）を訪ねて、宗教事業にでも携はつたらどうか、といふ話をしたといふ事を聞いたが、後で私が訪ねて行くと、「巌本君達が来て、宗教の話をして呉れたが、どうしても僕には信じるといふ心が起らないからね」と、そんな風に話した事もあつた。…〉（「北村透谷の短き一生」島藤藤村『藤村全集　第6巻』S四二・四）

〈僕が子に会つたのは一度で、二度目に会ひに行つた時は、病気が重いので、医者が面会謝絶を命じて居た。それが数寄屋橋の煙草屋で、おッ母さんが出て来て、いろいろ心配さうに話しをしたことに拠ると、子は子供の時から頸の後ろの神経交叉点に故障があつたので、それまでにも時々変なことがあつたらしい。僕が最初で最後の会見の時も、応対をする毎に、頻りに片手で襟元を気にして居たのが、何となく僕に異様な感じを与へた。…押川春浪氏のお父さんは、僕も恩義上第二の父と思つている人で、当時、東北にあつて、京都の新島襄と相対して、宗教家の大立者であつた。透谷子は、病気が直つたら、いよいよ正式の伝道師になると決心して、その人をわざわざ招待して、病蓐のうちにあつて会見したことがある。子の自殺よりも、此の決心の動機の方が、子に取つては、寧ろ悲惨な事件である。どれか、子の筆になつた物を見て、僕はこの人、必らず自分の詩才が自分の思ふ様に行かないのを深く感じて居ると思つたことがある。『文学界』で漸く甘く行きかけた自分が、手ひどい攻撃は受けるし、何を書かうとしても、輪郭ばかりの腹案で、その筆がどうも動かなくなつて来た。詩人として、煩悶すまいと思つても、せざるを得まい。この失望の極は、伝道師になるか、自殺するかの二道よりはなかつたのだ。僕もかういふハメに落入つた経験があるが、詩人が伝道師に化け得たなら、畢竟胡麻化しである。さりとて、自殺をするのは、なほ更ら胡麻化しである。…〉（前掲「僕の回想」岩野泡鳴）

⑲〈…夕日のひかりは部屋の内に満ちた。反抗忿怒の情は青木の胸をついてわき上がって来た。彼は爆発弾を投げる

虚無党の青年の例なぞを引いて、敵を倒すと同時に自分も倒れて同じく硝煙の中に消えて行くことなぞを言って、目的はとにかく、すくなくもその精神は勇ましい。こんなことを妻にむかって熱心に語り聞かせた。「あゝ、お前も敗北者なら、おれも敗北者だ―どうだね、いっそおれと一緒に…」操はあきれて夫の顔をながめた。しばらくの間、彼女は物も言えなかった。「まあ、あなたはどうかなすったんじゃありませんか」と彼女の目が言った。「わたしはいやです。」と操は力を入れてしばらく考えたあとで言った。「子供がありますから、わたしはいやです。」「子供がなけりゃ？」と青木が問いかえした。「子供さえなけりゃ、そりゃもう、どんなになったッてかまいませんけれど―」こう操は答えたものの、なんとなく恐ろしいところへ無理に一緒に引き入れられるような気がした。「父さん、父さん、これほどわたしはあなたのために苦労しているじゃありませんか、何もかも犠牲にしてあなたの言葉にしたがっているじゃありませんか―まだそれでも足りないんですか。」こう操は腹の中で言ったのである。「は、、、、。」青木は笑いに紛らしてしまった。…〉（前掲『春』）

⑳〈なぜ青木は自殺したろう。この問いは二人の友だち（＝管〔秋骨〕・岸本〔藤村〕）が答えようとして答えることのできないものであつた。世間ではいろいろ言い触らした。「食えなくて死んだんじゃないか」というものもあれば、「厭世だろう」と言うものもあり、「芸術の上の絶望からだ」と解釈するものもある。これと言って死因と認むべきものは、二人の友だちにすら見当たらなかったのである。「なぜ青木君は亡くなったんでしょう。」と岸本は未亡人にそれを尋ねて見た。「さあ、わたしにもわかりません。」こう未亡人が答えた。この『わたしにもわかりません』が一番正直な答えらしく聞こえた。…〉（前掲『春』）

㉑〝妹〟とは美那子の妹・石阪登志（子）（一八七〇～一九三八）のこと。
明治二一年春頃、透谷は登志に宛て《My dear truest sister! 君とは真正の同胞の如き心地して、君の一家の人々をも我が同身の如くに思はれ、一日も忘るゝ事なき故に、…》と書き遺している。同じ頃、明治二一年四月二二日、門太郎は野津田の石阪家を訪ねて三日後、美那子の母ヤマと、登志と、公歴の学友で門太郎と志を同じくした吉倉汪聖と四人で百草園に遊んだ折り、透谷は登志のことを《尤も平和にして閑優なる活人花》と深く心に刻んでいる。同じ年の九月、登志は東京音楽学校の予科に入学する（明治二五年バイオリン科卒）が、登志のために受験要領を聞きに上野の同校に出向いたのは透谷であつた。娘英《ふさ》の成長を楽しみにして末は「大音楽者」にと透谷が懇望したのも、登志に対する熱い思慕と繋がっているだろう。

㉒除籍簿［小田原市役所］に〈明治廿七年六月十五日相続〉とある。

㉓〈…この頃から発つた夫の狂熱の発作と家計の不如意、そのうへに愛児の養育、姫さまそだちのまだ世慣れない美那子にはこれだけでも非常なのであつたのに、更に透谷氏の死に遭つたのだから喪心するより外なかつたのである。半夜すやすやと眠れる愛児の顔を眺めてゐると、心は遠いところへ誘はれて、はてしなく涙が流れたが、いつまでかうしてはゐられない。遂に英子は透谷氏の父母にあづけ、自分は身一つになつて独立することにした。そして米国宣教師ウードウオルス氏の斡旋で、その夫人の姉なるペンロード女史の日本語の教師となり、月十円の報酬を得て、自活の道も立つと同時に英語も習ふことができた。…〉（X生編『新らしき女』T二・一）

櫻井成明古稀の集い（昭和９年11月３日、世田谷上馬の櫻井宅にて）
後列左から２人目・櫻井まつ子、前列右端・北村美那子（美那子の後ろは櫻井成廣）、３人目・成明

明治二二年初対面以来、透谷と成明の二人は〈相済ふに道を以てし、相孚するに心を以てし、窮乏には相救ひ、長は押し短は違て其堅き金石の如く、其臭ひ蘭の如し〉（前掲「月下恋を読みて」）という厚い友情で結ばれ、透谷の没後も美那子と英に受け継がれた。あたたかい交流は命のある間続く。

成明の略歴を記した一枚の草稿（著者、執筆年月とも不明）[青山学院資料センター]にも愛すべき〈侠骨〉があらわれている。

〈先生は温厚にして多趣味、謡曲に篆刻に書に文学に行く所として可ならざるはなく、教室にあつてもシエクスピアを漢訳したり竹外の詩を英訳したりして講義された。先生の広い智識と明るい授業とは生徒の心を明るくしてくれた。先生は奥州釜の子陣屋（＊現・福島県西白河郡東村）に生れ（＊越後高田藩士・櫻井鉦弥とせつの長男）、東京大学文学部（※古典講習科漢書課）を卒業（＊M二二）し宣教師（＊カナダメソジスト教会 Charles Samuel Eby 一八四五～一九二五）

の業を助け、一時関西学院（※M二六・九〜M二九・一）・神戸女学院（※M二六・九〜M二九・四）（※奈良県尋常中学校M二九・四〜M三一・三）に教へたが明治三十一年帰京して（＊東京帝国大学文科大学助手・同附属図書館・同史料編纂掛兼勤のまま、M三一・三）青山に来られた。その後三十四年間倦く事なく教壇に立ち学院の教育に尽された。昭和八年に退職され世田谷に自適の余生を送られ、昭和二十年四月十二日敵機の空襲の中に世を逝られた。〉

「※」は「櫻井成明履歴書」〔東京大学附属図書館・東京都公文書館・青山学院資料センター〕より

四　高木壬太郎

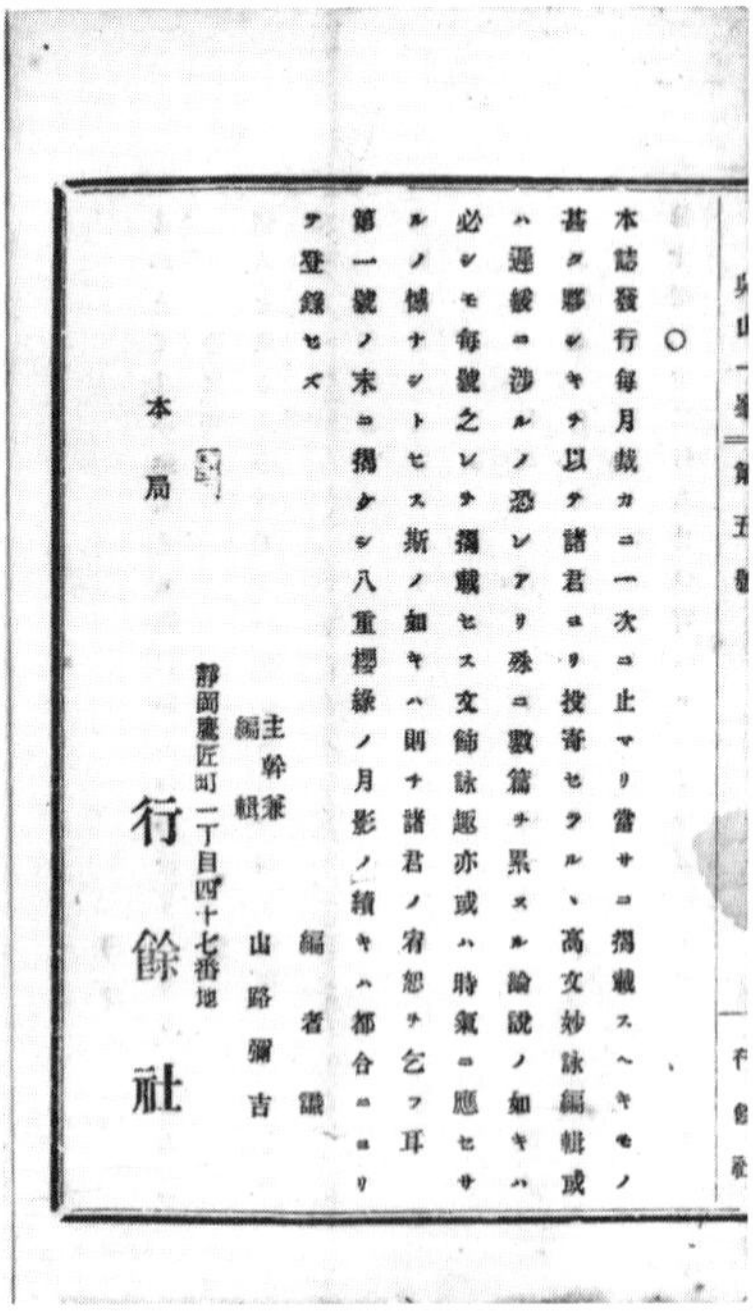
○本誌發行毎月裁カニ一次ニ止マリ當サニ掲載スヘキモノ甚タ夥シキヲ以テ諸君ヨリ投寄セラル、高文妙詠編輯成ハ遲緩ニ渉ルノ恐レアリ殊ニ數篇ヲ累スル論説ノ如キハ必シモ毎號之レヲ掲載セス文飾詠趣亦或ハ時氣ニ應セサルノ憾ナシトセス斯ノ如キハ則チ諸君ノ宥恕ヲ乞フ耳
第一號ノ末ニ掲ケシ八重櫻縁ノ月影ノ續キハ都合ニヨリテ登録セス

編者識

主幹兼編輯　山路彌吉

静岡鷹匠町二丁目四十七番地

本局　行餘社

第5号奥付

第3号表紙

高木壬太郎と『呉山一峰』

引用文中、漢字は新字体に改め、仮名づかいは原文にしたがった。〔＝〕は筆者の注。〃 〃は壬太郎文、〈 〉は他の文献からの引用を示す。説明を要する事項には＊（番号）を付し、各段落の後に書き記した。〔 〕は資料の所蔵先、《 》は草稿・記録などを示す。

〃静岡県師範学校に在学したりし時、即ち十六七歳の時、山路弥吉氏と共に「呉山一峰」と題する月刊雑誌を発行したる事あり。此雑誌は画箋紙に刷りたる三四十ページ内外の小雑誌にして、予輩同志の作にかゝる詩文を掲載したるものなりき。そは十号程つゞきたり。…〃（「自から物せられし高木博士の伝記」聖山生〔＝有富虎之助〕『開拓者』大一〇・四）

牧師（麻布教会・築地教会・中央会堂・駒込教会）・雑誌（『静岡青年会雑誌』『護教』）主筆・教師（中郷学校・三島尋常小学校・東洋英和学校・青山学院）・（青山）学院長として、〈学者気質と実際家気質との二方面の融合し〉[1]た人世を歩んだ高《たか》木《ぎ》壬《みず》太《た》郎《ろう》（一八六四・六・二三（元治一・五・二〇）～一九二一・一・二七）の「記者生活の回顧」の冒頭である。

その『呉山一峰《ござんいっぽう》』が、四冊（三～六号）、壬太郎の故郷・静岡県榛原郡中川根町上長尾在住の河村計三氏＊によって（智満寺（高木家の菩提所）の開山忌（一月十七日）に伝来の古文書を整理中）発見された。

＊河村氏は、壬太郎が六歳のとき就いた寺子屋の師・河村三郎左衛門（号・半山）の子孫。壬太郎は、半山から、〃論語一巻を

以て生活の規範とせよ〟（「我国将来の基督教」『開拓者』明四一・一二）と教えられた。

各号の目次は次の通り（○内の数字は、第六号目次の後に掲げた「呉山一峰」社員の番号を示す。）。

第三号　明治十三年十二月二十日発兌　袋綴（以下同じ）十葉

○論説・告天下之学生文　第二　倭丈夫①未定稿（坎堂主人①評）

○雑録・沢井鶴汀氏ノ書束　前号続（香山樵夫①評）・路次の摘草　城陽漁史

○逸詞。唐花行（他）丹霞城隠士。駿府城懐古。早発　柏陵山史（高田）。秋日山行。看紅於花　浮萍逸史。冬曖
柳塘迂史。得旧友之書　野耕学人。東京に在る友人の日々にほまれの聞ゆるをうれしみて　野耕生。友人の身
退りしをいたみて　松住臨太郎③。（同上）榊原友子④

□前号正誤（山路弥吉⑤）

第四号　明治十四年一月二十八日発兌　十一葉

○論説・新年ノ感　香山逸民②記・書感　在東京　山本粗狂⑥

○雑録・路次の摘草（前号の続き）大陽漁史・忘年親睦会開莚之祝章　山本金一郎⑥（坎堂主人①識）・（宮中御歌会始の諸歌）

○逸詞。新年閑居　柳塘迂史。元旦。元旦待鶯。学窓の雪　ゆきみつ⑦。人を待つ。おなし心にて　榊原友于④。冬日早
起　満寿多②

□前号正誤（山路弥吉⑥）

第五号　明治十四年二月二十五日発兌　十葉

○論説・灯下独語　倭丈夫①・論者ノ品行　第三　香山逸民②起稿

○雑録・路次の摘草（前号の続き）大陽漁史・忘年親睦会祝章（前号ノ続キ）（山本金一郎⑥）・宮中御歌会始の諸歌（前号の続き）

○逸詞・題司馬温公破甕図　香山逸民②・薔薇説　静陵　瑞軒学人①。友人に別れてふるさとに帰るふしに詠める。思友　田村幸充⑦。初雪　満寿多②

□前号正誤（山路弥吉⑤）

第六号　明治十四年三月三十一日発兌　九葉

○論説・現今ノ懲役ハ悪人ヲ懲戒スルニ足ル乎　静岡　柳塘迂史

旧稿・論者ノ品行　静岡寓　香山逸民②起稿

○雑録・路次の摘草（前号の続き）大陽漁史・日食説　静岡寓　嘘雲山人

○逸詞・歳晩書感　香山逸民②・観梅記　武田芳西③。雲雀。糸遊　静岡寓　稲葉米吉⑨。雪中鶯。梅。霞（虫喰のため作者不明）

□前号正誤（山路弥吉⑤）

①高木壬太郎（明一四・五）、②増田龍作（明一四・一二）、③松住臨太郎（明一四・一二）、④天野友千（明一四・一二）か榊原鉦作（明一四・一二）か、⑤山路弥吉、⑥山本金一郎（林金一郎（明一二・五）と同人か）、⑦田村幸充（明一三・一二）、⑧武田芳三郎（明一二・一二）、⑨稲葉米吉（太田米吉（明一四・一二）と同人か）（ ）内は、静岡師範学校の卒業年月。（静岡師範学校同窓会『創立五十年記念　同窓会会員名簿』大一四参照）

級友・根岸貫（文久二年一月四日、根岸定静（旗本）の長男として江戸表六番町に生まれる。明治二年、静岡へ移住。教勧舎（静岡城内官立小学校）に学ぶ。明治一四年三月、高等師範学科卒業。以後、豆陽学校・藤枝学校・沼津高等小学校などで教鞭を執る。[2]

は、壬太郎の追想文の中で、以上の四冊とも符合するところのある『呉山一峰』の内実を次の様に述懐している。

〈…文学雑誌「呉山一峰」*1は本局を「行余社」と称し、主幹兼編輯人に山路弥吉と署名したるが、実は重に師範学校同窓生の計画にて、局名や編輯人署名抔は、県立学生の身分として、印行上に許されがたかりける為に、此頃より既に、学校以外に自由研学の天地を有せる山路弥吉氏の名を借り、尚且「行余社」の所在地には、同じ山路氏の寓所*2を充てたるものなりき。されば数号の発行を重ねたるに拘らず、将又山路氏は、此頃早くも家康論の執筆ありたる程なるにも拘らず、同氏の一文を認めず、高木坎堂*3并に増田香山（高木氏親友増田龍作*4）両氏の文章斗りが、変名をさへ加へて毎号を賑はし、山路氏としては、未た愛山といはず当時偃蹇独夫*5と誌されて、逸詞と題したる詩歌欄に、義経賛なる韻文を観るに止まれり、……〉（《無題》）〔東京神学大学〕

*1　金主亮の詩「呉山」＝〈万里車書合二混同一。江南豈有二別提封一。移レ兵百万西湖上。立レ馬呉山第一峰。〉に採る。

*2　静岡鷹匠町一丁目四七番地。

〈…明治の文壇に其の名を知られた愛山山路弥吉も其八幡知らずのやうだといはれて居る、裏通りのお粗末な家に住まつて居たのである、…〉（「旗本の屋敷があつて山路愛山も居た鷹匠町一丁目」深津丘華『静岡物語』大一二・七）

*3　〈…高木先生が好んで此艱険労苦の意ある坎《かん》を以て号とせられたるは何の為であらうか、恐らく此困難の中に在ても有リレ孚《マコト》維《コレ》心《コヽロ》亨《トホル》の信仰を持ち、自己行路の険を顧みず、喜んで、君国の難に趨かんとする意気を示したるものにて後年窄き門をくゞり王国建設の師に就くに至りたる跡蹟を見れば命帰蓋偶然あらざるを思はせらるるのであります…〉（池田次郎吉《坎堂先生》大一一）〔東京神学大学〕

*4　文久二年一〇月一日、駿東郡楊原村上香貫に生まれる。明治一四年一二月、高等師範学科卒業。以後、天倪舎・函西学校・相良学校・尋常楊原小学校などで教鞭を執る。（《増田龍作履歴書》〔沼津市立第三小学校（高橋英夫氏）〕）

＊5 おごりたかぶった（臣下や人民がそむきはなれた）悪逆無道の君主、の意。驕奢淫逸、「英雄」の気象をあらわす「金の廃帝・完顔亮《かんがんりょう》」（＝金主亮）になぞらえたものか。

＊　＊　＊　＊　＊　＊　＊　＊　＊　＊

八木又左衛門（伯父）・高木源左衛門（父）兄弟は、〈今日でいう自由人〉[3]。八・九歳の頃から、福沢諭吉の著書（『西洋事情』『訓蒙窮理図解』『世界国尽』『学問のすゝめ』『童蒙教草』『民間雑誌』『文明論之概略』『学者安心論』など）は〝家庭の教科書〟となり、諭吉の〝旧思想を破壊して、新思想を扶殖したりし革命者的意気と、当代の風潮に反抗して、滔々たる俗流を防止し、権威に依らず、勢力に付かず、独立独行したりし自尊の精神[4]〟が、知らず識らず幼敏な壬太郎の向学心を奮い立たせた。

明治八年頃、大井川上流地方巡視の際、長尾学校（明治七年一月、智満寺の大伽藍を校舎に充て開校。同九年四月、高郷・夕宮地《ようみや》に新築移転。）に臨んだ浜松県学区取締・河村八郎次（又左衛門の嘱により、明治一八年一〇月、壬太郎・梨花の媒酌をつとめる。）の目に、〈今日勉めずとも、明日ありと云ふことなかれ〉（『小学読本　巻之三』）との訓に励まされ学に勤しむ〈全校の模範[5]〉壬太郎の頭角が、鮮やかに映じた。

明治九年、杉皮葺平屋の新校舎に首席教員として迎えられた〝県下屈指の教育家[6]〟近藤鈴太郎（愛知師範学校卒業生）も、〈質朴穎悟ニシテ強記・玲瓏タル玉ヲ含有スル璞石ノ若キ小童[7]〉に驚嘆している。

〝…菜園緑肥エ麦瓏黄熟シ野ニハ則チ紫蕨ヲ采り水ニハ則チ香魚ヲ漉ス荀ヲ幽篁ニ得テ晨ニ之ヲ厨シ荷ヲ小池ニ取テ夕ニ之ヲ烹涼宵雨ヲ幽斎ニ聞テ親友ト桑麻ヲ談シ暑日榻ヲ緑陰ニ移シテ隣翁ト芻蕘ヲ話ス其見ル所ハ青山碧水ニ非サルナク其聞ク所ハ樵歌村笛ニ非ザルナシ亦豈世上ニ功名富貴ノ事アルヲ知ランヤ…〟（「灯下独語」『呉山一峰』明一四・一二）

生涯の〝一番幸福な時[8]〟を「遠陽」の美妙な自然と淳厚な人間に触れて過ごした壬太郎は、明治一〇年、下等小学全科を修了すると直ぐ、「志ある者は単身万里をも往く」と叱咤する父の意《こころ》を酌み、遠州掛川村の漢儒（蘭学者とも）・岡田清直の家塾へ。

病弱な母・その子の心配を背に、「立志」なる笈を負い、〝曾て狭き郷里の天地より見た事のない、曾て父母の膝下を離れたことのない十四歳の少年[9]〟は独り、「西南戡定」後の政論横溢する「実世界」を指して二〇里、苔滑らかな羊腸の小路をたどり〝金谷から小夜の中山を歩い[10]〟た。

八郎次・鈴太郎らの勧めもあり、翌春、追手町の堀端に灰色ペンキ塗り木造二階建の「大建築」を誇る県下最高唯一の学府・静岡師範学校（明治八年創立）に入学。

燃え出る志学のいわれを、壬太郎は次の様に書き留めている。

〝…蓋シ学問ハ窮極ナり又際限ナシ豈迫々トシテ父母ノ膝下ニ匍匐シ碌々トシテ郷村ノ区内ニ蟄蟨シテ而シテ能ク其蘊奥ヲ極メ其目的ヲ達スルヲ得ンヤ夫ノ古来抜群ノ功業ヲ奏シ休光赫々千載ノ下ニ輝クモノ多クハ少壮家郷ヲ辞シテ万里ノ異郷ニ遊学シ其師ノ薫陶ヲ蒙ルト自己カ艱難辛苦ヲ経検スルトニ依テ其智識ヲ益シ其才幹ヲ大ニセシニ非ルハナキナリ見ヨヤ見ヨ夫ノ秦主ヲ輔テ其業ヲ皇張シ支那ニ雄視シタリシ英雄ヲ見ヨ当年虱ヲ捫シメ天下ノ務ヲ談セシ華陰ノ一寒書生ニ過キサルニ非スヤ見ヨヤ夫ノ「ブリン子《ネ》」ノ兵学校ニ悪戯児童ノ魁タリシ鰤生ヲ見ヨ遂ニ欧州全土ヲ席巻シテ威ヲ五大州中ニ及ホセシノ豪傑ト為リシニ非スヤ然リト雖ドモ如此ハ王猛拿破崙ニシテ初メテ能ク之ヲ為ス可シ豈平人凡士ノ能ク及フヘキ所ナランヤ夫レ然リ豈夫レ然ランヤ王猛拿破崙同ク其レ衣ヲ温ニ取リ食ヲ活ニ求ムルノ人ナリ何ソ及不及ノ理アランヤ若シ夫レ之レアルハ畢竟其ノ心事ノ如何ニアルノミ然リト雖ドモ臨河羨魚、不如帰家織網、瑞軒子性質学問ヲ好ミ□常ニ人ノ功業ヲ称スルモ若シ夫レ只之ヲ好ミ之ヲ言フノミシテ之ヲ身ニ行ハサレハ所謂河ニ臨テ魚ヲ羨ムモノナリ豈何ソ畢世事ヲ成スヲ得ンヤ宜ク其本ニ反テ自ラ行ヒ自ラ勉テ其功ヲ成シ其業ヲ遂クヘキ道ヲ講ス可キナリ於是明治十一年三月父母ニ請フテ断然家郷ヲ辞シ笈ヲ負フテ静陵ニ遊フ…〟（《退静岡師範黌》明一四・五〔東京神学大学〕）

〈明治の中期に於て静岡の持つた双璧〉[11]とたとえられ、〈最も親しく〉[12]交わることになる〈天才的な文章家〉[13]山路弥吉（元治元年一二月二六日、浅草の幕府天文方の家に生まれる。明治二年、静岡へ移住。）との出会いは、壕頭学校（教勧舎の後身で、師範学校と隣り合わせの附属小学校。）上等三級を修了したところで学資続かず、同校の助教員となった明治一一年か、翌一二年頃であろう。

＊

左は、弥吉の耳にも名声及ぶ壬太郎の明治一二年中の習作である。

〝〇薔薇説　静陵　瑞軒学人　断霞濃靄色如着胭脂染姿似経巧婦裁者何。薔薇是也。嗚呼薔薇真可愛矣。雖然。賞其美愛其艶苟弄之忽為利刺所傷。嗚呼亦可恐矣。夫麗色茅姿之可愛。鋭刺刺衝之可恐者。均是薔薇也。而世多類之者。豈独薔薇而已哉。」花街之花。柳巷之柳。均是人生之所娯楽者也。雖然。愛賞之過度。至喪其心怠其職。其害不止刺傷也。今之少年輩。朝負笈遠辞家郷。期辛苦勤勉。蛍窓雪案巻舒不怠。他日抱錦衣以帰郷。是其志可賞。而一朝至尋春於花街賞月於柳巷。倦怠之念漸萌。堅確之志漸挫。遂至使宿志不達。是無他。愛賞之過度也。猶彼賞愛薔薇之艶美而遇刺傷之害也。豈非可恐耶。然而。刺傷之害止十一肢。挫志之弊及于一身。噫可不戒耶。可不謹耶。〟

（『呉山一峰』明一四・二）

＊〈…当時の寄宿生は、年歯頗る懸隔ありて、高年の者は、多くは既に遊蕩懶惰の傾きあり、身を持すること放漫にして、学業に専らならざりし（〈…静岡師範学校の学生は其頃東京新誌（＝漢文戯作雑誌）を読むもの少からざりき。…以て当時の流

風を察すべし。…〉「現代思想史に於ける基督教の位置（四）」山路弥吉『独立評論』明三八・五）が、君（＝壬太郎）は特に弱令を以て此間に処し、却つて謹厳侵すべからざるものあり、同窓何れも眼を刮して懼れを懐かざるはなく、教師も亦同じ名後世上るべしと評し合へるなりき。…〉（前掲、根岸貫草稿）

同十二年、〈静岡師範学校の秀才[14]〉は、一等小学師範学科を終え、根岸貫ら四名と共に新設の高等師範科に転入する。*

＊〈…僅か五人の一学級なりしことは、余り贅沢にして不審に思はる、次第なるが、此頃の学務当局も、小学校教員養成と共に、中学校及師範学校教員養成の必要を感じ、師範学校生徒中の優秀なる者を抜いて、更に高度の教育を受けしむべき計画を案じ、第一回は明治十一年に、三人（黒川正、平賀敏、望月宗一）を慶応義塾に県費を以て留学せしめたるが、其卒業期の明治十四年には、次で三人乃至五人を留学せしむる意志にて、其の準備の為め特に五人の一学級を編制せしものなり、仮に称して高等師範科と云い、教科目は専ら英学漢文に重きを置き、記憶に存する限りに於ては、スキントン万国史、チャンバー中古史及近世史を用ゐ、語学には英国人をさへ傭はれて、教授時数は英学科が約半ばを占め、漢文科にては通鑑覧要、左伝、易経、春秋等に及び、科学にてはロスコー化学の原書に依り、些かなれども其実験をもなしたりしなり。…〉（前掲、根岸貫草稿）

〈旧幕府昌平黌ニ在リテ儒官又ハ教授ヲ勤メ・漢学力最モ著シキ[15]〉奥村孚・芹沢潜に就き、論孟を始め、韓愈・欧陽修・蘇東坡を愛唱し、*また、この時初めて学んだ英語の読本の詩―Twinkle, twinkle, litte star.[16]を口ずさみ、教科の余力に渉猟した誌書のうち、多く修養の拠り所とした唐本『酔古堂剣掃』（腐敗社会に対し慷慨不平の思いを託した陸紹珩の文学的抒情的清言集）を懐に、〝異日済黎民[17]〟を念じつつ、壬太郎は、明治一四年の慶応義塾遊学を待ち望んでいた。

＊〝…彼れ（＝蘇東坡）人となり大節気概あり、直言讜論時流に阿らず、操守堅固而かも道学の陋習なく襟懐極めて浩大なるものあるは我等の先づ彼に傾倒せる所なりき。而して又彼れ学問該博、一面老仏の教に通じ物外に超然たるの風ありしと共に、

　他面に在りては憂世慨時の念禁ぜず、其炬眼を以て当時政界の趨勢を洞観し、之に対する大経綸を立て、縦横の論策を試みたるは、我等の殊に喜びたる所なりき。…〟（「人格に文材を盛れ」『日本及日本人』大五・九）

しかし、〈学務当局の此企図は、計画の基礎薄弱なりし為に、俄然一二年の県会に於て、経費の関係上否決の運命に接し[18]〉、頓座。

壬太郎が、「男子空しく死なず」と励み合う弥吉と、〈印刷事業の発達せざる当時にあつては・青年書生間の、最も高尚なる快楽と認められた[19]〉文学雑誌の刊行を発起*したのは、この頃のことであろう。

＊〈私（＝増田富次郎、後「守一」と改名）が青年時代静岡で小学校に従事し其の傍ら琢磨社といふ社員（＝湊省太郎もその一人）組織で詩文を蒐集せる月刊雑誌花叢相談（＝他に詩文雑誌『弘智新誌』（明治一三年九月創刊））を発行（＝明治一四年一月創刊）して居ました時分に親友の伊藤鉉一郎氏（＝明治一二年五月、第一等師範学科卒業。公同社（民権結社）の機関誌『蛍雪余談』（明治一四年一月創刊）主宰）と竹馬の友山路愛山氏との御紹介で高木君に始めて御目にか丶つたのでした。それは君が愛山氏と供に『呉山一峰』といふ雑誌を発行されるに就て其の準備や経営方法などの御相談を受けたのでした。…〉（増田守一《追憶》大一一（東京神学大学））

明治一三年一〇月、[*1]『呉山一峰』[*2]創刊。

＊1〈…我社呉山一峰実ニ昨年十月ヲ以テ崛起シ…〉（「新年ノ感」香山逸民『呉山一峰』明一四・一）

＊2〈…「呉山一峰」と題せしは、当時の師範学校漢文教師、芹沢潜（随軒と号す）といわれたる、旧聖堂の儒者たりし仁の選に係り、…〉（前掲、根岸貫草稿）

〈静岡あたりにては国会開設の請願に師範学校の先生さへも署名し、土地にて幅利きの人物は大抵其運動に加勢[20]〉する程、「民権論」流行の時、壬太郎当年の志も「政治界」*にあった。

＊　〃…明治十三年友人山本金一郎の司法省法学校の召募に応じ上京せんとするや別に臨み相謂て云く「願くは相偕に国会議場に於て相見えん」と。…〃（前掲《飄蓬録》）

〈請願の障壁を高ふし・建白の衢路を塞ぎ・熱望を沮圧し・貴重の民権を蹂躙せんとす〉る〈案権家〉(21)の非を打つ「呉山小史」（「呉山一峰」社員か）に呼応するかのように、壬太郎は、この『呉山一峰』に若き火群《ほむら》を吐いた。

〃天下ノ学生ニ告ル文

夫ノ家屋ヲ建築セント欲スルヤ必ス先ヅ基礎ヲ立テ而シテ後柱梁ヲ施ス夫ノ草木ヲ繁殖セント欲スルヤ必ス先ヅ種仔ヲ種テ而シテ後花実ヲ求ム盖シ柱梁ヲ施スハ先ヅ基礎ノ堅固ナランヲ要ス花実ヲ求ムルハ先ヅ種仔ノ充分ナランヲ要ス基礎堅固ナラスシテ柱梁施スヲ得種仔充分ナラズシテ花実求ムルヲ得ンハ余輩ノ未ダ知ラサル所ナリ

今夫レ諸君ハ生テ日本帝国ニ居リ日本帝国ノ粟ヲ食ヒ日本帝国ノ水ヲ飲シ日本帝国ノ帛ヲ衣以テ　皇帝陛下ノ徳沢ニ浴シ以テ社会ノ幸福ヲ受ケ以テ人生ノ歓楽ヲ保ス豈之ニ報スルノ義務ナカル可ンヤ即チ諸君カ幼少ヨリ蛍窓ニ倚リ雪案ニ対シ道ヲ学ビ学ヲ修メ孜々兀々倦マズ長ジテ之ヲ実際ニ活用シ以テ世ヲ利シ国ヲ益セントスル所以ニシテ果シテ能ク其極ニ至ルモノハ是レ其義務ヲ尽スモノニシテ初メテ以テ人類ニ愧ヂズト謂フ可シ

然リ而シテ之カ道ヲ学ブヤ自ラ定則アリ之カ学ヲ修ムルヤ自ラ規矩アリ之カ定則ヲ守ラズ妄ニ之ヲ成サント欲スルモ得ベキモノニ非ザルナリ而シテ其定則トハ果シテ何ゾヤ其規矩トハ果シテ何ゾヤ余輩カ冒頭ニ云フ所家屋建築法是レノミ草木繁殖ノ則是レノミ故ニ人ノ幼少ヨリ学ヲ修メ道ヲ学ビ長シテ能ク世ヲ利シ国ヲ益シ以テ真正ノ人類タラント欲スルニハ必ス先ヅ之レカ基礎タル一身ノ自立ヲ以テ利世ノ事業ニ進入スルノ第一歩トナサヾル可ラサルナリ之レカ種仔タル一己ノ独立ヲ以テ益国ノ事業ニ進入スルノ第一歩トナサヾル可ラサルナリ

若シ或ハ然ラズシテ一身未タ自立セズ一己未タ独立セズシテ先ヅ一世ヲ利シ一国ヲ益セントスルカ如キハ基礎ヲ立

テズシテ而シテ先ヅ柱梁ヲ施シ種仔ヲ殖セズシテ而シテ先ヅ花実ヲ求ムルモノニシテ到底其功ヲ奏シ其業ヲ遂ク可キモノニ非ザルナリ

然ルニ方今学生其一身一己立テ而シテ世ヲ利シ国ヲ益セント欲スルヨリハ寧ロ……却テ其之レヲ益セントシタルノ世ヲ煩ハシ国ヲ害スルノミ豈察セザル可ケンヤ

古人嘗テ曰欲治其国者先斎其家欲斉其家者先修其身………天下ノ学生諸君宜ク先ヅ一身一己ヲ修メ而シテ後利世益国ノ事業ニ入リ以テ処世ノ義務ヲ尽シ真正ノ人類タルヲ勉メズンバアルベカラザルナリ〟（壬太郎没後、筐底に『呉山一峰』五冊を見出した根岸貫により第二号（？）から摘録された壬太郎の逸文である。）

〝告天下之学生文　第二

我日本帝国ノ独立ヲ維持シ我日本帝国ノ開明ヲ進捗シ我日本帝国ノ学術ヲ精窮シ我日本帝国ノ民福ヲ計画スルニ於テ後来ニ冀望ヲ属スルモノハ果シテ誰ニ於テスルカ是豈吾儕学生カ進テ負担ス可キノ義務ニ非スシテ将タ誰ニカ属センヤ嗚呼吾儕学生ハ誠ニ其責重ク其任大ナリト謂フ可シ然ラハ則チ宜ク今日ニ於テ孜々トシテ学業ヲ研窮シ孜々トシテ智識ヲ開発シ以テ其大業ヲ経営セスンハアラサルナリ然リ而シテ其大業ヲ経営セント欲スル者ハ其志気高大其心事快活ナルニ非サルヨリハ豈能ク其事ヲ成シ其功ヲ遂クルヲ得ンヤ若シ夫レ徒ニ瑣事ニ沈着シ細務ニ拘泥スルカ如キアラハ其志気モ亦自ラ瑣細ノ範囲ニ止リ小事ニハ或ハ鋭ナルカ如キアルモ大事ニハ輒チ鈍ナルニ至ラン然ラハ則チ何ソ其大業ヲ経営スルヲ得ンヤ大事ヲ遂ケ重任ヲ効スカ如キハ断然望ム所ニ非ルナリ盖シ学生ノ心志タル概子《ネ》五州ヲ圧倒シ宇宙ヲ並呑スルカ如キモノニシテ其冀望スル所渺茫畔涯ヲ知ラサル者ナリ目的ノ大ナルモノ固ヨリ当ニ然ラサル可ラサルナリ

然ルニ近時世ノ学生其目的ヲ期スル近小其心志ヲ持スル卑劣ナルモノアリ之ヲ以テ朝ニ顕門ニ諂ヒ夕ニ貴邸ニ媚ヒ

千状万態辛フシテ一資半級ヲ得ルトキハ叩然自ラ許スニ英雄ヲ以テシ一擲千金花柳ニ遊ヒ嘗テ恥チス唯競慄是レヲ失ハンヿヲ恐ル丶モノアリ或ハ学窓三年僅ニ数巻ノ書ヲ読終ルニ及ヘハ則チ知足ノ病頓ニ発生シ揚々自ラ任スルニ碩学ヲ以テシ口ヲ開ケハ則喋々民権ヲ説キ筆ヲ下セハ則嘖々自由ヲ論シ以為ラク我目的既ニ達スト亦進テ事ヲ為スノ気力ナシ噫夫レ如此輩果シテ能ク其大業ヲ経営シ其責任ヲ尽スヿヲ得可キ乎吾儕ハ未タ之ヲ知ラサルナリ若シ夫レ天下ノ学生ニシテ如斯クンハ誰レカ能ク後来ニ我帝国ノ独立ヲ維持シ我帝国ノ開明ヲ進捗シ我帝国ノ学術ヲ精窮シ我帝国ノ民福ヲ計画スルヲ得ルモノソ豈憂フヘキノ至ニアラスヤ

斯邁爾斯曰ク志望ハ勢力ノ伴侶ニシテ成就ノ母ナリト又曰ク低処ヲ俯視スルモノハ其心志高尚ナルヿ能ハス故ニ身ヲ汚濁ヨリ抜出サント思ハ丶自ラ高処ヲ仰キ望マサルヲ得スト旨アル哉言ヤ盖シ古ヨリ大事ヲ成シ大業ヲ遂ケ名誉ヲ竹帛ニ垂レ休光ヲ千載ニ輝シタルモノハ其目的ヲ遠大ニ期シ其心志ヲ高尚ニ持シ艱難ニ遭テ屈セス辛苦ニ遇テ撓マス而シテ初テ能ク其事ヲ成シタルノミ其業ヲ遂ケタルノミ試ニ思ヘ秦主ヲ輔テ其業ヲ皇張シ支那ニ雄視シタリシ英雄ハ当年虱ヲ捫テ天下ノ務ヲ談セシ華陰ノ一寒書生ニ過キサルナリ「ブリン子《ネ》」ノ兵学校ニ悪戯児童ノ魁タリシ鯫生ハ遂ニ欧州全土ヲ席巻シテ其威ヲ五大州中ニ及ホセシノ豪傑トナレリ是豈其目的ノ遠大其心志ノ高尚ナルニ非スシテ何ソ此ニ至ランヤ盖シ特リ王猛ト那破崙トノミナラス古今各国ノ青史上ニ於テ其抜群ナル功業ヲ奏シ得タルモノヲ見ルニ其期スル所ノ目的遠大其持スル所ノ心志高尚ニシテ能ク艱難辛苦ニ耐フルモノニ非ルハナキナリ噫夫レ志望ハ誠ニ成就ノ母ナリ豈尊マサル可ケンヤ而シテ事業ノ大小ハ一ニ其高卑ニ関ス豈又謹マサル可ケンヤ

夫レ良驥ハ駑馬ノ区々タルニ倣ハス一躍能ク千里ニ至リ鴻鵠ハ燕雀ノ齷齪タルニ習ハス一搏能ク上天ニ達ス是レ其志遠大ナレハナリ噫丈夫須有遠図若夫レ目的ヲ遠大ニ期スル能ハス心志ヲ高尚ニ持スル能ハス徒ニ瑣事ニ沈着シ細務ニ拘泥シ艱難辛苦ニ堪ヘサルモノ豈能ク大業ヲ経営シ重任ヲ効スヲ得ンヤ唯ニ大業ヲ経営シ重任ヲ効ス能ハサル

ノミナラス夫ノ一資半級ヲ得テ昂然自ラ英雄ヲ許シ僅々数巻ノ書ヲ読終テ揚々碩学ヲ任シ又更ニ進取ノ気象ナキモノハ到底社会ノ螫[?]害物タルヲ免レサルナリ噫夫レ大丈夫生逢二盛世一、不レ能下変化如二龍蛇一、茫萍上浮雨中沢六合上、顧安能終日困縛如二轅下駒一哉抑モ吾儕学生ハ誠ニ其責重ク其任大ナリ我日本帝国ノ隆替亦一ニ是ニアラントス勉メサル可ラサルナリ励マサル可ラサルナリ〟（『呉山一峰』明一三・一二）

「生涯の事業」（＝基督教に拠り[*1]〝高潔なる品性[*2]を養うこと[22]〟）へ収束する〈焦燥《エートス》〉[23]を発散させながら、『呉山一峰』は、莫逆の友・山路弥吉（弥吉が静岡県警察本署御用掛に就いたのは、明治一四年、『呉山一峰』閉刊後か）に鼓舞され、〈師範学校卒業の日（＝明治一四年五月七日）迄、即ち発起当時の目的通りに、たしか七八号迄を発行して、大に一校学生の士気を振い、衆生の畏敬を一身にあつめた〉[24]。

＊1　明治十八年、〝愛する母を失ひて何か慰を得たい〟（「霊の果」『護教』明三四・四・六）と〝温暖掬すべき家庭〟（「教会は家庭也」『護教』明三五・七・一九）＝「静岡教会」の門をたたき、翌一九年一〇月三一日、平岩愷保《よしやす》牧師の懇篤な導きにより受洗。基督教全盛時代の一時の感情に迫られることなく〝生涯の運命の関〟（「人生の一大時期（下）」『護教』明三四・一一・一六）を越えた壬太郎も、当時は、〝泰西史鑑。パーレー万国史。西国立志編。勧善訓蒙。等を読みて泰西文明の淵源する処あるべきを思ひしかども基督教を研究せんとの志は未だ起ら〟（「（如何なる書籍に由て基督教の思想に接触せしや（一））」『護教』明四一・一〇・一六）ず、浅間神社殿で聴いた交詢社々員・高木喜一郎の耶蘇教排撃の説に〝支配サレ〟（《高木壬太郎日記（明二三・一二・五）》〔東京神学大学〕）る有様であった。

＊2　〈僕の坎堂等と共に静岡に在るや、相議して静岡青年会雑誌を発行す（〝明治廿一年二月六日…夜山路氏来訪青年会雑誌編輯人タルベキノ嘱託アリ之ヲ諾ス・四月二十日…青年会雑誌第一号印刷漸ク成ル、…〟《壬太郎日記》）。英人カシデー（Francis Albert Cassidy ＝カナダ・メソジスト教会宣教師。明治一九年九月、来静。壬太郎は、〝明治廿年七月ヨリ同廿二年八月ニ至ルマデ静岡県立中学校傭教師学士エフ・エ・カッシデーニ随ヒ英語学ヲ学〟（《高木壬太郎履歴書》〔東京都公文

書館」）び、〝基督教的品性〟を養う機会を得た。）なるものあり。「キヤラクター」を論する一編を寄す、坎堂当日翻訳の任に当る。謂らく之を西洋品行論の如く品行と訳さん乎。言行の末形をのみ論ずるもの、如くにして妥当ならず。さりとて人品と訳するも妙ならずと。乃ち品性の二字を捻出し来る。元と一時已むを得ざるに出づ。而して今や天下一般之を用ひて異論なし。頃日二人爐を囲んで往事を語る。…〉（「「品性」と云ふ熟字の事」山路弥吉『独立評論』明三九・一）実際は、既に『西国立志編』（第九編一五）や『奢是吾敵論　上篇』（井上毅訳）などに見られる（「誤解乎。暗合乎。」山路弥吉『独立評論』明三九・四参照）。

〝自由、独立、進歩、濶大の精神を有すべく教育され〟(25)、〝（思想は勿論幼稚であつたが）政治に深い興味をもつて能く政治を談じ〟(26)―擬国会をつくり自由保護貿易の可否を討論したり、国会開設や条約改正を訴え『静岡新聞』に投稿[*1]したりもして―、〈文章に対する天成の素質（愛山氏の言）(27)〉を賞され、〈校内弁論界の雄(28)〉と謳われた壬太郎は、『呉山一峰』の原動力ともなった〝悠揚の志〟＝〝政治界に雄飛せんとの念〟(29)を胸に、明治一四年八月、〈静岡の教育界における最も有望なる新人(30)〉として、育英の業の第一歩を、駿東郡御殿場村立小学中郷学校（三等訓導＝校長[*2]）にしるした。

＊1　「元気論」高木瑞『静岡新聞』明一四・四・二二など。
〈…彼れ（＝壬太郎）は嘗て余と共に十五六歳の時より静岡に於て文学雑誌を発行し、「静岡新聞」の一寄書家として奇妙なる議論を捻くりたる腕白小僧なりき、而して今は立派なる紳士となれり、…〉（「諸友訓誨録（承前）」愛山生『信濃毎日新聞』明三二・六・一四）

＊2　〈…私の若い時には若い人が世の中を持つて居た、…田舎の小学校の校長が十七八歳であつた高木氏の如きも其の通りであつた、夫れでも立派につとまつたものだ、…〉（「非老成論」山路愛山『白金学報』明四二・七）

注

(1)「高木壬太郎」比屋根安定『哲学大辞書（覆刻版）』昭五三

(2)〔根岸要氏（根岸貫令孫）〕《根岸道（＝貫令弟）自伝》〔根岸百合子氏（道御次女）〕「沼津高等小学校四箇年記事」明三〇、「湊省太郎と山路愛山のクラスメート―明治七年小学校卒業生名簿―」春山俊夫『静岡県近代史研究会会報』昭六二・六

(3) 高木智夫氏（壬太郎令孫）の所感。

(4)「福沢諭吉と現時の基督教会」『護教』明四〇・四・二七

(5) 河村八郎次《無題（壬太郎追想）》大一一〔東京神学大学〕

(6)「八木翁追懐録（五）」高木壬太郎『八木翁紀念帖』大二・三

(7) 近藤鈴太郎《無題（壬太郎追想）》大一一〔東京神学大学〕

(8)「無意識論」『護教』明四〇・五・一一

(9)「人生の重荷」『護教』明三六・九・一二

(10)《明治四拾五年壱月七日神学博士高木壬太郎氏講演（下長尾尋常小学同窓会）》（高木吾一速記）〔小沢俊夫氏〕

(11)「故青山学院長神学博士高木壬太郎君」池田次郎吉《明治初期の静岡　第二編》昭一六〔静岡県立中央図書館〕

(12)「高木壬太郎」比屋根安定「教界三十五人像」昭三四・一一

(13)「山路愛山氏逝く…」江原素六談『東京日日新聞』大六・三・一六

(14)「養生論」山路弥吉『独立評論』大三・七

(15)「静岡県年報―師範学校（付小学教員）」『文部省第九年報』明一九

(16)「星」『護教』明三五・八・九

(17)《飄蓬録》明三二・八・五〔東京神学大学〕
(18)(19) 前掲、根岸貫草稿
(20)「一夢半百歳」山路愛山『国民新聞』大六・一・一
(21)「棄権　第一篇」「同　第二篇」呉山小史『函右日報』明一三・一二・一二、一四
(22)「所感を述て新年を迎ふ」『聖書之友雑誌』明二九・一
(23) 色川大吉『明治人　その青春群像』昭五三・六
(24) 前掲、根岸貫草稿
(25)「文部省廃止説に就て」『護教』明三六・八・二九
(26)「如何にして憲法発布三十年を記念すべきか」『中外新論』大八・二
(27) 平田平三《架替へなき高木博士の死》大一一〔東京神学大学〕
(28)「故高木壬太郎博士の思ひ出」池田次郎吉『教界時報』大一〇・二・二五
(29) 前掲《飄蓬録》
(30)「故高木壬太郎氏略歴」波多野伝四郎『青山学報』大一〇・五

河村計三氏をはじめ、小沢節子・高木智夫・長浜寛二郎・沼鶴彦・根岸要・根岸百合子・藤田辰男・松下麟一・水井雅子・諸田八百次・八木伊三郎・八木芳郎各氏、ほか多くの方々のご指導をいただきました。心よりお礼申しあげます。

若き高木壬太郎―静岡での日々―

【凡例】

○　引用文中、漢字は原則として新字体に改め、仮名づかいは原文にしたがった。

○　壬太郎没後「紀念録」作成にあたり、壬太郎の「備忘録」（未見）より抜き書きしたもの〔東京神学大学蔵〕を『日記』と記した。

記号表

〃　〃…壬太郎文から引用

〈　〉…他の文献から引用

《　》…草稿・書簡・公文書など

〔　〕…所蔵先（者）名など

（＝）…筆者による注

M…明治、T…大正、S…昭和

はしがき

高木壬太郎の次の文章には、世の中の毀誉褒貶に動かされることなく、神霊の活火を燃やし、深遠な真理を求め続けたその生きざまが鮮やかに刻まれている。

〝最も大なる事業ハ最も静に為さるもの也。吾人豈必ずしも人耳を聳動するの事業を為して以て快とするを要せんや。願くハ基督の徒よ瀑布となりて響かんよりも、渠となり河となりて舟楫を通ぜよ、汽笛となりて鳴り渡らんよりも、石炭となりて汽《ママ》関車を動かすの力となれ。是豈最も貴きことならずや。〟（「平凡の生涯」『聖書之友雑誌』明二八・五）

〝…余が日本の宗教家として自ら重を置くの点は神学の点に非すして寧ろ生命に在り、余は神学者たらんよりも宗教家たらんことを欲す、将来神学上著述を為さんとの名誉心なきニ非すと雖も、高潔なる品性家たらんは更に之にまさるの希望也、…余の名誉心は百部の書著ハさんことよりも、基督の一言を生活せんこと也、〟（草稿《郷国の夢》明二九・一〇・一一）

〝…小生は夫の伊蘇普物語の風となりてヒユーヒユー吹かんよりも太陽となりて音なく響なく聯かの感化を世に与へ度存居候〟（《弟愛助宛書簡》明二九・二・一二）

本稿は、眼を事業と功利の外に放って前途の光を望みつつ、牧師として主筆として教育者として歩んだ壬太郎のその気高い〈平凡の生涯〉の出発点ともなる静岡での日々を、資料に寄り添いつゝ辿りながら〈永遠の生命〉に少しでも近づこうとしたささやかな試みの一である。

一　遠陽榛原人

壬太郎は、元治元年五月二〇日（一八六四・六・二三）、遠江国榛原郡中川根村上長尾（現、静岡県榛原郡川根本町上長尾）に、里正・医師の家系で農を業とする高木源左衛門・その子の長男として生まれた。古くからの友・池田次郎吉は、壬太郎と故郷を次のように形容している。

〈花橘も茶の匂ひと歌はれた静岡県でも、特殊なる茶の産地に川根と云ふ処があります。川根の地は前に大井川の清流控へ、後に緑の山を負ひ、空気清澄塵芥の揚るなき為茶の葉は自然に清く、之をもつて製したる茶は茶碗の底に沈殿物が殆溜らないといふのを以て有名であります。此清き茶の産地川根こそ我坎堂高木先生が生れられた土地なのであります。香ばしきかほり、すみにすみて底迄濁りなき程の清らかさ、シカモ其中に、人の疲れを癒し睡りをさますの力を持つて居る川根の茶、それは敬虔なる神の僕、有徳なる君子人を表徴するに近いものではありますまいか。果然彼と是とは共に山高く、水長きの間に生れたのであります。[1]〉

生涯のいちばん幸福な時を、壬太郎は、微妙なる長尾の山、大井の水に触れて過ごした。〝遠陽榛原人[2]〟を称する所以である。

八木又左衛門・高木源左衛門兄弟は、今日でいう自由人。福沢諭吉の開国思想を喜び、家人はもとより近郷にまでその説を教えて回ったという。『西洋事情』『学問のすゝめ』『文明論之概略』などは〝家庭の教科書〟となり、諭吉の、旧思想を破壊して新思想を扶植した意気と、権威や勢力におもねない独立独行の自尊の精神が、知らず知らず壬太郎の向学心を奮い立たせた[3]。

キリスト教を聴いて後、精神的文明＝西洋の道徳をなおざりにする諭吉に〝慊焉の情〟を抱いたこともあったが、四民同権を主張し、時代の要求に鋭く応じたこの遠見なる大革命者を壬太郎は、〈最も好める人物〉の一人として敬い続けている[4]。

学制発布にともない明治七年一月、智満寺（高木家菩提所）の大伽藍を校舎に充て開かれた長尾学校に入学。河村八郎次（浜松県学区取締）が大井川上流地方巡視の際、「今日勉めずとも、明日ありと云ふことなかれ」（『小学読本』）との訓に励まされ学にいそしむ〈全校の模範〉壬太郎に眼を見張ったのは、翌八年頃のことである。(5)

明治九年、長尾学校の新校舎落成式で、壬太郎は生徒総代として「祝辞」を読み上げた。首席教員として迎えられた近藤鈴太郎の回想に、若き壬太郎の面目が現れている。

〈余ノ始メテ此地ニ到ルヤ玲瓏タル玉ヲ含有スル璞石ノ若キ小童アリ怜悧ニシテ進退周旋常ナラス此ノ山間僻地ニシテ此人アリ即壬太郎氏ナリ　壬太郎氏質朴穎悟ニシテ強記見ルコト聞クコト一タヒ耳目ニ触ルレハ直ニ之ヲ吸収シ再ヒ忘ルヽコトナシ故ニ余モ面接スル時常ニ妄言ナラス何事モ信実ナルコトヲ旨トシテ応接スルコトニ注意セリ…（中略）…壬太郎氏ノ質朴ナルハ土地ノ粋ヲ得タルモノ而シテ此レニ加フルニ穎悟強記ヲ以テシタルナリ　斯ノ若キ人ヲ徒ラニ奥山ニ捨テ置クハ惜ムヘキモノト思ヒ静岡県立師範学校へ入学セシムヘキコトヲ余ヨリ伯父君及父君ニ勧メシニ学資ナク且ツ此ヲ離レテ他所ニ出テタトヒ人物トナルトモ家ノ為メ村ノ為メトナラスト云ヘリ余曰ク学資ナクハ何トカ方法アルヘシ且此ノ如ク俊秀ナル人物ナレハ成業ノ後ハ豈村ノ為ノミナランヤ国ノ為天下ノ為トナルヘシト云ヒ其儘余ハ第十三番中学区（即榛原郡鬼頭郡磐田郡）巡回訓導ヲ命セラレテ長尾学校ヲ去レリ(6)〉

百事草創の中、賢き忠実な教師と親愛すべき同窓の友とによって〝美しき要素〟を育まれ、明治一〇年秋、下等小学全科を修了。直ちに〝志ある者は単身万里をも往く〟と叱咤する父の意をくんで、遠州掛川村の漢儒（蘭学者とも）・

岡田清直の家塾に入り傍ら掛川学校へ通うことになる。[7]
遠陽の純美な自然と淳厚な人々の織りなす原風景をあとに「立志」なる笈を負い、狭い郷里の天地より見たことのない一三歳の少年は独り、病弱な母の心配を引きずりながら、西南戦争後の政論よせる実世界を指して苔滑らかな小路をたどり、金谷から佐夜の中山を歩いた。[8]

二　静岡師範黌

父・伯父の許しを漸く得て壬太郎は、明治一一年春、追手町の堀端に灰色ペンキ塗り木造二階建の大建築を誇る県下最高唯一の学府・静岡師範学校に入学する。[1]
静岡に来てまもなく壬太郎は、師範黌と外濠の石垣をへだてて城内西北隅に建つ石造二階屋の異人館あたりに二人の西洋人＝カナダ・メソジスト教会派最初の宣教師 Davidson MacDonald とその妻を見かけた。家が曹洞宗に属し、祖母が神職の出で、母もおのずと敬神の念深く神仏への尊崇を教えられてはいたが、風潮に揺らぎ宗教には極めて冷淡になってしまっていた壬太郎の〈豆大ノ眼睛〉には、〈人民の品行を改良する法教師[2]〉の質朴な巨躯も、婦女子教育を実践し夫の活動を支える才色備えた麗容も、ただ〝物珍らしく〟映るばかりであった。[2]
〈明治の中期に於て静岡の持つた双璧〉とたとえられ最も親しく交わることになる〈天才的な文章家[3]〉山路弥吉との出会いは、弥吉が壕頭学校（師範学校と隣り合わせの附属小学校）上等三級を修了したところで学資つづかず同校の助教員となった明治一一年か翌一二年頃である。[4]
弥吉の「現代日本教会史論」（『基督教評論』M三九・七）に〈余は当時を回顧して日本人民の獣欲を抑制すべき威権の甚だ微弱なりしを驚かずんばあらず、…（中略）…余の自ら記憶する所に依れば静岡師範学校の学生は其頃東京新誌（＝漢文戯作雑誌）を読むもの少からざりき。〉とある。壬太郎はこの悪風に謹厳をもって当たり〈同窓何れも眼を刮して懼れを懐かざるはなく、教師も亦同じ名後世上るべしと評し合へる〉ほどに名声を広めた。(5)

明治一二年、〈静岡師範学校の秀才〉壬太郎は、一等小学師範学科から新設の高等師範科に転入する。同級生・根岸貫がその経緯を留めている。

〈…僅か五人の一学級なりしことは、余り贅沢にして不審に思はる、次第なるが、此頃の学務当局も、小学校教員養成と共に中学校及師範学校教員養成の必要を感じ、師範学校生徒中の優秀なる者を抜いて、更に高度の教育を受けしむべき計画を案じ、第一回は明治十一年に、三人（黒川正、平賀敏、望月宗一）を慶応義塾に県費を以て留学せしめたるが、其卒業期の明治十四年には、次で三人乃至五人を留学せしむる意志にて、其準備の為め特に五人の一学級を編成せしものなり、仮に称して高等師範科と云い、教科目は専ら英学漢文に重きを置き、記憶に存する限りに於いては、スキントン万国史、チヤンバー中古史及近世史を用ゐ、語学には英国人さへ傭はれて、教授時数は英学科が約半ばを占め、漢文科にては通鑑覧要、左伝、易経、春秋等に及び、科学にてはロスコー化学の原書に依り、些かなれども其の実験をもなしたりしなり。…(6)〉

〝異日済黎民〟を念じながら明治一四年の慶応義塾遊学を待ち望んでいた。壬太郎に最初の挫折がおとずれた。学務当局の計画の基礎が弱く明治一三年の県会で派遣中止と決まったのである。(7)

壬太郎が、「男子空しく死なず」と励みあう弥吉と、印刷事業の発達していない当時にあって青年書生間の最も高尚な快楽とされた文学雑誌の刊行を思いついたのはこの頃のことであろう。

二人は、すでに文学雑誌『弘智新誌』(M一三・九創刊)の編集に携わっていた増田富次郎にその経営方法について教えを請うている。[8]
明治一三年一〇月、『呉山一峰』創刊。[9]
同じ頃、同窓の戸田鉦吉と雑誌『美学珠林』を発行し、〈文学教学連馳〉を実践していた根岸貫は、その『呉山一峰』の内実を次のように記している。

〈文学雑誌「呉山一峰」は本局を「行余社」と称し、主幹兼編輯人に山路弥吉と署名したるが、実は重に師範学校同窓生の計画にて、局名や編輯人署名抔は、県立学生の身分として、印行上に許されがたかりける為に、此頃より既に、学校以外に自由研究の天地を有せる山路弥吉氏の名を借り、尚且「行余社」の所在地には、同じ山路氏の寓所(=静岡鷹匠町一丁目四七番地)を充てたるものなりき。されば数号の発行を重ねたるに拘らず、将又山路氏は、此頃早くも家康論の執筆ありたる程なるにも拘らず、同氏の一文を認めず、高木坎堂併に増田香山(高木氏親友増田龍作)両氏の文章斗りが、変名をさへ加へて毎号を賑はし、山路氏としては、未だ愛山といはず当時偃蹇独夫と誌されて、逸詞と題したる詩歌欄に、義経賛なる韻文を観るに止まれり〉[10]

〈静岡あたりにては国会開設の請願に師範学校の先生さへも署名し、土地にて幅利きの人物は大抵其運動に加勢〉[11]するほど民権論流行の時、壬太郎も政治世界に志を抱いて、この画箋紙一〇ページほどの小雑誌に若き火群を吐いた。
『呉山一峰』は、莫逆の友・山路弥吉(明治一四年『呉山一峰』閉刊後?静岡県警察本署御用掛に就く)に支えられ、初めの目的どおり卒業の日まで七・八号を発行して一校学生の士気を揮い周囲の畏敬を集めた。[12]

天下をもって任じ、擬国会で自由保護貿易の可否を討論したり『静岡新聞』に国会開設や条約改正を訴えたりもして〈文章に対する天成の素質〉を認められ〈校内弁論界の雄〉とたたえられた壬太郎は、明治一四年五月七日、特別優秀の成績で自由・独立・進歩・闊大の滲み入る卒業状を手にし、二日後、〝噫王猛カ功拿破崙カ業誠ニ大矣誠ニ偉矣瑞軒子未其千億分ノ一タモ真似ルコト能ハスト雖ドモ尚向后勉メテ倦マス学ンテ怠ラサルアラハ豈何ソ其千億分ノ一ニ至ラサルヲ必センヤ…着錦帰故郷ハ未タ之ヲ言フ能ハサル也[13]〟と戒めて一先ず故山へ向かう。

三　小学先生

明治一四年八月二九日、静岡教育界の有望な新人と期待された壬太郎は、〝政治界に雄飛せんとの念[1]〟を抱いたまま、育英の業の第一歩を駿東郡御殿場村立中郷学校（現・御殿場市立高根小学校）にしるした。その三ヵ月後に執り行われた同校の新築開校式で壬太郎は祝文を朗読して、校長（三等訓導）の職責を果たしている。[2]

昼は学童の訓育に全力を注ぎ、夜は政治・歴史・哲学・文学などの書に親しむ間、社会教育の効用を啓発して良風を守る、博学で覇気に富み弁舌明快な一七歳の校長に村民の厚い尊敬が集まった。[3] 滝口源太郎ら教え子の回想からも、郷村の木鐸の音容が伝わってくる。

〈…当時の教育法といへば今日より見て非常に低くかつたもので（低いとはあながち悪いといふ意味でありません）注入主義より外なかつたこと、思はれるが先生（＝壬太郎）の教育法も注入主義であつたと考へる。而も生徒の個性を重んずることは非常に深かつたもので、当時個性観察簿を作り休憩時等教師監視の外にある生徒の挙動や行為や遊戯等に於ける状況を明細記録して参考したもので、吾々も教室の窓から先生が運動場を眺めて居ることに気が付いた時は何だか怖く思つた（怖がらせる為ではないが）。是等は先生の明なる所で近時個性尊重の教喧しきを思へば実に敬服に堪えない。…（中略）…先生は学校内部の教育に力を注がれたる外学校以外即ち社会教育にも注意せられた故に卒業生を集めて夜学を開きよく指導誘掖の任に当らる。又常に飲酒の害を説かれて地方風俗の善導に力を尽された。是其の当時にありては何れの地方にても自家用の酒を醸し人にも賄め自らも飲み自然飲食の風習があつたからである。[4]〉

〈学校のやり方を変えた先生[5]〉と高根の人々に強い印象を与えた壬太郎は、のち青山学院長になってから、当時の〝講釈的注入的教育法を以て品性を強いんとするが如き愚〟を痛く思い起こしつつ、夏の御殿場に講演や静養の足を運んだ。[6]

〝泰西史鑑。パーレー万国史。西国立志篇。勧善訓蒙。等を読みて泰西文明の淵源する処あるべきを思ひしかども基督教を研究せんとの志は未だ起ら〟ず[7]、前に静岡浅間神社で聞いた高木喜一郎（交詢社々員）の耶蘇教攻撃演説を論拠に、儒教主義を声高く唱えて信者の非難を浴び、「個人間の論争に止まりては面白くないから新聞紙上にて論議せん」と主角をあらわにしたのも中郷学校在職中のことである。[8]

再び自由の嵐・民権の雨すさぶ中、壬太郎は身を政党の外に置きながら、〈皇室ヲ無窮ニ奉戴シ下人民ノ権理自由ヲ伸暢シテ国家ノ福祉ヲ全フスル〉ことを目的に磯辺物外らにより全国に先駆けて結成された静岡改進党の温和に共鳴しつつ『静岡新聞』に政論を寄せたり、御厨懇親会で伊藤欽亮（静岡県改進党員）を支持し土居光華（岳南自由党員）を攻めるなど進んで壇上の人ともなった。[9]

集会条令改正追加（M一五・六・三公布）され、「黙れ訓導」の暴声高ぶる夏、改正教授法伝習会（於静岡師範学校）

に出て御厨教育会幹事の職務を務め[10]、また校長訓導の政談演説・政論の禁止が布達されて一八日後（一一月三日）には、中郷学校の教員・生徒と世事を逃れ金時山の紅葉を楽しんでいる。壬太郎は秋を最も好んだ。「秋紅（散史）」という筆名もある[11]。

その年の冬、根岸貫から一通の手紙が送られてきた。〝云く「我等年壮にして小学に老ゆるは豈遺憾ならずや。教育者たらば何ぞ大教育者たるを志さざる、恨む所は学資なきの一事也。謂ふ相共に助けて更迭東都に遊ばん、初め三年は余君の為に資を供せん、君先づ遊学せよ、後の三年は君帰り来りて余の為に資を供せよ。」と。〟壬太郎は早速この計画を蜂屋学務課長に相談するが賛成は得られず、天下ならぬ県下教育の枠の内につなぎおかれた。

〝〇壬午歳晩　春風秋風幾去来。光陰如前夢中囲。人生空失三分一。志業難成極日哀[12]。〟

偏狭な忠孝仁義説を内容とする「幼学綱要」が布かれて一月あまり後の明治一六年一月五日、静岡師範学校設立以来初めての卒業生同窓会が、平賀敏・伊藤鉉一郎・望月宗一・横山幾弥・高木壬太郎・根岸貫・増田龍作らによって開かれた[13]。壬太郎ら居並ぶ民権党は、重なる取り締まりと再編策に処世の道を踏み迷っていた。

山路弥吉に〈余輩少年彼の影を望で走れり〉と言わせた岳南自由党員（『東海暁鐘新報』主幹）・曾田愛三郎[14]が東京に去ったあとの静岡で、なお自由改進思想を喧伝する土居光華や城山静一（『大阪立憲政党新聞』社員）・西村玄道（『自由新聞』印刷長）ら名のある論客に対し、壬太郎が、警部の臨監する政談演説会場に客気をふるったのは同年三月頃のことである[15]。

一二月、上御厨教育会々長を兼務する小学校長・壬太郎は、その功績により静岡県から下された白紬一反を携え、二年四ヵ月、ついに東駿の地を後にする[16]。

壬太郎十九。〈廟堂ノ上ニ立テ天下ノ枢機ヲ握ラン〉か、〈民間ノ木鐸トナリテ公衆ノ与論ヲ左右セン〉か、〈学問ノ真理原則ヲ講窮シ碩学大家トナラン〉か。[17] 頼る資もなく人もなく〝東漂西泊・志業常ニ蹉跎トシテ進マズ〟[18]。

四　田舎官吏

静岡改進党の解散が報じられて二ヵ月後の明治一七年七月、二等訓導に昇任した壬太郎は、榛原郡長・河村八郎次に招かれ小学校巡回訓導（遠江国榛原郡書記十四等相当）に就く。[1]

御前崎学校初等科試験が終わった（一〇月二九日）あと、果てしなく広がる海原を眺め、渡航の日に夢を走らせる壬太郎は、福沢諭吉の『時事新報』や仁田桂次郎の『洋学軌範』などにも触発され、思いつのって密かに米国へ渡ろうとするが、泣いて止める母の前に雄志は熄んでしまう。[2]

明治一八年四月一〇日、人生の一大不幸が壬太郎を襲った。倚門の母・その子が〝恨ムラクハ児ト起居相共ニシ又児ノ閫門情濃ニシテ呱々タル愛孫ノ顔ヲ見ルニ及バザルヲ〟という繰り言を遺し、四二歳を一期にこの世を去ったのである。[3] 壬太郎はこの時、『平家物語』『源平盛衰記』などから悲哀の思想を強く印象づけられていたこともあって、世の中のいかにも頼りないこと人の命の朝露のようなものであることを沁々悟った。[4]

憂愁の身を置いた静波の下宿（大石久吉宅二階）の真向いの大石家（本家）に、壬太郎意中の人・梨花（明治二年一〇月一四日生。大石五郎平・きし長女）がいた。[5]

志望と遠く離れていながら、よくこれまでの注入主義を改め〈観念開発ノ主義〉を小学教員に説きめぐり、榛原郡の教育史を一新し[6]、後になって〝余嘗て此郡に教育の任を掌り、余の知人今尚多く此地に住す〟[7]と懐かしむ壬太郎であったが、当時人々に向学心なく教員の一部と衝突などもあり、七月、八郎次らの慰留をふりきり辞職。[8] 八月一日、蜂屋学務課長兼衛生課長の薦めにより、静岡本庁衛生課（准判任御用掛）に転ずる。[9]

母を亡くした壬太郎には、この「栄進」も虚しく（静岡市中を夜更けまでクライストの有り難きを説く耶蘇教信徒の孤軍奮闘ぶりも知らず）、慰めを求めて不夜の町をさ迷うばかりであった[10]。

〝此迄は生死の問題の如き曾て念頭に浮かびたることなかりしが、最愛の母を喪ひては此問題に逢着せざるを得ざりしなり。然れども当時一般に宗教的気分乏しく殊に静岡の如きは俗悪風をなし、余が先輩にして余を導き斯る問題に思を潜ましむるもの一人も之れなく、却つて余を酒色の巷に誘ふもの丶みなりき。されば余も知らず識らず斯る風に誘はれ、酒を煽りて鬱を慰むるが如き道に赴きしが、此は却つて良心の苦痛に逢ふのみにして、それより何等慰安を得ること能はざりき[11]。〟

まさしく〝上に向て進むか、下に向て墜落するか・神と結ぶか悪魔と結ぶかの結着点[12]〟にあった時、『六合雑誌』誌上で安井息軒の「耶蘇弁妄」を駁し、キリスト教の真相を明らかにしようとした「弁妄批評[13]」の著者・平岩愃保が静岡教会に着任（明治一七年五月）すると、その卓抜な英語力を頼み教会に出入りしていた山路弥吉（この頃、静岡県警察本署御用掛を辞めた？）や太田虎吉（前志太郡小川学校長）や池田次郎吉（書店擁万堂番頭）らに導かれ、壬太郎は、西洋文化の入り口ともいえる〝温暖掬すべき家庭〟の扉をたたいた[14]。

牧師となって人間の霊魂を救おうとしたのではなかった。〈将来社会に活動せんには漢学と英語を修めざるべからす。自己の意志思想を伝達するには文章に因らねばならず文章は漢学の力に俟たねばならぬ。而して広く世界の事情に通するには外国語を知らねばならず外国語は世界的な英語を修めるに如くはない[15]〉と一六、七歳から始めた英語の研学が主な目的であり、弥吉らとは〈英語は教はるが断じて耶蘇信者にならず〉と誓い合い、平岩の示した〈無報酬で好い、其代り、英語は一週三回、月水金曜に一時間宛教へるが其後でバイブルを一時間聴くこと、しやう〉という約束も守らず、英語聖書講義には二、三回出ただけであったが[16]、この〈存在が極めて短かく、時間さへ僅だつた英語会[17]〉が、壬太郎ら静岡の青年の知識欲に投合し信仰に入る契機をもたらし、端なくも世路を決めるものとなった。

基督教演説会の盛況が人の心に光明を点す秋、〈強迫入門[18]〉を厳しく拒みながら信仰を告白（明治一九年三月受洗）した弥吉は、その頃のことを次のように記している。

〈回想す明治十七八年の頃我社（＝護教社）発行人平岩愃保氏牧師として静岡教会に在り。彼は其伝道の暇を以て青年を集め英書を教へたり。当時英学の需要太だ盛にして而して地方は牧師に乏しかりしを以て許多の青年は喜んで氏の許に集り来れり。而して見よ其結果は少からざりし也。今日日本メソヂスト教会の要鎮たる麻布教会の牧師たる高木壬太郎氏も甲府教会の牧師太田虎吉氏も実に当時平岩氏に従つて狭隘なる静岡教会にスウヰントン万国史の類を研究したる青年の一人たりし也。我社編輯人の如きも亦当時氏が門下に集りて諸子の後に従ひ熒乎たる青灯を囲んで英書の研究に余念なかりし也。知るべし、「日本メソヂスト」教会の一勢力はたしかに破窓茅屋田舎教会に出でし也。当時の田舎牧師たる平岩氏に出でしなり。〉〈我等年少の頃、人生を沙漠の如きものなりと感じ、浮薄の人情を悲みて世に頼むべきは唯自己あるのみと思ひき。然るに耶蘇教は我に神の国と云ふものあるを教へ、神の国の精神的共同生活に入るべきことを教へたり。此時のうれしき感情は一生拭ひ消すべからず[19]。〉

行き先の定まらないまま壬太郎は、一〇月一四日、母の遺訓を奉じ（河村八郎次の媒酌で）巡回係在職中に一目惚れした庄屋の娘・大石梨花とめでたく婚儀を修め、翌一九年二月一日、材木町六一番地から安西一丁目南裏三三番地に居を移し〝処世ノ初歩階梯〟を履んだ。[20]

国事犯事件が相次いでいた。政治的気圧に押し出されるなか結成された私立静岡教育会・静岡青年会の会員となり、また在陵書生懇親会の幹事をつとめる政治青年[21]・高木迂狂（当時の壬太郎の筆名。ほかに迂狂生・東海生・東海迂狂・不為已斎主人など）は、時世を誤らず、正しきを踏ましむべき案内者たらんとした。[22]

天然痘が再び流行の兆しを見せ始めていた。高木衛生課員は、新居に落ち着く間もなく、種痘規則説明と衛生視察の職務を帯び、佐野・城東・磐田・豊田・山名・周智六郡へ旅立つ。[23]

三十日・百里の疲労も癒えた三月二六日、河村榛原郡長から〝今回教育上ノ改革アルニ際シ卿ヲ以テ甚ダ必要トナス。願クハ卿再ビ来テ本部教育ノタメニ努力セヨ[24]〟と懇請されるが、梨花を迎えて処世の感触が変わり、増給・昇等を望む壬太郎はこれを辞退する。

角を矯め〈衛生の統計や報告書文案など余り面白くない仕事をも孜々として鞅掌〉していた壬太郎のもとに、『呉山一峰』の同人で、東京大学（古典講習科国書科）に学んでいた田村幸充から一書が届いた。

〝云ク、京地昨冬政府更革以来百事面目ヲ改ム。就中文学ノ如キ和漢陳腐ノ学ヲ舎テ西洋日新ノ学ニ傾クノ勢力筆紙ニ尽シ難シ。大学モ其組織相改リ、古典並別課ノ二科ハ其勢可憫有様ナリ。予ハ文部ノ中学科試験ヲ受ケタリ。和学ノ外恐ラクハ落第ナラン。目下東洋英和学校舎長勤務ス。至テ薄給ナレ共西洋人ニ親昵スルヲ得、云々。又云ク、当時出京中ノ蜂屋林両氏ニ面会ス、蜂屋氏ヨリ君ノ近状ヲ聞知セリ。君上京ノ計ヲナセ、云々[25]〟

かねてからの思いが沸き上がった。

五　運命の関

明治一九年夏、壬太郎は、旧自由党員嫌疑拘引事件（静岡事件）によって、〈静岡学生の花〉と讃えられた湊省太郎の挫折を知らされる一方、〈破窓茅屋田舎教会〉（静岡教会）で英書（聖書）の研究に励み、夜遅くまで街頭に立って「耶蘇演説」をこころみる池田次郎吉・伊志田平三郎・太田虎吉・近藤与七・菅沼岩蔵・根岸道・久永勝成・山路弥吉・吉井文三ら〈小さき友人の一群〉を目のあたりにしていた。[1]

八月八日、「判任官十等」の辞令を受け取った壬太郎は、憤然〝上官人ヲ視ルノ明幾分カ乏シキアルニ非ザル歟・悠々日ヲ本土ニ送ル、予ノ素志ニ非ズ〟[2]と、静岡師範学校・静岡英学校の恩師・村松一（当時、東洋英和学校講師）[3]に前途をゆだね、専心神の道を求め始める。教育・衛生・勧業の拡張を願い五年がかりで静岡県庁前三の丸の濠端に建てられた「教導石」[4]（賛成員の一人として壬太郎の名も当時の静岡の有識者八一名とともに刻まれている）に蝉の声が降りしきる厳しい暑さの中であった。

〝人生の一大時期〟[5]に出会った壬太郎の胸には、William Ewart Gladstone（一八〇九～一八九八）のような、政治界の偉人であっただけでなく文学や神学にも深い智識を備え、日曜日には必ず教会で礼拝したという、閑日月を有する英雄の〝秩序ある生活〟[6]への憧れがあふれていた。

Charles Haddon Spurgeon（一八三四～一八九二）を自任する伝道心の熾んな信仰の気分に富んだ〈田舎牧師〉＝平岩愃保の心血を注いだ説教からこぼれた譬喩や断案が、疑問を惹き起こしつつ基督教への捷径を指し示す標となった。[7]

村松一の誘いを受け、明年一月の上京を決めたのは八月一六日のことである。[8]

同じ夏、壬太郎の家の近く（安西一丁目南裏町一五番地）に澁江保が越してきた。〈精神過労のため毎日新聞を止め、遠州の乾へ引込んで暫らく其処で静養して居たが、其後東京へ帰りがけに静岡へ立寄つた処を旧知の前田五門といふ人に取捉へられ、静岡英学校、文武館及び高等英華学校の三校に教鞭を取ることになつた〉のだという。静岡英学校は校則を変更し（澁江を教頭に迎え）九月一日から授業を再開している。[9] 壬太郎も弥吉も澁江から英語を教わった。壬太郎が好んだ Thomas Babington Macaulyle（一八〇〇～一八五九）の流麗雅健な『An Essay』の文義を説き明かしてみせたのも澁江であろう。[10]

古典からも儒教からも得られなかった生命を『天道溯源』『真理一斑』『政治新論』など哲学の力を借り、疑惑を解きながら一途に神の道を歩みだした壬太郎は、[11]〈人は単に知識が博く深いだけでは人としての資格のないこと、この社会的物質生活以外に人は純真なる精神生活を追わねばならぬこと、金銭や物質だけにあこがれて霊魂の世界を知らずに終るのは動物の生活と異る所がないことなどを悟り、自分の本来の使命は知育を人に授けるだけでなくて、もっと偉大な仕事即ち万能の神の国の存在を凡ての人に伝えて、美しい平和な社会を実現させるにあるのではないか[12]〉との思いに至り、平岩牧師の懇篤な導きもあり、〝基督教全盛の時代[13]〟の一時の感情に迫られることなく遂に〝生涯の運命の関[14]〟を越えた。『日記』に受洗時の心境が残されている。

〝十月廿八日　去る八月以降大ニ悟ル所アリ。教会に至て神の道を尋ね去て聖経を読む。未だ奥蘊を窺ひ尽す能はずと雖も自ら顧て既往を思へば吾一身は是れ罪悪の淵叢にして神を汚すこと誠に多し、静心熟慮恐惧の念禁ずる能はざるものあり、悔恨亦何ぞ堪へん、断然志を決してバプテスマを受け神の教会に入りて既往の罪悪を潔め来日の救を得ん事を欲するや切なり。…（中略）…将さに来る三十一日を以でバプテスマを受けんとす。嗚呼予が身は昔日の身に非ざる也。願くは主の助によりて是より身を慎み行を改め信徒たるに背かざらん事を。

十月卅一日　日曜日　晴　朝起希伯来書第六章を対読す。九時教会に至り牧師の説教を聞く、了て洗礼を受く。願くは之れより神の家族となり身を行ひ過を改め来世に御救を得んことを、アーメン。〟

壬太郎は今〝天地の人〟[15]となって、〝基督教を信ずるに非ざれば自ら高尚なる理想に達し高潔なる品性を養ふこと能はず、日本国民を基督教化するに非ずんば到底日本国を率ひて真正文明の域に進ましむること能はず〟[16]と信じることを始めた。

明くる一一月一日、〝最も敬重する先輩〟平岩愃保の活動を支え青年間の宣教につくした平岩銀子が、「苟くも悪をなさゞるを以て満足するなかれ、必ず進んで善事を為すべきなり」との謙遜の美徳と果断な意志を秘めたことばを壬太郎らの心耳に残し、二六年一一ヵ月のいのちを終えた[17]。

翌二五日、聖誕節のこの日、長女俊子永眠。在世わずか七日。〝一生中の一大事〟に欝ぐ壬太郎に扶助と同情を投げかけたのは耶蘇基督であった[18]。

岐路に迷いながらも壬太郎は「死せる人」から「生ける人」となって、日本の精神的革命に前途の光を望みつつ明治一九年を送った。

六　福音士

明治二〇年一月、壬太郎は〝喬木ヲ棄テ迷谷ニ入ル[1]〟思いで町立三島尋常小学校（現・三島市立東小学校）首座訓導の任に就いた。

田町番外三番地の借宅で教案を練り、三島町字仙台の新築校舎に修身・歴史・理科の教鞭を執ること半年（この間、三島女学校＝薔花女学校へも出講している[2]。 静岡事件は〈破廉恥の重罪たる強盗〉をもって公判終決（七月一三日）し、風教もくずれ〈最早自由でも行かず民権でも行かず甚だ六カしき世の中[3]〉にあって、壬太郎は迷谷からの転進を告げた。〈小生此度三島高等小学ヲ辞シ帰岡 肩書ノ場所ニ寓ス 静岡浅間公園側西洋館内[4]〉

〈人間を作る事〉を説き勧めてくれた平岩愃保が渡米のため静岡を去ったあと[5]、麻布教会から来た小林光泰の牧する静岡教会の拡張工事の槌音が壬太郎を迎えた。〝衣食あれば足れり〟と月給二五円の小学先生の地位を棄てた[6]壬太郎はその教会で、語学に秀でたFrancis Albert Cassidy（一八五三〜一九二四）に就いて、日本語を教えながら、英語の素養と基督教的品性をみがく機会に恵まれた[7]。

一〇月二〇日、清水町で「人は其拝む所を択ぶ可し」と題し初めて基督教を説き、一一月二日夜、静岡教会で最初の説教を行っているが、神秘的経験なしに哲学的理論から入った壬太郎のその頃の信仰は次のようなものであった。

〝メソヂスト教会で最も重を置く教理の一は神の子たる事を聖霊が信徒の心に直接に証すると申す事でありますが、基督教徒たるものは何人も自ら我は神の子也との確信をもたねばならぬのです。私は自ら基督教徒となつた当時の事を考へて見ますと文字の上からは此事が了解せられて居たかと思ひますが実験上からは何となく神を懼れて居たので、安息日*もよく守りますし、其他色々善事をなす事を心掛けましたけれども、実は心から喜んでなしたのではなく、寧ろ神を懼れる心から為したので、神をアバ父と呼ぶ抔申す事は実に出来なかつたかと思ひます[8]。〟

「宗教」か「教育」か天職[9]の帰趨に迷いながら、明治二一年三月三日、壬太郎は、若竹座の壇上から〈基督教の勢力目下日出の有様〉を証明する大聴衆を前に、「基督教と進化説[10]」の題下、堂々科学万能説を論破した。

翌四日の同会場では、Cassidyが「開化ト品性」と題して弁舌をふるっている。その翻訳者は壬太郎である。character の訳語「品性[11]」は、壬太郎〝生涯の事業〟の旗印となる。

同月二二日、壬太郎最初の著（訳・編）書『心の写真 MENTAL PHOTOGRAPH 一名嗜好及性質之記録』が届けられた。これは各項目の空欄に各自嗜好するところの事柄を自由に記入して、朋友間の貴重な記録とするもので、巻頭に一例として壬太郎自らの「答え」が掲げられている。

日…明治廿一年二月廿八日　姓名…高木壬太郎　住所…駿河静岡
最も愛する（1）色…黒（2）花…梅（3）快楽…船遊（4）天然物…富士山（5）住所…静岡（6）職業…学者（7）男子ノ名…マルチン・ルーサー（8）女子ノ名…サラ・マルチン（9）宗教家…ウエスレー（10）詩人…ダビデ（11）工人…ハリシー（12）音楽者…ハンデル（13）散文記者…使徒ポール（14）小説中ノ人物…〔無記入〕（15）歴史上ノ人物…ワシントン（16）最モ大切ナル書（宗教書ヲ除ク）…私ノ備忘録（17）一日ニ於テノ時…日出前（18）四季ニ於テノ時…秋（19）欣慕スル男子ノ品性…勇気、謙遜（20）同上女子…愉快、温和（21）嫌忌スル男子ノ性質…驕慢（22）同上女子…驕慢、饒舌（23）得意ト自信スル性質…〔無記入〕（24）モシ他人トナルヲ得バ何人トナルヲ望ムヤ…〔無記入〕（25）最モ悪ムベキ物…サタン（26）最モ幸福ト考フルモノ…和合セル家族（27）最モ不幸ト考フルモノ…不和ナル家族（28）高尚ナル情ト考フルモノ…愛情（29）世界中最モ愛ラシキ言辞…〝汝ノ罪有サレタリ〟（30）最モ悲シキ事…〝我嘗テ汝ヲ知ラズ〟（31）題目…〝神ヲ信ジテ正シキ事ヲナセ〟（32）（33）…〔無記入[12]〕

John Stuart Mill（一八〇六～一八七三）や Herbert Spencer（一八二〇～一九〇三）のような時代の思想を導く学者・思想家を夢みて、〝神の王国の事業〟を担おうとする静岡教会の若き福音士[13]・高木壬太郎の印画は鮮明だ。

四月二〇日、帝国議会の開設をひかえ政論雑誌が流行する中、〈東海道の青年を誘起して正当なる道途を歩ましめん〉と、学術・宗教・道徳・経済・工芸・地理・歴史・伝記など多様な分野を内容とする月刊誌『静岡青年会雑誌』が、壬太郎を編輯人として創刊された[14]。史学文章を志す弥吉の東都の文壇に登るきっかけとなった「頼山陽ハ徳川氏ノ忠臣ナリ」やカシディの「品性」を論ずる文（壬太郎訳）を収め、数号で廃刊となるが、唯一現存する第三号に掲載された壬太郎の「智識ヲ得ルノ法」には、学問（＝〝強固な善良な意志、即ち基督を遣はし玉へる書の旨に従はんとの強き願、善き心〟を最大要素とする主観的真理の追究）を我が道と定め、〝焔々たる霊火を燃して熱狂せる信仰の徒〟と〝冷然として深く心を学に潜むる篤学の士〟との存立を自らに課した壬太郎の決意があらわれている[15]。

壬太郎は、清水で藤枝で、一両年に押し寄せる保守排外の逆潮を感じ取っていた。

静岡の青年信徒が、連夜店頭を借り路傍に出て伝道に邁進する夏、〝再ひ小学先生の地位に帰らん〟との思いが、郷里に路加伝を説く壬太郎の脳中をかき乱した。

明治二二年二月一一日に発布された大日本帝国憲法は古来の大禁を解いたものの、依然盛んな守旧思想に外来の新宗教はなお人々の疑懼を免れず、むしろ非宗教的な傾向を進めるものとなった[16]。

三月（一日か二日）、再び基督教演説会（若竹座）の講壇に立ち、また五月四日、藤枝教会奉堂式当夜、立錐の余地もない聴衆に向かって壬太郎は、声高く信教の自由を謳った[17]。

立憲改進党の政社・同好会が、静岡県国家学会が、静岡の天地に経国の業の旗を翻す時[18]、神学博士 George

Cochran（一八三四〜一九〇一）（東洋英和学校長）と山中笑牧師（甲府教会）の試験を受け、日本メソジスト教会第一回年会で「教職試補」に挙げられた壬太郎の前に〈生命の明界〉に通う道が開けた[19]。

「ヤソ教は困つたものだ、高木のやうな教育家を取ってしまつた[20]」という蜂屋学務課長の嘆息をあとに、明治二二年九月二一日午前一〇時半、壬太郎は、妻子を静波の大石家に託し、敬愛する江原素六・平岩愃保・山路弥吉・太田虎吉らの待つ東京麻布東鳥居坂町の東洋英和学校へ向かう。

〝過去の観念一時ニ胸中ニ湧出して百感禁する能ハす…[21]〟

競って都門に笈を負う「学問病」の学生をも乗せて、中央集権制のレールをひた走るボギー客車に八時間半、壬太郎は離愁と期望の身を揺られた。

注

一　遠陽榛原人

（1）池田次郎吉《高木壬太郎先生》S七・一一・八〔青山学院資料センター〕
（2）壬太郎《東海詩稿》M一八〔東京神学大学〕
（3）「八木翁追懐録（五）」壬太郎『八木翁紀念帳』T一一・三、「福沢諭吉と現時の基督教会」壬太郎『護教』M四〇・四・二七
（4）「実業者間の伝道」M三六・五・一三、「伝道上の勝利を謀るべし」M三七・三・一九、「戦闘的態度を取るべし」M三

八・一・二、「基督教主義学校論（上）」M三八・七・二二、「我国民の精神的素養」M三九・六・一、以上『護教』。「智能を啓発し徳器を成就す」『青山学報』T九・一二、いずれも壬太郎文。「自ら物せられし高木博士の伝記（三）」聖山生纂『開拓者』T一〇・七

（5）河村八郎次《無題（壬太郎追想文）》T一一〔東京神学大学〕

（6）近藤鈴太郎《無題（壬太郎追想文）》〔東京神学大学〕

（7）「父生活史」高木一三《高木壬太郎紀念録作成ノート》T一一〔東京神学大学〕、「人生の重荷」壬太郎『護教』M三六・九・一二、「教権の根本は信念」壬太郎『国民教育』T二・九、前掲「自ら物せられし高木博士の伝記（三）」

（8）『日記（M一七・一〇・一五）』、《神学博士高木壬太郎氏講演（明治四拾五年壱月七日　下長尾尋常小学同窓会）》高木吾一速記〔小沢俊夫氏・松下麟一氏・八木伊三郎氏〕

二　静岡師範黌

（1）「バチエラー、オブ、ヂヴィニチー・高木壬太郎君」日本力行会出版部編『現今日本名家列伝』M三六・一〇、壬太郎《飄蓬録》M三二・二・一一〔東京神学大学〕

（2）壬太郎《退静岡師範黌》M一四・五〔東京神学大学〕、「故マクドナルド博士の事」壬太郎『護教』M三二・一一、「倉長巍先生の加奈陀メソデスト日本伝道概史を読む」池田次郎吉『日本メソジスト時報』S一二・一〇・一五、「自から物せられた高木博士の伝記」聖山生『開拓者』T一〇・三、警醒社編『信仰三十年基督者列伝』T一〇・一一、「生の宗教」壬太郎『開拓者』T四・一一・一

（3）「青山学院長神学博士高木壬太郎君」池田次郎吉《明治初期の静岡　第二編》S一六〔静岡県立中央図書館〕、「山路愛山氏逝く」江原素六氏談『東京日日新聞』T六・三・一六

（4）「養生論」山路弥吉『再興独立評論』T三・七

(5)　根岸貫《無題（壬太郎追想文）》T一一〔東京神学大学〕、『日記（M三〇・六・二九）』
(6)　前掲、根岸貫《無題（壬太郎追想文）》、三輪小十郎編『平賀敏君伝』S六・一二
(7)　前掲、根岸貫《無題（壬太郎追想文）》、「福沢諭吉と現時の基督教会」壬太郎『護教』M四〇・四・二七
(8)　増田守一《追憶》T一一〔東京神学大学〕
(9)　「新年ノ感」香山逸民『呉山一峰』M一四・一〔河村計三氏〕、「自から物せられし高木博士の伝記」聖山生『開拓者』T一〇・四
(10)　前掲、根岸貫《無題（壬太郎追想文）》、池田次郎吉《坎堂先生》T一一〔東京神学大学〕
(11)　「一夢半百歳」山路愛山『国民新聞』T六・一・一
(12)　前掲、根岸貫《無題（壬太郎追想文）》
(13)　前掲《退静岡師範釁》、「故高木壬太郎博士の思ひ出」池田次郎吉『教界時報』T一〇・二・二五

三　小学先生

(1)　壬太郎《飄蓬録》M三二・八・五〔東京神学大学〕
(2)　《学校沿革史》〔御殿場市立高根小学校〕、「（雑報）小学教員の拝命」『東海暁鐘新報』M一四・一二・一二
(3)　「青年中心の時代去る」山路愛山『商業界』M四一・一、「非老成論」山路愛山『白金学報』M四一・七、「青年論」山路愛山『新文林』M四二・一〇、「愛山先生（上）」静中堂主人『読書之友』T二・一〇、「わが父を語る（一）生いたち」高木二郎『広報 中川根』S三七・五〔中川根町教育委員会〕、「自から物せられし高木博士の伝記」聖山生『開拓者』T一〇・四、「田舎雑感」壬太郎『護教』M三七・一〇・一
(4)　滝口源太郎《無題（壬太郎追想文）》T一一〔東京神学大学〕
(5)　御殿場市立高根小学校 創立百周年記念事業委員会編『自成 高根小学校創立百周年記念誌』S五〇

(6)「自己教育」壬太郎『聖書之友雑誌』M二八・一一、『日記(T五・七・二九、八・二八、T六・五・二、六・七、八)』

(7)「如何なる書籍に由て基督教の思想に接触せしや(一)」高木壬太郎『護教』M四二・一〇・一六

(8)前掲、滝口源太郎《無題(壬太郎追想文)》、『日記(M二三・一二・五)』

(9)前掲《飄蓬録》、「御厨懇親会」『函右日報』M一五・三・一三

(10)静岡県立教育研修所編『静岡県教育史 資料篇(上巻)』S四八・一〇

(11)筆者不明《金時山の霜葉》M一五・一〇〔東京神学大学〕、「故高木壬太郎博士の思ひ出」池田次郎吉『教界時報』T一〇・二・二五

(12)前掲《飄蓬録》

(13)「静岡師範学校卒業生同窓会広告」『函右日報』M一五・一二・二〇、「(雑報)師範学校卒業生同窓会」『静岡新聞』M一六・一・九

(14)「小言(四)人間果して住むに堪へざる乎」山路生『護教』M二四・一二・一二、「(曾田氏東海暁鐘新報ヲ去ル」『静岡新聞』M一六・一・二八、「曾田愛三郎氏の遺書」『聖書之友雑誌』M二五・一・一六

(15)前掲、滝口源太郎《無題(壬太郎追想文)》

(16)前掲「自から物せられし高木博士の伝記」、前掲《学校沿革史》、「高木壬太郎履歴書」《第一課文書 社寺》M三二〔東京都公文書館〕、「(本県録事)文部省賞与」『静岡大務新聞』M一七・一一・三〇、前掲《飄蓬録》、「父生活史」高木一三《高木壬太郎紀念録作成ノート》T一一〔東京神学大学〕

(17)「学生ノ目的ヲ論ス」加藤瑞堂『静岡大務新聞』M一七・四・二五

(18)前掲《飄蓬録》、『日記(M一九・七・一六)』

四 田舎官吏

（1）壬太郎《飄蓬録》M三一・八・五〔東京神学大学〕、「自から物せられし高木博士の伝記」聖山生纂『開拓者』T一〇・四、河村八郎次《無題（壬太郎追想文）》T一一〔東京神学大学〕、山梨易司編『静岡県職員録』M一七・八

（2）『日記（M一七・一〇・二〇、二九）』、前掲《飄蓬録》

（3）『日記（M一九・四・一〇）』

（4）「生の宗教」壬太郎『開拓者』T四・一一、「宗教の内的必要」壬太郎『護教』M四五・一・一九

（5）『日記（M一八・八・二）』、《筆者宛大石壮太郎氏書簡（S六三・五・二一付）》、《大石家の先祖を尋ねて・大石家の系図概略》〔水井雅子氏〕

（6）『日記（M二四・二・七、M一八・八・四）』

（7）「相良紀行」壬太郎『護教』M三六・一一・一四

（8）河村八郎次《無題（壬太郎追想文）》T一一、増田守一《追想》T一一〔東京神学大学〕

（9）『日記（M一八・八・一）』、「（雑録）高木壬太郎氏」『東海暁鐘新報』M一八・八・一五、前掲《追想》

（10）「霊の果」壬太郎『護教』M三四・四・六、「（雑報）耶蘇教信徒の勉強」『東海暁鐘新報』M一八・八・二七

（11）前掲「自から物せられし高木博士の伝記」

（12）「人生の一大時期」壬太郎『聖書之友雑誌』M二八・九、「向上の機」壬太郎『護教』M三八・六・三

（13）「五十年を振返りて」平岩愃保『日本伝道めぐみのあと』（卜部幾太郎編）S五・五、「教育ある信徒と教会と（五）」壬太郎『護教』M三八・四・一

（14）「平岩前監督のありし日を懐ふ」太田嘯風生『なみだ』（山口信義編）、「教会は家庭也」壬太郎『護教』M三五・七・一九

（15）滝口源太郎《無題（壬太郎追想文）》T一一〔東京神学大学〕

（16）「静岡師範の二秀才」伊東圭一郎『東海三州の人物』T三・九、前掲「平岩前監督のありし日を懐ふ」、前掲「自から物せられし高木博士の伝記」、前掲《追憶》

（17）「伊志田平三郎君を懐ふ」池田次郎吉『教界時報』T九・一・一五
（18）「徳川氏＝対＝羅馬教」愛山生『野声反響』M二四・三、「今後の事業」壬太郎『護教』M三四・七・一三
（19）「田舎牧師」愛山『護教』M二六・二・四
（20）警醒社編『信仰三十年基督者列伝』T一〇・一一、『日記（M一九・二・一、四・一〇）』、前掲、河村八郎次《無題（壬太郎追想文）》、《筆者宛高木智夫氏書簡（S六三・二・一一付）》、《筆者宛大石壮太郎氏書簡（S六三・三・一八付）》
（21）「（教育之部・雑録）私立静岡県教育会」『静岡県隆美協会雑誌』M一八・一二、「（雑報）静岡青年会」『東海暁鐘新報』M一八・一二・一六、「同」『静岡大務新聞』M一九・一・一二、「（広告）在陵書生親睦会」『静岡大務新聞』M一九・一・二七
（22）「現代青年論」山路愛山『新紀元』T二・七、「命耶罪耶（二一）所謂静岡事件（九）」愛山生『国民新聞』M二八・四・一〇
（23）「種痘論」壬太郎『静岡県隆美協会雑誌』M一八・一一、『日記（M一九・二・一二〜三・一一）』
（24）『日記（M一九・三・二六）』
（25）『日記（M一九・五・一八）』、前掲《追憶》

五　運命の関

（1）「命耶罪耶（一五）所謂静岡事件（三）」愛山生『国民新聞』M二八・三・二八、「現代思想史に於ける基督教の位置（四）」愛山『独立評論』M三八・五、「（雑報）道路耶蘇演説」『静岡大務新聞』M一九・七・二五
（2）『日記（M一九・八・一六、一二・三一）』
（3）「村松一先生の行実」愛山『護教』T四・六・一八
（4）「〈教導石建設広告〉」『静岡大務新聞』M一九・六・一七

(5)「人生の一大時期（上）」壬太郎『護教』M三四・一一・九
(6)「秩序ある生活」壬太郎『護教』M三八・一・一四
(7) 倉長巍『平岩愃保伝』S一三・三、「白から物せられし高木博士の伝記」聖山生纂『開拓者』T一〇・四、「信仰の偉大」壬太郎『護教』M四五・七・一二
(8) 前掲『日記（M一九・八・一六）』
(9)「新聞今昔譚（其三）」澁江保氏談話『独立評論』T三・四
(10)「山路愛山」比屋根安定『教界三十五人像』S三四・一一、「人格に文材を盛れ」壬太郎『日本及日本人』T五・九
(11)「我国に於ける将来の基督教」壬太郎『基督教世界』M四一・一〇・二九、「如何なる書籍に由て基督教の思想に接触せしや（一）」壬太郎『護教』M四一・一〇・一六、「信仰体験談」壬太郎『基督教世界』M三九・四・一二
(12)「わが父を語る（二）心境の変化」高木二郎『広報　中川根』S三七・六
(13)「基督教徒の品性」壬太郎『聖書之友雑誌』M二八・一〇
(14)「人生の一大時期（下）」壬太郎『護教』M三四・一一・一六
(15)〝基督教は実に余をして天地の人たらしめたりし也。余は唯に静岡県人なるのみに非ず、又日本人なるのみに非ず、天地の人也との思想を余に与へたるは基督教にして、此思想は凡ての事に於て余の理想を高めたりし也。〟《飄蓬録》M三二・八・五（東京神学大学）
(16)「所感を述て新年を迎ふ」壬太郎『聖書之友雑誌』M二九・一
(17)「（雑報）平岩銀子の葬儀」『静岡大務新聞』M一九・一一・六
(18)「基督の復活」壬太郎『護教』M三五・四・五

六　福音士

（1）『日記（M二〇・一・一〇）』、『創立百周年記念誌』S四八・三〔三島市立東小学校〕
（2）「（彙報）故青山学院長追悼会」『教界時報』T一一・六・一六
（3）「今日の世の中」『絵入東海新聞』M二〇・六・一六、「知能を啓発し徳器を成就す」壬太郎『青山学報』T九・一二
（4）「（広告）」『絵入東海新聞』M二〇・八・一三、八・一四、八・一七、八・一八
（5）「高木前院長記念祭」『青山学報』S七・二、「（広告）宣教師 平岩愃保」『絵入東海新聞』M二〇・四・二二
（6）「煩悶論（中）」壬太郎『護教』M三九・三・三一、『日記（M二四・七・八）』
（7）「高木壬太郎履歴書」《第一課文書　社寺》M三二〔東京都公文書館〕、「故青山学院長神学博士高木壬太郎君」池田次郎吉《明治初期の静岡　第二編》〔静岡県立中央図書館〕、松井豊吉編『日本メソヂスト静岡教会六拾年史』S九・九、間島弟彦《高木壬太郎君に関する追憶》T一一〔東京神学大学〕
（8）「使徒保羅の倫理説（承前）」壬太郎『護教』M三三・六・一六
＊〈（高木坎堂）先生の安息日論はカシデーと云ふ白人宣教師からやかましく云はれたることを記憶いたし候。〉（「昔のこと」山路生『護教』M四三・九・二四）↓「実業界の伝道」M二六・一・七、「安息日に就て」M三六・九・二四　ともに『護教』の壬太郎文。
（9）〝基督教を信ずるに及で政治の念漸く薄し。以為く教育は最も必要にして余のまさに取る可きの天職也と。余は此時実に教育を以て天下に立んとしたりし也。然るに摂理の手は最も奇にして、余は遂に宗教家として天下に立つに至れり。〟《飄蓬録》M三一・八・五〔東京神学大学〕
（10）壬太郎《基督教ト進化説》M二一〔東京神学大学〕、「宗教家の自重」壬太郎『護教』M三八・一二・一八
（11）「故高木壬太郎博士の思ひ出」池田次郎吉『教界時報』T一〇・一二・二五、「「品性」と云ふ熟字の事」愛山『独立評論』M三九・一、「誤解乎。暗号乎。」『独立評論』M三九・四

(12) 高木壬太郎編輯『心の写真　MENTAL PHOTOGRAPH. 一名嗜好及性質之記録』M二一・三・三〔池田春樹氏〕
(13)「(教報)日本メソヂスト教会年会」『基督教新聞』M二一・四・一八
(14)「(教報)静岡青年会」『絵入東海新聞』M二一・四・一五、池田次郎吉《高木壬太郎先生》S七・二・八〔青山学院資料センター〕
(15)「自から物せられし高木博士の伝記」聖山生纂『開拓者』T一〇・四、「知識ヲ得ルノ法(承前)」『静岡青年会雑誌』M二一・八・一五〔東京神学大学〕
(16)「皇室と基督教と」『護教』M三八・五・一三、「教育と宗教的信念との関係」『帰一協会会報』T四・一一、「如何にして憲法発布三十年を記念すべきか」『中外新論』T八・二、以上、すべて壬太郎文
(17)「(広告)基督教大演説会」『東海日報』M二二・三・一、「(教報)静岡県藤枝教会堂奉堂式」『基督教新聞』M二二・五・二二
(18)「同好雑誌発行の趣意」斎藤和太郎『同好雑誌』M二二・五、「本会開会ノ旨赴ヲ告ク」岡田良一郎『静岡県国家学会論纂』M二二・六
(19) ヘンリー・ドラムモンド著　西館武雄訳『二法一元論』M二一・五、「基督教主義学校論(ト)」壬太郎『護教』M三八・八・五
(20) 前掲「自から物せられし高木博士の伝記」
(21)《随筆》(明治二十二年九月から十二月までの壬太郎の備忘録)〔高木智夫氏〕

五　近代日本の明け方を駆け抜けた若きキリスト者たち

東洋英和学校における内村鑑三

「キリスト愛国」による教育事業の夢破れ新潟北越学館を去った後、明治二一年三月（〜翌年二月）[1]、内村鑑三は天職の道を踏み迷いつつ、〈キリスト教主義ニ基キ我日本ノ青年ニ智徳及精神ノ教育ヲ授クル〉[2]東洋英和学校（明治一七年東京麻布東鳥居坂町に設立）の教壇に立った。

曽木銀次郎[3]（一八六六〜一九五七）の《自伝》[4]には、「内村先生」当年の印象が書き留められている。

…基督教に対する理解も多少深まつて来るに従ひ更に進んで基督教を研究したいと云ふ心持の起り其れに山中牧師[①]の勧めもあつたので遂に進んで神学校入学を決心し明治二十年九月カナダメソヂスト教会経営の東洋英和学校神学科に入学した…英語の教師は後一高の教授になつた村田祐治氏で動物学は内村鑑三先生の受持であつた。…僕が入学当時の東洋英和学校其物の校長はドクトル、カックランで後平岩愃保博士が其をついで居る。[②]…尤も其の人柄なり講義なりに引付けられ又興味を覚へたのはホ井トイングトン、クラミー、内村の三氏であつた。ホ井トイングトンの哲学及心理学の講義は僕に取つて頗る有益であつたのみならず彼が屡ばスコツトランドの事を語り其の愛国心を称へるのを聴き僕は不知不識の間に頗るスコツトランドが好きになつた。クラミーの講義は頗る学的で僕の知識欲をみたすに充分であつたのみならず僕は個人的に大分世話になつた事もあるので同氏に対しては頗る好感をいだいて居つた。内村先生に就いては此れは又別で僕に尤も深く印象づけて居るものは其の稜々たる気骨であつた。彼が世の罪をせめ世の腐敗を慨嘆する時のアノ眼光如何にも炯々人を射る底のものであつた。血の気の多い青年達が之に感激したのに無理はあるまい。所が其れとは又全く別に吾々には内村先生のクラスを非常な楽とした一の理由がある。内村先生は動物学殊に魚の専門家であつたが為め教室では魚に就いての講義が主なものであつた。講義は無論唯だ言語の上の事丈ではない。実物を取扱ふのであるから講義のある毎に当時学校の監事をして居られた江原素六先生の許に馳けつけ今日は先生魚の解剖[3]の日ですからとて或は五十銭或は一円とて魚代を貰ひ日本橋の魚河岸に走り尤も新らしひ魚を求め来り之を先生指導の下に解剖し其の後はきまつて吾々の食卓にのぼつたものであつた。併も其れが到底吾々学生の口にする事の出来るような安直な無味なものではなかつたので其得意云ふべからざるものがあつた。其れから平岩先生校長たりし時或る年の卒業式の演説でプラクトイカルの学問をした人間が学校の教師などを勤めて居るのは間違だ何故実際の仕事をしないのかと其の種の学徒を非難した事があるが其の式が終つた日の午後内村先生は僕をつかまへて平岩と云ふ奴は怪しからん僕等を眼の前にして攻撃して居る一つやつつけてやらなければならないと大に憤慨せられたので僕も頗る其れに同感どうか確かりやつてくださいと心に念じつゝ其日は其れで別れたが其れから二三日の後校長室で校長内村両氏の会見が二時間余にも及んで居るのを見ヤーやつて居るなあと思つて居つた所会見後内村先生は僕を見るや否やヤーやつたぞへと云ひつゝ意気揚々と引あげて行かれたのは頗る印象深いものがあつた。更にもう一つの僕の脳裡に残つて居る事は朝のチヤペルの司会者の事である。勿論内村先生も其の内の一人に数へられて居る所が先生曰く勝手に受持を決めたとて別に祈り度もない時に司会者となつて祈らなければならないなんてソンナ事が出来るものかとてポンと断つてしまはれた事がある。ソレには僕も一寸驚ひたが併も其所には確かに一理あると思つた。……

（「…」は中略を示す。漢字は新字体に改め、仮名づかいは原文にしたがった。）

①　銀次郎は（明治一八年末か翌一九年春頃）牛込メソジスト教会で山中笑牧師から洗礼を受けている。〈…其れがどう云ふ動機で受洗したのか今はつきり記憶しないが思ふに大阪豆《ママママ》留当時より宣教師などと知り合になつて居つた事と山中桧山両家の親切に心打たれた事と更に当時所謂壮士連中が我輩出でずんは国家を如何にせんなどと大言壮語して居つた其の気分に幾分似通つた様な心持で国家を救ひ国家を大ならしむるには基督教以外にはないと云ふ様な考が与つて力あつたものであつた。自らの魂の救などと云ふ事は其れ程深くは考へては居なかつた。…〉（《曽木銀次郎自伝》）

②　〈〔教報〕…東洋英和学校にては組織を変更し学科を普通神学部、神学部の二部に分ち平岩愃保氏校長となり、博士カクラン氏は神学部長文学士ホイチントン氏は普通学部長に任ぜられたりと…〉（『基督教新聞』明二二・四・三）

③　〈…（内村氏は）東洋英和学校に教鞭を執り、或日生徒等に魚の解剖《アナトミイ》を実験せしめて居られた。其の側に一二人の外人教師が立つてゐて、あれは「ヒラメ」だ、「カレイ」だと語つてゐると、「否《ノー》、君達は動物学者でない《ユーアール・ナット・ゾオロヂスト》」と言つたことがあつた。此処に内村氏の気象が現はれてゐて、あの大を為されたのに少しも不思議はない。…〉（倉長巍『平岩愃保伝』昭一三・三）

銀次郎ら青年達（神学部には飯塚恒太郎・飯沼権一・武田芳三郎・加藤秋真・太田虎吉・加藤新太郎・川村兵治・増野（のち波多野）伝四郎・小沢孫太郎・高木壬太郎らがいた。）が、この二十八歳の「日本農学士米国理学士」に最も引きつけられたのは、「ス井ントン氏萬国史畧」のほかに本業の「水産動物学」を講じ〝真正の智識は実験を以て始まる〟（「上州の夏」）との信条を実践するその間合いに見せる〈稜々たる気骨〉であった。

平岩校長の導きにより明治二二年静岡から上京し、東洋英和学校の門をくぐった山路弥吉（愛山）も、天長節・立太子式祝会（明二二・一一・四、於東洋英和学校講堂）で「二つのJ」（Jesus と Japan）の旗幟も鮮やかに粉飾のない弁舌をもって雷のような眼光を輝かし拳を振い胸を突き、頑愚な国粋保存論を圧倒するこの「正直なる愛国者」に拭い消すことのできない印象を与えられた。(5)

田岡佐代治（嶺雲）もまた、同時期に水産伝習所（現、東京海洋大学）で「実用動物学」を教えていた内村から房州白浜で魚の解剖の実習を受けた折の「偽善者たるな」（「偽君子となるな」）の一語に激しく心を揺さぶられている。それは、内村がその地の漁父・神田吉右衛門から漁民を救うには心の改良が何よりも先であることを聞かされ、〈プラクトイカルの学問〉を捨て伝道者の道を歩む決意を強めた、内村にとって「一生の転回点」となる明治二三年夏のことである。(6)保守的反動の風波にさらされる東洋英和学校を辞して半年が経っていた。

注

（1）〈JON KANZO UCHIMURA.…Teaching in the Oriental Anglo-Japanese College and Lecturing upon Economic Zoölogy in the Tokio Fishery School, March, 1889-February, 1890.…〉（「アマスト大学一八八七年クラス五ヵ年記録」『内村鑑三全集　第二巻』昭五五・一〇所収）、《東洋英和学校・麻布中学校沿革》〔東京都立公文書館〕には〈…二十三年六月岩崎行親氏去リ農学士内村鑑三氏教員トナル同年内村鑑三氏去リ農学士渡瀬寅次郎氏来リ教授トナル…〉とある。

（2）『東洋英和学校改正規則 1889 ― 1890』〔青山学院資料センター〕

（3）履歴書

原籍地　大分県下毛郡東城井村曽木弐千拾九番地　平民官吏曽木定太郎弟

現住所　兵庫県武庫郡

曽木銀次郎

慶応弐年拾壱月弐拾壱日生

学　業

明治十二年四月　大分県中津尋常中学校入学
明治十六年四月　中津尋常中学校より福岡県芦屋町芦屋尋常中学校に転校同年十月同校卒業前六ケ月退校
明治十六年十一月　大坂市私立関西義塾入学専ら英語を学ぶ
明治十六年十二月より関西義塾在学の傍ら米人モリス氏に就て英語学勉強明治十七年八月退塾
明治廿年九月　東京麻布区東洋英和学校別科神学部入学
明治廿一年九月　東洋英和学校本科神学部に転ず
明治廿年九月以降神学研究の傍東洋英和学校普通科入学専ら英文学、動植物学、歴史学、雄弁学、等研究の目的を以て第四年級に編入せられ明治廿三年二月に至り第六年級の業を修め了れり
明治廿六年六月　東洋英和学校本科神学部卒業
明治三十二年七月より明治三十六年四月まで独逸人ウヱント氏に就て独逸語研究
明治三十三年以降今日に至るまで英独大家の著書により主として心理学を学び傍ら哲学、倫理学等を学ぶ

職　務

明治十九年五月より明治廿年四月まで東京市牛込区牛込英和学校英語教師たりき
明治二十三年七月より翌二十四年六月まで静岡県相良町に於て基督教伝道に従事したりき
明治二十四年七月より翌廿五年六月まで山梨県勝沼町に於て基督教伝道に従事したりき
明治二十六年七月より明治廿九年六月まで静岡県掛川町掛川教会の牧師たりき
明治二十九年七月より明治三十二年六月まで新潟市に於て基督教伝道に従事したりき

明治三十年四月より翌三十一年三月まで新潟市私立北辰学館に於て英語を教授したりき
明治三十二年七月より明治三十六年六月まで東京市築地教会の牧師たりき
明治三十四年九月より明治三十六年六月まで内務省の嘱托を受け英字新聞の翻訳に従事したりき
明治三十六年七月より明治三十七年六月まで東京市本郷区中央会堂の教師たると共に本郷区弥生町中央英語学校の英語教師たりき
明治三十七年七月より明治四十年六月まで東京市本郷区駒込教会の牧師たりき
明治三十八年四月より翌三十九年三月まで東京市青山私立青山学院神学部の心理学教師たりき
明治三十八年五月より明治四十年三月まで東京市青山私立青山女学院英語専門科の倫理学教師たりき
明治四十年七月より明治四十三年まで静岡県浜松町浜松教会の牧師たりき

賞　罰

なし

右之通相違無之候也

右

明治四十三年五月三十日　　曽木銀次郎

〈《曽木銀次郎履歴書》〔関西学院学院史資料室〕〉

「曽木銀次郎先生を憶う」長久清『基督教新報』昭三三・三・八、「曽木先生を偲ぶ」今田恵『母校通信』昭三三・五

（4）《曽木銀次郎自伝稿》〔曽木節氏（銀次郎・小美《こよし》長男・故弥太郎氏夫人）〕四〇〇字詰原稿用紙一二六枚（字枠無視記入）

書き出しは次の通り。〈自分ももう数へ年八十六歳になった。特殊な病気に倒れると云ふ事がなくっても先はソンナに長い事はあるまい。九十位までは確かに生き延びて行けるだらうが其れから先は一寸予想出来ない。其所で唯だ自分の過去を回顧すると云ふ意味で略歴を書いて見る積りだ。…〉（内容は昭和二七年ごろまで）

（5）「忠君論」『野声反響』明二四・六、「我国老ひたる乎」『女学雑誌』明一五・三・一九、『日漢文明異同論 皇室論（一）』『国民新聞』明三九・四・一二、「基督教評論」明三九・七

〈内村鑑造《ママ》氏は独り水産学士として日本に数少なき人物たるのみには非ず、彼れは基督教文学者として非凡なる天才を有せり、〉（「基督教徒《ママ》のなぐさめ〔内村鑑造《ママ》氏著〕」『護教』明二六・三・一二）以上、愛山文。

（6）鈴木範久『内村鑑三日録 1888～1891 一高不敬事件（上）（下）』平五・一

透谷《とうこく》・愛山《あいざん》・明石《めいせき》・坎堂《かんどう》— How I Became a Christian —

新信仰を告白して天下と戦ふべく決心したる青年が揃ひも揃うて時代の順潮に棹すものに非ざりしの一事は当時の史を論ずるもの、注目せざるべからざる所なり。彼等は浮世の栄華に飽くべき希望を有せざりき。彼等は俗界に於て好位地を有すべき望少かりき。（中略）総ての精神的革命は多くは時代の陰影より出づ。基督教の日本に植ゑられたる当初の事態も亦此通則に漏れざりしなり

『現代日本教会史論』の一節である。時代の陰影を生き精神的革命に心身を傾けた山路弥吉（愛山）（一八六五～一九一七）の鮮鋭な史眼が光っている。

明治二年、弥吉は生家の幕府天文方屋敷（江戸浅草）を後に、雨の中、祖父母らに連れられ函嶺を越え静岡に落ちた。降伏者の運命を負った弥吉の〝飄々柳絮の如く風を逐ふて転ずる底の生涯〟が始まる。三河武士の子孫・徳川臣属の子の体内には「治国平天下」の志が貫流していた。神童と呼ばれた弥吉であったが、明治一一年上等三級を修了したところで学資続かず泣く泣く小学校の門を去る。順潮の棹を流されて儒学から洋学へ、渦巻く思想の海が見えた。『西国立志編』が弥吉の逆運を励ました。弥吉が高木壬太郎（坎堂）（一八六四～一九二一）を知ったのは、明治一一、一二年頃である。

壬太郎は遠江国榛原郡中川根村上長尾の旧家の長男として生まれた。福沢諭吉の独立自尊の精神はこの僻遠の地に

も届き〟玲瓏タル玉ヲ含有スル璞石ノ若キ小童〟の向学心を奮い立たせた。

静岡師範学校在学中、「異日済黎民」を胸に待ち望んでいた慶応義塾への遊学が頓挫した明治一三年、壬太郎は「男子空しく死なず」と盟い合う弥吉と詩文雑誌『呉山一蜂《ござんいっぽう》』の刊行を発起する。翌一四年政治界への雄飛を夢みながら育英の業の第一歩を御殿場村立中郷学校に標した壬太郎は、校長の職責を果たし、郷村の木鐸となり、政治演説の壇上にも立ったが、重なる抑圧の中、当地を去る。明治一八年四月〝人生の一大不幸〟が壬太郎を襲う。アメリカ密航の企てを泣いて止めた母が病気で亡くなったのである。母を喪った寂しさに耐えきれず夜の巷をさ迷う、まさしく神と結ぶか悪魔と結ぶかの時、平岩愃保《よしやす》牧師の優れた英語力を頼んで静岡教会に出入りしていた弥吉に導かれ、壬太郎はその〝温暖掬すべき家庭〟の扉をたたいた。

弥吉は当時を次のように思い起している。


回想す明治十七八年の頃我社（＝護教社）発行人平岩愃保氏牧師として静岡教会に在り。彼は其伝道の暇を以て青年を集め英書を教へたり。当時英学の需要太だ盛にして而して地方は牧師に乏しかりしを以て許多の青年は喜んで氏の許に集り来れり。而して見よ其結果は少からざりし也。今日日本メソヂスト教会の要鎮たる麻布教会の牧師たる高木壬太郎氏も甲府教会の牧師太田虎吉氏も実に当時平岩氏に従つて狭隘なる静岡教会にスウヰソトン万国史の類を研究したる青年の一人たりし也、我社編輯人の如きも亦当時氏が門下に集りて諸子の後に従ひ、熒乎たる青灯を囲んで英書の研究に余念なかりし也。知るべし、日本「メソヂスト」教会の一勢力はたしかに破窓茅屋田舎教会に出でし也。当時の田舎牧師たる平岩氏に出でしなり。（「田舎牧師」『護教』明治二六・二・四）＊（＝）は筆者による注

聖書講義中〝最もよく居眠りをする〟弥吉も、明治十八年秋に信仰を告白、翌年三月バプテスマを平岩牧師より受

けた。

次は弥吉当年の率直な胸の内である。

我等年少の頃、人生を沙漠の如きものなりと感じ、浮薄の人情を悲みて世に頼むべきものは唯自己あるのみと思ひき。然るに耶蘇教は我に神の国と云ふものあるを教へ、神の国の精神的共同生活に入るべきことを教へたり。此時のうれしき感情は一生拭ひ消すべからず。（「耶蘇教につき思ふことども」『火柱』明治四一・一二）

私は「メソヂスト」教会に入会した当時から耶蘇を神として信ずると云ふことには、はつきりした信仰がありませなんだ。どうも理屈を抑へつけられて我が中心の疑惑を強て打消して信仰を無理に心に鋳り込んだやうな感が致してなりませなんだ。（「予が信仰の立脚地」『六合雑誌』明治四五・三）

国事犯事件が相次いでいた。「静岡事件」の発覚を知り、前にも増して聖書の研究に耶蘇の演説に精を出す弥吉らを目のあたりにする明治一九年夏、『天道溯源』『真理一斑』『政教新論』など哲学の力を借り疑惑を解きながら、壬太郎も一途に神の道を求めはじめる。日記に受洗時の心境が書き残されている。

十月廿八日　自ら顧て既往を思へば吾一身は是れ罪悪の淵叢にして神を汚すこと誠に多し。静心熟慮恐懼の念禁ずる能はざるものあり。悔恨亦何ぞ堪へん。断然志を決してバプテスマを受け神の教会に入りて既往の罪悪を潔め来日の救を得ん事を欲するや切なり。（中略）来る二十一日を以てバプテスマを受けんとす。嗚呼予が身は亦昔日の身に非ざる也。願くは主の助によりて是より身を慎み行を改め信徒たるに背かざらん事を。

十月卅一日　日曜日　晴　朝起希伯来書第六章を対読す、九時教会に至り牧師の説教を聞く。了て洗礼を受く。願くは之れより神の家族となり身を行ひ過を改め来世に御救を得んことを。アーメン

壬太郎もここに運命の関を越えて〝天地の人〟となった。

明治二二年二月、弥吉は「史学文章」の宿志を秘めながら、平岩牧師から勧められた伝道師の道を受け入れ、祖母を連れて箱根山を越えた。日本メソジスト教会第一回年会で教職試補に挙げられた壬太郎は、同年九月弥吉を追うように、中央集権制の軌条をひた走る東京行の客車に不安と希望の身を揺られた。

翌二三年春、浅草教会で牧師の下回りをつとめながら文筆を揮いはじめた弥吉と、すでに著述をもって福音の事業に従っていた櫻井成明（明石）（一八六五〜一九四五）との出会いがあった。

成明は、陸奥国西白河郡釜子陣屋（高田藩榊原家の飛領地）に幕臣の長男として生まれた。官軍の追踵に身を潜めた会津の山中に成明の原体験はあった。

明治八年、高田から東京在勤（教部省）の父の許へ。明治十三年、法科大学で政治学を修め政治家になろうと東京府第一中学校から共立学校（大学予備門の予備校）へ転学するが、遺伝の喘息に悩まされ断念。養生中の明治一七年〝政治家として人を治めんと欲するものは先づ其の己を修めねばならぬ〟と考え東京大学古典講習料漢書課に入学した。明治一九年二月〝終生之大不幸〟に見舞われる。官制改革により非職（宮内省）を言い渡されて二日後、頼みの父・成能が亡くなったのである。安心立命の境地を求めて苦しむ姿を見かねた友人・桧山金彦の勧めで下谷教会に出席するようになった成明は、明治二〇年、洗礼を志願。カナダ・メソジスト教会宣教師イビーの前で基督を聖書を信じることを誓った。

次は成明の当日の日記である。

吾豈に身を修め家を斉へ国を治め両慈鞠育の恩に酬ひ吾が斯之世に来るの務を果さん吾固より才なく識なく又た胆略なし故に非常事を成すの非常人は吾が望む所にあらず唯吾愚魯の質を守り学を励み胆を練り朝に仕ふるも野に在るも一の誠以て斯の世に処し幸にして吾が世に負ふの応分の責を尽し吾姓名の少しなりとも江湖に揚ることあらば

庶幾くは父祖の家声を汚がさず国恩之万一を報じ俯仰愧ぢざるの志業を以て斯之世の終を得んと（中略）吾屢桧山氏に至り宿泊することあり未亡人の貞淑にして洒落なる子明（＝金彦）之温良にして和易なる内政の孝貞にして柔順なる未亡人座作共に善く讃美歌を謳へば内政之に和し子明謹然傍に事を執る将さに寝に就かんとするや団欒して歌を謳ひ神に感謝祈祷し家庭之間琴瑟諧和実に健羨すべき程なり（中略）是に於て吾喟然として嘆息す吁吾党の士儒道を講究して常に王道を興し天下の民をして皥々如たらしめんと欲せり今桧山氏を見るに是れ則ち王者の民なり今日に当り儒道を拡布して皥々たる国民を造出せんは毫毛を以て洪鐘を牽かんより難し而るに基督教は乃ち克く吾が冀望する所を成す（中略）吁今日は是れ何れの日ぞ基督降誕以後一千八百八十七年八月十四日なり吾の生を斯世に寄する間は忘れんと欲するも忘る能はざるの日なり主の曰はく人若し更生せざれは神の国を見る能はずと吾れ今迄地に向ひたる眼は天を仰ぎ地の物を取らんとしたる手は天の物を取らんとす名誉衣食を求めんとしたる心は神の国と其義とを求めんとす

外部に反動が兆し内部に神学紛争の種が播かれつつあった明治二二年（前年漢書課を卒業し）イビーに日本語を教えることになった成明は、麻布霞町のイビー宅で、先に速記とタイプライターの特技をもって翻訳や説教の下書きなどをしていた北村門太郎（透谷）（一八六八～一八九四）の秀麗な深い物思いの相貌に出会った。文学により身を立てようと私費で刊行した長編叙事詩『楚囚之詩』も賞する人なく失意に沈む〝クリスチアン中の厭世家〟は、成明を前々から知っているかのように心の底を打ち開いた。

門太郎もまた〝戦敗者として社会の影に投げられたるもの、子〟であった。冬の野にあえぐ〝敗余の一兵卒〟の苦境を救ったクリスチャン石阪美那子との恋が高まる明治二〇年、〝慾の世界〟を離れ〝真理の兵卒〟となって悔改の道を歩きはじめた門太郎は、明くる年三月四日に数寄屋橋教会で田村直臣牧師から水の洗礼を受ける。

成明が弥吉と出会ったのは明治二三年春、『天明新誌』（中央会堂機関誌）の編集者となり〝いねむり社界〟へ警鐘を鳴らし始めた頃である。同じ敗軍将家の子は真理に捧げた体を本郷龍岡町の明石山房（成明書斎）にしばしば運んだ。内村鑑三不敬事件により一時隆盛をきわめた教会も、その進歩はもはや〝打止〟の状態にあった明治二四年、平岩牧師から『護教』（メソジスト三派の共通機関紙）の主筆を任され、伝道の地・静岡袋井から東京へ戻った弥吉は、劇詩『蓬莱曲』の厳しい批判に耐えかねて再び明石山房の客となった門太郎と行き遭う。築地教会牧師の任期を終えて東洋英和学校に復学した壬太郎と、中央会堂の安息日学校の教壇に立ち福音活動に勤しむ成明とが出会ったのも同じ頃である。

〝フレンドシップと飾りのない誠実とを根拠とする神聖な結社〟『護教』には〝時代と戦はんとする新信仰を壊抱する〟彼ら青年の火群が燃え立っている。

明治二六年、愛山生と透谷庵の文学と人生の相関論が「唯物論者」「空想家」と応酬しながら互いの資性を害なうことなく展開しようとしていた時、成明の訳書『希臘孝子誹立比物語』が門太郎の働きかけによって女学雑誌社から出版された。壬太郎は基督教国理想の孝子をえがいたこの小説を〝少年男女に読ましめて有益なる書物〟と推薦している。

壬太郎が海外留学の大望を起した頃、明治二六年初秋、成明は国府津駅（門太郎一家の仮寓先・長泉寺の最寄り駅）で門太郎と落ち合い、〝二三分の短き話しに見送られて〟就職先の関西学院（弥吉の斡旋による）へ向かう。これが門太郎との永遠の別れとなる。

〝眼を事業と功利の外に放つて前途の光を望みつゝ〟〝人生の一大秘鑰〟（透谷）を求め、〝精神的革命〟（愛山）を期し、〝俯仰愧ぢざるの志業〟（明石）をもって、〝平凡の生涯〟（坎堂）を駆けぬけた清冽な水脈は、時空を超えて流れ続け

307　透谷・愛山・明石・坎堂―How I Became a Christian―

るだろう。

清冽な水脈
――透谷と明石と愛山と――

明治二七年一一月七日付・北村美那子書簡には、愛する夫・北村透谷（一八六八〜一八九四）を喪って半年後の美那子の〝非常なるかなしみ〟が、また彼此の岸にさ迷う夫の〝病中のくるしみ（心の困）〟が、透谷二なきの友・櫻井明石（一八六五〜一九四五）に、真実の筆をもって打ち明かされている。それは次のように書き出されている。

　其後ハ心の外御ふたさに打過き居御高許被下度候。扨何より申上て宜敷やら。先貴君御近状如何被為入候哉伺度候。去年の秋国府津にて御見送り致せし節ハ夢にも思はさりし我等今日の有様にいたらんとハ。一人ハ天のうるハしき園に遊ひ一人とわすれかたみハ罪のほろびぬにやいまた地にありて困しみ居り候。[1]……

透谷と美那子と長女英の三人が、東京麻布霞町から、透谷の故郷に近い小田原の国府津にある長泉寺の本堂脇の四畳間に転居したのは、明治二六年八月三〇日のことであった。日を置かず透谷一家は、山路愛山（一八六五〜一九一七）の斡旋になる就職先の関西学院に向かう明石と国府津駅で落ち合い、別れを惜しんでいる。

藤村の『春』（新潮社・大一〇）を読みながら美濃紙に朱記された、明石の透谷に関わる回想文（以下《明石文》とする）には当日の様子が次のように記されている。

　明治二十《ママ》六年八月三十一《ママ》日予が神戸なる関西学院に赴任の時、かねて時刻を打合せおきたる所、透谷ハ夫人美那子にふさ子嬢を抱かせこの国府津の停車場に出迎へをり。

五分間の停車時に尽きぬ名残を惜みて西と東に別れたるが焉んぞ知らんこれ透谷との永訣とならむとは[2]。

この明石メモによって、明石と透谷の永訣の日は八月三一日と長く信じられていたが、この度、本郷中央教会で『中央会堂月報』（同教会の前身・中央会堂の機関誌）を閲覧する機会に恵まれ、その三号（明治二六年一二月二七日発刊）に掲載された「櫻井氏より病床にある永野氏へ遣はされし書翰」と題する明石文によって、その日は九月一日であることが判明した。

扨出立前二三日のいそがはしき、多年帝都に居住して他国に出でしことなき小生の事なれば旅の用意後の始末送別会[1]に暇乞と夜も三四時間とは寐られず。明くれば一日の壹番汽車に打のらんと祖母[2]に暇乞いたし、妹[3]弟[4]と共に夜前より宿泊して手伝くれ居られし高崎[5]赤松[6]二子に送られつゝ、新橋に参りしに見送りの兄姉も数多待合はされ居り。時刻来て列車に乗込み候へば車内には他に二人の乗客有之候のみにてその一人は落語家大鼻大名の三遊亭圓遊[7]に御坐候。高崎子小生に囁きて「よい道連れじやな、よい話相手がをるわい」と申さる。やがて汽笛の声は響き渡りぬ。車は徐々と動き始めぬ。健在の相互の語は近く耳端にありて諸君か挙けられたる手振るゝ、帽は遠くプラットフォームのあなたに見ゆ。二十年来父母の膝下弟妹団欒の雍々たるなかに消光し来りし小弟、其間一二度は他行も仕り親しきに離れ友に別れ候ひしがわずか四五週間のこと故さして離別の情を味はす袖を分つ悲みは如何なるものか存せず候しが、此度は初めて羈愁といふもの深く心に感じ申候。此朝蚤く主母萱慈に暇を乞ひし時にはこれより暫らくの間其温顔に接するを得ざるかと少々うろたへ申し、新橋にて諸知友と弟妹に別を告げ候時にも何となく淋しきかんじ起り申候ひき。品川川崎仲々たる感慨の間に過ぎて横浜に参ゐれば北野妹[8]にも姪にも久しく逢へぬかとここにても亦日頃にかはる情も催し来り候。そのうち国府津まで往く人と心易くなり吾兄の御保養なしゐ玉ひし。大磯も過ぎて国府津に参ゐれば北村透谷夫妻其弟妹一同出迎をられ二三分の短き話しに又

中央会堂会友（明治25年頃）〔櫻井成廣氏〕
最前列中央・C. S. Eby、向かって左隣・石阪登志、その左隣・櫻井母登、後２列目右端・明石

見送られてこれよりは車中かの圓遊子と小生と唯二人各一方に割拠して対峙するのみ。…[3]

この関西学院の就職は、五人の扶養家族を抱え、外務省移民課の嘱託を解かれ―見兼ねた透谷が机上に五円札を置いて去るほど―窮していた明石にとっては命救われる思いであっただろう。どこまでもあたたかい明石一家を知る人たちの、我が事のように喜ぶ顔が目に浮かぶようだ。[4]

東海道線の一番列車は新橋・午前六時発。早朝ということで車内はガラガラ。明石の他は、大きな鼻にすててこ踊りで人気を集めていた三遊亭圓遊のみ。品川→神奈川→横浜→保土ケ谷→戸塚→大船→藤沢→平塚→大磯を経て、時刻表の通りなら午前八時二一分に国府津着。八時二六分神戸に向けて出発している。明石メモにあるように〝五分間の停車時に尽きぬ名残を惜みて西と東に別れた〟のであった。その後、どんな苛酷な運命が待ち受けているのか、透谷にも美那子にも想像の及ばないところであった。

この時、透谷の弟・垣穂と美那子の妹・石阪登志が一緒に見送りに来ていた。長泉寺移住が美那子のいう〝健康の為めや教会との紛糾〟[5]とだけでは説明のつかない〝煩雑なる旅行〟（透谷日記）であったことが微かにうかがえる。明治二五年頃に撮られた「中央会堂会友」三八名の集合写真を見ると、明石の妹・母登と登志が仲良く並んで写っている。執事の明石の姿も見える。母登と登志は共に中央会堂の日曜学校教員をつとめる親しい間柄であった。明治二一年九月、登志は東京音楽学校の予科に入学する（明治二五年バイオリン科卒）が、登志のために受験要領を聞きに同校に出向いたのは透谷であった。明治二六年四月から一年間登志は、透谷と同じ明治女学校で音楽を教えている。全く想像の域を出ないが、透谷と姉との仲を心配した登志が、長泉寺に（あるいはその近くに）滞在して、週二回は透谷に付き添い明治女学校に通っていたことも考えられなくはない。

その日から九ヵ月後（自殺未遂から五ヵ月後）、明治二七年五月一六日、透谷は、芝公園地の借家の庭つづきの平凡な杉の木に縊れて果てた。

凶音は関西学院の明石の寓居にも届いた。

明石は当時の心情を次のように回想している。

予は此の年（＝明治二六年）の九月から神戸の関西学院及び神戸女学院に教鞭を執る身となつた。相当多忙で有つたので、透谷子との文通も其年内四ケ月間に一両度位に過ぎなかつたであらう。年賀状の取り遣りも今日の如き流行のない時代であつたから自裁未遂で入院中の子から来る筈は無い。お互いに無事で、教へたりかいたりしてゐることと荏苒月日を消して、五月の十八日か九日に子の父親よりの来状、おや！と不安の予感を以て開封すると果して子の自決の訃報である。極めて短文であるが又極めて沈痛なものであつた。正確な文句は今記憶に無いが、文意は倅門太郎云々、長年の厚誼を謝す、として結末に「噫」の一字があつた。

この「噫」の一字には千万無量の感慨が罩つてゐるのである。「僕の父は一種面白い男で、官途から退いたのちは従来愛読した漢籍其他書物は閣上に束ねて、一切読書といふことはしない人だからね」と透谷子は予に話したことが有つた。さういふ一風あり、世俗からは全く超脱してゐた人の口から思はず知らず出た溜め息である。いかに物外に超然たる人でも子を思ふ心に異りは無い。殊に多少の学問がある眼には吾が子の尋常でないことが映り、その将来に対して或は一種の希望を繫けて、独り心に楽しんでゐたかも知れぬ。その尋常ならざる、奇矯不羈の児子が今変りはてた姿となつて我が前に横つてゐる。半夜人定り、香煙薄く罩める一室に端坐して思はず出た絶望の長太息を此の訃報の「嘸」が載せて、四百哩を隔てた摩耶山下の予の寓楼に走り来たかのやうな心地がしたのであつた。(6)

明治二二年春夏の交、前年、東京大学（古典講習科漢書課）を卒業し、チャールズ・イビー（カナダ・メソジスト教会宣教師）の日本語教師に雇われたばかりの明石は、すでにイビーのもとで翻訳や説教の下書きなどをしていた透谷と出会う。透谷は、高田藩士の家に生まれたこの「古武士の典型」のような基督信徒を前々から知っていたかのように、そのかたくなな心の底を打ち開き、文学をもって身を立て家を興そうと自費で刊行した『楚囚之詩』を進呈している。

翌年春には、静岡から上京、東洋英和学校に寄留し牧師の助手をつとめながら文筆の業に歩を踏み出した愛山と、中央会堂の機関誌『天明新誌』の編輯人となり「いねむり社界」へ警鐘を鳴らす明石との出会いがあった。

愛山の次の明石評は、透谷が膝を打って迎えるものである。

…僕から云へば明石君は流儀の違ふ人物也。さりながら僕は常に明石居士に敬服す。僕は明石居士の侠骨を愛す。僕は明石居士を温厚の君子なりなど、思はず、窃に兄イ株の世話焼きにして好んで人の急に赴く男らしき男として尊敬す。（中略）回顧すれば二十年前僕はきたなきぼら書生也。それでも気位は中々高かりし。かびの生へたる古衣を着け平気にて明石居士の書斎に闖入し、勝手に群書を乱抽し、昼飯の馳走になりて、更に夕飯の馳走になり、それから泊り込んで勝手にしゃべり散らして居士の家の平静を破りたること少からず。居士と居士の家の人々はそれでも一度もいやな顔をしたることなし。…(7)

一時盛んであった教会もその進歩に陰りが見えた明治二四年夏、メソジスト三派の共通機関紙『護教』の主筆を任され、伝道の地・静岡袋井から東京へ戻った愛山は、劇詩『蓬莱曲』の不評に耐えかねて、本郷龍岡町の明石宅の客となった透谷と行き逢っている。

彼ら「敗軍将家の子」は、神の一兵士として真理に献じた身を寄り合い、この世の不条理の由縁を糾し合った。「明石山房」に創り出された、飾りのない誠実な友情は、時を超絶した永遠の光彩を放っている。

その高々とした志は、〝決して世上の毀誉褒貶に動かされること勿れ、唯永遠の神の前に書け、瓢然として風揚る砂塵の如き浮泛なる思想を書き彰すこと勿れ、爾が心裏の最奥深処に潜伏する所の感情を書け、宇宙の最大常感を叫べ、警醒せよと野に呼べる古の予言者に倣へ(8)〟と、冷たく硬い氷の原から山も坂も谷もなく、常に明るい天地を求めて突き進む『護教』の一隅に輝いている。

○龍岡処士（明石）は文行共に余の畏る、処なり。処士頃ろ故あり文を売んとし之を某氏に托す。後忽ち平昔の志に違ふを悔ひ書を寄せて前言の過てるを謝す。我基督教文学界亦此侠骨を有する者あり。聊か我愚を鞭撻するに足れり。今其書を掲げ併せて一言を序しぬ。愛山生

龍岡処士

某〔透谷〕に与ふ

吾兄去れるの後ち、僕左思右迷遂に翻然としてかの西洋小説反訳の念を絶ちぬ。僕実に誤てり、一たび身を献じて福音の管漁たらんと欲せし者が、よしや一時為めにする所のあればとて、危く俗文学界に堕落して俗心俗腸の

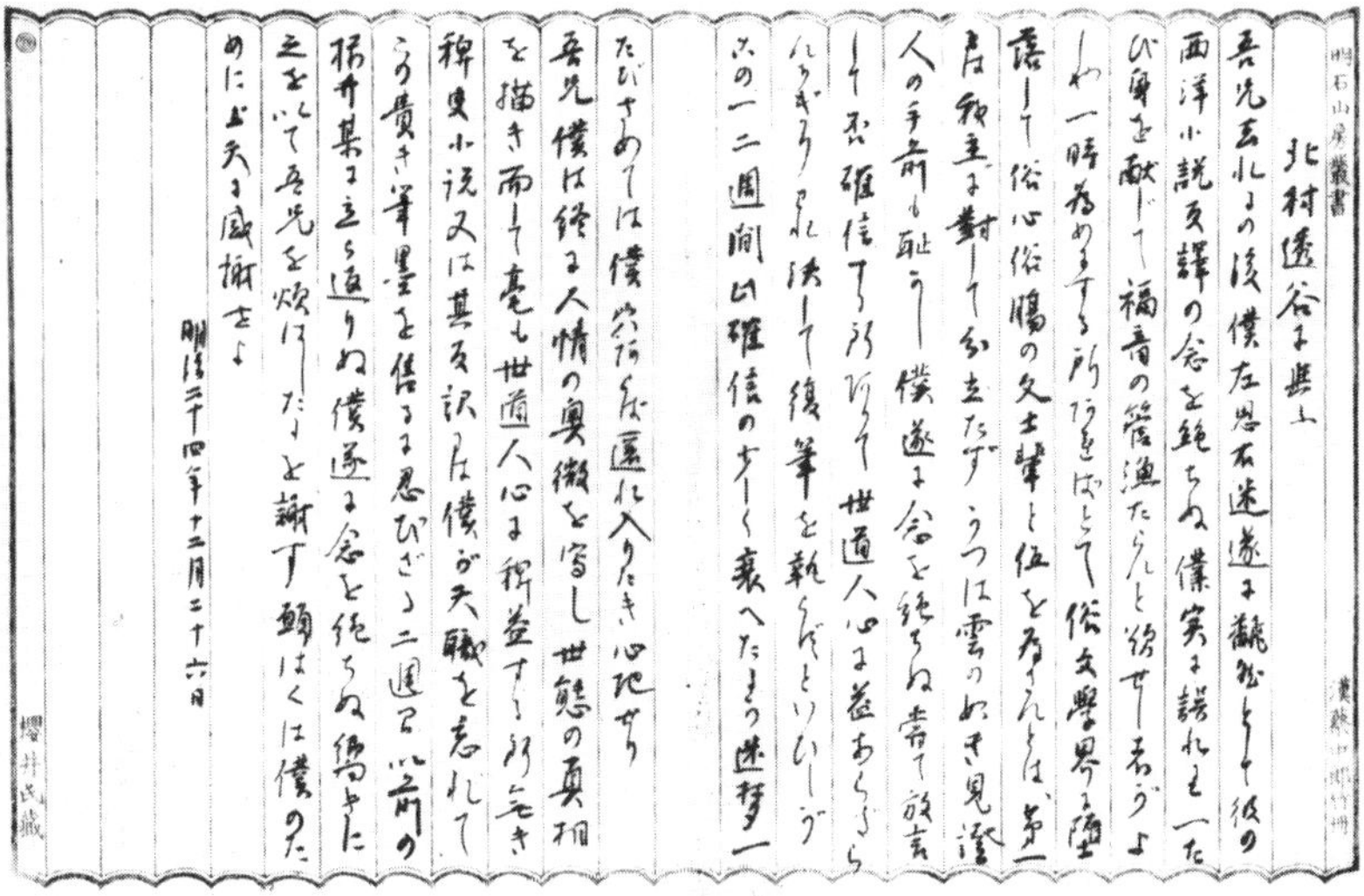

櫻井明石直筆「北村透谷に与ふ」（櫻井成廣氏旧蔵）

文子輩と伍を為すに至らんとは、第一は我が主に対して分立たず、かつは雲の如き見證人の手前も恥かし、僕遂に念を絶ちぬ。

僕嘗て放言して、否、確信する所ありて、世道人心に益あらざるよりは吾れ決して復た筆を執らずといひしが、この一二週間この確信の少しく衰へたるか、迷夢一たびさめては僕穴あらばかくれ入りたき心地せり。

吾兄、僕は遂に人情の奥微を写し、世態の実相を描き、而して毫も世道人心に益する所なき稗史小説、またその反訳には僕が天職を忘れて、この貴き筆墨を售るに忍びざる所の二週以前の○○○○〔櫻井某〕に立ち還りぬ。僕遂に念を絶ちぬ、嚮に此を以て吾兄を累はしたるを謝す、願くは僕の為めに上天に感謝せよ。廿四歳抄。〔明治二十四年十二月二十六日〕(9)

明石も透谷も愛山も、ともに社会の陰に投げられた子であった。逆運が、〝心を統一すべき動かざる、易らざる中心の根底を要求〟(10)した。神のために生き、神のために死ぬ勇気と英知とが、彼らの体内には貫流していた。

夢想的趣向文字を撃ち、実際的道徳をもって世に立つ『護教』の三一号に〈透谷隠者〉の随想「春を迎ふ」が掲載されて九ヵ月後、明治二五年一一月、反戦思想を訴える『平和』の八号に、〈大笑〉という筆名で「強兵」と題する愛山の論文が寄せられた。その三ヵ月後には〝文章ハ実際ヲ尚ブト愛山ノイヘルヲ透谷ハ駁シテ文ノ極致ハ理想ニ在リ〟[11]と明石によって要約される「文章解釈論争」の火蓋が切られる。「春を迎ふ」と「強兵」はその前哨戦であった。二人は、「唯物論者」「空想家」と互いに非を打ち合いながら、〝毫末も猜疑する所なき[12]〟最も信頼できる「論敵」となって、霊性上の革新を進める馳場をもたらした。

愛山の次の回想文には、精神的革命を期して共に時代と闘った友への敬愛の情があふれている。

…透谷と余の論戦は頗る激烈なりき。然れども余は個人たる透谷に対しては常に毫も愛敬の念を失はざりき。透谷も亦勿論、論敵たるの人の性格までを疑はんとする卑劣なる人物にあらざりき。現に余と透谷とが日々論戦を為しつゝありし頃は透谷も余も共に麻布の霞町に住し日夕相往来したりしなり。（中略）透谷の如きは胸中一点の邪気なき醇粋なる可憐児なりきと曰つて可なり。…[13]

透谷の愛山の明石の紡ぎ出す文字は、別れがたきこの世への〈遺書〉である。そして、この世では求めがたいこころ楽しき〈神との交信〉である。

時代の陰影から湧き出た清冽な水脈は、時を隔てた今も涸れることはない。

注

（1）「北村みな書簡―櫻井成明宛・明治二七年十一月七日付―」川崎司『聖学院大学論叢』平一二（一二巻二号）

（2）この明石の透谷に関わる回想文は全部で八点ある。＊舟橋聖一『北村透谷』（中央公論社・昭一七）・「独身館の三人男」

明石居士『四畳半　第一輯』大一〇（草稿）参照。

（3）「櫻井氏より病床にある永野氏へ＊遣はされし書翰」『中央会堂月報』明二六・一二（三号）＊永野武一郎…松江の人。若松、札幌中学校、広島高等師範学校、旅順口工機学堂などで英語を教授。大正八年没。

①八月二九日京橋三橋亭で、同三一日中央会堂で開く。②煉《れん》　文政九年生。③母登《もと》　明治七年生。④竹彦《たけひこ》　明治一二年生・豊彦《とよひこ》　明治一八年生。⑤高崎介蔵…東京法学院卒。明治二九年櫻井母登と結婚。実業界で教会で活躍。昭和六年没（享年六四）。⑥赤松金之助…市川・稲積教会牧師、中央会堂日曜学校教員などを務める。⑦三遊亭圓遊…初代三遊亭圓朝門下。滑稽落語を確立。明治四〇年没（享年五八）。⑧文《ふみ》　明治元年生。

（4）明治女学校に会心の副業を得たとはいえ、決して豊かではない家計をかえりみず、窮を救ってくれた透谷への感謝の思いを、明石は、着のみ着のままの寄り合所帯をもったばかりの愛山に、しみじみ語っている。

…余と透谷に一個の友人ありき。余は彼れの紹介にて初めて透谷と交はりしなり。或時彼れは其職業を失ひたるが為に大に窮せり。然れども武士の子にして而も気性の勝ちたる彼れは誰にも其窮を訴へず、独り自ら苦しみしのみなりき。時に透谷は一夕彼れを訪ひ長話をなして帰れり。其夜透谷は勿論彼れの生計につきて一言も発せざりき。透谷は辞し去れり。彼れは透谷の座りたる傍らに若干の紙幣が紙に包まれて在りしことを発見せり。而して其紙片には失敬ながら些さか友人の窮を救はんとすと云ふ趣意を書きありき。彼れは之を見て感泣したりと云ふ。如何なる親友にても当面に君は窮せり僕は金を君に貸さんと云ふが如き露骨なる恩恵を売るは透谷の為すに忍びざる所なりき。然れど彼れは又自己は如何ほど窮するとも友人の苦痛は決して座視すること能はざる深くして切なる同情を有したりしなり。余は親しく之を其友人に聴きて愈よ透谷を尊敬するの念を長じたりき。（「透谷全集を読む（一）」愛山生『信濃毎日新聞』明三五・一〇・一一）＊「北村透谷を懐ふ」山路愛山『文章世界』明四〇・五参照

（5）「透谷の晩年と其言行（下）」北村美那子『学生文芸』明四四・四

（6）「透谷子を追懐す」昭九記（草稿）＊「透谷子を追懐す（承前）」櫻井明石『明治文学研究』昭九参照。

（7）「明石宛愛山文―大正四年八月五日記」（草稿）
次の明石の回想からも、厚い交流のほどがうかがわれる。

…愛山氏は親も無く兄弟も無く、無論妻もまだ持たずに、天涯無縁の孤客であつたから、自然人なつこく、其神学生時代、『護教』編輯時代にはよく予を訪ひ、宿泊したことも幾度だか数へられぬ程で、意気も投合し、随分親しい間柄であつた。（「死ぬまでは死なない」明石『四畳半　第一輯』大一〇・四・五記）
（8）「護教の希望する処」愛山『護教』明二四・七・七
（9）「某に与ふ」龍岡処士『護教』明二五・一・三　＊〔　〕内は明石の自筆草稿「北村透谷に与ふ」〈櫻井成廣氏〉による。
（10）「予が信仰の立脚地」山路弥吉『六合雑誌』明四五・三
（11）明石の透谷回想文（《明石文》）
（12）「岩《ママ》（巌）本善治君に与ふ」山路生『護教』明二六・五・二〇
（13）「透谷全集を読む（二）」愛山生『信濃毎日新聞』明三五・一〇・一三

跋に代えて　川崎司先生の世界

聖学院大学日本文化学科教授　村松　晋

川崎司先生は、聖学院大学人文学部日本文化学科が創設された一九九八年以来、日本近代史担当の専任教員として、当学科のみならず大学全体のために尽くしてくださいました。この春、ご定年で本学を後にされる川崎先生をお送りするにあたり、先生に親しく教えを賜り続けた一人といたしまして、ここに感謝の詞を述べさせていただく次第です。

先生は早稲田大学修士論文「北村門太郎論のための覚え書き」を原型とする、「透谷年譜追加・訂正」（『日本文学』二三巻二号、日本文学協会、一九七四年二月）にて学界に登場されました。その内容は、発表から四半世紀を経てなおも、「勝本清一郎氏の透谷研究の徹底ぶり」と「その博捜をこえて」、「多くの新事実をおおやけにし」たと評されるほどに卓越したものでした（書評『若き明石　櫻井成明』、平岡敏夫、『図書新聞』一九八九年十二月二日号）。

その後、雄編「山路愛山研究―第二の故郷静岡」（『静岡県近代史研究』四号、静岡県近代史研究会、一九八〇年十月）、「山路愛山研究（二）―袋井の風来伝道師」（同一二号、一九八六年九月）を発表、愛山研究のみならず、明治プロテスタント史研究に新風を吹き込まれた先生は、一九八九年、「北村透谷と親交があり、小説『星夜』のモデルともなった明治のキリスト者櫻井明石青春期までの最初の評伝」（書評『若き明石　櫻井成明』、平岡敏夫、『社会文学』四号、日本社会文学会、一九九〇年七月）、『若き明石　櫻井成明』（弘隆社、一九八九年）を刊行されました。

最初の著書のならいとして、本書には、著者なる「川崎司先生の世界」が横溢しています。まず目を惹くのはその書き出しです。それは「会津の暗雨、まつわる迷霧。／四歳の風景を反すうし、信仰の登攀路にたたずむ時世の継《けい》子《し》・桜井恒太郎」と始められ、「明治二十年、夏さぶ朝、牧笛の音に情欲・功名心の昏冥から覚め、『東京府下谷区御徒町基督メソヂスト教会』で〝水の洗礼〟を受けたその日、桜井家赤貧の老少五口を慰む二十二歳の戸主は、羊柱（筆）を描き《攖寧閣《えいねいかく》日誌》をつづる」と続けられています（ルビは原文）。

思わず朗誦へといざなわれるこのドラマチックな幕開きは、透谷に魅せられた先生の文学的資質をうかがわせるとともに、色川大吉氏の力作・『近代国家の出発』（『日本の歴史』二一巻、中央公論社、一九六六年）冒頭部に匹敵する喚起力を伴って読者に迫ります。

しかし本書の特性は、何よりも、その独特な叙述スタイルにあると言わねばなりません。書き手なる先生は、彫琢を施した流麗な文章を披歴されますが、基本的に「黒衣《くろご》」に徹せられるために、紙面はむしろ、史料の長大な引用に占められることとなります。したがって、本書は歴史学の一般的な論文とも、むろん「史料集」とも異なった、きわめて個性的な相貌をもって読者の前に立ち現われてきます。

「その厳密にして豊富な資料引用は、時として読みづらいところが出てくる」との評言（前掲『図書新聞』）が示唆するように、それは結果として、「読者を選ぶ」表現方法と言えるかもしれません。しかし先生は最新のご著書『高木壬太郎―その平凡の生涯をたどって』（近代文藝社、二〇一〇年）でも同じ姿勢を貫かれ、如上の作法に強いこだわりを見せておられます。それだけに「川崎司先生の世界」に迫るにあたっては、まず、先生の独創的な叙述のゆえんを問う視角が有効と思われます。

ここにおいて注視すべきは、先生が『若き明石　櫻井成明』の「あとがき」で、「鹿野政直先生の『秩序にたいする違和感』という言葉に『変革への志』を覚まされ」と述べておられる点です。それは鹿野氏の次の一文との邂逅に基づくものと思われます。

秩序を所与のものとして、それになんらの疑念をもいだかず安住する場合、精神活動は行われないといってよい。…秩序にたいして違和感をもつこと、つまり秩序のなかへ自己を埋没させきらないことが、おそらく人間であることのあかしともいえるであろう。…（しかし）秩序の問題を考える場合いま一つ見おとしてはならないことは、秩序がわれわれの周辺に発見されるばかりでなく、われわれの内部にもみいだされるということである。…思想史研究者たちの問題のたてかたは、自己のうちに縮尺された秩序を認識するところからはじまるかたちでの、秩序への対決の姿勢の提示でなければならぬ。思想史は、いってみれば、正義感によってだけでなく屈辱感によってもも書かれなければならない（鹿野政直『資本主義形成期の秩序意識』、筑摩書房、一九六九年）。

「秩序への対決の姿勢」に昂りつつあるみずからの内に、「対決」すべき当の「秩序」が巣食っていること、かくして己もまた「秩序」を支え、強化しさえもしてしまっていること、そうした現実を「屈辱感」もて対象化し、再び「変革への志」を漲らせること―かような志向は、あるいは鹿野氏の言葉をまたずとも、「自己否定」を唱え「一九六八年」を生き抜かんとした魂に親しいものかもしれません。しかし先述した先生の姿勢、すなわち史料の「意味」を饒舌に説き明かすことへの慎重さを想うとき、鹿野氏に「覚まされ」た先生の「志」は、まず、〈言葉〉とそれを駆使する自他そのものに向けられたのではないかと私は見ています。

思うに若き川崎先生は、七〇年前後、「政治の季節」の学生として、飛び交う「言葉」とその語り手の帰趨を凝視するなかで、「言葉」の空疎さや無力さ、また、「言葉」から逸れゆく人間の弱さに直面させられもしたのではないでしょうか。そこから翻って、真に力ある〈言葉〉とは何なのか、そして、そのように〈言葉〉を力あらしめるために、語り手なる己に求められることは何なのか、先生はおそらく実存的な渇えにも促され、文字通り、ゼロからの自問を重ねられたのだと思います。

私は、先生の比類なき叙述作法の背景に、己を盛るに相応しき〈器〉をめぐっての、如上の〈苦闘〉を読み取ります。換言すれば、史料に対するみずからの〈解釈〉を開陳することに抑制的であろうとし、対象となる人物とその時代の相貌を、膨大な史料にこそ語らせようとする先生のスタイルは、「鄙びた町の駅脇の小さな学習塾で、何ひとつ教えることもなく、さびしい時勢の軋みを聞きながら三十の路を歩きはじめていた」（「若い日の高木壬太郎」（『聖学院大学論叢』一一巻三号、聖学院大学、一九九九年三月）とも述懐される、余儀ない〈沈潜〉のその果てに、先生が創造された唯一無二の方法と私は見ています。

しかし、言うまでもないことですが、「川崎司先生の世界」を独創的たらしめたのは、その叙述作法に尽きるものではありません。作品を前にして、私が強く心打たれるのは、先生の次のようなまなざしにほかなりません。

東から西へ、追放人の境界を刻した鉛の足が数多、配流の地を指して箱根山を越えた。

戊辰の硝煙立ちこめる明治二年、春。再びもどることのない生家、浅草鳥越の天文屋敷を後にしたその時、弥吉の世路は決まった。「天涯の遊子」と。（中略）

箱根山の麓で、弥吉は、梢を雲に包まれた杉を見た。大きな石を敷きつめた坂道を見た。その石階を杖ついて通り過ぎる輿丁の見苦しい裸体の後ろ付きを見た。抱いて懸崖に立った金之丞の足下の土がくずれて危ない目にもあった。雨が降っていた。…（中略）

顧みる。〝祖父母と共に流竄者の如く東海道を西に落ち、雨中に函嶺を越え静岡に遁げ延びたる当時の光景を忘るゝ能はず。〟

愛山、「懐古の詩題」は、この函山にあった。山路弥吉の原体験は、この旅中にあった（前掲「山路愛山研究―

第二の故郷静岡」、傍点は筆者。以下同じ）。

すこぶる視覚的なイメージに彩られた、リズミカルな文体に引きこまれますが、ここで注視したいのは、先生が愛山山路弥吉の人生の幕開きを、雨中の道行きとして描き出されている点です。明石櫻井成明の旅立ちも、同様に描写されていたことを想起したいと思います。いわく、「会津の暗雨、まつわる迷霧」と。

想えば先生が心を寄せた明治初期プロテスタントとは、「夜明け」にあって、「時代の陰影」からの出発を余儀なくされた人々でもありました。しかし先生は、「時代の陰影」を見すえるのみか、そこでさらに目を凝らし、「陰」なる場所で「暗雨」に打たれ、「雨中」にさらされ続けた存在をこそ凝視されたように思います。

実にこの視線こそ、「川崎司先生の世界」を屹立させる「隅の親石」にほかなりません。先生は、かくして逆境を強いられた人々の哀歓を見つめるなかで、それぞれを再起せしめた「人生の一大秘鑰」を描くべく志し、〈天〉へと向けた使命感に鼓舞されながら全国に子孫を訪ね、史料の発掘に努められたと私は理解しています。ここに草された精神のドラマの数々は、鹿野氏に師事し、色川氏に私淑なさった先生の、清冽な「民衆史」への試みではなかったでしょうか。

しかも特筆さるべきは、先生が如上の試みを、「言葉」によって紙上に展開するのみならず、みずからそれを生きられた点にほかなりません。先生は「透谷・愛山・明石・坎堂（高木壬太郎）」をはじめ、「時代の陰影」にある人々を励ました〈言葉〉を学生に問いかけるとともに、彼らの醸した「フレンドシップ」の確かさを、身をもって証しされようとするかの如く、同僚なる私どもや迷える若き魂に、深き配慮を示されました。

特に愛山の「原体験」を、その「雨中」の「流竄」に見出された先生は、同様の眼をもって学生の内なる世界に寄り添われました。教室の先生は、「陰」に置かれた学生に真っ先に気づき、あたたかさと光を与え、「雨」にさらされ打ち震える魂に対しては、体を張って「雨」を遮り、しかも、「雨」あがるまで共に時間を過されました。先生との出会いによって、再び前を向き得た学生がいかに多いか、それは先生の「最終講義」に集うた数多の卒業生とその表情を想う時、感銘もひとしおです。

誠に川崎先生は、〈歴史学〉としての日本プロテスタント史研究を長らく牽引されるなか、学問と信仰の緊張を生き抜かれ、その見識と実存に裏打ちされた教育を本学学生に施してくださいました。今、先生をお送りするにあたり、先生の熱き志と優しく深いまなざしに連なるものでありたいと強く念ずる次第です。川崎司先生、ありがとうございました。

（『緑聖文化』第14号　二〇一六年三月）

初出一覧

透谷の遺音（「図書」第424号、昭和59年12月）槙林滉二編『北村透谷』〈日本文学研究大成〉国書刊行会、平成10年12月所収

透谷北村門太郎とその周辺・略年譜

透谷年譜（桶谷秀昭・平岡敏夫・佐藤泰正編『透谷と近代日本』翰林書房、平成6年5月）の修正版

北村透谷展出陳の資料をめぐって（「ふみくら〈早稲田大学図書館報〉」No.50、平成7年4月）

透谷とゆかりの人びと（北村透谷研究会編『北村透谷とは何か』笠間書院、平成16年5月）

山路愛山研究（1）第二の故郷 静岡

山路愛山研究―第二の故郷 静岡―（「静岡県近代史研究」第4号、昭55年10月）の修正版

山路愛山研究（2）袋井の風来伝道師

山路愛山研究（二）―袋井の風来伝道師―（「静岡県近代史研究」第12号、昭61年9月）の修正版

北村みな書簡―櫻井成明宛・明治二七年一一月七日付―（「聖学院大学論叢」第12巻第2号、平成12年2月）

高木壬太郎と『呉山一峰』（「静岡県近代史研究」第15号、平成元年10月）

若き高木壬太郎―静岡での日々―（「キリスト教と諸学」第26号、平成23年3月）

東洋英和学校における内村鑑三（「内村鑑三研究」第31号、平成7年11月）

透谷・愛山・明石・坎堂― How I Became a Christian ―（藪禎子ほか校注『キリスト者評論集』〈新日本古典文学大系 明治編26〉月報、岩波書店、平成14年12月）

清冽な水脈―透谷と愛山と明石と―（新保祐司編『北村透谷―《批評》とは何か』〈「国文学解釈と鑑賞」別冊〉至文堂、平成18

年3月)

山路愛山著作目録(「聖学院大学論叢」第15巻第2号、平成15年3月)の修正版

櫻井成明著作目録(『若き明石 櫻井成明』弘隆社、平成元年9月)の修正版

高木壬太郎著作目録(「聖学院大学論叢」第13巻第1号、平成12年9月)『高木壬太郎―その平凡の生涯をたどって―』近代文芸社、平成22年2月所収の修正版

あとがき

今もって行く先も知らず迷走するばかりの〈老少年〉に、「人生の秘密をときあかす鍵」などどんなにしても見つけることはできそうにありませんが、限られた時間の中で、それでも心ときめいて「まぼろし」を追いかけるだけの気力は残しておこうと思います。そして、このわたしの〈小生涯〉をせめて居住まいを正して全うできるようにと願うばかりです。

最後に、おぼつかない私の足元に、常に寄り添いあたたかな光を投げかけ続けてくださった皆様の御名を心に深く刻んで、感謝の気持ちのいささかを明かしておきたいと思います。

阿久戸光晴、色川大吉、鵜沼裕子、大内三郎、大濱徹也、小澤勝美、尾西康充、鹿野政直、川合道雄、黒木章、櫻井成廣、佐藤克哉、佐藤善也、島村馨、清水正之、鈴木一正、鈴木範久、高木須江、西谷博之、橋詰静子、樋口雄彦、平岡敏夫、福井すま、堀部茂樹、槙林滉二、深山和子、村松晋、藪禎子、楊静（敬称略）。

本書は、透谷研究会の橋詰静子先生に紹介をいただいた三弥井書店の吉田智恵氏のご尽力により、そして、畏友・鈴木一正氏の並み並みならぬ友情に支えられ、また、病多き我が身に付き添ってくださった楊静様の厚い厚い愛情に包まれ、さらに、退職時に私に関わる一文を寄せてくださった村松晋氏のこころ温かなご配慮があって始めて成った我がエンディングノートの第一着です。

皆様の長い間のお導きに心よりのお礼を申し上げます。

書誌編

山路愛山著作目録

本目録は、愛山の没年までの著作を発表の順に並べたものです。その一つ一つには、逆境に屈することなく「史学文章」の筆（Mission）を頼みに、激動の日本の近代を駆け抜けた清冽な一期が刻まれています。

文献の所蔵先は以下の通りです。

青山学院資料センター、国立国会図書館、三康図書館、昭和女子大学近代文庫、筑波大学附属総合図書館、東京女子大学佐波文庫、東京神学大学図書館、東京大学総合図書館、同　教育学部図書館、同法学部明治新聞雑誌文庫、同志社大学人文科学研究所、成田山仏教図書館，日本近代文学館、婦人矯風会、明治学院大学図書館、早稲田大学中央図書館

なお、この調査にあたって鈴木一正氏（元国文学研究資料館司書）からは特別のご指導をいただきました。感謝を申し上げます。

山路《やまじ》弥吉《やきち》（号・愛山《あいざん》）

1865. 1. 23－1917. 3. 15

歴史家。ジャーナリスト。

江戸浅草の幕府天文方屋敷に生まれる。1869 年一家を挙げて静岡へ移住。独学自活の間、高木壬太郎（1864－1921）らとキリスト教に入信。1886 年静岡メソジスト教会で洗礼を受ける。1889 年上京し東洋英和学校に学ぶ。1891 年『護教』（メソジスト派機関紙）の主筆に就き、翌年には徳富蘇峰（1863－1957）の民友社に入り、その文才を縦横に発揮する。同年末田島たね（1873－1931）と結婚。1893 年「文章事業論」を唱え、北村透谷（1868－1894）との間に、文学と現実との関わりを巡って〈人生相渉論争〉を戦わせた。1899 年から『信濃毎日新聞』主筆として活躍。1903 年『独立評論』（政治・経済・宗教・道徳・歴史に渡る評論雑誌）を創刊し「帝国主義」を主張する。1905 年国家社会党を結成。普通選挙運動や東京市電運賃値上げ反対運動に走る。1907 年以降早稲田・慶応・同志社各大学で日本史を担当。著書は『基督教評論』『現代金権史』『徳川家康』など約 50 冊。ライフワーク『日本人民史』は〈永遠の未定稿〉となる。

【文献】大久保利権編『〔明治文学全集 35〕山路愛山集』（筑摩書房 1965）、岡利郎編『〔民友社思想文学叢書 第 2・3 巻〕山路愛山集（一）（二）』（三一書房 1983・1985）、坂本多加雄『〔人物叢書 194〕山路愛山』（吉川弘文館 1988）

山路愛山（肖像）

愛山墓石〔青山霊園〕

題　　目 『　』=書　名 〔　〕=掲載欄 ［　］=開書応答など	署　　名 (無署名は空欄)	掲載紙誌名 〈　〉発行所	発行年月日 M＝明治 T＝大正
〔逸詞〕義経賛　未見	偃蹇独夫	呉山一峰	M13 or M14
〔懸賞問題答文〕［我国ノ国会ハ一院ヲ可トスル乎両院ヲ可トスル乎］	不倒小史	静岡新聞	M14. 6. 12
〔論説〕頼山陽ハ徳川氏ノ忠臣ナリ	愛山生	博聞雑誌	M21. 8. 20
湖処子に与ふ	山路生	国民新聞	M23. 7. 28
頼山陽を論ず　未見	山路弥吉	峡中時事	M23. ?. ?
〔批評〕女学雑誌の評	愛山生	女学雑誌	M23. 10. 18
〔雑録〕恋愛の哲学	愛山生	女学雑誌	M23. 11. 22
〔雑録〕英雄論	愛山生	女学雑誌	M24. 1. 10
〔随感〕婚姻箴	愛山生	女学雑誌	M24. 1. 31
〔雑録〕貴女よ！	愛山生	女学雑誌	M24. 2. 14
〔論説〕徳川氏＝対＝羅馬教	愛山生	野声反響	M24. 3. 20
〔雑録〕字を知らぬ詩人もがな	愛山生	女学雑誌	M24. 3. 21
〔随感〕無事の時、無為の時	愛山生	女学雑誌	M24. 3. 28
〔小説〕マイルス、スタンヂツシユの恋（第一回）	愛山逸民訳	女学雑誌	M24. 4. 18
涙の谷	山路生	国民新聞	M24. 4. 21
厭世	山路生	国民新聞	M24. 4. 22
〔小説〕マイルス、スタンヂツシユの恋（第二回）	愛山生訳	女学雑誌	M24. 4. 25
〔小説〕マイルス、スタンヂツシユの恋（第三回）	愛山逸民訳	女学雑誌	M24. 5. 2
〔小説〕マイルス、スタンヂツシユの恋（第四回上）	愛山逸民訳	女学雑誌	M24. 5. 16
〔開書〕金森通倫君に与ふ	山路弥吉	女学雑誌	M24. 5. 23

〔小説〕マイルス、スタンヂツシユの恋（第四回下）	愛山逸民訳		
〔雑録〕外祖母某氏の歌に曰く	愛山生	女学雑誌	M24. 5. 30
〔雑録〕久能山	愛山生	〃	〃
〔小説〕マイルス、スタンヂツシユの恋（第五回上）	愛山生訳	〃	〃
〔小説〕マイルス、スタンヂツシユの恋（第五回下）	愛山生訳	女学雑誌	M24. 6. 6
〔小説〕マイルス、スタンヂツシユの恋（第五回下）	愛山生訳	女学雑誌	M24. 6. 13
〔小説〕マイルス、スタンヂツシユの恋（第六回上）	愛山逸民訳	女学雑誌	M24. 6. 20
忠君論	愛山生	野声反響	M24. 6. 20
〔小説〕マイルス、スタンヂツシユの恋（第六回下）	愛山逸民訳	女学雑誌	M24. 6. 27
〔社説〕護教の希望する処		護教	M24. 7. 7
〔批評〕金森通倫君の日本現今の基督教及将来の基督教		〃	〃
〔論説〕閨教論	愛山生	野声反響	M24. 8. 20
〔批評〕茅蘆月旦（一）徳富蘇峰氏（二）田口鼎軒氏	愛山生	女学雑誌	M24. 9. 19
〔論説〕閨教論（接前号）	愛山生	野声反響	M24. 9. 20
〔雑録〕独語	愛山生	女学雑誌	M24. 9. 26
〔社説〕新聞紙の調子・徳育問題		護教	M24. 10. 24
〔社説〕何故に政治家は大宗教家たらざるべからざる乎		護教	M24. 10. 31
〔天長節〕天長節を祝ひ奉るとて	山路弥吉	〃	〃
〔雑記〕読書漫筆の一	愛山生	〃	〃
〔講壇〕国家の基礎	山路弥吉氏	護教	M24. 11. 7
〔社説〕救恤を急にせよ＝震災に就て・		〃	〃

青年に議すべきもの四あり			
〔天長節 第二〕京橋区新栄教会に催れたる基督教徒天長節祝会を短評せんに、…	山路弥吉記す	〃	〃
〔社説〕眼を実地に着くべし		護　　教	M24. 11. 14
〔雑記〕読書漫筆の二	愛　山　生	〃	〃
〔社説〕続政教新論 第一編総論・地方新聞の無礼なる記事		護　　教	M24. 11. 21
〔講壇〕野の花	山路弥吉氏		
〔家庭及学校〕太陽のはなし			
〔社説〕続政教新論 第二篇予備の時代（第一）・東京に開かるゝ五ケ月間の大演説会・基督教徒の家庭・国会の為めに祈るべし		護　　教	M24. 11. 28
横井先生に質す	山　路　生	〃	〃
〔社説〕説難（震地伝道に就て）		護　　教	M24. 12.　5
〔家庭及学校〕義の日の光	機渓生訳す	〃	〃
〔社説〕続政教新論 第二篇予備の時代（二）		護　　教	M24. 12. 12
〔小言〕（一）英雄（二）嘆又嘆（三）酒の福音（四）人間果して住むに堪へざる乎	山　路　生	〃	〃
〔社説〕続政教新論 第二篇予備の時代（三）・再び五ケ月間の大演説会に就て・今日の問題		護　　教	M24. 12. 19
〔文藻〕幽懐（第一回）	作者しらず	〃	〃
〔社説〕降誕節・年を送る・続政教新論 第二篇予備の時代（四）		護　　教	M24. 12. 26
〔降誕節〕降誕節用迂堂兄韻	愛　山　生	〃	〃
〔文藻〕幽懐（第二回）	作者しらず	〃	〃

〔社説〕年を迎ふ・聖書原語学の端緒現はる		護　　教	M25. 1. 2
〔文藻〕幽懐（第三回）	作者知らず	〃	〃
〔寄書〕吾は固執の名を甘んず	山路愛山生	女学雑誌	M25. 1. 2
〔社説〕家と教会・壮士・成功・基督教信者にして政治界に奔走する人に告ぐ・続政教新論 第二篇予備の時代（五）		護　　教	M25. 1. 9
〔漢詩〕僕亦一昨年辞京遊西駿時有詩、…	愛　山　生	〃	〃
〔教報〕明治廿四年精神界道徳界小評		〃	〃
〔文藻〕幽懐（第三回のつゞき・第四回）	作者知らず	〃	〃
〔藻塩草〕自ら寛ふす（歳晩所感）	愛　山　生	国民之友	M25. 1. 13
〔社説〕起て「ホーム」論を叫ぶべし・続政教新論 第二篇予備の時代（其六）		護　　教	M25. 1. 16
荒村夜帰（詩）	愛　山　生	護　　教	M25. 1. 23
〔社説〕櫝を買ふて珠を還すこと勿れ・三たび五ケ月間有志大演説会に就て		〃	〃
〔文藻〕幽懐（第四回のつゞき）	作者知らず	〃	〃
〔社説〕続政教新論 第二章予備の時代其七武士道及び儒教（上）		護　　教	M25. 1. 30
〔寄書〕孟子を読むと題する論文を読む（国民之友第百四十三号）	機　渓　生	〃	〃
〔社説〕英雄不起奈神州		護　　教	M25. 2. 6
〔文藻〕幽懐（第六回）完	作者しらず	〃	〃
〔批評〕いのち 第一号	山路弥吉	護　　教	M25. 2. 13
〔社説〕一脚を欠くの人・宗教を欠くの国・又しても＝教育世界の一問題		護　　教	M25. 2. 20
〔批評〕青山評論 第一号	愛　山　生	〃	〃

〔論説〕続政教新論 第二章（八）武士道及儒教（下）		〃	〃
雑感	愛山生	護教	M25. 2. 27
〔論説〕続政教新論 第二章（九）小経綸の時代	山路弥吉	〃	〃
〔特別寄書〕菅家文草を読む	愛山生	国民之友	M25. 3. 3
〔社説〕故郷の友人に与へて俗礼（婚、葬、祭）を論ずる書		護教	M25. 3. 5
〔論説〕続政教新論 第二章（其十）仏儒総評	山路弥吉	〃	〃
〔社説〕忠君論		護教	M25. 3. 12
〔教報〕五ケ月間有志大演説会に関する協議	該回書記山路生	〃	〃
〔雑録〕京城の雪の朝	愛山生	女学雑誌	M25. 3. 12
〔社説〕信仰個条なかるべからず・ミツシヨン、スクール（宣教師学校）に対する世間の不平・思想の自由につひて（神道家に告ぐ）・大祈祷会		護教	M25. 3. 19
〔論説〕続政教新論 第三章改革の時代 第一節狼狽の原因（上）	山路弥吉	〃	〃
〔論説〕我国老ひたる乎	愛山生	女学雑誌	M25. 3. 19
文人となること勿れ	愛山生	青山評論	M25. 3. 22
〔社説〕教会は宜しく其正当の位置を保守すべし		護教	M25. 3. 26
〔論説〕続政教新論 第三章改革の時代 第二節狼狽の原因（中）	山路弥吉	〃	〃
〔付録〕留魂録を読んで感あり	愛山生	国民新聞	M25. 3. 27
〔評論之評論〕史海（第九、十号）	愛山生	護教	M25. 4. 2
今猶古の如し、彼猶此の如し	愛山生	国民新聞	M25. 4. 3
山陽先生の自家撞着	愛山生	国民新聞	M25. 4. 6

〔社説〕伝道は職業に非ず（再び）		護教	M25. 4. 9
〔家庭及学校〕朝の礼拝を怠たること勿れ・家の礼儀	y. y. 生	〃	〃
〔家庭及学校〕家事	y y 生	護教	M25. 4. 16
民友子が機外剣客の「国の前途」を評するを評す	愛山生	国民新聞	M25. 4. 17
〔行実〕松本才三君		護教	M25. 4. 30
〔社説〕信仰復興に付きて		護教	M25. 5. 7
〔論説〕伝道と婦人	愛山生	〃	〃
〔社説〕家中の聖書		護教	M25. 5. 14
〔社説〕如何にせば教会は振起すべき・法学士の無識		護教	M25. 5. 21
〔論説〕ソクラテスの有神論		〃	〃
〔藻塩草〕人多做不得	愛山生	国民之友	M25. 5. 23
〔社説〕謹んで皇后陛下の御誕辰を祝し奉る（御誕辰は即ち本日也）・弁妄 第一法学士は偽善を教へんとする乎		護教	M25. 5. 28
〔講壇〕智慧と智識の蓄積は一切キリストに蔵れてある也（哥羅西書二ノ三）	山路弥吉	〃	〃
〔批評〕人物管見を評す	愛山生	女学雑誌	M25. 5. 28
〔社説〕弁妄 第二宗教的の個人主義・夏期学校に同情を表すべし		護教	M25. 6. 4
〔社説〕教会は自ら世間に対するの義務を弁知るべし		護教	M25. 6. 11
〔雑記〕消夏漫筆	愛山生	〃	〃
〔社説〕婚姻論（夫婦相択ぶの必要を論ず）		護教	M25. 6. 18
〔付録〕游侠を論ず	愛山生	国民新聞	M25. 6. 19

〔社説〕故郷及故人		護　　　教	M25. 7. 9
〔雑記〕消夏漫筆 二	愛　山　生	護　　　教	M25. 7. 16
〔社説〕信仰復興を疑ふ勿れ		護　　　教	M25. 7. 23
〔論説〕神の撰び（哥林多前書一ノ二七 - 二九）	山 路 弥 吉	〃	〃
〔付録〕関ケ原合戦図誌を読む	愛　山　生	国 民 新 聞	M25. 7. 24
〔社説〕説教者としてのイエス、キリスト		護　　　教	M25. 7. 30
〔教報〕余が進退に就て	山 路 弥 吉	〃	〃
歴史家としての新井白石（一）	愛　山　生	国 民 新 聞	M25. 8. 7
〔社説〕進んで身を伝道界に投すべし（有為の青年に告ぐ）		護　　　教	M25. 8. 13
〔付録〕歴史家としての新井白石（二）	愛　山　生	国 民 新 聞	M25. 8. 14
停春楼主人に与へて其家康論を評す	機　渓　生	国 民 新 聞	M25. 8. 16
〔社説〕行者を論ず		護　　　教	M25. 8. 20
〔社説〕教会の事業は雑駁なり		護　　　教	M25. 9. 3
〔付録〕歴史家としての新井白石（三）	愛　山　生	国 民 新 聞	M25. 9. 4
〔社説〕良心自由の為めに戦ふべし		護　　　教	M25. 9. 10
〔論説〕文学と歴史	山 路 弥 吉	〃	〃
〔付録〕頼山陽徳川氏の治世を論ず	愛　山　生	国 民 新 聞	M25. 9. 11
〔論説〕勤労	愛　山　生	家 庭 雑 誌	M25. 9. 15
〔社説〕公簡一則（教育と宗教を論ず）	護 教 記 者	護　　　教	M25. 9. 17
〔史論〕平民的短歌の発達	愛　山　生	国 民 之 友	M25. 9. 23
〔社説〕訪問伝道		護　　　教	M25. 9. 24
〔付録〕諺	愛　山　生	国 民 新 聞	M25. 9. 25
〔社説〕信条と風紀		護　　　教	M25. 10. 1
〔付録〕是我安心立命の地	愛　山　生	国 民 新 聞	M25. 10. 2
〔史論〕平民的短歌の発達（二）	愛　山　生	国 民 之 友	M25. 10. 3
教育与論（其二）教育報知記者は何の	山 路 愛 山	国 民 新 聞	M25. 10. 7

辞を以て其読者に対へんとする乎。	(投)		
〔論説〕閑居論	山路弥吉	護　·教	M25. 10. 8
〔付録〕詩人	愛山生	国民新聞	M25. 10. 9
〔史論〕平民的短歌の発達（三）	愛山生	国民之友	M25. 10. 13
〔批評〕田口卯吉君の史海を評す	山路生	〃	〃
〔社説〕田舎の伝道師・本社の希望		護　教	M25. 10. 15
〔教勢一斑〕教会及人物 組合教会	短長子	〃	〃
なんだべら坊め、ぶんなぐれ		国民新聞	M25. 10. 15
少年の山陽	y. y.	家庭雑誌	M25. 10. 15
〔付録〕伊太利建国三傑を読む	愛山生	国民新聞	M25. 10. 16
栩々生に答ふ	愛山生	国民新聞	M25. 10. 19
〔社説〕祈祷論＝ハガルの実例		護　教	M25. 10. 22
〔教勢一斑〕教会及人物 日本メソジスト教会	短長子	〃	〃
〔史論〕近世的物質の進歩（一）	愛山生	国民之友	M25. 10. 23
〔批評〕内藤耻叟氏の徳川十五代史 第一篇	山路生	〃	〃
〔社説〕緊急問題（国家に対する教会の代表者）		護　教	M25. 10. 29
〔教勢一斑〕教会及人物「メソジスト」監督教会	短長子	〃	〃
〔付録〕山東京山	愛山生	国民新聞	M25. 10. 30
〔史論〕近世物質的の進歩（二）	愛山生	国民之友	M25. 11. 3
〔社説〕天長節を祝し奉る		護　教	M25. 11. 5
〔教勢一斑〕教会及び人物　日本基督教会	短長子	〃	〃
〔付録〕青年の活気を失ふこと勿れ	山路生	国民新聞	M25. 11. 8
〔社説〕教会内の風紀は如何	山路弥吉	護　教	M25. 11. 12
〔史論〕近世物質的の進歩（三）	愛山生	国民之友	M25. 11. 13

〔月〕韓非子の後に書す	愛山生	雪月花	M25. 11. 15
青年の活気を失ふこと勿れ（つゞき）	山路生	国民新聞	M25. 11. 17
〔付録〕柴屋軒を訪ふ	愛山生	国民新聞	M25. 11. 20
〔史論〕近世物質的の進歩（四）	愛山生	国民之友	M25. 11. 23
〔寄書〕強兵	大笑	平和	M25. 11. 26
田口君の為めに寃を雪ぐ	山路生	国民新聞	M25. 11. 30
〔史論〕近世物質的の進歩（五）	愛山生	国民之友	M25. 12. 3
〔社説〕ウエスト嬢眠る・降誕節近けり		護教	M25. 12. 10
〔史論〕近世物質的の進歩（六）	愛山生	国民之友	M25. 12. 13
余若し処女ならんには	y. y. 生	家庭雑誌	M25. 12. 15
〔雪月花〕東京より袋井に往く記	愛山逸民	雪月花	M25. 12. 15
〔社説〕東京基督信徒の大倶楽部・新「パリサイ」人・宣教師学校の近況如何・英語と基督教・機関新聞たるを忘るゝこと勿れ・講壇の道徳		護教	M25. 12. 17
〔史論〕梁川星巌（一）	愛山生	国民之友	M25. 12. 23
〔批評〕幕府衰亡論	山路生	〃	〃
〔社説〕静岡教会火く		護教	M25. 12. 24
〔社説〕明治廿五年を祖す		護教	M25. 12. 31
〔特別寄書〕自然の声	機渓生		
〔史論〕梁川星巌（二）	愛山生	国民之友	M26. 1. 3
〔社説〕美しき家庭	愛山生	護教	M26. 1. 7
〔史論〕梁川星巌（三）	愛山生	国民之友	M26. 1. 13
〔藻塩草〕頼襄を論ず	山路弥吉	〃	〃
〔社説〕何ぞ伝道師の婦とならざる	愛山生	護教	M26. 1. 14
老人物語（一）	機渓生翻訳	国民新聞	M26. 1. 15
〔雪月花〕袋井に行く記（承前）	愛山生	雪月花	M26. 1. 15
老人物語（二）	機渓生	国民新聞	M26. 1. 17

〔新年付録〕学則を読む	山路生	青山評論	M26. 1. 20
〔社説〕神学研究会・新年の東京（物質的観察）・国民之友の無名氏と重野安繹氏・山本覚馬氏・通信せらるゝ諸君に乞ふ・小廉曲謹の時代・出獄人保護会・各地の禁酒会・不敬事件		護教	M26. 1. 21
〔史論〕梁川星巖（四）	愛山生	国民之友	M26. 1. 23
老人物語（三）	機渓生	国民新聞	M26. 1. 23
老人物語（四）	機渓生	国民新聞	M26. 1. 25
老人物語（五）	機渓生	国民新聞	M26. 1. 26
〔社説〕教会は光明の中に眠る・有為の青年・基督の信徒・微温的信徒・何の兆ぞ・五大本山住職の上京・良心は活く・神戸の伝道・嗚呼真宗！・鈔沢仏教要義全書		護教	M26. 1. 28
老人物語（六）	機渓生	国民新聞	M26. 1. 28
老人物語（七）	機渓生	国民新聞	M26. 2. 1
老人物語（八）	機渓生	国民新聞	M26. 2. 2
〔史論〕梁川星巖（五）	愛山生	国民之友	M26. 2. 3
〔論叢〕修養論	不可休廬主人	護教	M26. 2. 4
〔社説〕田舎牧師・天賦人権（吾人の題目）・教会の苦情・本願寺の節倹		〃	〃
老人物語（九）	機渓生	国民新聞	M26. 2. 4
老人物語（十）	機渓生	国民新聞	M26. 2. 5
老人物語（十一）	機渓生	国民新聞	M26. 2. 7
老人物語（十二）（未完）	機渓生	国民新聞	M26. 2. 8
〔論叢〕文学界を読みて	不可休廬主人	護教	M26. 2. 11

〔家庭及少年〕アレキサンダー、ジエーン、ブーチヤー衰翁を救ひし事	愛　山　生	〃	〃
〔付録〕田舎の紀元節	愛　山　生	国　民　新　聞	M26.　2. 11
〔史論〕荻生茂卿（上）	愛　山　生	国　民　之　友	M26.　2. 13
〔文芸〕懐旧	愛　山　生	家　庭　雑　誌	M26.　2. 15
〔社説〕家庭に於ける基督教・信ずる所は唯一也・高知教会を焼かんとせり		護　　　　教	M26.　2. 18
〔史論〕荻生茂卿（中）	愛　山　生	国　民　之　友	M26.　2. 23
〔社説〕教育論序論	山　路　生	護　　　　教	M26.　2. 25
明治文学史 第一序論	愛　山　生	国　民　新　聞	M26.　3.　1
〔史論〕荻生茂卿（下）	愛　山　生	国　民　之　友	M26.　3.　3
〔論叢〕日本宗教史総論	機　渓　生	護　　　　教	M26.　3.　4
明治文学史 第二凡例三則 第三田口卯吉君と其著述	愛　山　生	国　民　新　聞	M26.　3.　5
〔摘要〕基督教徒のなぐさめ（内村鑑造《ママ》氏著）		護　　　　教	M26.　3. 11
明治文学史 第三（続）	愛　山　生	国　民　新　聞	M26.　3. 12
〔論叢〕親鸞上人を論ず（承前）	機　渓　生	護　　　　教	M26.　3. 18
〔社説〕形式を軽んずること勿れ		〃	〃
明治文学史 第三（続）	愛　山　生	国　民　新　聞	M26.　3. 19
田口鼎軒先生に対して	愛　山　生	〃	〃
〔論叢〕平等論	山　路　生	護　　　　教	M26.　3. 25
〔史談〕日蓮を論ず	機　渓　生	〃	〃
〔社説〕井上哲二郎氏に対する駁論の略（一）・福音同盟会		〃	〃
人生　第一	愛　山　生	国　民　新　聞	M26.　3. 26
明治文学史 第四	愛　山　生		
人生　第一章（続）	愛　山　生	国　民　新　聞	M26.　3. 28

人生　第二章朋友（一）	愛山生	国民新聞	M26. 3. 29
人生　第二章朋友（二）	愛山生	国民新聞	M26. 3. 30
人生　第二章朋友（三）	愛山生	国民新聞	M26. 3. 31
〔社説〕伝道界の急務		護教	M26. 4. 1
人生　第三章猜忌＝社会の顧みざる虐政	愛山生	護教	M26. 4. 1
人生　第三章自然と人間	愛山生	国民新聞	M26. 4. 2
誰れか人情の為めに起つ者ぞ　未見	山路弥吉	精神	M26. 4. 5
人生　第三章虐政＝詩人も之が為めに歌はざる	愛山生	国民新聞	M26. 4. 6
〔史談〕日蓮を論ず	機渓生	護教	M26. 4. 8
〔社説〕伝道は観察より始る		〃	〃
人生　第四章梁山泊は何処にも在り（一）	愛山生	国民新聞	M26. 4. 8
人生　第四章梁山泊は何処にも在り（二）	愛山生	国民新聞	M26. 4. 9
〔付録〕明治文学史　第五	愛山生	〃	〃
高橋五郎君に与ふ	山路弥吉	国民新聞	M26. 4. 11
人生　第五章唯一の恋愛談（一）	愛山生	国民新聞	M26. 4. 12
人生　第五章唯一の恋愛談（二）	愛山生	国民新聞	M26. 4. 14
〔通信〕本郷教会に於ける組合教会の大演説会	山路生	護教	M26. 4. 15
〔社説〕井上哲二郎氏に与ふ	山路弥吉	〃	〃
人生　第六章教育（二字の鍵あり曰く開閉）（一）	愛山生	国民新聞	M26. 4. 15
〔付録〕凡神的唯心的傾向に就て	愛山生	国民新聞	M26. 4. 16
〔付録〕唯心的、凡神的傾向に就て（承前）	愛山生	国民新聞	M26. 4. 19
〔社説〕経験（真個の「メソヂスム」）・		護教	M26. 4. 29

地方的団結・島原天草の伝道（九州福音同盟会の決議）・何ぞ難解の文を作る・福音同盟会（行け）・教会と教師に檄す			
明治文学史（五）	愛　山　生	国 民 新 聞	M26. 4. 30
〔爛熳〕開書	山路愛山氏より寄送	三　　　籟	M26. 4. 30
〔史論〕熊沢伯継（上）	愛　山　生	国 民 之 友	M26. 5. 3
純文学	山　路　生	国 民 新 聞	M26. 5. 3
〔社説〕教会内の高踏派・経験及信条		護　　　教	M26. 5. 6
明治文学史（六）	愛　山　生	国 民 新 聞	M26. 5. 7
〔社説〕黙示・経典論・文字魔（時事に感あり）・軽しく語る勿れ（同）		護　　　教	M26. 5. 13
〔史論〕熊沢伯継（中）	愛　山　生	国 民 之 友	M26. 5. 13
〔付録〕博多三傑伝を読む	愛　山　生	国 民 新 聞	M26. 5. 14
岩《ママ》本善治君に与ふ	山　路　生	護　　　教	M26. 5. 20
〔論叢〕存在の矛盾		〃	〃
〔社説〕教会と教師に檄す（再び）		〃	〃
「人生」の稿を絶ちし所以	愛　山　生	国 民 新 聞	M26. 5. 20
〔付録〕左伝を読む	山 路 弥 吉	同志社文学	M26. 5. 20
〔付録〕鎌倉及江の島（一）	愛　山　生	国 民 新 聞	M26. 5. 21
〔史論〕熊沢伯継（下の一）		国 民 之 友	M26. 5. 23
「心中天の網島」を読む	愛　山　生	国 民 新 聞	M26. 5. 25
〔社説〕霊の生命		護　　　教	M26. 5. 27
『老人物語（民友社編『第三国民小説』）』	愛　山　生	〈民　友　社〉	M26. 6. 1
〔社説〕第百号		護　　　教	M26. 6. 3
〔史論〕熊沢伯継（下の二）	愛　山　生	国 民 之 友	M26. 6. 3
鎌倉及江の島（二）	愛　山　生	国 民 新 聞	M26. 6. 4
〔社説〕真理と聖書		護　　　教	M26. 6. 10

明治文学史　日本の文明と帝国大学（一）	愛山生	国民新聞	M26. 6. 11
〔史論〕林道春	愛山生	国民之友	M26. 6. 13
〔社説〕事務的会議たらざらしめよ（年会に望む）・大演説会を開くべし（同上）・博士カツクラン氏を送る・破		護教	M26. 6. 17
〔論説〕内部の生命	山路弥吉	聖書之友雑誌	M26. 6. 17
近世叢語を読む	愛山生	国民新聞	M26. 6. 18
〔特別寄書〕飛花落葉	愛山生	青山評論	M26. 6. 20
〔社説〕神と人		護教	M26. 6. 24
〔論説〕己れを知れ	山路弥吉	基督教青年	M26. 6. 25
〔社説〕「インスピレーシヨン」（宣教師学校の卒業生諸氏を送る）		護教	M26. 7. 1
〔付録〕上代の日本（一）異称日本伝を読みて	愛山生	国民新聞	M26. 7. 2
〔付録〕上代の日本（二）異称日本伝を読む	愛山生	国民新聞	M26. 7. 9
〔付録〕上代の日本（三）異称日本伝を読む	愛山生	国民新聞	M26. 7. 16
〔通信〕読者諸君に告ぐ	山路生	護教	M26. 7. 22
〔雑記〕ない袖	機渓生	〃	〃
〔社説〕教会論		〃	〃
〔史論〕大石内蔵介（上）	愛山生	国民之友	M26. 7. 23
的面生に与ふ	愛山生	国民新聞	M26. 7. 23
〔史論〕大石内蔵介（中）	愛山生	国民之友	M26. 8. 3
〔評論の評論〕大西祝氏の和歌・文学界問題	愛山生	護教	M26. 8. 5
〔社説〕俗化必ずしも恐るゝに足らず・牧会苦言（上）		〃	〃
詩人論（上）	愛山生	国民新聞	M26. 8. 6

〔社説〕成功乎、不成功乎＝基督教の運動・牧会苦言（下）・抽象的の議論必しも非ならず		護　　　教	M26. 8. 12
〔史論〕大石内蔵介（下）	愛　山　生	国民之友	M26. 8. 13
〔付録〕詩人論（中）	愛　山　生	国民新聞	M26. 8. 13
〔社説〕宗派必しも非ならず・信条なきは・イエスの寛容		護　　　教	M26. 8. 19
〔付録〕詩人論（下）	愛　山　生	国民新聞	M26. 8. 20
〔批評〕宋学概論 小柳司気太氏著哲学書院発行	山　路　生	国民之友	M26. 8. 23
〔社説〕基督教新聞に就て・「ミッションン・スクール」の活路		護　　　教	M26. 8. 26
〔講壇〕天下豈天よりも強き者あらんや	山路弥吉	護　　　教	M26. 9. 2
〔社説〕日本の花嫁・女伝道者・起て働け		〃	〃
〔付録〕「カライル」と「マコレー」を読む（一）	愛　山　生	国民新聞	M26. 9. 3
〔社説〕教会の経済に於ける一意見（基本金）・教会は光明の中に眠る（再び）・地震に於てハ熱し洪水に於ては冷かなるべき乎		護　　　教	M26. 9. 9
『荻生徂徠〔拾弐文豪 第三巻〕』	山路弥吉	〈民　友　社〉	M26. 9. 15
〔社説〕日曜学校教授法（江湖の意見を聞きたし）・「日本の花嫁」を読む・基督教新聞記者足下・宗教界の「ユートピア」		護　　　教	M26. 9. 16
〔社説〕如何にせば教会は成功すべきや・讃美歌と家庭・回顧する勿れ		護　　　教	M26. 9. 23
（老人に告ぐ）・偽善と真実・静岡メソヂスト教会員貴下		〃	〃

〔論叢〕余が基督教を信ずる所以（一）	愛　山　生	護　　教	M26. 9. 30
〔社説〕教会音楽論・律法と恩寵・未来の観念		〃	〃
駿河歌	大　笑　子	国民新聞	M26. 10. 1
〔論叢〕余が基督教を信ずる所以（二）	愛　山　生	護　　教	M26. 10. 7
〔社説〕家拝を守るべし・犠牲献身		〃	〃
〔付録〕拝人教	愛　山　生	国民新聞	M26. 10. 8
〔社説〕基督教会の慈善事業に就て・先輩と後輩・伝道師の書牘に就て		護　　教	M26. 10. 14
なんだべら坊め、ぶんなぐれ	大　笑　子	国民新聞	M26. 10. 15
〔社説〕「兄弟」		護　　教	M26. 10. 21
〔付録〕論史漫筆（一）三省録を読む＝武士と物質的の進歩（上）	愛　山　生	国民新聞	M26. 10. 22
〔社説〕休徵は脚下にあり・狭隘ならざれ（花嫁事件）		護　　教	M26. 10. 28
〔評論之評論〕哲学史とは何ぞや（六合雑誌第百五十四号、大西祝氏）・種類と程度（増野悦興氏）・内村鑑三氏の狂歌及び氏の信仰（同上、内村氏寄書に拠る）・脳の大小（国民之友第二百五号）・理性の権威（宗教第二十四号、大西祝氏）・張横渠の西銘（同上、松本亦太郎氏）	愛　山　生	〃	〃
論史漫筆（一）三省録を読む＝武士と物質的の進歩（下）	愛　山　生	国民新聞	M26. 10. 28
〔付録〕論史漫筆（二）池田家記録を読む（一）	愛　山　生	国民新聞	M26. 10. 29
〔寄書〕民間の弛張を論じて矯風会員諸君の猛省を促す	山　路　生	婦人矯風雑誌	M26. 11. 2
論史漫筆 池田家記録を読む（二）	愛　山　生	国民新聞	M26. 11. 3

〔社説〕天長節・自重せよ（伝道師諸氏）・救恤の一法		護教	M26. 11. 4
〔評論之評論〕東北文学・基督教文学・オルヅオルス（宮崎八百吉氏著）・是れ豈清談の弊に非ずや・伝道之書（日本評論第五十六号、植村正久氏？）・家庭の慈善（家庭雑誌第十六号）	愛山生	〃	〃
財婚の弊風に就て	愛山生	国民新聞	M26. 11. 5
論史漫筆 池田家記録を読む（三）	愛山生	国民新聞	M26. 11. 9
〔社説〕教会論		護教	M26. 11. 11
〔付録〕経験 科学者に告ぐ	愛山生	国民新聞	M26. 11. 12
〔史論〕徳川時代の民政（一）	愛山生	国民之友	M26. 11. 13
〔史論〕徳川時代の民政（二）	愛山生	国民之友	M26. 11. 23
〔批評〕佐藤信淵翁を読む（飯村粋氏著す）	山路生	〃	〃
論史漫筆 池田家記録を読む（四）	愛山生	国民新聞	M26. 11. 25
〔論説〕新らしき国民	山路弥吉	基督教青年	M26. 11. 25
〔付録〕高橋作左衛門氏と渋川六蔵氏	愛山生	国民新聞	M26. 11. 26
〔史論〕徳川時代の民政（二）	愛山生	国民之友	M26. 12. 3
論史漫筆 池田家記録を読む（五）	愛山生	国民新聞	M26. 12. 3
自由の城砦	山路弥吉	国民新聞	M26. 12. 5
〔史論〕徳川時代の民政（四）	愛山生	国民之友	M26. 12. 13
〔批評〕「王陽明」を読む（文学士三宅雄次郎著）	山路生	〃	〃
八犬伝 第一、二回を読んで曲亭馬琴を評す（一）	大笑子	国民新聞	M26. 12. 13
八犬伝 第一、二回を読んで曲亭馬琴を評す（二）	大笑子	国民新聞	M26. 12. 15
懐郷	愛山生	国民新聞	M26. 12. 19

詩界の高踏派	愛山生	国民新聞	M26. 12. 21
「王陽明」の著者どのへ	山路生	〃	〃
〔史論〕徳川時代の民政（五）	愛山生	国民之友	M26. 12. 23
怯懦乎、無識乎。（智識的の一大弊事）	愛山生	国民新聞	M26. 12. 24
論史漫筆 宦官を論ず	愛山生	国民新聞	M26. 12. 30
〔論説〕寺院	山路生	青山評論	M26. 12. 30
〔友人の書に答ふ〕支那哲学に就て（一） 孔子に哲学なし	愛山生	国民新聞	M27. 1. 9
〔友人の書に答ふ〕支那哲学に就て（二） 大学・中庸	愛山生	国民新聞	M27. 1. 10
舟所永峰先生	山路生	国民新聞	M27. 1. 17
〔友人の書に答ふ〕支那哲学に就て（三） 南派北派	愛山生	国民新聞	M27. 1. 21
支那哲学に就て（続）上古の文明	愛山生	国民新聞	M27. 1. 28
論史漫筆	愛山生	国民新聞	M27. 1. 30
論史漫筆	愛山生	国民新聞	M27. 2. 11
支那哲学に就て（続）	愛山生	〃	〃
支那哲学に就て（続）	愛山生	国民新聞	M27. 2. 18
戸田亀鶴氏	山路生	国民新聞	M27. 2. 21
支那哲学に就きて（続）（四）政治	愛山生	国民新聞	M27. 2. 25
駿州雑詠（三穂ケ崎、富士山、久能山、 阿部川、大崩）	大笑子	国民新聞	M27. 2. 27
支那哲学に就きて（続）北派孔丘（一）	愛山生	国民新聞	M27. 3. 4
恋愛論	山路生	国民新聞	M27. 3. 9
支那哲学に就きて（続）北派孔丘	愛山生	国民新聞	M27. 3. 18
支那哲学に就きて（続）北派孔丘	愛山生	国民新聞	M27. 3. 25
遼豚録	山路生	国民新聞	M27. 4. 8
〔批評〕肥後先哲遺蹟 武藤厳男氏編	山路生	国民之友	M27. 4. 13
理科大学瞥見の記（一）	山路生	国民新聞	M27. 4. 14

支那哲学に就きて（続）北派孔丘	愛　山　生	国民新聞	M27. 4.15
理科大学瞥見の記（二）	山　路　生	国民新聞	M27. 4.17
理科大学瞥見の記（三）	山　路　生	国民新聞	M27. 4.19
理科大学瞥見の記（四）	山　路　生	国民新聞	M27. 4.20
支那哲学に就きて（続）北派孔丘	愛　山　生	国民新聞	M27. 4.22
理科大学瞥見の記（五）	山　路　生	国民新聞	M27. 4.25
理科大学瞥見の記（六）	山　路　生	国民新聞	M27. 4.27
歴史の話（一）	山　路　生	国民新聞	M27. 4.29
歴史の話（二）	山　路　生	国民新聞	M27. 5. 1
理科大学瞥見の記（七）	山　路　生	国民新聞	M27. 5. 2
理科大学瞥見の記（八）	山　路　生	国民新聞	M27. 5. 3
秦人	山　路　生	国民新聞	M27. 5. 6
北村透谷君	山　路　生	国民新聞	M27. 5.22
〔批評〕内村鑑三君の地理学考 警醒社書店発兌	山　路　生	国民之友	M27. 5.23
学記を読む	山　路　生	国民新聞	M27. 6.24
遼豚録（二）	山　路　生	国民新聞	M27. 7. 1
見聞の儘（一）	山　路　生	国民新聞	M27. 7. 8
見聞の儘（二）	山　路　生	国民新聞	M27. 7. 9
見聞の儘（三）	山　路　生	国民新聞	M27. 7.14
思軒先生に与ふ	山　路　生	国民新聞	M27. 7.15
〔雑録〕左伝の諺（一）	山　路　生	禁酒新報	M27. 7.28
再び思軒先生に与ふ	山　路　生	国民新聞	M27. 7.31
三たび思軒先生に与ふ	山　路　生	国民新聞	M27. 8. 4
〔寄書〕余をして思ふ所を曰はしめよ	山路弥吉	宗教	M27. 8. 5
四たび思軒先生に与ふ	山　路　生	国民新聞	M27. 8. 8
戦死の兵士	山　路　生	国民新聞	M27. 8.11
末派、門下生等の名に就きて	山　路　生	国民新聞	M27. 8.17
〔批評〕宗学概論（小柳司気太氏著 哲	山　路　生	国民之友	M27. 8.23

学書院発行）			
〔雑録〕左伝の諺（二）	山　路　生	禁　酒　新　報	M27.　8.25
「鯨幾太郎」なる小説に就きて	山　路　生	国　民　新　聞	M27.　8.28
〔論説〕今日主義と暴飲主義（『禁酒雑誌』より転載）	山路弥吉	婦人矯風雑誌	M27.　9.　2
今昔顛倒（一）	愛　山　生	国　民　新　聞	M27.　9.15
古今顛倒		国　民　新　聞	M27.　9.19
〔史論〕日本戦記　其一承久之役	山　路　生	国　民　之　友	M27.10.　3
〔批評〕徳川政教考（上）吉田東伍氏著	山　路　生	〃	〃
高麗陣博多聞書　第一回武家の知らぬ秘伝の事	愛　山　生	国　民　新　聞	M27.10.　3
高麗陣博多聞書　第二回武家の功名聞くがうるさし	愛　山　生	国　民　新　聞	M27.10.　4
高麗陣博多聞書　第三回これからが話なり。鹿谷に似たること	愛　山　生	国　民　新　聞	M27.10.　5
高麗陣博多聞書　第四回石田はおそろしき奴なり	愛　山　生	国　民　新　聞	M27.10.　6
高麗陣博多聞書　第五回四郎左の智恵は海より深し	愛　山　生	国　民　新　聞	M27.10.　7
高麗陣博多聞書　第六回町人の献上物は太閤のため息	愛　山　生	国　民　新　聞	M27.10.　9
高麗陣博多聞書　第七回欲のつよければ気根もつよし	愛　山　生	国　民　新　聞	M27.10.10
高麗陣博多聞書　第八回世は虫拳の様な者なり	愛　山　生	国　民　新　聞	M27.10.11
高麗陣博多聞書　第九回世は虫拳の様な者なり	愛　山　生	国　民　新　聞	M27.10.12
〔国民之友〕皇室の尊栄		国　民　之　友	M27.10.13
〔史論〕日本戦記　其二中古の戦術	山　路　生	〃	〃

高麗陣博多聞書　第十回町人ながら百万騎の大将	愛　山　生	国民新聞	M27. 10. 13
高麗陣博多聞書　第十一回流石に老巧の申す処なり	愛　山　生	国民新聞	M27. 10. 14
高麗陣博多聞書　第十二回兵糧米の事	愛　山　生	国民新聞	M27. 10. 16
高麗陣博多聞書　第十三回古澗の流されれ	愛　山　生	国民新聞	M27. 10. 20
高麗陣博多聞書　第十四回小西に銀を貸さゞりしこと	愛　山　生	国民新聞	M27. 10. 23
高麗陣博多聞書　第十五回宗室の知恵は小西に勝れり	愛　山　生	国民新聞	M27. 10. 24
高麗陣博多聞書　第十六回海路は知つて知らぬ振り	愛　山　生	国民新聞	M27. 10. 25
高麗陣博多聞書　第十七回悪くき町人の申分かな	愛　山　生	国民新聞	M27. 10. 26
高麗陣博多聞書　第十八回思へば夢の様なり	愛　山　生	国民新聞	M27. 10. 27
〔雑録〕左伝の諺（三）	山　路　生	禁酒新報	M27. 10. 27
〔交詢〕正木君に答ふ	山　路　生	〃	〃
南洋の古人を懐ふ	愛　山　生	国民新聞	M27. 11. 3
「近松門左衛門」を読む	山　路　生	国民新聞	M27. 11. 13
〔雑録〕左伝の諺（其四）	山　路　生	禁酒新報	M27. 11. 24
〔史論〕日本戦記　第三鎌倉より室町へ過渡時代	山　路　生	国民之友	M27. 12. 3
〔批評〕内村鑑三氏の日本及び日本人（英文）	山　路　生	〃	〃
大勝利	愛　山　生	国民新聞	M27. 12. 9
『新井白石〔拾弐文豪 第八巻〕』	山路弥吉	〈民友社〉	M27. 12. 10
〔史論〕日本戦記　第四鎌倉より室町へ過渡時代	山　路　生	国民之友	M27. 12. 13

〔雑録〕左伝の諺（五）	山　路　生	禁　酒　新　報	M27. 12. 22
〔史論〕日本戦記　第五鎌倉より室町へ過渡時代	山　路　生	国　民　之　友	M27. 12. 23
〔史論〕日本戦記　第六戦国時代	山　路　生	国　民　之　友	M28.　1.　3
大勝利	愛　山　生	国　民　新　聞	M28.　1.　5
〔史論〕日本戦記　第七戦国時代	山　路　生	国　民　之　友	M28.　1. 13
「近松門左衛門」の為めに帝国文学の批評家に	山　路　生	国　民　新　聞	M28.　1. 22
〔史論〕日本戦記　第八戦国時代	山　路　生	国　民　之　友	M28.　1. 23
民友社編『軍歌 支那征伐』（愛山の新製軍歌十余題を収む）［未見］		〈民　友　社〉	M28.　1.　?
命耶罪耶　第一郷先生	愛　山　生	国　民　新　聞	M28.　2. 28
命耶罪耶　第二節を五斗米に折る	愛　山　生	国　民　新　聞	M28.　3.　1
命耶罪耶　第三孰れが罪業多き	愛　山　生	国　民　新　聞	M28.　3.　3
命耶罪耶　第四彼等の道中すご六	愛　山　生	国　民　新　聞	M28.　3.　5
命耶罪耶　第五可憐なる楽天主義	愛　山　生	国　民　新　聞	M28.　3.　6
命耶罪耶　第六花の如きものは泥の如くなれり（上）	愛　山　生	国　民　新　聞	M28.　3.　7
命耶罪耶　第七花の如きものは泥の如くなれり	愛　山　生	国　民　新　聞	M28.　3.　8
命耶罪耶　第八無瑕の双玉は徒らに砕けたり（上）	愛　山　生	国　民　新　聞	M28.　3.　9
命耶罪耶　第九無瑕の双玉は徒らに砕けたり（中）	愛　山　生	国　民　新　聞	M28.　3. 10
命耶罪耶 第十……………	愛　山　生	国　民　新　聞	M28.　3. 16
命耶罪耶（十）	愛　山　生	国　民　新　聞	M28.　3. 17
命耶罪耶（十一）無瑕の双玉は故なくして砕けたり（下の一）	愛　山　生	国　民　新　聞	M28.　3. 23
〔雑録〕禁酒新報の改題を祝す	山　路　生	国　の　光	M28.　3. 23

命耶罪耶（十二）無瑕の双玉は故なくして砕けたり（下の二）	愛山生	国民新聞	M28. 3. 24
命耶罪耶（十三）所謂静岡事件（一）	愛山生	国民新聞	M28. 3. 26
命耶罪耶（十四）所謂静岡事件（二）	愛山生	国民新聞	M28. 3. 27
命耶罪耶（十五）所謂静岡事件（三）	愛山生	国民新聞	M28. 3. 28
女学生のなすまじき事	山路弥吉	婦人新報	M28. 3. 28
命耶罪耶（十六）所謂静岡事件（四）	愛山生	国民新聞	M28. 3. 29
命耶罪耶（十七）所謂静岡事件（五）	愛山生	国民新聞	M28. 3. 30
命耶罪耶（十八）所謂静岡事件（六）	愛山生	国民新聞	M28. 3. 31
命耶罪耶（十九）所謂静岡事件（六）	愛山生	国民新聞	M28. 4. 3
命耶罪耶（十九）所謂静岡事件（七）	愛山生	国民新聞	M28. 4. 9
命耶罪耶（二十）所謂静岡事件（八）	愛山生	国民新聞	M28. 4. 10
命耶罪耶（廿一）所謂静岡事件（九）	愛山生	国民新聞	M28. 4. 11
命耶罪耶（廿二）余は無数の語るべきことを有す（了）	愛山生	国民新聞	M28. 4. 12
「罪耶命耶」に就きて		国民新聞	M28. 4. 21
世間誤解集（一）旅にして悟る親の恩	愛山逸民	国民新聞	M28. 4. 23
世間誤解集（二）冥途の誤解、鬼婆の角は折れぬ		国民新聞	M28. 4. 25
世間誤解集（三）英雄になりたりと思ふ所が狂人なり		国民新聞	M28. 4. 30
〔演説〕人を作る道	山路弥吉君	婦人新報	M28. 5. 28
〔史論〕唐宋八大家文を読む	山路生	国民之友	M28. 6. 5
〔史論〕唐宋八大家文を読む 第一章韓愈を論ず（一）〜(三)	山路生	国民之友	M28. 6. 13
〔批評〕内村鑑三君の「余は如何にし《ハウ・アイ・ビケーム》て基督教徒《エ・クリスチアン》となりしや」	山路生		
〔史論〕唐宋八大家文を読む 第一章韓愈を論ず（四）〜（五）	山路生	国民之友	M28. 6. 23

〔社説〕家中の書巻	山路弥吉	婦人新報	M28. 6. 28
薩摩琵琶に題す・彰義隊の墳墓に謁す	山　路　生	国民新聞	M28. 7. 10
〔史論〕唐宋八大家文を読む 第一章韓愈を論ず（六）～（七）	山　路　生	国民之友	M28. 7. 13
〔史論〕唐宋八大家文を読む 第一章韓愈を論ず（八）	山　路　生	国民之友	M28. 7. 23
〔史論〕唐宋八大家文を読む 第一章韓愈を論ず（九）	山　路　生	国民之友	M28. 8. 3
抱一庵主人に与ふ	山　路　生	国民新聞	M28. 8. 20
〔付録〕函嶺所見	愛　山　生	家庭雑誌	M28. 8. 25
劇評家に問ふ	五斗兵衛	国民新聞	M28. 8. 29
〔史論〕春秋列国の局（左伝に因る）	山　路　生	国民之友	M28. 9. 3
〔史論〕唐宋八大家文を読む　柳宗元を論ず	山　路　生	国民之友	M28. 9. 13
〔史論〕唐宋八大家文を読む　歐陽修を論ず	愛　山　生	国民之友	M28. 9. 23
浮沈　其一浮島ケ原	枯葉山人	国民新聞	M28. 9. 26
浮沈　其二三島の水（上）　未見	枯葉山人	国民新聞	M28. 9. 27
浮沈　其三三島の水（中）	枯葉山人	国民新聞	M28. 9. 28
浮沈　其四三島の水（下）	枯葉山人	国民新聞	M28. 10. 1
浮沈　其五箱根の雨（一）	枯葉山人	国民新聞	M28. 10. 2
浮沈　其六箱根の雨（二）	枯葉山人	国民新聞	M28. 10. 3
浮沈　其七箱根の雨（三）	枯葉山人	国民新聞	M28. 10. 4
浮沈　其八箱根の雨（四）	枯葉山人	国民新聞	M28. 10. 5
浮沈　其九箱根の雨（五）	枯葉山人	国民新聞	M28. 10. 8
浮沈　其十箱根の雨（六）	枯葉山人	国民新聞	M28. 10. 9
浮沈　其十一流浪のはじめ（一）	枯葉山人	国民新聞	M28. 10. 10
浮沈　其十二流浪のはじめ（二）	枯葉山人	国民新聞	M28. 10. 11
浮沈　其十三流浪のはじめ（三）	枯葉山人	国民新聞	M28. 10. 12

浮沈　其十四流浪のはじめ（四）	枯葉山人	国民新聞	M28. 10. 13
浮沈　其十五流浪のはじめ（五）未見	枯葉山人	国民新聞	M28. 10. ?
〔批評〕梧陰存稿を読む 小中村義象氏編纂、六合館発行	山路生	国民之友	M28. 10. 19
〔史論〕唐宋八大家文を読む 第四章蘇洵を論ず	山路生	〃	〃
浮沈　其十六流浪のはじめ（六）	枯葉山人	国民新聞	M28. 10. 19
浮沈　其十七流浪のはじめ（七）	枯葉山人	国民新聞	M28. 10. 22
浮沈　其十八流浪のなかば（一）未見	枯葉山人	国民新聞	M28. 10. ?
浮沈　其十九流浪のなかば（二）	枯葉山人	国民新聞	M28. 10. 25
〔史論〕唐宋八大家文を読む 蘇軾を論ず（上）	山路生	国民之友	M28. 10. 26
浮沈　其二十流浪のなかば（三）	枯葉山人	国民新聞	M28. 10. 26
浮沈　其廿一流浪のなかば（四）	枯葉山人	国民新聞	M28. 10. 27
浮沈　其廿二流浪のなかば（五）	枯葉山人	国民新聞	M28. 10. 30
〔史論〕唐宋八大家文を読む 蘇軾を論ず（中）	山路生	国民之友	M28. 11. 2
〔批評〕福井了雄氏の「親鸞聖人」	山路生		
浮沈　其廿三流浪のなかば（六）	枯葉山人	国民新聞	M28. 11. 2
浮沈　其廿四流浪のなかば（七）	枯葉山人	国民新聞	M28. 11. 6
〔史論〕唐宋八大家文を読む 蘇軾を論ず（下）	山路生	国民之友	M28. 11. 9
浮沈　其廿五流浪のなかば（八）	枯葉山人	国民新聞	M28. 11. 9
浮沈　其廿六流浪のなかば（九）	枯葉山人	国民新聞	M28. 11. 12
浮沈　其廿七少しの手掛り（一）	枯葉山人	国民新聞	M28. 11. 13
浮沈　其廿七少しの手掛り（二）	枯葉山人	国民新聞	M28. 11. 14
〔史論〕伊勢物語に顕はれたる日本	愛山生	国民之友	M28. 11. 16
浮沈　其廿八矢張り雲をつかむ様なり	枯葉山人	国民新聞	M28. 11. 16
浮沈　其廿九画のあげつらひ	枯葉山人	国民新聞	M28. 11. 17

浮沈　其三十夜中の訪問	枯葉山人	国民新聞	M28. 11. 19
浮沈　其三十一宗匠は狐に馬鹿されたり	枯葉山人	国民新聞	M28. 11. 20
浮沈　其三十二おさだは空蝉	枯葉山人	国民新聞	M28. 11. 21
浮沈　其三十三思はぬ人に邂逅けり	枯葉山人	国民新聞	M28. 11. 22
〔史論〕近松の戯曲に現はれたる元禄時代（一）緒論	愛山生	国民之友	M28. 11. 23
浮沈　其三十四危さは毛の一筋の間なり	枯葉山人	国民新聞	M28. 11. 26
浮沈　其三十五人は殺しかぬるもの	枯葉山人	国民新聞	M28. 11. 28
浮沈　其三十六計り兼ねたる人心	枯葉山人	国民新聞	M28. 11. 29
〔史論〕近松の戯曲に現はれたる元禄時代（二）近松門左衛門は誰れ（上）	愛山生	国民之友	M28. 11. 30
浮沈　其卅七道尾は何と云ひ出すやら	枯葉山人	国民新聞	M28. 12. 1
浮沈　其三十八大団円	枯葉山人	国民新聞	M28. 12. 5
〔史論〕近松の戯曲に現はれたる元禄時代（三）近松門左衛門は誰れ（下）	愛山生	国民之友	M28. 12. 7
〔史論〕近松の戯曲に現はれたる元禄時代（四）元禄武士（一）	愛山生	国民之友	M28. 12. 14
〔史論〕近松の戯曲に現はれたる元禄時代（五）元禄武士（二）	愛山生	国民之友	M28. 12. 21
〔演説〕汝の勢力を知れ	山路生	婦人新報	M28. 12. 25
〔史論〕近松の戯曲に現はれたる元禄時代（六）元禄武士（三）	愛山生	国民之友	M28. 12. 28
〔国民之友〕機関盛、英雄衰		〃	〃
〔史論〕近松の戯曲に現はれたる元	愛山生	国民之友	M29. 1. 4
禄時代（七）元禄武士（四）		〃	〃
人間為宰相亦労矣	五斗兵衛	国民新聞	M29. 1. 5
〔国民之友〕五稜郭の図に題す		国民之友	M29. 1. 11

〔史論〕近松の戯曲に現はれたる元禄時代（八）元禄の市人（一）	愛山生	〃	〃
〔史論〕近松の戯曲に現はれたる元禄	愛山生	国民之友	M29. 1.18
時代（九）元禄の市人（二）		〃	〃
史料蒐聚に関する衆議院の決議に付き	山路弥吉	国民新聞	M29. 1.19
〔史論〕近松の戯曲に現はれたる元禄時代（十）元禄の市民（三）	愛山生	国民之友	M29. 1.25
〔史論〕近松の戯曲に現はれたる元禄時代（十一）元禄の女性（一）	愛山生	国民之友	M29. 2. 1
〔史論〕近松の戯曲に現はれたる元禄時代（十二）元禄の女性（二）	愛山生	国民之友	M29. 2. 8
〔史論〕近松の戯曲に現はれたる元禄時代（十三）史戯曲の価値（一）	愛山生	国民之友	M29. 2.15
〔史論〕近松の戯曲に現はれたる元禄時代（十四）史戯曲の価値（二）	愛山生	国民之友	M29. 2.22
『浮沈（民友社編「第六国民小説」）』	枯葉山人	〈民友社〉	M29. 2.24
〔史論〕近松の戯曲に現はれたる元禄時代（十五）彼れの成功の秘訣	愛山生	国民之友	M29. 2.29
続そしり草　第一章批評家とやら	枯葉山人	国民新聞	M29. 3. 3
続そしり草　第一章批評家とやら（二）	枯葉山人	国民新聞	M29. 3. 4
続そしり草　第一章批評家とやら（三）	枯葉山人	国民新聞	M29. 3. 5
続そしり草　第一章批評家とやら（四）	枯葉山人	国民新聞	M29. 3. 6
続そしり草　第一章批評家とやら（五）	枯葉山人	国民新聞	M29. 3. 7
続そしり草　第一章批評家とやら（六）	枯葉山人	国民新聞	M29. 3. 8
続そしり草　第一章批評家とやら（七）	枯葉山人	国民新聞	M29. 3.10
続そしり草　第二章随筆を書く人	枯葉山人	国民新聞	M29. 3.11
続そしり草　第二章随筆を書く人	枯葉山人	国民新聞	M29. 3.13
〔国民之友〕佐久間象山		国民之友	M29. 3.14
続そしり草　第三章教育家とやら（一）	枯葉山人	国民新聞	M29. 3.14

続そしり草　第三章教育家とやら(二)	枯葉山人	国民新聞	M29. 3. 15
続そしり草　第三章教育家とやら(三)	枯葉山人	国民新聞	M29. 3. 20
続そしり草　第三章教育家とやら(四) 未見	枯葉山人	国民新聞	M29. 3. 24
静陵懐古（一）	愛山生	国民新聞	M29. 4. 5
静陵懐古（二）	愛山生	国民新聞	M29. 4. 12
静陵懐古（三）（つゞく）	愛山生	国民新聞	M29. 4. 26
大盗論（一）	愛山生	国民新聞	M29. 5. 17
大盗論（二）	愛山生	国民新聞	M29. 5. 24
〔思潮〕［日本宗教の前途如何］其八	山路弥吉	日本宗教	M29. 6. 20
〔史論〕国史管見（一）富樫氏と門徒一揆	愛山生	国民之友	M29. 6. 27
〔史論〕国史管見（二）東関紀行、光行海道記を読む	愛山生	国民之友	M29. 7. 4
〔史論〕国史管見（三）柴野栗山を論ず（一）	山路生	国民之友	M29. 7. 11
〔史論〕国史管見（四）柴野栗山を論ず（二）	山路生	国民之友	M29. 7. 18
〔史論〕国史管見（五）柴野栗山を論ず（三）	愛山生	国民之友	M29. 7. 25
『高麗陣博多聞書（民友社編「第八国民小説」)』	愛山生	〈民友社〉	M29. 7. 26
〔史論〕国史管見（六）柴野栗山を論ず（柴野彦助上書に因る）	山路生	国民之友	M29. 8. 1
〔批評〕昨夢記事 上巻 故中根雪江著	山路生		
〔史論〕国史管見（七）柴野栗山を論ず（柴野彦助上書に因る）	山路生	国民之友	M29. 8. 8
〔藻塩草〕夢みる者の通信（一名支那古史観）	枯葉山人	国民之友	M29. 8. 15
〔史論〕国史管見（八）柴野栗山を論	山路生	〃	〃

ず（柴野彦助上書に因る）			
〔藻塩草〕夢みる者の通信（一名支那古史観）	枯葉山人	国民之友	M29. 8. 22
〔史論〕国史管見（九）戦国武士を論ず（主として徂徠の鈐録に因る）	山路生	〃	〃
〔史論〕国史管見（十）戦国武士を論ず（主として徂徠の鈐録に因る）	山路生	国民之友	M29. 8. 29
〔藻塩草〕夢みる者の通信（一名支那古史観）	枯葉山人	国民之友	M29. 9. 5
〔雑録〕鴻爪録　第一日（八月二十八日）	愛山生		
〔雑録〕鴻爪録　第二日（八月廿九日記事なし）第三日（八月三十日、下総千葉に在り）	愛山生	国民之友	M29. 9. 19
〔雑録〕洪水の岐阜（九月十四日）	山路生	国民之友	M29. 9. 26
〔雑録〕鴻爪録　西京の第一日（九月十九日）（一）	愛山生	国民之友	M29. 10. 17
〔雑録〕鴻爪録　西京の第一日（九月十九日）（二）	山路生	国民之友	M29. 10. 24
〔雑録〕鴻爪録　西京の第一日（九月十九日）（三）	山路生	国民之友	M29. 10. 31
〔批評〕塚原靖氏の伊達正《ママ》宗	山路生	国民之友	M29. 12. 26
〔国民之友〕日本の歴史に於ける人権発達の痕迹（上）		国民之友	M30. 1. 9
太平記の小説　はしがき（一）	枯葉山人	国民新聞	M30. 1. 12
太平記の小説　はしがき（続）	枯葉山人	国民新聞	M30. 1. 14
太平記の小説　はしがき（続）	枯葉山人	国民新聞	M30. 1. 15
〔国民之友〕日本の歴史に於ける人権発達の痕迹（中）		国民之友	M30. 1. 16
太平記の小説 其一飢人身を投ぐること（第三十三巻）（一）	枯葉山人	国民新聞	M30. 1. 19

〔国民之友〕日本の歴史に於ける人権発達の痕迹（下）		国民之友	M30. 1.23
〔社説〕進軍喇叭		護教	M30. 3.27
〔社説〕再び山口県師範学校長に与ふ	山路弥吉記	〃	〃
〔社説〕信仰を告白せよ、教会を離れざれ・露国の宗教		〃	〃
〔社説〕最近三十年間日本の思潮を論ず（上）	護教記者	護教	M30. 4. 3
〔社説〕最近三十年間日本の思潮を論ず（下）	護教記者	護教	M30. 4.10
〔社説〕宗教的詩賦（「スペクテートル」所論）・大史家エドワード、ギボン		〃	〃
〔雑録〕婦人の職分	山路弥吉	婦人新報	M30. 4.15
〔社説〕伝道・人生・博士ライマン、アボットのヨナ論		護教	M30. 4.17
〔社説〕「青年なる日本」と英国の清教徒	山路弥吉	護教	M30. 4.24
〔社説〕信教自由に関して	山路生	〃	〃
〔社説〕教授ヘンリー，ドラモンド			
〔社説〕青年の日本と英国の清教徒（続）	山路弥吉	護教	M30. 5. 1
〔社説〕詩人ブロオニングの天職・教授マツクス、ミユーレル、ブロオニングを評す		〃	〃
〔社説〕社会問題研究に就て・英国近時の神学家・英国自由教会の連合・独逸神学者の新作分色聖書		護教	M30. 5. 8
〔通信〕日本メソヂスト教会内国伝道会社東海道北陸道遊歴の記（一）	山路弥吉	〃	〃
〔社説〕罪の根は不信に在り・詩人と宗教（一）・社会改良家として拿波		護教	M30. 5.15

翁・虞翁の東欧論			
〔通信〕日本メソヂスト教会内国伝道会社東海道北陸道遊歴の記（二）	山路弥吉	〃	〃
〔雑録〕（書籍及新聞）トルストイ 徳富健次郎氏著 民友社刊行・木戸孝允 無何有郷主人著 民友社刊行	山路生	〃	〃
〔通信〕日本メソヂスト教会内国伝道会社東海北陸遊歴の記（三）	山路弥吉	護教	M30. 5. 22
〔雑録〕婦人の職分（続）	山路弥吉	婦人新報	M30. 5. 26
〔通信〕日本メソヂスト教会内国伝道会社東海北陸遊歴の記（四）	山路弥吉	護教	M30. 6. 5
〔社説〕永死乎永生乎		護教	M30. 6. 12
〔通信〕日本メソヂスト教会内国伝道会社東海北陸遊歴の記	山路弥吉	〃	〃
〔社説〕訣別の辞（明治三十年六月十六日渋谷村に於て記す）	山路生	護教	M30. 6. 19
〔演説〕婦人の職分（一）	山路弥吉君述（荒浪市平速記）	婦人新報	M30. 6. 20
〔文苑〕彰義隊の墳墓に謁す	愛山山路弥吉	同方会報告	M30. 6. 21
〔雑録〕婦人の職分（つゞき）	山路弥吉	婦人新報	M30. 7. 20
〔論説〕青年への勧告 神威論	山路生抄訳	護教	M30. 8. 7
〔論説〕如何にして成功すべき	山路生抄訳	護教	M30. 8. 14
〔論説〕非拝金論	山路生抄訳	護教	M30. 8. 21
〔論説〕青年への勧告 自敬論・熱心論	山路生抄訳	護教	M30. 8. 28
〔論説〕一矢相讐　第一高山林次郎氏の「宗教と国家」（太陽第三篇第十七号所載）	山路生	護教	M30. 9. 4
〔論説〕青年への勧告 熱心論（下）		〃	〃
〔特別寄書〕戦国策とマキヤベリを読む	愛山生	国民之友	M30. 9. 10

〔特別寄書〕先例先生の復活	愛山生	国民之友	M30. 10. 10
内村鑑三先生に告ぐ	山路生(投)	日刊世界之日本	M30. 10. 16
〔新年付録〕山荘の元日	愛山生	国民之友	M31. 1. 10
〔投書〕西園寺文相に与ふ	山路弥吉	世界之日本	M31. 2. 1
太陽記者に答ふ(二月の世界の日本及び太陽参観)	山路生	国民新聞	M31. 2. 26
〔論説〕同志社事件	旧護教記者(投)	護教	M31. 3. 19
〔論説〕再び同志社に就きて	前護教記者	〃	〃
〔社説〕フランシス、ウイラード嬢	山路弥吉	婦人新報	M31. 5. 10
『頼山陽及其時代〔拾弐文豪第十一巻〕』(森田思軒遺著)	徳富猪一郎・山路愛山校定	〈民友社〉	M31. 5. 10
〔特別寄書〕自然を読むの法を論ず(一)	愛山生	国民之友	M31. 5. 10
〔東京だより〕	山路弥吉	国民新聞	M31. 5. 13
〔哲学〕孟子を読む(一)	山路弥吉	天地人	M31. 6. 2
〔特別寄書〕自然を読むの法を論ず(二)	愛山生	国民之友	M31. 6. 10
〔哲学〕孟子を読む(承前)	山路弥吉	天地人	M31. 7. 2
〔哲学〕孟子を読む(完結)	山路弥吉	天地人	M31. 8. 2
〔特別寄書〕自然を読むの法を論ず(三)		〃	〃
〔雷鳴急雨〕史学汎論(一)	山路愛山生	中学新誌	M31. 8. 1
〔東京だより〕	山路生	国民新聞	M31. 8. 23
〔雷鳴急雨〕史学汎論(二)	山路愛山生	中学新誌	M31. 9. 1
〔投書〕再び徳富蘇峯を論ず	山路弥吉	世界之日本	M31. 9. 17
〔批評〕無責任なる幕末小史(一)	山路生	世界之日本	M31. 9. 24
遊侠伝	山路愛山	国民新聞	M31. 10. 1
〔批評〕無責任なる幕末小史(二)	山路生	世界之日本	M31. 10. 1
〔批評〕無責任なる「幕末小史」(三)	山路生	世界之日本	M31. 10. 8

〔投書〕残花先生に与ふ	山　路　生	〃	〃
遊侠伝（一）正統乎、僣偽乎、	愛山逸民	国民新聞	M31. 10.　9
遊侠伝（二）宝暦時代のリツプ、ヴアン、ウインクル（一）	愛山逸民	国民新聞	M31. 10. 11
遊侠伝（三）宝暦時代のリツプ、ヴアン、ウインクル（二）	愛山逸民	国民新聞	M31. 10. 12
遊侠伝（四）宝暦時代のリツプ、ヴアン、ウインクル（三）	愛山逸民	国民新聞	M31. 10. 13
遊侠伝（五）宝暦時代のリツプ、ヴアン、ウインクル（四）	愛山逸民	国民新聞	M31. 10. 14
〔批評〕無責任なる幕末小史（四）	山　路　生	世界之日本	M31. 10. 15
遊侠伝（六）宝暦時代のリツプ、ヴアン、ウインクル（五）	愛山逸民	国民新聞	M31. 10. 16
遊侠伝（七）宝暦時代のリツプ、ヴアン、ウインクル（六）	愛山逸民	国民新聞	M31. 10. 19
遊侠伝（八）宝暦時代のリツプ、ヴアン、ウインクル（七）	愛山逸民	国民新聞	M31. 10. 20
遊侠伝（九）彼れ果して何者ぞ（一）	愛山逸民	国民新聞	M31. 10. 21
遊侠伝（十）彼れ果して何者ぞ（二）	愛山逸民	国民新聞	M31. 10. 22
〔投書〕王道論の作者を論ず	山路弥吉	世界之日本	M31. 10. 22
遊侠伝（十一）彼れ果して何者ぞ（三）	愛山逸民	国民新聞	M31. 10. 23
遊侠伝（十二）彼れ果して何者ぞ（四）	愛山逸民	国民新聞	M31. 10. 26
遊侠伝（十三）彼れ果して何者ぞ（五）	愛山逸民	国民新聞	M31. 10. 27
遊侠伝（十四）彼れ果して何者ぞ（五）	愛山逸民	国民新聞	M31. 10. 28
遊侠伝（十五）彼れ果して何者ぞ（六）	愛山逸民	国民新聞	M31. 10. 29
遊侠伝（十六）彼れ果して何者ぞ（七）	愛山逸民	国民新聞	M31. 10. 30
遊侠伝（十七）彼れ果して何者ぞ（八）	愛山逸民	国民新聞	M31. 11.　2
遊侠伝（十八）彼れ果して何者ぞ（九）	愛山逸民	国民新聞	M31. 11.　3
遊侠伝（十九）彼れ果して何者ぞ（十）	愛山逸民	国民新聞	M31. 11.　6

遊侠伝（二十）彼れ果して何者ぞ（十一）	愛山逸民	国民新聞	M31. 11. 9
遊侠伝（廿一）彼れ果して何者ぞ（十二）	愛山逸民	国民新聞	M31. 11. 13
遊侠伝（廿二）彼れ果して何者ぞ（十三）	愛山逸民	国民新聞	M31. 11. 16
遊侠伝（廿三）彼れ果して何者ぞ（十四）	愛山逸民	国民新聞	M31. 11. 19
〔社説〕教育問答	愛山生	婦人新報	M31. 11. 20
遊侠伝（廿四）彼れ果して何者ぞ（十五）	愛山逸民	国民新聞	M31. 11. 22
遊侠伝（廿五）彼れ果して何者ぞ（十六）	愛山逸民	国民新聞	M31. 11. 27
遊侠伝（廿六）彼れ果して何者ぞ（十七）（中絶）	愛山逸民	国民新聞	M31. 12. 2
〔雑録〕民心の変遷	山路弥吉	婦人新報	M31. 12. 20
新年述懐	愛山生	国民新聞	M32. 1. 1
海舟先生を論ず（一）	山路生	国民新聞	M32. 1. 24
海舟先生を論ず（二）	山路生	国民新聞	M32. 1. 25
海舟先生を論ず（三）	山路生	国民新聞	M32. 1. 26
海舟先生を論ず（四）	愛山生	国民新聞	M32. 1. 27
海舟先生を論ず（五）	愛山生	国民新聞	M32. 1. 28
海舟先生を論ず（六）	愛山生	国民新聞	M32. 1. 29
海舟先生を論ず（七）	愛山生	国民新聞	M32. 2. 1
海舟先生を論ず（八）	愛山生	国民新聞	M32. 2. 2
海舟先生を論ず（九）	愛山生	国民新聞	M32. 2. 3
海舟先生を論ず（十）	愛山生	国民新聞	M32. 2. 4
〔社説〕青年の日本が解釈すべき謎語	山路弥吉	世界之日本	M32. 2. 4
海舟先生を論ず（十一）	愛山生	国民新聞	M32. 2. 5

海舟先生を論ず（十二）	愛　山　生	国　民　新　聞	M32. 2. 7
海舟先生を論ず（十三）	愛　山　生	国　民　新　聞	M32. 2. 8
海舟先生を論ず（十四）	愛　山　生	国　民　新　聞	M32. 2. 9
海舟先生を論ず（十五）	愛　山　生	国　民　新　聞	M32. 2. 10
海舟先生を論ず（十六）	愛　山　生	国　民　新　聞	M32. 2. 14
海舟先生を論ず（十七）	愛　山　生	国　民　新　聞	M32. 2. 15
海舟先生を論ず（十八）	愛　山　生	国　民　新　聞	M32. 2. 16
海舟先生を論ず（十九）	愛　山　生	国　民　新　聞	M32. 2. 17
海舟先生を論ず（二十）	愛　山　生	国　民　新　聞	M32. 2. 18
海舟先生を論ず（二十一）	愛　山　生	国　民　新　聞	M32. 2. 19
海舟先生を論ず（二十二）	愛　山　生	国　民　新　聞	M32. 2. 21
海舟先生を論ず（二十二）	愛　山　生	国　民　新　聞	M32. 2. 22
海舟先生を論ず（二十三）	愛　山　生	国　民　新　聞	M32. 2. 23
海舟先生を論ず（二十四）	愛　山　生	国　民　新　聞	M32. 2. 24
海舟先生を論ず（二十五）	愛　山　生	国　民　新　聞	M32. 2. 25
海舟先生を論ず（二十六）	愛　山　生	国　民　新　聞	M32. 2. 26
海舟先生を論ず（二十七）	愛　山　生	国　民　新　聞	M32. 2. 28
海舟先生を論ず（二十八）	愛　山　生	国　民　新　聞	M32. 3. 1
海舟先生を論ず（二十九）	愛　山　生	国　民　新　聞	M32. 3. 2
海舟先生を論ず（三十）	愛　山　生	国　民　新　聞	M32. 3. 3
海舟先生を論ず（三十一）（畢）	愛　山　生	国　民　新　聞	M32. 3. 4
『露国政府編纂　露国事情』	小崎弘道・山路弥吉訳	〈民　友　社〉	M32. 3. 23
〔論説〕教育時言		信濃毎日新聞	M32. 4. 1
〔論説〕官制改革を論ず・枢密院	愛　山　生	信濃毎日新聞	M32. 4. 2
〔論説〕新聞文学を論ず	山 路 弥 吉	信濃毎日新聞	M32. 4. 6
〔論説〕土着論（一）平家の末路と新進政治家	愛　山　生	信濃毎日新聞	M32. 4. 8
〔論説〕土着論（二）大江廣元を懐ふ	愛　山　生	信濃毎日新聞	M32. 4. 9

〔論説〕春畝先生を迎ふ	愛　山　生	信濃毎日新聞	M32.　4. 11
〔論説〕土着論（三）何ぞ地方に帰らざる	愛　山　生	信濃毎日新聞	M32.　4. 12
〔論説〕土着論（三）何ぞ地方に帰らざる（承前）（終）	愛　山　生	信濃毎日新聞	M32.　4. 13
〔論説〕賄賂の性質を論ず		信濃毎日新聞	M32.　4. 14
〔論説〕賄賂の性質を論ず（承前）（完）		信濃毎日新聞	M32.　4. 15
〔論説〕芸妓退治の第一策	愛　山　生	信濃毎日新聞	M32.　4. 16
〔論説〕盛んに社交倶楽部を起すべし		信濃毎日新聞	M32.　4. 18
〔論説〕盛んに社交倶楽部を起すべし（承前）（完）		信濃毎日新聞	M32.　4. 19
〔論説〕教育的政論家		信濃毎日新聞	M32.　4. 20
〔論説〕山林に関する本県令告諭等を評す		信濃毎日新聞	M32.　4. 21
〔論説〕山林に関する本県令告諭等を評す（承前）（完）		信濃毎日新聞	M32.　4. 22
〔論説〕実業家の参謀本部		信濃毎日新聞	M32.　4. 23
〔論説〕一個の銅貨に、一個の本心（教育家の一読を乞ふ）	愛　山　生	信濃毎日新聞	M32.　4. 25
〔論説〕殺すべき乎活すべき乎（自治体の能力）	愛　山　生	信濃毎日新聞	M32.　4. 26
〔論説〕精神的教育		信濃毎日新聞	M32.　4. 27
〔論説〕釈迦を評す	無　名　氏	信濃毎日新聞	M32.　4. 28
〔論説〕大日本祖国の歌	一　記　者	信濃毎日新聞	M32.　4. 29
〔論説〕近時の夫婦論	愛　山　生	信濃毎日新聞	M32.　4. 30
〔論説〕学校壁外の青年（最も恐るべき勢力は是なり）	愛　山　生	信濃毎日新聞	M32.　5.　2
〔論説〕信州と叙事詩	一　記　者	信濃毎日新聞	M32.　5.　3
〔論説〕何をか繁文を省くといふ	愛　山　生	信濃毎日新聞	M32.　5.　4
〔論説〕破落戸政治の予防剤（少数者を	愛　山　生	信濃毎日新聞	M32.　5.　5

圧すること勿れ）			
〔論説〕私立学校鎮圧令	愛　山　生	信濃毎日新聞	M32. 5. 6
〔論説〕地理的の空名に拘はること勿れ	愛　山　生	信濃毎日新聞	M32. 5. 7
〔論説〕信陽気風論	一　旅　人	信濃毎日新聞	M32. 5. 9
〔論説〕三味線の話	愛　山　生	信濃毎日新聞	M32. 5. 10
〔論説〕希望の眼		信濃毎日新聞	M32. 5. 11
〔論説〕製絲家商戦の覚悟は如何	愛　山　生	信濃毎日新聞	M32. 5. 12
〔論説〕商戦の戦闘準備		信濃毎日新聞	M32. 5. 13
『勝海舟』	山路愛山	〈民　友　社〉	M32. 5. 13
〔論説〕数役兼任の弊習		信濃毎日新聞	M32. 5. 14
〔論説〕実業家須らく史を読むべし		信濃毎日新聞	M32. 5. 16
〔論説〕宗教家の覚悟は如何		信濃毎日新聞	M32. 5. 17
〔論説〕実業上の天才	愛　山　生	信濃毎日新聞	M32. 5. 18
〔論説〕水族の保護	愛　山　生	信濃毎日新聞	M32. 5. 19
〔論説〕油断する勿れ（内地雑居）		信濃毎日新聞	M32. 5. 20
公平なる最後の批判者		信濃毎日新聞	M32. 5. 21
〔論説〕芳川逓相の巡視		信濃毎日新聞	M32. 5. 23
〔論説〕矛盾せる人間の心理学	愛　山　生	信濃毎日新聞	M32. 5. 24
〔論説〕主婦たる人に	愛　山　生	信濃毎日新聞	M32. 5. 25
〔論説〕新武士道	愛　山　生	信濃毎日新聞	M32. 5. 26
〔論説〕学問に秘密なし	愛　山　生	信濃毎日新聞	M32. 5. 27
〔論説〕平民的論議		信濃毎日新聞	M32. 5. 28
〔論説〕法官の第一資格	愛　山　生	信濃毎日新聞	M32. 5. 30
〔論説〕所謂独立公平の意義		信濃毎日新聞	M32. 5. 31
〔論説〕濁生の療法	山　路　生	信濃毎日新聞	M32. 6. 1
〔論説〕新聞の小説・研究の精神		信濃毎日新聞	M32. 6. 2
〔論説〕国民の気質を改めよ	愛　山　生	信濃毎日新聞	M32. 6. 3
〔論説〕教育上の一意見	信濃毎日新聞記者	信濃毎日新聞	M32. 6. 4

人生と文学		信濃毎日新聞	M32. 6. 6
諸友訓誨録	愛　山　生	信濃毎日新聞	M32. 6. 7
〔論説〕駅員の業務を監査すべし・英国総領事ボナー氏の来遊を迎ふ		〃	〃
諸友訓誨録（承前）	愛　山　生	信濃毎日新聞	M32. 6. 8
〔論説〕新聞を読むの法・青年と文学		〃	〃
諸友訓誨録（承前）	愛　山　生	信濃毎日新聞	M32. 6. 9
〔論説〕僻村の郵便事務・害虫に油断すべからず		信濃毎日新聞	M32. 6. 10
諸友訓誨録（四）	愛　山　生	信濃毎日新聞	M32. 6. 11
長野慈善会の席上に於て	山　路　生	〃	〃
諸友訓誨録（承前）	愛　山　生	信濃毎日新聞	M32. 6. 13
諸友訓誨録（承前）	愛　山　生	信濃毎日新聞	M32. 6. 14
住友家の家憲を読む		〃	〃
二主義の衝突		信濃毎日新聞	M32. 6. 15
無益なる批評		信濃毎日新聞	M32. 6. 18
（小品集）外山博士に与ふ	信州一平民	〃	〃
伊藤長七君に与ふ	山　路　生	〃	〃
〔社説〕長野慈善会の席上に於て	山　路　生	婦　人　新　報	M32. 6. 20
那翁の半面・専門以外の技芸		信濃毎日新聞	M32. 6. 22
那翁の半面（承前）		信濃毎日新聞	M32. 6. 23
那翁の半面（承前）		信濃毎日新聞	M32. 6. 24
那翁の半面（承前）		信濃毎日新聞	M32. 6. 25
長野より東京まで	愛　山　生	〃	〃
長野より東京まで	愛　山　生	信濃毎日新聞	M32. 6. 27
租税の使途に注意せよ		〃	〃
若し自治体の公債を起すならば（長野市民よ大胆なれ）		信濃毎日新聞	M32. 6. 28
太平線一部の競争		信濃毎日新聞	M32. 6. 30

小学教師と思想の自由　小県依城君に与ふ	没々迂人	信濃毎日新聞	M32. 7. 2
日本帝国をして少年国ならしむること勿れ		信濃毎日新聞	M32. 7. 4
（小品集）渡辺敏先生に与ふ	山路生	〃	〃
先づ自負心を打破すべし		信濃毎日新聞	M32. 7. 6
（小品集）星亨君に与ふ		〃	〃
高田所見	山路生	信濃毎日新聞	M32. 7. 7
国の風俗の話		信濃毎日新聞	M32. 7. 8
人口増殖の結果		信濃毎日新聞	M32. 7. 9
（小品集）園山勇君に与ふ	山路生	〃	〃
賭博以外芸妓以外		信濃毎日新聞	M32. 7. 11
文部省令を読む		信濃毎日新聞	M32. 7. 12
外国の習俗に対する覚悟（上）		信濃毎日新聞	M32. 7. 13
外国の習俗に対する覚悟（中）		信濃毎日新聞	M32. 7. 14
外国の習俗に対する覚悟（下）		信濃毎日新聞	M32. 7. 15
詩人の話（青年の為にす、「サミユール、レイング」の著述に拠る）		信濃毎日新聞	M32. 7. 16
某県会議員候補者に与ふる書		〃	〃
宜しく遠征を試むべし（暑中休業の学生に告ぐ）		信濃毎日新聞	M32. 7. 18
詩人の話（二）		〃	〃
詩人の話（三）		信濃毎日新聞	M32. 7. 19
家庭の堤防を厳にすべし		〃	〃
詩人の話（四）		信濃毎日新聞	M32. 7. 20
将に大地主の世の中とならんとす		〃	〃
詩人の話（五）		信濃毎日新聞	M32. 7. 21
夏期休業遠征論の余論		〃	〃
詩人の話（六）		信濃毎日新聞	M32. 7. 22

所謂国家社会主義		〃	〃
（小品集）名文軌範	東西南北生	〃	〃
詩人の話（七）		信濃毎日新聞	M32. 7. 23
耕地整理法施行の準備は如何		〃	〃
高山彦九郎伝（一）	愛 山 逸 民	信濃毎日新聞	M32. 7. 25
中学校を設けん乎、実業学校を設けん乎		〃	〃
高山彦九郎伝　第二回旗本形質、宝暦の辻切り（一）		信濃毎日新聞	M32. 7. 26
小学校設置準則に付て本県に望む		〃	〃
高山彦九郎伝　第三回旗本形質、宝暦の辻切り（二）		信濃毎日新聞	M32. 7. 27
病人は罪人に非ず病院は監獄に非ず（赤痢の流行に就て）		〃	〃
高山彦九郎伝　第四回旗本形質、宝暦の辻切り（三）		信濃毎日新聞	M32. 7. 28
演劇を見て感あり		〃	〃
高山彦九郎伝　第五回世を罵り俗を嘲る志道軒（一）		信濃毎日新聞	M32. 7. 29
破格論（福翁自伝を読む）			
高山彦九郎伝　第六回世を罵り俗を嘲る志道軒（二）		信濃毎日新聞	M32. 7. 30
農家繁昌の策如何			
高山彦九郎　第七回世を罵り俗を嘲る志道軒（三）		信濃毎日新聞	M32. 8. 1
庶姓寒人寸進の道なし	草 盧 陳 人	〃	〃
高山彦九郎　第八回世を罵り俗を嘲る志道軒（四）	愛 山 逸 民	信濃毎日新聞	M32. 8. 2
教授以外の訓練教科書以外の教育（諸先生の来遊）		〃	〃

高山彦九郎　第九回世を罵り俗を嘲る志道軒（五）	愛 山 逸 民	信濃毎日新聞	M32. 8. 3
利子にて衣食する人に告ぐ		〃	〃
高山彦九郎　第十回少年太平記を読んで大志を起す	愛 山 逸 民	信濃毎日新聞	M32. 8. 4
家の大黒柱は国家の大黒柱なり		〃	〃
高山彦九郎　第十一回時勢一変（一）	愛 山 逸 民	信濃毎日新聞	M32. 8. 5
記者と読者		〃	〃
高山彦九郎　第十一回時勢一変（二）	愛 山 逸 民	信濃毎日新聞	M32. 8. 6
岸本明治法律学校長の演説を評す（一）		〃	〃
高山彦九郎　第十二回時勢一変（三）	愛 山 逸 民	信濃毎日新聞	M32. 8. 8
岸本明治法律学校長の演説を評す（二）		〃	〃
高山彦九郎　第十三回時勢一変（四）	愛 山 逸 民	信濃毎日新聞	M32. 8. 9
岸本明治法律学校長の演説を評す（三）		〃	〃
高山彦九郎　第十三回時勢一変（五）	愛 山 逸 民	信濃毎日新聞	M32. 8. 10
記者の心得（長野新聞の評論につきて）	愛　山　生	〃	〃
高山彦九郎　第十四回時勢一変（六）	愛 山 逸 民	信濃毎日新聞	M32. 8. 11
勝つて冑の緒を結べ		〃	〃
高山彦九郎　第十五回草莽の臣正之（一）	愛 山 逸 民	信濃毎日新聞	M32. 8. 12
文章論		〃	〃
高山彦九郎　第十六回草莽の臣正之（二）	愛 山 逸 民	信濃毎日新聞	M32. 8. 13
書斎漫言		〃	〃
高山彦九郎　第十七回草莽の臣正之（三）	愛 山 逸 民	信濃毎日新聞	M32. 8. 15
女子と工芸		〃	〃

高山彦九郎　第十八回草莽の臣正之(四)	愛 山 逸 民	信濃毎日新聞	M32. 8. 16
精霊祭りと盆踊り		〃	〃
高山彦九郎　第十九回草莽の臣正之(五)	愛 山 逸 民	信濃毎日新聞	M32. 8. 17
憲政党の為めに寃を雪ぐ		〃	〃
高山彦九郎　第二十回草莽の臣正之(六)	愛 山 逸 民	信濃毎日新聞	M32. 8. 18
杏の鑵詰を売るものゝ言		〃	〃
高山彦九郎　第廿一回草莽の臣正之(七)	愛 山 逸 民	信濃毎日新聞	M32. 8. 19
伝染病舎を完全にせよ		〃	〃
高山彦九郎　第廿二回草莽の臣正之(八)	愛 山 逸 民	信濃毎日新聞	M32. 8. 20
一面より見たる議員選挙		〃	〃
高山彦九郎　第廿三回草莽の臣正之(九)	愛 山 逸 民	信濃毎日新聞	M32. 8. 22
先づ人物を精査せよ		〃	〃
非拝金論（旧稿）	愛　山　生	〃	〃
高山彦九郎　第廿四回田沼の専権(一)	愛 山 逸 民	信濃毎日新聞	M32. 8. 23
和気を養ふべし（俳諧論）		〃	〃
高山彦九郎　第廿五回田沼の専権(二)	愛 山 逸 民	信濃毎日新聞	M32. 8. 24
工女の風儀につきて		〃	〃
高山彦九郎　第廿六回田沼の専権(三)	愛 山 逸 民	信濃毎日新聞	M32. 8. 25
平民的娯楽		〃	〃
高山彦九郎　第廿七回田沼の専権(四)	愛 山 逸 民	信濃毎日新聞	M32. 8. 26
警察官の効能		〃	〃
高山彦九郎　第廿八回田沼の専権(五)	愛 山 逸 民	信濃毎日新聞	M32. 8. 27
行政権の独立を論じて押川知事に与ふ		〃	〃
剪燈閑話 百物語　其一	愛　山　生	〃	〃

高山彦九郎　第廿九回田沼の専権（六）	愛 山 逸 民	信濃毎日新聞	M32. 8. 29
古学の教育		〃	〃
高山彦九郎　第三十回田沼の専権（七）	愛 山 逸 民	信濃毎日新聞	M32. 8. 30
害虫講習会を設くべし		〃	〃
高山彦九郎　第卅一回田沼の専権（八）	愛 山 逸 民	信濃毎日新聞	M32. 8. 31
剪燈閑話 百物語 其四 老女の執念	愛　山　生	〃	〃
富豪を悪むこと勿れ		〃	〃
高山彦九郎　第卅一回田沼の専権（八）	愛 山 逸 民	信濃毎日新聞	M32. 9. 1
如何にして営業の自由を制限すべき		〃	〃
高山彦九郎　第卅二回田沼の専権（九）	愛 山 逸 民	信濃毎日新聞	M32. 9. 2
如何にして人心を開悟せしむべき		〃	〃
高山彦九郎　第卅三回彦九郎狂憤（一）	愛 山 逸 民	信濃毎日新聞	M32. 9. 3
婦人の器械紬講習		〃	〃
能愛民（用石痴先生韻）	五 斗 米 生	〃	〃
高山彦九郎　第卅四回彦九郎狂憤（二）	愛 山 逸 民	信濃毎日新聞	M32. 9. 5
新聞記者としての徳義（上）		〃	〃
高山彦九郎　第卅五回彦九郎狂憤（三）	愛 山 逸 民	信濃毎日新聞	M32. 9. 6
新聞記者としての徳義（下）		〃	〃
高山彦九郎　第卅六回彦九郎狂憤（四）	愛 山 逸 民	信濃毎日新聞	M32. 9. 7
政党論	無　名　氏	〃	〃
高山彦九郎　第卅七回彦九郎狂憤（五）	愛 山 逸 民	信濃毎日新聞	M32. 9. 8
曲亭馬琴を懐ふ		〃	〃
高山彦九郎　第卅八回彦九郎狂憤（六）	愛 山 逸 民	信濃毎日新聞	M32. 9. 9
想像力の修養		〃	〃
高山彦九郎　第卅九回越州後宮を抑ふ（一）	愛 山 逸 民	信濃毎日新聞	M32. 9. 10
老成果して喜ぶべきか		〃	〃
高山彦九郎　第四十回時世再変	愛 山 逸 民	信濃毎日新聞	M32. 9. 12
上流下流の弁		〃	〃
高山彦九郎　第四十一回木曽山中の彦九郎	愛 山 逸 民	信濃毎日新聞	M32. 9. 13

落選者安心論		〃	〃
高山彦九郎　第四十二回好漢好漢を識る	愛 山 逸 民	信濃毎日新聞	M32.　9. 14
衣粧を拝むこと勿れ（落選者安心論の二）		〃	〃
高山彦九郎　第四十三回東北遊歴（一）	愛 山 逸 民	信濃毎日新聞	M32.　9. 15
青年よ奮起せよ		〃	〃
牽牛花	愛　山　生	〃	〃
平野生に答ふ	愛　山　生	信濃毎日新聞	M32.　9. 16
高山彦九郎　第四十四回奥州より蝦夷（一）	愛 山 逸 民	信濃毎日新聞	M32.　9. 17
政治家の覚悟		〃	〃
高山彦九郎　第四十五回奥州より蝦夷（二）	愛 山 逸 民	信濃毎日新聞	M32.　9. 19
三種の人		〃	〃
寧ろ正直なるものを選べ		信濃毎日新聞	M32.　9. 20
高山彦九郎　第四十六回京都の彦九郎（一）	愛 山 逸 民	信濃毎日新聞	M32.　9. 21
中秋無月	愛　山　生	〃	〃
高山彦九郎　第四十七回九州漫遊（一）	愛 山 逸 民	信濃毎日新聞	M32.　9. 22
青年よ奮起せよ（再び）		〃	〃
高山彦九郎　第四十七回九州漫遊（二）	愛 山 逸 民	信濃毎日新聞	M32.　9. 23
文壇の開発主義	愛　山　生	〃	〃
高山彦九郎　第四十八回九州漫遊（三）	愛 山 逸 民	信濃毎日新聞	M32.　9. 26
政党の教育		〃	〃
県会を監督すべきこと		信濃毎日新聞	M32.　9. 27
高山彦九郎　第四十九回自殺（一）	愛 山 逸 民	信濃毎日新聞	M32.　9. 28
学問と智慧の差別	無　名　氏	〃	〃
高山彦九郎　第五十回自殺（二）	愛 山 逸 民	信濃毎日新聞	M32.　9. 29
村社、郷社の祭礼につきて		〃	〃

高山彦九郎　第五十一回筆の余り(一)	愛山逸民	信濃毎日新聞	M32. 9. 30
各派の戦略につきて		〃	〃
高山彦九郎　第五十二回筆の余り(二)	愛山逸民	信濃毎日新聞	M32. 10. 1
何をか真実の勝利といふ		〃	〃
エメルソン集を読む	東西南北生	〃	〃
高山彦九郎　第五十三回筆の余り(三)	愛山逸民	信濃毎日新聞	M32. 10. 3
沈黙		〃	〃
高山彦九郎第五十四回筆の余り（四）	愛山逸民	信濃毎日新聞	M32. 10. 4
機業講習に就て（再び）		〃	〃
〔論説〕政党の政治的練訓	山路弥吉	憲政党党報	M32. 10. 5
伊達騒動記　はしがき	愛山逸民	信濃毎日新聞	M32. 10. 5
自ら限ること勿れ		〃	〃
伊達騒動記　第一回正《ママ》宗卿（上）	愛山逸民	信濃毎日新聞	M32. 10. 6
諺		〃	〃
伊達騒動記　第一回正《ママ》宗卿（下）	愛山逸民	信濃毎日新聞	M32. 10. 7
列国の接近		〃	〃
伊達騒動記　第三回明暦の大火（一）	愛山逸民	信濃毎日新聞	M32. 10. 8
溝に投じたる十万円	七十三翁世外庵	〃	〃
伊達騒動記　第四回明暦の大火（二）	愛山逸民	信濃毎日新聞	M32. 10. 10
精神的の饗応		〃	〃
伊達騒動記　第五回明暦の大火（三）	愛山逸民	信濃毎日新聞	M32. 10. 11
無我の説		〃	〃
伊達騒動記　第六回吉原の小歴史(一)	愛山逸民	信濃毎日新聞	M32. 10. 12
婦人の進歩		〃	〃
伊達騒動記　第七回吉原の小歴史(二)	愛山逸民	信濃毎日新聞	M32. 10. 13
文字は符徴なり		〃	〃
伊達騒動記　第八回吉原の小歴史(三)	愛山逸民	信濃毎日新聞	M32. 10. 14
〔文苑〕題白山先生批青萍先生詩巻	山路弥吉	〃	〃
〔文苑〕訪泉源亭呈青萍先生（次韻）	山路愛山	〃	〃

非筆誅	希　望　生	〃	〃
伊達騒動記　第九回遊侠（一）	愛山逸民	信濃毎日新聞	M32. 10. 15
日本の宗教改革史（師範学校学友会席上に於て）	山路弥吉	〃	〃
伊達騒動記　第十回遊侠（二）	愛山逸民	信濃毎日新聞	M32. 10. 17
日本の宗教改革史（続き）（師範学校学友会席上に於て）		〃	〃
伊達騒動記　第十一回古内主膳を洞察す　未見	愛山逸民	信濃毎日新聞	M32. 10. 19
日本の宗教改革史（続き）（師範学校学友会席上に於て）	山路弥吉	〃	〃
伊達騒動記　第十二回高尾殺しは虚談なり	愛山逸民	信濃毎日新聞	M32. 10. 20
日本の宗教改革史（続き）（師範学校学友会席上に於て）	山路弥吉	〃	〃
伊達騒動記　第十三回遊女高尾（一）	愛山逸民	信濃毎日新聞	M32. 10. 21
日本の宗教改革史（続き）（師範学校学友会席上に於て）（完）		〃	〃
伊達騒動記　第十四回遊女高尾（二）	愛山逸民	信濃毎日新聞	M32. 10. 22
先づ歴史を尋ねべし		〃	〃
伊達騒動記　第十五回綱宗朝臣譲封の事（一）	愛山逸民	信濃毎日新聞	M32. 10. 24
十露盤より改革を割出すべし		〃	〃
更級巡り（一）第一日	愛　山　生	〃	〃
伊達騒動記　第十六回綱宗朝臣譲封の事（二）	愛山逸民	信濃毎日新聞	M32. 10. 25
更級巡り（二）第一日（続き）	愛　山　生	〃	〃
県下憲政党の前途		〃	〃
伊達騒動記　第十七回綱宗朝臣譲封の事（三）	愛山逸民	信濃毎日新聞	M32. 10. 26
更級巡り（三）第一日（続き）	愛　山　生	〃	〃

開校式の祝辞	山路弥吉	〃	〃
伊達騒動記　第十八回党派の争ひ(一)	愛山逸民	信濃毎日新聞	M32. 10. 27
壟断者を制すべし		〃	〃
伊達騒動記　第十九回党派の争ひ(二)	愛山逸民	信濃毎日新聞	M32. 10. 28
更級巡り(四)　第一日（前々号の続き）	愛山生	〃	〃
情実論		〃	〃
伊達騒動記　第二十回国老の人物	愛山逸民	信濃毎日新聞	M32. 10. 29
更級巡り(五)　第一日（続き）	愛山生	〃	〃
自殺論		〃	〃
伊達騒動記　第二十一回世上の変遷(一)	愛山逸民	信濃毎日新聞	M32. 10. 31
更級巡り(五)　第二日	愛山生	〃	〃
婦人の勢力(長野婦人慈善会席上講話)		〃	〃
伊達騒動記　第二十二回世上の変遷(二)	愛山逸民	信濃毎日新聞	M32. 11. 1
更級巡り(六)　第二日（前号の続き）	愛山生	〃	〃
婦人の勢力（続き）(長野婦人慈善会席上講話)(完)		〃	〃
伊達騒動記　第二十三回世上の変遷(三)	愛山逸民	信濃毎日新聞	M32. 11. 2
地方問題		〃	〃
伊達騒動記　第二十四回原田兵部と結ぶ	愛山逸民	信濃毎日新聞	M32. 11. 3
何を以て聖明に対へん		〃	〃
伊達騒動記　第二十五回孰れか是孰れか非（一）	愛山逸民	信濃毎日新聞	M32. 11. 5
礼儀論	山路弥吉	〃	〃
伊達騒動記　第二十六回孰れか是孰れか非（二）	愛山逸民	信濃毎日新聞	M32. 11. 7
可笑しきこと		〃	〃

伊達騒動記　第二十七回里見の極諫（一）	愛山逸民	信濃毎日新聞	M32. 11. 8
国文読本に就て		〃	〃
通常県会と県参事会人才養成		信濃毎日新聞	M32. 11. 9
伊達騒動記　第二十八回里見の極諫（三）	愛山逸民	信濃毎日新聞	M32. 11. 10
市民の娯楽		〃	〃
伊達騒動記　第二十九回里見の極諫（四）	愛山逸民	信濃毎日新聞	M32. 11. 11
伊達騒動記　第三十回里見の極諫（五）公共心	愛山逸民	信濃毎日新聞	M32. 11. 12
伊達騒動記　第三十一回伊藤七十郎の騒動（一）	愛山逸民	信濃毎日新聞	M32. 11. 14
天変地妖		〃	〃
伊達騒動記　第三十二回伊藤七十郎の騒動（二）	愛山逸民	信濃毎日新聞	M32. 11. 15
上高井郡仏教発会式席上に於て	山路弥吉	〃	〃
伊達騒動記　第三十三回伊藤七十郎の騒動（三）	愛山逸民	信濃毎日新聞	M32. 11. 16
〔文苑〕木村先生詩並序	山路生	〃	〃
礼節論		〃	〃
上高井仏教会	愛山生	〃	〃
伊達騒動記　第三十四回伊藤七十郎の騒動（四）	愛山逸民	信濃毎日新聞	M32. 11. 17
法を以て人を殺すこと勿れ		〃	〃
伊達騒動記　第三十五回伊藤七十郎の騒動（五）	愛山逸民	信濃毎日新聞	M32. 11. 18
伊達騒動記　第三十六回伊藤七十郎の騒動（六）	愛山逸民	信濃毎日新聞	M32. 11. 19
爐辺閑談		〃	〃
伊達騒動記　第三十七回伊藤七十郎の	愛山逸民	信濃毎日新聞	M32. 11. 21

騒動（七）			
君子の如く争ふべし		〃	〃
城山館所見	愛　山　生	〃	〃
伊達騒動記　第三十八回伊藤七十郎の騒動（八）	愛 山 逸 民	信濃毎日新聞	M32. 11. 22
規律論		〃	〃
伊達騒動記　第三十九回境論の発端（一）	愛 山 逸 民	信濃毎日新聞	M32. 11. 23
深憂大患		〃	〃
伊達騒動記　第四十回境論の発端（二）	愛 山 逸 民	信濃毎日新聞	M32. 11. 25
〔文苑〕題前赤壁図	山 路 愛 山	〃	〃
伊達騒動記　第四十一回境論（一）	愛 山 逸 民	信濃毎日新聞	M32. 11. 26
参政権の侵害に非る乎		〃	〃
伊達騒動記　第四十二回境論（二）	愛 山 逸 民	信濃毎日新聞	M32. 11. 28
学記を読む（上）（師範学校学友会雑誌の為め）	山 路 弥 吉	〃	〃
伊達騒動記　第四十三回境論（三）	愛 山 逸 民	信濃毎日新聞	M32. 11. 29
学記を読む（中）（師範学校学友会雑誌の為め）	山 路 弥 吉	〃	〃
伊達騒動記　第四十四回境論（四）	愛 山 逸 民	信濃毎日新聞	M32. 11. 30
学記を読む（下）（師範学校学友会雑誌の為め）	山 路 弥 吉	〃	〃
伊達騒動記　第四十五回境論（五）	愛 山 逸 民	信濃毎日新聞	M32. 12. 1
校長難（上）		〃	〃
頼襄を論ず（高松正道編『美文散文 閑雲野鶴』〔名家文庫第７編〕所収）	山 路 弥 吉	〈大　学　館〉	M32. 12. 1
伊達騒動記　第四十六回境論（六）	愛 山 逸 民	信濃毎日新聞	M32. 12. 2
校長難（下）		〃	〃
伊達騒動記　第四十七回境論（七）	愛 山 逸 民	信濃毎日新聞	M32. 12. 3
友人と師範学校の事を論ずる書		〃	〃

伊達騒動記　第四十八回境論一変して悪政弾劾となる（一）	愛 山 逸 民	信濃毎日新聞	M32. 12. 5
県経済の前途		〃	〃
伊達騒動記　第四十九回境論一変して悪政弾劾となる（二）	愛 山 逸 民	信濃毎日新聞	M32. 12. 6
強弱論（青年に告ぐ）		〃	〃
伊達騒動論　第五十回境論一変して悪政弾劾となる（三）	愛 山 逸 民	信濃毎日新聞	M32. 12. 7
私塾を建つべし		〃	〃
伊達騒動記　第五十一回石水和尚	愛 山 逸 民	信濃毎日新聞	M32. 12. 8
法律よりも大なる法律（深井師範学校長に与ふ）		〃	〃
伊達騒動記　第五十二回安芸江戸に着す	愛 山 逸 民	信濃毎日新聞	M32. 12. 9
婦人と信心		〃	〃
伊達騒動記　第五十三回偽書の事	愛 山 逸 民	信濃毎日新聞	M32. 12. 10
政治的良心将に眠らんとす		〃	〃
伊達騒動記　第五十四回八箇条の罪状	愛 山 逸 民	信濃毎日新聞	M32. 12. 12
気風の説		〃	〃
伊達騒動記　第五十五回審問第一回	愛 山 逸 民	信濃毎日新聞	M32. 12. 13
商業の秘訣		〃	〃
伊達騒動記　第五十六回大老酒井忠情の事	愛 山 逸 民	信濃毎日新聞	M32. 12. 14
連合共進会		〃	〃
伊達騒動記　第五十七回古内の参府	愛 山 逸 民	信濃毎日新聞	M32. 12. 15
市政の当局者に告ぐ		〃	〃
伊達騒動記　第五十八回終局（一）	愛 山 逸 民	信濃毎日新聞	M32. 12. 16
連合共進会審査の方法に就て	当業者の一人	〃	〃
伊達騒動記　第五十九回終局（二）	愛 山 逸 民	信濃毎日新聞	M32. 12. 17
日欧人		〃	〃

自画自賛		信濃毎日新聞	M32. 12. 19
〔論説〕学記を読む	山路弥吉	学　友	M32. 12. 20
伊達騒動記　第六十回終局（三）	愛山逸民	信濃毎日新聞	M32. 12. 20
本県知事の教育に関する訓令を読む		〃	〃
伊達騒動記　第六十一回終局（四）	愛山逸民	信濃毎日新聞	M32. 12. 21
愛すべき競争		〃	〃
伊達騒動記　第六十二回終局（五）	愛山逸民	信濃毎日新聞	M32. 12. 22
何ぞ長短を較せん		〃	〃
伊達騒動記　第六十三回終局（六）	愛山逸民	信濃毎日新聞	M32. 12. 23
公共心の養成（長野養育院、及び長野の少年）		〃	〃
伊達騒動記　第六十四回終局（七）	愛山逸民	信濃毎日新聞	M32. 12. 24
其日其日		〃	〃
伊達騒動記　第六十五回終局（八）	愛山逸民	信濃毎日新聞	M32. 12. 26
愛国と愛党は二にあらず		〃	〃
水を治めん乎心を治めん乎		信濃毎日新聞	M32. 12. 27
伊達騒動記　第六十六回終局（九）	愛山逸民	信濃毎日新聞	M32. 12. 28
記者の懺悔		〃	〃
年を送る　未見		信濃毎日新聞	M32. 12. ？
浮世　初篇碧翁の伝（一）	愛山生	信濃毎日新聞	M33. 1. 1
新年感懐		〃	〃
浮世　碧翁伝（二）	愛山逸民	信濃毎日新聞	M33. 1. 5
明治三十三年の諸問題		〃	〃
浮世　碧翁伝（三）	愛山逸民	信濃毎日新聞	M33. 1. 6
独学論		〃	〃
浮世　碧翁伝（四）	愛山逸民	信濃毎日新聞	M33. 1. 7
屋外の遊戯を盛にすべし		〃	〃
浮世　碧翁伝（五）	愛山逸民	信濃毎日新聞	M33. 1. 9
人乎、法乎。（藤侯実歴を読む）		〃	〃
浮世　碧翁伝（六）	愛山逸民	信濃毎日新聞	M33. 1. 10

農業の説		〃	〃
〔論説〕ボルテールを論ず	愛　山　生	笹　ふ　ね	M33.　1. 11
浮世　碧翁伝（七）	愛 山 逸 民	信濃毎日新聞	M33.　1. 11
誹謗に対するの道		〃	〃
浮世　碧翁伝（八）	愛 山 逸 民	信濃毎日新聞	M33.　1. 12
氷滑りの歌		〃	〃
浮世　碧翁伝（九）	愛 山 逸 民	信濃毎日新聞	M33.　1. 13
殺風景なる平等論		〃	〃
浮世　碧翁伝（十）	愛 山 逸 民	信濃毎日新聞	M33.　1. 14
「ボルテール」を論ず（上）	愛　山　生	〃	〃
「ボルテール」を論ず（下）	愛　山　生	信濃毎日新聞	M33.　1. 16
浮世　碧翁伝（十一）	愛 山 逸 民	信濃毎日新聞	M33.　1. 17
吾れ豈弁を好まんや		〃	〃
浮世　碧翁伝（十二）	愛 山 逸 民	信濃毎日新聞	M33.　1. 18
詩人論		〃	〃
浮世　碧翁伝（十二）	愛 山 逸 民	信濃毎日新聞	M33.　1. 19
出獄人保護事業		〃	〃
浮世　碧翁伝（十三）	愛 山 逸 民	信濃毎日新聞	M33.　1. 20
友人と政治を論ずる書		〃	〃
浮世　碧翁伝（十四）	愛 山 逸 民	信濃毎日新聞	M33.　1. 21
言語文章		〃	〃
浮世　碧翁伝（十五）	愛 山 逸 民	信濃毎日新聞	M33.　1. 23
近代人物畧評（い）の部	読破万巻楼主人	〃	〃
来るべき内閣		〃	〃
浮世　碧翁伝（十六）	愛 山 逸 民	信濃毎日新聞	M33.　1. 24
奸猾なる山林払下の運動者		〃	〃
近代人物畧評（二）（ロ）の部、（ハ）の部	読破万巻楼主人	〃	〃

浮世　碧翁伝（十七）	愛 山 逸 民	信濃毎日新聞	M33. 1. 25
文学と道徳		〃	〃
近代人物畧評（三）（ハ）の部	読破万巻楼主人	〃	〃
女子教育を盛んにせよ		信濃毎日新聞	M33. 1. 26
浮世　碧翁伝（十七）	愛 山 逸 民	信濃毎日新聞	M33. 1. 27
黄金は無能力なり		〃	〃
近代人物畧評（四）（ニ）ノ部、（ホ）の部（一）	読破万巻楼主人	〃	〃
浮世　碧翁伝（十七）	愛 山 逸 民	信濃毎日新聞	M33. 1. 28
子孫に自由を与へよ		〃	〃
浮世　碧翁伝（十八）	愛 山 逸 民	信濃毎日新聞	M33. 1. 30
巡査論（上）		〃	〃
近代人物畧評（五）（ホ）の部（二）	読破万巻楼主人	〃	〃
巡査論（下）		信濃毎日新聞	M33. 2. 1
浮世　碧翁伝（十九）	愛 山 逸 民	信濃毎日新聞	M33. 2. 2
政治学の教育		〃	〃
大屋便り（五月三十一日）	山路愛山生	〃	〃
浮世（二十）堕落（一）	愛 山 逸 民	信濃毎日新聞	M33. 2. 3
言語の改良		〃	〃
浮世（廿一）堕落（二）	愛 山 逸 民	信濃毎日新聞	M33. 2. 4
宗旨の政治の事		〃	〃
近代人物畧評（五）（ホ）の部（三）、（ヘ）の部、（ト）の部（一）	読破万巻楼主人	〃	〃
浮世（廿二）堕落（三）	愛 山 逸 民	信濃毎日新聞	M33. 2. 6
新任の中学校教諭に与ふ		〃	〃
近代人物畧評（六）（ト）の部（二）	読破万巻楼主人	〃	〃

浮世（廿三）堕落（四）	愛 山 逸 民	信濃毎日新聞	M33. 2. 7
小吏を尊敬せよ		〃	〃
近代人物短評（七）（ト）の部（三）	読破万巻楼主人	〃	〃
浮世（廿四）堕落（五）	愛 山 逸 民	信濃毎日新聞	M33. 2. 8
何ぞ山林を買はざる		〃	〃
浮世（廿五）堕落（六）	愛 山 逸 民	信濃毎日新聞	M33. 2. 9
養育院拡張の議		〃	〃
近代人物短評（八）（ト）の部（四）	読破万巻楼主人	〃	〃
浮世（廿六）堕落（七）	愛 山 逸 民	信濃毎日新聞	M33. 2. 10
潔癖を慎めよ		〃	〃
近代人物短評（九）（ト）の部（五）	読破万巻楼主人	〃	〃
浮世（廿七）堕落（八）	愛 山 逸 民	信濃毎日新聞	M33. 2. 11
茅屋の紀元節		〃	〃
浮世（廿八）堕落（九）	愛 山 逸 民	信濃毎日新聞	M33. 2. 13
実業に付思ふ事ども		〃	〃
道理と人情		信濃毎日新聞	M33. 2. 14
浮世（廿九）堕落（十）	愛 山 逸 民	信濃毎日新聞	M33. 2. 15
通俗		〃	〃
夜の国　未見		信濃毎日新聞	M33. 2. 16
浮世（三十）堕落（十一）	愛 山 逸 民	信濃毎日新聞	M33. 2. 17
度量衡検定問答		〃	〃
浮世（卅一）堕落（十二）	愛 山 逸 民	信濃毎日新聞	M33. 2. 20
寄書家諸君に謝し奉る（続）		〃	〃
売買の心得		信濃毎日新聞	M33. 2. 21
浮世（卅一）堕落（十二）	愛 山 逸 民	信濃毎日新聞	M33. 2. 22
法律を頼むに過ぐること勿れ		〃	〃

学党以外の人に与ふ		信濃毎日新聞	M33. 2. 23
浮世（卅二）堕落（十三）	愛 山 逸 民	信濃毎日新聞	M33. 2. 24
学者須らく旗幟を明かにすべし		〃	〃
浮世（卅三）堕落（十四）	愛 山 逸 民	信濃毎日新聞	M33. 2. 25
祝すべき哉・無記名単記大選挙区・法と人と・選挙の嚮道・政党以外の人士の奮起・長野及び松本		〃	〃
浮世（卅三）堕落（十五）	愛 山 逸 民	信濃毎日新聞	M33. 2. 27
裸体論		〃	〃
浮世（卅四）堕落（十六）	愛 山 逸 民	信濃毎日新聞	M33. 2. 28
「一色村ヤクば」の説		〃	〃
最も手近なる社会問題		信濃毎日新聞	M33. 3. 1
浮世（卅五）堕落（十七）	愛 山 逸 民	信濃毎日新聞	M33. 3. 2
検事を論ず		〃	〃
浮世（卅六）堕落（十八）	愛 山 逸 民	信濃毎日新聞	M33. 3. 3
素人の議論を聴くべし		〃	〃
神郷同窓会に与ふ	山 路 弥 吉	〃	〃
浮世（卅七）堕落（十九）	愛 山 逸 民	信濃毎日新聞	M33. 3. 4
長野商業倶楽部発会式席上に於て	山 路 弥 吉	〃	〃
浮世（卅八）堕落（二十）	愛 山 逸 民	信濃毎日新聞	M33. 3. 6
浮世（卅九）堕落（廿一）	愛 山 逸 民	信濃毎日新聞	M33. 3. 7
読書論		〃	〃
浮世（四十）堕落（廿二）	愛 山 逸 民	信濃毎日新聞	M33. 3. 8
士風の弛張		〃	〃
盛んに貨殖の道を講すべし		信濃毎日新聞	M33. 3. 9
礼節を論ず		信濃毎日新聞	M33. 3. 10
政界の新局面		信濃毎日新聞	M33. 3. 11
不朽の事業	愛　山　生	信濃毎日新聞	M33. 3. 13
会話	愛　山　生	信濃毎日新聞	M33. 3. 14

気質の修養	愛　山　生	信濃毎日新聞	M33.　3. 15
早く老ゆる勿れ	愛　山　生	信濃毎日新聞	M33.　3. 16
次の内閣は如何		信濃毎日新聞	M33.　3. 17
正貨流出恐るゝに足らず	愛　山　生	信濃毎日新聞	M33.　3. 18
政界□談	愛　山　生	信濃毎日新聞	M33.　3. 20
人物相場の乱高下	愛　山　生	信濃毎日新聞	M33.　3. 21
臨時県会		信濃毎日新聞	M33.　3. 23
自治体を論ず		信濃毎日新聞	M33.　3. 24
佐久間象山先生及び其時代（一）	岡村雄海著、山路愛山補	信濃毎日新聞	M33.　3. 25
佐久間象山先生及び其時代（二）少年時代（一）	岡村雄海著、山路愛山補	信濃毎日新聞	M33.　3. 27
近代人物短評（ト）の部	読破万巻楼主人	〃	〃
独立の判断		〃	〃
佐久間象山先生及び其時代（三）少年時代（二）	岡村雄海著、山路愛山補	信濃毎日新聞	M33.　3. 28
地方官の責任		〃	〃
佐久間象山先生及び其時代（四）少年時代（三）	岡村雄海著、山路愛山補	信濃毎日新聞	M33.　3. 29
上水内郡大豆島村婦人会席上に於て	山路弥吉	〃	〃
佐久間象山先生及び其時代（五）少年時代（四）	岡村雄海著、山路愛山補	信濃毎日新聞	M33.　3. 30
何を以て奉祝の意を表せん（図書館の設立）		〃	〃
佐久間象山先生及び其時代（六）少年時代（五）	岡村雄海著、山路愛山補	信濃毎日新聞	M33.　3. 31
家庭叢談を読む（一）（福沢諭吉先生を論ず）		〃	〃
佐久間象山先生及び其時代（七）少年	岡村雄海著、	信濃毎日新聞	M33.　4.　1

時代（六）	山路愛山補		
家庭叢談を読む（二）（福沢諭吉先生を論ず）		〃	〃
佐久間象山先生及び其時代（八）少年時代（七）	岡村雄海著、山路愛山補	信濃毎日新聞	M33. 4. 3
家庭叢談を読む（三）（福沢諭吉先生を論ず）		〃	〃
佐久間象山先生及び其時代（九）少年時代（八）	岡村雄海著、山路愛山補	信濃毎日新聞	M33. 4. 5
家庭叢談を読む（四）（福沢諭吉先生を論ず）（完）		〃	〃
佐久間象山先生及び其時代（十）江戸遊学（一）	岡村雄海著、山路愛山補	信濃毎日新聞	M33. 4. 6
蚕種同業組合連合会成る		〃	〃
田舎より首府に　第一信 政治と信仰	愛　山　生	国　民　新　聞	M33. 4. 6
佐久間象山先生及び其時代（十一）江戸遊学（二）	岡村雄海著、山路愛山補	信濃毎日新聞	M33. 4. 7
釈尊降誕会		〃	〃
佐久間象山先生及び其時代（十二）江戸遊学（三）	岡村雄海著、山路愛山補	信濃毎日新聞	M33. 4. 8
父兄の小学先生に与ふるに擬する書		〃	〃
佐久間象山先生及び其時代（十三）江戸遊学（四）	岡村雄海著、山路愛山補	信濃毎日新聞	M33. 4. 10
法律と運用		〃	〃
佐久間象山先生及び其時代（十四）江戸遊学（五）	岡村雄海著、山路愛山補	信濃毎日新聞	M33. 4. 11
愛すべき露国		〃	〃
佐久間象山先生及び其時代（十五）学政の建白（一）	岡村雄海著、山路愛山補	信濃毎日新聞	M33. 4. 12
連合共進会に就て		〃	〃

佐久間象山先生及び其時代（十六）学政の建白（二）	岡村雄海著、山路愛山補	信濃毎日新聞	M33. 4. 13
日本赤十字社長野支部社員総会を祝す		〃	〃
田舎より首府に　第二信 誰れか大学と戦ふ者ぞ	愛　山　生	国 民 新 聞	M33. 4. 13
長野商業学校工業学校		信濃毎日新聞	M33. 4. 14
長野商業学校工業学校（承前）		信濃毎日新聞	M33. 4. 17
佐久間象山先生及び其時代（十七）学政の建白（三）	岡村雄海著、山路愛山補	信濃毎日新聞	M33. 4. 18
百尺竿頭一歩を転ぜよ（実業家に警告す）		〃	〃
佐久間象山先生及び其時代（十八）学政の建白（四）	岡村雄海著、山路愛山補	信濃毎日新聞	M33. 4. 19
政治家の修養		〃	〃
佐久間象山先生及び其時代（十九）学政の建白（五）	岡村雄海著、山路愛山補	信濃毎日新聞	M33. 4. 20
小説論（友人の問に答ふ）		〃	〃
田舎より首府に　第三信 真楽論	愛　山　生	国 民 新 聞	M33. 4. 20
佐久間象山先生及び其時代（二十）学政の建白（六）	岡村雄海著、山路愛山補	信濃毎日新聞	M33. 4. 21
政論四変の説		〃	〃
佐久間象山先生及び其時代（廿一）在郷中世間の変遷（一）	岡村雄海著、山路愛山補	信濃毎日新聞	M33. 4. 22
何を以て奉祝の意を表せん（再び）		〃	〃
佐久間象山先生及び其時代（廿二）在郷中世間の変遷（二）	岡村雄海著、山路愛山補	信濃毎日新聞	M33. 4. 24
商工業の学校の事（再び）		〃	〃
佐久間象山先生及び其時代（廿三）在郷中世間の変遷（三）	岡村雄海著、山路愛山補	信濃毎日新聞	M33. 4. 25
英学の流行		〃	〃
佐久間象山先生及び其時代（廿四）在	岡村雄海著、	信濃毎日新聞	M33. 4. 26

郷中世間の変遷（四）	山路愛山補		
高遠の近事を論ず		〃	〃
佐久間象山先生及び其時代（廿五）在郷中世間の変遷（五）	岡村雄海著、山路愛山補	信濃毎日新聞	M33. 4. 27
今年の晩霜は如何		〃	〃
田舎より首府に　第四信　近時の福沢翁	愛　山　生	国　民　新　聞	M33. 4. 27
佐久間象山先生及び其時代（廿六）再度の遊学（一）	岡村雄海著、山路愛山補	信濃毎日新聞	M33. 4. 28
独立自尊の説につきて		〃	〃
佐久間象山先生及び其時代（廿七）再度の遊学（二）	岡村雄海著、山路愛山補	信濃毎日新聞	M33. 4. 29
政治に衣食すること勿れ		〃	〃
佐久間象山先生及び其時代（廿八）再度の遊学（三）	岡村雄海著、山路愛山補	信濃毎日新聞	M33. 5. 2
村長人選の事		〃	〃
佐久間象山先生及び其時代（廿九）再度の遊学（四）	岡村雄海著、山路愛山補	信濃毎日新聞	M33. 5. 3
風俗の教育の事		〃	〃
佐久間象山先生及び其時代（三十）再度の遊学（六）	岡村雄海著、山路愛山補	信濃毎日新聞 〃	M33. 5. 4 〃
科学の話		〃	〃
田舎より首府に　第五信　進め光明にまで	愛　山　生	国　民　新　聞	M33. 5. 4
佐久間象山先生及び其時代（卅一）再度の遊学（七）	岡村雄海著、山路愛山補	信濃毎日新聞	M33. 5. 5
清浦法相に与ふ		〃	〃
佐久間象山先生及び其時代（卅二）再度の遊学（八）	岡村雄海著、山路愛山補	信濃毎日新聞	M33. 5. 6
清浦法相の演説及び其批評（一）		〃	〃

佐久間象山先生及び其時代（卅三）再度の遊学（九）	岡村雄海著、山路愛山補	信濃毎日新聞	M33. 5. 8
清浦法相の演説及び其批評（二）		〃	〃
佐久間象山先生及び其時代（卅四）再度の遊学（十）	岡村雄海著、山路愛山補	信濃毎日新聞	M33. 5. 9
言語の改良		〃	〃
『慨世憂国 高山彦九郎』未見	山路愛山	〈文　武　堂〉	M33. 5. 10
佐久間象山先生及び其時代（卅五）再度の遊学（十一）	岡村雄海著、山路愛山補	信濃毎日新聞	M33. 5. 10
今は昔　御慶事を祝賀し奉りて	山 路 弥 吉	〃	〃
〔博議〕日本政治史の一節（政界の三思潮）	山 路 弥 吉	憲 政 党 党 報	M33. 5. 10
田舎より首府へ　第六信 言語の発達を論ず	愛　山　生	国　民　新　聞	M33. 5. 11
佐久間象山先生及び其時代（卅六）再度の遊学（十二）	岡村雄海著、山路愛山補	信濃毎日新聞	M33. 5. 12
今の時世		〃	〃
佐久間象山先生及び其時代（卅七）再度の遊学（十三）	岡村雄海著、山路愛山補	信濃毎日新聞	M33. 5. 13
慈善事業（某女性に答ふる書）		〃	〃
佐久間象山先生及び其時代（卅八）再度の遊学（十四）	岡村雄海著、山路愛山補	信濃毎日新聞	M33. 5. 15
選挙権を愛護せよ		〃	〃
佐久間象山先生及び其時代（卅九）再度の遊学（十五）	岡村雄海著、山路愛山補	信濃毎日新聞	M33. 5. 16
信越線に夜行列車を設くべきの議		〃	〃
佐久間象山先生及び其時代（四十）再度の遊学（十六）	岡村雄海著、山路愛山補	信濃毎日新聞	M33. 5. 17
政党内閣の事		〃	〃
佐久間象山先生及び其時代（四十一）	岡村雄海著、	信濃毎日新聞	M33. 5. 18

再度の遊学（十七）	山路愛山補		
共同的精神を養ふ可し		〃	〃
田舎より首府へ　第七信 非学窮	愛　山　生	国 民 新 聞	M33.　5. 18
佐久間象山先生及び其時代（四十二） 　再度の遊学（十八）	岡村雄海著、 山路愛山補	信濃毎日新聞	M33.　5. 19
科学として商業を研究せよ		〃	〃
佐久間象山先生及び其時代（四十三） 　再度の遊学（十九）	岡村雄海著、 山路愛山	信濃毎日新聞	M33.　5. 20
済世の志の事		〃	〃
佐久間象山先生及び其時代（四十四） 　再度の遊学（二十）	岡村雄海著、 山路愛山補	信濃毎日新聞	M33.　5. 22
官文書		〃	〃
佐久間象山先生及び其時代（四十五） 　再度の遊学（廿一）	岡村雄海著、 山路愛山補	信濃毎日新聞	M33.　5. 23
新聞を読む心得の事		〃	〃
佐久間象山先生及び其時代（四十六） 　再度の遊学（廿二）	岡村雄海著、 山路愛山補	信濃毎日新聞	M33.　5. 24
礼節の事		〃	〃
佐久間象山先生及び其時代（四十七） 　再度の遊学（廿三）	岡村雄海著、 山路愛山補	信濃毎日新聞	M33.　5. 25
古人の言行を学ぶべし		〃	〃
田舎より首府へ 第八信 唯一の難問題	愛　山　生	国 民 新 聞	M33.　5. 25
佐久間象山先生及び其時代（四十八） 　再度の遊学（廿四）	岡村雄海著、 山路愛山補	信濃毎日新聞	M33.　5. 26
学問食傷の憂を除くべき事		〃	〃
信州男児奮起せよ		信濃毎日新聞	M33.　5. 27
佐久間象山先生及び其時代（四十九） 　再度の遊学（廿五）	岡村雄海著、 山路愛山補	信濃毎日新聞	M33.　5. 29
礼節の精神 虚偽は厭ふべし		〃	〃
地方税にて支弁する建築物		信濃毎日新聞	M33.　5. 30

佐久間象山先生及び其時代（五十）再度の遊学（廿六）	岡村雄海著、山路愛山補	信濃毎日新聞	M33. 5. 31
人物鑑定法		〃	〃
佐久間象山先生及び其時代（五十一）再度の遊学（廿七）	岡村雄海著、山路愛山補	信濃毎日新聞	M33. 6. 1
田舎より首府へ　第九信 思想の衰弱	愛　山　生	国 民 新 聞	M33. 6. 1
官制の弊害		〃	〃
佐久間象山先生及び其時代（五十二）再度の遊学（廿八）	岡村雄海著、山路愛山補	信濃毎日新聞	M33. 6. 2
此心を以て平生の心とせよ		〃	〃
佐久間象山先生及び其時代（五十三）再度の遊学（廿九）	岡村雄海著、山路愛山補	信濃毎日新聞	M33. 6. 3
学校の先生に御相談		〃	〃
佐久間象山先生及び其時代（五十四）再度の遊学（三十）	岡村雄海著、山路愛山補	信濃毎日新聞	M33. 6. 5
老才論		〃	〃
養廉の事	五 斗 米 生	信濃毎日新聞	M33. 6. 6
佐久間象山先生及び其時代（五十五）再度の遊学（三十一）	岡村雄海著、山路愛山補	信濃毎日新聞	M33. 6. 7
平易の説		〃	〃
佐久間象山先生及び其時代（五十六）再度の遊学（三十二）	岡村雄海著、山路愛山補	信濃毎日新聞	M33. 6. 8
笑ふべき事		〃	〃
田舎より首府へ 第十信 機関乎。英雄乎。	愛　山　生	国 民 新 聞	M33. 6. 8
佐久間象山先生及び其時代（五十七）再度の遊学（三十三）	岡村雄海著、山路愛山補	信濃毎日新聞	M33. 6. 9
神津好雄氏の論文を読む	愛　山　生	〃	〃
佐久間象山先生及び其時代（五十八）再度の遊学（三十四）	岡村雄海著、山路愛山補	信濃毎日新聞	M33. 6. 10

少年の日本と平民の日本		〃	〃
佐久間象山先生及び其時代（五十九）再度の遊学（三十五）	岡村雄海著、山路愛山補	信濃毎日新聞	M33. 6. 12
社会問題及び其解釈（一）六月十日長野慈善会席上にて	山路弥吉	〃	〃
佐久間象山先生及び其時代（六十）再度の遊学（三十六）	岡村雄海著、山路愛山補	信濃毎日新聞	M33. 6. 13
		〃	〃
社会問題及び其解釈（二）六月十日長野慈善会席上講演	山路弥吉	〃	〃
佐久間象山先生及び其時代（六十一）再度の遊学（三十七）	岡村雄海著、山路愛山補	信濃毎日新聞	M33. 6. 14
社会問題及び其解釈（三）六月十日長野慈善会席上講演	山路弥吉	〃	〃
佐久間象山先生及び其時代（六十二）再度の遊学（三十八）	岡村雄海著、山路愛山補	信濃毎日新聞	M33. 6. 15
社会問題及び其解釈（四）六月十日長野慈善会席上講演		〃	〃
田舎より首府へ　第十一信 洗心洞剳記を読む	山路弥吉	国民新聞	M33. 6. 15
佐久間象山先生及び其時代（六十三）再度の遊学（三十九）	岡村雄海著、山路愛山補	信濃毎日新聞	M33. 6. 16
社会問題及び其解釈（四）六月十日長野慈善会席上講演		〃	〃
佐久間象山先生及び其時代（六十四）帰郷（一）	岡村雄海著、山路愛山補	信濃毎日新聞	M33. 6. 17
義和団を論ず		〃	〃
佐久間象山先生及び其時代（六十五）帰郷（二）	岡村雄海著、山路愛山補	信濃毎日新聞	M33. 6. 19
夏期の大陸旅行		〃	〃
佐久間象山先生及び其時代（六十六）	岡村雄海著、	信濃毎日新聞	M33. 6. 20

帰郷（三）	山路愛山補		
従順と秩序・死せる秩序・死せる従順・人才一・人才二・人才三・行政執行法・タークの陥落		〃	〃
佐久間象山先生及び其時代（六十七）帰郷（四）	岡村雄海著、山路愛山補	信濃毎日新聞	M33. 6. 21
倹約奉公		〃	〃
佐久間象山先生及び其時代（六十八）帰郷（五）	岡村雄海著、山路愛山補	信濃毎日新聞	M33. 6. 22
自滅の道と繁昌の道		〃	〃
佐久間象山先生及び其時代（六十九）帰郷（六）	岡村雄海著、山路愛山補	信濃毎日新聞	M33. 6. 23
支那人の執迷		〃	〃
田舎より首府へ　第十二信 日清相異論	愛　山　生	国　民　新　聞	M33. 6. 23
猛省せよ		信濃毎日新聞	M33. 6. 24
佐久間象山先生及び其時代（七十）帰郷（七）	岡村雄海著、山路愛山補	信濃毎日新聞	M33. 6. 26
佐久間象山先生及び其時代（七十一）帰郷（八）	岡村雄海著、山路愛山補	信濃毎日新聞	M33. 6. 27
通俗講談会に与ふ	老　学　生	信濃毎日新聞	M33. 6. 28
佐久間象山先生及び其時代（七十二）帰郷（九）	岡村雄海著、山路愛山補	信濃毎日新聞	M33. 6. 29
通信の事		〃	〃
田舎より首府へ　第十三信 支那人の執迷と日本人の執迷	愛　山　生	国　民　新　聞	M33. 6. 29
学問の殉教者		信濃毎日新聞	M33. 6. 30
佐久間象山先生及び其時代（七十三）第三回の出府（一）	岡村雄海著、山路愛山補	信濃毎日新聞	M33. 7. 1
尊卑の説		〃	〃

国民の気質の事		信濃毎日新聞	M33. 7. 3
国家主義と個人主義（上）教育家の討論を促し其寄稿を待つ		信濃毎日新聞	M33. 7. 4
佐久間象山先生及び其時代（七十四）第三回の出府（二）	岡村雄海著、山路愛山補	信濃毎日新聞	M33. 7. 5
国家主義と個人主義（中）教育家の討論を促し其寄稿を待つ		〃	〃
佐久間象山先生及び其時代（七十五）第三回の出府（三）	岡村雄海著、山路愛山補	信濃毎日新聞	M33. 7. 6
国家主義と個人主義（下）		〃	〃
田舎より首府へ　第十四信 文明の強売	愛　山　生	国　民　新　聞	M33. 7. 6
佐久間象山先生及び其時代（七十六）第三回の出府（四）	岡村雄海著、山路愛山補	信濃毎日新聞	M33. 7. 7
外交術よりも武力を尊ぶべし		〃	〃
支那病		信濃毎日新聞	M33. 7. 8
佐久間象山先生及び其時代（七十七）	岡村雄海著、	信濃毎日新聞	M33. 7. 10
第三回の出府（五）	山路愛山補	〃	〃
答問録（一）		〃	〃
佐久間象山先生及び其時代（七十八）第三回の出府（六）	岡村雄海著、山路愛山補	信濃毎日新聞	M33. 7. 11
答問録（二）外交論		〃	〃
答問録（三）政党改造の事		信濃毎日新聞	M33. 7. 12
佐久間象山先生及び其時代（七十九）第三回の出府（七）	岡村雄海著、山路愛山補	信濃毎日新聞	M33. 7. 13
其本を養ふべし（政党改造論）		〃	〃
佐久間象山先生及び其時代（八十）第三回の出府（八）	岡村雄海著、山路愛山補	信濃毎日新聞	M33. 7. 14
〔奇書〕知十先生に答ふ	愛　山　生	東京経済雑誌	M33. 7. 14
空中飛行器の図を見る		〃	〃

寧ろ蛮骨を養へよ		信濃毎日新聞	M33. 7. 15
田舎より首府へ　第五信 道学不滅論	愛　山　生	国　民　新　聞	M33. 7. 16
佐久間象山先生及び其時代（八十一） 第三回の出府（九）	岡村雄海著、 山路愛山補	信濃毎日新聞	M33. 7. 17
通俗講談会		〃	〃
佐久間象山先生及び其時代（八十二）	岡村雄海著、	信濃毎日新聞	M33. 7. 18
第三回の出府（十）	山路愛山補	〃	〃
交際術の秘訣		〃	〃
佐久間象山先生及び其時代（八十三） 第三回の出府（十一）	岡村雄海著、 山路愛山補	信濃毎日新聞	M33. 7. 19
日本国民の長城		〃	〃
繊啬		信濃毎日新聞	M33. 7. 20
田舎より首府へ　第十六信 史学論	愛　山　生	国　民　新　聞	M33. 7. 20
佐久間象山先生及び其時代（八十四） 第三回の出府（十二）	岡村雄海著、 山路愛山補	信濃毎日新聞	M33. 7. 21
頭を政治以外に転らせよ		〃	〃
武田嵐影君の寄書に答ふ		信濃毎日新聞	M33. 7. 22
佐久間象山先生及び其時代（八十五） 第三回の出府（十三）	岡村雄海著、 山路愛山補	信濃毎日新聞	M33. 7. 24
貯金論		〃	〃
消夏漫筆（一）	読破万巻楼 主人	〃	〃
佐久間象山先生及び其時代（八十六） 第三回の出府（十四）	岡村雄海著、 山路愛山補	信濃毎日新聞	M33. 7. 25
米国自治制の腐敗		〃	〃
佐久間象山先生及び其時代（八十七） 第三回の出府（十五）	岡村雄海著、 山路愛山補	信濃毎日新聞	M33. 7. 26
夏期講習に就て		〃	〃
佐久間象山先生及び其時代（八十八） 第三回の出府（十六）	岡村雄海著、 山路愛山補	信濃毎日新聞	M33. 7. 27

「修身要領」の逆説		〃	〃
田舎より首府へ　第十七信 洋行論	愛　山　生	国　民　新　聞	M33. 7. 27
佐久間象山先生及び其時代（八十九）第三回の出府（十七）	岡村雄海著、山路愛山補	信濃毎日新聞	M33. 7. 28
消夏漫筆（二）	読破万巻楼主人	信濃毎日新聞	M33. 7. 31
水戸学の余弊		信濃毎日新聞	M33. 8. 1
佐久間象山先生及び其時代（八十九）第三回の出府（十七）	岡村雄海著、山路愛山補	信濃毎日新聞	M33. 8. 2
印度飢饉の救済		〃	〃
佐久間象山先生及び其時代（九十）第三回の出府（十八）	岡村雄海著、山路愛山補	信濃毎日新聞	M33. 8. 3
弾力論		〃	〃
田舎より首府へ　第十八信 文人安心論	愛　山　生	国　民　新　聞	M33. 8. 3
佐久間象山先生及び其時代（九十一）第三回の出府（十九）	岡村雄海著、山路愛山補	信濃毎日新聞	M33. 8. 4
消夏漫筆（三）	読破万巻楼主人	信濃毎日新聞	M33. 8. 5
一個の法律一個の権衡	公　平　生	〃	〃
佐久間象山先生及び其時代（九十二）第三回の出府（二十）	岡村雄海著、山路愛山補	信濃毎日新聞	M33. 8. 7
「自由論」を読む（一）		〃	〃
佐久間象山先生及び其時代（九十二）第三回の出府（二十）	岡村雄海著、山路愛山補	信濃毎日新聞	M33. 8. 8
「自由論」を読む（二）		〃	〃
佐久間象山先生及び其時代（九十三）第三回の出府（廿一）	岡村雄海著、山路愛山補	信濃毎日新聞	M33. 8. 9
門徒宗の法談を聴く		〃	〃
佐久間象山先生及び其時代（九十四）	岡村雄海著、	信濃毎日新聞	M33. 8. 10

第三回の出府（廿二）	山路愛山補		
地理の書を読むべし		〃	〃
田舎より首府へ　第十九信 外交術よりも兵力に（乞ふ警語を顛倒せよ）	愛　山　生	国 民 新 聞	M33. 8. 10
佐久間象山先生及び其時代（九十五）第三回の出府（廿三）	岡村雄海著、山路愛山補	信濃毎日新聞	M33. 8. 11
教育雑感 久津見氏の著書を評す		〃	〃
佐久間象山先生及び其時代（九十五）第三回の出府（廿三）	岡村雄海著、山路愛山補	信濃毎日新聞	M33. 8. 12
先輩後輩		〃	〃
学校の教科書を論ず		信濃毎日新聞	M33. 8. 14
佐久間象山先生及び其時代（九十六）第三回の出府（廿四）	岡村雄海著、山路愛山補	信濃毎日新聞	M33. 8. 15
大日本の一流を立つべし		〃	〃
佐久間象山先生及び其時代（九十七）蟄居の時期（一）	岡村雄海著、山路愛山補	信濃毎日新聞	M33. 8. 16
玉利博士の農業演説を聴く（一）（一）農業立国の国是		〃	〃
佐久間象山先生及び其時代（九十八）在国蟄居の時期（二）	岡村雄海著、山路愛山補	信濃毎日新聞	M33. 8. 17
玉利博士の農業演説を聴く（二）（二）農業に関する政策		〃	〃
田舎より首府へ　第二十信 独学論	愛　山　生	国 民 新 聞	M33. 8. 17
佐久間象山先生及び其時代（九十九）在国蟄居の時期（三）	岡村雄海著、山路愛山補	信濃毎日新聞	M33. 8. 18
玉利博士の農業演説を聴く（二）（二）農業に関する政策		〃	〃
佐久間象山先生及び其時代（百）在国蟄居の時期（四）	岡村雄海著、山路愛山補	信濃毎日新聞	M33. 8. 19
玉利博士の農業演説を聴く（四）（三）		〃	〃

制度よりも人物			
玉利博士の農業演説を聴く（五）（三）制度よりも人物（続き）		信濃毎日新聞	M33. 8. 21
佐久間象山先生及び其時代（百一）在国蟄居の時期（五）	岡村雄海著、山路愛山補	信濃毎日新聞	M33. 8. 22
玉利博士の農業演説を聴く（六）（四）寧ろ強迫せよ		〃	〃
野沢温泉誌に題す	山路弥吉	〃	〃
佐久間象山先生及び其時代（百二）在国蟄居の時期（六）	岡村雄海著、山路愛山補	信濃毎日新聞	M33. 8. 23
玉利博士の農業演説を聴く（七）（四）寧ろ強迫せよ（続）		〃	〃
佐久間象山先生及び其時代（百三）在国蟄居の時期（七）	岡村雄海著、山路愛山補	信濃毎日新聞	M33. 8. 24
玉利博士の農業演説を聴く（八）（五）系統的農会		〃	〃
直ちに開通せよ　篠の井線の一部分に就て		〃	〃
田舎より首府へ　第廿一信 古き経験と新しき解釈	愛山生	国民新聞	M33. 8. 24
佐久間象山先生及び其時代（百四）在国蟄居の時期（八）	岡村雄海著、山路愛山補	信濃毎日新聞	M33. 8. 25
玉利博士の農業演説を聴く（九）（五）系統的農会（続）		〃	〃
佐久間象山先生及び其時代（百五）在国蟄居の時期（九）	岡村雄海著、山路愛山補	信濃毎日新聞	M33. 8. 28
裸体論	愛山生	〃	〃
佐久間象山先生及び其時代（百六）在国蟄居の時期（十）	岡村雄海著、山路愛山補	信濃毎日新聞	M33. 8. 29
女の国	山路生	〃	〃

佐久間象山先生及び其時代（百七）在国蟄居の時期（十一）	岡村雄海著、山路愛山補	信濃毎日新聞	M33. 8. 30
如何にして文明の勇士たるべき（一）		〃	〃
如何にして文明の勇士たるべき（二）	山　路　生	信濃毎日新聞	M33. 8. 31
小諸青年会講演		〃	〃
佐久間象山先生及び其時代（百八）在国蟄居の時期（十二）	岡村雄海著、山路愛山補	信濃毎日新聞	M33. 9. 1
如何にして文明の勇士たるべき（三）	山　路　生	〃	〃
小諸青年会講演			
人身売買		信濃毎日新聞	M33. 9. 4
佐久間象山先生及び其時代（百九）在国蟄居の時期（十三）	岡村雄海著、山路愛山補	信濃毎日新聞	M33. 9. 5
長野商業会議所議員の選挙につきて		〃	〃
政党を監督せよ		信濃毎日新聞	M33. 9. 6
佐久間象山先生及び其時代（百十）在国蟄居の時期（十四）	岡村雄海著、山路愛山補	信濃毎日新聞	M33. 9. 7
実力を養ふべし		〃	〃
田舎より首府へ　第廿三信 政治家としての徳川家康（上）	愛　山　生	国 民 新 聞	M33. 9. 7
佐久間象山先生及び其時代（百十一）在国蟄居の時期（十五）	岡村雄海著、山路愛山補	信濃毎日新聞	M33. 9. 8
林政論		〃	〃
佐久間象山先生及び其時代（百十二）在国蟄居の時期（十六）	岡村雄海著、山路愛山補	信濃毎日新聞	M33. 9. 9
北信法律研究会に与ふ	山 路 弥 吉	〃	〃
佐久間象山先生及び其時代（百十三）在国蟄居の時期（十七）	岡村雄海著、山路愛山補	信濃毎日新聞	M33. 9. 11
婦人をして強健ならしめよ		〃	〃
格を破りて人を用ふべし		信濃毎日新聞	M33. 9. 12
「諏訪青年」に与ふ	山　路　生	〃	〃

佐久間象山先生及び其時代（百十四） 在国蟄居の時期（十八）	岡村雄海著、 山路愛山補	信濃毎日新聞	M33. 9. 13
信州男児		〃	〃
佐久間象山先生及び其時代（百十五） 在国蟄居の時期（十九）	岡村雄海著、 山路愛山補	信濃毎日新聞	M33. 9. 14
義侠なる匈牙利人の昔語り		〃	〃
田舎より首府へ　第廿四信 政治家としての徳川家康（中）	愛　山　生	国　民　新　聞	M33. 9. 14
佐久間象山先生及び其時代（百十六） 在国蟄居の時期（二十）	岡村雄海著、 山路愛山補	信濃毎日新聞	M33. 9. 15
質樸なる風俗及び国民自尊の精神		〃	〃
自治の精神を養ふべし		信濃毎日新聞	M33. 9. 16
佐久間象山先生及び其時代（百十七） 在国蟄居の時期（二十一）	岡村雄海著、 山路愛山補	信濃毎日新聞	M33. 9. 18
国民気風の変遷		〃	〃
ルーヂヤルド、キツプリングの宗教	読破万巻楼 主人	〃	〃
佐久間象山先生及び其時代（百十八） 在国蟄居の時期（二十二）	岡村雄海著、 山路愛山補	信濃毎日新聞	M33. 9. 19
理想の平民新聞		〃	〃
佐久間象山先生及び其時代（百十九） 在国蟄居の時期（二十三）	岡村雄海著、 山路愛山補	信濃毎日新聞	M33. 9. 20
寧ろ経験を尊べ		〃	〃
佐久間象山先生及び其時代（百二十） 在国蟄居の時期（二十四）	岡村雄海著、 山路愛山補	信濃毎日新聞	M33. 9. 21
答問一則　日本主義に就きて		〃	〃
田舎より首府へ　第廿四信 政治家としての徳川家康（下）	愛　山　生	国　民　新　聞	M33. 9. 21
佐久間象山先生及び其時代（百二十一） 在国蟄居の時期（二十五）	岡村雄海著、 山路愛山補	信濃毎日新聞	M33. 9. 22

画工を論ず		〃	〃
佐久間象山先生及び其時代（百二十二）在国蟄居の時期（二十六）	岡村雄海著、山路愛山補	信濃毎日新聞	M33. 9. 23
戦争と商売		〃	〃
佐久間象山先生及び其時代（百二十三）在国蟄居の時期（二十七）	岡村雄海著、山路愛山補	信濃毎日新聞	M33. 9. 26
武田蘭涯に与ふ	山路愛山	〃	〃
佐久間象山先生及び其時代（百二十四）在国蟄居の時期（二十八）	岡村雄海著、山路愛山補	信濃毎日新聞	M33. 9. 27
公人公僕		〃	〃
佐久間象山先生及び其時代（百二十五）在国蟄居の時期（二十九）	岡村雄海著、山路愛山補	信濃毎日新聞	M33. 9. 28
暗中格闘		〃	〃
田舎より首府へ第廿五信 小説としての釈迦伝	愛山生	国民新聞	M33. 9. 28
佐久間象山先生及び其時代（百二十六）在国蟄居の時期（三十）	岡村雄海著、山路愛山補	信濃毎日新聞	M33. 9. 29
簡潔論 一青年の問に答ふ		〃	〃
何をか済世の事業と曰ふ		信濃毎日新聞	M33. 9. 30
佐久間象山先生及び其時代（百二十七）召に応じて上京す（一）	岡村雄海著、山路愛山補	信濃毎日新聞	M33. 10. 2
法律の罪人と道徳の罪人		〃	〃
佐久間象山先生及び其時代（百二十八）召に応じて上京す（二）	岡村雄海著、山路愛山補	信濃毎日新聞	M33. 10. 3
美術論の断片		〃	〃
不信用日本帝国心腹の患		信濃毎日新聞	M33. 10. 4
佐久間象山先生及び其時代（百二十九）召に応じて上京す（三）	岡村雄海著、山路愛山補	信濃毎日新聞	M33. 10. 5
学校の庭に樹へたる葡萄樹		〃	〃
田舎より首府へ 第廿六信 軍人とし	愛山生	国民新聞	M33. 10. 5

ての徳川家康（上）			
佐久間象山先生及び其時代（百三十）召に応じて上京す（四）	岡村雄海著、山路愛山補	信濃毎日新聞	M33. 10. 6
長野婦人会に与ふ（上）		〃	〃
長野婦人会に与ふ（下）		信濃毎日新聞	M33. 10. 7
信用組合		信濃毎日新聞	M33. 10. 9
南信遊歴の記 第一信高府にて認む	愛 山 生	信濃毎日新聞	M33. 10. 10
看板論 十月八日 夕高府にて認む	愛 山 生	〃	〃
南信遊歴の記 第二信（十月九日）大町対山館にて		信濃毎日新聞	M33. 10. 12
信州麻の説 十月九日大町にて	愛 山 生	〃	〃
南信遊歴の記 第三信（十月九日）大町対山館にて　大町零聞録（続き）	愛 山 生	信濃毎日新聞	M33. 10. 13
木崎湖に遊ぶの記　十月十日夜記す	愛 山 生	〃	〃
田舎より首府へ　第廿七信 機関及び其運用	愛 山 生	国 民 新 聞	M33. 10. 13
信濃統一論　十月十一日夜松本に於て		信濃毎日新聞	M33. 10. 14
南信遊歴の記　大町零聞録（続き）	愛 山 生	信濃毎日新聞	M33. 10. 16
信濃統一論（再び）	愛 山 生	〃	〃
南信紀行（五信）	愛 山 生	信濃毎日新聞	M33. 10. 17
信濃統一論（三たび）	愛 山 生	〃	〃
南信紀行（六信）十月十一日（つゞき）	愛 山 生	信濃毎日新聞	M33. 10. 19
果断論　十月十四日朝松本にて	愛 山 生	〃	〃
南信紀行（七信）十月十一日（続き）	愛 山 生	信濃毎日新聞	M33. 10. 20
蜂の子飯の話（十月十七日夜飯田に於て）	愛 山 生	〃	〃
伊藤内閣と地方自治		信濃毎日新聞	M33. 10. 24
田舎より首府へ　第廿八信 改革の時代猶過ぎず（十月十八日朝信州伊那	愛 山 生	国 民 新 聞	M33. 10. 24

郡の山中に於て記す)			
今は昔(御慶事を祝賀し奉りて)	山路弥吉	同方会誌	M33. 10. 24
法外の遺姦(十月念三坂下に於て)	愛山生	信濃毎日新聞	M33. 10. 26
実業界の新現象		信濃毎日新聞	M33. 10. 28
洪水将さに至らんとす(十月念九諏訪の客舎に於て)	愛山生	信濃毎日新聞	M33. 10. 30
田舎より首府へ　第廿九信 松田文相に与ふ	愛山生	国民新聞	M33. 10. 30
旅中の厚遇を感謝す	愛山生	信濃毎日新聞	M33. 11. 1
工女を優遇せよ		信濃毎日新聞	M33. 11. 2
めでたき物語り		信濃毎日新聞	M33. 11. 3
日本人種の故郷は何所ぞ	山路弥吉	〃	〃
各郡の問題を求む		信濃毎日新聞	M33. 11. 6
県参事会に与ふ		信濃毎日新聞	M33. 11. 7
悪文学		信濃毎日新聞	M33. 11. 8
田舎より首府へ　第三十信 軍人としての徳川家康(中)	愛山生	国民新聞	M33. 11. 8
土木条規及び町村土木補助規定		信濃毎日新聞	M33. 11. 9
学校教科書を精査せよ		信濃毎日新聞	M33. 11. 10
人物評論		信濃毎日新聞	M33. 11. 11
兵役の義務		信濃毎日新聞	M33. 11. 13
田舎より首府へ　第卅一信 軍人としての徳川家康(下)	愛山生	国民新聞	M33. 11. 13
外交の意義		信濃毎日新聞	M33. 11. 14
田舎住		信濃毎日新聞	M33. 11. 15
仏教各宗同盟会に与ふ	山路生	信濃毎日新聞	M33. 11. 16
俗言雅調		信濃毎日新聞	M33. 11. 17
政治家を監督せよ	草廬陳人	信濃毎日新聞	M33. 11. 18
東京片信(十八日夜認)	山路生	信濃毎日新聞	M33. 11. 21

田舎より首府へ　第卅二信 不学無術	愛　山　生	国　民　新　聞	M33. 11. 22
田舎より首府へ　第卅三信 述懐一則（此稿東京に於て認む（十九日））	愛　山　生	国　民　新　聞	M33. 11. 23
教育管見（十二月廿四日東京発第一列車にて帰長、直に編輯楼上に記す）	山　路　生	信濃毎日新聞	M33. 11. 25
老荘学の遺毒		信濃毎日新聞	M33. 11. 28
鶏肋の記（一）	愛　山　生	信濃毎日新聞	M33. 11. 29
事務の秘訣の緒言		〃	〃
鶏肋の記（二）	愛　山　生	信濃毎日新聞	M33. 11. 30
事務の秘訣　商人に大切なる性質（上）		〃	〃
田舎より首府へ　第卅四信 余をして政治家ならしめば	愛　山　生	国　民　新　聞	M33. 11. 30
〔論説〕軍人としての徳川家康	愛　山　生	埼玉経済時報	M33. 11. 30
鶏肋の記（三）	愛　山　生	信濃毎日新聞	M33. 12. 1
事務の秘訣　商人に大切なる性質（中）		〃	〃
鶏肋の記（四）	愛　山　生	信濃毎日新聞	M33. 12. 2
事務の秘訣　商人に大切なる性質（中）		〃	〃
事務の秘訣　商人に大切なる性質（中）		信濃毎日新聞	M33. 12. 4
鶏肋の記（五）	愛　山　生	信濃毎日新聞	M33. 12. 5
事務の秘訣　商人の教育		〃	〃
停車場内に高札を建つべき事		信濃毎日新聞	M33. 12. 6
鶏肋の記（六）	愛　山　生	信濃毎日新聞	M33. 12. 7
組織的青年会		〃	〃
鶏肋の記（七）	愛　山　生	信濃毎日新聞	M33. 12. 8
田舎より首府へ　第卅五信 陽明学を論ず	山　路　生	国　民　新　聞	M33. 12. 8
カライル集を読む		信濃毎日新聞	M33. 12. 9
金聖嘆論	読破万巻楼主人	〃	〃
事務の秘訣 商人の教育		信濃毎日新聞	M33. 12. 11

人心内景の写真帖（病床漫筆）	愛　山　生	信濃毎日新聞	M33. 12. 12
事務の秘訣　職業の選択（一）		〃	〃
武士道（病床漫筆）	愛　山　生	信濃毎日新聞	M33. 12. 13
実業学校補助費削減を論じ併せて長野県会に与ふ		〃	〃
貨殖列伝を読む（病床漫筆）	愛　山　生	信濃毎日新聞	M33. 12. 14
事務の秘訣　職業の選択（二）		〃	〃
民友社刊行十二文豪号外 シエレイを読む	山　路　生	信濃毎日新聞	M33. 12. 15
事務の秘訣　職業の選択（三）		〃	〃
述懐一則（十二月十五日）	愛　山　生	信濃毎日新聞	M33. 12. 16
事務の秘訣　商人は人間の花たること		〃	〃
改革は人の心中に在り		信濃毎日新聞	M33. 12. 18
鶏肋の記（八）	愛　山　生	信濃毎日新聞	M33. 12. 19
事務の秘訣　成功の原因		〃	〃
鶏肋の記（九）	愛　山　生	信濃毎日新聞	M33. 12. 20
官公立学校生徒の責任		〃	〃
事務の秘訣　帳面の事		〃	〃
〔論壇〕智識と智恵（於下久堅学校）	山路愛山	伊　那　青　年	M33. 12. 20
大宰春台先生の伝（一）松崎観海の春台先生行状（一）	愛　山　生	信濃毎日新聞	M33. 12. 21
田舎より首府へ　第卅六信 蘭学者の人心解放	愛　山　生	国　民　新　聞	M33. 12. 21
大宰春台先生の伝（二）松崎観海の春台先生行状（二）	愛　山　生	信濃毎日新聞	M33. 12. 22
盲千人		〃	〃
大宰春台先生の伝（三）松崎観海の春台先生行状（三）	愛　山　生	信濃毎日新聞	M33. 12. 23
大宰春台先生の伝（四）松崎観海の春台先生行状（四）	愛　山　生	信濃毎日新聞	M33. 12. 25

年将さに暮んとす		〃	〃
更級郡農会賞状授与式上演説		信濃毎日新聞	M33. 12. 26
大宰春台先生の伝（五）松崎観海の春台先生行状（五）	愛　山　生	信濃毎日新聞	M33. 12. 27
農業品評会の区域を拡張せよ		〃	〃
大宰春台先生の伝（六）松崎観海の春台先生行状（六）	愛　山　生	信濃毎日新聞	M33. 12. 28
不景気を嘆息すること勿れ		〃	〃
田舎より首府へ　第卅七信 新智識と旧智識	愛　山　生	国　民　新　聞	M33. 12. 28
大宰春台先生の伝（七）松崎観海の春台先生行状（七）	愛　山　生	信濃毎日新聞	M33. 12. 29
西筑摩郡楢川村の青年団体に与ふ		〃	〃
記者より看客への年始状		信濃毎日新聞	M34.　1.　1
年の始めによめる		〃	〃
第二十世紀の論（一）		信濃毎日新聞	M34.　1.　5
田舎より首府へ　第卅八信 選挙権を拡張せよ	愛　山　生	国　民　新　聞	M34.　1.　5
第二十世紀の論（二）第二十世紀の瀬戸内海（上）		信濃毎日新聞	M34.　1.　6
大宰春台先生の伝（十）松崎観海の春台先生行状（十）	愛　山　生	信濃毎日新聞	M34.　1.　8
第二十世紀の論（三）第二十世紀の瀬戸内海（中）		〃	〃
大宰春台先生の伝（十一）松崎観海の春台先生行状（十一）	愛　山　生	信濃毎日新聞	M34.　1.　9
第二十世紀の論（四）第二十世紀の瀬戸内海（下）	愛　山　生	信濃毎日新聞	M34.　1.　9
大宰春台先生の伝（十二）先生在世の時代（二）	愛　山　生	信濃毎日新聞	M34.　1.10

第二十世紀の論（五）国家主義の勃興（一）		〃	〃
大宰春台先生の伝（十三）先生在世の時代（三）	愛　山　生	信濃毎日新聞	M34.　1. 11
第二十世紀の論（五）国家主義の勃興（二）		信濃毎日新聞	M34.　1. 12
田舎より首府へ　第卅九信 論史の集に題す	愛　山　生	国　民　新　聞	M34.　1. 12
大宰春台先生の伝（十四）先生在世の時代（四）	愛　山　生	信濃毎日新聞	M34.　1. 13
第二十世紀の論（六）国家主義の勃興（三）		〃	〃
俳句の互選投票につきて	愛　山　生	信濃毎日新聞	M34.　1. 15
第二十世紀の論（七）国家主義の勃興（四）		信濃毎日新聞	M34.　1. 16
大宰春台先生の伝（十五）先生在世の時代（五）	愛　山　生	信濃毎日新聞	M34.　1. 17
第二十世紀の論（八）国家主義の勃興（五）		〃	〃
大宰春台先生の伝（十六）先生在世の時代（六）	愛　山　生	信濃毎日新聞	M34.　1. 18
第二十世紀の論（九）東西信仰の合同（一）		〃	〃
大宰春台先生の伝（十七）先生在世の時代（七）	愛　山　生	信濃毎日新聞	M34.　1. 19
第二十世紀の論（十）東西信仰の合同（二）		〃	〃
田舎より首府へ　第四十信 瘠我慢の説の評を読む	愛　山　生	国　民　新　聞	M34.　1. 19
大宰春台先生の伝（十八）先生在世の時代（八）	愛　山　生	国　民　新　聞	M34.　1. 20

北信英語義塾席上に於て（一）	山　路　生	〃	〃
北信英語義塾席上に於て（二）	山　路　生	信濃毎日新聞	M34. 1. 22
大宰春台先生の伝（十九）先生在世の時代（九）	愛　山　生	信濃毎日新聞	M34. 1. 24
教科書審査会を廃すべし		〃	〃
田舎より首府へ　第四十一信 余裕論	愛　山　生	国　民　新　聞	M34. 1. 25
(此稿在京中に草す)		〃	〃
大宰春台先生の伝（二十）先生在世の時代（十）	愛　山　生	信濃毎日新聞	M34. 1. 26
政界瞥見録	山　路　生	信濃毎日新聞	M34. 1. 30
政論は地方より造り上ぐべし		信濃毎日新聞	M34. 2. 1
田舎より首府へ 第四十二信 無欲主義の復活	愛　山　生	国　民　新　聞	M34. 2. 1
小内閣		信濃毎日新聞	M34. 2. 2
道楽の学問		信濃毎日新聞	M34. 2. 3
嗚呼福沢先生		信濃毎日新聞	M34. 2. 5
大宰春台先生の伝（廿一）先生在世の時代（十一）	愛　山　生	信濃毎日新聞	M34. 2. 6
松山貫道師に答ふる書	山　路　生	〃	〃
大宰春台先生の伝（廿二）先生在世の時代（十二）	愛　山　生	信濃毎日新聞	M34. 2. 7
		〃	〃
張扇子の説		〃	〃
大宰春台先生の伝（廿三）先生在世の時代（十三）	愛　山　生	信濃毎日新聞	M34. 2. 8
信濃名勝詞林を読む		〃	〃
談理を非とする説（二月八日）	山　路　生	信濃毎日新聞	M34. 2. 9
田舎より首府へ　第四十三信 嗚呼彼れ惜むべきなり	愛　山　生	国　民　新　聞	M34. 2. 9
大宰春台先生の伝（廿三）先生在世の時代（十三）	愛　山　生	信濃毎日新聞	M34. 2. 10

簡易論		〃	〃
大宰春台先生の伝（廿四）先生在世の時代（十四）	愛　山　生	信濃毎日新聞	M34.　2. 13
市税怠納者		〃	〃
冬期講習会		信濃毎日新聞	M34.　2. 14
大宰春台先生の伝（廿五）先生在世の時代（十五）	愛　山　生	信濃毎日新聞	M34.　2. 15
知事難		〃	〃
田舎より首府へ 第四十四信 薩摩人の歴史的位置	愛　山　生	国　民　新　聞	M34.　2. 16
はなしの種（一）英雄は心のやさしきもの		信濃毎日新聞	M34.　2. 17
言文一致の請願書及び其評論（上）		〃	〃
言文一致の請願書及び其評論（下）		信濃毎日新聞	M34. 2. 19
はなしの種（二）神田孝平氏の熱心		信濃毎日新聞	M34.　2. 21
勝敗論		〃	〃
はなしの種（三）跛児の国の為めに死にし事		信濃毎日新聞	M34.　2. 22
都鄙の関係		〃	〃
はなしの種（四）皇帝を門外に防ぎたる番兵の事		信濃毎日新聞	M34.　2. 23
玉川議会に与ふ	山　路　生	〃	〃
はなしの種（五）正を踏んで恐るゝこと勿れ		信濃毎日新聞	M34.　2. 24
風土記としての詩歌		〃	〃
はなしの種（六）安藤直次の直諫		信濃毎日新聞	M34.　2. 26
論殺の説		〃	〃
田舎より首府へ 四十五信 徳川時代の地理と歴史（一）	愛　山　生	国　民　新　聞	M34.　2. 26
はなしの種（六）清潔と整頓		信濃毎日新聞	M34.　2. 27

はなしの種（七）アングロ、サクソン人種の武士道		信濃毎日新聞	M34. 2.28
官民の中間に存する曖昧漢		〃	〃
はなしの種（八）紐育警察の事		信濃毎日新聞	M34. 3. 1
はなしの種（九）人心の霊威		信濃毎日新聞	M34. 3. 2
憲法上の大問題		〃	〃
はなしの種（十）良心の誅責		信濃毎日新聞	M34. 3. 3
妄信すること勿れ		〃	〃
はなしの種（十一）北極号破船の時ステワルト、ホランドの義務に忠実なりしこと。		信濃毎日新聞	M34. 3. 5
はなしの種（十二）アルプス山中の奇談		信濃毎日新聞	M34. 3. 6
はなしの種（十三）名匠の苦心		信濃毎日新聞	M34. 3. 7
学者と政治家		〃	〃
はなしの種（十四）真英雄の事業		信濃毎日新聞	M34. 3. 8
食好み＝亡国の原因		〃	〃
田舎より首府へ　四十七信 徳川時代の地理と歴史（二）第一章天然と人巧	愛　山　生	国　民　新　聞 〃	M34. 3. 8 〃
はなしの種（十五）小児、スウイフトに教ふ。		信濃毎日新聞	M34. 3. 9
雑誌「倫理界」の発行につきて		〃	〃
はなしの種（十六）閑居の利益		信濃毎日新聞	M34. 3.10
大なる国民は大なる責任を感ず		〃	〃
はなしの種（十七）交際の利益		信濃毎日新聞	M34. 3.12
太郎山の射的会（三月十一日）	山　路　生	〃	〃
はなしの種（十八）以太利独立の基礎＝無名の英雄		信濃毎日新聞	M34. 3.13
模範的商業会議所		〃	〃

はなしの種（十九）日本の予譲		信濃毎日新聞	M34. 3. 14
はなしの種（二十）貴女の頓智		信濃毎日新聞	M34. 3. 15
役人の心掛		〃	〃
はなしの種（廿一）不思議の奇縁		信濃毎日新聞	M34. 3. 16
遊芸論		〃	〃
はなしの種（廿二）沈黙化して黄金となる		信濃毎日新聞	M34. 3. ?
獅子と狂犬		〃	〃
はなしの種（廿三）露西亜人の正直		信濃毎日新聞	M34. 3. 19
長野市居住宣教師英領カナダの人プルードハム氏の道徳的性格に就て	山路弥吉	〃	〃
はなしの種（廿四）英雄の末路		信濃毎日新聞	M34. 3. 20
雄弁の模範		〃	〃
雄弁の模範（二）		信濃毎日新聞	M34. 3. 21
はなしの種（廿五）名高き人の勉学法		信濃毎日新聞	M34. 3. 23
雄弁の模範（三）		〃	〃
田舎より首府へ　四十八信 徳川時代の地理と歴史 天然の境と人為の境（一）	愛山生	国民新聞	M34. 3. 24
交通機関の良心		信濃毎日新聞	M34. 3. 30
酒と煙草と芝居		信濃毎日新聞	M34. 3. 31
外交は平時に在り		信濃毎日新聞	M34. 4. 2
雛祭につき		信濃毎日新聞	M34. 4. 3
義勇奉公（岐蘇山中一老樵）		信濃毎日新聞	M34. 4. 6
平和主義の是非		信濃毎日新聞	M34. 4. 7
露西亜管見（一）総論（上）		信濃毎日新聞	M34. 4. 9
露西亜管見（二）総論（二）		信濃毎日新聞	M34. 4. 11
露西亜管見（三）軍備之事（一）		信濃毎日新聞	M34. 4. 12
露西亜管見（四）軍備之事（二）		信濃毎日新聞	M34. 4. 13

プルードハムの「信濃毎日新聞社に送るの書」について	山 路 弥 吉	〃	〃
露西亜管見（五）軍備之事（三）		信濃毎日新聞	M34. 4. 14
露西亜管見（六）文明史より見たる露西亜（一）		信濃毎日新聞	M34. 4. 16
露西亜管見（七）文明史より見たる露西亜（二）		信濃毎日新聞	M34. 4. 17
『読史論集』	山 路 弥 吉	〈民　友　社〉	M34. 4. 17
露西亜管見（八）文明史より見たる露西亜（三）		信濃毎日新聞	M34. 4. 18
露西亜管見（九）文明史より見たる露西亜（四）		信濃毎日新聞	M34. 4. 19
露西亜管見（十）文明史より見たる露西亜（五）		信濃毎日新聞	M34. 4. 20
洒落論		信濃毎日新聞	M34. 4. 21
露西亜管見（十一）文明史より見たる露西亜（六）		信濃毎日新聞	M34. 4. 23
露西亜管見（十二）欧州列国と露西亜（一）		信濃毎日新聞	M34. 4. 24
露西亜管見（十三）欧州列国と露西亜（二）		信濃毎日新聞	M34. 4. 25
露西亜管見（十四）欧州列国と露西亜（四）		信濃毎日新聞	M34. 4. 26
田舎より首府へ　幕府時代の地理と歴史 天然の境と人為の境（二）	愛　山　生	国 民 新 聞	M34. 4. 26
渋沢男の演説を聴く		信濃毎日新聞	M34. 4. 27
露西亜管見（十五）欧州列国と露西亜（五）		信濃毎日新聞	M34. 4. 28
非翻訳政治		信濃毎日新聞	M34. 4. 30
露西亜管見（十六）欧州列国と露西亜（六）		信濃毎日新聞	M34. 5. 1

露西亜管見（十七）欧州列国と露西亜（七）		信濃毎日新聞	M34. 5. 2
国際法要論を読む	山　路　生	信濃毎日新聞	M34. 5. 3
田舎より首府へ　徳川時代の地理と歴史 天然の境と人為の境（三）	愛　山　生	国　民　新　聞	M34. 5. 3
露西亜管見（十八）欧州列国と露西亜（八）		信濃毎日新聞	M34. 5. 4
簡易率直		信濃毎日新聞	M34. 5. 5
露西亜管見（十九）欧州列国と露西亜（九）		信濃毎日新聞	M34. 5. 8
俗謡論		信濃毎日新聞	M34. 5. 11
述懐一則　未見		信濃毎日新聞	M34. 5. 12
日本の旅行乎。朝鮮の旅行乎。		信濃毎日新聞	M34. 5. 16
露西亜管見（二十）欧州列国と露西亜（九）		信濃毎日新聞	M34. 5. 17
人民読本を読む	山　路　生	信濃毎日新聞	M34. 5. 18
露西亜管見（廿一）欧州列国と露西亜（十）		信濃毎日新聞	M34. 5. 19
国民教育論（一）	山　路　生	信濃毎日新聞	M34. 5. 21
国民教育論（二）		信濃毎日新聞	M34. 5. 22
国民教育論（三）		信濃毎日新聞	M34. 5. 23
国民教育論（四）		信濃毎日新聞	M34. 5. 24
国民教育論（五）		信濃毎日新聞	M34. 5. 25
露西亜管見（廿二）欧州列国と露西亜（十一）		信濃毎日新聞	M34. 5. 26
国民教育論（六）		〃	〃
露西亜管見（廿三）欧州列国と露西亜（十二）		信濃毎日新聞	M34. 5. 29
露西亜管見（廿四）欧州列国と露西亜（十三）		信濃毎日新聞	M34. 5. 30

国民教育論（七）		〃	〃
露西亜管見（廿五）欧州列国と露西亜（十四）		信濃毎日新聞	M34. 5. 31
半活半殺		信濃毎日新聞	M34. 6. 1
露西亜管見（廿六）欧州列国と露西亜（十五）		信濃毎日新聞	M34. 6. 2
国民教育論（八）		信濃毎日新聞	M34. 6. 4
露西亜管見（廿七）欧州列国と露西亜（十六）		信濃毎日新聞	M34. 6. 5
〔文苑〕読白山先生集	愛山逸民	信濃毎日新聞	M34. 6. 6
不景気安心論		〃	〃
役人流儀は国家貧乏の基なり		信濃毎日新聞	M34. 6. 7
三日の旅路（一）	山路生	信濃毎日新聞	M34. 6. 9
三日の旅路（二）	山路生	信濃毎日新聞	M34. 6. 11
教科書の評論		〃	〃
三日の旅路（三）	山路生	信濃毎日新聞	M34. 6. 12
川狩の説		〃	〃
三日の旅路（四）	山路生	信濃毎日新聞	M34. 6. 13
総選挙の予備		〃	〃
三日の旅路（五）	山路生	信濃毎日新聞	M34. 6. 14
ベーコン集を読む（上）	読破万巻楼主人	〃	〃
三日の旅路（六）	山路生	信濃毎日新聞	M34. 6. 15
ベーコン集を読む（下）		〃	〃
三日の旅路（七）	山路生	信濃毎日新聞	M34. 6. 16
当世処世術		〃	〃
人生の話（一）博士井上哲次郎氏の演説を評す	山路弥吉	信濃毎日新聞	M34. 6. 18
三日の旅路（八）	山路生	信濃毎日新聞	M34. 6. 19

人生の話（二）博士井上哲次郎氏の演説を評す	山路弥吉	〃	〃
三日の旅路（九）	山路生	信濃毎日新聞	M34. 6. 20
人生の話（三）博士井上哲次郎氏の演説を評す	山路弥吉	〃	〃
人生の話（四）博士井上哲次郎氏の演説を評す	山路弥吉	信濃毎日新聞	M34. 6. 21
人生の話（五）博士井上哲次郎氏の演説を評す	山路弥吉	信濃毎日新聞	M34. 6. 22
人生の話（六）博士井上哲次郎氏の演説を評す	山路弥吉	信濃毎日新聞	M34. 6. 23
今後の政友会 星氏の遭害に付て		信濃毎日新聞	M34. 6. 26
人生の話（七）博士井上哲次郎氏の演説を評す	山路弥吉	信濃毎日新聞	M34. 6. 29
自治体に家人父子の意あるべし		信濃毎日新聞	M34. 7. 2
再び人生の話につきて	山路弥吉	信濃毎日新聞	M34. 7. 3
再び井上博士に与ふ	山路生	信濃毎日新聞	M34. 7. 4
地方政治改革難		信濃毎日新聞	M34. 7. 5
安分論		信濃毎日新聞	M34. 7. 6
『伊達騒動記』 未見	山路愛山	〈民友社〉	M34. 7. 7
詩題論（一）	読破万巻楼主人	信濃毎日新聞	M34. 7. 7
何を以てか士君子の面目を維持すべき		信濃毎日新聞	M34. 7. 9
詩題論（二）	読破万巻楼主人	信濃毎日新聞	M34. 7. 10
詩題論（三）	読破万巻楼主人	信濃毎日新聞	M34. 7. 11
詩題論（四）	読破万巻楼主人	信濃毎日新聞	M34. 7. 12
盡分論		信濃毎日新聞	M34. 7. 13

仏教の夏期学校に与ふ	山　路　生	信濃毎日新聞	M34.　7. 14
下高井郡穂高村中村より申上候	山　路　生	信濃毎日新聞	M34.　7. 17
下高井郡野沢より	山　路　生	信濃毎日新聞	M34.　7. 18
〔論説〕宗教なき教育	愛　山　生	学　　　友	M34.　7. 18
下高井郡野沢より（二）	山　路　生	信濃毎日新聞	M34.　7. 19
下水内郡太田村より	山　路　生	信濃毎日新聞	M34.　7. 21
孤轅北征録（一）	愛　山　生	信濃毎日新聞	M34.　7. 23
孤轅北征録（二）	愛　山　生	信濃毎日新聞	M34.　7. 24
読書党		信濃毎日新聞	M34.　7. 25
詩題論（四）	読破万巻楼主人	信濃毎日新聞	M34.　7. 26
雑誌「半面」に与ふ	愛　山　生	信濃毎日新聞	M34.　7. 27
詩題論（続）	読破万巻楼主人	信濃毎日新聞 〃	M34.　7. 28 〃
仏教夏期学校終る		信濃毎日新聞	M34.　7. 30
家屋の改良		信濃毎日新聞	M34.　7. 31
益虫の説		信濃毎日新聞	M34.　8.　1
「信濃宝鑑」に跋す	愛　山　生	信濃毎日新聞	M34.　8.　2
岡野知十氏の来翰		信濃毎日新聞	M34.　8.　3
仲買、小売の衰微		〃	〃
高く思ひて卑く行へ		信濃毎日新聞	M34.　8.　4
人生問題に関して寄書家諸君に答ふ（一）	山　路　生	信濃毎日新聞	M34.　8.　6
人生問題に関して寄書家諸君に答ふ（二）	山　路　生	信濃毎日新聞	M34.　8.　7
人生問題に関して寄書家諸君に答ふ（三）	山　路　生	信濃毎日新聞	M34.　8.　8
越佐紀行（一）緒言	山　路　生	信濃毎日新聞	M34.　8.　9
越佐紀行（二）八月八日 長野より新		信濃毎日新聞	M34.　8. 10

潟まで			
越佐紀行（三）九日、十日、十一日、十二日	山　路　生	信濃毎日新聞	M34.　8. 16
岡山孤児院音楽幻灯会		信濃毎日新聞	M34.　8. 17
『青年立身録』	山路弥吉	〈民友社〉	M34.　8. 18
越佐紀行（四）十二日、十三日、十四日	愛　山　生	信濃毎日新聞	M34.　8. 20
衆と共に楽しむべし（貴婦人の芸術）		信濃毎日新聞	M34.　8. 21
越佐紀行（五）十五日、十六日、十七日	山　路　生	信濃毎日新聞	M34.　8. 22
慈善と独立心		信濃毎日新聞	M34.　8. 23
割烹論		信濃毎日新聞	M34.　8. 24
大岡越前守流の司法官		信濃毎日新聞	M34.　8. 26
日本古代の宗教（一）	山路弥吉	信濃毎日新聞	M34.　8. 28
日本古代の宗教（二）	山路弥吉	信濃毎日新聞	M34.　8. 29
日本古代の宗教（三）	山路弥吉	信濃毎日新聞	M34.　8. 30
日本古代の宗教（四）	山路弥吉	信濃毎日新聞	M34.　8. 31
記者論客の安心立命		信濃毎日新聞	M34.　9.　1
日本古代の宗教（五）	山路弥吉	信濃毎日新聞	M34.　9.　3
素寒生に答ふ	山路弥吉	信濃毎日新聞	M34.　9.　4
ペリクレスの話		信濃毎日新聞	M34.　9.　5
大塩平八郎伝　系譜（一）	山路愛山	信濃毎日新聞	M34.　9.　6
悪文学		〃	〃
大塩平八郎伝　系譜（二）	山路愛山	信濃毎日新聞	M34.　9.　7
楽屋話し（中江篤介について）		〃	〃
大塩平八郎伝　系譜（三）	山路愛山	信濃毎日新聞	M34.　9.　8
友人に与へて伊庭想太郎を論ずる書	山　路　生	〃	〃
大塩平八郎伝（四）吟味方与力たる平八郎（一）	山路愛山	信濃毎日新聞	M34.　9. 10
信濃青年団の発会式に於て（一）（演説草稿）	山　路　生	〃	〃

大塩平八郎伝（五）吟味方与力たる平八郎（二）	山路愛山	信濃毎日新聞	M34. 9. 11
信濃青年団の発会式に於て（二）（演説草稿）	山　路　生	〃	〃
信濃青年団の発会式に於て（三）（演説草稿）	山　路　生	信濃毎日新聞	M34. 9. 12
信濃青年団の発会式に於て（四）（演説草稿）	山　路　生	信濃毎日新聞	M34. 9. 13
大塩平八郎伝（六）吟味方与力たる平八郎（三）	山　路　生	信濃毎日新聞	M34. 9. 14
壮遊を試みよ	山　路　生	〃	〃
大塩平八郎伝（七）平八郎の人物		信濃毎日新聞	M34. 9. 15
大塩平八郎伝（八）平八郎の人物（二）		信濃毎日新聞	M34. 9. 17
伊藤侯の園遊会を見る	山　路　生	〃	〃
雄筆一則	山　路　生	信濃毎日新聞	M34. 9. 18
大塩平八郎伝（九）平八郎の人物（三）	愛　山　生	信濃毎日新聞	M34. 9. 19
大塩平八郎伝（十）平八郎の人物（四）	愛　山　生	信濃毎日新聞	M34. 9. 20
学僕となる事勿れ	山　路　生	信濃毎日新聞	M34. 9. 21
大塩平八郎伝（十一）平八郎の人物（五）	愛　山　生	信濃毎日新聞	M34. 9. 22
新を尊ばんか真を尊ばんか	山　路　生	信濃毎日新聞	M34. 9. 24
解嘲	山　路　生	信濃毎日新聞	M34. 9. 26
一志万事	山　路　生	信濃毎日新聞	M34. 9. 27
法律に常識を加へよ	山　路　生	信濃毎日新聞	M34. 9. 28
家庭を支配するもの　浄瑠璃語り。三味線引き。		信濃毎日新聞	M34. 10. 1
丁稚奉公将に衰へんとす		信濃毎日新聞	M34. 10. 2
実業的精神教育		信濃毎日新聞	M34. 10. 3
共進会術と品評会術		信濃毎日新聞	M34. 10. 4
米の乾し方の事 籾納の弊害		信濃毎日新聞	M34. 10. 5

大塩平八郎伝（十一）吟味方与力たる平八郎（一）	愛　山　生	信濃毎日新聞	M34. 10.　8
製糸家に一寸一言		〃	〃
大塩平八郎伝（十二）吟味方与力たる平八郎（二）	愛　山　生	信濃毎日新聞	M34. 10.　9
霊地保護論		〃	〃
大塩平八郎伝（十三）吟味方与力たる平八郎（三）	愛　山　生	信濃毎日新聞	M34. 10. 10
仮才子。真才子。		〃	〃
大塩平八郎伝（十四）吟味方与力たる平八郎（四）	愛　山　生	信濃毎日新聞	M34. 10. 11
南佐久郡の某氏に与ふる書	山　路　生	〃	〃
大塩平八郎伝（十五）吟味方与力たる平八郎（五）		信濃毎日新聞	M34. 10. 12
法律と常識 上田町消防組織		〃	〃
歴史観と生活論	愛　山　生	信濃毎日新聞	M34. 10. 13
上役の世話焼の事		〃	〃
大塩平八郎伝（十六）吟味方与力たる平八郎（六）		〃	〃
大塩平八郎伝（十七）吟味方与力たる平八郎（七）		信濃毎日新聞	M34. 10. 15
過を他人に嫁すること勿れ 郵便物の破毀		〃	〃
大塩平八郎伝（十八）吟味方与力たる平八郎（八）		信濃毎日新聞	M34. 10. 16
爾の選挙権を重んぜよ	山　路　生	〃	〃
大塩平八郎伝（十九）吟味方与力たる平八郎（九）		信濃毎日新聞	M34. 10. 17
森林改良の事		〃	〃
大塩平八郎伝（二十）時勢の観察（一）		信濃毎日新聞	M34. 10. 19

支那繭輸入の事（上）	記　　者	〃	〃
支那繭輸入の事（下）		信濃毎日新聞	M34. 10. 22
大塩平八郎伝（廿一）時勢の観察（二）		信濃毎日新聞	M34. 10. 23
新町雑談	愛　山　生	〃	〃
金銭に奇麗なる性分の事		信濃毎日新聞	M34. 10. 24
大塩平八郎伝（廿二）時勢の観察（三）		信濃毎日新聞	M34. 10. 25
小学校の先生は宜しく演説の稽古を為すべし	山　路　生	〃	〃
大塩平八郎伝（廿三）時勢の観察（四）		信濃毎日新聞	M34. 10. 26
孟子を論ず（一）精神的の修養（演説草稿）	山路弥吉	信濃毎日新聞	M34. 10. 27
大塩平八郎伝（廿四）道学先生たる平八郎（一）	山路愛山	信濃毎日新聞	M34. 10. 29
孟子を論ず（二）古典の研究（演説草稿）	山路弥吉	信濃毎日新聞	M34. 10. 30
安心立命		信濃毎日新聞	M34. 10. 31
孟子を論ず（三）古の教育と今の教育（演説草稿）	山路弥吉	信濃毎日新聞	M34. 11. 1
上高井郡高甫村小学校同窓会諸君に謝す	山　路　生	〃	〃
大塩平八郎伝（廿六）道学先生たる平八郎（三）	山路愛山	信濃毎日新聞	M34. 11. 2
演劇を看る		〃	〃
日本人史の第一頁		信濃毎日新聞	M34. 11. 3
大塩平八郎伝（廿七）道学先生たる平八郎（四）	山路愛山	信濃毎日新聞	M34. 11. 6
老農某氏の寄書につきて			
大塩平八郎伝（廿八）道学先生たる平八郎（五）	山路愛山	信濃毎日新聞	M34. 11. 7
大塩平八郎伝（廿九）道学先生たる平	山路愛山	信濃毎日新聞	M34. 11. 8

八郎（六）			
大塩平八郎伝（三十）道学先生たる平八郎（七）	山路愛山	信濃毎日新聞	M34. 11. 9
廉価なる裁判		〃	〃
大塩平八郎伝（卅一）平八郎の哲学（一）	山路愛山	信濃毎日新聞	M34. 11. 10
麻績及び上田 実業補習学校論	愛山生	信濃毎日新聞	M34. 11. 12
麻績及び上田（二）地下に別天あり	愛山生	信濃毎日新聞	M34. 11. 13
県会の人民席より（一）	山路生	信濃毎日新聞	M34. 11. 14
大塩平八郎伝（卅二）平八郎の哲学（二）	山路愛山	信濃毎日新聞	M34. 11. 15
麻績及び上田（三）実業学校の前途遠し。	愛山生	〃	〃
大塩平八郎伝（卅三）平八郎の哲学（三）		信濃毎日新聞	M34. 11. 16
県会の人民席より（二）	山路生	〃	〃
新たに軍門に入るものに餞す		信濃毎日新聞	M34. 11. 17
他山の石	愛山生	信濃毎日新聞	M34. 11. 19
大塩平八郎伝（卅四）平八郎の哲学（四）		信濃毎日新聞	M34. 11. 20
県会の人民席より（三）	山路生	〃	〃
鹿教湯及び霊泉寺	愛山生	信濃毎日新聞	M34. 11. 23
須坂青年会演説会	愛山生	信濃毎日新聞	M34. 11. 26
県会の人民席より（四）	山路生	信濃毎日新聞	M34. 11. 27
偶感一則	愛山生	信濃毎日新聞	M34. 11. 30
郡立の二学校（一）		信濃毎日新聞	M34. 12. 1
郡立の二学校（二）		信濃毎日新聞	M34. 12. 3
郡立の二学校（三）		信濃毎日新聞	M34. 12. 4
県会の人民席より（五）	山路生	信濃毎日新聞	M34. 12. 5
県会の人民席より（六）	山路生	信濃毎日新聞	M34. 12. 6
大塩平八郎伝（卅五）平八郎は何を以て兵を挙げたるや（一）	山路愛山	信濃毎日新聞	M34. 12. 7
「公共団体経済の状態と一般経済の現	山路生	〃	〃

象」と称する書を読む（一）			
大塩平八郎伝（卅六）平八郎は何を以て兵を挙げたるや（二）	山路愛山	信濃毎日新聞	M34. 12. 8
「公共団体経済の状態と一般経済の現象」と称する書を読む（二）	山路生	〃	〃
大塩平八郎伝（卅七）平八郎は何を以て兵を挙げたるや（三）	山路愛山	信濃毎日新聞	M34. 12. 10
大塩平八郎伝（卅八）平八郎は何を以て兵を挙げたるや（四）	山路愛山	信濃毎日新聞	M34. 12. 11
「公共団体経済の状態と一般経済の現象」と題する書を読む（三）	愛山生	〃	〃
大塩平八郎伝（卅九）平八郎は何を以て兵を挙げたるや（五）		信濃毎日新聞	M34. 12. 12
政道柔弱		〃	〃
大塩平八郎伝（四十）平八郎は何を以て兵を挙げたるや（六）		信濃毎日新聞	M34. 12. 13
「続一年有半」を読む	愛山生	〃	〃
大塩平八郎伝（四十一）平八郎は何を以て兵を挙げたるや（七）		信濃毎日新聞	M34. 12. 15
法律と常識		信濃毎日新聞	M34. 12. 17
大塩平八郎伝（四十二）平八郎は何を以て兵を挙げたるや（八）		信濃毎日新聞	M34. 12. 18
強飲国	山路生	〃	〃
大塩平八郎伝（四十三）平八郎は何を以て兵を挙げたるや（九）		信濃毎日新聞	M34. 12. 20
古今無差別		〃	〃
正直と倹約		信濃毎日新聞	M34. 12. 22
歴史上の信濃（二）	山路生	信濃毎日新聞	M34. 12. 25
大塩平八郎伝（四十四）平八郎は何を以て兵を挙げたるや（十）		信濃毎日新聞	M34. 12. 26

政治と生活		〃	〃
歴史上の信濃（三）		信濃毎日新聞	M34. 12. 27
雪隠便所の世話の事		信濃毎日新聞	M34. 12. 28
歳云に暮る		信濃毎日新聞	M34. 12. 29
信濃国の歴史の歌（一）～（八）	愛山逸民	信濃毎日新聞	M35. 1. 1
余が眼に映じたる国民新聞　未見		国民新聞	M35. 1. 1
日本文化の一大欠点		信濃毎日新聞	M35. 1. 8
帮漢論		信濃毎日新聞	M35. 1. 9
上田の奇傑（一）赤松小三郎	山路生	信濃毎日新聞	M35. 1. 10
上田の奇傑（二）赤松小三郎	山路生	信濃毎日新聞	M35. 1. 11
上田の奇傑（三）赤松小三郎	山路生	信濃毎日新聞	M35. 1. 12
上田の奇傑（四）赤松小三郎	山路生	信濃毎日新聞	M35. 1. 14
上田の奇傑（五）赤松小三郎	山路生	信濃毎日新聞	M35. 1. 15
上田の奇傑（六）赤松小三郎	山路生	信濃毎日新聞	M35. 1. 16
赤松氏の遺事	山路生	信濃毎日新聞	M35. 1. 19
八幡と望月	山路生	〃	〃
第二十世紀の封建制度		信濃毎日新聞	M35. 1. 21
十年の説		信濃毎日新聞	M35. 1. 22
自治体の倹奢		信濃毎日新聞	M35. 1. 23
総選挙の準備は如何		信濃毎日新聞	M35. 1. 24
信州産物の心理学		信濃毎日新聞	M35. 1. 26
道草の記（一）	山路生	信濃毎日新聞	M35. 1. 29
模範的教育家	山路生	信濃毎日新聞	M35. 1. 30
道草の記（二）		信濃毎日新聞	M35. 2. 1
日本人民史 稿本 第一篇上古史（上）	山路弥吉	三日月	M35. 2. 3
道草の記（続）	山路生	信濃毎日新聞	M35. 2. 4
悪道路		信濃毎日新聞	M35. 2. 6
道草の記（つゞく）（終り）		信濃毎日新聞	M35. 2. 7
「成功論」を読む	山路生	信濃毎日新聞	M35. 2. 8

忠死の軍人		信濃毎日新聞	M35. 2. 9
知事難		信濃毎日新聞	M35. 2. 11
外交は実力に在り		信濃毎日新聞	M35. 2. 18
林相論 帝国林制史を読む	愛　山　生	信濃毎日新聞	M35. 2. 19
誤訳論		信濃毎日新聞	M35. 2. 20
修学旅行	山　路　生	信濃毎日新聞	M35. 2. 21
「新聞に出してやるぞ」		信濃毎日新聞	M35. 2. 22
知事関氏に与ふ		信濃毎日新聞	M35. 2. 23
役人を安心せしめよ		信濃毎日新聞	M35. 2. 25
自治体の建築物		信濃毎日新聞	M35. 2. 26
小巧論		信濃毎日新聞	M35. 2. 27
人民の読むべき教科書		信濃毎日新聞	M35. 3. 2
日本人民史　稿本　第一篇上古史（上）	山路弥吉	三　日　月	M35. 3. 3
自治体と其代表者		信濃毎日新聞	M35. 3. 5
党帳日記帳の事		信濃毎日新聞	M35. 3. 6
活動と安逸		信濃毎日新聞	M35. 3. 8
文明国果して恐るべき乎		信濃毎日新聞	M35. 3. 9
婦人方に一寸一言		信濃毎日新聞	M35. 3. 11
〔論叢〕国民の自信	山路愛山	信　陽	M35. 3. 12
軍人と国民		信濃毎日新聞	M35. 3. 14
最新の学問と最旧の学問		信濃毎日新聞	M35. 3. 21
言語と改革		信濃毎日新聞	M35. 3. 25
田舎の学校に赴任すべき師範学校卒業生に		信濃毎日新聞	M35. 3. 26
郷津湾と碓氷隧道		信濃毎日新聞	M35. 3. 27
官吏として安心せしめよ		信濃毎日新聞	M35. 3. 28
長野婦人会席上に於て（一）	山路弥吉	信濃毎日新聞	M35. 4. 2
長野婦人会席上に於て（二）	山路弥吉	信濃毎日新聞	M35. 4. 3
長野婦人会席上に於て（三）	山路弥吉	信濃毎日新聞	M35. 4. 5

新聞記者	山　路　生	信濃毎日新聞	M35. 4. 6
長野婦人会席上に於て（四）	山路弥吉	信濃毎日新聞	M35. 4. 8
製糸工女		信濃毎日新聞	M35. 4. 10
婦人と農学		信濃毎日新聞	M35. 4. 11
憲政本党北信支部大会傍観の記	山　路　生	信濃毎日新聞	M35. 4. 13
代議士と政治家		信濃毎日新聞	M35. 4. 15
真率会		信濃毎日新聞	M35. 4. 16
小吏畏るべし		信濃毎日新聞	M35. 4. 18
志道氏事件の為めに		信濃毎日新聞	M35. 4. 19
小諸町の運動会に与ふ	山　路　生	信濃毎日新聞	M35. 4. 20
昨日の生みたる今日	山路弥吉	信濃毎日新聞	M35. 4. 23
〔祝辞〕「実業」の発刊に就て	山　路　生	実　　業	M35. 4. 25
菅公の話（一）	山　路　生	信濃毎日新聞	M35. 4. 26
菅公の話（二）	山　路　生	信濃毎日新聞	M35. 4. 27
皇太子殿下の御来遊に就て		信濃毎日新聞	M35. 4. 28
菅公の話（三）	山　路　生	信濃毎日新聞	M35. 4. 29
菅公の話（四）		信濃毎日新聞	M35. 4. 30
菅公論（一）（二）	愛　山　生	国民新聞	M35. 4. 30
菅公の話（第一期つゞき）（五）		信濃毎日新聞	M35. 5. 1
菅公論（三）	愛　山　生	国民新聞	M35. 5. 1
菅公論（四）	愛　山　生	国民新聞	M35. 5. 2
御慶事紀念碑	山　路　生	信濃毎日新聞	M35. 5. 3
菅公論（五）（六）	愛　山　生	国民新聞	M35. 5. 3
日本人民史　稿本　第二篇上古史（下）	山路弥吉	三　日　月	M35. 5. 3
長野大林区署落成式	山　路　生	信濃毎日新聞	M35. 5. 5
白人種の攘夷論		信濃毎日新聞	M35. 5. 6
菅公論（七）	愛　山　生	国民新聞	M35. 5. 6
菅公の話（八）第二期	愛　山　生	信濃毎日新聞	M35. 5. 7
菅公論（八）	愛　山　生	国民新聞	M35. 5. 7

菅公の話（九）第二期	愛　山　生	信濃毎日新聞	M35. 5. 8
菅公論（九）	愛　山　生	国　民　新　聞	M35. 5. 8
菅公の話（十）第二期（続）	愛　山　生	信濃毎日新聞	M35. 5. 10
菅公論（九）	愛　山　生	国　民　新　聞	M35. 5. 13
南信道中記（一）	愛　山　生	信濃毎日新聞	M35. 5. 14
菅公論（十）（十一）	愛　山　生	国　民　新　聞	M35. 5. 14
南信道中記（二）	愛　山　生	信濃毎日新聞	M35. 5. 15
南信道中記（三）	愛　山　生	信濃毎日新聞	M35. 5. 16
南信道中記（四）（十一日松本にて為したる演説の続き）	愛　山　生	信濃毎日新聞	M35. 5. 17
南信道中記（四）（十一日松本にて為したる演説の続き）	愛　山　生	信濃毎日新聞	M35. 5. 25
南信道中記（五）（十一日松本にて為したる演説の続き）	愛　山　生	信濃毎日新聞	M35. 5. 26
菅公の話（十一）第二期（続）	愛　山　生	信濃毎日新聞	M35. 5. 27
南信道中記（五）（十一日松本にて為したる演説の続き）	愛　山　生	〃	〃
南信道中記（六）旗亭の女主人と語る（上）	愛　山　生	信濃毎日新聞	M35. 5. 28
菅公の話　第二期（続）	愛　山　生	信濃毎日新聞	M35. 5. 29
南信道中記（七）旗亭の女主人と語る（下）	愛　山　生	〃 〃	〃 〃
菅公の話 第二期（続）	愛　山　生	信濃毎日新聞	M35. 5. 30
南信道中記（七）御柱祭りを観る（一）	愛　山　生	〃	〃
高田より長野まで	山　路　生	信濃毎日新聞	M35. 5. 31
自治体の比較的研究	山　路　生	信濃毎日新聞	M35. 6. 1
南信道中記（七）御柱祭りを観る（二）	愛　山　生	信濃毎日新聞	M35. 6. 2
菅公の話 第二期（続）	愛　山　生	信濃毎日新聞	M35. 6. 3
南信道中記（八）御柱祭りを観る（三）	愛　山　生	〃	〃

日本人民史 稿本　第三篇中古史（一）	山路弥吉	三　日　月	M35. 6. 3
菅公の話 第二期（続）	愛　山　生	信濃毎日新聞	M35. 6. 4
万菊楼上（上）	出席者の一人	〃	〃
万菊楼上（下）	出席者の一人	信濃毎日新聞	M35. 6. 5
薄命の才子（幸徳秋水君の「兆民先生」を読む）	愛　山　生	信濃毎日新聞	M35. 6. 6
菅公の話 第三期（一）	愛　山　生	信濃毎日新聞	M35. 6. 7
空しくなりし人民の膏血（責任を明かにせよ）	愛　山　生	信濃毎日新聞	M35. 6. 7
菅公の話 第三期（続）	愛　山　生	信濃毎日新聞	M35. 6. 8
長野婦人会席上に於て	山路弥吉	〃	〃
長野婦人会席上に於て（二）	山路弥吉	信濃毎日新聞	M35. 6. 9
長野婦人会席上に於て（三）	山路弥吉	信濃毎日新聞	M35. 6. 10
長野婦人会席上に於て（四）	山路弥吉	信濃毎日新聞	M35. 6. 13
長野婦人会席上に於て（五）	山路弥吉	信濃毎日新聞	M35. 6. 14
某に与ふる書（張元洞の聘に応じ支那の師範学校長たらんとする人に与ふるものなり。）		信濃毎日新聞	M35. 6. 15
長野婦人会席上に於て（六）（終）	山路弥吉	信濃毎日新聞	M35. 6. 17
万能と一心	愛　山　生	信濃毎日新聞	M35. 6. 20
患ふべきは地方税の増加に非ずして町村税の増加に在り		信濃毎日新聞	M35. 6. 21
商業学校校友会席上に於て（一）	山　路　生	信濃毎日新聞	M35. 6. 22
商業学校校友会席上に於て（二）	山路弥吉	信濃毎日新聞	M35. 6. 23
選挙の形勢一変すべきの時期		信濃毎日新聞	M35. 6. 25
貴族的婦人の模範（英国女帝陛下の御美徳）		信濃毎日新聞	M35. 6. 26
小役人の不親切		信濃毎日新聞	M35. 6. 27

浪人政治乎。良民政治乎。		信濃毎日新聞	M35. 6. 28
爾の選挙権を愛護せよ	読破万巻楼主人	信濃毎日新聞	M35. 7. 1
候文を慢る可からず	滄浪凍人	信濃毎日新聞	M35. 7. 7
上田より	山路生	信濃毎日新聞	M35. 7. 9
上田政友倶楽部席上に於て	山路生	信濃毎日新聞	M35. 7. 10
日本人民史(未定稿)第三篇中古史(三)	山路生	三日月	M35. 7. 10
提灯持の説		信濃毎日新聞	M35. 7. 11
菊池文相に与ふ		信濃毎日新聞	M35. 7. 12
衰世亡国の源因		信濃毎日新聞	M35. 7. 13
奥ゆかしき事		信濃毎日新聞	M35. 7. 15
濁世論（一）	山路弥吉	信濃毎日新聞	M35. 7. 16
濁世論（二）	山路弥吉	信濃毎日新聞	M35. 7. 17
濁世論（三）	山路弥吉	信濃毎日新聞	M35. 7. 19
修辞論		信濃毎日新聞	M35. 7. 21
政治に熱心なれ		信濃毎日新聞	M35. 7. 22
評判信ずべからず		信濃毎日新聞	M35. 7. 23
総選挙に付警察官へ人民より注意の条々		信濃毎日新聞	M35. 7. 24
道路政党員堤防政党員		信濃毎日新聞	M35. 7. 26
選挙の好模範		信濃毎日新聞	M35. 7. 27
修辞論（再び）	山路生	信濃毎日新聞	M35. 7. 28
医薬分業論発難	山路生	信濃毎日新聞	M35. 7. 29
小楼閑話（競争と平均）	山路生	信濃毎日新聞	M35. 7. 30
医薬分業論につきて（一）	山路生	信濃毎日新聞	M35. 7. 31
実験夏秋蚕新書に題す（宮下智三郎・滝沢七郎著『実験夏秋蚕新書』）	山路弥吉	〈蚕友組合本部〉	M35. 7.
医薬分業論につきて（二）	山路生	信濃毎日新聞	M35. 8. 1
無名の書簡　某より某に		信濃毎日新聞	M35. 8. 2

整林論		信濃毎日新聞	M35. 8. 3
他人の噂		信濃毎日新聞	M35. 8. 4
文人余地	山 路 生	信濃毎日新聞	M35. 8. 5
君子の如く争へよ	山 路 生	信濃毎日新聞	M35. 8. 6
最後の十五分間（一）一名選挙人心得		〃	〃
最後の十五分間（二）一名選挙人心得		信濃毎日新聞	M35. 8. 7
英国皇帝陛下戴冠式		信濃毎日新聞	M35. 8. 9
○山田禎三郎氏	山 路 生	〃	〃
医薬分業論（三）		信濃毎日新聞	M35. 8.10
光風霽月の如くなれ	山 路 生	信濃毎日新聞	M35. 8.11
選挙の結果を見て感あり	山 路 生	信濃毎日新聞	M35. 8.12
大に政界を廓清せよ	山 路 生	信濃毎日新聞	M35. 8.13
選挙に現はれたる数学的観察		信濃毎日新聞	M35. 8.14
人物鑑定の法	山 路 生	信濃毎日新聞	M35. 8.15
中津青年会席上に於て（八月十五日）	山 路 生	信濃毎日新聞	M35. 8.17
中津青年会席上に於て（八月十五日）	山 路 生	信濃毎日新聞	M35. 8.18
中津青年会席上に於て（八月十五日）	山 路 生	信濃毎日新聞	M35. 8.19
啓上仕候……八月二十日認む　東京京橋区槍屋町の逆旅に於て	山 路 生	信濃毎日新聞	M35. 8.22
大に戦へよ	山 路 生	信濃毎日新聞	M35. 8.23
留任の意を明にす	山 路 生	信濃毎日新聞	M35. 8.26
信濃博物学会雑誌を読む		信濃毎日新聞	M35. 8.28
学生寄宿舎		信濃毎日新聞	M35. 8.29
洋行と洋学		信濃毎日新聞	M35. 9. 1
〔詞苑〕（新体詩）信濃の国の歌	無 名 氏	文章倶楽部	M35. 9. 1
識見ある婦人の目に映じたる日本青年（上）		信濃毎日新聞	M35. 9. 3
時文問答	山 路 生	〃	〃
識見ある婦人の目に映じたる日本青年		信濃毎日新聞	M35. 9. 4

（中）			
識見ある婦人の目に映じたる日本青年（下）		信濃毎日新聞	M35. 9. 5
先輩後輩	山　路　生	信濃毎日新聞	M35. 9. 6
八月三十日より九月五日まで		信濃毎日新聞	M35. 9. 7
古典の教育（一）信濃青年団席上演説	山 路 弥 吉	信濃毎日新聞	M35. 9. 8
古典の教育（二）信濃青年団席上演説	山 路 弥 吉	信濃毎日新聞	M35. 9. 9
古典の教育（三）信濃青年団席上演説	山 路 弥 吉	信濃毎日新聞	M35. 9. 10
古典の教育（四）信濃青年団席上演説	山 路 弥 吉	信濃毎日新聞	M35. 9. 11
古典の教育（五）信濃青年団席上演説	山 路 弥 吉	信濃毎日新聞	M35. 9. 12
九月六日より同十二日まで		信濃毎日新聞	M35. 9. 14
和田村より	山　路　生	〃	〃
和田駅より	山　路　生	信濃毎日新聞	M35. 9. 15
往復書簡の書方	山　路　生	信濃毎日新聞	M35. 9. 16
上丸子小学校	山　路　生	〃	〃
才を老せしめよ		信濃毎日新聞	M35. 9. 17
野尻湖畔（上）	山　路　生	信濃毎日新聞	M35. 9. 18
野尻湖畔（中）	山　路　生	信濃毎日新聞	M35. 9. 19
野尻湖畔（下）	山　路　生	信濃毎日新聞	M35. 9. 20
九月十四日より同二十日まで		信濃毎日新聞	M35. 9. 21
念仏宗は亡ぶべき乎		信濃毎日新聞	M35. 9. 25
現代文明の暗黒なる半面	山　路　生	信濃毎日新聞	M35. 9. 26
九月廿一日より同二十七日まで		信濃毎日新聞	M35. 9. 28
半日書楼	山　路　生	信濃毎日新聞	M35. 9. 30
市民の調和	山　路　生	信濃毎日新聞	M35. 10. 1
町人風と役人風「行政整理に就て」		信濃毎日新聞	M35. 10. 4
藻秀楼の小集		〃	〃
九月廿八日より十月四日まで		信濃毎日新聞	M35. 10. 5
患ふ可きは議院の分捕主義に在り		信濃毎日新聞	M35. 10. 6

眼高手低		信濃毎日新聞	M35. 10. 7
日曜講演	山路生	信濃毎日新聞	M35. 10. 8
中学独立論		信濃毎日新聞	M35. 10. 9
商売の良心		信濃毎日新聞	M35. 10. 10
透谷全集を読む（一）	愛山生	信濃毎日新聞	M35. 10. 11
十月五日より同十一日まで		信濃毎日新聞	M35. 10. 12
透谷全集を読む（二）	愛山生	信濃毎日新聞	M35. 10. 13
越後騒動に就て（一）	山路生	信濃毎日新聞	M35. 10. 14
越後騒動に就て（二）	山路生	信濃毎日新聞	M35. 10. 17
越後騒動に就て（三）	山路生	信濃毎日新聞	M35. 10. 18
十月十二日より同十八日まで		信濃毎日新聞	M35. 10. 19
奥村いほ子に与ふ	山路生	〃	〃
議員を監督せよ		信濃毎日新聞	M35. 10. 20
越後騒動に就て（四）	山路生	信濃毎日新聞	M35. 10. 21
長野市長に与ふ（上）（一）市税の納期を怠りしもの、手数料の事	山路生	信濃毎日新聞	M35. 10. 24
身体を鍛錬せよ		信濃毎日新聞	M35. 10. 25
十月十九日より同廿五日に至る		信濃毎日新聞	M35. 10. 26
長野市長に与ふ（中）（二）適法なるを以て満足すべからざる事。	山路生	信濃毎日新聞	M35. 10. 27
長野市長に与ふ（下）（三）役所の事務は人民の来るを待て処理すべからざること	山路生	信濃毎日新聞	M35. 10. 28
学校系統以外の教育（一）		信濃毎日新聞	M35. 10. 30
学校系統以外の教育（二）		信濃毎日新聞	M35. 11. 1
十月二十六日より十一月一日に至る		信濃毎日新聞	M35. 11. 2
何を以て今日を祝せん		信濃毎日新聞	M35. 11. 3
学校系統以外の教育（三）		信濃毎日新聞	M35. 11. 4
過去と現在（一）戦争	読破万巻楼	信濃毎日新聞	M35. 11. 5

	主人		
過去と現在（二）栗山文集を読む	読破万巻楼主人	信濃毎日新聞	M35. 11.　6
過去と現在（三）栗山文集を読む	読破万巻楼主人	信濃毎日新聞	M35. 11.　7
過去と現在（四）栗山文集を読む	読破万巻楼主人	信濃毎日新聞	M35. 11.　8
過去と現在（五）栗山文集を読む	読破万巻楼主人	信濃毎日新聞	M35. 11.　9
十一月二日より同八日まで		〃	〃
過去と現在（六）栗山文集を読む	読破万巻楼主人	信濃毎日新聞	M35. 11. 10
機運一転		〃	〃
過去と現在（七）栗山文集を読む	読破万巻楼主人	信濃毎日新聞	M35. 11. 11
過去と現在（八）栗山文集を読む	読破万巻楼主人	信濃毎日新聞	M35. 11. 12
過去と現在（九）栗山文集を読む	読破万巻楼	信濃毎日新聞	M35. 11. 13
事務的精神を養へよ	主人		
過去と現在（十）栗山文集を読む	読破万巻楼主人	信濃毎日新聞	M35. 11. 14
勤倹尚武（再び）		〃	〃
過去と現在（十一）栗山文集を読む	読破万巻楼主人	信濃毎日新聞	M35. 11. 15
過去と現在（十二）栗山文集を読む	読破万巻楼主人	信濃毎日新聞	M35. 11. 16
十一月八日より同十五日に至る		〃	〃
勤倹尚武（三たび）	山　路　生	信濃毎日新聞	M35. 11. 17
過去と現在（十三）栗山文集を読む	読破万巻楼主人	信濃毎日新聞	M35. 11. 18

過去と現在（十四）栗山文集を読む	読破万巻楼主人	信濃毎日新聞	M35. 11. 19
過去と現在（十五）栗山文集を読む	読破万巻楼主人	信濃毎日新聞	M35. 11. 20
過去と現在（十五）栗山文集を読む	読破万巻楼主人	信濃毎日新聞	M35. 11. 21
過去と現在（十六）栗山文集を読む	読破万巻楼主人	信濃毎日新聞	M35. 11. 22
奥村五百子の演説		信濃毎日新聞	M35. 11. 24
独り増税のみならず（東京第一報）	無　名　氏	信濃毎日新聞	M35. 11. 28
（山路愛山君の寄書）	山　路　生	山　　桜	M35. 12.　1
此処二三日・此処二三日（再び）	山　路　生	信濃毎日新聞	M35. 12.　3
愈明日	山　路　生	信濃毎日新聞	M35. 12.　5
逆旅日記	山　路　生	信濃毎日新聞	M35. 12.　6
伊藤侯の示威的態度		〃	〃
形勢依然	山　路　生	信濃毎日新聞	M35. 12.　8
購買組合を起すべし	山　路　生	信濃毎日新聞	M35. 12.　9
人和論		信濃毎日新聞	M35. 12. 11
天下奚んか定まらん	山　路　生	信濃毎日新聞	M35. 12. 12
面白き二人連れ	山　路　生	信濃毎日新聞	M35. 12. 13
道聴途説	無　名　氏	〃	〃
都の少年と田舎の少年	山　路　生	信濃毎日新聞	M35. 12. 14
十二月七日より同十三日まで		〃	〃
東京片信	山　路　生	信濃毎日新聞	M35. 12. 16
政府の一致 解散の予測	山　路　生	信濃毎日新聞	M35. 12. 18
濃厚なる空気的妥協	山　路　生	信濃毎日新聞	M35. 12. 21
十二月十四日より同二十日まで		〃	〃
陳言一則	山　路　生	信濃毎日新聞	M35. 12. 27
高山樗牛逝く	山　路　生	〃	〃

言論に対する取締	山　路　生	信濃毎日新聞	M35. 12. 29
餅搗の説	山　路　生	信濃毎日新聞	M35. 12. 30
序文	山路弥吉	与謝野鉄幹『うもれ木』〈博文館〉	M35. 12. 30
発刊の趣意		独立評論	M36. 1. 1
〔時人論〕伊藤侯を論す（伊藤侯演説集に拠る）		〃	〃
〔摘要〕化学漸く農業に代らんとす（サイエンチフイツク、アメリカン）・ゾーラ論（諸雑誌摘訳）・渡辺国武氏の「世界政策」（三十五年十二月五日太陽）・太田黒重五郎氏の「労資一体論」（三十五年十二月一日実業の日本）・石坂橘樹氏の「地租全廃論」（同上）・林田亀太郎氏の「真正の学問」（三十五年十二月三日教育界）・今の初等教育者に何を望むべき乎（同上）・松村介石氏の「演説論」（三十五年十一月二十五日「警世」）・馬琴が鈴木牧之に与へたる書（三十五年十一月十日「帝国文学」）・関野貢氏の「推古時代の仏像」（三十五年十二月一日新仏教）・井上円了氏の「将来の宗教」（同上）・村上専精氏の「教育と宗教の異点」（教育界）・三並良氏の「白粉を洗ひ落したる耶蘇」を評す（三十五年十二月一日新シク）・井上哲次郎氏の「宗教革新の前途」（太陽）・内村鑑三氏の「予の宗教的生涯の一斑」（三十五年十二月十五日聖書の研究）・下			

宿屋に対する意見（三十五年十二月一日「青年界」）・徳富猪一郎氏の「無籍者の宗教観」（一）（三十五年十二月一日中央公論）			
〔家庭及青年〕修練論・成功の秘訣・ラツセル、セージ・狒々と亀・兎と象・象と亀		〃	〃
〔近著一斑〕岡野敬胤氏の「俳諧風聞記」（白鳩社発兌）・田口博士の「古代の研究」（経済雑誌発売）・阿部秀助氏訳の「海軍拡張と財政」・野々村戒三氏の「反動時代」（同上）・小西孝太郎氏の「勤倹儲蓄のしをり」（同上）・青池晁太郎氏の「牧兎大意」（冨山房発兌）		〃	〃
余は何故に帝国主義の信者たる乎。	山　路　生	〃	〃
蕃殖せよ膨脹せよ	愛山逸民	信濃毎日新聞	M36. 1. 1
東京新聞虚報多		信濃毎日新聞	M36. 1. 5
清潔なる教育家よ自愛せよ		信濃毎日新聞	M36. 1. 6
初心を忘るゝこと勿れ		信濃毎日新聞	M36. 1. 9
唖役人となること勿れ		信濃毎日新聞	M36. 1. 10
中野文庫の理事者たる人に寄す	山　路　生	信濃毎日新聞	M36. 1. 11
南客問答	山　路　生	信濃毎日新聞	M36. 1. 12
人心矯正の第一歩		信濃毎日新聞	M36. 1. 14
徂徠学の事（一）		信濃毎日新聞	M36. 1. 15
徂徠学の事（二）		信濃毎日新聞	M36. 1. 16
「滝沢馬琴」を読む	山　路　生	信濃毎日新聞	M36. 1. 17
徂徠学の事（三）		信濃毎日新聞	M36. 1. 19
徂徠学の事（四）		信濃毎日新聞	M36. 1. 21
徂徠学の事（五）		信濃毎日新聞	M36. 1. 23

終に本県に及ぶ		信濃毎日新聞	M36. 1. 24
〔社説〕余が所謂帝国主義（上） 〔摘要〕ポール、ルローワ、ボルユーの「欧洲人口論」（仏国経済雑誌）・テニシンとブラウニング（「ネーション」に掲げたるブルツク氏近著の批評に拠る）・タイプライター式電信機（パルマルガゼツト）・庖厨の「エレキ」（チェーンバース、ジョーナル）・長鯨樹（パリ発行コスモス紙上モツシューラメー）・元素に関する思想の発達（東京市学士会院に於て桜井錠二氏）・金子堅太郎氏の「海軍拡張を論ず」（一月一日実業の日本）・岡倉覚三氏の「印度美術談」（一月二日都新聞）・「デーリー、ソール」の「誤解せられたる露西亜」（一月二日都新聞の訳に依る）・高橋作衛氏の「中学課程漢文不可廃論」（一月一日「日本人」）・井上哲次郎氏の「日本道教論」（一月一日「新人」）・徳富猪一郎氏の無籍者の宗教観（二）（一月一日「中央公論」）・井上円了氏の「日本倫理と西洋倫理」（一月十日「妙好華」）・徳富猪一郎氏の「今日以外の政治」（三十五年十二月廿一日国民新聞）・「新日本の精神的国是」（一月一日「新人」）・「隔週評論」に現れたるカルチヤス（仮名）の「独逸の外交」（三十五年十一月廿九日、三十日、十二月二日、三日国民新聞の訳に依る）・「ノウヲエウレミア」の「米国大学論」（卅五年十一月	山路弥吉	独立評論	M36. 2. 1

二十九日廿日十二月一日東京朝日新聞の訳に依る)・ウ、ダムマローカ氏の「緬甸談」(三十五年十二月十四日より二十五日の「日本」に依る)・露国神学大家の著書「アンテハリスト」(一月五日「使命」神学士岩沢経丙吉氏の摘訳に依る)・黒岩周六氏の「新聞経営談」(一月一日「中央公論」)・塚越停春氏の「市川寛斎論」(一月一日国民新聞)・戸川残花氏の「勝海舟翁辛酸録」(一月一日「成功」)・榎本大鳥二氏の助命に関する薩人市来敬四郎翁の尽力(三十五年十一月二十六日「時事新報」)・田中光顕子の「刀剣談」(一月一日「中央新聞」)・時事新報の「宗教論」(三十五年十一月二十四日)・人に関する巷談街説 最近の小説界			
〔史論〕古事記を読む(二)	記　　者		
〔家庭及青年〕今日を重んぜよ・徐歩論 〔近著一班〕堺枯川氏の「子孫繁昌の話」内外出版協会・前田清哉氏の「哲学真観」岡崎書店刊行・南条井上村上三博士の仏教講談集　文明堂発兌			
危険なる人心	山　路　生	信濃毎日新聞	M36. 2. 3
教育界腐敗の大原因		信濃毎日新聞	M36. 2. 4
徂徠学の事(六)		信濃毎日新聞	M36. 2. 6
中村氏の書翰	山　路　生	信濃毎日新聞	M36. 2. 8
徂徠学の事(七)		信濃毎日新聞	M36. 2. 9
憲政本党北信支部大会を観るの記	山　路　生	信濃毎日新聞	M36. 2. 10
時勢論(一)(小県郡神川村青年会席上に於て)	山　路　生	信濃毎日新聞	M36. 2. 13

時勢論（二）（小県郡神川村青年会席上に於て）	山　路　生	信濃毎日新聞	M36.　2. 14
時勢論（三）（小県郡神川村青年会席上に於て）	山　路　生	信濃毎日新聞	M36.　2. 16
『懺悔』	山 路 弥 吉	〈民　友　社〉	M36.　2. 16
時勢論（四）（小県郡神川村青年会席上に於て）	山　路　生	信濃毎日新聞	M36.　2. 21
書感一則	愛　山　生	信濃毎日新聞	M36.　2. 24
〔社説〕余が所謂帝国主義（下）・海老名弾正氏の耶蘇基督教伝を読む	山 路 弥 吉	独　立　評　論	M36.　3.　3
〔時人論〕尾上菊五郎を論ず（時事新報の菊五郎芸談に拠る）		〃	〃
〔最近の小説界〕		〃	〃
〔家庭及青年〕		〃	〃
十八州漫遊の記に題す	山　路　生	信濃毎日新聞	M36.　3.　4
十八州漫遊記（一）停車場論	山　路　生	信濃毎日新聞	M36.　3.　7
十八州漫遊記			
十八州漫遊記			
十八州漫遊記 絵嶋及び鎌倉（二）	山　路　生	信濃毎日新聞	M36.　3. 10
十八州漫遊記 絵嶋及び鎌倉（三）	山　路　生	信濃毎日新聞	M36.　3. 11
十八州漫遊記 絵嶋と鎌倉（四）	山　路　生	信濃毎日新聞	M36.　3. 13
十八州漫遊記（八）大坂論（一）	山　路　生	信濃毎日新聞	M36.　3. 18
十八州漫遊記（九）大坂論（二）	山　路　生	信濃毎日新聞	M36.　3. 19
十八州漫遊記 大坂論（三）	山　路　生	信濃毎日新聞	M36.　3. 25
十八州漫遊記 大坂論（四）	山　路　生	信濃毎日新聞	M36.　3. 26
十八州漫遊記 大坂論（五）	山　路　生	信濃毎日新聞	M36.　3. 28
十八州漫遊記 大坂論（六）	山　路　生	信濃毎日新聞	M36.　3. 29
十八州漫遊記 大坂論（七）	山　路　生	信濃毎日新聞	M36.　3. 30
十八州漫遊記 大坂論（八）	山　路　生	信濃毎日新聞	M36.　4.　1

十八州漫遊記 大坂論（九）	山 路 生	信濃毎日新聞	M36. 4. 4
〔社説〕臆病なる文部省・釈迦譜を読む		独 立 評 論	M36. 4. 10
〔論説〕大坂論（上）		〃	〃
〔近著一斑〕黒潮を読む（黒潮社刊行）	山 路 生	〃	〃
責任論	山 路 生	信濃毎日新聞	M36. 4. 14
大坂論（十）古今の変化眼鏡		信濃毎日新聞	M36. 4. 15
大坂論（十一）古今の変り眼鏡（続）		信濃毎日新聞	M36. 4. 16
老嬢の説		信濃毎日新聞	M36. 4. 17
国家の寵児と国家の継子		信濃毎日新聞	M36. 4. 18
長野県会議員に与ふ（速に別紙を公表せよ）	山 路 弥 吉	信濃毎日新聞	M36. 4. 19
大坂論（十三）古今の変り眼鏡（続）		信濃毎日新聞	M36. 4. 20
商事教本を読む	山 路 生	信濃毎日新聞	M36. 4. 21
非翻訳政治	山 路 生	信濃毎日新聞	M36. 4. 22
人才養成		信濃毎日新聞	M36. 4. 23
渡辺無辺氏の勢力	愛 山 生	信濃毎日新聞	M36. 4. 24
佐久郡にて聞きたる事ども	山 路 生	信濃毎日新聞	M36. 4. 28
士気銷沈		信濃毎日新聞	M36. 4. 30
『信濃国の歴史の歌』 未見	山 路 愛 山	〈 ？ 〉	M36. 4. ？
読書論		信濃毎日新聞	M36. 5. 1
町人としての大坂人（上）	山 路 生	信濃毎日新聞	M36. 5. 2
〔社説〕人心議会に飽く・古英雄を懐ふ		独 立 評 論	M36. 5. 3
〔論説〕大坂論（中）		〃	〃
〔史論〕古事記を読む　接第二号	記 者	〃	〃
町人としての大坂人（中）		信濃毎日新聞	M36. 5. 3
外交戦争　二而一		信濃毎日新聞	M36. 5. 5
漢詩論	山 路 生	信濃毎日新聞	M36. 5. 6
人民の露国征伐	山 路 生	信濃毎日新聞	M36. 5. 7

裸体の説		信濃毎日新聞	M36. 5. 8
小さき将門小さき純友	読破万巻楼主人	信濃毎日新聞	M36. 5. 11
学校盛にして人民疲る		信濃毎日新聞	M36. 5. 12
辰巳屋騒動　第一回	山　路　生	信濃毎日新聞	M36. 5. 13
辰巳屋騒動（一名全力と正義の争闘史）第二回		信濃毎日新聞	M36. 5. 14
辰巳屋騒動（一名全力と正義の争闘史）第三回		信濃毎日新聞	M36. 5. 15
辰巳屋騒動（一名全力と正義の争闘史）第四回		信濃毎日新聞	M36. 5. 17
人民に告ぐる書	山 路 弥 吉	信濃毎日新聞	M36. 5. 18
辰巳屋騒動（一名全力と正義の争闘史）第五回		信濃毎日新聞	M36. 5. 19
辰巳屋騒動（一名全力と正義の争闘史）第六回		信濃毎日新聞	M36. 5. 20
辰巳屋騒動（一名全力と正義の争闘史）第七回		信濃毎日新聞	M36. 5. 22
辰巳屋騒動（一名全力と正義の争闘史）第八回		信濃毎日新聞	M36. 5. 23
辰巳屋騒動（一名全力と正義の争闘史）第九回		信濃毎日新聞	M36. 5. 24
辰巳屋騒動（一名全力と正義の争闘史）第十回		信濃毎日新聞	M36. 5. 25
辰巳屋騒動（一名全力と正義の争闘史）第十一回		信濃毎日新聞	M36. 5. 28
辰巳屋騒動（一名全力と正義の争闘史）第十二回		信濃毎日新聞	M36. 6. 1
小諸義塾第十年祝宴席上に於て	山 路 弥 吉	信濃毎日新聞	M36. 6. 2
〔社説〕婦女叢書を発刊する趣意・起		独 立 評 論	M36. 6. 3

きよ反動の児			
〔史論〕王安石論（上）	読破万巻楼主人	〃	〃
辰巳屋騒動（一名全力と正義の争闘史）第十三回		信濃毎日新聞	M36. 6. 3
公開状	山　路　生	信濃毎日新聞	M36. 6. 5
辰巳屋騒動（一名全力と正義の争闘史）第十四回		信濃毎日新聞	M36. 6. 7
辰巳屋騒動（一名全力と正義の争闘史）第十五回		信濃毎日新聞	M36. 6. 8
党派の自殺的機関		信濃毎日新聞	M36. 6. 9
教育上の一大弊源		信濃毎日新聞	M36. 6.12
苦き汁。酸き汁。甘き汁。（一）	読破万巻楼主人	〃	〃
或人に与ふ。	愛　　山	〃	〃
苦き汁。酸き汁。甘き汁。（二）	読破万巻楼主人	信濃毎日新聞	M36. 6.13
苦き汁。酸き汁。甘き汁。（三）	読破万巻楼主人	信濃毎日新聞	M36. 6.14
苦き汁。酸き汁。甘き汁。（四）	読破万巻楼主人	信濃毎日新聞	M36. 6.15
苦き汁。酸き汁。甘き汁。（五）	読破万巻楼主人	信濃毎日新聞	M36. 6.16
辰巳屋騒動（一名全力と正義の争闘史）第十六回		信濃毎日新聞	M36. 6.17
苦き汁。酸き汁。甘き汁。（六）	読破万巻楼主人	〃	〃
辰巳屋騒動（一名全力と正義の争闘史）第十七回		信濃毎日新聞	M36. 6.19
苦き汁。酸き汁。甘き汁。（七）	読破万巻楼	〃	〃

	主人		
満州問題（単独経営）		信濃毎日新聞	M36. 6. 20
苦き汁。酸き汁。甘き汁。（八）	読破万巻楼主人	〃	〃
苦き汁。酸き汁。甘き汁。（九）	読破万巻楼主人	信濃毎日新聞	M36. 6. 21
辰巳屋騒動（一名全力と正義の争闘史）第十八回		信濃毎日新聞	M36. 6. 22
苦き汁。酸き汁。甘き汁。	読破万巻楼主人	〃	〃
苦き汁。酸き汁。甘き汁。	読破万巻楼主人	信濃毎日新聞	M36. 6. 23
苦き汁。酸き汁。甘き汁。	読破万巻楼主人	信濃毎日新聞	M36. 6. 24
辰巳屋騒動（一名全力と正義の争闘史）第十九回		信濃毎日新聞	M36. 6. 25
苦き汁。酸き汁。甘き汁。	読破万巻楼主人	〃	〃
述懐一則	山路弥吉	信濃毎日新聞	M36. 6. 26
苦き汁。酸き汁。甘き汁。	読破万巻楼主人	〃	〃
苦き汁。酸き汁。甘き汁。	読破万巻楼主人	信濃毎日新聞	M36. 6. 27
苦き汁。酸き汁。甘き汁。	読破万巻楼主人	信濃毎日新聞	M36. 6. 28
辰巳屋騒動（一名全力と正義の争闘史）第二十回		信濃毎日新聞	M36. 6. 29
苦き汁。酸き汁。甘き汁。	読破万巻楼主人	〃	〃
苦き汁。酸き汁。甘き汁。	読破万巻楼主人	信濃毎日新聞	M36. 6. 30

祭礼論		信濃毎日新聞	M36. 7. 2
苦き汁。酸き汁。甘き汁。	読破万巻楼主人	〃	〃
〔社説〕オイ兄弟分・七博士に与ふる書		独 立 評 論	M36. 7. 3
〔史論〕王安石論（中）	読破万巻楼主人	〃	〃
苦き汁。酸き汁。甘き汁。	読破万巻楼主人	信濃毎日新聞	M36. 7. 3
抗論の価値		信濃毎日新聞	M36. 7. 9
苦き汁。酸き汁。甘き汁。	読破万巻楼主人	〃	〃
苦き汁。酸き汁。甘き汁。	読破万巻楼主人	信濃毎日新聞	M36. 7. 10
苦き汁。酸き汁。甘き汁。	読破万巻楼主人	信濃毎日新聞	M36. 7. 11
極東の主人公（一）		信濃毎日新聞	M36. 7. 14
苦き汁。酸き汁。甘き汁。	読破万巻楼主人	〃	〃
苦き汁。酸き汁。甘き汁。	読破万巻楼主人	信濃毎日新聞	M36. 7. 15
極東の主人公（二）		信濃毎日新聞	M36. 7. 16
苦き汁。酸き汁。甘き汁。	読破万巻楼主人	〃	〃
極東の主人公（三）		信濃毎日新聞	M36. 7. 17
苦き汁。酸き汁。甘き汁。	読破万巻楼主人	〃	〃
極東の主人公（四）		信濃毎日新聞	M36. 7. 19
極東の主人公（五）		信濃毎日新聞	M36. 7. 20
極東の主人公（六）		信濃毎日新聞	M36. 7. 22

苦き汁。酸き汁。甘き汁。	読破万巻楼主人	〃	〃
極東の主人公（七）		信濃毎日新聞	M36. 7. 23
苦き汁。酸き汁。甘き汁。	読破万巻楼主人	〃	〃
極東の主人公（八）（畢）		信濃毎日新聞	M36. 7. 24
苦き汁。酸き汁。甘き汁。	読破万巻楼主人	〃	〃
協同一致		信濃毎日新聞	M36. 7. 25
苦き汁。酸き汁。甘き汁。	読破万巻楼主人	信濃毎日新聞	M36. 7. 26
冬の為めの夏期講習会		信濃毎日新聞	M36. 7. 30
苦き汁。酸き汁。甘き汁。	読破万巻楼主人	〃	〃
非当世悟道論		信濃毎日新聞	M36. 7. 31
信越気質		信濃毎日新聞	M36. 8. 1
苦き汁。酸き汁。甘き汁。	読破万巻楼主人	〃	〃
露西亜征伐論（上）（座談速記）		信濃毎日新聞	M36. 8. 2
〔社説〕露国恐るゝに足らず		独立評論	M36. 8. 3
〔史論〕王安石論（下）	読破万巻楼主人	〃	〃
露西亜征伐論（下）		信濃毎日新聞	M36. 8. 3
何ぞ基本に還らざる		信濃毎日新聞	M36. 8. 4
苦き汁。酸き汁。甘き汁。	読破万巻楼主人	〃	〃
政友会現状打破を欲する人々に与ふる公開書	山路弥吉	信濃毎日新聞	M36. 8. 5
苦き汁。酸き汁。甘き汁。	読破万巻楼主人	〃	〃

野沢温泉誌（池田良治著）に題す	山路弥吉	〈信州野沢温泉誌発行所〉	M36. 8. 5
豊公論（上）		信濃毎日新聞	M36. 8. 6
豊公論（中）		信濃毎日新聞	M36. 8. 7
苦き汁。酸き汁。甘き汁。	読破万巻楼主人	〃	〃
豊公論（中）		信濃毎日新聞	M36. 8. 9
露国恐るゝに足らず（上）	愛山生	信濃毎日新聞	M36. 8. 10
露国恐るゝに足らず（下）	山路生	信濃毎日新聞	M36. 8. 11
豊公論（中）		信濃毎日新聞	M36. 8. 12
豊公論（中）		信濃毎日新聞	M36. 8. 13
豊公論（下）（完）		信濃毎日新聞	M36. 8. 14
枕頭独語（社会主義に就て）	山路生	信濃毎日新聞	M36. 8. 16
人権と民権	山路生	信濃毎日新聞	M36. 8. 20
市府経営		信濃毎日新聞	M36. 8. 22
史談数則（一）羅馬の英雄フリウス、カミラス	愛山生	信濃毎日新聞	M36. 8. 24
史談数則（二）西班牙の衰微	愛山生	信濃毎日新聞	M36. 8. 25
力行会に就て	山路生	信濃毎日新聞	M36. 8. 27
退譲論	山路生	信濃毎日新聞	M36. 8. 29
役人の気風を改むべし		信濃毎日新聞	M36. 8. 30
苦き汁。酸き汁。甘き汁。	読破万巻楼主人	〃	〃
講釈場改良案		信濃毎日新聞	M36. 9. 1
賀章	山路弥吉	同方会誌	M36. 9. 1
通俗選挙の話（一）		信濃毎日新聞	M36. 9. 2
〔社説〕満州論　満州の遺伝と日本との関係・書斎の政治論		独立評論	M36. 9. 3
〔史論〕古事記を読む		〃	〃

通俗選挙の話（二）		信濃毎日新聞	M36. 9. 3
満州の遺伝と日本の口碑		信濃毎日新聞	M36. 9. 6
頼朝寺に詣づる記		信濃毎日新聞	M36. 9. 7
(朝皃や追縦過ぎる女客)	愛　　山	信濃毎日新聞	M36. 9. 8
恋愛論		信濃毎日新聞	M36. 9. 9
人民閑。政客忙。		信濃毎日新聞	M36. 9. 10
そゝろ歩行の記（一）	愛　山　生	信濃毎日新聞	M36. 9. 12
そゝろ歩行の記（二）	愛　山　生	信濃毎日新聞	M36. 9. 20
そゝろ歩行の記（三）	愛　山　生	信濃毎日新聞	M36. 9. 21
そゝろ歩行の記（四）	愛　山　生	信濃毎日新聞	M36. 9. 22
そゝろ歩行の記（五）	愛　山　生	信濃毎日新聞	M36. 9. 23
そゝろ歩行の記（六）	愛　山　生	信濃毎日新聞	M36. 9. 24
そゝろ歩行の記（七）	愛　山　生	信濃毎日新聞	M36. 9. 26
そゝろ歩行の記（八）	愛　山　生	信濃毎日新聞	M36. 9. 28
『話の種〔婦女文庫第二編〕』	山路弥吉	〈独立評論社〉	M36. 9. ?
〔大勢一斑〕満州問題は危機に迫れり。・外交社会は何を為しつゝあり乎。・露国恐るゝに足らず（再び）・龍巌浦問題・バルカン半島の風雲・国民経済政策と自由貿易主義の衝突・露西亜よりも恐るべきもの		独　立　評　論	M36. 10. 3
〔時人論〕市川団十郎論		〃	〃
日本の政治学及び日本の政治家（一）日本は自己の政治学を有す	山　路　生	信濃毎日新聞	M36. 10. 6
日本の政治学及び日本の政治家（二）（二）大倭王	山　路　生	信濃毎日新聞	M36. 10. 7
日本の政治学及び日本の政治家（三）（二）大倭王	山　路　生	信濃毎日新聞	M36. 10. 8
日本の政治学及び日本の政治家（四）（二）大倭王	山　路　生	信濃毎日新聞	M36. 10. 9

日本の政治学及び日本の政治家（五）（二）大倭王	山　路　生	信濃毎日新聞	M36. 10. 10
日本の政治学及び日本の政治家（六）（二）大倭王	山　路　生	信濃毎日新聞	M36. 10. 11
日本の政治学及び日本の政治家（七）（二）大倭王	山　路　生	信濃毎日新聞	M36. 10. 12
日本の政治学及び日本の政治家（八）（二）大倭王	山　路　生	信濃毎日新聞	M36. 10. 13
日本の政治学及び日本の政治家（九）（二）大倭王	山　路　生	信濃毎日新聞	M36. 10. 14
日本の政治学及び日本の政治家（十）（二）大倭王	山　路　生	信濃毎日新聞	M36. 10. 15
苦汁。甘汁。酸汁。		〃	〃
苦汁。甘汁。酸汁。		信濃毎日新聞	M36. 10. 16
日本の政治学及び日本の政治家（十一）（二）大倭王	山　路　生	信濃毎日新聞	M36. 10. 18
関東区実業大会に与ふ		〃	〃
日本の政治学及び日本の政治家（十二）（二）大倭王	山　路　生	信濃毎日新聞	M36. 10. 19
日本の政治学及び日本の政治家（十三）（三）藤原鎌足＝翻訳政治家の典型	山　路　生	信濃毎日新聞	M36. 10. 20
長野より塩尻まで（一）	山　路　生	〃	〃
苦汁。甘汁。酸汁。		〃	〃
日本の政治学及び日本の政治家（十四）（三）藤原鎌足＝翻訳政治家の典型	山　路　生	信濃毎日新聞	M36. 10. 21
長野より塩尻まで（二）	山　路　生	〃	〃
苦汁。甘汁。酸汁。		〃	〃
日本の政治学及び日本の政治家（十五）（三）藤原鎌足＝翻訳政治家の典型	山　路　生	信濃毎日新聞	M36. 10. 22
長野より塩尻まで（三）	山　路　生	〃	〃

苦汁。甘汁。酸汁。		〃	〃
日本の政治学及び日本の政治家（十六） （三）藤原鎌足＝翻訳政治家の典型	山　路　生	信濃毎日新聞	M36. 10. 23
長野より塩尻まで（四）	山　路　生	〃	〃
日本の政治学及び日本の政治家（十七） （三）藤原鎌足＝翻訳政治家の典型	山　路　生	信濃毎日新聞	M36. 10. 24
肥料論		〃	〃
苦汁。甘汁。酸汁。		〃	〃
日本の政治学及び日本の政治家（十八） （三）藤原鎌足＝翻訳政治家の典型	山　路　生	信濃毎日新聞	M36. 10. 25
非非戦論		〃	〃
日本の政治学及び日本の政治家（十九） （三）藤原鎌足＝翻訳政治家の典型	山　路　生	信濃毎日新聞	M36. 10. 26
木乃伊取りとなること勿れ	一　人　民	〃	〃
苦汁。甘汁。酸汁。		〃	〃
日本の政治学及び日本の政治家（二十） （三）藤原鎌足＝翻訳政治家の典型	山　路　生	信濃毎日新聞	M36. 10. 27
苦汁。甘汁。酸汁。		〃	〃
日本の政治学及び日本の政治家（廿一） （三）藤原鎌足＝翻訳政治家の典型	山　路　生	信濃毎日新聞	M36. 10. 28
先輩後輩		〃	〃
苦汁。甘汁。酸汁。		〃	〃
日本の政治学及び日本の政治家（廿二） （三）藤原鎌足＝翻訳政治家の典型	山　路　生	信濃毎日新聞	M36. 10. 29
苦汁。甘汁。酸汁。		〃	〃
日本の政治学及び日本の政治家（廿三） （三）藤原鎌足＝翻訳政治家の典型 未見	山　路　生	信濃毎日新聞	M36. 10. 30
日本の政治学及び日本の政治家（廿四） （三）藤原鎌足＝翻訳政治家の典型	山　路　生	信濃毎日新聞	M36. 10. 31

通俗講談の好時節		〃	〃
苦汁。甘汁。酸汁。		〃	〃
日本の政治学及び日本の政治家（廿五）（三）藤原鎌足＝翻訳政治家の典型	山　路　生	信濃毎日新聞	M36. 11. 1
信濃より駿河へ（秋色論）	読破万巻楼主人	〃	〃
苦汁。甘汁。酸汁。		〃	〃
日本の政治学及び日本の政治家（廿六）（三）藤原鎌足＝翻訳政治家の典型	山　路　生	信濃毎日新聞	M36. 11. 2
苦汁。甘汁。酸汁。		〃	〃
〔大勢一斑〕性急乎。緩慢乎。・満州の露化・清国分割の危機・猶予の大害・兵を韓国に出すべし・露国恐るゝに足らず（三たび）。		独　立　評　論	M36. 11. 3
〔雑記〕進軍曲	愛　山　生	〃	〃
日本の政治学及び日本の政治家（廿七）（三）藤原鎌足＝翻訳政治家の典型	山　路　生	信濃毎日新聞	M36. 11. 3
世界運命の一転機		〃	〃
苦汁。甘汁。酸汁。		〃	〃
日本の政治学及び日本の政治家（廿八）（三）藤原鎌足＝翻訳政治家の典型	山　路　生	信濃毎日新聞	M36. 11. 4
苦汁。甘汁。酸汁。		〃	〃
日本の政治学及び日本の政治家（廿九）（三）藤原鎌足＝翻訳政治家の典型	山　路　生	信濃毎日新聞	M36. 11. 5
県政公開論（再び）		〃	〃
苦汁。甘汁。酸汁。		〃	〃
日本の政治学及び日本の政治家（三十）（三）藤原鎌足＝翻訳政治家の典型	山　路　生	信濃毎日新聞	M36. 11. 6
露国恐るゝに足らず（一）	山　路　生	〃	〃
苦汁。甘汁。酸汁。		〃	〃

日本の政治学及び日本の政治家（卅一）（三）藤原鎌足＝翻訳政治家の典型	山　路　生	信濃毎日新聞	M36. 11.　7
露国恐るゝに足らず（二）	山　路　生	〃	〃
日本の政治学及び日本の政治家（卅二）（三）藤原鎌足＝翻訳政治家の典型	山　路　生	信濃毎日新聞	M36. 11.　8
露国恐るゝに足らず（三）	山　路　生	〃	〃
日本の政治学及び日本の政治家（卅三）（三）藤原鎌足＝翻訳政治家の典型	山　路　生	信濃毎日新聞	M36. 11.　9
露国恐るゝに足らず（四）	山　路　生	〃	〃
日本の政治学及び日本の政治家（卅四）（三）藤原鎌足＝翻訳政治家の典型	山　路　生	信濃毎日新聞	M36. 11. 10
日本の政治学及び日本の政治家（卅五）（三）藤原鎌足＝翻訳政治家の典型	山　路　生	信濃毎日新聞	M36. 11. 11
日本の政治学及び日本の政治家（卅六）（三）藤原鎌足＝翻訳政治家の典型	山　路　生	信濃毎日新聞	M36. 11. 12
苦汁。甘汁。酸汁。		〃	〃
日本の政治学及び日本の政治家（卅七）（三）藤原鎌足＝翻訳政治家の典型	山　路　生	信濃毎日新聞	M36. 11. 13
苦汁。甘汁。酸汁。		〃	〃
日本の政治学及び日本の政治家（卅八）（三）藤原鎌足＝翻訳政治家の典型	山　路　生	信濃毎日新聞	M36. 11. 14
木蘇路の記（一）		〃	〃
苦汁。甘汁。酸汁。		〃	〃
日本の政治学及び日本の政治家（卅九）（三）藤原鎌足＝翻訳政治家の典型	山　路　生	信濃毎日新聞	M36. 11. 15
木蘇路の記（二）		〃	〃
苦汁。甘汁。酸汁。		〃	〃
日本の政治学及び日本の政治家（四十）（三）藤原鎌足＝翻訳政治家の典型	山　路　生	信濃毎日新聞	M36. 11. 16
木蘇路の記（三）		〃	〃

苦汁。甘汁。酸汁。		〃	〃
日本の政治学及び日本の政治家（四十一）（三）藤原鎌足＝翻訳政治家の典型	山　路　生	信濃毎日新聞	M36. 11. 17
木蘇路の記（四）		〃	〃
苦汁。甘汁。酸汁。		〃	〃
日本の政治学及び日本の政治家（四十二）（三）藤原鎌足＝翻訳政治家の典型	山　路　生	信濃毎日新聞	M36. 11. 18
木蘇路の記（五）		〃	〃
苦汁。甘汁。酸汁。		〃	〃
日本の政治学及び日本の政治家（四十二）（三）藤原鎌足＝翻訳政治家の典型	山　路　生	信濃毎日新聞	M36. 11. 19
木蘇路の記（六）		〃	〃
苦汁。甘汁。酸汁。		〃	〃
日本の政治学及び日本の政治家（四十二）（三）藤原鎌足＝翻訳政治家の典型	山　路　生	信濃毎日新聞	M36. 11. 20
木蘇路の記（七）		〃	〃
苦汁。甘汁。酸汁。		〃	〃
日本の政治学及び日本の政治家（四十三）（三）藤原鎌足＝翻訳政治家の典型	山　路　生	信濃毎日新聞	M36. 11. 21
木蘇路の記（八）		〃	〃
苦汁。甘汁。酸汁。		〃	〃
日本の政治学及び日本の政治家（四十四）（三）藤原鎌足＝翻訳政治家の典型	山　路　生	信濃毎日新聞	M36. 11. 22
木蘇路の記（九）		〃	〃

苦汁。甘汁。酸汁。		〃	〃
日本の政治学及び日本の政治家（四十五）（三）藤原鎌足＝翻訳政治家の典型	山　路　生	信濃毎日新聞	M36. 11. 23
木蘇路の記（十）		〃	〃
苦汁。甘汁。酸汁。		〃	〃
日本の政治学及び日本の政治家（四十六）（三）藤原鎌足＝翻訳政治家の典型	山　路　生	信濃毎日新聞	M36. 11. 24
木蘇路の記（十一）		〃	〃
苦汁。甘汁。酸汁。		〃	〃
日本の政治学及び日本の政治家（四十七）（三）藤原鎌足＝翻訳政治家の典型	山　路　生	信濃毎日新聞	M36. 11. 25
木蘇路の記（十二）		〃	〃
苦汁。甘汁。酸汁。		〃	〃
日本の政治学及び日本の政治家（四十八）（三）藤原鎌足＝翻訳政治家の典型	山　路　生	信濃毎日新聞	M36. 11. 26
木蘇路の記（十三）		〃	〃
苦汁。甘汁。酸汁。		〃	〃
日本の政治学及び日本の政治家（四十九）（三）藤原鎌足＝翻訳政治家の典型	山　路　生	信濃毎日新聞	M36. 11. 27
運動屋		〃	〃
苦汁。甘汁。酸汁。		〃	〃
日本の政治学及び日本の政治家（五十）（三）藤原鎌足＝翻訳政治家の典型	山　路　生	信濃毎日新聞	M36. 11. 28
二十二史箚記を読む		〃	〃
苦汁。甘汁。酸汁。		〃	〃

日本の政治学及び日本の政治家（五十一）（三）藤原鎌足＝翻訳政治家の典型	山　路　生	信濃毎日新聞	M36. 11. 29
苦汁。甘汁。酸汁。		〃	〃
日本の政治学及び日本の政治家（五十二）（三）藤原鎌足＝翻訳政治家の典型	山　路　生	信濃毎日新聞	M36. 11. 30
苦汁。甘汁。酸汁。		〃	〃
日本の政治学及び日本の政治家（五十三）（三）藤原鎌足＝翻訳政治家の典型	山　路　生	信濃毎日新聞	M36. 12. 1
若朽論		〃	〃
（左の一篇は『信濃評論』に寄せしものなり）	山路愛山	〃	〃
苦汁。甘汁。酸汁。		〃	〃
日本の政治学及び日本の政治家（五十四）（三）藤原鎌足＝翻訳政治家の典型	山　路　生	信濃毎日新聞	M36. 12. 2
普通教育の最大弱点		〃	〃
苦汁。甘汁。酸汁。		〃	〃
〔大勢一斑〕一所の回転・国際社会の態度・清国を改革する難きに非ず・非非戦論		独　立　評　論	M36. 12. 3
日本の政治学及び日本の政治家（五十五）（三）藤原鎌足＝翻訳政治家の典型	山　路　生	信濃毎日新聞	M36. 12. 3
青年会に老成分子を加へよ		〃	〃
苦汁。甘汁。酸汁。		〃	〃
日本の政治学及び日本の政治家（五十六）（三）藤原鎌足＝翻訳政治家の典型	山　路　生	信濃毎日新聞	M36. 12. 4

新聞記者待遇論	山　路　生	〃	〃
苦汁。甘汁。酸汁。		〃	〃
日本の政治学及び日本の政治家（五十七）（三）藤原鎌足＝翻訳政治家の典型	山　路　生	信濃毎日新聞	M36. 12. 5
名人左衛門		〃	〃
日本の政治学及び日本の政治家（五十八）（三）藤原鎌足＝翻訳政治家の典型	山　路　生	信濃毎日新聞	M36. 12. 6
名人左衛門（二）		〃	〃
日本の政治学及び日本の政治家（五十九）（三）藤原鎌足＝翻訳政治家の典型	山　路　生	信濃毎日新聞	M36. 12. 7
国民遠慮の試金石		〃	〃
苦汁。甘汁。酸汁。		〃	〃
日本の政治学及び日本の政治家（六十）（三）藤原鎌足＝翻訳政治家の典型	山　路　生	信濃毎日新聞	M36. 12. 8
名人左衛門（三）		〃	〃
苦汁。甘汁。酸汁。		〃	〃
日本の政治学及び日本の政治家（六十）（三）藤原鎌足＝翻訳政治家の典型	山　路　生	信濃毎日新聞	M36. 12. 9
金原翁の談を聞く（一）	山　路　生	〃	〃
苦汁。甘汁。酸汁。		〃	〃
日本の政治学及び日本の政治家（六十一）（三）藤原鎌足＝翻訳政治家の典型	山　路　生	信濃毎日新聞	M36. 12. 10
金原翁の談を聞く（二）	山　路　生	〃	〃
苦汁。甘汁。酸汁。		〃	〃
日本の政治学及び日本の政治家（六十二）（三）藤原鎌足＝翻訳政治家の	山　路　生	信濃毎日新聞	M36. 12. 11

典型			
金原翁の談を聞く（三）	山　路　生	〃	〃
苦汁。甘汁。酸汁。		〃	〃
日本の政治学及び日本の政治家（六十三）（三）藤原鎌足＝翻訳政治家の典型	山　路　生	信濃毎日新聞	M36. 12. 12
金原翁の談を聞く（四）	山　路　生	〃	〃
苦汁。甘汁。酸汁。		〃	〃
日本の政治学及び日本の政治家（六十四）（三）藤原鎌足＝翻訳政治家の典型	山　路　生	信濃毎日新聞	M36. 12. 13
金原翁の談を聞く（五）	山　路　生	〃	〃
苦汁。甘汁。酸汁。		〃	〃
日本の政治学及び日本の政治家（六十四）（三）藤原鎌足＝翻訳政治家の典型	山　路　生	信濃毎日新聞	M36. 12. 14
金原翁の談を聞く（六）（完）	山　路　生	〃	〃
苦汁。甘汁。酸汁。		〃	〃
日本の政治学及び日本の政治家（六十五）（三）藤原鎌足＝翻訳政治家の典型	山　路　生	信濃毎日新聞	M36. 12. 15
若先生の白状（上）		〃	〃
日本の政治学及び日本の政治家（六十六）（四）桓武天皇論－反動政治	山　路　生	信濃毎日新聞	M36. 12. 16
若先生の白状（下）		〃	〃
日本の政治学及び日本の政治家（六十七）（四）桓武天皇論＝反動政治	山　路　生	信濃毎日新聞	M36. 12. 17
日本の政治学及び日本の政治家（六十八）（四）桓武天皇＝反動政治	山　路　生	信濃毎日新聞	M36. 12. 18
日本の政治学及び日本の政治家（六十	山　路　生	信濃毎日新聞	M36. 12. 19

九）（四）桓武天皇＝反動政治			
プラトー論（一）	読破万巻楼主人	信濃毎日新聞	M36. 12. 21
苦汁。甘汁。酸汁。		〃	〃
プラトー論（二）	読破万巻楼主人	信濃毎日新聞	M36. 12. 22
苦汁。甘汁。酸汁。		〃	〃
プラトー論（三）	読破万巻楼主人	信濃毎日新聞	M36. 12. 23
日本の政治学及び日本の政治家（七十）（四）桓武天皇論＝反動政治	山　路　生	信濃毎日新聞	M36. 12. 24
プラトー論（四）	読破万巻楼主人	〃	〃
苦汁。甘汁。酸汁。		〃	〃
日本の政治学及び日本の政治家（七十一）（四）桓武天皇論＝反動政治	山　路　生	信濃毎日新聞	M36. 12. 25
プラトー論（五）	読破万巻楼主人	〃	〃
日本の政治学及び日本の政治家（七十二）（四）桓武天皇論＝反動政治	山　路　生	信濃毎日新聞	M36. 12. 26
プラトー論（六）	読破万巻楼主人	〃	〃
苦汁。甘汁。酸汁。		〃	〃
日本の政治学及び日本の政治家（七十三）（四）桓武天皇論＝反動政治	山　路　生	信濃毎日新聞	M36. 12. 27
プラトー論（七）	読破万巻楼主人	〃	〃
苦汁。甘汁。酸汁。		〃	〃
日本の政治学及び日本の政治家（七十四）（四）桓武天皇論＝反動政治	山　路　生	信濃毎日新聞	M36. 12. 28

プラトー論（八）	読破万巻楼主人	〃	〃
プラトー論（九）	読破万巻楼主人	信濃毎日新聞	M36. 12. 29
苦汁。甘汁。酸汁。		〃	〃
プラトー論（十）	読破万巻楼主人	信濃毎日新聞	M36. 12. 30
苦汁。甘汁。酸汁。		〃	〃
日本の政治学及び日本の政治家（七十五）（四）桓武天皇論＝反動政治	山　路　生	信濃毎日新聞	M36. 12. 31
不老不死の説		〃	〃
苦汁。甘汁。酸汁。		〃	〃
愉快なる哉新年		信濃毎日新聞	M37.　1.　1
〔新年大付録〕［名士撰択の『品性修養書』］	山路愛山君	成　　　功	M37.　1.　1
(巻頭言)	山 路 弥 吉	独 立 評 論	M37.　1.　3
〔時人論〕西園寺侯の政友会・万朝報及び黒岩涙香		〃	〃
〔評論〕新島襄氏と福沢諭吉氏（十一月発行の「警世」津田仙氏の談）・新聞及雑誌を論ず（十二月発兌「日本人」)・村田勤氏の「現代の渇仰と其反響」（十二月発兌「新人」)・山川大学総長の「学生理想の低落」(十二月発兌「学友」)・内田達湖氏の「鍛錬説」（十二月発兌「東洋哲学」)・本多博士（幸介）の「支那の農業」(十二月発兌「中央農事報」)・背面日本の大都（十一月発兌「近畿評論」)・真野文二氏の「工業教育論」（十二月発行「太平洋」)・無線電話の実験		〃	〃

（十二月発行「電気の友」）			
〔最近の小説界〕江見水蔭氏の「岨下の家」（十二月一日文芸倶楽部）・加藤眠柳氏の「女ごゝろ」（十二月一日新小説）・田口掬汀氏の「虚無党」（十二月一日文芸倶楽部）・川上眉山氏の「夜寒」（十二月一日新小説）・国木田独歩氏の「女難」（十二月一日文芸界）	〃	〃	
〔青年の為め〕成功録 コルネリアス、ヴアンダービルトの幼時・新聞事業の秘訣	〃	〃	
〔大勢一斑〕独立評論自ら侮るべからず・英国と西蔵・露国は自由の公敵也・加那太・黄人禍・狼の口実・影と形・露国と米国・米人の満州開放論・最後の形式・糧を敵にるもの・米国パナマを呑む・英国の強き所以・戦を開かば・代議政治の最大弱点・唯黄金あるのみ・愚論の府・不思議の狂言・農工銀行廃すべし・労働保険法・西侯の最大事業・政党内閣宗・最後まで戦へ・武士的精神・平和主義・議会の討論・無用の詮議・阿部磯雄氏・銀行家の秘訣・自由党再興・富籤興業・法律屋。理屈屋・大谷派本願寺・直文の小知るべき也・然りと雖も・貧乏の結果・「ソフイスト」の時代・故人の噂・桜痴先生の候補運動・紅葉会。樗牛会・有効なる教育・作品の神韻・大学に凡骨多き所以・大家の一口浄瑠	〃	〃	

璃・官吏となる勿れ・はやり。すたり・批評掛へ鼻薬・名物の変遷・広告料と新聞記者の独立・人を到すと人に到さるゝと・存在の権利・露骨なる「ダルウイニズム」・儒者須らく腐るべし・大学の数・刑事某の名・心術窃盗に同じ・ハーバート、スペンサー氏・モルガンの退隠			
〔近著月評〕未だ見ぬ親 五来素川氏訳東文館発行・国民必携日用全書 重田盛太郎氏編三六書院発行・植物と昆蟲との関係 雪吹敏光氏著冨山房発行・驪語 本田増次郎氏訳内外出版協会発行・最近米国成功十傑 石井勇著・品性の光輝 兵淵生著・宗教と自然美 山田藤太郎編輯・正権論 尾池義雄著現代社刊行・「ジヨンウエスレー伝」高木壬太郎著警醒社刊行・家庭清話 堀口翠巒著教文館刊行・東京遊学案内 内外出版協会・破天人論 匿名隠士著有隣堂出版・日記文 寒川鼠骨著内外出版協会・算術問題解説 守岳氏著光風館・欧州近世史 松村介石著・神秘哲学 高橋五郎著・実験雄弁学 小室重弘著・訓練の原理方法 中沢忠太郎著			
愛読諸彦	山路生	信濃毎日新聞	M37. 1. 11
愚なる者となれ	愛山生	信濃毎日新聞	M37. 1. 15
依然悲観的	山路生	信濃毎日新聞	M37. 1. 23
選挙に就て	愛山生	信濃毎日新聞	M37. 1. 31
(巻頭言)	山路弥吉	独立評論	M37. 2. 3

〔時人論〕板垣伯と新自由党・二六新報と秋山定輔		〃	〃
編輯余筆		〃	〃
〔評論〕各国の主なる公園（一月発行「日本人」）・内田管船局長の「自由港論」（十二月発行「実業評論」）・横井時雄氏の「印度風俗」（一月発行「慶応義塾学報」）・高木壬太郎氏の「思想の革新」（一月九日発兌「護教」）		〃	〃
〔大勢一斑〕唯断行に在るのみ・死すべき也・「ニチボ」・軍事的占領の「ノンセンス」・露探の特徴・合衆国財政の膨脹・モロッコ全国・藤氏の末路・韓国遺利多し・内閣安全・鬼の首・倫敦と東京・鉱山の盛衰は国の盛衰なり・何ぞ法科大学の多きや・枝葉の問題・学問の独立・独逸の学界に雄飛する所以・菊池博士の教育論・国家教育の失敗・国定教科書（一）・国定教科書（二）・急救軍・金持根性・車夫の困厄・貧の詩興・つまらぬ問題・憐れむべし、渋柿園・技術と精神・技術と精神（二）・能楽保存論・記者既に予言す・新主義の訪問・俗人の容吻を断て・阿弥陀も黄金に依て光る・易断信ずるに足らず・米国の女優・衰世の遺風・角力騒ぎ・批判の顛倒・匹儔・塵の如く埃の如し・出山の意如何		〃	〃
〔近著月評〕天界之現象　三沢力太郎著・三島霜川氏の「スケツチ」新声社発行・文芸倶楽部定期増刊「ひと		〃	〃

昔」博文館発行・外務省調査「西伯利及満州」民友社発行・「露国の闇黒面」同上・武田源次郎氏の「極東の外交史」同上・三宅雄二郎氏の「大塊一塵」政教社発行・小野藤太氏の「弘法大師伝」文明堂発行・平井広五郎氏訳の「百年後之社会」警醒社発行・斎木仙酔氏の訳「誉の毒盃」文栄閣発行・成功雑誌社訳の「奮闘的生活」成功雑誌社発行・石尾信太郎氏の「自助読本」現代社発行			
見越入道（一名教師悪気質）	愛　山　生	信濃毎日新聞	M37.　2.　4
東京より	山　路　生	信濃毎日新聞	M37.　2. 10
村居日誌二月八日	愛　山　生	信濃毎日新聞	M37.　2. 12
〔主張〕草木皆兵		日露戦争実記	M37.　2. 18
村舎日誌　談兵一則（上）	愛　山　生	信濃毎日新聞	M37.　3.　2
村舎日誌　談兵一則（中）	愛　山　生	信濃毎日新聞	M37.　3.　3
村舎日誌　談兵一則（下）	愛　山　生	信濃毎日新聞	M37.　3.　4
〔主張〕故川上参謀総長を懐ふ 併せて児玉参謀次長に及ぶ・天の暦数日本に在り		日露戦争実記	M37.　3.　8
〔主張〕陸戦必勝論		日露戦争実記	M37.　3. 18
〔主張〕非倹約論		日露戦争実記	M37.　3. 28
〔主張〕日本対露西亜（上）		日露戦争実記	M37.　4.　8
〔主張〕日本対露西亜（中）		日露戦争実記	M37.　4. 18
村荘日誌 東京の演説	愛　山　生	信濃毎日新聞	M37.　4. 20
『戦時に於ける青年訓』	山 路 弥 吉	〈 宝 文 館 〉	M37.　4. 25
〔戦争外記〕日本対露西亜（中ノ二）		日露戦争実記	M37.　4. 28
〔主張〕ステハン、オシポウイツチ、マカロフ		〃	〃

〔戦争文学〕自ら韓山遊歴を餞す	山路弥吉	〃	〃
道中所見	山路生	信濃毎日新聞	M37. 4. 30
［結婚後の所感］其二	山路弥吉氏	家庭之友	M37. 5. 2
道中所見	山路生	信濃毎日新聞	M37. 5. 3
道中所見	山路生	信濃毎日新聞	M37. 5. 4
道中所見	山路生	信濃毎日新聞	M37. 5. 5
道中所見	山路生	信濃毎日新聞	M37. 5. 7
道中所見	山路生	信濃毎日新聞	M37. 5. 8
〔韓山紀行〕倹約論の影響（第一信）	愛山生	日露戦争実記	M37. 5. 8
〔主張〕天狗の雑説	山路生		
平壌より	山路生	信濃毎日新聞	M37. 5. 13
仁川に於て	山路生	信濃毎日新聞	M37. 5. 16
〔主張〕武士道の復活		日露戦争実記	M37. 5. 18
〔韓山紀行〕広島より（第二信）・（第三信）・門司の関より（第四信）・門司より（第五信）	愛山生		
京城より	山路生	信濃毎日新聞	M37. 5. 22
京城より	山路生	信濃毎日新聞	M37. 5. 23
京城より	山路生	信濃毎日新聞	M37. 5. 24
鎮南浦より	山路生	信濃毎日新聞	M37. 5. 27
〔主張〕勝て兜の緒を締めよ		日露戦争実記	M37. 5. 28
〔韓山紀行〕仁川より（第六信）・京城より（第七信）	愛山生	〃	〃
〔韓山紀行〕京城より（第八信）	山路生	〃	〃
〔韓山紀行〕京城より（第九信）	山路生	〃	〃
〔韓山紀行〕京城より（第十信）		〃	〃
〔韓山紀行〕京城より（第十一信）・（第十二信）	山路生	〃	〃
〔主張〕覊旅放言	山路生	日露戦争実記	M37. 6. 8

〔韓山紀行〕仁川より（第十三信）・鎮南浦より（第十四信）・鎮南浦より（第十五信）・鎮南浦より（第十六信）・鎮南浦より（第十七信）	愛 山 生	〃	〃
黄禍論	愛 山 生	日露戦争実記	M37. 6. 18
〔韓山紀行〕鎮南浦より（第十八信）・平壌より（第十九信）・平壌より（第二十信）・平壌より（第二十一信）・鎮南浦より（第二十二信）・鎮南浦より（第二十三信）・鎮南浦より（第二十四信）	山 路 生		
〔主張〕上村第二艦隊司令長官・素人の兵学		日露戦争実記	M37. 6. 28
〔雑記〕韓山紀行			
〔雑記〕鎮南浦より（第廿五信）・鎮南浦より（第廿六信）・鎮南浦より（第廿七信）・鎮南浦より（第廿八信）	山 路 生	〃	〃
〔雑記〕鎮南浦より馬関まで			
〔雑記〕馬関より（第廿九信）	山 路 生	〃	〃
〔主張〕梅里先生の集を読む		日露戦争実記	M37. 7. 8
〔主張〕戦国時代の人心に付て		日露戦争実記	M37. 7. 18
〔主張〕戦国時代の人心に付て（二）		日露戦争実記	M37. 7. 28
〔主張〕戦国時代の人心に付て（三）・人文上、道徳上の優勝		日露戦争実記	M37. 8. 8
〔主張〕東鑑を読む		日露戦争実記	M37. 8. 18
〔主張〕東鑑を読む（二）		日露戦争実記	M37. 8. 28
〔主張〕東鑑を読む（三）		日露戦争実記	M37. 9. 8
〔主張〕天時人事		日露戦争実記	M37. 9. 18
『青年の風気』に就て	愛 山 生	国 民 新 聞	M37. 9. 27
〔主張〕客難に答ふ	山 路 生	日露戦争実記	M37. 9. 28

〔主張〕非非挙国一致論		日露戦争実記	M37. 10. 8
〔主張〕教育論	山　路　生	日露戦争実記	M37. 10. 18
〔主張〕教育論（二）		日露戦争実記	M37. 10. 28
〔論説〕［教育ある信徒の教会に無頓着なる理由（二)］四	山路弥吉	護　　教	M37. 10. 29
〔主張〕教育論（三）		日露戦争実記	M37. 11. 8
〔雑録〕家庭小説若竹に題す	山路愛山	護　　教	M37. 11. 12
〔主張〕教育論（四）		日露戦争実記	M37. 11. 18
〔主張〕友人に与ふる書	愛　山　生	日露戦争実記	M37. 11. 28
国民遠慮の試金石（信濃山林会編『第4回総会附属講和会講和筆記』）	山路愛山		M37. 12. 31
文人領域論	愛　山　生	国民新聞	M38. 1. 1
東京市政論・社会主義評論		独立評論	M38. 2. 3
現代思想史に於ける基督教の位置（一）	愛　山　生	〃	〃
『孔子論』	山路弥吉	〈民　友　社〉	M38. 2. 28
豊太閤　はしがき	愛　山　生	国民新聞	M38. 3. 1
〔雑記〕栃木県の一友人・大学大繁昌・大学派の勢力・電車中・客来り問ふて曰く・客問ふて曰く	山　路　生	独立評論	M38. 3. 3
東京の新聞紙及び新聞記者		〃	〃
現代思想史に於ける基督教の位置（二）	愛　山　生	〃	〃
〔評論〕基督教会に於ける自由主義・果して何者を暗指するぞ・君の患は我患にあらず・心理学より見たる宗教観・青年の心性弾力を失はんとす・名目の争を止めて調和せよ・国家の敵とすべきもの・独善は倫理に非ず・宗教家の戦争論・学生色を漁す・罪悪と不健康・基督教の運命如何・神乎仏陀乎・僧人教乎。愛人教		〃	〃

乎・信仰動揺の一現象・社会主義の両姓論・戦勝の理由・露国新聞も亦露国的也・海権論・移住民としての日本人・自由思想の大会・活ける社会の活ける機関・露国の社会主義・日本の覚悟・教理と道徳的教育・音楽と宗教・誤用せられたる帝国主義・ケンブリジ大学に於ける宗教の近状・社会問題の解釈・教育界に於ける保守主義の消沈・痴人夢を説く			
〔雑記〕寂寞自ら守る・孤剣戦場に出づ・羊頭狗肉・蕨村君の評論に答ふ・諸君子の声援を待つ・世間知己なきを憂へず		〃	〃
豊太閤 予告	愛 山 生	国 民 新 聞	M38. 3. 4
豊太閤（一）英雄教の洗礼（一）	愛 山 生	国 民 新 聞	M38. 3. 7
豊太閤（二）英雄教の洗礼（二）	愛 山 生	国 民 新 聞	M38. 3. 8
豊太閤（三）英雄教の洗礼（三）	愛 山 生	国 民 新 聞	M38. 3. 9
豊太閤（四）英雄教の洗礼（四）	愛 山 生	国 民 新 聞	M38. 3. 10
豊太閤（五）英雄教の洗礼（五）	愛 山 生	国 民 新 聞	M38. 3. 11
豊太閤（六）英雄教の洗礼（六）	愛 山 生	国 民 新 聞	M38. 3. 12
豊太閤（七）太閤出生の地（一）	愛 山 生	国 民 新 聞	M38. 3. 14
豊太閤（八）太閤出生の地（二）	愛 山 生	国 民 新 聞	M38. 3. 15
豊太閤（九）太閤出生の地（三）	愛 山 生	国 民 新 聞	M38. 3. 18
豊太閤（十）太閤出生の地（四）	愛 山 生	国 民 新 聞	M38. 3. 19
豊太閤（十一）太閤出生の地（五）	愛 山 生	国 民 新 聞	M38. 3. 21
豊太閤（十二）太閤出生の地（六）	愛 山 生	国 民 新 聞	M38. 3. 22
豊太閤（十三）秀吉の親族一門（一）	愛 山 生	国 民 新 聞	M38. 3. 23
豊太閤（十四）秀吉の親族一門（二）	愛 山 生	国 民 新 聞	M38. 3. 24
豊太閤（十五）織田氏と今川氏（一）	愛 山 生	国 民 新 聞	M38. 3. 25

豊太閤（十五）織田氏と今川氏（二）	愛　山　生	国民新聞	M38.　3. 26
豊太閤（十六）織田氏と今川氏（三）	愛　山　生	国民新聞	M38.　3. 28
豊太閤（十七）久野村及び其付近（一）	愛　山　生	国民新聞	M38.　3. 30
豊太閤（十八）久野村及び其付近（二）	愛　山　生	国民新聞	M38.　3. 31
豊太閤（十九）久野村及び其付近（三）	愛　山　生	国民新聞	M38.　4.　2
（巻頭言）		独立評論	M38.　4.　3
三井王国と岩崎王国		〃	〃
日本の思想界に於ける基督教の位置（三）		〃	〃
〔評論〕〈政治及び法律〉日露同盟論・露国の禍根・米国の突進に対する異論・国民最大の問題は人口に在り〈社会問題〉労働者に規律を与へよ・国家自ら借家を作るべし・ビスマークの国家社会主義・米国の堕落〈宗教と教育〉宗教をして利己的ならしむる勿れ・洗礼を国家的観念を与へよ（三月八日夜山路生）・道学は無意義の縄墨に非す・字音仮名遣の論・ライマン、アボット氏・丁酉倫理会・羅馬教会の弱点・基督教会の不見識・親鸞の業何ぞ亡びん・霊魂不死・詩歌と宗教・井上梧陰を懐ふ		〃	〃
〔雑記〕「人民」新聞に告ぐ（山路生）・孔子論及び新聞評論に就て・根元吐芳君来簡・白金党豈徒死するものならんや・独立評論巳むべからず		〃	〃
文章作法の主眼（村上俊蔵編『現代名家作文秘訣』）	山路愛山君	〈成功雑誌社〉	M38.　4.　3
豊太閤（二十）盗賊の汚名	愛　山　生	国民新聞	M38.　4.　7
豊太閤（廿一）信長時代の秀吉 ウナ	愛　山　生	国民新聞	M38.　4.　8

ギ長屋の足軽生涯（一）			
豊太閤（廿二）信長時代の秀吉 ウナギ長屋の足軽生涯（二）	愛 山 生	国 民 新 聞	M38. 4. 9
豊太閤（廿三）信長時代の秀吉 ウナギ長屋の足軽生涯（三）	愛 山 生	国 民 新 聞	M38. 4. 11
豊太閤（廿四）信長時代の秀吉 ウナギ長屋の足軽生涯（四）	愛 山 生	国 民 新 聞	M38. 4. 13
豊太閤（廿五）（題外）山下機風氏の書に答ふ	愛 山 生	国 民 新 聞	M38. 4. 15
噫田口鼎軒先生		〃	〃
豊太閤（廿六）（題外）氏家祖看記に就て	愛 山 生	国 民 新 聞	M38. 4. 18
豊太閤（廿七）信長時代の秀吉 永禄十一年（一）	愛 山 生	国 民 新 聞	M38. 4. 19
豊太閤（廿七）信長時代の秀吉 永禄十一年（二）	愛 山 生	国 民 新 聞	M38. 4. 20
豊太閤（廿八）信長時代の秀吉 永禄十一年（三）	愛 山 生	国 民 新 聞	M38. 4. 21
豊太閤（廿九）信長時代の秀吉 永禄十一年（四）	愛 山 生	国 民 新 聞	M38. 4. 22
豊太閤（三十）信長時代の秀吉 永禄十一年（五）	愛 山 生	国 民 新 聞	M38. 4. 23
豊太閤（三十一）信長時代の秀吉 永禄十一年（六）	愛 山 生	国 民 新 聞	M38. 4. 25
豊太閤（三十二）信長時代の秀吉 永禄十一年（七）	愛 山 生	国 民 新 聞	M38. 4. 26
豊太閤（三十三）信長時代の秀吉 永禄十一年（八）	愛 山 生	国 民 新 聞	M38. 4. 27
豊太閤（三十四）信長時代の秀吉 伊勢の戦功（一）	愛 山 生	国 民 新 聞	M38. 4. 28

豊太閤（三十五）信長時代の秀吉　伊勢の戦功（二）	愛　山　生	国民新聞	M38. 4. 29
豊太閤（三十六）信長時代の秀吉　信長に対する反動の時代（一）	愛　山　生	国民新聞	M38. 4. 30
豊太閤（三十七）信長時代の秀吉　信長に対する反動の時代（二）	愛　山　生	国民新聞	M38. 5. 2
田口鼎軒先生	山路弥吉	独立評論	M38. 5. 3
現代思想史に於ける基督教の位置（四）		〃	〃
〔雑記〕売れぬが覚悟なり・演説の依頼に応ず・時事小言を読む		〃	〃
豊太閤（三十八）信長時代の秀吉　信長に対する反動の時代（三）	愛　山　生	国民新聞	M38. 5. 4
豊太閤（三十九）信長時代の秀吉　信長に対する反動の時代（四）	愛　山　生	国民新聞	M38. 5. 6
豊太閤（四十一）信長時代の秀吉　信長に対する反動の時代（五）	愛　山　生	国民新聞	M38. 5. 9
豊太閤（四十二）信長時代の秀吉　信長に対する反動の時代（六）	愛　山　生	国民新聞	M38. 5. 10
豊太閤（四十三）信長時代の秀吉　信長に対する反動の時代（七）	愛　山　生	国民新聞	M38. 5. 11
豊太閤（四十四）信長時代の秀吉　信長に対する反動の時代（八）	愛　山　生	国民新聞	M38. 5. 12
豊太閤（四十五）信長時代の秀吉　信長に対する反動の時代（九）	愛　山　生	国民新聞	M38. 5. 13
豊太閤（四十六）信長時代の秀吉　信長に対する反動の時代（十）	愛　山　生	国民新聞	M38. 5. 14
豊太閤（四十七）信長時代の秀吉　信長に対する反動の時代（十一）	愛　山　生	国民新聞	M38. 5. 16
豊太閤（四十八）信長時代の秀吉　信長に対する反動の時代（十二）	愛　山　生	国民新聞	M38. 5. 18

豊太閤（四十九）信長時代の秀吉　信長に対する反動の時代（十三）	愛　山　生	国民新聞	M38. 5. 19
豊太閤（五十）信長時代の秀吉　信長に対する反動の時代（十四）	愛　山　生	国民新聞	M38. 5. 20
豊太閤（五十一）信長時代の秀吉　信長に対する反動の時代（十五）	愛　山　生	国民新聞	M38. 5. 21
豊太閤（五十二）信長時代の秀吉　信長に対する反動の時代（十六）	愛　山　生	国民新聞	M38. 5. 23
豊太閤（五十三）信長時代の秀吉　信長に対する反動の時代（十七）	愛　山　生	国民新聞	M38. 5. 24
豊太閤（五十四）信長時代の秀吉　信長に対する反動の時代（十八）	愛　山　生	国民新聞	M38. 5. 26
豊太閤（五十五）信長時代の秀吉　信長に対する反動の時代（十九）	愛　山　生	国民新聞	M38. 5. 27
豊太閤（五十六）信長時代の秀吉　中国攻（一）	愛　山　生	国民新聞	M38. 5. 28
豊太閤（五十七）信長時代の秀吉　中国攻（二）	愛　山　生	国民新聞	M38. 5. 30
豊太閤（五十八）信長時代の秀吉　中国攻（三）	愛　山　生	国民新聞	M38. 6. 2
小政府論		独立評論	M38. 6. 3
我々の祖先の社会政策		〃	〃
日本の思想史に於ける基督教の位置（五）		〃	〃
大同論 一名支那研究論（与支那書生書）		〃	〃
〔評論〕現時の青年は堕落したるや否や・恋愛論・天下最も醜きものは・代議士の車夫		〃	〃
〔広告〕愛山山路弥吉著 日本現代史近刊	山　路　生	〃	〃

豊太閤（五十九）信長時代の秀吉　中国攻（四）	愛　山　生	国　民　新　聞	M38.　6.　6
豊太閤（六十）信長時代の秀吉　中国攻（五）	愛　山　生	国　民　新　聞	M38.　6.　8
豊太閤（六十一）信長時代の秀吉　中国攻（六）	愛　山　生	国　民　新　聞	M38.　6.　9
豊太閤（六十二）信長時代の秀吉　中国攻（七）	愛　山　生	国　民　新　聞	M38.　6. 10
豊太閤（六十三）信長時代の秀吉　中国攻（八）	愛　山　生	国　民　新　聞	M38.　6. 13
豊太閤（六十四）信長時代の秀吉　中国攻（九）	愛　山　生	国　民　新　聞	M38.　6. 14
豊太閤（六十五）信長時代の秀吉　中国攻（十）	愛　山　生	国　民　新　聞	M38.　6. 16
豊太閤（六十六）信長時代の秀吉　中国攻（十一）	愛　山　生	国　民　新　聞	M38.　6. 18
豊太閤（六十七）信長時代の秀吉　中国攻（十二）	愛　山　生	国　民　新　聞	M38.　6. 20
豊太閤（六十八）信長時代の秀吉　中国攻（十三）	愛　山　生	国　民　新　聞	M38.　6. 21
豊太閤（六十九）信長時代の秀吉　中国攻（十四）	愛　山　生	国　民　新　聞	M38.　6. 22
豊太閤（七十）信長時代の秀吉　中国攻（十五）	愛　山　生	国　民　新　聞	M38.　6. 23
豊太閤（七十一）信長時代の秀吉　中国攻（十六）	愛　山　生	国　民　新　聞	M38.　6. 24
豊太閤（七十二）信長時代の秀吉　中国攻（十七）	愛　山　生	国　民　新　聞	M38.　6. 25
豊太閤（七十三）信長時代の秀吉　毛利家との和議（一）	愛　山　生	国　民　新　聞	M38.　6. 27

豊太閤（七十四）信長時代の秀吉　毛利家との和議（二）	愛山生	国民新聞	M38. 6. 28
豊太閤（七十五）信長時代の秀吉　毛利家との和議（三）	愛山生	国民新聞	M38. 6. 29
豊太閤（七十六）信長時代の秀吉毛利家との和議（四）	愛山生	国民新聞	M38. 6. 30
豊太閤（七十七）信長論（一）	愛山生	国民新聞	M38. 7. 1
[（現代名士壱百家解答）来世之有無]	山路愛山	新仏教	M38. 7. 1
豊太閤（七十八）信長論（二）	愛山生	国民新聞	M38. 7. 2
樺太論		独立評論	M38. 7. 3
演説の記		〃	〃
豊太閤（七十九）信長論（三）	愛山生	国民新聞	M38. 7. 4
豊太閤（八十）信長論（四）	愛山生	国民新聞	M38. 7. 5
豊太閤（八十一）信長論（五）	愛山生	国民新聞	M38. 7. 7
豊太閤（八十二）信長論（六）	愛山生	国民新聞	M38. 7. 8
豊太閤（八十三）信長論（七）	愛山生	国民新聞	M38. 7. 9
豊太閤（八十四）信長論（八）	愛山生	国民新聞	M38. 7. 13
豊太閤（八十五）信長論（九）	愛山生	国民新聞	M38. 7. 14
豊太閤（八十六）信長論（十）	愛山生	国民新聞	M38. 7. 19
豊太閤（八十七）信長論（十一）	愛山生	国民新聞	M38. 7. 20
豊太閤（八十八）山崎合戦（一）	愛山生	国民新聞	M38. 7. 26
豊太閤（八十九）山崎合戦（二）	愛山生	国民新聞	M38. 7. 27
豊太閤（九十）山崎合戦（三）	愛山生	国民新聞	M38. 7. 28
豊太閤（九十一）山崎合戦（四）	愛山生	国民新聞	M38. 7. 29
豊太閤（九十二）山崎合戦（五）	愛山生	国民新聞	M38. 7. 30
豊太閤（九十三）山崎合戦（六）	愛山生	国民新聞	M38. 8. 2
明治三十七年戦史論	愛山生	独立評論	M38. 8. 3
〔雑記〕雑誌記者の任務・記者の暑中休みの演説の記・広告文を改む・所		〃	〃

謂支那人教育・所謂精神家			
〔広告〕愛山山路弥吉著 大日本現代史	山　路　生	〃	〃
豊太閤（九十四）山崎合戦（七）	愛　山　生	国民新聞	M38. 8. 3
豊太閤（九十五）賎ケ嶽合戦（一）	愛　山　生	国民新聞	M38. 8. 5
雅号由来記	山路愛山君	新　小　説	M38. 8. 5
豊太閤（九十六）賎ケ嶽合戦（二）	愛　山　生	国民新聞	M38. 8. 8
末世の有無	山路愛山君	新仏教徒同志会編『末世之有無』〈井冽堂〉	M38. 8. 8
豊太閤（九十七）賎ケ嶽合戦（四）	愛　山　生	国民新聞	M38. 8. 17
豊太閤（九十七）賎ケ嶽合戦（五）	愛　山　生	国民新聞	M38. 8. 19
豊太閤（九十八）賎ケ嶽合戦（六）	愛　山　生	国民新聞	M38. 8. 24
豊太閤（九十九）賎ケ嶽合戦（七）	愛　山　生	国民新聞	M38. 8. 25
豊太閤（百）賎ケ嶽合戦（八）	愛　山　生	国民新聞	M38. 8. 26
豊太閤（百一）大阪《ママ》城	愛　山　生	国民新聞	M38. 8. 29
豊太閤（百二）豊臣徳川対局（一）	愛　山　生	国民新聞	M38. 8. 30
豊太閤（百三）豊臣徳川対局（二）	愛　山　生	国民新聞	M38. 8. 31
豊太閤（百四）豊臣徳川対局（三）	愛　山　生	国民新聞	M38. 9. 1
［戦後の文壇］戦捷後の文壇に対する希望	山路愛山君談	新　小　説	M38. 9. 1
豊太閤（百五）豊臣徳川対局（四）	愛　山　生	国民新聞	M38. 9. 5
豊太閤（百六）豊臣徳川対局（五）	愛　山　生	国民新聞	M38. 9. 6
豊太閤（百七）豊臣徳川対局（六）	愛　山　生	国民新聞	M38. 9. 7
豊太閤（百八）豊臣徳川対局（七）	愛　山　生	国民新聞	M38. 9. 8
豊太閤（百九）豊臣徳川対局（八）	愛　山　生	国民新聞	M38. 9. 9
豊太閤（百十）豊臣徳川対局（九）	愛　山　生	国民新聞	M38. 9. 10
豊太閤（百十一）豊臣徳川対局（十）	愛　山　生	国民新聞	M38. 9. 12
豊太閤（百十二）豊臣徳川対局（十一）	愛　山　生	国民新聞	M38. 9. 13

豊太閤（百十三）豊臣徳川対局（十二）	愛　山　生	国　民　新　聞	M38.　9. 14
豊太閤（百十四）豊臣徳川対局（十三）	愛　山　生	国　民　新　聞	M38.　9. 15
〔散録〕文学断片	山路愛山談	慶応義塾学報	M38.　9. 15
〔論説〕支那の心を読む術　未見	山 路 愛 山	東　　　　亜	M38.　9. 15
豊太閤（百十五）豊臣徳川対局（十四）	愛　山　生	国　民　新　聞	M38.　9. 16
豊太閤（百十六）豊臣徳川対局（十四）	愛　山　生	国　民　新　聞	M38.　9. 17
豊太閤（百十七）豊臣徳川対局（十五）	愛　山　生	国　民　新　聞	M38.　9. 19
豊太閤（百十八）豊臣徳川対局（十六）	愛　山　生	国　民　新　聞	M38.　9. 20
豊太閤（百十九）豊臣徳川対局（十七）	愛　山　生	国　民　新　聞	M38.　9. 21
豊太閤（百二十）豊臣徳川対局（十八）	愛　山　生	国　民　新　聞	M38.　9. 22
豊太閤（百廿一）豊臣徳川対局（十九）	愛　山　生	国　民　新　聞	M38.　9. 23
豊太閤（百廿二）豊臣徳川対局の総論（一）	愛　山　生	国　民　新　聞	M38.　9. 24
豊太閤（百廿二）豊臣徳川対局の総論（二）	愛　山　生	国　民　新　聞	M38.　9. 26
豊太閤（百廿三）豊臣徳川対局の総論（三）	愛　山　生	国　民　新　聞	M38.　9. 27
豊太閤（百廿四）南海北陸討平の記（一）	愛　山　生	国　民　新　聞	M38.　9. 28
豊太閤（百廿五）南海北陸討平の記（二）　未見	愛　山　生	国　民　新　聞	M38.　9.　?
豊太閤（百廿六）南海北陸討平の記（三）　未見	愛　山　生	国　民　新　聞	M38.　9.　?
豊太閤（百廿七）南海北陸討平の記（四）　未見	愛　山　生	国　民　新　聞	M38.　9.　?
本能論	山 路 愛 山	向　上　主　義	M38. 10.　1
豊太閤（百廿八）南海北陸討平の記（五）	愛　山　生	国　民　新　聞	M38. 10.　3
豊太閤（百廿九）南海北陸討平の記（六）	愛　山　生	国　民　新　聞	M38. 10.　4
豊太閤（百三十）南海北陸討平の記（七）	愛　山　生	国　民　新　聞	M38. 10.　5
豊太閤（百卅一）南海北陸討平の記（八）	愛　山　生	国　民　新　聞	M38. 10.　6

豊太閤(百卅二)南海北陸討平の記(八)	愛　山　生	国 民 新 聞	M38. 10. 7
豊太閤(百卅三)南海北陸討平の記(九)	愛　山　生	国 民 新 聞	M38. 10. 8
豊太閤（百卅四）南海北陸討平の総論	愛　山　生	国 民 新 聞	M38. 10. 10
豊太閤（百卅五）関白職の事（一）	愛　山　生	国 民 新 聞	M38. 10. 14
豊太閤（百卅六）関白職の事（二）	愛　山　生	国 民 新 聞	M38. 10. 15
〔講壇概録〕本能論	山路愛山氏	新　　潮	M38. 10. 15
豊太閤（百卅七）五奉行の事	愛　山　生	国 民 新 聞	M38. 10. 17
耶蘇伝管見		独 立 評 論	M38. 10. 19
〔雑記〕九月休刊の理由・本号の期日に後れたる理由・次号も或は後るべし・国家社会党・時事に関して・遊説		〃	〃
豊太閤（百卅八）豊臣氏対島津氏（一）	愛　山　生	国 民 新 聞	M38. 10. 19
豊太閤（百卅九）豊臣氏対島津氏（二）	愛　山　生	国 民 新 聞	M38. 10. 20
豊太閤（百四十）豊臣氏対島津氏（三）	愛　山　生	国 民 新 聞	M38. 10. 26
豊太閤(百四十一)豊臣氏対島津氏(四)	愛　山　生	国 民 新 聞	M38. 10. 27
豊太閤(百四十二)豊臣氏対島津氏(五)	愛　山　生	国 民 新 聞	M38. 10. 28
豊太閤(百四十二)豊臣氏対島津氏(六)	愛　山　生	国 民 新 聞	M38. 10. 29
豊太閤(百四十三)豊臣氏対島津氏(七)	愛　山　生	国 民 新 聞	M38. 10. 31
豊太閤(百四十四)豊臣氏対島津氏(八)	愛　山　生	国 民 新 聞	M38. 11. 1
〔公論〕和戦利害	山 路 愛 山	中 央 公 論	M38. 11. 1
〔雑録〕本能論	山 路 愛 山	新　　人	M38. 11. 1
豊太閤（百四十五）佐々成政の末路	愛　山　生	国 民 新 聞	M38. 11. 5
豊太閤（百四十六）丹羽氏の微禄	愛　山　生	国 民 新 聞	M38. 11. 7
豊太閤（百四十七）太平の粧飾	愛　山　生	国 民 新 聞	M38. 11. 8
豊太閤（百四十七）聚落行幸の事（一）	愛　山　生	国 民 新 聞	M38. 11. 9
豊太閤（百四十八）聚落行幸の事（二）	愛　山　生	国 民 新 聞	M38. 11. 10
豊太閤(百四十九)北条氏対豊臣氏(一)	愛　山　生	国 民 新 聞	M38. 11. 11
豊太閤（百五十）北条氏対豊臣氏（二）	愛　山　生	国 民 新 聞	M38. 11. 12

豊太閤(百五十一)北条氏対豊臣氏(三)	愛　山　生	国　民　新　聞	M38. 11. 14
豊太閤(百五十一)北条氏対豊臣氏(四)	愛　山　生	国　民　新　聞	M38. 11. 15
〔講演〕本能と時代の精神（三田演説会に於て)	山 路 弥 吉	慶応義塾学報	M38. 11. 15
豊太閤(百五十二)北条氏対豊臣氏(五)	愛　山　生	国　民　新　聞	M38. 11. 17
豊太閤(百五十三)北条氏対豊臣氏(六)	愛　山　生	国　民　新　聞	M38. 11. 18
豊太閤(百五十四)北条氏対豊臣氏(七)	愛　山　生	国　民　新　聞	M38. 11. 19
豊太閤(百五十四)北条氏対豊臣氏(八)	愛　山　生	国　民　新　聞	M38. 11. 22
豊太閤(百五十五)北条氏対豊臣氏(九)	愛　山　生	国　民　新　聞	M38. 11. 23
豊太閤(百五十六)北条氏対豊臣氏(十)	愛　山　生	国　民　新　聞	M38. 11. 25
豊太閤（百五十七）北条氏対豊臣氏（十一)	愛　山　生	国　民　新　聞	M38. 11. 28
豊太閤（百五十八）北条氏対豊臣氏（十二）未見	愛　山　生	国　民　新　聞	M38. 11. ?
豊太閤(百五十九)伊達正宗の降参(一)	愛　山　生	国　民　新　聞	M38. 12. 2
豊太閤（百六十）伊達正宗の降参（二)	愛　山　生	国　民　新　聞	M38. 12. 3
国家社会主義梗概		独　立　評　論	M38. 12. 5
〔評論〕近時愚論多し（一)・近時愚論多し（二)・近時愚論多し（三)・女学生の弊風・相強ふべからず・争ふこと勿れ・人望與論・国民新聞論（一)・国民新聞論（二)・国民新聞論（三)・国民新聞論（四)・宮崎湖処子・主義と招牌・徳富蘆花（一)・徳富蘆花（二)・徳富蘆花（三)・徳富蘆花（四)・徳富蘆花（五)・徳富蘆花（六)・小説「良人の自白」・国家社会党と社会主義・依頼は受けなくとも機関紙たらん・国家社会党と山路愛山・意外・最後の壘壁を維持せん・平民社の解散・平民社解散の理由・自語相異（一)・「俳趣画報」			

富士につきて思出ることゝも	山　路　生	〃	〃
豊太閤(百六十一)伊達正《ママ》宗の降参(三)	愛　山　生	国　民　新　聞	M38. 12.　5
豊太閤(百六十二)伊達正《ママ》宗の降参(五)	愛　山　生	国　民　新　聞	M38. 12. 10
豊太閤（百六十三）堀秀治の死去	愛　山　生	国　民　新　聞	M38. 12. 12
豊太閤（百六十四）徳川家の移封（一）	愛　山　生	国　民　新　聞	M38. 12. 13
豊太閤（百六十五）徳川家の移封（二）	愛　山　生	国　民　新　聞	M38. 12. 15
〔講壇概録〕権威論	山路愛山氏	新　　　潮	M38. 12. 15
豊太閤（百六十五）奥州下向（一）	愛　山　生	国　民　新　聞	M38. 12. 17
豊太閤（百六十六）奥州下向（二）	愛　山　生	国　民　新　聞	M38. 12. 20
豊太閤（百六十七）織田信雄の所領収公の事	愛　山　生	国　民　新　聞	M38. 12. 21
豊太閤（百六十七）所謂太閤検地の事(一)	愛　山　生	国　民　新　聞	M38. 12. 22
豊太閤（百六十八）所謂太閤検地の事(二)	愛　山　生	国　民　新　聞	M38. 12. 24
〔訪問〕遠くから見たる二宮翁	山 路 愛 山	人　　　道	M38. 12. 25
豊太閤（百六十九）所謂太閤検地の事(三)	愛　山　生	国　民　新　聞	M38. 12. 26
豊太閤（百六十九）所謂太閤検地の事(四)	愛　山　生	国　民　新　聞	M38. 12. 27
豊太閤（百七十）奥州の騒動（一）	愛　山　生	国　民　新　聞	M38. 12. 28
〔万報一覧・雑誌之雑誌〕我国の法学者に支那の法律を研究する者無き歟〈→『東亜』第７号未見の再録〉	山路愛山君	新　公　論	M39.　1.　1
豊太閤（百七十）奥州の騒動（二）	愛　山　生	国　民　新　聞	M39.　1.　2
哲学者ならざるものゝ哲学　支那小説に多く現はれたる諺・西鶴の著述に現はれたる商人の訓戒　エメルソンの智慧・カーライルの智慧		独　立　評　論	M39.　1.　3
〔評論〕大盗通信・「品性」と云ふ熟字		〃	〃

の事・公園の効用焉くに在る・平民入るべからず・非模倣・支離を免れず・連合国の希望・新説なるものなし・社会の罪乎。個人の罪乎。			
〔書簡〕天災にて家屋新築の設計中足場崩壊し為めに死者を生じたる友人を慰むる書・某新聞社の友人に与ふる書・広島県豊田郡瀬戸口村某氏の来簡に答ふる書・堺枯川君より来簡・水上梅彦君来翰・木下尚江君来翰・新公論社の問に答ふる書		〃	〃
伝道日記（月芳生）〈紹介文〉	（愛山逸民）	〃	〃
豊太閣（百七十一）奥州の騒動（三）	愛　山　生	国　民　新　聞	M39. 1. 3
豊太閣（百七十二）奥州の騒動（四）	愛　山　生	国　民　新　聞	M39. 1. 6
豊太閣（百七十三）豊臣秀次の位置の事	愛　山　生	国　民　新　聞	M39. 1. 7
豊太閣（百七十四）征韓論（一）其原因（一）	愛　山　生	国　民　新　聞	M39. 1. 9
豊太閣（百七十五）征韓論（二）其原因（二）	愛　山　生	国　民　新　聞	M39. 1. 10
豊太閣（百七十六）征韓論（三）其原因（三）	愛　山　生	国　民　新　聞	M39. 1. 11
豊太閣（百七十六）征韓論（四）征韓の発端（一）	愛　山　生	国　民　新　聞	M39. 1. 13
豊太閣（百七十七）征韓論（五）征韓の発端（二）	愛　山　生	国　民　新　聞	M39. 1. 14
本能と時代の精神（前々号の続き）	山　路　弥　吉	慶応義塾学報	M39. 1. 15
〔雑録〕［予の受けたる感化の原動力（二）］余に感化を与へたる書物	山　路　愛　山	新　　公　　論	M39. 2. 1
西園寺内閣と桂内閣		独　立　評　論	M39. 2. 3
〔評論〕〈政治〉西園寺内閣・日本の国		〃	〃

際的位置・米国に於ける日本労働者問題・国債の処分・雑誌実業の信州に与ふ・黄人禍の恐怖に対する日本人の覚悟・支那の復興期すべき乎〈文学及び思想〉隔世の感・所謂国家主義教育の破産・思想の混乱・神秘的の傾向・思想の高潮・今あることは昔もあり・「火鞭」雑誌の記者・信仰は一人の私事なり・自己広告の時代・早稲田文学を読む（一）・早稲田文学を読む（二）・早稲田文学（三）・早稲田文学（四）・早稲田文学（五）・簡易論・米国主義の流行			
〔書簡〕堺枯川君に答ふ・国民新聞社に与ふ		〃	〃
演説巡遊の記		〃	〃
豊太閤（百七十八）征韓論（六）征韓の発端（三）	愛　山　生	国民新聞	M39. 2. 3
豊太閤（百七十九）征韓論（七）征韓の発端（四）	愛　山　生	国民新聞	M39. 2. 6
豊太閤（百八十）征韓論（八）内治論と外征論（一）	愛　山　生	国民新聞	M39. 2. 7
豊太閤（百八十一）征韓論（九）内治論と外征論（二）	愛　山　生	国民新聞	M39. 2. 10
豊太閤（百八十二）征韓論（十）勝敗の予計（一）	愛　山　生	国民新聞	M39. 2. 11
〔論説〕楽観論	山路愛山	実業の信州	M39. 2. 11
豊太閤（百八十二）征韓論（十）勝敗の予計（二）	愛　山　生	国民新聞	M39. 2. 13
豊太閤（百八十三）征韓論（十一）遠征の準備（一）	愛　山　生	国民新聞	M39. 2. 14

豊太閤（百八十四）征韓論（十二）遠征の準備（二）	愛　山　生	国民新聞	M39. 2. 15
豊太閤（百八十四）征韓論（十三）先鋒第一軍釜山に着す	愛　山　生	国民新聞	M39. 2. 16
豊太閤（百八十五）征韓論（十四）日本軍上陸前の朝鮮	愛　山　生	国民新聞	M39. 2. 18
日漢文明異同論 緒言	愛　山　生	国民新聞	M39. 2. 22
豊太閤（百八十六）征韓論（十五）忠州の占領	愛　山　生	国民新聞	M39. 2. 23
日漢文明異同論人種を論ず（一）	愛　山　生	国民新聞	M39. 2. 27
〔万報一覧・雑誌之雑誌〕現代思想の混乱と神秘的傾向・警誡す可き米国流	山路愛山君	新　公　論	M39. 3. 1
豊太閤（百八十六）征韓論（十五）京城の占領	愛　山　生	国民新聞	M39. 3. 2
反動将に来らんとす		独立評論	M39. 3. 3
伊藤侯に与ふる書		〃	〃
〔評論〕〈大勢一斑〉日本に対する世界の与論・人種的偏見・日英同盟の歴史的意義・日英同盟と英国自由党・日英同盟の実効如何・露国は猶ほ日本の他山の玉なり・韓国経営の第一義・台湾統治の成功・議会論ずるに足らず・加藤氏を酷論する勿れ・桂内閣、論理的の継承者・旧式の政論〈文学及び思想〉模倣の時代一・模倣の時代二・非模倣・日本の特質・日本の特質二・日本の特質三・自己中心論の両面・之に対する我等の所見・我等の之に対する所見（二）・宗教と哲学とは個人の私事なり〈宗		〃	〃

教〉探偵耶。福音の使耶。白人宣教師の罪悪・宣教師必しも責むべからず・日本的耶蘇教の意義・耶蘇教諸雑誌の批評・〈社会主義及び社会政策〉日本社会党の誕生（一）・日本社会党の誕生（二）・国家社会主義と社会主義（一）・国家社会主義と社会主義（二）・普通選挙の運動・自由主義と社会主義			
日漢文明異同論　人種を論ず（二）	愛山生	国民新聞	M39. 3. 3
豊太閤（百八十七）征韓論（十六）平壌の占領（一）	愛山生	国民新聞	M39. 3. 4
日漢文明異同論　人種を論ず（三）	愛山生	国民新聞	M39. 3. 7
豊太閤（百八十八）征韓論（十七）平壌の占領（二）	愛山生	国民新聞	M39. 3. 8
日漢文明異同論　人種を論ず（四）	愛山生	国民新聞	M39. 3. 9
郡の憲法中止	山路愛山	国民新聞	M39. 3. 11
日漢文明異同論　封建と郡県（一）	愛山生	国民新聞	M39. 3. 15
豊太閤（百八十九）征韓論（十八）海戦の失敗（一）	愛山生	国民新聞	M39. 3. 16
〔寄書〕非成聖論	山路愛山	護教	M39. 3. 17
日漢文明異同論　封建と郡県（二）	愛山生	国民新聞	M39. 3. 17
豊太閤（百九十）征韓論（十八）海戦の失敗（二）	愛山生	国民新聞	M39. 3. 18
日漢文明異同論　封建と郡県（三）	愛山生	国民新聞	M39. 3. 21
豊太閤（百九十一）征韓論（十九）海戦の失敗（三）	愛山生	国民新聞	M39. 3. 23
日漢文明異同論　封建と郡県（四）	愛山生	国民新聞	M39. 3. 27
豊太閤（百九十二）征韓論（二十）明の援軍（一）	愛山生	国民新聞	M39. 3. 31

『社会主義評論〔独立評論叢書第一巻〕』 未見		〈独立評論社〉	M39. 4. 1
国家社会主義と社会主義		独立評論	M39. 4. 3
〔史論〕何故に全羅道は強かりし乎（国民新聞文学会席上に於て）	記者	〃	〃
〔評論〕〈思想及び文明〉非聖成論〈社会主義及び社会問題〉電車賃銭問題・市民大会の効力・東京市会と尾崎市長・誰をか市長とすべき乎・社会党の名・誤解乎。暗合乎。・ひもかはにつき・吉田氏の書簡・飯泉規矩三君より左の忠告書を与へらる		〃	〃
北条時宗	愛山生	国民新聞	M39. 4. 3
日漢文明異同論 封建と郡県（五）	愛山生	国民新聞	M39. 4. 6
豊太閤（百九十三）征韓論（廿一）明の援軍（二）	愛山生	国民新聞	M39. 4. 11
日漢文明異同論　皇室論（一）	愛山生	国民新聞	M39. 4. 12
豊太閤（百九十四）征韓論（廿二）明の援軍（三）	愛山生	国民新聞	M39. 4. 14
日漢文明異同論　皇室論（二）	愛山生	国民新聞	M39. 4. 17
豊太閤（百九十四）征韓論（廿二）明の援軍（四）	愛山生	国民新聞	M39. 4. 18
日漢文明異同論　皇室論（三）	愛山生	国民新聞	M39. 4. 21
豊太閤（百九十五）征韓論（廿三）明の援軍（五）	愛山生	国民新聞	M39. 4. 25
『旅ごろも』（高浜謙三著）序文	山路愛山	〈中庸堂書店〉	M39. 4. 30
〔修養〕現代思想界と青年煩悶	山路愛山君	成功	M39. 5. 1
〔寄書〕社会主義年表及び総論・上古の日本政治学（旧稿）		独立評論	M39. 5. 3
〔史論〕日本中世史を読む		〃	〃

〔雑記〕人間無常・狐に魅せらる・議員某君に与ふ・幸徳秋水君・常識の範籬・毫厘千里		〃	〃
日漢文明異同論　皇室論（四）	愛　山　生	国民新聞	M39. 5. 3
豊太閤（百九十六）征韓論（廿四）明の援軍（六）	愛　山　生	国民新聞	M39. 5. 6
豊太閤（百九十七）征韓論（廿五）明の援軍（七）	愛　山　生	国民新聞	M39. 5. 8
日漢文明異同論 教育と学問（一）	愛　山　生	国民新聞	M39. 5. 15
〔論説〕支那の救世主＝羅馬字	山路愛山	東　亜	M39. 5. 15
豊太閤（百九十八）征韓論（廿六）明の援軍（八）	愛　山　生	国民新聞	M39. 5. 16
豊太閤（百九十九）征韓論（廿七）明の援軍（九）	愛　山　生	国民新聞	M39. 5. 19
日漢文明異同論 教育と学問（三）	愛　山　生	国民新聞	M39. 5. 22
豊太閤（二百）征韓論（廿八）明の援軍（十）	愛　山　生	国民新聞	M39. 5. 23
日漢文明異同論 教育と学問（四）	愛　山　生	国民新聞	M39. 5. 24
豊太閤（二百一）征韓論（廿九）咸鏡道の方面の戦（一）	愛　山　生	国民新聞	M39. 5. 25
日漢文明異同論 教育と学問（五）	愛　山　生	国民新聞	M39. 5. 26
豊太閤（二百二）征韓論（三十）咸鏡道の方面の戦（二）	愛　山　生	国民新聞	M39. 5. 27
〔公論〕文体論	山路愛山	中央公論	M39. 6. 1
日漢文明異同論　教育と学問（六）	愛　山　生	国民新聞	M39. 6. 2
宗教論	山路愛山	新日本	M39. 6. 2
『社会主義管見』	山路弥吉	〈金尾文淵堂〉	M39. 6. 3
一平民の朝鮮論	昔の若衆神田の八五郎	独立評論	M39. 6. 3
〔史論〕日本中世史を読む		〃	〃

〔評論〕学界の劫運・理想の発顕		〃	〃
豊太閤（二百三）征韓論（卅一）咸鏡道の方面の戦（三）	愛　山　生	国　民　新　聞	M39.　6.　3
日漢文明異同論　教育と学問（七）	愛　山　生	国　民　新　聞	M39.　6.　5
豊太閤（二百四）征韓論（卅二）咸鏡道の方面の戦（四）	愛　山　生	国　民　新　聞	M39.　6.　6
日漢文明異同論　教育と学問（八）	愛　山　生	国　民　新　聞	M39.　6.　7
豊太閤（二百五）征韓論（卅三）軍情一変	愛　山　生	国　民　新　聞	M39.　6.　8
豊太閤（二百六）征韓論（卅四）和議（一）	愛　山　生	国　民　新　聞	M39.　6. 13
日漢文明異同論　文武軽重（一）	愛　山　生	国　民　新　聞	M39.　6. 15
〔論説〕講談を盛んにせよ	山 路 弥 吉	東　　　亜	M39.　6. 15
豊太閤（二百七）征韓論（卅五）和議（二）	愛　山　生	国　民　新　聞	M39.　6. 16
日漢文明異同論　文武軽重（二）	愛　山　生		
豊太閤（二百八）征韓論（卅六）和議（三）	愛　山　生	国　民　新　聞	M39.　6. 20
日漢文明異同論　文武軽重（三）	愛　山　生		
独学	山路愛山君	中　学　文　芸	M39.　6. 20
『講壇と論壇　第壱篇』	山 路 弥 吉	〈山陽堂書房〉	M39.　6. 22
豊太閤（二百九）征韓論（卅七）和議（四）	愛　山　生	国　民　新　聞	M39.　6. 22
日漢文明異同論文　武軽重（四）	愛　山　生	国　民　新　聞	M39.　6. 24
豊太閤（二百十）征韓論（卅八）和議（五）	愛　山　生	国　民　新　聞	M39.　6. 26
日漢文明異同論　西学論（一）	愛　山　生	国　民　新　聞	M39.　6. 28
日漢文明異同論　西学論（二）	愛　山　生	国　民　新　聞	M39.　6. 30
〔想苑〕宗教論	山 路 愛 山	新　　　人	M39.　7.　1

〔公論〕［厭世煩悶の救済策］十分に煩悶せしめよ	山路弥吉	新　公　論	M39. 7. 1
近事評論余をして文部大臣ならしめば・予言適中す・実行せよ・青天の霹靂・唐からしは辛くあれ・所謂韓国経営（一）・所謂韓国経営（二）・白衣の客果して吾を欺かず・堺枯川君に答ふ・朝鮮魂（一）・朝鮮魂（二）・朝鮮魂（三）・朝鮮魂（四）・日本新聞（一）・日本新聞（二）・日本新聞（三）・毎日新聞・生れて始めて公判庭に出づ・裁決流るゝ如くなれ・法庭雑観・弁ぜすし可なり・何ぞ公ならざる・流言紛々		独立評論	M39. 7. 3
教育論（上）		〃	〃
霊魂論を読む	山路生	〃	〃
日漢文明異同論　西学論（三）	愛山生	国民新聞	M39. 7. 3
豊太閤（二百十二）征韓論（四十）和議（七）	愛山生	国民新聞	M39. 7. 4
日漢文明異同論　西学論（四）	愛山生	国民新聞	M39. 7. 5
遠くから見た二宮翁	山路愛山	留岡幸助編『二宮翁と諸家』（人道社）	M39. 7. 5
豊太閤（二百十三）征韓論（四十一）和議（八）	愛山生	国民新聞	M39. 7. 6
日漢文明異同論　西学論（五）	愛山生	国民新聞	M39. 7. 7
日漢文明異同論　基督教（一）	愛山生	国民新聞	M39. 7.15
〔雑録〕［余が文章に裨益せし書籍］	山路愛山氏	文章世界	M39. 7.15
〔論説〕下町的文章の価値	山路愛山	〃	〃
『基督教評論（現代日本教会史論・耶蘇伝管見）』	山路弥吉	〈警醒社書店〉	M39. 7.16

序	山路愛山	中山丙子『日本売笑史』(第二版)	M39. 7. 20
日漢文明異同論　基督教（二）	愛　山　生	国民新聞	M39. 7. 21
〔付録〕[現時の新体詩の価値]	山　路　生	中央公論	M39. 8. 1
近事評論　露国の現状如何		独立評論	M39. 8. 3
回教教祖論（七月八日麹町区飯田町成民会演説）		〃	〃
社会問題及其評論 幸徳秋水君の絶望・国恩論・田中正造翁・電車賃金値上反対と日本社会党・現代の加賀薩摩・鎌田栄吉氏の中等社会論（一）・鎌田栄吉氏の中等社会論（二）・国家社会主義は新しきものにあらず・霊魂論を読む・高島米峰氏の「理想的商業」		〃	〃
[東京の生活と地方の生活と] 其四	山路弥吉君	家庭之友	M39. 8. 3
日漢文明異同論　基督教（三）	愛　山　生	国民新聞	M39. 8. 5
豊太閤（二百十六）征韓論（四十四）和議（十一）	愛　山　生	国民新聞	M39. 8. 7
日漢文明異同論　基督教（四）	愛　山　生	国民新聞	M39. 8. 8
豊太閤（二百十七）征韓論（四十五）和議（十二）	愛　山　生	国民新聞	M39. 8. 9
日漢文明異同論 基督教（五）	愛　山　生	国民新聞	M39. 8. 10
豊太閤（二百十八）征韓論（四十六）和議（十三）	愛　山　生	国民新聞	M39. 8. 11
豊太閤（二百十九）征韓論（四十七）和議（十四）	愛　山　生	国民新聞	M39. 8. 18
日漢文明異同論 基督教（七）	愛　山　生	国民新聞	M39. 8. 21
近事評論　韓国の近事を論ず，内務省と電車賃銭値上（一）・内務省と電		独立評論	M39. 9. 3

車賃銭値上（二）・内務省と電車賃銭値上（三）・韓国の法典編纂・政治家の商売・番頭と番頭・市民若し勝たば・電車問題の中心			
九十九里浜雑観		〃	〃
〔時弊の救済〕如何にして剛健なる青年を作るべき乎	山路愛山	世界的青年	M39. 9. 20
隣国評判記（一）	愛山生	東亜	M39. 9. 20
懺悔（久保天随編『明治百家文選』所収）	山路愛山	〈隆文館〉	M39. 9. 20
〔秋季の女訓〕読書に関して	山路愛山	ムラサキ	M39. 10. 1
〔東都講壇〕無意識論	山路愛山	新人	M39. 10. 1
〔大付録〕平政子論	山路愛山	中央公論	M39. 10. 1
〔万報一覧〕韓国は日本保護の下に在るが為に幸福なり	山路愛山君	新公論	M39. 10. 1
近事評論　原敬論		独立評論	M39. 10. 3
平政子論		〃	〃
隣国評判記（二）	愛山生	東亜	M39. 10. 5
〔時論〕女子風俗論	山路愛山君	女学世界	M39. 10. 5
甲信旅日記（二）	愛山生	国民新聞	M39. 10. 15
甲信旅日記（三）	愛山生	国民新聞	M39. 10. 17
甲信旅日記（四）	愛山生	国民新聞	M39. 10. 21
碓氷の紅葉	愛山生	国民新聞	M39. 10. 26
〔論説〕僧俗論	山路愛山	六合雑誌	M39. 11. 1
近事評論　京阪電気鉄道権利株・汝の体面を思へ・上帝眼分明・対米の策・雲の如く煙の如し		独立評論	M39. 11. 3
英雄の片影（豊太閤論）		〃	〃
隣国評判記（三）	愛山生	東亜	M39. 11. 10
〔論説〕文学対社会	山路愛山	文章世界	M39. 11. 15

隣国評判記（四）	愛　山　生	東　　　亜	M39. 11. 25
支那思想史		独 立 評 論	M39. 12.　3
七十八日遊記を読む（一）（二）	愛　山　生	国 民 新 聞	M39. 12. 10
隣国評判記（五）	愛　山　生	東　　　亜	M39. 12. 10
七十八日遊記を読む（三）	愛　山　生	国 民 新 聞	M39. 12. 11
七十八日遊記を読む（四）（五）	愛　山　生	国 民 新 聞	M39. 12. 12
生熟論	山路愛山君	学生タイムス	M39. 12. 15
天意人心	愛　山　生	国 民 新 聞	M39. 12. 16
隣国評判記（六）	愛　山　生	東　　　亜	M39. 12. 25
［名士の日課］（四）	山 路 愛 山	学生タイムス	M40.　1.　1
〔付録〕将来の小説	山 路 愛 山	〃	〃
〔学界新潮〕東西歴史の穴探し	山 路 愛 山	新　公　論	M40.　1.　1
支那思想史		独 立 評 論	M40.　1.　3
書斎独語（一）	愛　山　生	国 民 新 聞	M40.　1.　8
隣国評判記（七）	愛　山　生	東　　　亜	M40.　1. 10
書斎独語	愛　山　生	国 民 新 聞	M40.　1. 11
書斎独語	愛　山　生	国 民 新 聞	M40.　1. 13
秀吉と家康の女性に対する態度	山 路 愛 山	文 章 世 界	M40.　1. 15
書斎独語	愛　山　生	国 民 新 聞	M40.　1. 20
書斎独語	愛　山　生	国 民 新 聞	M40.　1. 21
書斎独語	愛　山　生	国 民 新 聞	M40.　1. 22
書斎独語	愛　山　生	国 民 新 聞	M40.　1. 24
隣国評判記（八）	愛　山　生	東　　　亜	M40.　1. 25
書斎独語	愛　山　生	国 民 新 聞	M40.　1. 27
〔論議〕生熟論	山 路 愛 山	新　時　代	M40.　2.　1
〔世説一斑〕富の増加は亡国の基	山路愛山氏	日 本 教 育	M40.　2.　1
書斎独語	愛　山　生	国 民 新 聞	M40.　2.　2
泰西思想の神髄（一名、大なる思想と短き言葉）		独 立 評 論	M40.　2.　3

平民新聞を読む	山　路　生	〃	〃
書斎独語	愛　山　生	国 民 新 聞	M40. 2. 3
東京より大阪まで	愛　山　生	国 民 新 聞	M40. 2. 6
東京より大阪まで（二）	愛　山　生	国 民 新 聞	M40. 2. 7
東京より大阪まで（三）	愛　山　生	国 民 新 聞	M40. 2. 9
東京より大阪まで（四）	愛　山　生	国 民 新 聞	M40. 2. 10
隣国評判記（九）	愛　山　生	東　　　亜	M40. 2. 10
述懐一則	山 路 愛 山	信 州 新 聞	M40. 2. 11
書斎独語	愛　山　生	国 民 新 聞	M40. 2. 15
書斎独語	愛　山　生	国 民 新 聞	M40. 2. 18
書斎独語	愛　山　生	国 民 新 聞	M40. 2. 22
書斎独語	愛　山　生	国 民 新 聞	M40. 3. 1
現代金権史　総論	山 路 愛 山	商工世界太平洋	M40. 3. 1
〔想苑〕余が倫理宗教観	山 路 愛 山	新　　　人	M40. 3. 1
余が倫理宗教観	山 路 愛 山	学生タイムス	M40. 3. 1
〔論説〕教育は術なり学に非ず	山 路 愛 山	教 育 の 実 際	M40. 3. 1
〔万報一覧〕生な日本か熟した日本か	山路愛山君	新　公　論	M40. 3. 1
書斎独語	愛　山　生	国 民 新 聞	M40. 3. 7
［新メソヂストの創設に関する諸家の意見］（三）	山路愛山氏	護　　　教	M40. 3. 9
書斎独語	愛　山　生	国 民 新 聞	M40. 3. 11
書斎独語	愛　山　生	国 民 新 聞	M40. 3. 13
書斎独語	愛　山　生	国 民 新 聞	M40. 3. 15
現代金権史（二）士族の商法	山 路 愛 山	商工世界太平洋	M40. 3. 15
書斎独語	愛　山　生	国 民 新 聞	M40. 3. 19
書斎独語	愛　山　生	国 民 新 聞	M40. 3. 27
現代金権史　政商論　付福沢先生	山 路 愛 山	商工世界太平	M40. 4. 1

		洋	
〔公論〕平清盛論（日本思想史より見たる）	山路愛山	中央公論	M40. 4. 1
書斎独語	愛山生	国民新聞	M40. 4. 7
書斎独語	愛山生	国民新聞	M40. 4. 8
書斎独語	愛山生	国民新聞	M40. 4. 9
日本　　思想史（上）（一）南日本人と北日本人（二）我等をして過去に生れしめよ		独立評論	M40. 4.10
〔評論〕其能く為すなきを知る一・其能く為すなきを知る二		〃	〃
書斎独語	愛山生	国民新聞	M40. 4.11
書斎独語	愛山生	国民新聞	M40. 4.13
現代金権史　最初の大蔵大臣（上）	山路愛山	商工世界太平洋	M40. 4.15
書斎独語	愛山生	国民新聞	M40. 4.17
書斎独語	愛山生	国民新聞	M40. 4.20
書斎独語	愛山生	国民新聞	M40. 4.22
書斎独語	愛山生	国民新聞	M40. 4.27
現代金権史　最初の大蔵大臣（中）	山路愛山	商工世界太平洋	M40. 5. 1
日本思想史（中の一）（二）我等をして過去に生れしめよ（続）（三）日本上古の信仰		独立評論	M40. 5. 7
〔評論〕本多庸一先生の説教集・日本は耶蘇教国となるの日あるべし・精神的価値は別に在り・宣教師の耶蘇教は迷信のみ・白人宣教師の堕落・日本の精神的態度・監督ハリス・平民新聞の禁止・平民新聞の運命・捲土重来せよ		〃	〃

現代金権史 最初の大蔵大臣（下）	山路愛山	商工世界太平洋	M40. 5. 15
北村透谷を懐ふ	山路愛山	文章世界	M40. 5. 15
〔世説一斑〕西郷や木戸は青年なりき	山路弥吉氏	日本教育	M40. 5. 16
現代金権史　現代金権史の元勲	山路愛山	商工世界太平洋	M40. 6. 1
書斎独語	愛山生	国民新聞	M40. 6. 2
書斎独語	愛山生	国民新聞	M40. 6. 9
〔世説一斑〕平民の子の心を賊す	山路弥吉氏	日本教育	M40. 6. 11
書斎独語	愛山生	国民新聞	M40. 6. 13
現代金権史 保護政策の結果 三菱会社の繁昌（上）	山路愛山	商工世界太平洋	M40. 6. 15
書斎独語	愛山生	国民新聞	M40. 6. 16
日本思想史		独立評論	M40. 6. 20
〔評論〕離間策に陥ること勿れ・作者は独逸人なり・事実の上に立て・気の毒千万・偶像教よりも甚しき迷信・思想の林を焚すべき火・僧侶の腐敗・宮地柏峰氏・人道の解・人道は即ち天道なり・臆病なること勿れ・万衆と共に自殺せよ・久津見蕨村君に答ふ・社会主義者の捲土重来		〃	〃
書斎独語	愛山生	国民新聞	M40. 6. 21
書斎独語	愛山生	国民新聞	M40. 6. 27
『支那思想史・日漢文明異同論』	山路弥吉	〈金尾文淵堂〉	M40. 6. 28
書斎独語	愛山生	国民新聞	M40. 6. 30
現代金権史 保護政策の結果 三菱会社の繁昌（中）	山路愛山	商工世界太平洋	M40. 7. 1
〔説苑〕破格論（福翁自伝を読む）	愛山生	中央公論	M40. 7. 1
豊臣秀吉と徳川家康との人格	山路愛山	学生タイムス	M40. 7. 1

〔論議〕準備と事業	山路愛山	新　時　代	M40. 7. 1
書斎独語	愛　山　生	国民新聞	M40. 7. 3
書斎独語	愛　山　生	国民新聞	M40. 7. 9
書斎独語	愛　山　生	国民新聞	M40. 7. 11
現代金権史 保護政策の結果 三菱会社の繁昌（下）	山路愛山	商工世界太平洋	M40. 7. 15
書斎独語	愛　山　生	国民新聞	M40. 7. 16
〔世説一斑〕驕る国をして驕らしめよ	山路愛山氏	日本教育	M40. 7. 16
〔論説〕塩鉄論を読む（上）	山路愛山	日本経済新誌	M40. 7. 18
〔講壇〕国教論（於ゆにてりあん教会堂）	山路愛山君	東京教育雑誌	M40. 7. 20
書斎独語	愛　山　生	国民新聞	M40. 7. 23
書斎独語	愛　山　生	国民新聞	M40. 7. 27
書斎独語	愛　山　生	国民新聞	M40. 7. 30
書斎独語	愛　山　生	国民新聞	M40. 8. 1
現代金権史　民間の生活と其政論	山路愛山	商工世界太平洋	M40. 8. 1
〔文芸公論〕[好きなもの嫌ひなもの]	山路愛山	新　公　論	M40. 8. 1
書斎独語	愛　山　生	国民新聞	M40. 8. 3
〔論説〕塩鉄論を読む（中）	山路愛山	日本経済新誌	M40. 8. 3
書斎独語	愛　山　生	国民新聞	M40. 8. 8
書斎独語	愛　山　生	国民新聞	M40. 8. 9
書斎独語	愛　山　生	国民新聞	M40. 8. 14
現代金権史　財力の所在と権力の所在（上）	山路愛山	商工世界太平洋	M40. 8. 15
〔論説〕史論を書く準備	山路愛山	文章世界	M40. 8. 15
書斎独語	愛　山　生	国民新聞	M40. 8. 17
書斎独語	愛　山　生	国民新聞	M40. 8. 18
書斎独語	愛　山　生	国民新聞	M40. 8. 25
書斎独語	愛　山　生	国民新聞	M40. 8. 28

現代金権史　財力の所在と権力の所在（中）	山路愛山	商工世界太平洋	M40. 9. 1
剛健なる青年	山路愛山	新国民	M40. 9. 1
書斎独語	愛山生	国民新聞	M40. 9. 3
書斎独語	愛山生	国民新聞	M40. 9. 5
書斎独語	愛山生	国民新聞	M40. 9. 9
『愛山小品文　第壱集』	山路弥吉	〈警醒社書店〉	M40. 9. 10
〔世説一斑〕精神的無政府主義者	山路愛山氏談	日本教育	M40. 9. 11
書斎独語	愛山生	国民新聞	M40. 9. 13
現代金権史　財力の所在と権力の所在（下）	山路愛山	商工世界太平洋	M40. 9. 15
書斎独語	愛山生	国民新聞	M40. 9. 21
〔雑録〕生な日本か熟した日本か	山路愛山	中学講義	M40. 9. ?
現代金権史　当世大名武鑑（一）岩崎氏	山路愛山	商工世界太平洋	M40. 10. 1
〔論説〕国体と基督教（文責記者）	山路愛山	六合雑誌	M40. 10. 1
加藤博士の国体と基督教を評す（講演筆記）	山路愛山	学生タイムス	M40. 10. 1
〔公論〕文章論	山路愛山	中央公論	M40. 10. 1
書斎独語	愛山生	国民新聞	M40. 10. 9
書斎独語	愛山生	国民新聞	M40. 10. 13
書斎独語	愛山生	国民新聞	M40. 10. 15
現代金権史　当世大名武鑑　三井家の事	山路愛山	商工世界太平洋	M40. 10. 15
書斎独語	愛山生	国民新聞	M40. 10. 25
書斎独語	愛山生	国民新聞	M40. 10. 27
書斎独語　石田三成の事（一）（二）	愛山生	国民新聞	M40. 10. 29
書斎独語　石田三成の事（三）（四）	愛山生	国民新聞	M40. 10. 30

書斎独語　石田三成の事（五）（六）	愛山生	国民新聞	M40. 10. 31
書斎独語　石田三成の事（七）未見	愛山生	国民新聞	M40. 11. 1
現代金権史　当世大名武鑑　安田家の事	山路愛山	商工世界太平洋	M40. 11. 1
〔説苑〕新島襄先生の伝を読む	山路愛山	中央公論	M40. 11. 1
〔公論〕勧善懲悪説より見たる現代の小説	山路愛山	新公論	M40. 11. 1
成功論	山路愛山	商業界	M40. 11. 1
書斎独語　石田三成の事（八）	愛山生	国民新聞	M40. 11. 2
書斎独語　石田三成の事（九）	愛山生	国民新聞	M40. 11. 5
〔講演〕無為と有為	山路愛山	人道	M40. 11. 5
書斎独語　石田三成の事（十）	愛山生	国民新聞	M40. 11. 7
書斎独語　石田三成の事	愛山生	国民新聞	M40. 11. 9
現代金権史　当世大名武鑑　住友家及び大阪の町人	山路愛山	商工世界太平洋	M40. 11. 15
書斎独語　石田三成の事	愛山生	国民新聞	M40. 11. 29
現代金権史　新道徳の現出（上）	山路愛山	商工世界太平洋	M40. 12. 1
〔修養〕青年蛮勇論（文責在記者）	山路愛山君	成功	M40. 12. 1
妻の従順と武士道	山路愛山	明治之家庭	M40. 12. 1
〔講壇〕済世論	山路弥吉	成民	M40. 12. 3
書斎独語　石田三成の事	愛山生	国民新聞	M40. 12. 8
書斎独語　石田三成の事	愛山生	国民新聞	M40. 12. 15
現代金権史　新道徳の現出（下）	山路愛山	商工世界太平洋	M40. 12. 15
書斎独語　石田三成の事	愛山生	国民新聞	M40. 12. 24
書斎独語　石田三成の事	愛山生	国民新聞	M40. 12. 26
書斎独語　石田三成の事	愛山生	国民新聞	M40. 12. 29
〔史伝〕宗教史談　天草騒動一～三	山路愛山	新人	M41. 1. 1

〔時世相〕国勢調査の側面観	山路愛山	商工世界太平洋	M41. 1. 1
〔論説〕済世論（文責記者）	山路愛山	六合雑誌	M41. 1. 1
〔公論〕出でよ新靖献遺言	山路愛山	中央公論	M41. 1. 1
〔説苑〕［文芸上に於ける陶庵侯と早稲田伯］	山路愛山		
〔談論〕独創の道を開け（文責在記者）	山路愛山	ハガキ文学	M41. 1. 1
青年中心の時代去る（今後の青年は如何にして世に処すべきか）	山路愛山	商業界	M41. 1. 1
書斎独語	愛山生	国民新聞	M41. 1. 5
書斎独語	愛山生	国民新聞	M41. 1. 10
書斎独語	愛山生	国民新聞	M41. 1. 12
〔史上観察〕東洋の経済思想　論語を読む	山路愛山	商工世界太平洋	M41. 1. 15
書斎独語	愛山生	国民新聞	M41. 1. 19
書斎独語	愛山生	国民新聞	M41. 1. 22
〔史伝〕宗教史談　天草騒動四～五	山路愛山	新人	M41. 2. 1
〔史上観察〕東洋の経済思想　孟子を読む（上）	山路愛山	商工世界太平洋	M41. 2. 1
〔説苑〕［現代人物評論（一）原敬論］	愛山生	中央公論	M41. 2. 1
〔論説〕塩鉄論を読む（下）	山路愛山	日本経済新誌	M41. 2. 3
書斎独語	愛山生	国民新聞	M41. 2. 5
書斎独語	愛山生	国民新聞	M41. 2. 16
書斎独語	愛山生	国民新聞	M41. 2. 20
書斎独語	愛山生	国民新聞	M41. 2. 23
書斎独語	愛山生	国民新聞	M41. 2. 28
基督教（副島八十六編『開国五十年史』下巻）	本多庸一・山路弥吉	〈開国五十年史発行所〉	M41. 2. 29
書斎独語	愛山生	国民新聞	M41. 3. 1

〔史伝〕宗教史談　天草騒動六	山路愛山	新　　人	M41. 3. 1
〔史上観察〕東洋の経済思想　孟子を読む（中）	山路愛山	商工世界太平洋	M41. 3. 1
〔修養〕独創的学問（文責在記者）	山路愛山君	成　　功	M41. 3. 1
〔時人論〕青木周蔵子		独立評論	M41. 3. 3
〔思潮〕主知的の日本人・何故に現代我国の文芸は国民的ならざる乎・文壇を警醒す・将来の文字と漢字の地位・道徳の具体的標準としての国家・幕府時代の賢諸侯より受くべき教訓・安易に国民性を騙る勿れ	山路生		
雲雀の世界より人間の世界に	愛山生	〃	〃
書斎独語	愛山生	国民新聞	M41. 3. 8
書斎独語	愛山生	国民新聞	M41. 3.15
〔史上観察〕東洋の経済思想　孟子を読む（下）	山路愛山	商工世界太平洋	M41. 3.15
俗人の信条	愛山生	火　　柱	M41. 3.15
〔談叢〕［肉欲描写について］小説は道徳書ではないから	山路愛山	文章世界	M41. 3.15
書斎独語	愛山生	国民新聞	M41. 3.20
〔博議約説〕国家と宗教の提携	山路愛山	江　　湖	M41. 3.20
書斎独語	愛山生	国民新聞	M41. 3.29
修養論（千葉県師範学校土曜会編『土曜会に於ける名士講演会集　第1輯』）	山路愛山		M41. 3.29
書斎独語	愛山生	国民新聞	M41. 4. 1
〔史伝〕宗教史談　天草騒動七～八	山路愛山	新　　人	M41. 4. 1
〔論説〕国教論（文責在記者）	山路愛山	六合雑誌	M41. 4. 1
〔説苑〕［現代人物評論（三）大石正巳論］	山路愛山	中央公論	M41. 4. 1

〔談論〕自然主義論（記者）	山路愛山	ハガキ文学	M41. 4. 1
〔時人論〕大岡育造氏と二日会		独立評論	M41. 4. 3
日本思想史		〃	〃
〔思潮〕自然主義に関する議論・哲学倫理問題・吉田学士の「客観とは何ぞや」を読む・道徳的原理としての自律について・倫理学説（未完）		〃	〃
書斎独語	愛山生	国民新聞	M41. 4. 5
書斎独語	愛山生	国民新聞	M41. 4. 9
書斎独語	愛山生	国民新聞	M41. 4.12
東洋の経済思想　韓非子を読む（二）	山路愛山	商工世界太平洋	M41. 4.15
〔月旦〕明治の小説家　とりとり評	山路愛山	文章世界	M41. 4.15
原因と結果（文責在記者）	山路愛山	火柱	M41. 4.15
目的と方便	山路愛山	成蹊	M41. 4.15
洛陽の花	愛山生	国民新聞	M41. 4.19
〔博議約説〕福地福沢二氏の文章	山路愛山	江湖	M41. 4.20
洛陽の花	愛山生	国民新聞	M41. 4.25
洛陽の花	愛山生	国民新聞	M41. 4.26
書斎独語	愛山生	国民新聞	M41. 4.29
〔史伝〕宗教史談　天草騒動九	山路愛山	新人	M41. 5. 1
〔評論号外〕活きたる日本の動脈	山路愛山	商工世界太平洋	M41. 5. 1
東西思想の融解に就て（文責記者にあり）	山路愛山	道	M41. 5. 1
〔修養〕古英雄人物使用法（文責在社）	山路愛山君	成功	M41. 5. 1
〔時人論〕現時の社会問題及び社会主義者		独立評論	M41. 5. 3
日本思想史		〃	〃
〔思潮〕現代弊風の匡救如何・祖先崇		〃	〃

拝主義維持論二つ・国家と宗教の関係			
書斎独語	愛 山 生	国 民 新 聞	M41. 5. 3
『愛山小品文　第弐集』	山 路 弥 吉	〈警醒社書店〉	M41. 5. 3
書斎独語	愛 山 生	国 民 新 聞	M41. 5.10
〔論説〕古典論	山 路 弥 吉	東京市教育会雑誌	M41. 5.10
水戸学に就て	山 路 愛 山	青 年 評 論	M41. 5.10
書斎独語	愛 山 生	国 民 新 聞	M41. 5.15
東洋の経済思想　韓非子を読む（三）	山 路 愛 山	太 平 洋	M41. 5.15
『現代金権史』	山 路 愛 山	〈服部書店・文泉堂書房〉	M41. 5.17
書斎独語	愛 山 生	国 民 新 聞	M41. 5.17
〔博議約説〕大王と天皇	山 路 愛 山	江 湖	M41. 5.20
書斎独語	愛 山 生	国 民 新 聞	M41. 5.22
ひとり言	愛 山 生	国 民 新 聞	M41. 5.24
商品としての自然主義	山 路 愛 山	太 平 洋	M41. 6. 1
〔説苑〕［徳富蘇峯論］蘇峯文を論ず	山 路 弥 吉	中 央 公 論	M41. 6. 1
〔東西の思想〕基督教の支那に入りし来歴（説教筆記）	山 路 愛 山	道	M41. 6. 1
〔修養〕［青年と修養］	山 路 愛 山	〃	〃
常識は如何にして養成せらるゝか	山 路 愛 山	商 業 界	M41. 6. 1
〔万報一覧〕社会主義を唱ふる人々に警告す	山路愛山君	新 公 論	M41. 6. 1
〔時人論〕明治の小説家（上）		独 立 評 論	M41. 6. 3
〔静思〕生命哲学		〃	〃
雲雀の世界より人間の世界に宗教は神学に非ず・教会は自由の空気に満つ		〃	〃
ひとり言	愛 山 生	国 民 新 聞	M41. 6. 7

〔文談詩談〕文章を解り易くすること	山路愛山	文章世界	M41. 6. 15
ひとり言	愛山生	国民新聞	M41. 6. 18
ひとり言	愛山生	国民新聞	M41. 6. 20
ひとり言	愛山生	国民新聞	M41. 6. 21
ひとり言	愛山生	国民新聞	M41. 6. 28
ひとり言	愛山生	国民新聞	M41. 7. 1
〔史伝〕宗教史談 天草騒動十～十一	山路愛山	新人	M41. 7. 1
〔宗教〕[我『道』友の宗教観]	山路愛山	道	M41. 7. 1
〔東西の思想〕東西思想の融解に就て	山路愛山	〃	〃
〔史論〕為朝論		独立評論	M41. 7. 3
木更津紀行（六月十三日）	愛山生	〃	〃
[学生時代の学科に対する名流の回想]	山路愛山君	江湖	M41. 7. 3
ひとり言	愛山生	国民新聞	M41. 7. 5
ひとり言	愛山生	国民新聞	M41. 7. 8
ひとり言	愛山生	国民新聞	M41. 7. 12
加藤博士に与へて基督教を論ずる書	山路愛山	火柱	M41. 7. 15
〔閑話〕衝口突	山路愛山	日本経済新誌	M41. 7. 18
ひとり言	愛山生	国民新聞	M41. 7. 19
ひとり言	愛山生	国民新聞	M41. 7. 26
ひとり言	愛山生	国民新聞	M41. 7. 31
漢学論	山路愛山	道	M41. 8. 1
〔公論〕支那を救ふものは羅馬字なり	山路愛山	新公論	M41. 8. 1
〔附録〕一顆涼	山路愛山氏	新小説	M41. 8. 1
ひとり言	愛山生	国民新聞	M41. 8. 2
為朝論（二）		独立評論	M41. 8. 3
行化変為宗論（南部六宗論の序論）・天台宗論（早稲田大学講義控）		〃	〃
〔思潮〕釈宗演師の『悟道とは何ぞや』（六月刊行哲学雑誌）・有賀博士の	山路生	〃	〃

『日本国民の精神上の疑問』（同上）・文学士後藤朝太郎氏の『説文に現はれたる音韻り現象』（六月刊行史学雑誌）			
ひとり言	愛山生	国民新聞	M41. 8. 7
ひとり言	愛山生	国民新聞	M41. 8. 9
荘子論（一）岡松甕谷先生の荘子考を読む	愛山生	国民新聞	M41. 8.14
荘子論（二）岡松甕谷先生の荘子考を読む	愛山生	国民新聞	M41. 8.15
〔談叢〕［青年時愛読の書は］学校では一字も教はらず	山路愛山	文章世界	M41. 8.15
ひとり言	愛山生	国民新聞	M41. 8.16
荘子論（三）岡松甕谷先生の荘子考を読む	愛山生	国民新聞	M41. 8.19
荘子論（四）岡松甕谷先生の荘子考を読む	愛山生	国民新聞	M41. 8.20
荘子論（五）岡松甕谷先生の荘子考を読む	愛山生	国民新聞	M41. 8.21
荘子論（六）岡松甕谷先生の荘子考を読む	愛山生	国民新聞	M41. 8.22
ひとり言	愛山生	国民新聞	M41. 8.23
荘子論（七）岡松甕谷先生の荘子考を読む	愛山生	国民新聞	M41. 8.26
荘子論（八）岡松甕谷先生の荘子考を読む	愛山生	国民新聞	M41. 8.27
荘子論（九）岡松甕谷先生の荘子考を読む	愛山生	国民新聞	M41. 8.28
荘子論（十）岡松甕谷先生の荘子考を読む	愛山生	国民新聞	M41. 8.29

ひとり言	愛　山　生	国民新聞	M41.　8. 30
〔史伝〕宗教史談　天草騒動十二	山路愛山	新　　人	M41.　9.　1
〔論説〕自然主義を論ず	山路愛山	六合雑誌	M41.　9.　1
誤解せられたる淀殿	山路愛山	女学世界	M41.　9.　1
楽観社会論	山路愛山	二十世紀評論	M41.　9.　1
〔談論〕新時代の道徳建設(文責在記者)	山路愛山	ハガキ文学	M41.　9.　1
〔人物評〕未見	山路愛山	青年評論	M41.　9.　3
為朝論（三）		独立評論	M41.　9.　3
徳川時代史総論（左の一編は佐田氏の著述に序したるものなり）	愛　山　生	〃	〃
〔思潮〕何ぞ進みて自ら取らざる・我国に於ける倫理教育の前途・善・日本人種の起源・青年と生活問題・農業教育私見		〃	〃
荘子論（十一）岡松甕谷先生の荘子考を読む	愛　山　生	国民新聞	M41.　9.　3
荘子論（十二）岡松甕谷先生の荘子考を読む	愛　山　生	国民新聞	M41.　9.　4
荘子論（十三）岡松甕谷先生の荘子考を読む	愛　山　生	国民新聞	M41.　9.　8
荘子論（十四）岡松甕谷先生の荘子考を読む	愛　山　生	国民新聞	M41.　9.　9
荘子論（十五）岡松甕谷先生の荘子考を読む	愛　山　生	国民新聞	M41.　9. 10
荘子論（十六）岡松甕谷先生の荘子考を読む	愛　山　生	国民新聞	M41.　9. 11
荘子論（十七）岡松甕谷先生の荘子考を読む	愛　山　生	国民新聞	M41.　9. 12
荘子論（十八）岡松甕谷先生の荘子考を読む（畢）	愛　山　生	国民新聞	M41.　9. 13

清川八郎	愛山生	国民新聞	M41. 9.17
ひとり言	愛山生	国民新聞	M41. 9.20
愛国心の涵養	山路愛山	国民新聞	M41. 9.21
ひとり言	愛山生	国民新聞	M41. 9.27
『愛山文集〔時文叢書第二編〕』	山路愛山	〈隆文館〉	M41. 9.30
〔史伝〕宗教史談天草騒動十三（終）	山路愛山	新人	M41.10. 1
女優論	山路愛山	女学世界	M41.10. 1
為朝論		独立評論	M41.10. 3
荘子論　岡松甕谷先生の荘子考を読む		〃	〃
東洋経済学の建設（一）	山路愛山	日本経済新誌	M41.10. 3
ひとり言	愛山生	国民新聞	M41.10. 4
徳川時代総論（佐田和太郎著『徳川幕府時代史』）	山路愛山	〈五鈴会〉	M41.10. 9
ひとり言	愛山生	国民新聞	M41.10.11
戦国武士を論ず（久保天随編『詳註細評現代名家文選』所収）	山路愛山	〈金刺芳流堂〉	M41.10.11
〔談論〕武士道論（文責記者）	山路愛山	ハガキ文学	M41.10.15
頼三樹の人物	山路愛山氏談	読売新聞	M41.10.17
米艦驩迎歌	愛山生	国民新聞	M41.10.18
〔説苑〕東洋経済学の建設（二）	山路愛山	日本経済新誌	M41.10.18
榎本梁川先生（一）	愛山生	国民新聞	M41.11. 1
〔史伝〕宗教史談　立正安国論を読む（上）	山路愛山	新人	M41.11. 1
〔公論〕平田篤胤論	山路愛山	中央公論	M41.11. 1
〔本欄〕女子と財産（談話、文責在記者）	山路愛山	女子文壇	M41.11. 1
〔本欄〕荘子論	山路愛山	新天地	M41.11. 1
〔説苑〕［名家の見たる女学生］金の無い女学生	山路愛山	〃	〃

日本思想史梗概（完）		独立評論	M41. 11. 3
榎本梁川先生（二）	愛山生	国民新聞	M41. 11. 8
〔論説〕蘭学の話	山路弥吉	東京市教育会雑誌	M41. 11. 10
榎本梁川先生（三）	愛山生	国民新聞	M41. 11. 15
耶蘇教に就いて思ふ事ども	山路愛山	火柱	M41. 11. 15
［言文一致以外の文章を学ぶ要ありや］古来の名文は皆言文一致だ	山路愛山	文章世界	M41. 11. 15
〔付録〕［文壇諸名家雅号の由来］	山路愛山君	中学世界	M41. 11. 20
榎本梁川先生（四）	愛山生	国民新聞	M41. 11. 20
榎本梁川先生（五）	愛山生	国民新聞	M41. 11. 29
婦人の徳と財産の関係	山路愛山	女学世界	M41. 12. 1
ひとり言	愛山生	国民新聞	M41. 12. 6
『豊太閤 前編』	山路愛山	〈文泉堂書房・服部書店〉	M41. 12. 9
榎本梁川先生（六）	愛山生	国民新聞	M41. 12. 9
〔論説〕実学の話	山路弥吉	東京市教育会雑誌	M41. 12. 10
榎本梁川先生（七）	愛山生	国民新聞	M41. 12. 13
〔論説〕古典論	山路弥吉君	本郷区教育会雑誌	M41. 12. 17
榎本梁川先生（八）	愛山生	国民新聞	M41. 12. 20
榎本梁川先生（九）	愛山生	国民新聞	M41. 12. 24
榎本梁川先生（十）	愛山生	国民新聞	M41. 12. 27
榎本梁川先生（十一）（完）	愛山生	国民新聞	M41. 12. 29
富豪研究 緒言		独立評論	M42. 1. 1
為朝論		〃	〃
〔史伝〕宗教史談　立正安国論を読む　四～六	山路愛山	新人	M42. 1. 1

裸体的真理	愛 山 生	国 民 新 聞	M42. 1. 1
都の女と阪東の女	愛 山 生	女 学 世 界	M42. 1. 1
〔名家談叢〕女徳と財産	山 路 愛 山	家 庭 新 報	M42. 1. 1
『足利尊氏〔時代代表日本英雄伝〕』	山 路 弥 吉	〈玄 黄 社〉	M42. 1. 1
加藤清正の事（一）	愛 山 生	国 民 新 聞	M42. 1. 10
加藤清正の事（二）	愛 山 生	国 民 新 聞	M42. 1. 14
加藤清正の事（三）	愛 山 生	国 民 新 聞	M42. 1. 15
加藤清正の事（四）	愛 山 生	国 民 新 聞	M42. 1. 17
加藤清正の事（五）	愛 山 生	国 民 新 聞	M42. 1. 19
加藤清正の事（六）	愛 山 生	国 民 新 聞	M42. 1. 24
加藤清正の事（七）	愛 山 生	国 民 新 聞	M42. 1. 30
〔史伝〕宗教史談　立正安国論を読む 七	山 路 愛 山	新 人	M42. 2. 1
〔論説〕人種盛衰の通則	山 路 愛 山	太 陽	M42. 2. 1
富豪研究　経済界の火山破裂・東京鉄道会社を論ず		独 立 評 論	M42. 2. 3
加藤清正の事（八）	愛 山 生	国 民 新 聞	M42. 2. 7
加藤清正の事（九）	愛 山 生	国 民 新 聞	M42. 2. 14
〔本欄〕喧嘩の相手が出来る	山 路 愛 山	文 章 世 界	M42. 2. 15
加藤清正の事（十）	愛 山 生	国 民 新 聞	M42. 2. 21
加藤清正の事（十一）	愛 山 生	国 民 新 聞	M42. 2. 26
加藤清正の事（十二）	愛 山 生	国 民 新 聞	M42. 2. 28
〔史伝〕宗教史談　立正安国論を読む（八）	山 路 愛 山	新 人	M42. 3. 1
〔論説〕韓非子を読む（演説大意文責記者）	山 路 愛 山	六 合 雑 誌	M42. 3. 1
〔人物月旦〕宮内大臣論	山 路 愛 山	太 陽	M42. 3. 1
女子に読ませたき書物	山 路 愛 山	婦 人 く ら ぶ	M42. 3. 1
〔本欄〕気焔録	山 路 愛 山	趣 味	M42. 3. 1

［余は日本の富豪に如何なる事を望むか］其七 要求容れられずんば余は平民と共に起たん	山路弥吉	実業之世界	M42. 3. 1
富豪研究		独立評論	M42. 3. 3
為朝論（終り）			
ひとり言	愛山生	国民新聞	M42. 3. 12
ひとり言	愛山生	国民新聞	M42. 3. 14
ひとり言	愛山生	国民新聞	M42. 3. 21
『加藤清正』	山路弥吉	〈民友社〉	M42. 3. 24
〔独学〕予が独学の経験（大日本国民中学会編『学生立身要鑑』）	山路愛山談	〈東京国民書院〉	M42. 3. 26
〔立志篇〕	山路愛山君	〃	〃
ひとり言	愛山生	国民新聞	M42. 3. 28
〔人物月旦〕衆議院の中心的人物	山路愛山	太陽	M42. 4. 1
英雄の人心収攬法　豊太閤は如何にして群衆を統制したるか（文責在記者）		実業之世界	M42. 4. 1
〔万報一覧〕日本現代小説の七大欠点	山路愛山君	新公論	M42. 4. 1
［学校騒動所感］ 未見	山路愛山	内外教育評論	M42. 4. 8
［現代青年への公開状］	山路愛山君	成功	M42. 4. 10
ひとり言	愛山生	国民新聞	M42. 4. 11
富豪研究		独立評論	M42. 4. 15
何故に日本に於ける白人宣教師は無益なる乎			
四十七士論　第一章総論　第二章赤穂の浅野氏			
ひとり言	愛山生	国民新聞	M42. 4. 18
『豊太閤　後篇』	山路愛山	〈文泉堂書房・服部書店〉	M42. 4. 22
ひとり言	愛山生	国民新聞	M42. 4. 25

〔人物月旦〕日本の思想界に於ける帝国大学	山路愛山	太陽	M42. 5. 1
〔文芸〕加賀松雲公	山路愛山	〃	〃
野依秀一論	山路愛山	実業之世界	M42. 5. 1
〔文芸〕漢文の思想表現	山路愛山	新公論	M42. 5. 1
〔万報一覧〕生活難に非ず横着難なり・最近日本に於ける五種の思想	山路愛山君	文章世界	M42. 5. 1
ひとり言	愛山生	国民新聞	M42. 5. 2
［演説の経験と所感］理想的の演説	山路愛山	中学世界	M42. 5.10
ひとり言	愛山生	国民新聞	M42. 5.16
ひとり言	愛山生	国民新聞	M42. 5.23
ひとり言	愛山生	国民新聞	M42. 5.30
四十七士論　第三章赤穂の浅野氏（続）第四章義人録の記事を論ず		独立評論	M42. 6. 1
〔人物月旦〕行政官吏の学閥と各省の気風　刑事被告人たる代議士の人格	山路愛山	太陽	M42. 6. 1
寧ろ早婚せよ	山路愛山	ムラサキ	M42. 6. 1
〔万報一覧〕最近日本に於ける五種の思想	山路愛山君	新公論	M42. 6. 1
〔論説〕陽明学と経済学	山路愛山	日本経済新誌	M42. 6. 3
ひとり言	愛山生	国民新聞	M42. 6. 6
ひとり言	愛山生	国民新聞	M42. 6.13
歴史上に於ける学者の位置（三田政治学会に於ける山路氏の演説筆記にして文責は記者に在り）	山路弥吉	慶応義塾学報	M42. 6.15
ひとり言	愛山生	国民新聞	M42. 6.20
ひとり言	愛山生	国民新聞	M42. 6.27
井伊直弼の事（一）	愛山生	国民新聞	M42. 7. 1
〔人物月旦〕伊藤公と韓国経営	山路愛山	太陽	M42. 7. 1

〔論説〕史論の精髄（談）	山路愛山	早稲田文学	M42. 7. 1
［避暑は如何に為すべきか］極めて経済なる避暑法	山路愛山	ムラサキ	M42. 7. 1
〔談叢〕今の学生と昔の学生（談話）	山路愛山	現代	M42. 7. 1
〔万報一覧〕今の人間は身勝手の事にのみ煩悶して天下の事には楽天なり	山路愛山君	新公論	M42. 7. 1
井伊直弼の事（二）	愛山生	国民新聞	M42. 7. 2
〔評論〕新神学の横溢・白人宣教師は無用の長物のみ・日本人は自ら自己の耶蘇教会を治むべし・白人宣教師に有勝の誤解・新しき信仰と熱き心・政治問題は無趣味となる・「姉と妹」・統監政治・古の支那を研究せよ・罪魁は成功論者・工女の生活・批評せずして創作せよ・我は自然派に与せん・文学批評と独立評論・専門学者の弊・知と信とは一なり分つべからず・東洋学を起すべし・新聞記者は唯だ煽動を事とす		独立評論	M42. 7. 3
富豪研究　報徳新論			
井伊直弼の事（三）	愛山生	国民新聞	M42. 7. 3
井伊直弼の事（四）	愛山生	国民新聞	M42. 7. 4
井伊直弼の事（五）	愛山生	国民新聞	M42. 7. 6
井伊直弼の事（六）	愛山生	国民新聞	M42. 7. 7
井伊直弼の事（七）	愛山生	国民新聞	M42. 7. 8
井伊直弼の事（八）	愛山生	国民新聞	M42. 7. 9
井伊直弼の事（九）	愛山生	国民新聞	M42. 7.10
［諸名家の見たる英雄豪傑］英雄時代と英雄主義	山路愛山	中学世界	M42. 7.10
〔論説〕非老成論（文責在記者）	山路愛山	白金学報	M42. 7.10

井伊直弼の事（十）	愛山生	国民新聞	M42. 7. 11
ひとり言	愛山生	国民新聞	M42. 7. 18
『源頼朝〔時代代表日本英雄伝〕』	山路愛山	〈玄黄社〉	M42. 7. 23
ひとり言	愛山生	国民新聞	M42. 7. 25
ひとり言	愛山生	国民新聞	M42. 7. 27
書斎独語	愛山生	国民新聞	M42. 8. 1
〔評論〕現時の文壇を罵る	山路愛山	新潮	M42. 8. 1
〔人物月旦〕渋沢男と安田善次郎氏	山路愛山	太陽	M42. 8. 1
序（有本天浪著『古武士の面影』）	山路愛山	〈文成社〉	M42. 8. 1
ひとり言	愛山生	国民新聞	M42. 8. 8
ひとり言	愛山生	国民新聞	M42. 8. 15
〔新文苑〕二宮尊徳の教訓	山路愛山	文章世界	M42. 8. 15
ひとり言	愛山生	国民新聞	M42. 8. 22
ひとり言	愛山生	国民新聞	M42. 8. 29
〔人物月旦〕日本現代の史学及び史家	山路愛山	太陽	M42. 9. 1
ひとり言	愛山生	国民新聞	M42. 9. 5
四十七士伝　はしがき	愛山生	国民新聞	M42. 9. 7
四十七士伝　武士道（一）	愛山生	国民新聞	M42. 9. 8
四十七士伝　武士道（二）	愛山生	国民新聞	M42. 9. 9
四十七士伝　武士道（三）	愛山生	国民新聞	M42. 9. 10
四十七士伝　武士道（四）	愛山生	国民新聞	M42. 9. 11
ひとり言	愛山生	国民新聞	M42. 9. 12
四十七士伝　武士道（五）	愛山生	国民新聞	M42. 9. 14
四十七士伝　赤穂の士風（一）	愛山生	国民新聞	M42. 9. 15
〔本欄〕文学と宗教が与ふる利害	山路愛山	文章世界	M42. 9. 15
四十七士伝　赤穂の士風（二）	愛山生	国民新聞	M42. 9. 16
四十七士伝　赤穂の士風（三）	愛山生	国民新聞	M42. 9. 17
四十七士伝　赤穂の士風（四）	愛山生	国民新聞	M42. 9. 18
ひとり言	愛山生	国民新聞	M42. 9. 19

四十七士伝　赤穂の士風（五）	愛　山　生	国　民　新　聞	M42.　9. 21
四十七士伝　赤穂の士風（六）	愛　山　生	国　民　新　聞	M42.　9. 22
〔家庭〕世の為になる女　女の風俗と時代の関係、美人第一の要素は何か	山路愛山	慈　善　主　義	M42.　9. 22
四十七士伝　赤穂の士風（七）	愛　山　生	国　民　新　聞	M42.　9. 23
［開書応答］	山路愛山氏	基督教世界	M42.　9. 23
四十七士伝　赤穂の士風（八）	愛　山　生	国　民　新　聞	M42.　9. 24
ひとり言	愛　山　生	国　民　新　聞	M42.　9. 26
四十七士伝　赤穂の士風（九）	愛　山　生	国　民　新　聞	M42.　9. 28
四十七士伝　赤穂の士風（十）	愛　山　生	国　民　新　聞	M42.　9. 29
四十七士伝　赤穂の士風（十一）	愛　山　生	国　民　新　聞	M42.　9. 30
四十七士伝　赤穂の士風（十二）	愛　山　生	国　民　新　聞	M42. 10.　1
〔人物月旦〕政友会の四人男　西園寺公望、原敬、松田正久、野田卯太郎	山路愛山	太　　　陽	M42. 10.　1
現時の文壇に対する要求（談）	山路愛山	新　　　潮	M42. 10.　1
〔創作と評論〕青年論	山路愛山	新　文　林	M42. 10.　1
〔本欄〕中流以下の女の働らき（談話）	山路愛山	女　子　文　壇	M42. 10.　1
四十七士伝　赤穂の士風（十三）	愛　山　生	国　民　新　聞	M42. 10.　2
ひとり言	愛　山　生	国　民　新　聞	M42. 10.　3
四十七士伝　赤穂の士風（十四）	愛　山　生	国　民　新　聞	M42. 10.　5
四十七士伝　元禄時代と浅野の士風（一）	愛　山　生	国　民　新　聞	M42. 10.　6
四十七士伝　元禄時代と浅野の士風（二）	愛　山　生	国　民　新　聞	M42. 10.　7
四十七士伝　元禄時代と浅野の士風（三）	愛　山　生	国　民　新　聞	M42. 10.　8
四十七士伝　元禄時代と浅野の士風（四）	愛　山　生	国　民　新　聞	M42. 10.　9
ひとり言	愛　山　生	国　民　新　聞	M42. 10. 10

四十七士伝　元禄時代と浅野の士風（五）	愛　山　生	国 民 新 聞	M42. 10. 12
四十七士伝　元禄時代と浅野の士風（六）	愛　山　生	国 民 新 聞	M42. 10. 13
四十七士伝　元禄時代と浅野の士風（七）	愛　山　生	国 民 新 聞	M42. 10. 14
四十七士伝　元禄時代と浅野の士風（八）	愛　山　生	国 民 新 聞	M42. 10. 15
四十七士伝　元禄時代と浅野の士風（九）	愛　山　生	国 民 新 聞	M42. 10. 16
ひとり言	愛　山　生	国 民 新 聞	M42. 10. 17
四十七士伝　元禄時代と浅野の士風（十）	愛　山　生	国 民 新 聞	M42. 10. 19
四十七士伝　元禄時代と浅野の士風（十一）	愛　山　生	国 民 新 聞	M42. 10. 20
四十七士伝　元禄時代と浅野の士風（十二）	愛　山　生	国 民 新 聞	M42. 10. 21
四十七士伝　元禄時代と浅野の士風（十三）	愛　山　生	国 民 新 聞	M42. 10. 22
四十七士伝　元禄時代と浅野の士風（十四）	愛　山　生	国 民 新 聞	M42. 10. 23
〔雑録〕［如何なる書籍に由て基督教の思想に接触せしや］（二）	山路弥吉氏	護　　　教	M42. 10. 23
ひとり言	愛　山　生	国 民 新 聞	M42. 10. 24
四十七士伝　元禄時代と浅野の士風（十五）	愛　山　生	国 民 新 聞	M42. 10. 27
嗚呼春畝先生（一）	愛　山　生	国 民 新 聞	M42. 10. 28
嗚呼春畝先生（二）	愛　山　生	国 民 新 聞	M42. 10. 29
嗚呼春畝先生（三）	愛　山　生	国 民 新 聞	M42. 10. 30
ひとり言	愛　山　生	国 民 新 聞	M42. 10. 31

〔人物月旦〕張文襄公論	山路愛山	太　　陽	M42. 11. 1
〔文話〕文章にも聴衆あり	山路愛山	文章世界	M42. 11. 1
嗚呼春畝先生（四）	愛山生	国民新聞	M42. 11. 2
支那通史（一）		独立評論	M42. 11. 3
長思短言　左氏伝格言			
実学の話（通俗教育講壇会に於て講演）			
嗚呼春畝先生（五）	愛山生	国民新聞	M42. 11. 3
嗚呼春畝先生（六）	愛山生	国民新聞	M42. 11. 5
嗚呼春畝先生（七）	愛山生	国民新聞	M42. 11. 6
伊藤公の死（愛山閣主人編著『偉人伊藤公之実伝』）	山路愛山氏	〈至誠堂〉	M42. 11. 6
ひとり言	愛山生	国民新聞	M42. 11. 7
［伊藤公国葬号］伊藤公人物論（文責記者に在り）	山路愛山氏談	週刊サンデー	M42. 11. 7
嗚呼春畝先生（八）	愛山生	国民新聞	M42. 11. 9
嗚呼春畝先生（九）	愛山生	国民新聞	M42. 11. 10
嗚呼春畝先生（十）	愛山生	国民新聞	M42. 11. 11
嗚呼春畝先生（十一）	愛山生	国民新聞	M42. 11. 12
嗚呼春畝先生（十二）	愛山生	国民新聞	M42. 11. 13
ひとり言	愛山生	国民新聞	M42. 11. 14
嗚呼春畝先生（十三）	愛山生	国民新聞	M42. 11. 16
嗚呼春畝先生（十四）	愛山生	国民新聞	M42. 11. 17
嗚呼春畝先生（十五）	愛山生	国民新聞	M42. 11. 18
嗚呼春畝先生（十六）	愛山生	国民新聞	M42. 11. 19
嗚呼春畝先生（十七）	愛山生	国民新聞	M42. 11. 20
ひとり言	愛山生	国民新聞	M42. 11. 21
嗚呼春畝先生（十八）	愛山生	国民新聞	M42. 11. 25
嗚呼春畝先生（十九）	愛山生	国民新聞	M42. 11. 26
ひとり言	愛山生	国民新聞	M42. 11. 28

嗚呼春畝先生（二十）	愛　山　生	国民新聞	M42. 11. 30
嗚呼春畝先生（廿一）	愛　山　生	国民新聞	M42. 12.　1
〔人物月旦〕元老の現在及び未来	山路愛山	太　　　陽	M42. 12.　1
嗚呼春畝先生（廿二）	愛　山　生	国民新聞	M42. 12.　2
支那通史（二）		独立評論	M42. 12.　3
嗚呼春畝先生（上）		〃	〃
嗚呼春畝先生（廿三）	愛　山　生	国民新聞	M42. 12.　3
嗚呼春畝先生（廿四）	愛　山　生	国民新聞	M42. 12.　4
ひとり言	愛　山　生	国民新聞	M42. 12.　5
嗚呼春畝先生（廿五）	愛　山　生	国民新聞	M42. 12.　7
嗚呼春畝先生（廿六）	愛　山　生	国民新聞	M42. 12.　8
嗚呼春畝先生（廿七）	愛　山　生	国民新聞	M42. 12.　9
嗚呼春畝先生（廿八）	愛　山　生	国民新聞	M42. 12. 10
嗚呼春畝先生（廿九）	愛　山　生	国民新聞	M42. 12. 11
ひとり言	愛　山　生	国民新聞	M42. 12. 12
嗚呼春畝先生（三十）	愛　山　生	国民新聞	M42. 12. 14
嗚呼春畝先生（卅一）	愛　山　生	国民新聞	M42. 12. 15
［漢文学の研究法如何］一時の現象に過ぎない	山路愛山	文章世界	M42. 12. 15
嗚呼春畝先生（卅二）	愛　山　生	国民新聞	M42. 12. 16
嗚呼春畝先生（卅三）	愛　山　生	国民新聞	M42. 12. 17
嗚呼春畝先生（卅四）	愛　山　生	国民新聞	M42. 12. 18
ひとり言	愛　山　生	国民新聞	M42. 12. 19
嗚呼春畝先生（卅五）	愛　山　生	国民新聞	M42. 12. 21
嗚呼春畝先生（卅六）	愛　山　生	国民新聞	M42. 12. 22
嗚呼春畝先生（卅七）	愛　山　生	国民新聞	M42. 12. 23
嗚呼春畝先生（卅八）　未見	愛　山　生	国民新聞	M42. 12. 24
嗚呼春畝先生（卅九）	愛　山　生	国民新聞	M42. 12. 25
ひとり言	愛　山　生	国民新聞	M42. 12. 26

嗚呼春畝先生（四十）	愛　山　生	国　民　新　聞	M42. 12. 28
文芸茶話		独　立　評　論	M43. 1. 1
嗚呼春畝先生（中）		〃	〃
〔人物月旦〕貴族院の政治家	山 路 愛 山	太　　　陽	M43. 1. 1
現状維持と現状破壊の思想（談）	山 路 愛 山	新　　　潮	M43. 1. 1
徳川氏の女政略	山 路 愛 山	無　名　通　信	M43. 1. 1
述懐	愛　山　生	国　民　新　聞	M43. 1. 4
ひとり言	愛　山　生	国　民　新　聞	M43. 1. 9
〔本欄〕［文壇に党派の要ありや］余儀ない自然の勢	山 路 愛 山	文　章　世　界	M43. 1. 15
序（清水孝教著『家庭訓話　今日の歴史　花の巻』）	山 路 愛 山	〈 弘 道 館 〉	M43. 1. 16
ひとり言	愛　山　生	国　民　新　聞	M43. 1. 30
〔人物月旦〕東京の新聞記者及び新聞経営者	山 路 愛 山	太　　　陽	M43. 2. 1
〔論説〕偉大なる精神の歴史的研究	山 路 愛 山	衛　生　新　報	M43. 2. 1
読書に関して	山 路 愛 山	慈　善　主　義	M43. 2. 2
〔評論〕漢学復興の声・漢学復興の意味は古典復興乎・不信、懐疑、冷笑、是れ青年世界の空気・米相場を知らぬ小説家・国技館・維新志士遺墨展覧会・減租論可否・貯金せよ、結社せよ・小学校は平民の大学校なり・報徳講を盛にすべし・所謂漢学とは何ぞや・日本の益友なる米国		独　立　評　論	M43. 2. 3
支那通史（三）		〃	〃
中庸は子思の作に非ず（某氏の問に答ふ）		〃	〃
読書に関して（続）	山 路 愛 山	慈　善　主　義	M43. 2. 12
ひとり言	愛　山　生	国　民　新　聞	M43. 2. 13

ひとり言	愛山生	国民新聞	M43. 2. 20
四十七士伝　元禄時代の赤穂の士風（十六）	愛山生	国民新聞	M43. 2. 23
四十七士伝　元禄時代の赤穂の士風（十七）	愛山生	国民新聞	M43. 2. 23
四十七士伝　元禄時代の赤穂の士風（十八）	愛山生	国民新聞	M43. 2. 24
四十七士伝　義士伝の変遷（一）	愛山生	国民新聞	M43. 2. 25
四十七士伝　義士伝の変遷（二）	愛山生	国民新聞	M43. 2. 26
ひとり言	愛山生	国民新聞	M43. 2. 27
〔人物月旦〕株式市場の英雄	山路愛山	太陽	M43. 3. 1
〔修養〕日本人と独創的頭脳（文責在記者）	山路愛山	成功	M43. 3. 1
読書に関して（続）	山路愛山	慈善主義	M43. 3. 2
〔評論〕唯合同せよ・合同は力を生ず・政友会の成功・合同は力を生ず・昔の夢を繰返す勿れ・言論の雄たる勿れ・新聞記者に賞めらるゝ勿れ・大胆なれ・清濁併せ呑めよ・租税よりも給金が当今の問題なり・トラスト、石油需要者を襲ふ・日本ユニテリアン教会欠く所唯だ一・朝日新聞の一大快挙・破落戸的新聞・新聞は事実を陰蔽する具なり・労働者よ自覚せよ・報徳講の真髄・文芸取締・国家自ら其文芸の批判を公にせよ・米国の友に与へて近事を報ずる書・文人の思想・何ぞ甚だ貧しき・雑誌「時代の批評」・漢詩慢るべからず・漢詩を翻訳せよ・「牧師の家」・珍らしき問題に非ず・時世後れる耶蘇教牧		独立評論	M43. 3. 3

師			
信濃公論の牛山雪鞋氏に与ふ		〃	〃
史記総論（上）此文は近日刊行せらるべき訓読史記の巻頭に掲ぐる為に起草したるもの		〃	〃
四十七士伝　義士伝の変遷（四）	愛山生	国民新聞	M43. 3. 4
四十七士伝　義士伝の変遷（五）	愛山生	国民新聞	M43. 3. 5
ひとり言	愛山生	国民新聞	M43. 3. 6
四十七士伝　義士伝の変遷（六）	愛山生	国民新聞	M43. 3. 8
四十七士伝　義士伝の変遷（七）	愛山生	国民新聞	M43. 3. 9
四十七士伝　義士伝の変遷（八）	愛山生	国民新聞	M43. 3.11
四十七士伝　義士伝の変遷（九）	愛山生	国民新聞	M43. 3.16
四十七士伝　義士伝の変遷（十）	愛山生	国民新聞	M43. 3.17
四十七士伝　義士伝の変遷（十一）	愛山生	国民新聞	M43. 3.19
ひとり言	愛山生	国民新聞	M43. 3.20
四十七士伝　義士伝の変遷（十二）	愛山生	国民新聞	M43. 3.21
四十七士伝　義士伝の変遷（十三）	愛山生	国民新聞	M43. 3.23
四十七士伝　義士伝の変遷（十四）	愛山生	国民新聞	M43. 3.24
四十七士伝　義士伝の変遷（十五）	愛山生	国民新聞	M43. 3.26
ひとり言	愛山生	国民新聞	M43. 3.27
四十七士伝　義士伝の変遷（十六）	愛山生	国民新聞	M43. 3.29
四十七士伝　義士伝の変遷（十七）	愛山生	国民新聞	M43. 3.30
〔説苑〕［文芸保護問題］文芸取締に就て	山路愛山	中央公論	M43. 4. 1
〔人物月旦〕官海の新人材	山路愛山	太陽	M43. 4. 1
〔本欄〕義士伝の伝説的研究（談）	山路愛山	ハガキ文学	M43. 4. 1
〔本欄〕対客瑣談（談）	山路愛山	趣味	M43. 4. 1
〔万報一覧〕日本人は独創力乏しき国民に非ず	山路愛山君	新公論	M43. 4. 1

四十七士伝　義士伝の変遷（十八）	愛　山　生	国　民　新　聞	M43. 4. 2
〔時人論〕片岡直温氏と仙石貢氏		独　立　評　論	M43. 4. 3
〔評論〕議院外の政党を作るべし（一）（二）・新聞記者のおどし文句・悪徳記者・警察官と新聞記者とを絶縁せよ・役人風を吹かすこと勿れ・唯だ攻勢をを取れ・政党政治の不評判なる所以・人望ある官吏の標本・丸くとも一角あれや人心・文士の偏執・書肆の成功・五万円の金穴たる漢詩人・新聞紙の貴族趣味・不知庵訳の「復活」・某氏に与へて信仰を論ずる書・小林洋吉君に答ふ・自治体の費用多き所以・民政の腐敗・共進会を廃すべし		〃	〃
史記総論（下）		〃	〃
〔訪問記〕（一）下渋谷の老僧（二）林有造氏（三）平田内相		〃	〃
ひとり言	愛　山　生	国　民　新　聞	M43. 4. 3
四十七士伝　義士伝の変遷（十九）	愛　山　生	国　民　新　聞	M43. 4. 9
ひとり言	愛　山　生	国　民　新　聞	M43. 4. 10
四十七士伝　義士伝の変遷（二十）	愛　山　生	国　民　新　聞	M43. 4. 12
四十七士伝　義士伝の変遷（廿一）	愛　山　生	国　民　新　聞	M43. 4. 13
四十七士伝　義士伝の変遷（廿二）	愛　山　生	国　民　新　聞	M43. 4. 14
四十七士伝　義士伝の変遷（廿三）	愛　山　生	国　民　新　聞	M43. 4. 15
〔本欄〕［今の小説に現はれたる社会］時代に反抗しない個人主義（談）	山路愛山	文　章　世　界	M43. 4. 15
四十七士伝　義士伝の変遷（廿四）	愛　山　生	国　民　新　聞	M43. 4. 16
ひとり言	愛　山　生	国　民　新　聞	M43. 4. 17
四十七士伝　義士伝の変遷（廿五）	愛　山　生	国　民　新　聞	M43. 4. 19
四十七士伝　義士伝の変遷（廿六）	愛　山　生	国　民　新　聞	M43. 4. 21

四十七士伝　義士伝の変遷（廿七）	愛　山　生	国　民　新　聞	M43.　4. 23
ひとり言	愛　山　生	国　民　新　聞	M43.　4. 24
四十七士伝　義士伝の変遷（廿八）	愛　山　生	国　民　新　聞	M43.　4. 26
四十七士伝　義士伝の変遷（廿九）	愛　山　生	国　民　新　聞	M43.　4. 27
四十七士伝　義士伝の変遷（三十）	愛　山　生	国　民　新　聞	M43.　4. 28
ひとり言	愛　山　生	国　民　新　聞	M43.　5.　1
〔人物月旦〕新任宮内大臣渡辺千秋子・議論好きなる伊藤公	山　路　愛　山	太　　　陽	M43.　5.　1
〔本欄〕美人の系統（談）	山　路　愛　山	女　子　文　壇	M43.　5.　1
〔万報一覧〕破落戸（ごろつき）新聞の成功順序	山路愛山君	新　　公　　論	M43.　5.　1
〔万報一覧〕読者の功を軽んずる官学の短所	山路愛山君	〃	〃
〔評論〕学制改革案・官学万能の迷信（一）～（四）・国家の庇護を蒙ること能はざる学生の覚悟・私塾を起すべし・寺院教会を開きて私塾とせよ・私塾は其事業を読書に集中せよ・天下の最も廉価なるものは書籍なり・私塾をして英雄的精神を鼓吹せしめよ・小学先生よ胆大気雄なれ・学校系統てふ迷信を打破せよ（一）（二）・（三）（小学校論）・（四）（中学校論 上）・（五）（中学校論下）・帝国大学の鼻梁を挫くべし・十万の信者急ごしらへ・宗教巳むべからず・ハレー彗星地球に近づく		独　立　評　論	M43.　5.　3
〔時人論〕井上角五郎氏と雨宮敬次郎氏（一）（二）		〃	〃
〔史論〕古典の片影		〃	〃
〔訪問記及び訪問せらるゝ記〕上総の		〃	〃

小学校先生・文学士某君			
四十七士伝　義士伝の変遷（卅一）	愛山生	国民新聞	M43. 5. 4
四十七士伝　義士伝の変遷（卅二）	愛山生	国民新聞	M43. 5. 5
四十七士伝　義士伝の変遷（卅三）	愛山生	国民新聞	M43. 5. 7
ひとり言	愛山生	国民新聞	M43. 5. 15
史学を論ず	山路愛山	国学院雑誌	M43. 5. 15
ひとり言	愛山生	国民新聞	M43. 5. 22
ひとり言	愛山生	国民新聞	M43. 5. 29
〔人物月旦〕現代実業家の模型　雨宮敬次郎氏と井上角五郎氏	山路愛山	太陽	M43. 6. 1
〔説苑〕［徳富蘆花論］健次郎さん	山路愛山	中央公論	M43. 6. 1
〔名士と青年〕［問一、現代社会の要求する青年 二、青年の開拓すべき事業 三、現今の青年に対する注意］	山路愛山	雄弁	M43. 6. 1
［人生観上の自然主義］自然主義の生命は絶対の懐疑也（談話）	山路愛山	新潮	M43. 6. 1
〔万報一覧〕模倣大学の剽竊博士	山路愛山君	新公論	M43. 6. 1
ひとり言	愛山生	国民新聞	M43. 6. 5
〔評論〕無意識の模倣	山路愛山	中学世界	M43. 6. 10
〔国民文学〕日本人種論（一）	愛山生	国民新聞	M43. 6. 10
〔国民文学〕日本人種論（二）	愛山生	国民新聞	M43. 6. 11
ひとり言	愛山生	国民新聞	M43. 6. 12
〔国民文学〕日本人種論（三）	愛山生	国民新聞	M43. 6. 15
〔本欄〕今の青年の文章の味ひ（談）	山路愛山	文章世界	M43. 6. 15
『西郷隆盛（上巻）〔時代代表日本英雄伝〕』	山路愛山	〈玄黄社〉	M43. 6. 15
〔国民文学〕日本人種論（四）	愛山生	国民新聞	M43. 6. 16
〔国民文学〕日本人種論（五）	愛山生	国民新聞	M43. 6. 17
〔国民文学〕日本人種論（六）	愛山生	国民新聞	M43. 6. 18

ひとり言	愛　山　生	国民新聞	M43. 6. 19
〔国民文学〕日本人種論（七）	愛　山　生	国民新聞	M43. 6. 21
〔国民文学〕日本人種論（八）	愛　山　生	国民新聞	M43. 6. 22
〔国民文学〕日本人種論（九）	愛　山　生	国民新聞	M43. 6. 23
〔国民文学〕日本人種論（十）	愛　山　生	国民新聞	M43. 6. 25
ひとり言	愛　山　生	国民新聞	M43. 6. 26
〔国民文学〕日本人種論（十一）	愛　山　生	国民新聞	M43. 6. 29
〔国民文学〕日本人種論（十二）	愛　山　生	国民新聞	M43. 6. 30
〔万報一覧〕今の人間を悪化する三大危険物	山路愛山君	新公論	M43. 7. 1
亡国論（上）（明末清初の史観）		独立評論	M43. 7. 1
〔人物月旦〕新任韓国統監及び副統監	山路愛山	太陽	M43. 7. 1
〔論叢〕天主教論	山路愛山	開拓者	M43. 7. 1
〔国民文学〕日本人種論（十三）	愛　山　生	国民新聞	M43. 7. 2
ひとり言	愛　山　生	国民新聞	M43. 7. 3
輸入的学問を以て甘んずる勿れ（今井直臣編『三十六名士新時代の修養』）	山路愛山	〈至誠堂書店〉	M43. 7. 5
〔国民文学〕日本人種論（十四）	愛　山　生	国民新聞	M43. 7. 5
〔国民文学〕日本人種論（十五）	愛　山　生	国民新聞	M43. 7. 7
〔国民文学〕日本人種論（十六）	愛　山　生	国民新聞	M43. 7. 9
ひとり言	愛　山　生	国民新聞	M43. 7. 10
〔評論〕非読書制限論	山路愛山	中学世界	M43. 7. 10
『漢学大意』	山路愛山	〈今古堂書店〉	M43. 7. 12
〔国民文学〕日本人種論（十七）	愛　山　生	国民新聞	M43. 7. 13
〔国民文学〕日本人種論（十八）	愛　山　生	国民新聞	M43. 7. 14
〔国民文学〕日本人種論（十九）	愛　山　生	国民新聞	M43. 7. 15
ひとり言	愛　山　生	国民新聞	M43. 7. 17
〔国民文学〕日本人種論（二十）	愛　山　生	国民新聞	M43. 7. 21
〔国民文学〕日本人種論（廿一）	愛　山　生	国民新聞	M43. 7. 22

〔国民文学〕日本人種論（廿二）	愛山生	国民新聞	M43. 7. 23
『源頼朝〔時代代表日本英雄伝〕』	山路愛山	〈玄黄社〉	M43. 7. 24
ひとり言	愛山生	国民新聞	M43. 7. 24
日韓関係史論（一）	愛山生	国民新聞	M43. 7. 26
日韓関係史論（二）韓人は北より南に徒りたるものなる弁（上）	愛山生	国民新聞	M43. 7. 27
日韓関係史論（三）韓人は北より南に徒りたるものなる弁（下）	愛山生	国民新聞	M43. 7. 28
日韓関係史論（四）日本人種は韓半島を経て日本に渡来したるものなるべき事（上）	愛山生	国民新聞	M43. 7. 29
ひとり言	愛山生	国民新聞	M43. 7. 31
日本人種論		独立評論	M43. 8. 1
〔人物月旦〕韓国の政党及其領袖	山路愛山	太陽	M43. 8. 1
〔評論〕現時の文壇を罵る（談）	山路愛山	新潮	M43. 8. 1
〔論説〕歴史乎教理乎（文責在記者）	山路愛山	六合雑誌	M43. 8. 1
日韓関係史論（五）日本人種は韓半島を経て日本に渡来したるものなるべき事（中）	愛山生	国民新聞	M43. 8. 3
日韓関係史論（六）日本人種は韓半島を経て日本に渡来したるものなるべき事（下）	愛山生	国民新聞	M43. 8. 5
ひとり言	愛山生	国民新聞	M43. 8. 7
日韓関係史論（七）韓半島の北部に起りし最初の大国	愛山生	国民新聞	M43. 8. 10
〔評論〕嘲優等生論	山路愛山	中学世界	M43. 8. 10
ひとり言	愛山生	国民新聞	M43. 8. 21
〔国民文学〕韓人の偉大なる将来	愛山生	国民新聞	M43. 8. 24
〔国民文学〕好兄弟よ健在なれ	愛山生	国民新聞	M43. 8. 25

〔人物月旦〕地方政治及び地方官（旅行先より）	山路愛山	太陽	M43. 9. 1
ひとり言	愛山生	国民新聞	M43. 9. 4
〔評論〕職業を求むる青年に与ふる書	山路愛山	中学世界	M43. 9. 5
ひとり言	愛山生	国民新聞	M43. 9. 11
ひとり言	愛山生	国民新聞	M43. 9. 18
〔前記者之回想〕昔のこと（題は記者の勝手につけしもの也）	山路生	護教	M43. 9. 24
ひとり言	愛山生	国民新聞	M43. 9. 27
［将来の新聞紙］（二）産婆のやうな役	山路愛山	読売新聞	M43. 9. 28
豊太閤と大出世。時代と大出世	山路愛山	無名通信	M43. 9. 30
『武家時代史論』	山路弥吉	〈有隣閣〉	M43. 10. 1
〔文芸〕目的小説論（上）	山路愛山	時事新報	M43. 10. 1
〔人物月旦〕初対面の印象	山路愛山	太陽	M43. 10. 1
所謂朝鮮伝道の意義（講演筆記文責記者）	山路愛山	新人	M43. 10. 1
〔研究〕文章と人格（談）	山路愛山	新潮	M43. 10. 1
富豪は自ら分裂の運命を有す	山路愛山	富の日本	M43. 10. 1
〔万報一覧〕法を活かすことを知らぬ律令役人の実例	山路愛山君	新公論	M43. 10. 1
ひとり言	愛山生	国民新聞	M43. 10. 2
〔文芸〕目的小説論（下）	山路愛山	時事新報	M43. 10. 2
〔評論〕大に現代教育を批評せよ	山路愛山	中学世界	M43. 10. 5
ひとり言	愛山生	国民新聞	M43. 10. 9
［秋季臨時増刊豊太閤号］秀吉と家康との女性に対する傾向	山路愛山	成功	M43. 10. 10
（談片）	山路愛山氏曰く	文章世界	M43. 10. 15
ひとり言	愛山生	国民新聞	M43. 10. 16

ひとり言	愛山生	国民新聞	M43. 10. 23
序(長谷川善作著『運命開拓秘密の鍵』)	愛山生	〈楽山堂書房〉	M43. 10. 23
ひとり言	愛山生	国民新聞	M43. 10. 30
〔人物月旦〕伯季完用と海舟先生村夫子、郷先生の典型	山路愛山	太陽	M43. 11. 1
〔説苑〕［人物評論十一 竹越与三郎論］第一流を以て自ら居る竹越君	山路愛山	中央公論	M43. 11. 1
〔論説〕学問としての宗教（演説大要）	山路愛山	六合雑誌	M43. 11. 1
〔漢文学研究〕老荘の虚無思想	山路愛山	文章世界	M43. 11. 1
〔本欄〕歴史研究の心得（談）	山路愛山	青年	M43. 11. 1
現代青年の気風	山路愛山	中学世界	M43. 11. 5
〔講演〕無為と有為	山路愛山	人道	M43. 11. 5
ひとり言	愛山生	国民新聞	M43. 11. 6
ひとり言	愛山生	国民新聞	M43. 11. 13
ひとり言	愛山生	国民新聞	M43. 11. 20
ひとり言	愛山生	国民新聞	M43. 11. 27
〔民の声〕世と戦ふべき我々の軍旗・たつた二百六十万円の問題		国民雑誌	M43. 12. 1
〔人の噂〕椿山荘の老雄（山県有朋公）・若尾逸平翁の事		〃	〃
〔張扇〕大ナポレオンと織田信長		〃	〃
〔人物月旦〕後藤男と地方官・我が見たる耶蘇教会の諸先生	山路愛山	太陽	M43. 12. 1
〔本欄〕藤堂高虎（談）	山路愛山	青年	M43. 12. 1
ひとり言	愛山生	国民新聞	M43. 12. 4
忠は重く孝は軽き説	山路愛山	中学世界	M43. 12. 10
ひとり言	愛山生	国民新聞	M43. 12. 11
［現代青年に与ふるの書］其の四	山路愛山	文章世界	M43. 12. 15
ひとり言	愛山生	国民新聞	M43. 12. 18

ひとり言	愛　山　生	国民新聞	M43. 12. 25
〔民の声〕西洋の真似は真平御免・日本銀行増税論		国民雑誌	M44. 1. 1
〔人の噂〕疑問の陶庵侯・当世流の塩原多助		〃	〃
〔張扇〕藤公余影の話		〃	〃
〔付録〕甲越両雄論	愛　山　生	〃	〃
［東西偉人録（付録）］源頼朝	山路愛山	中学世界	M44. 1. 1
［楠公号］古今青年通有の偉特性	山路愛山	成　功	M44. 1. 1
〔本欄〕平清盛（談）	山路愛山	青　年	M44. 1. 1
〔記事〕温いフレンドシツプを元とした団結	山路愛山	婦人の鑑	M44. 1. 1
〔万報一覧〕孝行を説くには注意を要す	山路愛山君	新公論	M44. 1. 1
ひとり言	愛　山　生	国民新聞	M44. 1. 8
ひとり言	愛　山　生	国民新聞	M44. 1. 15
ひとり言	愛　山　生	国民新聞	M44. 1. 22
ひとり言	愛　山　生	国民新聞	M44. 1. 29
〔民の声〕学者必ずまぬけ面		国民雑誌	M44. 2. 1
〔人の噂〕政友会の幹事長・豊川良平氏		〃	〃
〔張扇〕水戸黄門光国卿の事		〃	〃
〔本欄〕幕末史論	山路愛山	文章世界	M44. 2. 1
〔本欄〕北陸第一の烈士橋本左内と富嶽の雪よりも高潔なる義夫梅田雲浜	山路愛山	青　年	M44. 2. 1
〔文芸〕小説と歴史（上）	山路愛山	時事新報	M44. 2. 4
ひとり言	愛　山　生	国民新聞	M44. 2. 5
〔文芸〕小説と歴史（中）	山路愛山	時事新報	M44. 2. 5
〔文芸〕小説と歴史（下）	山路愛山	時事新報	M44. 2. 6

ひとり言	愛 山 生	国 民 新 聞	M44. 2. 19
ひとり言	愛 山 生	国 民 新 聞	M44. 2. 26
〔民の声〕聖恩天の如し・裁判官と警察官		国 民 雑 誌	M44. 3. 1
〔人の噂〕国民党及其中枢的人才・株式取引所の歴史と中野武営氏		〃	〃
〔張扇〕昔の陰謀事件　由井正雪、丸橋忠弥の事		〃	〃
〔論説〕我とは何ぞや	山 路 愛 山	六 合 雑 誌	M44. 3. 1
〔本欄〕漢学と文章とに志ある青年の為めに	山 路 愛 山	文 章 世 界	M44. 3. 1
〔本欄〕吉田松陰論（筆記、談者閲）	山 路 愛 山	青　　年	M44. 3. 1
〔研究〕［作文実験談］（三）余は文章上如何なる書に依りて如何なる影響を受けしか	山 路 愛 山	新　　潮	M44. 3. 1
〔現代青年訓〕青年を戒む	山 路 愛 山	新 国 民	M44. 3. 1
ひとり言	愛 山 生	国 民 新 聞	M44. 3. 5
〔家庭〕風教の中心は厳父兄なり	山路愛山氏	東京市教育会雑誌	M44. 3. 10
ひとり言	愛 山 生	国 民 新 聞	M44. 3. 12
ひとり言	愛 山 生	国 民 新 聞	M44. 3. 19
ひとり言	愛 山 生	国 民 新 聞	M44. 3. 26
〔民の声〕芝居の話		国 民 雑 誌	M44. 4. 1
〔人の噂〕東京新聞の内景		〃	〃
〔張扇〕楠木氏始終の事（一）		〃	〃
〔評論〕［外国思想と現代青年の交渉］其三	山 路 愛 山	新　　潮	M44. 4. 1
ひとり言	愛 山 生	国 民 新 聞	M44. 4. 2
ひとり言	愛 山 生	国 民 新 聞	M44. 4. 9

『勝海舟』	山路弥吉	〈東亜堂書房〉	M44. 4. 10
ひとり言	愛山生	国民新聞	M44. 4. 16
ひとり言	愛山生	国民新聞	M44. 4. 23
〔民の声〕尊王論・自ら奮ひ自ら起て（金持の慈善を甘受する勿れ）・新聞の記載する能はざる新聞（深川にて新聞記者団の殴打せられたる事実）		国民雑誌	M44. 5. 1
〔人の噂〕遠くより眺めたる谷将軍		〃	〃
〔張扇〕楠木氏始終の事（二）・赤穂義士仇討の物語（一）		〃	〃
〔万報一覧〕大阪毎日が文字の制限を	山路愛山君	新公論	M44. 5. 1
実行せる事に依たる利益		〃	〃
〔万報一覧〕金持ちの慈善金を受けるな	山路愛山君	〃	〃
ひとり言	愛山生	国民新聞	M44. 5. 7
信長八面観（小川多一郎・村田九皐編『織田信長』）	山路愛山	〈隆文堂〉	M44. 5. 10
ひとり言	愛山生	国民新聞	M44. 5. 14
ひとり言	愛山生	国民新聞	M44. 5. 21
〔文芸〕文芸調査委員会と通俗教育委員会（上）	山路愛山	時事新報	M44. 5. 24
〔文芸〕文芸調査委員会と通俗教育委員会（下）	山路愛山	時事新報	M44. 5. 25
ひとり言	愛山生	国民新聞	M44. 5. 31
〔民の声〕日本帝国の四本柱		国民雑誌	M44. 6. 1
〔人の噂〕紡績王日比谷平左衛門			
[政岡論]「政岡は作つた人間」	山路愛山	婦人世界	M44. 6. 1
ひとり言	愛山生	国民新聞	M44. 6. 4
ひとり言	愛山生	国民新聞	M44. 6. 11

祝詞	山路愛山	国民新聞	M44. 6. 17
ひとり言	愛山生	国民新聞	M44. 6. 18
〔民の声〕日本帝国の四本柱（再び）・新聞紙八面観		国民雑誌	M44. 7. 1
〔人の噂〕高橋是清男		〃	〃
〔張扇〕赤穂義士仇討の物語（二）		〃	〃
〔万報一覧〕日本国の四本柱	山路愛山君	新公論	M44. 7. 1
ひとり言	愛山生	国民新聞	M44. 7. 2
ひとり言	愛山生	国民新聞	M44. 7. 9
ひとり言	愛山生	国民新聞	M44. 7. 18
ひとり言	愛山生	国民新聞	M44. 7. 23
〔社説〕［廓清会の設立に就いて］（一）	山路愛山氏	廓清	M44. 7. 25
ひとり言	愛山生	国民新聞	M44. 7. 30
〔民の声〕智識と経験		国民雑誌	M44. 8. 1
〔人の噂〕小政府及び小政治家		〃	〃
〔張扇〕赤穂義士仇討の物語・楠木氏始終の事		〃	〃
［表日本と裏日本］昔は日本海が表太平洋は裏	山路愛山	新潮	M44. 8. 1
〔雑録〕田園漫語	山路愛山	新公論	M44. 8. 1
［貴下若し茲に百万円を得られたならば如何なる目的に使用せらるるか］（上）	山路愛山氏	実業之日本	M44. 8. 1
［朝野諸名士と廓清会］（一）	山路愛山氏	廓清	M44. 8. 1
〔談柄（歴抄）〕日本国の四本柱	山路愛山	警世	M44. 8. 1
〔主張〕英雄と宗教心　未見	山路愛山	教誨新報	M44. 8. 5
ひとり言	愛山生	国民新聞	M44. 8. 6
ひとり言	愛山生	国民新聞	M44. 8. 13
『佐久間象山』	山路愛山	〈東亜堂書房〉	M44. 8. 16

廓清会設立に就いて	山路愛山氏	婦人新報	M44. 8. 25
ひとり言	愛山生	国民新聞	M44. 8. 27
〔民の声〕代議政体の危機		国民雑誌	M44. 9. 1
〔人の噂〕情意投合より内閣明渡まで（一名桂公論）・添田寿一氏・小政府及び小政治家（二）		〃	〃
〔張扇〕木内　五郎の伝・楠木氏始終の事		〃	〃
〔英雄研究〕秦始皇帝論（談、文責在記者）	山路愛山	新小説	M44. 9. 1
〔万報一覧〕越後人に支那人の性格あり	山路愛山君	新公論	M44. 9. 1
ひとり言	愛山生	国民新聞	M44. 9. 3
〔民の声〕大臣難		国民雑誌	M44. 9. 15
〔人の噂〕新内閣の評判記・小野金六氏		〃	〃
〔張扇〕大原幽学の伝		〃	〃
ひとり言	愛山生	国民新聞	M44. 9. 17
ひとり言	愛山生	国民新聞	M44. 9. 24
〔民の声〕村塾論・非戦論の根拠		国民雑誌	M44. 10. 1
〔人の噂〕近時の利光鶴松		〃	〃
〔張扇〕松平定信論（日本名臣伝の一）・赤穂義士仇討の物語（四）		〃	〃
余が好める歴史上の人物	山路愛山	新国民	M44. 10. 5
ひとり言	愛山生	国民新聞	M44. 10. 8
〔言論〕総会に際して	山路弥吉	護教	M44. 10. 14
〔民の声〕学風一新論・金権最近二十年史（一）		国民雑誌	M44. 10. 15
〔張扇〕井伊直弼の事・楠木氏始終の事		〃	〃

ひとり言　漢人論	愛山生	国民新聞	M44. 10. 24
ひとり言　漢人論	愛山生	国民新聞	M44. 10. 31
〔民の声〕現代支那・金権最近二十年史（二）		国民雑誌	M44. 11. 1
〔人の噂〕大坂財界の二人男（中橋徳五郎氏と岩下清周氏）		〃	〃
〔張扇〕赤穂義士仇討の物語（五）		〃	〃
〔本欄〕信州行き（日記）	山路愛山	文章世界	M44. 11. 1
［何人が首相の適任者なる？］（問題一、現今日本に於て西、桂両卿の外首相に適任なりと認むべきは何人なるか　二、その理由　三、その他の感想）	山路愛山	新日本	M44. 11. 1
ひとり言	愛山生	国民新聞	M44. 11. 5
ひとり言	愛山生	国民新聞	M44. 11. 12
〔民の声〕婚礼論・金権最近二十年史（四）		国民雑誌	M44. 11. 15
〔人の噂〕満朝一人無し・三井及び三菱（其の銀行部の比較）		〃	〃
〔張扇〕弘法大師論（演説草稿）		〃	〃
ひとり言	愛山生	国民新聞	M44. 11. 19
〔民の声〕大清帝国盛衰概論		国民雑誌	M44. 12. 1
〔人の噂〕東京電灯及び其主人公		〃	〃
［四百州の大騒擾］革命国としての支那及仏蘭西	山路愛山	日本雑誌	M44. 12. 1
漢人果して大国民たり得るか	山路愛山	早稲田講演	M44. 12. 1
［清国動乱観］議論倒れになる勿れ	山路愛山	雄弁	M44. 12. 1
［記事］早婚を勧む	山路愛山	婦人の鑑	M44. 12. 1
気骨ある青年を要望す　未見	山路愛山	青年之友	M44. 12. 1
子女教育は絶対に放任主義　未見	山路愛山	婦女界	M44. 12. 1
〔万報一覧〕結婚せよ速に結婚せよ	山路愛山君	新公論	M44. 12. 1

『書斎独語』	山路弥吉	〈敬　文　館〉	M44. 12. 5
ひとり言	愛　山　生	国民新聞	M44. 12. 10
〔民の声〕清国現代史要		国民雑誌	M44. 12. 15
〔人の噂〕歳末に際して回顧さるゝ人々		〃	〃
ひとり言　租税論	愛　山　生	国民新聞	M44. 12. 17
ひとり言	愛　山　生	国民新聞	M44. 12. 24
〔民の声〕歴史及び地理号の発刊に就て	愛　山　生	国民雑誌	M45. 1. 1
〔人の噂〕金権最近二十年史	愛　山　生	〃	〃
〔付録〕徳川家康論	山路愛山	〃	〃
〔論説〕寅畏の心	山路愛山	六合雑誌	M45. 1. 1
〔新年付録〕源為朝	山路愛山	中学世界	M45. 1. 1
人類社会の三大定則	山路愛山	社会政策	M45. 1. 1
［余の好きな英雄と好かぬ英雄］	山路愛山	実業之日本	M45. 1. 1
〔万報一覧〕子供に対する三の掟	山路愛山君	新　公　論	M45. 1. 1
ひとり言	愛　山　生	国民新聞	M45. 1. 7
〔民の声〕民の父母たる国家の任務	愛　山　生	国民雑誌	M45. 1. 15
〔民の声〕電車車掌運転手諸君同盟	愛　山　生	〃	〃
〔民の声〕罷業の顛末		〃	〃
〔民の声〕無意義なる十九万六千円	愛　山　生	〃	〃
〔人の噂〕金権最近二十年史	愛　山　生	〃	〃
〔張扇〕書斎的論客の模範（ジヨン、スチユアルト、ミル）	愛　山　生	〃	〃
ひとり言	愛　山　生	国民新聞	M45. 1. 16
〔文芸〕文学者の態度（上）	山路愛山	時事新報	M45. 1. 16
〔文芸〕文学者の態度（中）	山路愛山	時事新報	M45. 1. 17
〔文芸〕文学者の態度（下）	山路愛山	時事新報	M45. 1. 18
ひとり言	愛　山　生	国民新聞	M45. 1. 21
ひとり言	愛　山　生	国民新聞	M45. 1. 28

〔民の声〕訳文大日本史の巻頭に題す	山路愛山	国民雑誌	M45. 2. 1
〔張扇〕唯物的歴史観（堺枯川君に与ふる公開状）	愛山生	〃	〃
［所謂高等遊民問題］力即権威（談）	山路愛山	新潮	M45. 2. 1
〔万報一覧〕自我発現に不都合なる現今の青年	山路愛山君	新公論	M45. 2. 1
〔東京の講壇〕時代人心の要求（一月廿七日統一基督教会に於て）	山路弥吉氏	護教	M45. 2. 2
ひとり言	愛山生	国民新聞	M45. 2. 4
ひとり言	愛山生	国民新聞	M45. 2. 11
〔民の声〕赤裸々なる農村の内景	愛山生	国民雑誌	M45. 2. 15
〔張扇〕尭舜は烏有先生也	愛山生	〃	〃
〔講演〕現代人心の要求と吾人の覚悟	山路愛山	基督教世界	M45. 2. 15
ひとり言	愛山生	国民新聞	M45. 2. 18
ひとり言	愛山生	国民新聞	M45. 2. 25
〔民の声〕政教論	愛山生	国民雑誌	M45. 3. 1
〔張扇〕西郷隆盛（続篇）第一篇米国水師提督ペリイの渡来より幕府の大老井伊直弼の死に至る（一）ペリイ提督来る（二）阿部正弘、援を徳川斉昭に求む	愛山生	〃	〃
〔論説〕予が信仰の立脚地（明治四十五年正月二十七日統一基督教会披露会にて代読）	山路弥吉	六合雑誌	M45. 3. 1
支倉六右衛門（談話）	山路愛山	実業倶楽部	M45. 3. 1
［如何に娘を教育すべきか］算盤以上の生活	山路弥吉	婦人之友	M45. 3. 1
［小説『不如帰』論］五個の要点	山路愛山	女子文壇	M45. 3. 1
ひとり言	愛山生	国民新聞	M45. 3. 3
［現代の宗教は善用するの価値ありや］	山路愛山	東西事報	M45. 3. 5

宗教利用と国民教育及政治			
ひとり言	愛　山　生	国民新聞	M45. 3. 10
〔民の声〕文学論（友人某に与ふ）	愛　山　生	国民雑誌	M45. 3. 15
〔張扇〕西郷隆盛論　第一篇（続）	愛　山　生	〃	〃
ひとり言	愛　山　生	国民新聞	M45. 3. 17
ひとり言	愛　山　生	国民新聞	M45. 3. 24
『訳文大日本史　第一冊』（徳川光圀著）	山路弥吉訳	〈後楽書院〉	M45. 3. 25
ひとり言	愛　山　生	国民新聞	M45. 3. 31
〔民の声〕衆議院議員総選挙	愛　山　生	国民雑誌	M45. 4. 1
〔張扇〕西郷隆盛論第一篇米国水師提督ペリイの渡来より幕府の大老井伊直弼の死に至る（続）	愛　山　生	〃	〃
〔護教〕［追懐］宗教家中の政治家	山路弥吉氏	護　教	M45. 4. 5
ひとり言	愛　山　生	国民新聞	M45. 4. 7
ひとり言	愛　山　生	国民新聞	M45. 4. 14
〔民の声〕現代思想界の悪傾向	愛　山　生	国民雑誌	M45. 4. 15
〔張扇〕西郷隆盛論　第一篇米国水師提督ペリイの渡来より幕府の大老井伊直弼の死に至る（続）	愛　山　生	〃	〃
ひとり言	愛　山　生	国民新聞	M45. 4. 21
『訳文大日本史　第二冊』（徳川光圀著）	山路弥吉訳	〈後楽書院〉	M45. 4. 25
ひとり言	愛　山　生	国民新聞	M45. 4. 28
〔民の声〕悲観乎、楽観乎	愛　山　生	国民雑誌	M45. 5. 1
〔張扇〕西郷隆盛論　第一篇米国水師提督ペリイの渡来より幕府の大老井伊直弼の死に至る（続）	愛　山　生	〃	〃
〔付録〕［江戸時代及江戸趣味］江戸時代	山路愛山	〃	〃
学問と人物	山路愛山	雄　弁	M45. 5. 1
［新橋論］芸者必要論	山路愛山	新　潮	M45. 5. 1

淀君論	山路愛山	〃	〃
〔論説〕父兄として観たる国民教育	山路愛山	普通教育	M45. 5. 1
ひとり言	愛山生	国民新聞	M45. 5. 5
ひとり言	愛山生	国民新聞	M45. 5. 12
〔民の声〕行政整理説	愛山生	国民雑誌	M45. 5. 15
〔張扇〕西郷隆盛論　第一篇米国水師提督ペリイの渡来より幕府の大老井伊直弼の死に至る（続）	愛山生	〃	〃
［日本の財政経済を如何にするか］実力なき正義呼はりは弱者の泣言に過ぎず	山路愛山	実業之世界	M45. 5. 15
ひとり言	愛山生	国民新聞	M45. 5. 19
ひとり言	愛山生	国民新聞	M45. 5. 26
〔民の声〕最後の問題は給金なり	愛山生	国民雑誌	M45. 6. 1
〔張扇〕西郷隆盛論 第一篇米国水師提督ペリイの渡来より幕府の大老井伊直弼の死に至る（続）	愛山生	〃	〃
〔本欄〕最近文壇の傾向	山路愛山	文章世界	M45. 6. 1
〔国体評論〕現代の寵児と私立大学生	山路愛山	新公論	M45. 6. 1
［現代名士の処生の方針（下）］世に慣れよ	山路愛山	実業之世界	M45. 6. 1
［私が女であつたらば］男の解放	山路愛山	中学世界	M45. 6. 1
生活難は憂ふるに足らず若き婦人達は生活の独立に就いて考えよ	山路愛山	女子文壇	M45. 6. 1
ひとり言	愛山生	国民新聞	M45. 6. 2
ひとり言	愛山生	国民新聞	M45. 6. 9
〔民の声〕驕慢国の末路	愛山生	国民雑誌	M45. 6. 15
〔張扇〕西郷隆盛論 第一篇米国水師提督ペリイの渡来より幕府の大老井伊直弼の死に至る（続）	愛山生	〃	〃

勝海舟を論ず	山路愛山	太　陽	M45. 6.15
源義経論	山路愛山	〃	〃
〔雑誌の雑誌〕世に慣れよ	山路愛山	廓　清	M45. 6.15
ひとり言	愛山生	国民新聞	M45. 6.16
『訳文大日本史　第三冊』(徳川光圀著)	山路弥吉訳	〈後楽書院〉	M45. 6.20
ひとり言	愛山生	国民新聞	M45. 6.23
ひとり言	愛山生	国民新聞	M45. 6.30
〔民の声〕渋谷より京都まで	愛山生	国民雑誌	M45. 7. 1
〔張扇〕西郷隆盛論 第一篇米国水師提督ペリイの渡来より幕府の大老井伊直弼の死に至る（続）	愛山生	〃	〃
成金論（談話筆記）	山路愛山	東西事報	M45. 7. 5
ひとり言	愛山生	国民新聞	M45. 7. 7
ひとり言	愛山生	国民新聞	M45. 7.14
〔民の声〕大疑論	愛山生	国民雑誌	M45. 7.15
〔張扇〕西郷隆盛論 第一篇米国水師提督ペリイの渡来より幕府の大老井伊直弼の死に至る（続）	愛山生	〃	〃
ひとり言	愛山生	国民新聞	M45. 7.21
ひとり言	愛山生	国民新聞	M45. 7.28
〔民の声〕有名無実の自治体	愛山生	国民雑誌	T 1. 8. 1
〔張扇〕西郷隆盛論　第一篇米国水師提督ペリイの渡来より幕府の大老井伊直弼の死に至る（続）	愛山生	〃	〃
源義経論（再び）	山路愛山	太　陽	T 1. 8. 1
〔団体評論〕影弁慶の文部省	山路愛山	新公論	T 1. 8. 1
[理想の女]（五）自由な女	山路愛山	淑女かがみ	T 1. 8. 1
「青年雄弁集」を読む	山路愛山	雄　弁	T 1. 8. 1
有神論	山路愛山	〃	〃
明治大帝及其時代		国民雑誌	T 1. 8.15

『伊達騒動記〔御家騒動叢書第一編〕』 未見	山路愛山	〈敬文館〉	T 1. 8. 25
『訳文大日本史　第四冊』(徳川光圀著)	山路弥吉訳	〈後楽書院〉	T 1. 8. 30
〔民の声〕明治大帝及其時代（続論）	愛山生	国民雑誌	T 1. 9. 1
〔張扇〕人君の教育及び人君論（徳川頼宣の評伝）	愛山生	〃	〃
ひとり言	愛山生	国民新聞	T 1. 9. 1
［新しい女］真に新しき女はなし	山路愛山	新潮	T 1. 9. 1
何の時代にもある女の底流思想	山路愛山	女学世界	T 1. 9. 1
〔紹介〕［理想の女］（淑女かゞみ）	山路愛山	女子教育	T 1. 9. 5
ひとり言	愛山生	国民新聞	T 1. 9. 8
風雲英雄を作るか英雄風雲を作るか	山路愛山氏談	冒険世界	T 1. 9. 10
明治大帝を葬り奉る		国民雑誌	T 1. 9. 15
〔民の声〕楽観すべき将来	愛山生	〃	〃
〔人の噂〕西園寺、桂合論	愛山生	〃	〃
〔張扇〕平田篤胤論	愛山生	〃	〃
紫氏清女合戦（福島四郎編『古今の婦人』）	山路愛山	〈婦女新聞社〉	T 1. 9. 16
寧ろ奢侈に近き也（一）国力消長に関する一要件	山路愛山	大正評論	T 1. 9. 20
ひとり言	愛山生	国民新聞	T 1. 9. 29
明治天皇御大葬		国民雑誌	T 1. 10. 1
〔民の声〕自殺論	愛山生	〃	〃
〔人の噂〕乃木大将論	愛山生	〃	〃
〔張扇〕山鹿素行論（上）	愛山生	〃	〃
明治年間　婦人社会の変遷	山路愛山	女子文壇	T 1. 10. 1
［灯火可親］読書の時季となりて	山路愛山	読書之友	T 1. 10. 5
ひとり言	愛山生	国民新聞	T 1. 10. 6

『乃木大将』	山路弥吉	〈民　友　社〉	T 1. 10. 12
序（戸山銃声著『人物評論 奇人正人』）	愛山逸民	〈活　人　社〉	T 1. 10. 12
ひとり言	愛　山　生	国民新聞	T 1. 10. 13
〔民の声〕西園寺侯に与ふる書	愛　山　生	国民雑誌	T 1. 10. 15
〔張扇〕山鹿素行論（下）	愛　山　生	〃	〃
『加賀騒動記〔御家騒動叢書 第二編〕』	山路弥吉	〈敬　文　館〉	T 1. 10. 15
男子は法律の加護を受くる可にあらず	山路愛山	実業之世界	T 1. 10. 15
ひとり言	愛　山　生	国民新聞	T 1. 10. 20
ひとり言	愛　山　生	国民新聞	T 1. 10. 27
『訳文大日本史　第五冊』（徳川光圀著）	山路弥吉訳	〈後楽書院〉	T 1. 10. 30
〔民の声〕財政難の根底	愛　山　生	国民雑誌	T 1. 11. 1
〔張扇〕日本の事を記したる旧き歴史	愛　山　生	〃	〃
寧ろ奢侈に近き也（二）	山路愛山	大正評論	T 1. 11. 1
ひとり言	愛　山　生	国民新聞	T 1. 11. 10
〔民の声〕土耳古帝国盛衰史論（上）	愛　山　生	国民雑誌	T 1. 11. 15
ひとり言	愛　山　生	国民新聞	T 1. 11. 17
〔日曜附録・読書号〕通俗の良書	山路愛山	読売新聞	T 1. 11. 17
ひとり言	愛　山　生	国民新聞	T 1. 11. 24
〔民の声〕土耳古帝国盛衰史論（中）	愛　山　生	国民雑誌	T 1. 12. 1
ひとり言	愛　山　生	国民新聞	T 1. 12. 1
［我等は芸術に向つて何を求むる乎］芸術と社会	山路愛山	新　　潮	T 1. 12. 1
［生活難は誰人の罪ぞや？］友人難、自尊難	山路愛山	新　日　本	T 1. 12. 1
〔特別記事〕［忠臣蔵烈女伝］ 未見	山路愛山	新　婦　人	T 1. 12. ?
ひとり言	愛　山　生	国民新聞	T 1. 12. 8
〔民の声〕土耳古帝国盛衰史論（下）	愛　山　生	国民雑誌	T 1. 12. 15
ひとり言	愛　山　生	国民新聞	T 1. 12. 22
ひとり言	愛　山　生	国民新聞	T 1. 12. 29

桂内閣の出現	愛　山　生	国 民 新 聞	T 2. 1. 1
漢高と項羽	愛　山　生	〃	〃
〔新年特別読物〕勝安芳	山路愛山	中 学 世 界	T 2. 1. 1
寧ろ奢侈に近き也（三）	山路愛山	大 正 評 論	T 2. 1. 1
学者短気論	愛　山　生	国 民 新 聞	T 2. 1. 3
ひとり言	愛　山　生	国 民 新 聞	T 2. 1.14
ひとり言	愛　山　生	国 民 新 聞	T 2. 1.19
ひとり言	愛　山　生	国 民 新 聞	T 2. 1.26
〔時人論〕桂公に与ふる書・現時の三菱家・新内閣の新人（若槻と仲小路）		再興独立評論	T 2. 2. 1
〔史論〕織田信長論（一）総論日本の宗教改革		〃	〃
〔静思余録〕露国及びトルストイ伯		〃	〃
〔東京の講壇〕新道徳の基礎（浮田和民氏）・大正の新学風（小柳司気太氏）・江木博士の国家道徳論を読む（姉崎正治氏）	y. y	〃	〃
美丈夫織田信長	山路愛山	読 売 新 聞	T 2. 2. 1
ひとり言	愛　山　生	国 民 新 聞	T 2. 2. 2
ひとり言	愛　山　生	国 民 新 聞	T 2. 2. 9
ひとり言	愛　山　生	国 民 新 聞	T 2. 2.16
〔時人論〕山本伯に与ふ・三島弥太郎論（政治家として、実業家として）		再興独立評論	T 2. 3. 1
〔史論〕ナポレオン大帝論・織田信長論（二）日本の仏国革命		〃	〃
織田信長論　未見	山路愛山	向　　上	T 2. 3. 1
ひとり言	愛　山　生	国 民 新 聞	T 2. 3. 2
ひとり言	愛　山　生	国 民 新 聞	T 2. 3. 9
薩長論（一）薩長論を作る所以	愛　山　生	国 民 新 聞	T 2. 3.10

薩長論（二）島津斉彬（一）	愛　山　生	国民新聞	T 2. 3. 11
薩長論（三）島津斉彬（二）	愛　山　生	国民新聞	T 2. 3. 12
薩長論（四）島津斉彬（三）	愛　山　生	国民新聞	T 2. 3. 13
薩長論（五）島津斉彬（四）	愛　山　生	国民新聞	T 2. 3. 14
薩長論（六）島津斉彬（五）	愛　山　生	国民新聞	T 2. 3. 15
ひとり言	愛　山　生	国民新聞	T 2. 3. 16
薩長論（七）島津斉彬（六）	愛　山　生	国民新聞	T 2. 3. 18
薩長論（八）島津斉彬（七）	愛　山　生	国民新聞	T 2. 3. 19
『家庭講話 日本歴史　巻之壱』	山路弥吉	〈民友社〉	T 2. 3. 20
薩長論（九）島津斉彬（八）	愛　山　生	国民新聞	T 2. 3. 20
薩長論（十）島津斉彬（九）	愛　山　生	国民新聞	T 2. 3. 21
薩長論（十一）島津斉彬（十）	愛　山　生	国民新聞	T 2. 3. 22
ひとり言	愛　山　生	国民新聞	T 2. 3. 23
薩長論（十二）島津斉彬（十一）	愛　山　生	国民新聞	T 2. 3. 25
追悼演説	山路愛山	青山学院校友会会報	T 2. 3. 25
薩長論（十三）島津斉彬（十二）	愛　山　生	国民新聞	T 2. 3. 26
薩長論（十四）島津斉彬（十三）	愛　山　生	国民新聞	T 2. 3. 27
薩長論（十五）島津斉彬（十四）	愛　山　生	国民新聞	T 2. 3. 28
ひとり言	愛　山　生	国民新聞	T 2. 3. 30
〔時人論〕山本内閣総論・三井家近状論		再興独立評論	T 2. 4. 1
〔史論〕織田信長論（三）信長の少年時代（上）		〃	〃
〔静思余録〕カーライル論		〃	〃
思想の統一	山路愛山	開　拓　者	T 2. 4. 1
〔読物〕処女と結婚	山路愛山	婦人画報	T 2. 4. 1
〔付録〕［民権史上の十二名士］江藤新平	山路愛山	新　日　本	T 2. 4. 1

織田信長の真相 未見	山路愛山	修養世界	T 2. 4. 1
薩長論（十八）島津斉彬（十七）	愛山生	国民新聞	T 2. 4. 2
薩長論（十九）島津斉彬（十八）	愛山生	国民新聞	T 2. 4. 3
薩長論（二十）島津斉彬（十九）	愛山生	国民新聞	T 2. 4. 4
薩長論（廿一）島津斉彬（二十）	愛山生	国民新聞	T 2. 4. 5
ひとり言	愛山生	国民新聞	T 2. 4. 6
薩長論（廿二）島津斉彬（廿一）	愛山生	国民新聞	T 2. 4. 7
薩長論（廿三）島津斉彬（廿二）	愛山生	国民新聞	T 2. 4. 8
薩長論（廿四）島津斉彬（廿三）	愛山生	国民新聞	T 2. 4. 9
薩長論（廿五）島津斉彬（廿四）	愛山生	国民新聞	T 2. 4. 10
薩長論（廿六）島津斉彬（廿五）	愛山生	国民新聞	T 2. 4. 11
薩長論（廿七）島津斉彬（廿六）	愛山生	国民新聞	T 2. 4. 12
序（今井鉄巌著『空論か鉄拳か』）	山路愛山	〈弘文堂書店〉	T 2. 4. 12
ひとり言	愛山生	国民新聞	T 2. 4. 13
薩長論（廿八）島津斉彬（廿七）	愛山生	国民新聞	T 2. 4. 14
薩長論（廿九）島津斉彬（廿八）	愛山生	国民新聞	T 2. 4. 15
薩長論（三十）島津斉彬（廿九）	愛山生	国民新聞	T 2. 4. 16
『書斎独語 其二』	山路弥吉	〈敬文館〉	T 2. 4. 17
薩長論（卅一）島津斉彬（三十）	愛山生	国民新聞	T 2. 4. 18
薩長論（卅二）島津斉彬（卅一）	愛山生	国民新聞	T 2. 4. 19
ひとり言	愛山生	国民新聞	T 2. 4. 20
薩長論（卅三）島津斉彬（卅二）	愛山生	国民新聞	T 2. 4. 22
薩長論（卅四）島津斉彬（卅三）	愛山生	国民新聞	T 2. 4. 23
薩長論（卅五）島津斉彬（卅四）	愛山生	国民新聞	T 2. 4. 25
名実伴はざる新政党	山路愛山	新紀元	T 2. 4. 25
薩長論（卅六）島津斉彬（卅五）	愛山生	国民新聞	T 2. 4. 26
ひとり言	愛山生	国民新聞	T 2. 4. 27
薩長論（卅七）島津斉彬（卅六）	愛山生	国民新聞	T 2. 4. 28

薩長論（卅八）島津斉彬（卅七）	愛　山　生	国　民　新　聞	T 2.　4. 29
〔時人論〕狂瀾怒涛・岡部邦輔論・安田善次郎論		再興独立評論	T 2.　5.　1
〔史論〕織田信長論（四）信長の少年時代（中）		〃	〃
〔静思余録〕イブセン論		〃	〃
薩長論（卅九）島津斉彬（卅八）	愛　山　生	国　民　新　聞	T 2.　5.　2
薩長論（四十）島津斉彬（卅九）	愛　山　生	国　民　新　聞	T 2.　5.　3
ひとり言	愛　山　生	国　民　新　聞	T 2.　5.　4
薩長論（四十一）島津斉彬（四十）	愛　山　生	国　民　新　聞	T 2.　5.　5
薩長論（四十二）島津斉彬（四十一）	愛　山　生	国　民　新　聞	T 2.　5.　6
薩長論（四十三）島津斉彬（四十二）	愛　山　生	国　民　新　聞	T 2.　5.　8
薩長論（四十四）島津斉彬（四十三）	愛　山　生	国　民　新　聞	T 2.　5.　9
薩長論（四十五）島津斉彬（四十四）	愛　山　生	国　民　新　聞	T 2.　5. 10
ひとり言	愛　山　生	国　民　新　聞	T 2.　5. 11
薩長論（四十六）島津斉彬（四十五）	愛　山　生	国　民　新　聞	T 2.　5. 13
薩長論（四十七）島津斉彬（四十六）	愛　山　生	国　民　新　聞	T 2.　5. 14
薩長論（四十八）島津斉彬（四十七）	愛　山　生	国　民　新　聞	T 2.　5. 15
薩長論（四十九）島津斉彬（四十八）	愛　山　生	国　民　新　聞	T 2.　5. 16
薩長論（五十）島津斉彬（四十九）	愛　山　生	国　民　新　聞	T 2.　5. 17
ひとり言	愛　山　生	国　民　新　聞	T 2.　5. 18
薩長論（五十一）島津斉彬（五十）	愛　山　生	国　民　新　聞	T 2.　5. 19
薩長論（五十二）島津斉彬（五十一）	愛　山　生	国　民　新　聞	T 2.　5. 20
薩長論（五十三）島津斉彬（五十二）	愛　山　生	国　民　新　聞	T 2.　5. 22
薩長論（五十四）島津斉彬（五十三）	愛　山　生	国　民　新　聞	T 2.　5. 23
ひとり言	愛　山　生	国　民　新　聞	T 2.　5. 25
薩長論（五十五）島津斉彬（五十四）	愛　山　生	国　民　新　聞	T 2.　5. 27
薩長論（五十六）島津斉彬（五十五）	愛　山　生	国　民　新　聞	T 2.　5. 28
薩長論（五十七）島津斉彬（五十六）	愛　山　生	国　民　新　聞	T 2.　5. 29

薩長論（五十八）島津斉彬（五十七）	愛　山　生	国　民　新　聞	T 2. 5. 30
薩長論（五十九）島津斉彬（五十八）	愛　山　生	国　民　新　聞	T 2. 5. 31
〔時人論〕沈黙中の発言・川崎造船所論・薩派の中枢人物		再興独立評論	T 2. 6. 1
〔史論〕哲学国たる印度、哲学者たる釈迦（上）・織田信長論（五）信長の少年時代（中）		〃	〃
〔静思余録〕ジヨルジ、ベルナルド、シヨー（或人の問に答ふ）		〃	〃
ひとり言	愛　山　生	国　民　新　聞	T 2. 6. 1
薩長論（六十）島津斉彬（五十九）	愛　山　生	国　民　新　聞	T 2. 6. 2
薩長論（六十一）島津斉彬（六十）	愛　山　生	国　民　新　聞	T 2. 6. 3
薩長論（六十二）島津斉彬（六十一）	愛　山　生	国　民　新　聞	T 2. 6. 4
薩長論（六十三）島津斉彬（六十二）	愛　山　生	国　民　新　聞	T 2. 6. 5
薩長論（六十四）島津斉彬（六十三）	愛　山　生	国　民　新　聞	T 2. 6. 6
薩長論（六十五）島津斉彬（六十四）	愛　山　生	国　民　新　聞	T 2. 6. 7
ひとり言	愛　山　生	国　民　新　聞	T 2. 6. 8
薩長論（六十六）島津斉彬（六十五）	愛　山　生	国　民　新　聞	T 2. 6. 9
薩長論（六十七）島津斉彬（六十六）	愛　山　生	国　民　新　聞	T 2. 6. 10
薩長論（六十八）島津斉彬（六十七）	愛　山　生	国　民　新　聞	T 2. 6. 11
薩長論（六十九）島津斉彬（六十八）	愛　山　生	国　民　新　聞	T 2. 6. 12
日本人は旅行的国民である	山路愛山	文　章　世　界	T 2. 6. 15
『清河八郎遺著』	山路弥吉編	〈民　友　社〉	T 2. 6. 16
ひとり言	愛　山　生	国　民　新　聞	T 2. 6. 17
『為朝論　附義経論』	山路愛山	〈新　潮　社〉	T 2. 6. 20
薩長論（七十）島津斉彬（六十九）	愛　山　生	国　民　新　聞	T 2. 6. 20
薩長論（七十一）島津斉彬（七十）	愛　山　生	国　民　新　聞	T 2. 6. 21
ひとり言	愛　山　生	国　民　新　聞	T 2. 6. 22
薩長論（七十二）島津斉彬（七十一）	愛　山　生	国　民　新　聞	T 2. 6. 23

薩長論（七十三）島津斉彬（七十二）	愛　山　生	国民新聞	T 2. 6. 24
薩長論（七十四）島津斉彬（七十三）	愛　山　生	国民新聞	T 2. 6. 25
薩長論（七十五）斉彬時代の薩士（一）	愛　山　生	国民新聞	T 2. 6. 26
薩長論（七十六）斉彬時代の薩士（二）	愛　山　生	国民新聞	T 2. 6. 27
薩長論（七十七）斉彬時代の薩士（三）	愛　山　生	国民新聞	T 2. 6. 28
ひとり言	愛　山　生	国民新聞	T 2. 6. 29
薩長論（七十八）斉彬時代の薩士（四）　未見	愛　山　生	国民新聞	T 2. ?. ?
〔時人論〕独学渡世論・当世政商気質（東京電灯会社論）・山本伯の後継者（海軍次官財部彪氏の事）		再興独立評論	T 2. 7. 1
〔史論〕織田信長論（六）信長の少年時代（下）		〃	〃
〔静思余録〕「新理想主義の哲学」を読む		〃	〃
維新前後の婦人の気象	山路愛山	女子文壇	T 2. 7. 1
[名士の青年観] 現代青年論	山路愛山	新紀元	T 2. 7. 1
薩長論（七十九）斉彬時代の薩士（五）	愛　山　生	国民新聞	T 2. 7. 2
薩長論（八十）斉彬時代の薩士（六）	愛　山　生	国民新聞	T 2. 7. 4
薩長論（八十一）斉彬時代の薩士（七）	愛　山　生	国民新聞	T 2. 7. 5
勝海舟の人物（佐野保太郎・玉井広平編『明治文学選』所収）	山路愛山	〈春陽堂〉	T 2. 7. 20
[発売禁止に就て] 発売禁止の標準を問ふ	山路愛山	サンデー	T 2. 7. 20
薩長論（八十二）斉彬時代の薩士（八）	愛　山　生	国民新聞	T 2. 7. 22
薩長論（八十三）斉彬時代の薩士（九）	愛　山　生	国民新聞	T 2. 7. 23
薩長論（八十四）斉彬時代の薩士（十）	愛　山　生	国民新聞	T 2. 7. 24
薩長論（八十五）斉彬時代の薩士（十一）	愛　山　生	国民新聞	T 2. 7. 25
薩長論（八十六）斉彬時代の薩士（十	愛　山　生	国民新聞	T 2. 7. 26

二）			
ひとり言	愛　山　生	国民新聞	T 2. 7. 27
薩長論（八十七）斉彬時代の薩士（十三）	愛　山　生	国民新聞	T 2. 7. 28
〔時人論〕桂公の後継者・文部省論・上原、木越、楠瀬合論		再興独立評論	T 2. 8. 1
〔史論〕織田信長論（七）尾州の内部統一（一）		〃	〃
青年の懐疑思想	山路愛山	新　　潮	T 2. 8. 1
［海と山］雷の音	山路愛山	〃	〃
〔記事〕［諸名士の見たる信州人の長所と短所］	山路愛山	実業之日本	T 2. 8. 1
古今閨門の勢力	山路愛山	淑女画報	T 2. 8. 1
薩長論（八十八）斉彬時代の薩士（十四）	愛　山　生	国民新聞	T 2. 8. 2
ひとり言	愛　山　生	国民新聞	T 2. 8. 3
薩長論（八十九）長州総論（一）	愛　山　生	国民新聞	T 2. 8. 5
御目付十人を任用せよ	山路愛山	大正公論	T 2. 8. 5
薩長論（九十）長州総論（二）	愛　山　生	国民新聞	T 2. 8. 6
薩長論（九十一）長州総論（三）	愛　山　生	国民新聞	T 2. 8. 7
薩長論（九十二）長州総論（四）	愛　山　生	国民新聞	T 2. 8. 8
薩長論（九十三）長州総論（五）	愛　山　生	国民新聞	T 2. 8. 9
ひとり言	愛　山　生	国民新聞	T 2. 8. 10
薩長論（九十四）長州総論（六）	愛　山　生	国民新聞	T 2. 8. 14
薩長論（九十五）長州総論（七）	愛　山　生	国民新聞	T 2. 8. 15
薩長論（九十六）長州総論（八）	愛　山　生	国民新聞	T 2. 8. 16
ひとり言	愛　山　生	国民新聞	T 2. 8. 17
薩長論（九十七）長州総論（九）	愛　山　生	国民新聞	T 2. 8. 19
薩長論（九十八）長州総論（十）	愛　山　生	国民新聞	T 2. 8. 20

薩長論（九十九）長州の内勅始末（一）	愛山生	国民新聞	T 2. 8. 22
薩長論（百）長州の内勅始末（二）	愛山生	国民新聞	T 2. 8. 23
ひとり言	愛山生	国民新聞	T 2. 8. 26
薩長論（百一）長州の内勅始末（三）	愛山生	国民新聞	T 2. 8. 27
〔時人論〕夷隅河畔より	愛山生	再興独立評論	T 2. 9. 1
〔時人論〕加藤高明論・沢柳政太郎論		〃	〃
有神論（四谷道の会に於て，文責在記者）	山路愛山	雄弁	T 2. 9. 1
人生に苦辛惨憺の文字無し	山路愛山	新紀元	T 2. 9. 1
〔附録〕貴問に答ふ	山路愛山	新真婦人	T 2. 9. 1
薩長論（百二）長州の内勅始末（四）	愛山生	国民新聞	T 2. 9. 3
［薩摩及び薩摩人］薩人の特性	山路愛山	太陽	T 2. 9. 3
薩長論（百三）長州の内勅始末（五）	愛山生	国民新聞	T 2. 9. 4
薩長論（百四）長州の内勅始末（六）	愛山生	国民新聞	T 2. 9. 5
ひとり言	愛山生	国民新聞	T 2. 9. 7
薩長論（百五）長州の内勅始末（七）	愛山生	国民新聞	T 2. 9. 9
薩長論（百六）長州の官武周旋（一）	愛山生	国民新聞	T 2. 9. 10
薩長論（百七）長州の官武周旋（二）	愛山生	国民新聞	T 2. 9. 11
薩長論（百八）長州の官武周旋（三）	愛山生	国民新聞	T 2. 9. 12
ひとり言	愛山生	国民新聞	T 2. 9. 14
薩長論（百九）長州の官武周旋（四）	愛山生	国民新聞	T 2. 9. 15
勝海舟の人物（玉井広平編『現代名家明治文粋』所収）	山路愛山	〈富田文陽堂〉	T 2. 9. 15
薩長論（百十）長州の官武周旋（五）	愛山生	国民新聞	T 2. 9. 18
薩長論（百十一）長州の官武周旋（六）	愛山生	国民新聞	T 2. 9. 19
薩長論（百十二）長州の官武周旋（七）	愛山生	国民新聞	T 2. 9. 20
ひとり言	愛山生	国民新聞	T 2. 9. 21
薩長論（百十三）長州の官武周旋（八）	愛山生	国民新聞	T 2. 9. 24
薩長論（百十四）長州の官武周旋（九）	愛山生	国民新聞	T 2. 9. 27

ひとり言	愛 山 生	国 民 新 聞	T 2. 9. 28
〔時人論〕無何有郷通信・外務省論		再興独立評論	T 2. 10. 1
〔史論〕織田信長論　尾州の内部統一（三）		〃	〃
「青年雄弁集」を読む	山 路 愛 山	雄　　弁	T 2. 10. 1
信仰を有する強者たれ	山 路 愛 山	道　　話	T 2. 10. 1
薩長論（百十六）長州の官武周旋（十一）	愛 山 生	国 民 新 聞	T 2. 10. 3
ひとり言	愛 山 生	国 民 新 聞	T 2. 10. 5
薩長論（百十七）長州の官武周旋（十二）	愛 山 生	国 民 新 聞	T 2. 10. 7
薩長論（百十八）長州の官武周旋（十三）	愛 山 生	国 民 新 聞	T 2. 10. 8
薩長論（百十九）長州の官武周旋（十四）	愛 山 生	国 民 新 聞	T 2. 10. 9
［日本の危機］断乎として突進せよ‼	山 路 愛 山	武 俠 世 界	T 2. 10. 10
心の余裕、不断の注意而て飛躍の勇気	山 路 愛 山	実 業 之 日 本	T 2. 10. 10
ひとり言	愛 山 生	国 民 新 聞	T 2. 10. 14
薩長論（百二十）長州の官武周旋（十五）	愛 山 生	国 民 新 聞	T 2. 10. 15
ひとり言	愛 山 生	国 民 新 聞	T 2. 10. 20
薩長論（百廿一）長州の官武周旋（十六）	愛 山 生	国 民 新 聞	T 2. 10. 21
薩長論（百廿二）長州の官武周旋（十七）	愛 山 生	国 民 新 聞	T 2. 10. 22
薩長論（百廿三）長州の官武周旋（十八）	愛 山 生	国 民 新 聞	T 2. 10. 25
ひとり言	愛 山 生	国 民 新 聞	T 2. 10. 26
薩長論（百廿四）長州の官武周旋（十九）	愛 山 生	国 民 新 聞	T 2. 10. 29

『愛山史論』	山路弥吉	〈大　元　社〉	T 2. 11. 1
〔時人論〕桂公論・保護会社の内景・問題の人古賀廉造		再興独立評論	T 2. 11. 1
〔史論〕織田信長論(九)桶峡間合戦(上)		〃	〃
ひとり言	愛山生	国民新聞	T 2. 11. 2
薩長論（百廿五）長州の官武周旋（二十）	愛山生	国民新聞	T 2. 11. 6
薩長論（百廿六）長州の官武周旋（廿一）	愛山生	国民新聞	T 2. 11. 8
ひとり言	愛山生	国民新聞	T 2. 11. 9
薩長論（百廿七）長州の官武周旋（廿二）	愛山生	国民新聞	T 2. 11. 11
薩長論（百廿八）長州の官武周旋（廿三）	愛山生	国民新聞	T 2. 11. 14
薩長論（百廿九）長州の官武周旋（廿四）	愛山生	国民新聞	T 2. 11. 18
薩長論（百三十）長州の官武周旋（廿五）	愛山生	国民新聞	T 2. 11. 19
薩長論（百卅一）長州の官武周旋（廿六）	愛山生	国民新聞	T 2. 11. 20
薩長論（百卅二）薩摩の運動（一）	愛山生	国民新聞	T 2. 11. 21
薩長論（百卅三）薩摩の運動（二）	愛山生	国民新聞	T 2. 11. 22
慶喜公の事（一）	山路愛山	国民新聞	T 2. 11. 23
慶喜公の事（二）	山路愛山	国民新聞	T 2. 11. 25
慶喜公の事（三）	山路愛山	国民新聞	T 2. 11. 26
慶喜公の事（四）	山路愛山	国民新聞	T 2. 11. 28
慶喜公の事（五）	山路愛山	国民新聞	T 2. 11. 29
ひとり言	愛山生	国民新聞	T 2. 11. 30
〔時人論〕尚武論（上）・法曹界の中心人物平沼騏一郎論（一名、現代法官		再興独立評論	T 2. 12. 1

論）・東京の新聞及新聞記者			
〔会見録〕売文社の二階にて		〃	〃
二日の旅	愛山逸民		
〔読物〕事件の蔭には必ず女あり	山路愛山	婦人画報	T 2.12. 1
慶喜公の事（六）	山路愛山	国民新聞	T 2.12. 2
慶喜公の事（七） 未見	山路愛山	国民新聞	T 2.12. ?
慶喜公の事（八）	山路愛山	国民新聞	T 2.12. 5
慶喜公の事（九）	山路愛山	国民新聞	T 2.12. 6
ひとり言	山路愛山	国民新聞	T 2.12. 7
慶喜公の事（十）	山路愛山	国民新聞	T 2.12. 9
慶喜公の事（十一）	山路愛山	国民新聞	T 2.12.10
慶喜公の事（十二）	山路愛山	国民新聞	T 2.12.11
慶喜公の事（十三）	山路愛山	国民新聞	T 2.12.12
薩長論（百卅四）薩摩の運動（三）	愛山生	国民新聞	T 2.12.13
ひとり言	愛山生	国民新聞	T 2.12.14
薩長論（百卅五）薩摩の運動（四）	愛山生	国民新聞	T 2.12.16
ひとり言	愛山生	国民新聞	T 2.12.21
薩長論（百卅六）薩摩の運動（五）	愛山生	国民新聞	T 2.12.23
ひとり言	愛山生	国民新聞	T 2.12.28
〔時人論〕尚武論		再興独立評論	T 3. 1. 1
〔時人論〕但馬の人に答ふる書	愛山生	〃	〃
〔時人論〕日本郵船会社論・原氏と松田氏		〃	〃
〔史論〕織田信長論（十）桶峽間合戦（二）		〃	〃
〔地理及記行〕蒙古物語		〃	〃
〔徳川時代文学の研究〕西鶴論		〃	〃
我は蒙古人種たるを恥ぢず	山路愛山	中央公論	T 3. 1. 1
社会百気焔	山路愛山	実業之日本	T 3. 1. 1
〔紹介〕事件の蔭には必ず女あり	山路愛山	女子教育	T 3. 1. 1

年頭感慨	愛　山　生	国民新聞	T 3. 1. 3
ひとり言	愛　山　生	国民新聞	T 3. 1. 4
薩長論（百卅七）薩摩の運動（六）	愛　山　生	国民新聞	T 3. 1. 8
薩長論（百卅八）薩摩の運動（七）	愛　山　生	国民新聞	T 3. 1. 10
ひとり言	愛　山　生	国民新聞	T 3. 1. 11
薩長論（百卅九）薩摩の運動（八）	愛　山　生	国民新聞	T 3. 1. 13
薩長論（百四十）薩摩の運動（九）	愛　山　生	国民新聞	T 3. 1. 14
〔記事〕社会百気焔	山路愛山	実業之日本	T 3. 1. 15
ひとり言	愛　山　生	国民新聞	T 3. 1. 18
薩長論（百四十一）薩摩の運動（十）	愛　山　生	国民新聞	T 3. 1. 21
薩長論（百四十二）薩摩の運動（十一）	愛　山　生	国民新聞	T 3. 1. 22
薩長論（百四十三）薩摩の運動（十二）	愛　山　生	国民新聞	T 3. 1. 24
ひとり言	愛　山　生	国民新聞	T 3. 1. 25
薩長論（百四十四）薩摩の運動（十三）	愛　山　生	国民新聞	T 3. 1. 26
薩長論（百四十五）薩摩の運動（十四）	愛　山　生	国民新聞	T 3. 1. 27
薩長論（百四十六）薩摩の運動（十五）	愛　山　生	国民新聞	T 3. 1. 29
薩長論（百四十七）薩摩の運動（十六）	愛　山　生	国民新聞	T 3. 1. 30
蘇峰君の『時務一家言』	愛　山　生	再興独立評論	T 3. 2. 1
日本国民史草稿　総論・第一編上古史　第一章 支那史家の眼に映したる日本列島		〃	〃
〔時人論〕犬養木堂論・東京の新聞及新聞記者（再び）		〃	〃
〔史論〕織田信長論（十一）美濃の占領		〃	〃
ひとり言	愛　山　生	国民新聞	T 3. 2. 1
鎌倉時代の名婦人	山路愛山	女学世界	T 3. 2. 1
〔記事〕社会百気焔	山路愛山	実業之日本	T 3. 2. 1
〔思潮〕米国の排日と風俗習慣	山路愛山氏	弘　道	T 3. 2. 1

〔万報一覧〕全国の中学校を兵営すべし	山路愛山	新　公　論	T 3. 2. 1
序（石田伝吉著『理想之村』）	山路愛山	〈大倉書店〉	T 3. 2. 5
ひとり言	愛　山　生	国民新聞	T 3. 2. 8
『岩崎弥太郎』	山路愛山	〈東亜書房〉	T 3. 2. 10
薩長論（百四十九）薩摩の運動（十八）	愛　山　生	国民新聞	T 3. 2. 13
ひとり言	愛　山　生	国民新聞	T 3. 2. 15
社会百気焔	山路愛山	実業之日本	T 3. 2. 15
薩長論（百五十）薩摩の運動（十九）	愛　山　生	国民新聞	T 3. 2. 21
ひとり言	愛　山　生	国民新聞	T 3. 2. 22
山本伯に与ふ	愛　山　生	再興独立評論	T 3. 3. 1
日本国民史草稿 第一編上古史 第一節 支那史家の眼に映じたる日本島（続）		〃	〃
〔時人論〕山本伯を論ず・富豪研究 時代の空気		〃	〃
〔史論〕織田信長論（十二）信長旗を京都に樹つ（上）		〃	〃
〔徳川時代文学の研究〕近松総論（近代思想と近松の戯曲）		〃	〃
政治界の因果律（一）	山路愛山	読売新聞	T 3. 3. 27
政治界の因果律（二）	山路愛山	読売新聞	T 3. 3. 28
政治界の因果律（三）	山路愛山	読売新聞	T 3. 3. 29
日本国民史草稿 第一編上古史 第一章 支那史家の眼に映じたる日本島（六、続）		再興独立評論	T 3. 4. 1
〔時人論〕明石元二郎論（現代新人物論の一）・新聞界の英雄（朝日新聞社長村山龍平論）		〃	〃
〔史論〕織田信長論（十三）信長旗を京都に樹つ（中）		〃	〃

〔静思余録〕人生問題 仏説あほだら経並に論第一章今古無差別、東西一如第二章「新しいが善い」	△△菩薩造○○上人論	〃	〃
〔富豪研究〕諸国富豪論（兵庫県）		〃	〃
文章を書いて来た心持の変遷	山路愛山	新潮	T 3. 4. 1
オリヂナリチーの人（大正三、二、二二、石井十次氏追悼会席上）	山路弥吉	青年日本	T 3. 4. 1
思想と芸術	山路愛山	東亜芸術	T 3. 4. 1
［結婚号］結婚せよ独身は不幸なり	山路愛山	婦女界	T 3. 4. 1
［現代諸名士の青年に与へたる教訓］	山路愛山	雄弁	T 3. 4. 1
〔通俗講壇〕徳川家康の話（談）	山路愛山君	日本之小学教師	T 3. 4. 15
『偉人論』	山路弥吉	〈二松堂書店〉	T 3. 4. 20
日本国民史草稿　第一編　上古史第二章日本帝国の出現		再興独立評論	T 3. 5. 1
〔時人論〕大隈伯論・本山彦一論（新聞界の英雄、其二）・新内閣の大臣		〃	〃
〔静思余録〕人生問題　仏説あほだら経並に論第三章慌てちやいけない・カーライル語録	△△菩薩造○○上人論	〃	〃
〔富豪研究〕諸国富豪論（其二、山梨県）		〃	〃
余が最も好める人物（文責在記者）	山路愛山	雄弁	T 3. 5. 1
〔記事〕生活は放任主義に限るの説	山路愛山	生活	T 3. 5. 1
〔通俗講壇〕徳川家康の話（承前）（談）	山路愛山君	日本之小学教師	T 3. 5. 15
『思ふがまゝに』	山路弥吉	〈春陽堂〉	T 3. 5. 18
〔時論〕今後の社会問題と識者の態度	山路愛山	基督教世界	T 3. 5. 28
日本国民史草稿 第一編上古史 第二章日本帝国の出現		再興独立評論	T 3. 6. 1
〔時人論〕三井家論・波多野宮相		〃	〃

〔静思余録〕人生問題 仏説あほだら経並に論 第四章	△△菩薩造 ○○上人論	〃	〃
〔富豪研究〕諸国富豪論（愛知県）		〃	〃
〔一日一題〕批評則ち実行・弁護士制度改革論・讒誹の刑廃すべき歟・参政権の意義・我等は人才主義に執着す・藤田小四郎、戸津川名物・老人慢るべからず・講釈師を論ず・吉弘白眼論・京都及び奈良（一）～（四）・地方新聞論・加藤高明論・越中論・静岡市長・仏教諸大学の学生		〃	〃
［犬養征伐号］犬養木堂論	山路愛山	世界之日本	T 3. 6. 1
〔研究〕近代の精神主義	山路愛山	仏　教　界	T 3. 6. 1
〔講演〕織田信長の話	山路愛山君	静岡県教育時報	T 3. 6. 25
日本国民史草稿 第一編上古史 第二章日本帝国の出現 第三章神の思想の発達		再興独立評論	T 3. 7. 1
〔時人論〕政友会及び其総裁、大倉喜八郎・諸国富豪論（愛知県下）		〃	〃
〔一日一題〕宗教は色食の如し・虚名を恐るゝこと勿れ・徳富淇水先生逝く・精工舎を見る・主筆先生失望すること勿れ・笑ふべし翻訳政治・養生論（駿河の人石上誠一氏に与ふる書）・素人の教育論・理屈を云ふこと勿れ・福島記行・人生は夢の如し・芸妓及び女将・泡の多き・学齢論・昔が非乎、今が是乎・狂者愛すべし・工業立国論・小学校教師は平民の長城なり・二個の慰労会		〃	〃

〔名家論壇〕憲政運用の妙締	山路愛山	大正公論	T 3. 7. 1
〔名家論壇〕寧ろ人材を登用せよ	愛山生	〃	〃
〔万報一覧〕著作家の方から三拝九拝	山路愛山	新公論	T 3. 7. 1
〔講演〕織田信長の話（承前）	山路愛山	静岡県教育時報	T 3. 7. 25
〔論説〕貧民救助と社会政策	山路弥吉	国家医学会雑誌	T 3. 7. 30
『現代富豪論』 未見	山路愛山	〈中央書院〉	T 3. 7. ?
日本国民史草稿 第一編上古史 第三章 神の思想の発達		再興独立評論	T 3. 8. 1
〔史論〕箕作阮甫（上）医学博士呉秀三氏の著はす所、大日本図書株式会社出版		〃	〃
〔文芸〕いろは文庫の注解 小山田庄左衛門義盟を脱すること		〃	〃
〔一日一題〕能州論・人才主義・今の小学校教育は黔首を愚にするもの歟・泰平の粧飾・浮世絵と浮世文学と・四海一家の雅懐・眼と脳髄の関係に注意せよ・学堂の遁辞・阪谷男に望む・山本内閣末路を弔ひし詩・平仄の合はぬ世の中・帝王の学・不景気の人生に及ぼす不幸・玉川に遊ぶ記・是も浮世の義理なり		〃	〃
〔随筆〕佐倉及び印旛沼		〃	〃
〔雑話〕凡人の哲学	山路愛山	廿世紀	T 3. 8. 1
〔研究〕演説経験談	山路愛山氏	新布教	T 3. 8. 15
〔思潮〕無常迅速の感	山路愛山	六大新報	T 3. 8. 23
日本国民史草稿 第一編上古史 第三章 神の思想の発達		再興独立評論	T 3. 9. 1

〔時事雑記〕欧州戦争に関する我等の日誌		〃	〃
〔史論〕箕作阮甫（中）		〃	〃
〔富豪研究〕諸国富豪論（其五神奈川県（横浜））		〃	〃
〔随筆〕いろは文庫評論 殿中刃傷の原因		〃	〃
〔一日一題〕教師の智識欲を杜絶する勿れ・新聞記者の自殺・銚子紀行（一）・銚子紀行（二）裸体論・銚子紀行（三）・銚子紀行（四）・銚子紀行（五）・銚子紀行（六）海水浴論・銚子紀行（七）・田舎の人、都会の人を征服す・気楽なる殿様、憎むべき親方・朝寝して暑し暑しと云ふこと勿れ・草根本皮論		〃	〃
戦国策（一）新しき生命		〃	〃
〔人物評論〕［現代の青年男女を如何に観る？］	山路愛山	新日本	T 3. 9. 1
〔アンケート〕趣味と好尚（承前）	山路愛山	文章世界	T 3. 9. 1
『愛山文集〔現代名家文選巻第七〕』	山路愛山	〈帝国行政学館史書研究会出版部〉	T 3. 9. 5
序（伊東圭一郎編『東海三州の人物』）	山路愛山	〈静岡民友新聞社〉	T 3. 9. 5
今後の社会問題と識者の態度（同志社大学内現代評論会編『現代評論 第二編』）	山路愛山	〈簡易生活社〉	T 3. 9. 28
日本国民史草稿 第一編上古史 第三章 神の思想の発達		再興独立評論	T 3. 10. 1
〔時事雑記〕欧州戦争に関する我等の		〃	〃

日誌・蛮風保存論			
〔一日一題〕千葉県営の不便鉄道・気の毒なる木更津の築港・木更津より久留里・久留里より大多喜・民間の歴史家・泣言に似たれども・第二十世紀の気風		〃	〃
〔随筆〕戦国策（二）駒場野の襲撃		〃	〃
世界の雄者たるべき国民の覚悟　未見	山路愛山	活人	T 3. 10. 1
［現代諸名家の青年訓及座右銘］	山路愛山	青年及青年団	T 3. 10. 1
〔雑纂〕楠公と信長　未見	山路愛山	国民精神	T 3. 10～（T 4. 5）
日本国民史草稿 第一編上古史 第四章 古人の心理状態		再興独立評論	T 3. 11. 1
〔史論〕箕作阮甫（下の一）		〃	〃
〔一日一題〕横浜の演説・芸人侮るべからず（一）・芸人侮るべからず（二）・小林最登米君に答ふ・松戸の講演・八原紀行（一）・旅館論（一）・旅館論（二）・八原紀行（二）・代議士論・平紀行		〃	〃
今は『殿堂』改築の秋なり	山路愛山	世界之日本	T 3. 11. 1
〔読物〕昔の武家の妻	山路愛山	婦人画報	T 3. 11. 1
〔思潮〕支那民性論　未見	山路愛山	教育実験界	T 3. 11. 5
源氏物語を読む	山路弥吉	史学雑誌	T 3. 11. 20
文章十諦（小崎都也野編『『現代二拾名家 文章作法講話』）	山路愛山	〈万巻堂〉	T 3. 11. 20
日本国民史草稿 第一編 上古史第四章 古人の心理状態（続）		再興独立評論	T 3. 12. 1
〔史論〕鄭成功論海軍国と陸軍国		〃	〃

〔一日一題〕三春の旅・飯山の演説・旧知の会合・専修大学に学生の講演会を聴く・精力の限りを尽さん		〃	〃
本紙の期する所		再興独立評論	T 4. 1. 1
〔評論〕義勇軍論・代議政体と支那		〃	〃
〔史論〕日本国民史草稿第一編上古史第五章上古の政治史（続）		〃	〃
〔万報一覧〕人生即芸術	山路愛山	新　公　論	T 4. 1. 1
年頭所感	山路愛山	国民新聞	T 4. 1. 3
独立春秋		再興独立評論	T 4. 2. 1
〔史論〕上古史総論人種の合金作用（上）		〃	〃
〔一日一題〕寂寞の浜は是れ読書の境・法律の世を変じて人間の世とせよ・田舎を楽しからしむべし・世界の大勢、小児の遊戯に及ぶ・茂原町に遊ぶ・夜這は悪徳なれども真の恋なり・島田沼南先生に与ふるの書・鰯の大漁・沼南先生の書至る・義勇軍派遣の国論喚起		〃	〃
『三宅雪嶺氏の世の中〔名著梗概乃評論第１編〕』	山路愛山	〈名著評論社〉	T 4. 2. 18
〔回顧廿五年〕懐旧一則（一）	山路愛山	国民新聞	T 4. 2. 19
〔回顧廿五年〕懐旧一則（二）	山路愛山	国民新聞	T 4. 2. 20
〔回顧廿五年〕懐旧一則（三）	山路愛山	国民新聞	T 4. 2. 22
〔回顧廿五年〕懐旧一則（四）	山路愛山	国民新聞	T 4. 2. 23
〔回顧廿五年〕懐旧一則（五）	山路愛山	国民新聞	T 4. 2. 24
独立春秋		再興独立評論	T 4. 3. 1
〔史論〕上古史総論 人種の合金作用（中）		〃	〃
〔一日一題〕政治書の輪講を開くべし・		〃	〃

善に弱きもの・師恩と学校恩・或人に答ふる書・茂原の政談演説を聴く（一）堀牧師と語る・茂原の政談演説を聞く（二）亀齢館・茂原の政談演説を聞く（三）法学士中村泰治・茂原の政談演説を聴く（四）杉山重義、関和知・茂原の政談演説を聴く（五）尾崎行雄・茂原の政談演説を聴く（五）中島気崢			
独立春秋		再興独立評論	T 4. 4. 1
〔史論〕上古史総論 人種の合金作用（下）		〃	〃
〔一日一題〕三門より土浦まで・霞浦		〃	〃
与外松醇堂先生	愛山生	〃	〃
楠公と信長 未見	山路愛山	国民精神	T 4. 4. 1
〔文苑〕乙卯二月訪戸松先生 未見	山路愛山	千葉教育雑誌	T 4. 5. 1
独立春秋		再興独立評論	T 4. 5. 1
〔史論〕人龍片鱗 少年時代の家康・門徒一揆		〃	〃
独立春秋		再興独立評論	T 4. 6. 1
〔史論〕上古史総論 時世一新（一）		〃	〃
〔史論〕人龍片鱗（今月五日に発行すべき家康伝の一節）家康伝の序文	愛山生	〃	〃
信長。秀吉。家康。	山路愛山	太陽	T 4. 6. 1
〔記事〕家康唯一の武器	山路愛山	生活	T 4. 6. 1
〔思想と言論〕徳川家康論	山路愛山	新聞之新聞	T 4. 6. 1
『名士の学生時代』（読売新聞社編）	山路弥吉君	〈岩陽堂書店〉	T 4. 6. 7
尊王心の史論	山路愛山	太陽	T 4. 6.15
〔雑録〕村松一先生の行実	山路弥吉	護教	T 4. 6.18
独立春秋		再興独立評論	T 4. 7. 1

〔史論〕上古史総論　時世一新（二）		〃	〃
村松一先生の行実	愛山生	〃	〃
〔万報一覧〕漢人の楽しむを楽み漢人の悲むを悲め	山路愛山	新公論	T 4. 7. 1
『徳川家康』	山路弥吉	〈独立評論社〉	T 4. 7. 5
〔公論〕政党発達史論	山路愛山	中央公論	T 4. 7. 15
〔通俗講壇〕三将論	山路愛山君	日本之小学教師	T 4. 7. 15
『南洲全集』	山路弥吉編	〈春陽堂〉	T 4. 7. 21
［夏休を如何に利用すべきか］子供を本位にする我輩の夏休	山路愛山	家庭雑誌	T 4. 8. 1
どうしたらば内助の功を立てる事が出来るか	山路愛山	婦人雑誌	T 4. 8. 1
［戦国の英雄］信長と秀吉と家康	山路愛山	雄弁	T 4. 10. 1
名士の婦人観	山路愛山	新真婦人	T 4. 11. 1
国体論	山路愛山	新修養	T 4. 12. 1
信州人気質	山路愛山	日本一	T 4. 12. 1
［乃木伯爵家復興の是非］	山路愛山	実業之世界	T 4. 12. 1
国事憂ふるに足らず	愛山生	国民新聞	T 5. 1. 1
〔読物〕日本及び日本の女性　弟橘姫	山路愛山	婦人画報	T 5. 1. 1
維新歴蜃史の背後の女	山路愛山	新小説	T 5. 1. 1
［大正邦民の新目標］（十三名士の目標に対する回答）	山路弥吉	実業之日本	T 5. 1. 1
カイゼルと家康と三成　未見	山路愛山	新社会	T 5. 1. ?
大いなる人物（大町桂月ほか編『作法作例 議論文』〔新式作法文大成 第6冊〕所収）	山路愛山	〈博文館〉	T 5. 1. 20
〔読物〕日本及び日本の女性 弟橘姫	山路愛山	婦人画報	T 5. 2. 1
倭寇の話（一）	山路愛山	新小説	T 5. 2. 1

〔特別記事〕朝に大食して得た僕の健康	山路愛山	生活	T 5. 2. 1
維新豪傑の少年時代	山路愛山	帝国青年	T 5. 2. 11
『東西六千年』	山路弥吉	〈春陽堂〉	T 5. 2. 23
〔読物〕日本及び日本の女性 弟橘姫	山路愛山	婦人画報	T 5. 3. 1
倭寇の話（二）	山路愛山	新小説	T 5. 3. 1
維新豪傑の少年時代	山路愛山	帝国青年	T 5. 3. 1
家庭に粗食の習慣を作れ	山路愛山	家庭雑誌	T 5. 3. 1
『蘇峰文選』を読む（一）我家の小野小町	愛山生	国民新聞	T 5. 3. 11
『蘇峰文選』を読む（二）実用文学（一）	愛山生	国民新聞	T 5. 3. 12
『蘇峰文選』を読む（三）実用文学（二）	愛山生	国民新聞	T 5. 3. 13
『蘇峰丈亀』を読む（四）実用文学（三）	愛山生	国民新聞	T 5. 3. 14
『蘇峰文選』を読む（五）実用文学（四）	愛山生	国民新聞	T 5. 3. 15
『蘇峰文選』を読む（六）実用文学（五）	愛山生	国民新聞	T 5. 3. 16
『蘇峰文選』を読む（七）蘇峰と福翁（一）	愛山生	国民新聞	T 5. 3. 17
『蘇峰文選』を読む（八）蘇峰と福翁（二）	愛山呈	国民新聞	T 5. 3. 18
『蘇峰文選』を読む（九）蘇峰と鼎軒（一）	愛山生	国民新聞	T 5. 3. 19
『蘇峰克蓬』を読む（十）蘇峰と鼎軒（二）	愛山生	国民新聞	T 5. 3. 20
『蘇峰文選』を読む（十一）自然の約束	愛山生	国民新聞	T 5. 3. 23
『蘇峰文選』を読む（十二）蘇峰君の変説（一）	愛山生	国民新聞	T 5. 3. 24
『蘇峰文選』を読む（十三）蘇峰君の変説（二）	愛山生	国民新聞	T 5. 3. 25
『蘇峰文選』を読む（十四）平民主義と帝国主義（一）	愛山生	国民新聞	T 5. 3. 26
『蘇峰文選』を読む（十五）平民主義と帝国主義（二）	愛山生	国民新聞	T 5. 3. 27

『蘇峰文選』を読む（十六）蘇峰君の新生涯	愛　山　生	国　民　新　聞	T 5. 3. 28
依然たる独立評論		再興独立評論	T 5. 4. 1
〔史論〕明治天皇紀（一）		〃	〃
〔一日一題〕虚名の大臣は実質の小学先生に如かず・田中舎身（一）・田中舎身（二）・民軍の下士官・大倉喜八郎は如何なる人ぞや・電車の値上と尾崎の責任・角田浩々氏に謝す・加藤弘之氏・偽善なる神道論者・大倉喜八郎男は如何なる人ぞや（再び）・自由討論の必要・社会主義者の看過したる事実・哲学侮るべし・村塾雑誌・中津村講演の記（一）・中津村講演の記（二）・中津村講演の記（三）・中津村講演の記（四）・大日本忠孝会・大日本帝国教養報徳社・角田浩々氏逝く（二）		〃	〃
〔読物〕日本及び日本の女性 神功皇后（上）	山路愛山	婦　人　画　報	T 5. 4. 1
倭寇の話（三）	山路愛山	新　小　説	T 5. 4. 1
維新豪傑少年時代	山路愛山	帝　国　青　年	T 5. 4. 1
天下一に定まらん	山路愛山	中　央　公　論	T 5. 4. 1
〔公論〕［大正新女大学］（その四）	山路愛山	婦　人　公　論	T 5. 4. 1
〔史論〕神道総論・明治天皇紀（二）		再興独立評論	T 5. 5. 1
〔一日一題〕関東平原の地方政治（一）・関東平原の地方政治（二）・田舎寺の読書・川路聖謨を思ふ・社会主義者の時日本研究・文壇多少の礼節あり・社会主義関して某氏に与ふ・山梨県北巨摩郡篠屋村の小林重三氏に		〃	〃

与ふ・桃を市川に観る・能州公論に与ふ・松村介石先生と語る（一）・松村介石先生と語る（二）・耶蘇教の諸豪何ぞ一致せざる・救世軍論・外人の力に依りて日本の教育を支ふること勿れ・少年の文学雑誌・主筆なき信濃毎日新聞・河村多賀造氏の近什			
〔読物〕日本及び日本の女性　神功皇后（上）	山路愛山	婦人画報	T 5. 5. 1
維新豪傑少年時代	山路愛山	帝国青年	T 5. 5. 1
〔記事〕大和民族の滑稽趣味（談）	山路愛山	生活	T 5. 5. 1
自由討論の必要―独立評論「一日一題」の中より―	山路愛山	新社会	T 5. 5. 1
〔史論〕作史の用心（左は只今著述中なる日本国民史凡例の一部なり）・明治名臣譚		再興独立評論	T 5. 6. 1
〔一日一題〕葉書の利用・獣欲主義・大に関東を教育せよ・須坂に遊ぶ・政友会猛省すべし・姫路紀行・吉植、中平、喧嘩両成敗・臭き物に蓋をせよ・探偵流行・相馬町の蕃山会・二等車の乗客		〃	〃
〔読物〕日本及び日本の女性　神功皇后（中）	山路愛山	婦人画報	T 5. 6. 1
安心論	山路愛山	帝国青年	T 5. 6. 1
倭寇の話（四）	山路愛山	新小説	T 5. 6. 1
〔万報一覧〕現代平民主義の欠陥	山路愛山	新公論	T 5. 6. 1
〔評論〕支那論		再興独立評論	T 5. 7. 1
〔読物〕日本及び日本の女性　神功皇后（下）	山路愛山	婦人画報	T 5. 7. 1

汝の胆を大にせよ　未見	山路愛山	帝国青年	T 5. 7. 1
『山路愛山講演集 第一編』	山路愛山	〈大江書房〉	T 5. 7. 11
〔評論〕支那論（下）		再興独立評論	T 5. 8. 1
〔読物〕日本及び日本の女性 上毛野君形名の妻（一）	山路愛山	婦人画報	T 5. 8. 1
読書面　未見	山路愛山	帝国青年	T 5. 8. 1
諸国気質論	山路愛山	新小説	T 5. 8. 1
〔婦人と社会〕日本の維新と支那の革命	山路愛山	新日本	T 5. 8. 1
〔読物〕日本及び日本の女性 上毛野君形名の妻（二）	山路愛山	婦人画報	T 5. 9. 1
太閤流の結婚	山路愛山	帝国青年	T 5. 9. 1
〔説苑〕近世史、現代史に於ける渋沢翁の位置	山路愛山	中央公論	T 5. 9. 1
文界も当分は自由競争（談）	山路弥吉	日本及日本人	T 5. 9. 20
〔公論〕近世史、現代史に於ける渋沢翁の位置（中の一）	山路愛山	中央公論	T 5. 10. 1
『山路愛山講演集 第二編』	山路愛山	〈大江書房〉	T 5. 10. 5
『支那論』	山路愛山	〈民友社〉	T 5. 10. 8
〔公論〕近世史、現代史に於ける渋沢翁の位置（中の二）	山路愛山	中央公論	T 5. 11. 1
立太子の御儀に際して忠諫を論ず	山路愛山	新小説	T 5. 11. 1
何を以て慶賀の意を表はす可き	山路愛山	帝国青年	T 5. 11. 3
〔公論〕近世史、現代史に於ける渋沢翁の位置（其三）	山路愛山	中央公論	T 5. 12. 1
〔読物〕持統天皇の御事　―日本及び日本の女性―	山路愛山	婦人画報	T 5. 12. 1
〔月曜論壇〕一夢半百歳	山路愛山	国民新聞	T 6. 1. 1
〔説苑〕天下を取った女 女傑天武后のこと	山路愛山	婦人公論	T 6. 1. 1

新貴族主義を建立せよ＝富豪に告ぐ	山路愛山	経済時論	T 6. 1. 1
余の文章を書く用意 ―主として評論文を書く人々の為に―	山路愛山	文章倶泰郎	T 6. 1. 1
〔読物〕持統天皇の御事 ―日本及び日本の女性―	山路愛山	婦人画報	T 6. 2. 1
王陽明論	山路愛山	新小説	T 6. 3. 1
奠都五十年（一）（二）	愛山生	国民新聞	T 6. 3.13
奠都五十年（三）（四）	愛山生	国民新聞	T 6. 3.14
奠都五十年（五）	愛山生	国民新聞	T 6. 3.15
奠都五十年（六）（七）	愛山生	国民新聞	T 6. 3.16
奠都五十年（八）（九）	愛山生	国民新聞	T 6. 3.17
〔時論〕予と基督教（演説）	山路愛山	雄弁	T 6. 4. 1
〔雑録〕不良児を持つ親へ	愛山山路氏	人道	T 6. 4.15
『世界の過去現在未来』	山路愛山	〈大江書房〉	T 6. 4.28
『高山彦九郎』 未見	山路愛山	〈如山堂〉	T 6. 5. ?
『山路愛山講演集　第三編』	山路愛山	〈大江書房〉	T 6. 6. 3
源義経翰	山路愛山	新国民	T 6. 6. 5
『愛山文集』（内山省三編）	山路愛山	〈民友社〉	T 6.11.20

櫻井成明著作目録

本目録は、櫻井成明の著作を発表年月の順に並べたものです。

その一つ一つには、キリスト者として、漢学者として、教育者として、精神的成長を期して「時代」と闘った誠実な生涯が刻まれています。

文献の所蔵先は以下の通りです。

青山学院資料センター、関西学院学院史資料室、神戸女学院大学図書館、国立国会図書館、日本キリスト教団聖書之友教会、天理大学図書館、東京女子大学図書館、東京神学大学図書館、東京大学法学部明治新聞雑誌文庫、日本キリスト教団本郷中央教会、早稲田大学図書館。

宮崎康久（本郷中央教会牧師）・深山和子（櫻井成明令孫）・鈴木一正（元国文学研究資料館司書）各氏から貴重なご教示をいただきました。心から感謝申し上げます。

櫻井成明肖像

櫻井《さくらい》成明《なりあきら》（号・明石《めいせき》）

1865. 11. 12（慶応 1. 9. 25）－1945. 4. 12

漢学者。キリスト信徒。

陸奥国西白河郡釜子村（現、福島県白河市東釜子）の陣屋（越後高田藩榊原家の飛領地）に鋠弥《しんや》・節《せつ》の長男として生まれる。1875（明治 8）年、高田から上京。1880 年、政治家を志し東京府第一中学校から共立学校へ転学するも遺伝の喘息発作に襲われ大学予備門の受験を諦め、1884 年、東京大学文学部附属古典講習科漢書課に入る（1888 年卒業）。友人・桧山金彦からキリスト教への入信を熱心に勧められ、1887 年 8 月 14 日、下谷メソジスト教会で Charles Samuel Eby から洗礼を受ける。1889 年、Eby の日本語教師に雇われ、既に速記術とタイプライターの特技をもって通勤していた北村門太郎（透谷）と出会う。1890 年、中央会堂（Eby 主宰）の機関誌『大明新誌』創刊。編集者となる。同年、『護教』主筆・山路弥吉（愛山）と出会う。1893 年、明石訳『希臘孝士 腓立比物語』、透谷の推薦に巌本善治が応え女学雑誌社から出版される。同年、愛山の周旋で関西学院に就職。1890 年、本多庸一に勧められ、東京帝国大学附属図書館勤務の傍ら青山学院に出講。1901 年、青山学院専任講師となる。同年、長野節子と結婚。1933（昭和 8）年、青山学院退職。以後、昇天までポーロ伝の著作に従う。墓所は谷中霊園。

〔著訳書〕『童蒙例訓』1890、『うゑすれい師改信始末』1894、『顕理平文伝――名理想の学校長』1899、『通俗耶蘇一代記』1914 ほか。

〔文献〕川崎司『若き明石　櫻井成明』1989、川崎司『高木壬太郎―*その平凡の生涯をたどって*―』2010。

櫻井成明著作目録

題　目 『　』＝単行本、〔　〕＝掲載欄 ①②③…＝注、☆＝透谷との交流を明かす文	署　名	掲載紙誌名 〈 〉＝発行所	発行年月日 M＝明治 T＝大正 S＝昭和
〔教報〕日本メソヂスト下谷教会のリバイバル	(一信徒報)	基督教新聞	M21. 11. 28
〔教報〕下谷メソヂスト教会リバイバルの詳報	(一信徒報)	基督教新聞	M21. 12. 12
〔論説〕与二同窓諸友一論二基督教書一①	櫻井恒太郎	六合雑誌	M22. 1. 16
〔雑録〕随筆一則	櫻井明石	基督教新聞	M22. 5. 8
〔児童之教〕かあり、ちつくノ譚（第1回）②	明石居士	真理之鏡	M22. 6. 5
『基督教及儒教 本分論』(ジェームス・レッグ著)	櫻井恒太郎訳	〈福音社〉	M22. 6. 28
〔児童之教〕かありい、ぢつく③	明石生	真理之鏡	M22. 8. ?
天明新誌　発刊趣旨	(無署名)	天明新誌	M23. 1. 27
『いのりの力』④	櫻井成明訳	〈倫敦聖教書類会社〉	M23. 2. ?
〔雑録〕是れ仁なり，悪－亡－救	(無署名)	天明新誌	M23. 3. 8
〔雑録〕鴉児	(無署名)	天明新誌	M23. 4. 30
〔雑録〕双勇舵手⑤	明石居士	天明新誌	M23. 5. 31
『童蒙例訓』⑥	明石居士編	〈倫敦聖教書類会社〉	M23. 6. ?
〔雑録〕靴工ケンプと安息学校	明石居士	天明新誌	M23. 7. 5
〔雑録〕随閲随抄（一）献金，祝と詛，聖餐陪食者の数	明石居士	天明新誌	M23. 7. 31
〔雑録〕餓死	明石居士	女学雑誌	M24. 2. 7
『科学的法式により基督を批判す』(ベンジャミン・ハワルド述)	櫻井成明訳	〈基督教書類会社〉	M24. 2. ?

〔雑録〕ゑるされむ城	明石居士	聖書之友月報	M24. 8. 15
〔雑録〕ゑるされむ城（中）	明石居士	聖書之友月報	M24. 9. 15
〔雑報〕ゑるされむ城（下）	明石居士	聖書之友月報	M24. 10. 15
〔文藻〕某に与ふ☆	龍岡処士	護教	M25. 1. 3
〔雑録〕摩西論（第1回）（まいえる著）	櫻井成明訳	聖書之友月報	M25. 1. 16
〔雑録〕摩西論（第2回）（まいえる著）	櫻井成明訳	聖書之友月報	M25. 2. 17
〔教報〕財の用ゐ刻するの引⑦	櫻井成明	護教	M25. 3. 26
〔教報〕書簡一則	櫻井明石	護教	M25. 4. 2
〔家庭及学校〕ジョン、ウエスレイ師の事を記す⑧	明石居士	〃	〃
〔雑録〕摩西論（第3回）（まいえる著）	櫻井成明訳	聖書之友月報	M25. 4. 16
〔雑報〕摩西論（第4回）（まいえる著）	櫻井成明訳	聖書之友月報	M25. 5. 17
〔雑録〕摩西論（第5回）（まいえる著）	櫻井成明訳	聖書之友月報	M25. 6. 17
〔批評〕脱蝉子に与へて其「星夜」を評す☆	「星夜」の主人公となりし男	女学雑誌（甲の巻・白表）	M25. 7. 16
〔批評〕又脱蝉子へ☆	「星夜」の主人公ならざりし男	〃	〃
〔婦人のため〕是れ仁なり⑨	明石居士	聖書之友月報	M25. 7. 17
〔雑録〕摩西論（第6回）（まいえる著）	櫻井成明訳	聖書之友月報	M25. 8. 15
〔行実〕池田香園を悼む文	櫻井明石	護教	M25. 8. 27
〔雑録〕摩西論（第7回）（めゑる著）	櫻井成明訳	聖書之友雑誌	M25. 9. 22
〔雑録〕摩西論（第8回）（めゑる著）	櫻井成明訳	聖書之友雑誌	M25. 10. 15
〔雑録〕摩西論（第9回）（めゑる著）	櫻井成明訳	聖書之友雑誌	M25. 11. 15
『童蒙例訓』	櫻井成明編	〈基督教書類会社〉	M25. 11. ?
〔雑録〕摩西論（第10回）（めゑる著）	櫻井成明訳	聖書之友雑誌	M25. 12. 29
〔付録〕貞婦於石	櫻井成明	女学雑誌（乙の巻・赤表）	M26. 1. 7

〔婦人のため〕鴉児⑩	明石居士	聖書之友雑誌	M26. 1. 23
〔雑録〕摩西論（第11回）（めゑる著）	櫻井成明訳	〃	〃
〔雑録〕英人某に与ふるの書	櫻井明石	女学雑誌（甲の巻・白表）	M26. 2. 11
〔雑録〕摩西論（第12回）（めゑる著）	櫻井成明訳	聖書之友雑誌	M26. 2. 18
〔雑録〕摩西論（第13回）（めゑる著）	櫻井成明訳	聖書之友雑誌	M26. 3. 16
『希臘孝子 腓立比物語』☆	櫻井明石重訳	〈女学雑誌社〉	M26. 4. 6
『財の用ゐかた』（ジョン・ウェスレー師説教）	櫻井成明訳	〈広業館〉	M26. 4. 14
〔雑録〕摩西論（第14回）⑪（めゑる著）	櫻井成明訳	聖書之友雑誌	M26. 4. 15
〔史伝〕山田米子女史行状⑫	櫻井成明	女学雑誌	M26. 4. 29
〔通信〕山田米子女史行状⑬	櫻井成明	護教	M26. 4. 29
〔雑録〕摩西論（第15回）（めゑる著）	櫻井成明訳	聖書之友雑誌	M26. 5. 13
〔事務〕第三四季会々計	櫻井成明	中央会堂月報	M26. 5. 20
〔通信〕山田米子女史行状⑭	櫻井成明	〃	〃
〔雑録〕摩西論（第16回）（めゑる著）	櫻井成明訳	聖書之友雑誌	M26. 6. 17
〔漫録〕兼好の酒論	明石居士	禁酒新報	M26. 6. 24
〔通信〕山田米子墓誌⑮	櫻井明石	護教	M26. 6. 24
〔雑録〕摩西論（第17回）（めゑる著）	櫻井成明訳	聖書之友雑誌	M26. 7. 17
〔雑録〕摩西論（第18回）（めゑる著）	櫻井成明訳	聖書之友雑誌	M26. 8. 17
〔雑録〕ゲツセマ子の園	明石居士	〃	〃
〔講壇〕いかにして心を柔和ならしむべきか（スポルジョン氏説教）	櫻井成明訳	護教	M26. 8. 19
〔雑録〕山田米子墓誌⑯	櫻井成明	中央会堂月報	M26. 8. 19
〔講壇〕いかにして心を柔和ならしむべきか（承前）（スポルジョン氏説教）	櫻井成明訳	護教	M26. 8. 26
〔雑録〕摩西論（第19回）（めゑる著）	櫻井成明訳	聖書之友雑誌	M26. 9. 15
〔雑録〕摩西論（第20回）（めゑる著）	櫻井成明訳	聖書之友雑誌	M26. 10. 18

〔雑録〕摩西論（第21回）（めゑる著）	櫻井成明訳	聖書之友雑誌	M26. 11. 25
〔つれづれ草〕挿禾辞	明石居士	評論	M26. 12. 16
〔雑録〕摩西論（第22回）（めゑる著）	櫻井成明訳	聖書之友雑誌	M26. 12. 26
〔雑録〕櫻井氏より病床にある永野氏へ遣はされし書翰☆		中央会堂月報	M26. 12. 27
〔雑録〕摩西論（第23回）（めゑる著）	櫻井成明訳	聖書之友月報	M27. 2. 20
〔文苑〕兼好の酒論を評す⑰	櫻井明石	めぐみ	M27. 2. 21
〔歌林〕山田米子墓誌⑱	櫻井成明	〃	〃
〔雑録〕摩西論（第24回）（めゑる著）	櫻井成明訳	聖書之友雑誌	M27. 3. 23
〔雑録〕摩西論（第25回）（めゑる著）	櫻井成明訳	聖書之友雑誌	M27. 4. 21
〔天地悠々〕渫斎説	櫻井明石居士	青山評論	M27. 4. 30
〔雑録〕摩西論（第26回）（めゑる著）	櫻井成明訳	聖書之友雑誌	M27. 5. 21
〔雑録〕摩西論（第27回）（めゑる著）	櫻井成明訳	聖書之友雑誌	M27. 6. 20
『落穂』	櫻井成明編	桜井成明	M27. 7. 3
〔つれづれ草〕沙翁戯曲該撒一節	明石居士	女学雑誌	M27. 7. 7
〔雑録〕摩西論（第28回）（めゑる著）	櫻井成明訳	聖書之友雑誌	M27. 7. 30
〔雑録〕摩西論（第29回をはり）（めゑる著）	櫻井成明訳	聖書之友雑誌	M27. 8. 27
〔追憶北村透谷〕月下恋を読みて⑲☆	明石居士	評論	M27. 10. 8
〔つれづれ草〕月下恋を読みて⑳☆	明石居士	女学雑誌	M27. 10. 13
『うゑすれい師改信始末』	櫻井成明	〈メソヂスト出版舎〉	M27. 12. 11
〔文苑〕文語	櫻井明石	めぐみ	M27. 12. 23
〔講和〕達磨大士	明石居士	めぐみ	M28. 6. 26
〔雑録〕詩経弁書（朱伝に拠る俗体を用ふ）	櫻井成明	〃	〃
〔雑録〕落穂（新作謡曲）	明石居士	女学雑誌	M29. 5. 29
〔文芸史伝〕沙集論文　該撒曲壱章総評	明石櫻井成明	教育時論	M30. 7. 5

『ウエスレー氏説教集』上巻㉑	エス・エイチ・ウエンライト、櫻井成明、菱沼平治共訳	吉 岡 美 国	M31. 7. 7
『顕理平文伝　一名理想の日曜学校長』（エッチ、クレー、トランプル著）	アグネス・コーツ、櫻井成明訳	〈明石山房〉	M32. 12. 16
〔小説〕李《り》白《じ》亜《あ》姫《ひめ》㉒（ヘンリック、シンキウヰッツ作）	明石居士訳	毎 日 新 聞	M35. 9. 6 ～11. 13

【(回) 掲載月日】

(1) 9. 6　(2) 9. 7　(3) 9. 8　(4) 9. 10　(5) 9. 11　(6) 9. 12　(7) 9. 13　(8) 9. 14　(9) 9. 16　(10) 9. 17　(11) 9. 18　(12) 9. 19　(13) 9. 20　(14) 9. 21　(15) 9. 23　(16) 9. 24　(17) 9. 26　(18) 9. 27　(19) 9. 28　(20) 9. 30　(21) 10. 1　(22) 10. 2　(23) 10. 3　(24) 10. 4　(25) 10. 5　(26) 10. 7　(27) 10. 8　(28) 10. 9　(29) 10. 10　(30) 10. 11　(31) 10. 12　(32) 10. 14　(33) 10. 15　(34) 10. 18　(35) 10. 19　(36) 10. 22　(37) 10. 24　(38) 10. 26　(39) 10. 28　(40) 10. 30　(41) 10. 31　(42) 11. 1　(43) 11. 2　(44) 11. 5　(45) 11. 6　(46) 11. 7　(47) 11. 9　(48) 11. 11　(49) 11. 12　(50) 11. 13

〔詞藻〕甲山先生	明 石 居 士	青山学院校友会会報	M39. 7. 30
『日曜学校教授法』（エッチ、クレー、トランブル著）	アグネス・コーツ、櫻井成明訳	〈教　文　館〉	M40. 12. 15
〔追悼〕故マクレー博士（ソーパル博士朗読）	櫻井成明訳	青山学院校友会会報	M41. 7. 27
〔故本多先生記念〕本多先生文雅の一面	櫻 井 成 明	青山学院校友会会報	T 2. 3. 25
『通俗耶蘇一代記』（ジョージ・ホッヂス編）	櫻井成明訳	〈日本基督教興文協会〉	T 3. 7. 15
無題［浅田栄次追懐］（浅田みか子編『浅田栄次追懐録』）	櫻 井 成 明	〈浅田みか子〉	T 5. 3. 28

〔雑纂〕浅田教授夫人に答ふ	櫻井成明	青山学院校友会会報	T 5. 5. 15
〔芸苑〕燔祭（新作謡曲）㉓	櫻井明石	護教	T 5. 12. 15
〔詞叢〕燔祭（新作謡曲）㉔	櫻井明石	青山学院校友会会報	T 6. 2. ?
〔雑録〕飲中八仙歌印譜の後に書す（原漢文）	櫻井明石	護教	T 6. 6. 8
〔論叢〕○○○○氏に与ふ	櫻井成明	青山学院校友会会報	T 6. 7. ?
〔私の愛読書〕	櫻井成明	青山文学	T14. 6. 16
田能村竹田と頼山陽	櫻井成明	国学院雑誌	T15. 5. 5
巻頭言	櫻井成明	高潮	S 4. 6. 3
送別と謝恩	櫻井成明	高潮	S 6. 7. 6
長寿と短命（山口信義編『なみだ』）	櫻井成明	〈中央会堂旧友会〉	S 8. 10. 28
透谷子を追懐す☆	櫻井明石	明治文学研究	S 9. 4. 1
透谷子を追懐す（承前）☆	櫻井明石	明治文学研究	S 9. 6. 1
明治二十四五年頃の会堂（木下新吉編『中央会堂の昔を語る（其の一）』）	櫻井成明	〈中央会堂〉	S10. 11. 5
〔消息〕恒楽会諸姉へ	櫻井成明	青山女学校校友会会報	S13. 7. 20
中央会堂教会の最古参の旧友たち（中央会堂編『中央会堂五十年史』）	櫻井成明	〈中央会堂〉	S15. 10. 13

注

①明治 21 年 10 月 18 日脱稿（櫻井成廣氏旧蔵の同文章稿による）。

②『基督教新聞』（明治 22 年 6 月 5 日）の広告による。

③雑誌『知青年』（明治 22 年 8 月 1 日）の広告による。

④刊行日欠（『基督教新聞』明治 23 年 2 月 28 日）の広告による。

⑤『神戸関西学院基督教青年会雑書　第一』（櫻井成廣氏旧蔵、発行年月日不明）掲載の「双勇舵手」と同文か。

⑥「カアリー、ヂック　上中下」収載。

⑦⑧『財の用ゐかた』（明治26年4月刊）所収。

⑨『天明新誌』第2号（明治23年3月8日発行）掲載の「是れ仁なり」と同文。

⑩『天明新誌』第4号（明治23年4月30日発行）掲載の「鴉児」と同文。

⑪同誌〔雑録〕欄に“編論原文掲載の「ゼ、クリスチアン」第千百四十八号を見失い本論第十四回マナ天より降るの条を訳すること能はず、困て一回を越え本月は第十五回を訳載し置き、知友に索めて後日第十四回を訳載すべし。訳者識”とある。

⑫⑬⑭⑮⑯⑱『落穂』（明治27年7月刊）所収。

⑰『禁酒新報』第2号（明治26年6月24日発行）掲載の「兼好の酒論」と同文。

⑲⑳は同文。

㉑村上謙介著『ウエンライト博士伝』（昭和15年7月刊）に“…博士は日本人の信徒数名（=櫻井成明を含む）と共に『ウエスレー説教集』の翻訳に着手し、その四篇は既に昨年（=明治24年）成り、一巻として不日出版せらるべし。…”とある。

㉒“本小説李日亜姫原名クヲ、ヴハデスは波瀾某国の志士にして近年欧米の文壇に名声雷の如く轟けるヘンリック、シンキウヰツツ氏の一大傑作なり…其内容の啻に小説として興趣湧くが如きのみならず人の品性を陶冶し信仰を増進せしむるに多大の利益あるや必せり…”と勢いよく連載を開始した「李日亜姫」であったが、今一つ読者を引き付けることができず、“漸く蔗境に進みたる小説李日亜姫は訳者頃日病蓐に臥し居り尚暫く執筆し難き由申来りたれば遺憾ながら之を中止し…”という理由を掲げて紙上から撤退した。”（高木健夫著『新聞小説史　明治篇』）（昭和49年12月刊）

㉓㉔は同文。

高木壬太郎著作目録

　文献の所蔵先は以下の通りです。

青山学院資料センター、慶応義塾大学斯道文庫、島田市博物館、昭和女子大学近代文庫、日本基督教団聖書之友教会、東京大学明治新聞雑誌文庫、宗教法人道会、同志社大学人文科学研究所、東洋英和女学院史料室、日本キリスト教女子青年会の各機関。

大阪府立中之島、国立国会、静岡県立中央、筑波大学附属中央、東京神学大学、同志社大学、成田山仏教、日本女子大学、早稲田大学の各図書館。

池田春樹、河村計三、高木喜美子、高木智夫、高木直子、高木須江、八木伊三郎の各氏。

　なお、この調査にあたって鈴木範久（立教大学名誉教授)、鈴木一正（元国文学研究資料館司書）両氏からは特別のご指導をいただきました。

　皆様には心から感謝を申し上げます。

高木壬太郎《たかぎみずたろう》（号・坎堂《かんどう》）

1864. 6. 23（慶応 1. 5. 20）－ 1921. 1. 10

明治・大正期の神学者。教育家。

遠江国榛原郡中川根村に生まれる。静岡師範学校在学中に山路愛山と詩文雑誌『呉山一峰』を創刊。御殿場の小学校長時代、自由民権運動に奔走。1886 年静岡メソジスト教会で平岩愃保より洗礼を受ける。1889 年上京し、東洋英和学校に学ぶ。1895 年から 3 年間カナダのヴィクトリア大学留学（新約聖書神学専攻。1906 年神学博士号取得）。帰国後、東洋英和学校、青山学院教授を務め、1913 年青山学院長に就任。上京以来この間、築地・麻布・中央会堂・駒込各教会牧師およびメソジスト派機関紙『護教』の主筆として活躍。『基督教大辞典』（1911）を編纂。

〔著書〕『ジヨン・ウエスレー伝』1903、『基督教的品性』1903、『基督教安心論』1908、『生活と宗教』1914 ほか。

42 歳頃の高木壬太郎

高木壬太郎著作目録

題　目 『　』＝単行本 〔　〕＝掲載欄 ［　］＝開書応答など	署　名 （無署名は空欄）	掲載紙誌名 〈　〉＝発行所	発行年月日 M＝明治 T＝大正 S＝昭和
〔論説〕告天下之学生文　第二	倭丈夫	呉山一峰	M13. 12. 10
尚武論	坎堂小史稿	進学雑誌	M13. 12. ?
〔論説〕灯火独語	倭丈夫	呉山一峰	M14. 2. 25
〔逸詞〕薔薇説	瑞軒学人	〃	〃
〔寄書〕元気論	高木瑞	静岡新聞	M14. 4. 22
〔寄書〕岡眼八目論	坎堂樵夫	静岡新聞	M14. 9. 24
〔寄書〕岡眼八目論（前号ノ続キ）		静岡新聞	M14. 9. 25
〔論説〕種痘論	不為已斎主人	静岡県隆美協会雑誌	M18. 11. 20
〔雑録〕通俗衛生会の必要・夫人束髪	東海生	静岡県隆美協会雑誌	M18. 12. 20
〔論説〕明治十八年衛生記事	東海生	静岡県隆美協会雑誌	M19. 1. 10
〔論説〕明治十八年衛生記事（承前）	東海迂狂	静岡県隆美協会雑誌	M19. 2. 20
『心の写真 MENTAL PHOTOGRAPH. 一名嗜好及性質之記録』	高木壬太郎編輯	〈擁萬堂〉	M21. 3. 5
智識ヲ得ルノ法（承前）	高木壬太郎	静岡青年会雑誌	M21. 8. 22
〔雑報〕随筆二則	秋紅散史	禁酒雑誌	M23. 5. 15
〔社説〕天賜相異なり　未見	秋紅散史	護教	M24. 10. 3
〔寄書〕井上活泉先生	東海生	護教	M25. 6. 4
〔寄書〕君権は神権なりと云ふ主義に就て原田助君に質す	東海生	護教	M25. 6. 18

〔講壇〕寿命の黙想	高木壬太郎	護　　教	M25. 8. 20
〔特別寄書〕信任論	秋紅散史	護　　教	M25. 12. 10
〔論叢〕実業界の伝道	高木東海	護　　教	M26. 1. 7
〔論叢〕内海正紀氏に答ふ	高木東海	護　　教	M26. 2. 11
〔雑録〕[伝道用書籍の指定]	高木壬太郎	基督教新聞	M26. 8. 11
〔講壇〕無益の追悔	高木壬太郎	護　　教	M26. 8. 12
〔雑録〕ジヨン、バンヤン自伝（緒言第一章）	秋紅生訳	聖書之友雑誌	M27. 11. 26
〔静思〕ゲツセマネの杯	東海生	聖書之友雑誌	M27. 12. 20
〔史伝〕ジヨン、バンヤン自伝（第二回）	秋紅生訳	〃	〃
〔史伝〕ジヨン、バンヤン自伝（第三回）	秋紅生訳	聖書之友雑誌	M28. 1. 24
〔雑録〕随録	東海生	聖書之友雑誌	M28. 2. 18
〔史伝〕ジヨン、バンヤン自伝（第四回）	秋紅生訳	〃	〃
〔論説〕自由思想と精神的宗教	た、み、	聖書之友雑誌	M28. 3. 25
〔史伝〕ジヨン、バンヤン自伝（第五回）	秋紅生訳	〃	〃
〔論説〕基督教の倫理（上）	た、み、	聖書之友雑誌	M28. 4. 22
〔史伝〕ジヨン、バンヤン自伝（第六回）	秋紅生訳	〃	〃
〔信仰之友〕柔なる舌	かんどう述	〃	〃
〔聖書之友〕平凡の生涯	た、み、	聖書之友雑誌	M28. 5. 27
〔論説〕基督教の倫理（下）	た、み、	〃	〃
〔史伝〕ジヨン、バンヤン自伝（第七回）	秋紅生訳	〃	〃
〔信仰之友〕人事天命	かんどう述	〃	〃
〔史伝〕ジヨン、バンヤン自伝（第八回）	秋紅生訳	聖書之友雑誌	M28. 6. 25
〔史伝〕ジヨン、バンヤン自伝（第九回）	秋紅生訳	聖書之友雑誌	M28. 7. 25
〔論説〕予言者但以理	た、み、	聖書之友雑誌	M28. 8. 26
〔史伝〕ジヨン、バンヤン自伝（第十回）	秋紅生訳	〃	〃
〔史伝〕ジヨン、バンヤン自伝（第十一回）	秋紅生訳	聖書之友雑誌	M28. 9. 16
〔信仰之友〕人生の一大時期		〃	〃

〔史伝〕ジヨン、バンヤン自伝（第十二回）	秋紅生訳	聖書之友雑誌	M28. 10. 16
〔聖書之友〕自己教育		聖書之友雑誌	M28. 11. 16
〔論説〕是々非々	た、み、	〃	〃
〔史伝〕ジヨン、バンヤン自伝（第十三回）	秋紅生訳	〃	〃
〔聖書之友〕宗教的基督教	高木壬太郎	聖書之友雑誌	M28. 12. 16
〔史伝〕ジヨン、バンヤン自伝（第十四回）	秋紅生訳	〃	〃
〔論説〕基督と青年　其一	た、み、	聖書之友雑誌	M29. 1. 18
〔史伝〕ジヨン、バンヤン自伝（第十五回）	秋紅生訳	〃	〃
〔聖書之友〕聖書を研究すべし（基督教徒に向ての勧め）	た、み、	聖書之友雑誌	M29. 2. 17
〔論説〕基督教会と青年　其二	た、み、	〃	〃
〔史伝〕ジヨン、バンヤン自伝（第十六回）	秋紅生訳	〃	〃
〔論説〕近世思想海の潮流と基督教徒の信仰	た、み、	聖書之友雑誌	M29. 3. 16
〔雑録〕聖書の研究に就きて	た、み、	〃	〃
〔史伝〕ジヨン、バンヤン自伝（第十七回）	秋紅生訳	〃	〃
〔聖書之友〕使徒時代に於ける哥林多教会	た、み、生	聖書之友雑誌	M29. 4. 16
〔雑録〕聖書の研究に就きて（承前）	た、み、	〃	〃
〔史伝〕ジヨン、バンヤン自伝（第十八回）	秋紅生訳	〃	〃
〔論説〕聖書研究者の枝折	秋紅生	聖書之友雑誌	M29. 6. 16
〔雑録〕聖書之友雑誌紙上、見漢詩数首、次其韻書懐	東海生	〃	〃

〔史伝〕ジヨン、バンヤン自伝（第十九回）	秋紅生訳	〃	〃
〔論説〕馬可福音書	秋紅生	聖書之友雑誌	M29. 7. 16
〔史伝〕ジヨン、バンヤン自伝（第二十回）	秋紅生訳	〃	〃
〔論説〕路加福音書	秋紅生訳	聖書之友雑誌	M29. 8. 17
〔史伝〕ジヨン、バンヤン自伝（第廿一回）	秋紅生訳	〃	〃
〔通信〕北米加那陀宗教事情	高木壬太郎	〃	〃
〔論説〕約翰福音書（上）		聖書之友雑誌	M29. 10. 16
〔雑録〕日夜漫歩	東海生	〃	〃
〔史伝〕ジヨン、バンヤン自伝（第廿二回）	秋紅生訳	〃	〃
〔論説〕約翰福音書（中）	秋紅生	聖書之友雑誌	M29. 11. 16
〔雑録〕具翁長寿の秘訣	秋紅生	〃	〃
〔雑録〕片々	た、み、	〃	〃
〔史伝〕ジヨン、バンヤン自伝（第廿三回）	秋紅生訳	〃	〃
〔寄書〕小言二則	秋紅生	護教	M30. 2. 6
〔論説〕加奈陀宗教界の近事	高木壬太郎	護教	M30. 8. 28
〔寄書〕加奈陀雁信（承前）	高木壬太郎	護教	M31. 7. 23
〔寄書〕加奈陀雁信（承前）	高木壬太郎	護教	M31. 7. 30
〔寄書〕加奈陀雁信（片々）	高木壬太郎	護教	M31. 8. 6
〔開書〕加那太メソヂスト教会総会に於ける日本伝道問題。日本メソヂスト教会員諸君に報ず。	高木壬太郎	護教	M31. 10. 29
〔講壇〕日本民族思想上の三大欠点	高木壬太郎	中央会堂教報	M32. 1. 3
基督の基督論	高木壬太郎	新世紀	M32. 3. 15
〔小品集〕愛山詞兄に贈るの書	高木壬太郎	信濃毎日新聞	M32. 6. 14
〔講壇〕無欲速	高木壬太郎	護教	M32. 7. 1

〔講壇〕無欲速（承前）	高木壬太郎	護　　教	M32. 7. 8
〔雑録〕高木氏の加那太人論（同氏より寄せられたる中央会堂月報より抄す）		護　　教	M32. 10. 7
〔論説〕説教者の準備（説教学講義の一節）	高木壬太郎	護　　教	M32. 10. 28
〔論説〕過去百年間に於ける基督教の進歩	高木壬太郎	護　　教	M32. 12. 9
〔論説〕過去百年間に於ける基督教の進歩（前号の続）	高木壬太郎	護　　教	M32. 12. 16
〔論説〕猶太に於ける家族的生活	高木壬太郎	護　　教	M32. 12. 23
〔説教〕宗教の本質	高木壬太郎	中央会堂教報	M33. 1. 8
〔論説〕予言者の学校（神学校の事業を助くべし）	高木壬太郎	護　　教	M33. 2. 3
〔論説〕予言者の学校（承前）	高木壬太郎	護　　教	M33. 2. 10
〔論説〕金銭と基督教	高木壬太郎	護　　教	M33. 3. 10
〔論説〕金銭と基督教（承前）	高木壬太郎	護　　教	M33. 3. 17
〔家庭〕マルテン、ルーテル 家庭の生活一斑	た、み、	護　　教	M33. 4. 14
〔論説〕使徒保羅と哲学（哥林多書一章より四章に至る研究）	高木壬太郎	護　　教	M33. 5. 5
〔論説〕使徒保羅と哲学（承前）	高木壬太郎	護　　教	M33. 5. 12
〔教報〕日本メソヂスト東京部会	高　木　氏	〃	〃
〔論説〕使徒保羅の倫理説	高木壬太郎	護　　教	M33. 6. 9
〔論説〕使徒保羅の倫理説（承前）	高木壬太郎	護　　教	M33. 6. 16
〔家庭〕耶蘇の母馬利亜	秋　紅　生	護　　教	M33. 10. 27
〔護教〕今日の講壇	た、み、	護　　教	M33. 11. 3
〔講壇〕模範的生活	高木壬太郎	〃	〃
〔家庭〕基督の母馬利亜（前号の続き）	秋　紅　生	〃	〃
〔護教〕宗教的基督教	た、み、	護　　教	M33. 11. 10

〔講壇〕模範的生活（承前）	高木壬太郎	〃	〃
〔護教〕静かなる動作	た、み、	護　教	M33. 11. 24
〔論説〕歴史に於ける基督	高木壬太郎	護　教	M33. 12. 15
〔雑録〕約百紀に就て（一）	高木秋紅	護　教	M33. 12. 29
〔護教〕新世紀を迎ふ	高木生	護　教	M34. 1. 5
〔雑録〕約百紀に就て（二）	高木秋紅	〃	〃
〔雑録〕約百紀に就て（三）	高木秋紅	護　教	M34. 1. 19
〔講壇〕基督教の大人	高木壬太郎	護　教	M34. 2. 9
〔護教〕「明日の宗教」（一）	高木壬太郎	護　教	M34. 2. 23
〔護教〕「明日の宗教」（二）	高木壬太郎	護　教	M34. 3. 2
〔護教〕「明日の宗教」（三）	高木壬太郎	護　教	M34. 3. 9
〔護教〕「明日の宗教」（四）	高木壬太郎	護　教	M34. 3. 16
〔護教〕「明日の宗教」（五）	高木壬太郎	護　教	M34. 3. 23
〔講壇〕霊の果	高木壬太郎	護　教	M34. 4. 6
〔護教〕「明日の宗教」（六）	高木壬太郎	護　教	M34. 4. 20
〔論説〕使徒保羅の書翰（上）	秋紅生	護　教	M34. 5. 4
〔論説〕使徒保羅の書翰（下）	秋紅生	護　教	M34. 5. 11
〔講壇〕青年なる説教者	高木壬太郎	護　教	M34. 6. 1
〔護教〕就任の辞	高木壬太郎	護　教	M34. 7. 6
〔護教〕求むる者なきに非ず、伝ふる者なき也。・聖書の謙遜・博士カックランの性行		〃	〃
〔聖書之研究〕聖書研究案内（一）		〃	〃
〔護教〕基督教諸派合同の気運・今後の事業・新生に於ける三個の異りたる経験		護　教	M34. 7. 13
〔雑録〕机上雑纂	秋紅生	〃	〃
〔聖書之研究〕聖書研究案内（二）	高木壬太郎	〃	〃
〔護教〕聖書の悔改・我父の家（一）		護　教	M34. 7. 20

〔聖書之研究〕聖書研究案内（三）	高木壬太郎	〃	〃
〔雑録〕机上雑纂	秋　紅　生	〃	〃
〔護教〕我父の家（二）・精神的倨傲		護　教	M34. 7. 27
〔聖書之研究〕聖書研究案内（四）		〃	〃
〔護教〕我父の家（三）・休養の利益		護　教	M34. 8. 3
〔護教〕我父の家（四）		護　教	M34. 8. 10
〔護教〕基督教会の任務・英米講壇の調子（一）		護　教	M34. 8. 17
〔護教〕英米講壇の調子（二）		護　教	M34. 8. 24
〔護教〕曲れる邪なる時代		護　教	M34. 8. 31
〔護教〕基督教とは何ぞや（一）・モルモン宗の来朝に就て		護　教	M34. 9. 7
〔雑録〕小言	秋　紅　生	〃	〃
〔護教〕基督教会と時代の問題・理義の念と感情・基督教とは何ぞや（二）		護　教	M34. 9. 14
〔雑録〕『一年有半』を読む	秋　紅　生	〃	〃
〔護教〕秋期の運動・大挙伝道と一致の精神・基督教とは何ぞや（三）		護　教	M34. 9. 21
〔護教〕何が故に廃芸妓運動起らざる・生は死よりも真面目ならざる可らず・基督教とは何ぞや（四）		護　教	M34. 9. 28
〔護教〕メソヂスト諸派合同問題・基督教とは何ぞや（五）		護　教	M34. 10. 5
〔静思〕フレデリッキ、ロボルトソンの書翰	秋　紅　生	〃	〃
〔護教〕約翰の宗教・基督教とは何ぞや（六）		護　教	M34. 10. 12
〔講壇〕己が救を全ふせよ	記　者	〃	〃
〔護教〕メソヂスト教会諸派合同委員会の評決		護　教	M34. 10. 19

〔講壇〕文字と精神	記　　者	〃	〃
〔研究〕霊魂の不滅	記　　者	〃	〃
〔護教〕実験的宗教・基督教とは何ぞや（七）		護　　教	M34. 10. 26
〔研究〕霊魂の不滅（二）		〃	〃
〔護教〕基督教の最大使命・基督教とは何ぞや（八）		護　　教	M34. 11. 2
〔研究〕霊魂の不滅		〃	〃
〔静思〕フレデリツキ、ロボルトソンの書簡		〃	〃
〔護教〕人生の一大時期（上）（青年に告ぐ）・基督教とは何ぞや（九）		護　　教	M34. 11. 9
〔護教〕人生の一大時期（下）（青年に告ぐ）・基督教とは何ぞや（十）		護　　教	M34. 11. 16
〔研究〕霊魂の不滅		〃	〃
〔護教〕祈祷・基督教とは何ぞや（十一）		護　　教	M34. 11. 23
〔護教〕宗教と科学（上）・基督教とは何ぞや（十二）		護　　教	M34. 11. 30
〔研究〕霊魂の不滅		〃	〃
〔護教〕宗教と科学（下）・基督教とは何ぞや（十三）		護　　教	M34. 12. 7
〔護教〕サタン、サタンを逐出すことを得んや・人生の危機・神の家族・基督教とは何ぞや（十四）		護　　教	M34. 12. 14
〔護教〕基督降誕節と吾人が基督に対する態度・基督教とは何ぞや（十五）		護　　教	M34. 12. 21
〔護教〕明治卅四年を送る・基督教とは何ぞや（十六）		護　　教	M34. 12. 28
〔研究〕霊魂の不滅		〃	〃

〔護教〕明治卅五年と護教・明治三十四年の概観・基督教とは何ぞや（十七）	護	教	M35. 1. 4
〔護教〕神の王国と基督教徒の理想（上）・基督教とは何ぞや（十八）	護	教	M35. 1. 11
〔研究〕霊魂の不滅	〃		〃
〔雑録〕（評論の評論）新神学	〃		〃
〔護教〕神の王国と基督教徒の理想（中）・基督教とは何ぞや（十九）	護	教	M35. 1. 18
〔雑録〕（評論の評論）海老名弾正氏の三位一体論（一）	〃		〃
〔護教〕神学校の事業と比較宗教学・基督教とは何ぞや（二十）	護	教	M35. 1. 25
〔雑録〕（評論の評論）海老名弾正氏の三位一体論（二）	〃		〃
〔護教〕神の王国と基督教徒の理想（下）・基督教とは何ぞや（廿一）	護	教	M35. 2. 1
〔雑録〕（評論の評論）海老名弾正氏の三位一体論（三）	〃		〃
〔護教〕神学校の事業と比較宗教学（二）・基督教とは何ぞや（廿二）	護	教	M35. 2. 8
〔雑録〕（評論の評論）海老名弾正氏の三位一体論（四）	〃		〃
〔護教〕時代の要求と基督教（上）・基督教とは何ぞや（廿三）	護	教	M35. 2. 15
〔雑録〕（評論の評論）海老名弾正氏の三位一体論（五）	〃		〃
〔護教〕時代の要求と基督教（中）・基督教とは何ぞや（廿四）	護	教	M35. 2. 22
〔雑録〕（評論の評論）海老名弾正君	〃		〃

〔護教〕時代の要求と基督教（下）・基督教とは何ぞや（廿五）		護　　　教	M35. 3. 1
〔雑録〕（評論の評論）海老名弾正氏の三位一体論（六）		〃	〃
〔護教〕基督の教訓は実際に行はれ難きものなるか・基督教とは何ぞや（廿六）		護　　　教	M35. 3. 8
〔雑録〕（評論の評論）海老名弾正氏の三位一体論（七）		〃	〃
〔護教〕智識と宗教（上）		護　　　教	M35. 3. 15
〔雑録〕（評論の評論）海老名弾正氏の位一体論（八）・三位一体論の反響		〃	〃
〔護教〕智識と宗教（下）		護　　　教	M35. 3. 22
〔雑録〕（評論の評論）海老名弾正氏の三位一体論（九）		〃	〃
〔護教〕来るべき総選挙と基督教徒		護　　　教	M35. 3. 29
〔研究〕羅馬書講義（一）		〃	〃
〔雑録〕（評論の評論）海老名弾正氏の三位一体論（十）		〃	〃
〔護教〕基督の復活		護　　　教	M35. 4. 5
〔研究〕羅馬書講義（二）		〃	〃
海老名弾正氏の三位一体論（福永文之助編『海老名氏の基督論及び諸家の批評文 基督論集』）	高木壬太郎	〈警醒社書店〉	M35. 4. 8
〔護教〕メソヂスト諸派合同の議に就て		護　　　教	M35. 4. 12
〔研究〕羅馬書講義（三）		〃	〃
〔護教〕攻手異論斯害也已・再び合同問題に就て		護　　　教	M35. 4. 19
〔護教〕福音同盟会に就て		護　　　教	M35. 4. 26

〔研究〕羅馬書講義（四）		〃	〃
〔雑録〕模範的医師	秋　紅　生	〃	〃
〔護教〕大挙伝道に就て		護　　　教	M35. 5. 3
〔研究〕羅馬書講義（五）		〃	〃
〔護教〕無題録	秋　紅　生	護　　　教	M35. 5. 10
〔研究〕羅馬書講義		〃	〃
〔雑録〕模範的医師（前々号の続き）	秋　紅　生	〃	〃
〔護教〕化身論（一）		護　　　教	M35. 5. 17
〔研究〕羅馬書講義		〃	〃
〔護教〕化身論（二）		護　　　教	M35. 5. 24
『基督教とは何ぞや』（ハーナック博士著）	高木壬太郎訳註	〈警醒社書店〉	M35. 5. 25
〔護教〕化身論（三）		護　　　教	M35. 5. 31
〔護教〕化身論（四）		護　　　教	M35. 6. 7
〔護教〕信徒の牧師に対する徳		護　　　教	M35. 6. 14
〔研究〕羅馬書講義		〃	〃
〔護教〕常識と基督教徒と		護　　　教	M35. 6. 21
〔護教〕基督教徒の特徴（説教筆記）（余は如何にして余の基督教徒たるを知るや）		護　　　教	M35. 6. 28
〔護教〕平凡の福音		護　　　教	M35. 7. 5
〔研究〕羅馬書講義		〃	〃
〔護教〕平凡の福音（前号の続き）		護　　　教	M35. 7. 12
〔護教〕教会は家庭也		護　　　教	M35. 7. 19
〔研究〕羅馬書講義		〃	〃
〔護教〕進歩派と正統派		護　　　教	M35. 7. 26
〔護教〕懐疑		護　　　教	M35. 8. 2
〔護教〕宗教の根本義		護　　　教	M35. 8. 9
〔研究〕羅馬書講義		〃	〃

〔雑録〕星		〃	〃
〔護教〕宗教の超絶的性質		護　　　教	M35. 8. 16
〔研究〕羅馬書講義		〃	〃
〔護教〕先づ神を愛せよ		護　　　教	M35. 8. 23
〔護教〕理想の聴衆		護　　　教	M35. 8. 30
〔護教〕信神の最大動機		護　　　教	M35. 9. 6
〔雑録〕神戸急行の記	高　木　生	〃	〃
〔護教〕其本に帰れ		護　　　教	M35. 9. 13
〔護教〕品性の証明		護　　　教	M35. 9. 20
〔講壇〕感化の力	記　　　者	〃	〃
〔護教〕異教に対する態度		護　　　教	M35. 9. 27
〔講壇〕感化の力（前号の続き）	記　　　者	〃	〃
〔護教〕霊の眼を開くべし		護　　　教	M35. 10. 4
〔護教〕罪なき者之を撃つべし		護　　　教	M35. 10. 11
〔護教〕誰れか我国を教化すべきか		護　　　教	M35. 10. 18
〔護教〕果して誰の責ぞ（青年信徒の中より伝道者の起らざるは）		護　　　教	M35. 10. 25
〔護教〕他の理由（青年信徒の中より伝道者の起らざる）		護　　　教	M35. 11. 1
〔護教〕起て、青年の信徒よ		護　　　教	M35. 11. 8
〔護教〕如何にして宗教の必要を感ずべきや		護　　　教	M35. 11. 15
〔護教〕基督教的品性（一）（緒論）		護　　　教	M35. 11. 22
〔護教〕基督教的品性（二）（謙遜）		護　　　教	M35. 11. 29
〔護教〕基督教的品性（三）（悲観）		護　　　教	M35. 12. 6
〔護教〕宗教家分業の必要・基督教的品性（四）（柔和 其上）		護　　　教	M35. 12. 13
〔護教〕主耶蘇基督		護　　　教	M35. 12. 20
〔護教〕明治三十五年を送る・基督教		護　　　教	M35. 12. 27

的品性（五）（柔和 其下）			
〔論説〕井上博士の釈迦牟尼伝を読む（其一）	高木壬太郎	独立評論	M36. 1. 1
〔護教〕新年を迎ふ・明治三十五年の概観		護教	M36. 1. 3
〔護教〕生ける教訓（教科書事件の疑獄）・基督教的品性（六）（義を慕ふ事 其上）		護教	M36. 1. 10
〔護教〕浅薄なる宗教・基督教的品性（七）（義を慕ふ事 其下）		護教	M36. 1. 17
〔護教〕愛（基督教的品性説教第六回）		護教	M36. 1. 24
〔護教〕官学の弊を助長せしむる勿れ		護教	M36. 1. 31
〔論説〕井上博士の釈迦牟尼伝を読む（其二）	高木壬太郎	独立評論	M36. 2. 1
〔護教〕清き心（基督教的品性 説教第七回）		護教	M36. 2. 7
〔護教〕健全なる宗教・清き心（二）（基督教的品性説教 第七回）		護教	M36. 2. 14
〔護教〕神の子は争はず（基督教的品性説教第八）		護教	M36. 2. 21
〔講演〕劈頭の祈祷 未見	高木壬太郎	基督教界	M36. 2. 25
〔護教〕信仰の根拠		護教	M36. 2. 28
〔論説〕井上博士の釈迦牟尼伝を読む（其三）	高木壬太郎	独立評論	M36. 3. 3
〔護教〕無題録		護教	M36. 3. 7
〔護教〕教役者修養会・全国基督信徒大会		護教	M36. 3. 14
〔護教〕火山の破裂・青森県の飢饉・義人の受くべき運命（基督教的品性説教第九回）		護教	M36. 3. 21

〔護教〕基督教徒の目的		護　　　教	M36.　3. 28
〔護教〕教会以外の教会		護　　　教	M36.　4.　4
〔論説〕トルストイ伯の宗教（加藤直士氏訳『我宗教』を読みて）		独 立 評 論	M36.　4. 10
〔護教〕基督の復活		護　　　教	M36.　4. 11
〔護教〕基督教徒の動機・品性の修養（基督教的品性説教第十回）		護　　　教	M36.　4. 18
〔護教〕ウエスレー降誕二百年の紀念		護　　　教	M36.　4. 25
〔護教〕全心の活動		護　　　教	M36.　5.　2
〔静思〕ウエスレーの書翰		〃	〃
〔護教〕一歩を転ぜよ		護　　　教	M36.　5.　9
〔講壇〕葡萄園の喩	記　　者	〃	〃
〔雑録〕巣鴨に於ける半日	秋 紅 生	〃	〃
〔護教〕人の批判		護　　　教	M36.　5. 16
〔雑録〕ジヨン、ウエスレー小伝（一）		〃	〃
〔護教〕実業者間の伝道		護　　　教	M36.　5. 23
〔雑録〕ジヨン、ウエスレー小伝（二）		〃	〃
〔護教〕過慮と過労と		護　　　教	M36.　5. 30
〔雑録〕ジヨン、ウエスレー小伝（三）		〃	〃
〔護教〕自愛自重		護　　　教	M36.　6.　6
〔雑録〕ジヨン、ウエスレー小伝（四）		〃	〃
〔護教〕道邇きに在り（日常の生活に於ける宗教）		護　　　教	M36.　6. 13
〔護教〕基督の楽天観		護　　　教	M36.　6. 20
〔護教〕ジヨン、ウエスレー誕生二百年に会して		護　　　教	M36.　6. 27
〔護教〕ウエスレー伝の教訓		護　　　教	M36.　7.　4
〔護教〕基督教とメソヂズムと		護　　　教	M36.　7. 11
〔護教〕愛神と愛人と		護　　　教	M36.　7. 18

〔護教〕社会の要求と宗教家の覚悟		護　　教	M36. 7. 25
〔護教〕基督教文学を盛にすべし		護　　教	M36. 8. 1
〔護教〕夏期学校に就て		護　　教	M36. 8. 8
〔護教〕新島襄先生伝を読む		護　　教	M36. 8. 15
〔護教〕夏雲・夕陽・哲学・教会・音楽		護　　教	M36. 8. 22
〔護教〕煩悶の時代・文部省廃止説に就て		護　　教	M36. 8. 29
〔論説〕人生問題の研窮に就て	高木壬太郎	独 立 評 論	M36. 9. 3
〔護教〕進撃的態度を取るべし・ウエスレー紀念の運動・精神的引力		護　　教	M36. 9. 5
〔護教〕神聖なる道楽・人生の重荷		護　　教	M36. 9. 12
〔護教〕虚勢を張る勿れ・如何にして真理を知るを得べき乎		護　　教	M36. 9. 19
〔護教〕真理は常に味方を有す・成功とは何ぞや		護　　教	M36. 9. 26
〔護教〕神学上の論争・幸福とは何ぞや		護　　教	M36. 10. 3
〔護教〕灯火親可・宗教と身体		護　　教	M36. 10. 10
〔護教〕妄りに喜ふ勿れ・妄りに憂ふる勿れ		護　　教	M36. 10. 17
〔講壇〕基督の不信	記　　者	〃	〃
〔護教〕戦争と基督教徒・合同問題を忘るゝ勿れ		護　　教	M36. 10. 24
〔講壇〕天国は近けり	記　　者	〃	〃
〔護教〕伝記を学ぶべし		護　　教	M36. 10. 31
〔講壇〕此の如き時の為め也		〃	〃
〔護教〕根本的相違を没了する勿れ		護　　教	M36. 11. 7
〔雑録〕入峡の記	秋 紅 生	〃	〃
『ジヨン・ウエスレー伝』	高木壬太郎	〈警醒社書店〉	M36. 11. 13

〔護教〕曖昧模糊なる可らず・バーワツシ博士遂に来らず		護　　　教	M36. 11. 14
〔研究〕新約文学序論		〃	〃
〔雑録〕相良紀行	秋　紅　生	〃	〃
〔護教〕隷属的気運を一洗すべし		護　　　教	M36. 11. 21
〔研究〕新約文学序論		〃	〃
〔雑録〕長野紀行	秋　紅　生	〃	〃
〔護教〕宗教の最大目的		護　　　教	M36. 11. 28
〔研究〕新約文学序論		〃	〃
〔論説〕井上文学博士の答弁を読む	高木壬太郎	独　立　評　論	M36. 12.　3
〔護教〕安息日同盟会		護　　　教	M36. 12.　5
〔講壇〕安息日に就て	記　　　者	〃	〃
『基督教的品性』	高木壬太郎	〈教　文　館〉	M36. 12.　7
〔護教〕自由、独立、濶大		護　　　教	M36. 12. 12
〔研究〕新約文学序論（三）		〃	〃
〔家庭〕小愛国者	太 忙 生 訳	〃	〃
〔護教〕馬槽の教訓		護　　　教	M36. 12. 19
〔護教〕明治三十六年を送る		護　　　教	M36. 12. 26
〔護教〕回顧と希望		護　　　教	M37.　1.　2
〔研究〕新約文学序論（四）		〃	〃
〔家庭〕小基督	太 忙 生 訳	〃	〃
〔護教〕思想の革新		護　　　教	M37.　1.　9
〔研究〕新約文学序論（五）		〃	〃
〔家庭〕小基督（中）	太 忙 生 訳	〃	〃
〔護教〕献身の精神を励すべし		護　　　教	M37.　1. 16
〔研究〕新約文学序論（六）		〃	〃
〔家庭〕小基督（下）	太 忙 生 訳	〃	〃
〔雑録〕新約文学序論（護教より転載）	高木壬太郎	聖書之友雑誌	M37.　1. 20
〔護教〕信徒の積極的要性		護　　　教	M37.　1. 23

〔研究〕新約文学序論（七）		〃	〃
〔雑録〕瑣事に忠実なれ	太忙生訳	〃	〃
〔護教〕教会の使命		護教	M37. 1. 30
〔研究〕馬太福音書（上）		〃	〃
〔護教〕約百紀論		護教	M37. 2. 6
〔研究〕馬太福音書（下）		〃	〃
〔護教〕戦争の開始・約百紀論（二）		護教	M37. 2. 13
〔研究〕馬可福音書（上）		〃	〃
〔護教〕吾人は何を為すべきか・約百紀論（三）		護教	M37. 2. 20
〔雑録〕編輯小言		〃	〃
〔雑録〕新約文学序論	高木壬太郎	聖書之友雑誌	M37. 2. 20
『宗教小観』	高木壬太郎	〈教文館〉	M37. 2. 26
〔護教〕約百紀論（四）		護教	M37. 2. 27
〔護教〕約百紀論（五）		護教	M37. 3. 5
〔雑録〕神の愛	太忙生訳	〃	〃
〔護教〕時局に関する或人の問に答ふる書・約百紀論（六）		護教	M37. 3. 12
〔護教〕伝道上の勝利を謀るべし・約百紀論（七）		護教	M37. 3. 19
〔雑録〕新約文学序論	高木壬太郎	聖書之友雑誌	M37. 3. 20
〔護教〕禁酒事業拡張の好時期・基督教と国家的観念		護教	M37. 3. 26
〔護教〕不健全の思想、不健全の言動を斥くべし		護教	M37. 4. 2
〔研究〕基督復活に関する諸説		〃	〃
〔護教〕誤りたる勤倹論・所謂非戦論者を戒む		護教	M37. 4. 9
〔護教〕事実の上に立つべし		護教	M37. 4. 16

〔雑録〕新約文学序論	高木壬太郎	聖書之友雑誌	M37. 4. 20
〔護教〕福音同盟会の事業を助くべし		護　　教	M37. 4. 23
〔護教〕禍転為福論		護　　教	M37. 4. 30
〔護教〕先後論		護　　教	M37. 5. 7
〔講壇〕此も彼も	記　　者	〃	〃
〔護教〕戦時伝道同志会設立の議		護　　教	M37. 5. 14
〔講壇〕無信の信徒、信徒の無信	記　　者	〃	〃
〔雑録〕新約文学序論	高木壬太郎	聖書之友雑誌	M37. 5. 20
〔護教〕今一層慎重なるを要す		護　　教	M37. 5. 21
〔護教〕平民道の宣伝		護　　教	M37. 5. 28
〔護教〕朝鮮伝道に就て		護　　教	M37. 6. 4
〔研究〕聖書論語		〃	〃
〔護教〕無題録		護　　教	M37. 6. 11
〔研究〕聖書の論語		〃	〃
〔護教〕牧者の精神的資格		護　　教	M37. 6. 18
〔研究〕聖書論語		〃	〃
〔護教〕偉大なる説教		護　　教	M37. 6. 25
〔研究〕聖書論語		〃	〃
〔護教〕瑣言三則		護　　教	M37. 7. 2
〔研究〕聖書論語		〃	〃
〔護教〕勝利と教育		護　　教	M37. 7. 9
〔講壇〕無名の弟子		〃	〃
〔研究〕聖書論語		〃	〃
〔護教〕輿論を一変すべし		護　　教	M37. 7. 16
〔研究〕聖書論語（腓利比書）		〃	〃
〔護教〕読む所を慎むべし		護　　教	M37. 7. 23
〔研究〕聖書論語（哥羅西書）		〃	〃
〔護教〕教会をして実際社会に近接せしむべし		護　　教	M37. 7. 30

〔護教〕教育ある信徒の教会に無頓着なる理由（一）		護　教	M37. 8. 6
〔研究〕聖書論語（帖撒羅尼加書）		〃	〃
〔護教〕教育ある信徒の教会に無頓着なる理由（二）		護　教	M37. 8.13
〔研究〕聖書の論語（提摩太前後書）		〃	〃
〔護教〕教育ある信徒の教会に無頓着なる理由（三）		護　教	M37. 8.20
〔護教〕教育ある信徒の教会に無頓着なる理由（四）		護　教	M37. 8.27
〔雑録〕無題録	秋紅生	〃	〃
〔護教〕教育ある信徒の教会に無頓着なる理由（五）		護　教	M37. 9. 3
〔講壇〕忘却論		〃	〃
〔護教〕教育ある信徒の教会に無頓着なる理由（六）・南美以教会年会の決議		護　教	M37. 9.10
〔護教〕秋期の運動・田舎雑感		護　教	M37. 9.17
〔護教〕恃む可らざるものを恃む勿れ		護　教	M37. 9.24
〔研究〕聖書論語（提多書）		〃	〃
〔護教〕説教の用語・田舎雑感（承前）		護　教	M37.10. 1
〔護教〕基督信徒の神聖		護　教	M37.10. 8
〔研究〕聖書論語（腓利比書）		〃	〃
〔護教〕婦人教化の必要		護　教	M37.10.15
〔護教〕幼稚なる聴衆		護　教	M37.10.22
〔研究〕聖書論語（希伯来書）		〃	〃
〔護教〕少壮者の時代		護　教	M37.10.29
〔講壇〕善き人と有用なる人と		〃	〃
〔研究〕聖書論語（彼得前後書約翰一書）		〃	〃
〔護教〕研究と信仰		護　教	M37.11. 5

〔研究〕聖書鑰語（約翰二、三書猶太書）	〃		〃
〔護教〕聖書研究に対する注意	護	教	M37. 11. 12
〔研究〕聖書鑰語（黙示録）	〃		〃
〔護教〕予言者の必要（説教筆記）	護	教	M37. 11. 19
〔研究〕詩篇講義（一）・贖罪論に関する近時の争論	〃		〃
〔護教〕無頓着の風潮（熱心の真偽）	護	教	M37. 11. 26
〔研究〕詩篇講義（二）・贖罪論に関する近時の争論（二）	〃		〃
〔護教〕今日の憂（敬畏の念乏し）	護	教	M37. 12. 3
〔研究〕詩篇講義（三）・贖罪論に関する近時の争論（三）	〃		〃
〔護教〕教会合同の時機・第一歩に止る可らず	護	教	M37. 12. 10
〔研究〕詩篇講義（第一編）・贖罪論に関する近時の争論（四）	〃		〃
〔護教〕旧式の思想・旧式の伝道法	護	教	M37. 12. 17
〔研究〕詩篇講義（第二編）・贖罪論に関する近時の争論（五）	〃		〃
〔護教〕生誕節を祝して（戦時の生誕節）	護	教	M37. 12. 24
〔研究〕詩篇講義（第二編 承前）	〃		〃
〔護教〕戦闘的態度を取るべし	護	教	M38. 1. 2
〔研究〕詩篇講義（第三編）・贖罪論に関する近時の争論（六）	〃		〃
〔護教〕攻守同盟	護	教	M38. 1. 7
〔研究〕詩篇講義（第四編）	〃		〃
〔護教〕秩序ある生活（説教筆記）	護	教	M38. 1. 14
〔研究〕詩篇講義（第五編）・贖罪論に関する近時の争論（七）	〃		〃
〔護教〕攻守同盟（再び）	護	教	M38. 1. 21

〔研究〕詩篇講義		〃	〃
〔護教〕活動的宗教		護　教	M38. 1. 28
〔研究〕詩篇講義（第七編）・贖罪に関する近時の争論（八）		〃	〃
〔護教〕教会気風論・博士デー、マクドナルド氏逝く		護　教	M38. 2. 4
〔研究〕詩篇講義		〃	〃
〔護教〕青年自ら事を為すべし		護　教	M38. 2. 11
〔研究〕詩篇講義（第八編）		〃	〃
〔雑録〕故マクドナルド博士の事	高木壬太郎	〃	〃
〔護教〕宗教家の自重		護　教	M38. 2. 18
〔研究〕詩篇講義（第八編）		〃	〃
〔護教〕前途尚遠し		護　教	M38. 2. 25
〔講壇〕自由の律法		〃	〃
〔護教〕教育ある信徒と教会と（一）（諸氏返翰の後に跋す）		護　教	M38. 3. 4
〔研究〕詩篇講義（第九編　上）		〃	〃
〔護教〕教育ある信徒と教会と（二）		護　教	M38. 3. 11
〔研究〕詩篇講義（第九編　下）		〃	〃
〔説教〕敬神か愛人か	高木壬太郎	基督教講壇	M38. 3. 15
〔護教〕教育ある信徒と教会と（三）		護　教	M38. 3. 18
〔講壇〕死者に死者を葬らせよ		〃	〃
〔研究〕詩篇講義（第十編　上）		〃	〃
〔護教〕市内メソヂスト教会の運動・教育ある信徒と教会と（四）		護　教	M38. 3. 25
〔講壇〕真実は沈黙す		〃	〃
〔研究〕詩篇講義（第七編　下）		〃	〃
〔護教〕教育ある信徒と教会と（五）		護　教	M38. 4. 1
〔講壇〕神の律法と人の律法		〃	〃

〔護教〕教育ある信徒と教会と（六）		護	教	M38. 4. 8
〔講壇〕自己教育		〃		〃
〔研究〕詩篇講義（第十一編）		〃		〃
〔護教〕孔子論を読む		護	教	M38. 4. 15
〔講壇〕基督教と貧富の問題		〃		〃
〔研究〕詩篇講義		〃		〃
〔護教〕教育ある信徒と教会と（七）		護	教	M38. 4. 22
〔講壇〕基督教徒の証拠		〃		〃
〔護教〕教育ある信徒と教会と（八）		護	教	M38. 4. 29
〔護教〕教役者に対する不満（教育ある信徒と教会との九）・米国宗教界に於る一珍事（ロックフエラーの寄付金に対する抗議）		護	教	M38. 5. 6
〔護教〕皇室と基督教と		護	教	M38. 5. 13
〔講壇〕基督なき人		〃		〃
〔護教〕講壇に対する苦情（上）（教育ある信徒と教会との十）		護	教	M38. 5. 20
〔護教〕講壇に対する苦情（下）		護	教	M38. 5. 27
〔護教〕向上の機（説教筆記）		護	教	M38. 6. 3
〔護教〕教会気風論（上）（教育ある信徒と教会との十二）		護	教	M38. 6. 10
〔護教〕教会気風論（中）（教育ある信徒と教会との十三）		護	教	M38. 6. 17
〔護教〕教会気風論（下）（教育ある信徒と教会との十四）		護	教	M38. 6. 24
〔護教〕教会の組織及び機関に於る不備（教育ある信徒と教会との十五）		護	教	M38. 7. 1
[（現代名士壱百家解答）来世之有無]	高木壬太郎	新　仏	教	M38. 7. 1
〔護教〕人物中心論（上）（教育ある信徒と教会との十六）		護	教	M38. 7. 8

〔護教〕人物中心論（下）（教育ある信徒と教会との十七）		護　教	M38. 7. 15
〔雑纂〕［諸名家愛誦の聖句及び讃美歌］	高木壬太郎	聖書講義録	M38. 7. 15
〔護教〕基督教主義学校論（上）（教育ある信徒と教会との十八）		護　教	M38. 7. 22
〔護教〕基督教主義学校論（中）（教育ある信徒と教会との十九）		護　教	M38. 7. 29
〔護教〕基督教主義学校論（下）（教育ある信徒と教会との廿）		護　教	M38. 8. 5
［来世の有無］（新仏教徒同志会編『来世之有無』）	高木壬太郎	〈井 冽 堂〉	M38. 8. 8
〔護教〕基督教主義大学設立の議（上）		護　教	M38. 8. 12
〔雑録〕読書余録	秋 紅 生	〃	〃
〔護教〕基督教主義大学設立の議（下）		護　教	M38. 8. 19
〔雑録〕読書余録	秋 紅 生	〃	〃
〔護教〕神学校論（上）		護　教	M38. 8. 26
〔雑録〕読書余録	秋 紅 生	〃	〃
〔護教〕神学校論（中）		護　教	M38. 9. 2
〔雑録〕読書余録	秋 紅 生	〃	〃
〔護教〕吾人の講和観・バウン博士来朝		護　教	M38. 9. 9
〔護教〕神学校論（下）		護　教	M38. 9. 16
〔護教〕教役者改善の一法		護　教	M38. 9. 23
〔護教〕韓国に於ける教育事業拡張の急務		護　教	M38. 9. 30
〔講壇〕豊富なる活力	記　者	〃	〃
〔護教〕天下皆誠意なし		護　教	M38. 10. 7
〔護教〕愚痴の繰言を止めよ		護　教	M38. 10. 14
〔護教〕今一層新約全書的なるを要す		護　教	M38. 10. 21
〔護教〕規模を大ならしめよ・日本基督教会大会		護　教	M38. 10. 28

〔護教〕速に合同問題を解決すべし・謙遜か不見識か		護　　教	M38. 11. 4
〔護教〕交譲主義を排斥せよ		護　　教	M38. 11. 11
〔護教〕再び合同問題を論ず・美以教会教師諸氏の合同問題に対する運動		護　　教	M38. 11. 18
〔護教〕苦言を聞くべし		護　　教	M38. 11. 25
〔護教〕品性と事業		護　　教	M38. 12. 2
〔護教〕基督教の弱点		護　　教	M38. 12. 9
〔護教〕不即不離論		護　　教	M38. 12. 16
〔護教〕生誕節夢物語		護　　教	M38. 12. 23
〔護教〕送歳		護　　教	M38. 12. 30
〔護教〕明治三十九年を迎ふ		護　　教	M39. 1. 6
〔護教〕霊界に於る近時の傾向		護　　教	M39. 1. 13
〔護教〕神子の自覚		護　　教	M39. 1. 20
〔護教〕メソヂスト会友社交倶楽部成る		護　　教	M39. 1. 27
〔護教〕教会合同の大勢		護　　教	M39. 2. 3
〔護教〕日常当行の道		護　　教	M39. 2. 10
〔護教〕メソヂスト諸派合同委員の会合・恩師の死を追悼して当今の師道に及ぶ		護　　教	M39. 2. 17
〔護教〕大なる岩陰・合同問題の前途		護　　教	M39. 2. 24
〔護教〕耶蘇基督をおぼえよ・教会の風紀問題		護　　教	M39. 3. 3
〔講壇〕標準論	記　　者	〃	〃
〔護教〕神人主義と凡人主義と		護　　教	M39. 3. 10
〔講壇〕不平論		〃	〃
〔研究〕馬可伝講義		〃	〃
〔雑録〕神戸行の記	秋　紅　生	〃	〃

［学生と宗教］（稲葉円成編『学生と宗教』）	高木壬太郎	〈文　明　堂〉	M39. 3. 10
〔護教〕是々非々主義・基督教家の不見識		護　　教	M39. 3. 17
〔研究〕馬可伝講義		〃	〃
〔講壇〕物外の意義	高木壬太郎	基督教世界	M39. 3. 22
〔護教〕煩悶論		護　　教	M39. 3. 24
〔護教〕メソヂスト諸派の合同と独立問題・煩悶論（中）		護　　教	M39. 3. 31
〔研究〕馬可伝講義		〃	〃
〔護教〕臆病風を吹かする勿れ・煩悶論（下の上）		護　　教	M39. 4. 7
〔研究〕馬可伝講義		〃	〃
［信仰実験談］	高木壬太郎	基督教世界	M39. 4. 12
〔護教〕復活に於ける緊要と付緊要		護　　教	M39. 4. 14
〔研究〕馬可伝講義		〃	〃
〔護教〕煩悶論（下の下）		護　　教	M39. 4. 21
〔護教〕メソヂスト諸派の独立に就て・福音同盟会大会		護　　教	M39. 4. 28
〔研究〕馬可伝講義		〃	〃
〔護教〕瑣言数則		護　　教	M39. 5. 5
〔講壇〕開かるべき祈祷	記　　者	〃	〃
〔護教〕福音同盟会大会・メソヂスト諸派の合同及び独立・先づ購書の資を供せよ		護　　教	M39. 5. 12
〔研究〕馬可伝講義		〃	〃
〔護教〕悪鬼と七の悪鬼（説教筆記）		護　　教	M39. 5. 19
〔護教〕比較宗教の研究		護　　教	M39. 5. 26
〔雑録〕メソヂスト派合同問題の成行		〃	〃

〔雑録〕読書余録	坎　　　堂	〃	〃
〔護教〕我国民の精神的素養		護　　　教	M39. 6. 2
〔雑録〕読書余録	坎　堂　生	〃	〃
〔護教〕再び比較宗教研究の必要を論じ弁妄に答ふ		護　　　教	M39. 6. 9
〔護教〕学生戒飭の訓令		護　　　教	M39. 6. 16
〔雑録〕読書余録	坎　堂　生		
〔護教〕宗教の実際的傾向		護　　　教	M39. 6. 23
〔護教〕自省、自識・変貌の教会		護　　　教	M39. 6. 30
〔雑録〕読書余録	坎　堂　生	〃	〃
［夏の修養及び読書］	高木壬太郎	開　拓　者	M39. 7. 1
〔護教〕蠓を漉出して駱駝を呑む・メソヂスト三派合同問題		護　　　教	M39. 7. 7
〔護教〕考ふべき問題		護　　　教	M39. 7. 14
〔護教〕研究すべき諸種の問題		護　　　教	M39. 7. 21
〔護教〕メソヂスト三派の合同成立す		護　　　教	M39. 8. 4
〔護教〕晩香坡より	坎　堂　生	護　　　教	M39. 9. 1
〔護教〕晩香坡より（再び）	坎　堂　生	護　　　教	M39. 9. 8
〔新刊紹介〕基督教評論 山路愛山著	たゝみ生	護　　　教	M39. 9. 15
〔護教〕トロントより	坎　堂　生	護　　　教	M39. 9. 22
〔護教〕トロントより（再び）	坎　堂　生	護　　　教	M39. 9. 29
〔護教〕トロントより（三たび）（四）	坎　堂　生	護　　　教	M39. 10. 6
〔護教〕モントリオルより（一）（二）	坎　堂　生	護　　　教	M39. 10. 20
〔護教〕モントリオルより（三）	坎　堂　生	護　　　教	M39. 10. 27
〔護教〕トロントより	坎　堂　生	護　　　教	M39. 11. 10
〔護教〕倫敦より・巴里より	坎　堂　生	護　　　教	M39. 12. 15
〔護教〕羅馬より・ネープルスより	坎　堂　生	護　　　教	M40. 1. 5
〔護教〕澳へ出で網を下して漁れ		護　　　教	M40. 1. 26
〔護教〕浅薄なる罪悪観		護　　　教	M40. 2. 2

〔護教〕教会と青年学生と		護　　教	M40. 2. 9
〔護教〕或意義に於ける出埃及		護　　教	M40. 2. 16
〔護教〕一疑問		護　　教	M40. 2. 23
［万国（学生青年会）大会に対する希望と注意］	高木壬太郎	開　拓　者	M40. 3. 1
〔護教〕耶蘇の罪悪観		護　　教	M40. 3. 2
〔護教〕英国宗教界の小波瀾		護　　教	M40. 3. 9
〔護教〕英国宗教界の小波瀾（二）		護　　教	M40. 3. 16
〔雑録〕［開書応答］	高木壬太郎	基督教世界	M40. 3. 21
〔護教〕英国宗教界の小波瀾（三）		護　　教	M40. 3. 23
〔護教〕金銀は我になし		護　　教	M40. 3. 30
〔護教〕日本基督教徒に対する批評		護　　教	M40. 4. 6
〔護教〕苦言、忠言・万国学生青年会大会		護　　教	M40. 4. 13
〔護教〕精神を看取すべし		護　　教	M40. 4. 20
〔護教〕福沢諭吉と現時の基督教会		護　　教	M40. 4. 27
〔講壇〕無意識論		護　　教	M40. 5. 11
〔護教〕神学校問題に就て		護　　教	M40. 5. 18
〔護教〕『本多庸一先生説教集』出づ・『回光録』を読む		護　　教	M40. 5. 25
〔護教〕無題録		護　　教	M40. 6. 1
〔護教〕日本メソヂスト教会の組織成り、監督任命せらる		護　　教	M40. 6. 8
〔護教〕総会終りぬ		護　　教	M40. 6. 15
〔護教〕同情論		護　　教	M40. 6. 22
〔護教〕先づ神の国と其義とを求めよ		護　　教	M40. 6. 29
〔付録〕予の今年に於ける銷夏計画	高木壬太郎	中央公論	M40. 7. 1
〔護教〕日本メソヂスト教会の条例（一）・平凡の巨人		護　　教	M40. 7. 6

〔護教〕日本メソヂスト教会の条例(二)		護　　教	M40. 7. 13
〔護教〕日本メソヂスト教会の条例(三)		護　　教	M40. 7. 20
〔護教〕読者諸君に別を告ぐ	高木壬太郎	護　　教	M40. 7. 27
〔護教〕日本メソヂスト教会の条例(四)		〃	〃
進歩的基督教徒の立脚地	高木壬太郎	日本及日本人	M40. 9. 15
〔新思潮〕余の所謂日本的基督教	高木壬太郎(談)	ムラサキ	M40. 11. 1
『基督教安心論』	高木壬太郎	〈梁江堂〉	M41. 2. 15
〔静思〕現今基督教思想の趨勢	高木壬太郎	独立評論	M41. 3. 3
〔静思〕現今基督教思想の趨勢	高木壬太郎	独立評論	M41. 4. 3
レッシングの宗教観	高木壬太郎	火　　柱	M41. 4. 15
〔宗教〕基督教会と近代の思想（上）	高木壬太郎	道	M41. 5. 1
〔静思〕現代基督教思想の趨勢	高木壬太郎	独立評論	M41. 5. 3
〔想苑〕宗教の思想と形式	高木壬太郎	新　　人	M41. 6. 1
〔論説〕余裕論	高木壬太郎	六合雑誌	M41. 6. 1
〔宗教〕基督教会と近代の思想（中）	高木壬太郎	道	M41. 6. 1
〔宗教〕基督教会と近代の思想（下）	高木壬太郎	道	M41. 7. 1
〔雑録〕『寸光録』を紹介す	高木壬太郎	護　　教	M41. 7. 18
〔宗教〕耶蘇の天国観	高木壬太郎	道	M41. 8. 1
〔宗教〕［我『道』友の宗教観］	高木壬太郎	〃	〃
〔宗教〕耶蘇の世末観（上）	高木壬太郎	道	M41. 9. 1
基督教復古学の必要	高木壬太郎	火　　柱	M41. 9. 15
女子教育の危機	高木壬太郎	日本及日本人	M41. 10. 1
〔宗教〕耶蘇の世末観（下）	高木壬太郎	道	M41. 10. 1
〔講演〕我国に於ける将来の基督教	高木壬太郎	基督教世界	M41. 10. 29
〔紹介〕女子教育の危機	高木壬太郎	女子教育	M41. 11. 1
〔詞想〕当行の道	高木壬太郎	新　　人	M41. 12. 1
〔論叢〕我国将来の基督教	高木壬太郎	開拓者	M41. 12. 1

〔雑録〕信仰小話	高木神学博士談	護教	M41. 12. 19
孔子基督同異論	高木壬太郎	日本及日本人	M42. 1. 1
〔宗教〕耶蘇僧社の歴史を読む	高木壬太郎	道	M42. 1. 1
〔想苑〕神学改造説と復古説	高木壬太郎	新人	M42. 3. 1
〔講壇〕基督教以外の基督教	高木壬太郎	成民	M42. 3. 15
〔論説〕本能主義の真偽	高木壬太郎	六合雑誌	M42. 5. 1
我国現今の基督教（上）	高木壬太郎	読売新聞	M42. 5. 29
我国現今の基督教（下）	高木壬太郎	読売新聞	M42. 5. 30
［開書応答］	高木壬太郎	基督教世界	M42. 8. 5
［開書応答］	高木壬太郎	基督教世界	M42. 9. 30
〔論説〕経験論の神学を論す	高木壬太郎	六合雑誌	M42. 10. 1
宗教学上より見たる宗教異同論	高木壬太郎	日本及日本人	M42. 10. 15
歴史派の神学を論ず（福永文之助編『回顧二十年』）	高木壬太郎	〈警醒社書店〉	M42. 10. 15
〔雑録〕［如何なる書籍に由て基督教の思想に接触せしや（一）］	高木壬太郎	護教	M42. 10. 16
〔想苑〕我信仰の立脚地	高木壬太郎	新人	M42. 12. 1
〔講壇〕人生観の基礎	高木壬太郎	護教	M42. 12. 4
〔雑録〕（新刊紹介）左近義弼氏 改訳詩篇に就て	高木壬太郎	護教	M42. 12. 18
〔論説〕主我と没我	高木壬太郎	六合雑誌	M43. 2. 1
〔想苑〕自然及超自然	高木壬太郎	新人	M43. 4. 1
〔宗教界〕現代思想と基督教	高木壬太郎	読売新聞	M43. 4. 13
〔講壇〕聖書の歴史哲学	高木壬太郎	護教	M43. 7. 16
〔雑録〕加奈陀メソヂスト教会三傑の一人・故サヾランド博士	高木壬太郎氏の談	〃	〃
〔前記者之回想〕回顧と期望	高木壬太郎	護教	M43. 9. 24
〔論説〕宗教小観	高木壬太郎	六合雑誌	M43. 10. 1

〔想苑〕基督教に残存せる自然神説的要素	高木壬太郎	新人	M43. 10. 1
〔日本人の長所短所（十）〕超個人主義	高木壬太郎	読売新聞	M43. 10. 6
〔評論〕［教派合同問題 教界諸先輩の開書応答］実地問題としては不可能	高木壬太郎	新人	M43. 12. 1
〔基督伝研究〕耶蘇伝の研究	高木壬太郎	護教	M43. 12. 24
〔想苑〕精神的生活の内容	高木壬太郎	新人	M44. 1. 1
〔論叢〕耶蘇の宗教と現代の道徳	高木壬太郎	開拓者	M44. 4. 1
〔講壇〕愚者の用	高木壬太郎	護教	M44. 5. 27
〔論説〕至善無意識説	高木壬太郎	六合雑誌	M44. 9. 1
聖書改訳事業	高木壬太郎氏	読売新聞	M44. 10. 13
『基督教大辞典』	高木壬太郎	〈警醒社書店〉	M44. 11. 13
諧謔の悲哀　洒脱なる小村侯爵	高木壬太郎氏談	読売新聞	M44. 11. 27
〔現代思想界の趨勢（五）〕個人主義を発達せしめよ	高木壬太郎氏談	読売新聞	M44. 11. 28
〔雑録〕「基督教大辞典」著作の苦心	高木壬太郎氏談	護教	M44. 12. 16
〔時論〕基督教大辞典著述苦心談	高木壬太郎	基督教世界	M44. 12. 28
〔世界の心〕西人の孫逸仙論・伊太利圧迫論・南米共和諸国と北米合衆国との関係・生命と意識・愚妻選択論	高木壬太郎	国民雑誌	M45. 1. 1
自ら門出を餞す	高木壬太郎	護教	M45. 1. 5
宗教の外的必要	高木壬太郎	護教	M45. 1. 12
〔世界の心〕独逸陸軍の衰頽・博愛は文明の敵・女子本分論・メーテルリンク死論の一節	高木壬太郎	国民雑誌	M45. 1. 15
〔護教〕宗教の内的必要		護教	M45. 1. 19
〔護教〕如何にして敬虔の念を養ふべ		護教	M45. 1. 26

きや			
〔世界の心〕英国の衰兆・科学的迷信・科学に対する反動・第廿世紀思想の傾向	高木壬太郎	国民雑誌	M45. 2. 1
〔教界思潮〕［基督教の最も主張すべき二大問題（二）教学界名士の開書応答］霊的要求の満足	高木壬太郎	新人 〃	M45. 2. 1 〃
〔護教〕基督教と他の諸宗教		護教	M45. 2. 2
必ずしも反対せず　宗教利用問題に就て	高木壬太郎氏談	読売新聞	M45. 2. 8
〔護教〕新宗教樹立の空想		護教	M45. 2. 9
〔世界の心〕独逸現時の地位・新政教一致論・仏国の反宗教的傾向・国際上法律の効果	高木壬太郎	国民雑誌	M45. 2. 15
〔護教〕国士論		護教	M45. 2. 16
〔護教〕円満なる聖人		護教	M45. 2. 23
〔護教〕宗教的生活		護教	M45. 3. 1
〔世界の心〕混沌たる一年・伊太利の野心・文明の危機・欧羅巴諸国の堕落	高木坎堂	国民雑誌	M45. 3. 1
〔想苑〕世界に於ける基督教の地位	高木壬太郎	新人	M45. 3. 1
〔時論〕［内務省の三教者合同計画 現代各方面に於ける諸家の意見］一歩を進めたるもの	高木壬太郎	六合雑誌	M45. 3. 1
〔護教〕宗教は装飾物に非ず・結核病予防に就て		護教	M45. 3. 8
〔研究〕信仰と神学との区別	記者	〃	〃
〔世界の心〕英国海軍の欠点・英独の関係・世界最大の偉人・欧州諸国民元気の衰頽・先づ身体の強健を謀れ	高木坎堂	国民雑誌	M45. 3. 15

〔護教〕如何にして現実に触るゝを得べきや（上）		護　教	M45. 3. 15
〔護教〕如何にして現実に触るゝを得べきや（下）		護　教	M45. 3. 22
〔護教〕本多監督を吊す・本多監督略歴・言外の意義と権威		護　教	M45. 3. 29
〔世界の心〕世界平和の前途如何・英人の雅量・間諜政策は必要なるか・出生率減少の趨勢	高木坎堂	国民雑誌	M45. 4. 1
〔護教〕追懐		護　教	M45. 4. 5
〔護教〕新任監督を迎ふ・監督平岩愃保氏略歴		護　教	M45. 4. 12
〔世界の心〕英国の印度統治策・有害なる文学の流行・偉人とは何ぞ・世界中最も美しき人種	高木坎堂	国民雑誌	M45. 4. 15
〔護教〕真理と人格		護　教	M45. 4. 19
〔雑録〕本多庸一先生略歴（二）		〃	〃
〔護教〕フエーアベルン博士の事業		護　教	M45. 4. 26
〔雑録〕本多庸一先生履歴（三）		〃	〃
〔世界の心〕近時の独帝・今日の独逸・英国炭坑々夫の同盟罷工・英国の婦人参政権問題・多数政治の弊害	高木坎堂	国民雑誌	M45. 5. 1
〔護教〕実際生活の根柢		護　教	M45. 5. 3
〔雑録〕本多庸一先生履歴（四）		〃	〃
〔護教〕恩寵の最大紀念		護　教	M45. 5. 10
〔世界の心〕英紙のル氏論・独逸社会党の実力・世界の模範市・米国市政の腐敗	高木坎堂	国民雑誌	M45. 5. 15
〔護教〕信仰と理性		護　教	M45. 5. 17
〔護教〕生活理想の変遷		護　教	M45. 5. 24

〔護教〕現代人生活の理想		護　　教	M45. 5. 31
〔世界の心〕現代生活の危険・人口制限論・独仏諸紙のル氏論・米国新聞紙の趨勢・一英人の露国観	坎　堂　生	国民雑誌	M45. 6. 1
〔護教〕神と自然との関係		護　　教	M45. 6. 7
〔護教〕霊と肉と・基督教文学に就て		護　　教	M45. 6. 14
〔世界の心〕非文明危機論・人生観の変遷・独人の英独関係論・昨友今敵	坎　堂　生	国民雑誌	M45. 6. 15
〔護教〕快楽と基督教		護　　教	M45. 6. 21
〔護教〕基督教と貧富の問題（上）		護　　教	M45. 6. 28
〔世界の心〕英国の貧民問題・婦人参政権問題・教育の理想・英米の交情傷けらゝる	坎　堂　生	国民雑誌	M45. 7. 1
〔護教〕基督教と貧富の問題（下）		護　　教	M45. 7. 5
〔護教〕信仰の偉大		護　　教	M45. 7. 12
〔世界の心〕忠信哲学・快適なる文学の必要・仏国に於ける育児学の進歩・英仏同盟の議	坎　堂　生	国民雑誌	M45. 7. 15
〔護教〕唯物論の消長		護　　教	M45. 7. 19
〔雑録〕瑣言録	坎　堂　生	〃	〃
〔護教〕聖上御不例・個人主義的思想の大勢		護　　教	M45. 7. 26
〔世界の心〕意志訓練論・意志訓練論（其二）・英国非同盟論・伊国人の戦争熱	坎　堂　生	国民雑誌	T 1. 8. 1
〔護教〕天皇崩御（七月三十日朝）・新帝践祚（七月三十日朝）		護　　教	T 1. 8. 2
〔雑録〕瑣言録	坎　堂　生	〃	〃
〔護教〕意志の宗教		護　　教	T 1. 8. 9
〔護教〕個人主義的思想発達の由来（上）		護　　教	T 1. 8. 16

〔護教〕個人主義的思想発達の由来(下)		護　　　教	T 1. 8. 23
〔護教〕個人主義の発達は防止すべからず		護　　　教	T 1. 8. 30
〔世界の心〕米国の堕落・英国先王の実伝・欧州現時の大勢・英独の競争	吹　堂　生	国民雑誌	T 1. 9. 1
〔教界思潮〕〔如何に教して基督教を社会に徹底せしむ可きか 教界名士の開書応答〕唯だ最善を尽せ	高木壬太郎	新　　　人	T 1. 9. 1
〔護教〕我が国民性の欠陥・免囚保護に就て		護　　　教	T 1. 9. 6
〔護教〕敬吊之辞・個人の価値の自覚		護　　　教	T 1. 9. 13
〔世界の心〕米国国民教育の失敗・天才と疾患・独逸の野心・仏人の米国婦人観	吹　堂　生	国民雑誌	T 1. 9. 15
〔護教〕乃木大将の自殺・祈祷の効果		護　　　教	T 1. 9. 20
〔教報〕(明治天皇大葬敬弔式)奉悼之辞	高木壬太郎謹言		
〔護教〕自殺論(上)		護　　　教	T 1. 9. 27
〔神学之研究〕神学現時の傾向	高木壬太郎	神学之研究	T 1. 9. 30
〔世界の心〕日本人可解論・遺伝と人種改造・婦人参政権の効果・仏国の覚醒	吹　堂　生	国民雑誌	T 1. 10. 1
悲観せず楽観せず	高木壬太郎	日本及日本人	T 1. 10. 1
〔護教〕自殺論(下)		護　　　教	T 1. 10. 4
〔護教〕野人語		護　　　教	T 1. 10. 11
〔世界の心〕現代戦争論・英米戦争不可能論・独逸貴族衰亡論・米国婦人の選挙運動	吹　堂　生	国民雑誌	T 1. 10. 15
〔護教〕伝道の好機を逸する勿れ・憤慨録		護　　　教	T 1. 10. 18

〔雑録〕基督教と自殺（護教より転載）	高木壬太郎	聖書之友雑誌	T 1. 10. 20
〔護教〕伝道の成果は俄に収め難し・迎合主義を排せよ		護　　教	T 1. 10. 25
〔護教〕我国教育制度の失敗・伝道と修養		護　　教	T 1. 11. 1
〔世界の心〕戦争の経済的必要・英土協商論・米国学生の道徳的状態・人種製造に対する評論	坎 堂 生	国 民 雑 誌	T 1. 11. 1
〔論説〕自殺論	高木壬太郎	六 合 雑 誌	T 1. 11. 1
〔護教〕基督なき国民		護　　教	T 1. 11. 8
〔護教〕神なき国民（上）		護　　教	T 1. 11. 15
〔世界の心〕米国民心の変化・米人の乃木大将自殺観・英国の教育に対する非難・米国統治下の比律賓諸島	坎 堂 生	国 民 雑 誌	T 1. 11. 15
〔護教〕神なき国民（下）		護　　教	T 1. 11. 22
〔護教〕希望なき国民		護　　教	T 1. 11. 29
〔世界の心〕高等社会主義・基督教国民の矛盾・米国新聞紙の俗悪・米国民主主義の堕落	坎 堂 生	国 民 雑 誌	T 1. 12. 1
〔基督教各教大綱〕美以教会の大綱	高木壬太郎	宗 教 之 日 本	T 1. 12. 1
〔護教〕往きつまりたる徳教		護　　教	T 1. 12. 6
〔護教〕政変と世界の平和		護　　教	T 1. 12. 13
〔世界の心〕第廿世紀の問題（一）・第廿世紀の問題（二）・米国民主党の節制	坎 堂 生	国 民 雑 誌	T 1. 12. 15
〔護教〕平和の曙光		護　　教	T 1. 12. 20
〔護教〕流年惜むに足らず過去は遂に亡びず		護　　教	T 1. 12. 27
〔最近世界思潮論〕国民の訓練・人生の意義・巴爾幹戦の宗教的根柢・米	坎 堂 生	国 民 雑 誌	T 2. 1. 1

国戦敗政党の将来			
イエス伝概評	高木壬太郎	新　　人	T 2. 1. 1
〔元旦号付録〕ウエースレーの偉業	高木壬太郎	宗教之日本	T 2. 1. 1
根拠ある信仰	高木壬太郎	女子青年界	T 2. 1. 1
〔護教〕大正第一次の新年を迎ふ		護　　教	T 2. 1. 3
〔研究〕敬虔者の資格	記　　者	〃	〃
〔護教〕先づ根本問題を解決せよ		護　　教	T 2. 1. 10
〔護教〕国民の驕慢病を癒すべし		護　　教	T 2. 1. 17
〔護教〕東西政治家の相違		護　　教	T 2. 1. 24
〔護教〕信仰生活の極致・バルワツシ博士を迎ふ		護　　教	T 2. 1. 31
〔護教〕信仰生活と道徳生活		護　　教	T 2. 2. 7
〔護教〕人格主義		護　　教	T 2. 2. 14
〔雑録〕瑣言録	坎　堂　生		
〔護教〕宗教的運動と其源泉		護　　教	T 2. 2. 21
〔護教〕理義の念を明にせよ		護　　教	T 2. 2. 28
〔比較宗教〕基督教の愛	高木壬太郎	宗教之日本	T 2. 3. 1
〔海外思潮〕党派問題と国家問題・結婚と離婚	高木壬太郎	現　　代	T 2. 3. 1
〔護教〕現状打破情弊一掃		護　　教	T 2. 3. 7
『八木翁紀念帖』	高木壬太郎	〈教　文　館〉	T 2. 3. 8
〔護教〕霊交し霊化せよ		護　　教	T 2. 3. 21
〔護教〕教会の要件		護　　教	T 2. 3. 28
〔雑録〕本多先生を憶ふ	坎　堂　生	〃	〃
〔護教〕生活としての基督教		護　　教	T 2. 4. 11
〔講演〕［国民性之長短処］感情的気質（談話筆記）	高木壬太郎	国民教育	T 2. 4. 15
〔護教〕基督教文学問題		護　　教	T 2. 4. 18
〔護教〕米国加州に於ける排日問題		護　　教	T 2. 4. 25

生活としての基督教		開　拓　者	T 2. 5. 1
〔護教〕基督教復興の曙光		護　　教	T 2. 5. 2
〔護教〕新しき物と旧き物と		護　　教	T 2. 5. 9
［来世之有無］（新仏教徒同志会編『来世之有無〔大正文庫 第三編〕』）	高木壬太郎君	〈丙午出版社〉	T 2. 5. 15
〔護教〕亡国的愛国心		護　　教	T 2. 5. 16
〔護教〕国体擁護の団体		護　　教	T 2. 5. 23
〔護教〕霊本物末		護　　教	T 2. 5. 30
〔宗教の人道観〕ウェスレーの人道観	高木壬太郎	宗教之日本	T 2. 6. 1
〔講壇余響〕基督教主義の教育	高木壬太郎氏演説	福音新報	T 2. 6. 5
〔護教〕責任の自覚		護　　教	T 2. 6. 6
〔護教〕講壇の勢力		護　　教	T 2. 6. 13
就任演説	高木壬太郎	青山学院校友会会報	T 2. 6. 17
〔護教〕世界的民族たらんことを期せよ		護　　教	T 2. 6. 20
青山会誌の発刊を餞す	高木壬太郎	青山会誌	T 2. 6. 24
〔護教〕教育と宗教の吻合		護　　教	T 2. 6. 27
超越的生活	高木壬太郎	中央福音	T 2. 6. ?
〔護教〕平民の宗教		護　　教	T 2. 7. 4
〔護教〕日本に於ける基督教の運動		護　　教	T 2. 7. 11
〔護教〕新時代の新道徳		護　　教	T 2. 7. 18
〔護教〕人心の変遷		護　　教	T 2. 7. 25
〔護教〕宗教上より見たる婦人問題（上）		護　　教	T 2. 8. 1
〔護教〕宗教上より見たる婦人問題（二）		護　　教	T 2. 8. 8
〔護教〕宗教上より見たる婦人問題（三）		護　　教	T 2. 8. 15
〔護教〕宗教上より見たる婦人問題（四）		護　　教	T 2. 8. 22
〔護教〕宗教上より見たる婦人問題（五）		護　　教	T 2. 8. 29

〔各教の人道観〕ウエスレーの人道観	高木壬太郎	宗教之日本	T 2. 9. 1
〔一家言〕［宗教対芸術］	高木壬太郎	六合雑誌	T 2. 9. 1
〔第八回夏期修養会講演〕永遠の道	高木壬太郎	女子青年界	T 2. 9. 1
〔護教〕偉大なる自我		護教	T 2. 9. 5
〔護教〕自我の基礎		護教	T 2. 9.12
〔講演〕［教権之振興策如何（其四）］教権の根本は信念（講話筆記）	高木壬太郎	国民教育	T 2. 9.15
〔開書応答〕［婦人問題に就て］	高木壬太郎	基督教世界	T 2. 9.18
〔護教〕自我と欲望・時事小言		護教	T 2. 9.19
〔護教〕宗教と実生活・時事小言		護教	T 2. 9.26
〔研究〕現代と基督教	高木壬太郎	神学之研究	T 2.10. 1
〔護教〕文学の変遷に鑑みよ・時事小言		護教	T 2.10. 3
〔護教〕仏教徒先づ自ら省みよ		護教	T 2.10.10
〔護教〕メソヂズムの特徴（一）・時事小言		護教	T 2.10.17
〔護教〕メソヂズムの特徴（二）・時事小言		護教	T 2.10.24
〔講壇余響〕基督教の死生観	高木壬太郎氏演説	福音新報	T 2.10.30
〔護教〕天長節を祝し奉る・メソヂズムの特徴（三）		護教	T 2.10.31
当面の問題と基督教	高木壬太郎	開拓者	T 2.11. 1
『基督教大辞典』（訂正再版）	高木壬太郎	〈警醒社書店〉	T 2.11. 1
〔護教〕メソヂズムの特徴（四）・時事小言		護教	T 2.11. 7
〔護教〕伝道上実地的研究の必要・時事小言		護教	T 2.11.14
〔講壇余響〕聖書と人格	高木壬太郎氏説教大意	福音新報	T 2.11.20

〔護教〕妥協主義を排せよ		護　　　教	T 2. 11. 21
〔護教〕宗教と教育との関係		護　　　教	T 2. 11. 28
〔護教〕改革せられたる宗教と改革せられざる宗教		護　　　教	T 2. 12. 5
〔護教〕メソヂスト教会と講壇		護　　　教	T 2. 12. 12
〔護教〕聖誕節を迎へて		護　　　教	T 2. 12. 19
〔護教〕大正二年を送りて		護　　　教	T 2. 12. 26
耶蘇と文化の問題	高木壬太郎	東 亜 之 光	T 3. 1. 1
〔護教〕大正三年を迎へて		護　　　教	T 3. 1. 2
〔護教〕現代に対する態度		護　　　教	T 3. 1. 16
〔講演〕［教員気質改造論］精神教育不足也（談話筆記）	高木壬太郎	国 民 教 育	T 3. 1. 16
〔護教〕独創的の宗教・時事小言		護　　　教	T 3. 1. 23
〔護教〕時事所感		護　　　教	T 3. 1. 30
〔哲学欄〕現代に於ける反理性運動	高木壬太郎	神 学 評 論	T 3. 1. ?
〔護教〕富と富者とに対する吾人の態度		護　　　教	T 3. 2. 6
〔護教〕葉公の龍		護　　　教	T 3. 2. 13
〔護教〕救主の自覚・時事小言		護　　　教	T 3. 2. 20
〔我が郷里の記憶〕遠江	高木壬太郎	読 売 新 聞	T 3. 2. 25
〔護教〕救世の要件		護　　　教	T 3. 2. 27
〔護教〕知識と好楽と		護　　　教	T 3. 3. 13
〔護教〕時局に対する吾人の態度		護　　　教	T 3. 3. 20
〔我が郷里の記憶〕遠江	高木壬太郎	読 売 新 聞	T 3. 3. 25
〔護教〕責任を重ぜよ		護　　　教	T 3. 3. 27
〔護教〕外先内後		護　　　教	T 3. 4. 3
〔護教〕監督教会と教会同盟		護　　　教	T 3. 4. 10
〔祝辞及論説〕教育家の精神修養	高木壬太郎	日本之小学教師	T 3. 4. 15

〔護教〕皇太后崩御		護　　教	T 3. 4. 17
〔護教〕編輯主任を辞す	高木壬太郎	〃	〃
［全国各中学及師範学校長の青年に与へたる金科玉条］	高木壬太郎	雄　　弁	T 3. 6. 1
［現代青年及び地方青年団に対する諸名士の希望（下）］	高木壬太郎	青　　年	T 3. 6. 1
〔護教〕講壇の勢力	高木壬太郎	護　　教	T 3. 6. 12
〔論説〕近代批評の基督教々義に及ぼせる影響	高木壬太郎	新　　人	T 3. 7. 1
〔護教〕既成宗教に対する無理なる非難	高木壬太郎	護　　教	T 3. 7. 3
〔講壇余響〕天を相手とする教育	高木壬太郎氏説教	福音新報	T 3. 7. 23
〔護教〕欧米諸国宗教々育の趨勢	高木壬太郎	護　　教	T 3. 7. 31
［大学令改正及び学位規程につき］	高木壬太郎氏	文明評論	T 3. 8. 1
〔雑録〕［夏期の消息（三）］	高木壬太郎	基督教世界	T 3. 8. 20
〔支那研究号〕支那に於けるプロテスタント教	高木壬太郎	新　　人	T 3. 11. 1
〔護教〕欧州の戦乱と基督教	高木壬太郎	護　　教	T 3. 11. 13
欧州戦乱と基督教	高木壬太郎	日本及日本人	T 3. 11. 15
序言（浅田栄次著『英和和英諺語辞典』）	高木壬太郎	〈文会堂書店〉	T 3. 12. 3
『生活と宗教』	高木壬太郎	〈警醒社書店〉	T 3. 12. 8
［社会問題と基督教（其一）］基督教の社会的使命	高木壬太郎	基督教世界	T 4. 1. 1
愛国心新意義	高木壬太郎述	博　　愛	T 4. 1. 10
兵力に由るに非ず	高木壬太郎	日本及日本人	T 4. 6. 15
〔論説〕ヨハン、フツス殉教五百年に際して	高木壬太郎	新　　人	T 4. 7. 1

〔雑録〕［予が伝道の動機］	高木壬太郎	基督教世界	T 4. 7. 1
同情乎惨酷乎	高木壬太郎	廓清	T 4. 10. 1
〔総会欄〕［本多監督追悼談］	高木壬太郎氏	護教	T 4. 10. 15
生の宗教	高木壬太郎	開拓者	T 4. 11. 1
〔基督論〕［イエス・キリストは神か人か］	高木壬太郎	新人	T 4. 11. 1
［大浦、乃木問題に対する代表輿論三千名士（二）国民道徳を危くする乃木問題］	高木壬太郎	実業之世界	T 4. 11. 1
教育と宗教的信念との関係	高木壬太郎	帰一協会会報	T 4. 11. 25
［乃木、大浦問題に対する三千名士の意見　第三回発表 一、大浦問題］	高木壬太郎	実業之世界	T 4. 12. 1
〔講演〕生の要求と宗教	高木壬太郎	基督教世界	T 4. 12. 2
〔講演〕生の要求と宗教	高木壬太郎	基督教世界	T 4. 12. 9
〔護教〕大正五年を迎へて	高木壬太郎	護教	T 5. 1. 1
［百人百字観］命	高木壬太郎	日本及日本人	T 5. 1. 1
〔教界春秋〕基督教の戦争観	高木壬太郎	東亜之光	T 5. 1. 1
自己の運命は自己にて開拓せよ	高木壬太郎	実力世界	T 5. 1. 1
〔論説〕教育に於ける宗教の必要及其方法	高木壬太郎	大阪講壇	T 5. 3. 1
思ひ出づるまゝ（浅田みか子編『浅田栄次追懐録』）	高木壬太郎	〈浅田みか子〉	T 5. 3. 28
人文教育と現代青年	高木壬太郎	実力世界	T 5. 4. 1
〔護教〕復活節の教訓	高木壬太郎	護教	T 5. 4. 21
［社会改善の問題］男女の倫を正うすべし	高木壬太郎	新女界	T 5. 5. 1
〔道話〕運命論	高木壬太郎	道話	T 5. 6. 1
〔護教〕排独逸主義	高木生	護教	T 5. 6. 23
武力の勝利を謳歌する勿れ	高木壬太郎	実力世界	T 5. 7. 1

〔想苑〕青山学報発刊に就て	(高木院長)	青山学報	T 5. 7. 10
〔雑録〕始業式演説	(高木院長)	〃	〃
〔論叢〕学友会雑誌を餞す	高木壬太郎	青山学院学友会雑誌	T 5. 7. 21
［現代名家文章大観］人格に文材を盛れ	高木壬太郎	日本及日本人	T 5. 9. 20
〔論説〕「基督模倣論」の宗教	高木壬太郎	開拓者	T 5. 10. 1
〔想苑〕一層の責任を加ふ・教育と宗教との融合点		青山学報	T 5. 10. 16
『基督教模倣論』の宗教	高木壬太郎	神学評論	T 5. 10. 25
［何故に伝道する乎］運命と摂理	高木壬太郎	新女界	T 5. 11. 1
〔想苑〕青山学院の過去現在及び将来	(高木院長)	青山学報	T 5. 12. 25
〔護教〕我国精神界の要求と基督教の使命（上）	高木壬太郎	護教	T 6. 1. 5
〔護教〕我国精神界の要求と基督教の使命（下）	高木壬太郎	護教	T 6. 1. 12
〔論叢〕青年と幻影	高木壬太郎	青山学院学友会雑誌	T 6. 2. ?
軍国主義と人道主義	高木壬太郎	開拓者	T 6. 3. 1
［基督研究（其二）］神子の意識	高木壬太郎	大阪講壇	T 6. 3. 1
［試験前の学生に与ふ］能く眠れと勧む	高木壬太郎	柔道	T 6. 3. 1
〔高論卓説〕諦めるな	高木壬太郎	新報知家庭乃花	T 6, 8, 1
〔ルーテル記念号〕宗教改革者ルーテルの生涯と其の事業	高木壬太郎	護教	T 6. 10. 26
〔想苑〕告辞	高木壬太郎	青山学報	T 7. 5. 30
〔護教〕恩師の遺せる教訓	高木壬太郎	護教	T 7. 7. 28
予の自然観及び人生観	高木壬太郎	日本及日本人	T 7. 9. 20
『基督教大辞典』（参版）	高木壬太郎	〈警醒社書店〉	T 7. 10. 1

『本多庸一先生遺稿』	高木壬太郎編纂	〈日本基督教興文協会〉	T 7. 11. 12
〔クリスマス号〕平和の曙光	高木壬太郎	護　教	T 7. 12. 20
［英雄と美人］人道的英雄出でよ	高木壬太郎	日本及日本人	T 8. 1. 1
却て人心を混乱せしむる虞なきか 未見	高木壬太郎	青　年	T 8. 1. 1
［憲法制定三十年の感想］如何にして憲法発布三十年を記念すべきか	高木壬太郎	中外新論	T 8. 2. 1
〔想苑〕告別の辞	高木壬太郎	青山学報	T 8. 5. 15
〔想苑〕青山学院教育の三大主義	（高木院長）	青山学報	T 8. 7. 20
［諸家の義民観］義民としての耶蘇	高木壬太郎	日本及日本人	T 8. 9. 20
〔社説〕青年学生の卒業を祝す	高木壬太郎	教界時報	T 9. 4. 9
〔想苑〕青山学院の印記	高木壬太郎	青山学報	T 9. 5. 30
『基督教 新約全書解題〔世界聖典全集〕』	高木壬太郎	〈世界聖典全集刊行会〉	T 9. 6. 20
〔社説〕基督教の根本教理	高木壬太郎	教界時報	T 9. 7. 16
［男性美］男性美の典型	高木壬太郎	日本及日本人	T 9. 9. 20
隠れたる女流教育者 小林とみ子の死を悼む	高木壬太郎	教界時報	T 9. 9. 24
外国宣教師と日本の教化	高木壬太郎	太　陽	T 9. 10. 1
〔想苑〕基督教主義学校は何を以て其特色となすべきか	高木壬太郎	青山学報	T 9. 10. 25
世界日曜学校大会の感想	高木壬太郎	教界時報	T 9. 11. 5
神社と宗教に就て	高木壬太郎	教界時報	T 9. 11. 12
〔想苑〕智能を啓発し徳器を成就す・一戸博士逝く	高木壬太郎	青山学報	T 9. 12. 25
〔教師消息〕隠れたる女流教育者	高木壬太郎	東洋英和女学校同窓会々報	T 9. 12. ?
［門松は冥途の旅の一里塚目出度もありめでたくもなし 諸名家の感想］	高木壬太郎	日本及日本人	T10. 1. 1

永遠の希望と光明			
［余の本年より改め度いこと］	高木壬太郎氏	実業之世界	T10. 1. 1
〔論説〕神社崇敬と基督教徒	高木壬太郎	開拓者	T10. 2. 1
［最近余の頭脳を往来する感想］	高木壬太郎	実業之世界	T10. 2. 1
〔雑録〕自から物せられた高木博士の伝記	聖山生（有富虎之助）纂	開拓者	T10. 3. 1
〔雑録〕自から物せられし高木博士の伝記	聖山生纂	開拓者	T10. 4. 1
自から物せられし高木博士の伝記（三）	聖山生纂	開拓者	T10. 7. 1
『基督教大辞典』（参版）	高木壬太郎	〈警醒社書店〉	T12. 8. 5
『基督教大辞典』（改版）	高木壬太郎	〈警醒社書店〉	S 3. 2. 20
『詩篇講義』	高木壬太郎 高木武夫編	〈新生堂〉	S 6. 3. 9
『基督教大辞典』（増補版）	高木壬太郎 阿部義宗編	〈警醒社〉	S 9. 3. 28
『基督教大辞典』（増補版）	高木壬太郎 阿部義宗増補監輯	〈警醒社〉	S 9. 5. 15

〔最後列〕

㉒McKenzie, D R,
㉓Coates, H H
㉔結城無二三

〔第三列より〕

（　）
⑰波多野伝四郎
（　）
⑱土屋彦六
⑲飯沼権一
⑳飯塚恒太郎
（　）
（　）
（　）
（　）
㉑川村兵治

〔第二列右より〕

⑨外山孝平
⑩平岩愃保
⑪小林光茂
（　）
⑫高木壬太郎
⑬橋本睦之
⑭村松一
（　）
（　）
⑮太田虎吉
⑯原野彦太郎
（　）
（　）

〔前列右より〕

①山路弥吉
②小沢孫太郎
③江原素六
④山中笑
⑤小林光泰（　）
⑥MacDonald, D（　）
⑦Crummy, E
⑧Meacham, G M（　）
（　）
（　）
（　）

表　〔日本メソヂスト教会の年会会員〕（明治 27 年 7 月、静岡教会前で撮影）〔東洋英和女学院史料室蔵〕

裏　『北村透谷に与ふ』（櫻井明石直筆）〔櫻井成廣氏旧蔵〕

著者略歴
川崎　司（かわさき　つかさ）
1945年　東京に生まれる。
1973年　早稲田大学大学院文学研究科（修士課程）修了
現　在　聖学院大学名誉教授
〔著書〕
『若き明石　櫻井成明』（弘隆社）1989年９月刊、『高木壬太郎―その平凡の生涯をたどって―』（近代文藝社）2010年２月刊ほか。

清冽な水脈――透谷・愛山・明石・坎堂

2019年２月27日　初版発行

定価はカバーに表示してあります。

発行者　吉田敬弥
発行所　株式会社 三 弥 井 書 店
〒108−0073東京都港区三田3−2−39
電話03−3452−8069
振替00190−8−21125

ISBN978-4-8382-3346-5　C1016　印刷　㈱エーヴィスシステムズ